안느, 론, 베리, 미셸에게

BELIEVERS CHURCH BIBLE COMMENTARY

Old Testament
Genesis, by Eugene F. Roop, 1987
Exodus, by Waldemar Janzen, 2000
Leviticus by Perry B. Yoder, 2017
Deuteronomy by Gerald E. Gerbrandt, 2015
Joshua, by Gordon H. Matties, 2012
Judges, by Terry L. Brensinger, 1999
Ruth, Jonah, Esther, by Eugene F. Roop, 2002
1 & 2 Chronicles by August H. Konkel, 2016
Psalms, by James H. Waltner, 2006
Proverbs, by John W. Miller, 2004
Ecclesiastes, by Douglas B. Miller, 2010
Isaiah, by Ivan D. Friesen, 2009
Jeremiah, by Elmer A. Martens, 1986
Lamentations/Song of Songs by Wilma Ann Bailey, Christina Bucher, 2015
Ezekiel, by Millard C. Lind, 1996
Daniel, by Paul M. Lederach, 1994
Hosea, Amos, by Allen R. Guenther, 1998

New Testament
Matthew, by Richard B. Gardner, 1991
Mark, by Timothy J. Geddert, 2001
John, by Willard Swartley, 2013
Acts, by Chalmer E. Faw, 1993
Romans, by John E. Toews, 2004
1 Corinthians, by Dan Nighswander, 2017
2 Corinthians, by V. George Shillington, 1998
Galatians by George R Brunk III, 2015
Ephesians, by Thomas R. Yoder Neufeld, 2002
Philippians by Gordon Zerbe, 2016
Colossians, Philemon, by Ernest D. Martin, 1993
1–2 Thessalonians, by Jacob W. Elias, 1995
1–2 Timothy, Titus, by Paul M. Zehr, 2010
1–2 Peter, Jude, by Erland Waltner and J. Daryl Charles, 1999
1, 2, 3 John, by J. E. McDermond, 2011
Revelation, by John R. Yeatts, 2003

회중교회 사역자.

교회학교 교사.

선교단체의 리더.

그룹성경공부 구성원.

학생.

목회자.

연구자.

이 읽기 쉬운 주석 시리즈는

성서의 원래 메시지와 그 의미를

오늘날 더 온전히 이해하려는

모든 이들을 위한 것이다.

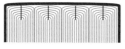

신자들의교회 성서주석은
펼침이 좋고 오래 보관할 수 있도록
전통적인 사철 방식으로 제작했습니다

신자들의 교회 성서주석
호세아/아모스

지은이	알렌 R. 귄터 Allen R. Guenther
옮긴이	임요한 최태선
초판발행	2018년 4월 25일
펴낸이	배용하
책임편집	배용하
등록	제364-2008-000013호
펴낸곳	도서출판 대장간
	www.daejanggan.org
등록한곳	충청남도 논산시 가야곡면 매죽헌로1176번길 8-54
대표전화	전화 : 041-742-1424 전송 : 0303-0959-1424
분류	주석 | 구약 | 호세아, 아모스
ISBN	978-89-7071-446-2 03230
	978-89-7071-386-1 (세트 04230)
CIP제어번호	CIP2018010513

 값 30,000원

신자들의 교회 성서주석

호세아/아모스

알렌 R. 귄터

임요한 최태선 옮김

호세아

2부 • 재판 사본: 하나님 대 상속자 −4:1~14:9

아모스

2부 • 언약 소송 −13:1~6:14

시리즈 서문

신자들의 교회 성서주석시리즈는 기본적인 성서공부를 위한 새로운 도구를 사용할 수 있게 한다. 이 시리즈는 성서의 원래 메시지와 그 의미를 오늘날 더욱 풍부하게 이해하고자 하는 모든 사람들—주일학교 교사들, 성경공부그룹, 학생, 목회자 등—을 위해 발간되었다. 이 시리즈는 하나님께서 여전히 듣고자 하는 모든 이들에게 말씀하시며, 성령께서는 하나님의 뜻을 알고 행하고자 하는 모든 이들을 위해 말씀으로 권위 있는 산 지침을 삼으신다는 신념에 기초하고 있다.

저자들은 가능한 넓은 층의 독자들을 도우려는 열망으로 참여를 결정했다. 성서본문을 선택함에 있어 어떤 제한도 없으므로, 독자들은 가장 익숙한 번역을 계속 사용할 수도 있다. 이 시리즈의 저자들은 비교를 위한 기준으로 NRSV역과 NIV역을 사용한다. 이들은 어떤 본문을 가장 가까이 따르고 있는지, 그리고 자신들만의 번역을 하는 부분이 어디인지를 보여준다. 저자들은 혼자서 연구한 것이 아니라, 정선된 조언가들, 시리즈의 편집자들, 그리고 편집위원회와 협의했다.

각권은 성서를 조명하여 필요한 신학적, 사회학적, 그리고 윤리적 의미들을 제공해주며, 일반적으로 "고르지 않은 땅을 매끄럽게" 해주고 있다. 비평적 이슈들을 피하지 않되, 그것을 학자들 간의 논쟁이 일어나는 전면에 두지도 않았다. 각각의 섹션들은 주를 달아, 이후에 "성서적 맥락에서의 본문"과 "교회생활에서의 본문"이라는 집중된 글들이 따라오게 했다. 이 주석은 해석적 과정에 도움을 주지만 모이는 교회 속에서 분별되는 말씀과 성령의 권위를 넘어서려 하지는 않는다.

신자들의 교회라는 용어는 교회의 역사 속에서 자주 사용되어 왔다. 16세기 이후로, 이용어는 흔히 아나뱁티스트들에게 적용이 되었으며 후에는 메노나이트 및 형제교회를 비롯해 유사한 다른 그룹들에게도 적용되었다. 서술적인 용어로, 신자들의 교회는 메노나

이트와 형제교회 이상의 것을 포함하고 있다. 신자들의 교회는 이제 특수한 신학적 이해들을 나타내고 있는데, 예를 들면 신자의 침례, 마태복음 18:15-20에 나타나는 교회 회원이 되기 위해 필수적인 그리스도의 통치에 헌신하는 것, 모든 관계들 속에서 사랑의 힘을 믿는 것, 그리고 자발적으로 십자가의 길로 그리스도를 따라가고자 하는 의지이다. 저자들은 이런 전통 속에 이 시리즈가 설 수 있도록 선정되었다.

신자들의 교회 사람들은 항상 성서의 단순한 의미에 순종하는 것을 강조한다고 알려져 있다. 이 때문에 그들은 깊이 있는 역사비평적 성서학문의 역사가 길지 않다. 이 시리즈는 고고학과 현재 진행되는 성서연구를 진지하게 취하면서 성서에 충실하고자 한다. 이런 작업의 의미는 다른 많은 좋은 주석들에서 발견될 수 있는 해석들과 저자들의 해석이 질적으로 크게 다르지 않다는 뜻이다. 그러면서도 이 저자들은 그리스도, 교회와 선교, 하나님과 역사, 인간의 본성, 그리스도인의 삶, 다른 교리들에 대한 기본적인 신념을 공유한다. 이런 가정들이 저자의 성서해석을 이루고 있다. 따라서 이 시리즈는, 다른 많은 주석처럼, 하나의 구체적인 역사적 교회의 전통 속에 서 있는 것이다.

이러한 교회의 흐름 속에서 많은 사람은 성경공부에 도움될만한 주석의 필요를 역설해 왔다. 이 필요에 대한 응답이 신자들의 교회성서주석을 소개하는 데 충분한 정당성이 될 것이다. 그럼에도, 성령께서는 어떤 전통에도 묶이지 않으신다. 이 시리즈가 전 세계 그리스도인들 사이의 벽을 허물며 말씀의 완전한 이해를 통한 순종 속에서 새로운 기쁨을 가져다주기를 바라는 바이다.

〈BCBC 편집위원회〉

저자 서문

이 주석은 여러분이 개인적인 두 친구 호세아와 아모스, 그리고 이들을 통해 이스라엘 역사 가운데 중대한 시기에 하나님의 사람들을 위해 전달된 메시지를 알고 사랑하는 법을 배웠으면 하고 필자가 보내는 초대장이다.

이 우정은 지난 10여 년에 걸쳐 무르익었다. 필자는 잠자는 시간 일부를 호세아와 아모스의 말씀을 해석하는 데 보낸다고 들을 정도로 많은 시간을 할애했다. 우리는 심지어 이 밤 시간도 함께 웃고 있다. 호세아와 아모스는 위기의 시기에 강력한 말씀을 전하지만, 유쾌한 동반자다. 그럼에도, 필자는 이들이 보인 하나님과 그의 백성을 향한 열정, 삶을 향한 열심을 느끼기 시작했을 뿐이다.

필자는 이 우정을 무르익게 한 많은 이들에게 빚졌다. 이들 가운데서도 아내 앤에게 가장 많이 빚졌는데, 아내는 필자에게 유머와 사랑을 담아 지지했다. 신학교 이사회의 안식년 정책과 관용 덕택으로 세 번의 6개월 안식년을 보낼 수 있었다. 이런 배려들이 없었다면, 필자는 이 주석을 마칠 수 없었을 것이다. 친구이자, 동료요 편집자인 엘머 A. 마텐스 Elmer A. Martens에게서 용기를 얻기도 하고 도전을 받기도 했다. 독자인 데이브 더크센, 멀린다 니켈, 조비 두푸이스와 필리스 마텐스는 헤아릴 수 없이 격려해주었다. 히브리어 주해 학생들은 필자의 생각을 자극했고, 필자의 전제에 의문을 제기했으며, 필자의 주해에 대해 논쟁했고 필자의 히브리어 이해에 도전을 주었으며, 많은 건설적인 반대 제안을 제시해 주었다.

조교 칼 버겐과 필자의 아들 마이클은 자판에서 교정하느라 상당히 지루한 시간들을 보냈다. 이전 버전을 읽은 분들과 "그렇다"부터 "이것이 무엇에 기여하죠?"와 "이것이 언제 유용할까요?"라는 반응까지로 필자에게 활력을 준 분들에게 특별히 감사를 드린다. 마지막으로 필자는 매년 연구를 제대로 진척시키지 못했음에도 출판사에서 은혜로 봐 주며 인내한 데 대해 감사를 드린다.

먼저 이스라엘북 왕국에게 전달됐고 유다남 왕국에게 기록됐으며, "말세를 만난"고전10:11 우리를 위해 보존돼 온 아모스와 호세아의 말씀을 깊이 있게 읽는 것만큼 필자에게 지적이면서도 영적으로 자극이 되는 다른 어떤 모험도 없었다.

우리 주 예수 그리스도의 아버지 하나님에게 감사와 찬양을 돌린다.

알렌 R. 귄터
메노나이트 브레드런 성경신학대학원
프레스노, 캘리포니아
1996년 봄

HOSEA

호세아

호세아 서론

사람 호세아

호세아의 예언에서 자신에 대해 밝힌 것 이외에는 예언자 호세아에 대해 알려진 것이 없다. 심지어 이 정보조차도 빈약하다. 하나님의 명령에 따라, 호세아는 창녀 고멜과 결혼했다. 호세아의 가족은 결국 세 자녀, 곧 두 아들 이스르엘과 로암미 및 딸 로루하마로 구성됐다. 호세아는 아내와 이혼했지만, 이후 다시 아내를 되샀다. 호세아의 삶의 경험은 여호와가 자기 백성을 향해 전하는 메시지에 대한 배경이 됐다.

호세아라는 이름은 "하나님이 구원한다."를 의미한다. 하나님은 자기 백성을 구원한다. 호세아는 북 왕국의 마지막 시기를 살았다. 그의 사역은 북 왕국의 붕괴와 관련 있으며, 여로보암 2세가 죽은 후 남 왕국에서 이어갔다.

시대

주전 8세기의 이 예언에서는 앗시리아와 이집트가 반복적으로 나온다. 앗시리아는 백성들에게 위협이 되며, 이집트는 다가오는 심판에서 도망하는 자들을 위한 피난처 역할을 한다. 역사적인 배경은 아모스와 동일하다.[역사적 요약, p. 401.]

아모스와 다르게, 호세아는 북 왕국 이스라엘의 백성인 듯하다. 증거는 결정적이라기보다는 정황적이다.

문학으로서의 호세아

호세아서의 자료

호세아서는 평생 사역에서 전한 설교의 모음집인 듯하다. 우리는 누가 설교 모음집을 모으고 편집했는지를 추측할 수 있을 뿐이다. 호세아가 회복된 사랑을 즐기면서 삶에 대해 고찰하는 가운데 직접 편집했는가? 편찬자는 북 왕국을 기록한 예언 학파에 속하는 제자였는가?왕하1-6장 참조 하나님의 사람의 제자들로서, 하나님의 사람에 속한 사람이나 사람들이었는가?사8:16-18 참조 아니면 앗시리아가 사마리아를 멸망시킨 사건이 하나님의 사람 및 그의 메시지에 대해 진리의 평가 기준이 된 유다 사람이나 유다 집단이었는가?

호세아서의 아름다움과 강력함

호세아서는 예술가에게는 백일몽이 되고 번역자에게는 악몽이 되는 작품이다. 저자는 간결하면서도 형상으로 가득한 예언 선포에 개념들을 압축시킨다. 비유적 표현은 여러 층의 관계와 의미의 복합적인 세계로 독자를 초대하면서 서로 연결된다. 생각들이 간헐적으로 쏟아진다. 감정의 집중도는 실망, 분노와 희망의 반복되는 주기를 통해 약간만 변화가 있을 뿐이다. 왜냐하면 호세아서에서 우리는 불쾌한 사랑의 상처가 여전히 남아 있는 예언자를 만나고 있기 때문이다.

호세아는 통렬한 비판과 풍자적 비판의 대가다. 호세아는 훌륭한 검객의 찌르기와 피하기로 사람들의 말이 자신들에게 향하도록 한다. 호세아는 사람들의 일상 발언을 인용한다. 즉 사람들의 관습,4:15; 13:2 격언,9:7 기도,2:16; 8:2; 11:7 교만12:8을 알고 있다. 사람들의 사고와 말하는 방식을 친밀하게 아는 내부자로서 기록하고 있다.

호세아서의 계획

은유와 이야기는 합쳐져서, 호세아와 고멜의 관계라는 번민과 황홀경을 담아내는 콜라주를 구성한다. 동시에 이 콜라주는 하나님과 이스라엘의 불안정한 결혼을 묘사한다. 호1-3장 본문의 둘째 큰 단위인 4-14장은, 자녀에 대한 은유를 통해 호세아와 고멜의 이야기에서 먼저 묘사된 내용을 구체적인 양식으로 상세히 설명하도록 의도한 것이 아니라면, 쉽게 시작하는 이야기호1-3장에 녹아들지 않을 것이다.

호세아서는 전체에서뿐만 아니라, 부분에서도 계획을 따른다. 호세아의 전체 사역과 메시지는 자신의 결혼과 가족 경험이라는 흔적을 담고 있다. 실제로 이혼한 아내이자 어머니라는 용어가 두 부분에 나오는데,2:4; 4:5 호세아가 자녀들의 어머니와 더불어 자녀들을 비판한 것을 언급한 것도 마찬가지로 두 부분에 나온다. 동일한 자녀들이 나중에 무조건적인 사랑의 특별한 대상이 된다.2:21-23; 11:1-11

호세아!

호세아서의 모든 고발, 모든 벼락같은 심판과 초대는 호세아라는 이름의 의미를 드러내기 위한 것인데, 우리가 이 모두를 들을 때까지, 호세아서의 모든 기록은 드라마의 수준에서 머문다. 호세아! "그가 구원한다."

수많은 슬로건과 주제가 두 주요 부분을 밀접하게 연결시킨다. 저자는 음행, 정부, 연인 수치, 거룩한 돌, 우상, 소송, 풍요, 광야, 기근, 야생 동물, 언약 파기 그리고 언약 갱신이라는 용어를 사용하여, 호세아서를 통합시키는 구속의 이야기를 구성한다.[언약, p. 395.]

예언은 독자로 하여금 사고, 공간 그리고 시간의 수많은 차원을 동시에 통과하게 한다. 여호와와 이스라엘의 이야기는 우리에게 호세아와 고멜의 이야기도 들려준다. 예언자의 발언은 동일한 단락 내에서 때로 다른 사회 층, 곧 과거 왕과 군주들, 성직자 계층, 평민들로 이끈다. 예언은 이스라엘을 어머니이면서 동시에 어머니의 세 자녀로 묘사한다. 예언은 최소한 우호적으로 공존하지만 하나님이 비판한 종교 생활의 두 가지 차원, 즉 나라의 공식적인 종교와 사람들의 일상 믿음을 반영한다.[이스라엘의 종교, p. 401.] 예언은 과거와 현재를 잇고 미래를 기대하면서 시간을 관통하여 우리를 이동시킨다.

그렇다. 미래다. 미래 자체는 때로 섞여 있고, 때로 이스라엘의 무력감과 하나님의 거룩함으로 분리되는 심판과 구원으로 구성된다. 마침내 예언 선포는 호세아의 발언을 본문의 흐름에 끼워 넣는다. 때로 호세아는 하나님과 대화하고,9:10-17 때로 하나님이 알린 이스라엘의 상태와 운명에 대한 심판을 전한다.9:1-9; 10:1-8; 12:2-8; 12:11-13:3 하나님과 예언자가 이스라엘에 대해 대화하고 있다는 인상을 받는다. 즉 대화의 일부는 호세아가 말 그대로 전하고, 또 다른 일부는 마음 깊은 곳에서 나오는 대화로 기록한다. 실제로 호세아서는 하나님이 이스라엘에게 직접적으로 말하는 구절로는 스물두 절만 포함할 뿐이다.2:16, 19-20; 4:5-6, 13b-14a, 15a; 5:1-3; 6:4-6; 9:10a; 11:8-9; 12:9-10; 13:4-5, 9-11

이스라엘도 침묵하지 않는다. 고멜과 마찬가지로 이스라엘의 발언은 드물게 나오지만, 마음의 상태를 나타낸다. 하나님의 주권에 호소하는 공식인 **주의 살아 계심을 걸고**4:15는 나중에 **이제 주님께로 돌아가자**6:1가 된다. 이스라엘의 마음 산란한 **우리의 하나님, 우리 이스라엘이 주님을 압니다. 여기 이스라엘이 있습니다**8:2; 여기 이스라엘이 있습니다라는 표현은 새번역에 없음-역주라는 표현은 침울함과 절망으로 이어진다. 곧 **우리가 주님 두려운 줄 모르고 살다가, 임금도 못 모시게 되었지만, 이제 임금이 있은들 무엇에다가 쓰랴?**10:3 이 진행에서 마지막 단계는 산들에 **우리를 숨겨 다오!**라고 하고, 언덕들에 **우리를 덮어 다오!**라고 하는 죽음에 대한 소망을 표현한다. 결국에 **아, 내가 정말 부자가 되었구나. 이제는 한 밑천 톡톡히 잡았다. 모두 내가 피땀을 흘려서 모은 재산이니, 누가 나더러 부정으로 재산을 모았다고 말하겠는가?**12:8라고 이스라엘이 자랑하는 것과 인간

제물을 바치는 자들이 송아지 신상들에게 입맞춘다13:2, 새번역 "그들은, 이 신상 앞에 제물을 바치라고 하면서, 송아지 신상들에게 입을 맞춘다"-역주라고 뻔뻔스럽게 바알 숭배를 받아들이는 것을 접하게 된다.[바알, p. 388.] 이 진술들은 우리가 지은 모든 죄를 용서하여 주십시오…14:2b-3라고 하나님을 기쁘게 할 수 있는 말들로만 바뀌어야 한다.

1-3장은 호세아서 전체의 구조와 주제를 미리 보여준다. 아내 고멜은 이스라엘이다. 자녀들 이스르엘, 로루하마와 로암미도 역시 이스라엘이다. 북 왕국은 이스라엘과 야곱, 에브라임과 사마리아다.[야곱과 이삭, p. 406.] 이스라엘은 또한 창녀이자 발정한 암소며[소의 형상, p. 389.], 땅이자 신부다. 그러므로 언어는 빠르면서도 때로 뚜렷한 이유 없이 "너"단수에서 "너희"복수와 "그"와 "그녀" 그리고 "그들"남성로 바뀐다. 이름들은 하나님의 백성의 죄를 확인하고 결과에 따른 심판을 전달하며, 하나님의 구원의 주도권에서 희망의 씨앗을 뿌린다.

고발, 심판, 구원은 호세아서의 두 번째 부분에서 세 가지 주제 각각에 대한 발언의 패턴이 된다.

호세아서는 눈에 띄는 것보다 더 많은 것을 담고 있다. 1-3장의 용어는 일상생활, 즉 결혼, 가정, 가족 및 법정에서 나오며, 이혼 절차, 부권의 재통합과 상속박탈이라는 전문적인 용어를 포함한다. 사건 순서와 관련된 제의뿐만 아니라 어휘와 어법은, 함무라비의 바빌로니아에서부터 주전 300년까지의 이집트에서 아람어와 헬라어를 사용한 유대 공동체에 이르기까지의 결혼, 이혼 및 다른 결혼 문서와 비교할 수 있다.[결혼, p. 411.] 1-3장은 호세아 당시 가족생활과 이혼 법정을 배경으로 한다. 우리가 본문을 탐구해가면서, 비교되는 점들과 세부 내용은 장면별로 나올 것이다.

이야기

1-3장은 호세아와 고멜의 결혼의 비극을 세 자녀의 출생을 통해 추적한다. 하나님의 접촉은 세 자녀의 이름에서뿐만 아니라, **너는 가서 결혼하여**1:2라는 명령에서 드러난다. 자녀들의 출생과 이름 짓기를 주목한다는 것은 이들이 중요하다는 사실을 암시한다.

아내의 첫 아들 **이스르엘**은 **하나님이-씨뿌릴-것이다**를 의미하며, 호세아가 아버지이다.호세아의 아들을 낳았다, 1:3 둘째와 셋째 자녀는 아마도 호세아가 아버지는 아닐 것이다. 우리는 이 사실을 이야기의 세부 내용과 생략에서 추론하고 있다.

로-루하마는 문자 그대로 **사랑받지-못하다** 또는 **불쌍히 여겨지지-않다**를 의미한다.1:6 로-루하마는 바빌로니아의 법적 용어인데, 상속이 박탈당한 자녀를 묘사한다. 셋째 자녀의 이름 **로-암미**는 거부 곧 **내-백성이-아니다**를 의미한다. 바빌로니아의 법적 문서에서, 이것은 **합법성을 인정받지 못함**을 의미한다. **로-암미**는 부자관계가 아니라는 진술과 부모 거리를 두는 것의 셋째 단계를 동시에 나타낸다.

고멜이 충실하지 못하여, 짜임새 있는 결혼을 파탄낸다. 우리는 사랑이 얼마나 많은 고통과 버려짐을 견딜 수 있는지, 호세아는 언제 홀로 충분히 잘 떠날 것인지 궁금하다. "그렇게 맡겨라" "당신의 결혼은 끝났다!" 우리는 수 세기에 걸쳐 외쳤다.

호세아가 고통을 더 이상 견딜 수 없을 때, 이야기는 비애감이 가득한 이혼 법정 장면으로 갑자기 전개된다. 호세아의 자녀들은 고멜의 충실하지 못함을 증거하는 증인으로 선다.2:2 세부 내용이 주목을 받는다. 상응하는 바빌로니아의 이혼 절차에서, 유죄냐 무죄냐는 아내가 자신의 신부 지참금을 상실하는지의 여부를 결정한다. 간음은 이스라엘뿐만 아니라 바빌로니아에서 사형의 원인이 될 수 있다. 호세아는 분명하게 고멜이 중범죄에 대한 재판을 받도록 하기보다는 빈손으로 내보내기로 한다. 하지만 이혼은 관계를 끝내지 않는다. 호세아의 목표는 고멜의 회복이다.

호세아의 자녀들의 이름에 의미가 더해지지만, 이들은 이혼 선언 후 사라진다. **고발하여라. 너희 어머니를 고발하여라. 그는 이제 나의 아내가 아니며, 나는 그의 남편이 아니다.**2:2 고대 근동 곳곳에서 결혼 법과 관습에 따르면 자녀들이 남편에게 속한다고 주장한다. 호세아가 포주에게서 자신의 아내 고멜을 되샀을 때, 자녀들을 언급하지 않는다. 모든 자녀들은 어디로 갔는가?

이야기 주변의 이야기

이름과 실제에서 호세아의 가족은 간략하게 기록된 이스라엘이다. 주님은 북 왕국에게 전하는 살아있는 메시지로서 자신을 대표하도록 호세아를 선택한다. 시내 산에서 하나님은 언약으로 이스라엘에 헌신했다. 결혼이 또한 언약이기 때문에, 호세아가 고멜과 한 결혼은 이스라엘의 외도와 신실하지 못함을 적절하게 묘사한다.[언약, p. 395.]

호세아와 고멜의 자녀 각각은 처음에는 민족의 독특한 측면을 대변한다. **이스르엘**은 **이스라엘 왕조**, 곧 이스라엘 백성과 영토를 지배하는 통치나 권위와 관련된다.1:4 **로-루하마**는 이스라엘 족속, 곧 이 영토를 권리상 주장하는 자들과 관련된다.1:6 한편 **로-암미**는 백성들 전체와 관련된다.1:8

셋째 자녀가 출생할 때, 호세아에게 전한 희망의 말씀은 첫째인 **이스르엘** 홀로 땅에 남게 될 것이라는 사실을 가리킨다. 언젠가 이스르엘은 **암미**나의 백성와 **루하마**선택받은 상속자, 1:8-21로 다시 이름 지어진 다른 자녀들을 환영할 것이다.

주님은 자신의 백성과 함께 한 경험을 해석할 때, 이스라엘이 그의 은혜로운 주님에게서 길러지고 나중에 주님과 약혼한 주운 딸이라고 암시한다.[결혼, p. 411.] 이 시나리오는 그 세계에서 현실적이다. 이스라엘은 결혼 지참금이 없었으며, 첩이라는 사회적 지위로 빈곤한 상태에서 결혼하게 됐다. 결혼 패턴이 은유에 대한 배경 역할을 한다면, 주님의 신부는 결혼 적령기를 방금 지났다. 성숙한 남편주님과는 대조적으로, 이스라엘은 젊고 미숙한 아내였다.

이스라엘의 은인이자 남편은 이스라엘에게 양모와 세마포 옷과 풍부한 음식, 안전한 땅이라는 선물을 아낌없이 베풀었다. 미성숙한 이스라엘은 선물들을 모아 다른 연인을 유혹하려고 이 선물들을 과시했다. 인내하며 지속적인 사랑으로, 이스라엘의 불의의 관계가 계속되는데도 인내하면서, 남편은 아내인 이스라엘을 부르고 있다. 하지만 아내가 계속해서 상대를 바꿔가며 간통하려 할 때, 하나님은 이혼 절차를 시작하여, 아내 손에서 선물을 되돌려 받았고, 자기 땅에서 아내를 내쫓았다.호2장

이 지점에서 고멜과 세 자녀는 이스라엘과 온전히 일치한다. 고멜의 회복2:14-22은 자녀들이 서로 및 그들의 아버지하나님와 화해하라는 권고2:23와 관련된다. 이미 이름을 부여할 때 했던, 로-루하마와 로-암미와 화해할 것이라는 약속은 현실이 된다. 하나님은 호세아 2장에서 이 약속이 성취됨을 분명하게 말한다. 그 후 자녀들은 이스라엘의 양상과 태도로서 나타난다.호4-14장

호세아서의 섹션의 순서와 관계

	A	이스르엘1:4~5=진실이 없음4:1b
1부	B	로-루하마1:6~7=가족의 사랑이 없음4:1b
	C	로-암미1:8~11=하나님을 아는 지식이 없음4:1b
	C	하나님을 아는 지식이 없음4:4~6:3
2부	B	가족의 사랑이 없음6:4~11:11
	A'	진실이 없음11:12~14:8

이 책의 둘째 주요 부분에서의 지배적인 주제는 세 자녀의 인물들에서 나온다. 세 주제는 4장 1c절에서 각각 **이 땅에는 진실도 없고, 사랑언약적 사랑도 없고, 하나님을 아는 지식도 없다**로 확인된다. 전형적인 히브리 방식으로, 이 주제들은 호세아서의 나머지에서

반대 순서로 탐구된다. 각 주제들은 앞의 도표에서 볼 수 있듯이, 자녀들 가운데 하나로 대변된다.

로-암미내-백성이-아니다는 국가적 차원에서 하나님을 아는 지식이 없음과 상응한다. 호세아 4장 1절에서 내/네 백성이라는 호칭은 2부 4:4-6:3의 첫 섹션을 소개하며, 거기서 어휘와 개념에 집중된다.

로-루하마는 사랑받지-않는 자녀다. 사랑, 긍휼과 언약의 사랑이라는 용어는 호세아의 2부의 중심 섹션 6:4-11:11에 집중된다.

장자 **이스르엘**은 북 왕국의 곡창지대인 이스르엘 골짜기의 생산성뿐만 아니라, 예후의 속임수와 폭력의 때왕하9-10장를 상징한다. 죽음과 풍요, 임신과 태 및 출생 또는 폭력과 속임수라는 용어는 이 마무리하는 섹션의 거의 모든 절에 가득하다.11:12-14:8[가나안의 풍요 신화, p. 391.]

각 이름들은 이스라엘의 양상을 대변한다. 하지만 각각은 또한 전체 가운데 일부를 나타낸다. 호세아와 고멜과 세 자녀는 배경으로 물러난다. 더 정확하게 진술하자면, 이들은 자신들이 일부가 되는 더 큰 드라마에 흡수된다. 이제 하나님과 이스라엘이 주요 무대를 차지한다.

우리는 이 주제들이 이스라엘의 역사나 도덕적 상태를 별개로 구분되게 다룬다고 생각해서는 안 된다. 자녀들의 이름이 이스라엘의 삶의 양상을 대변하듯이, 주제들은 이 백성들의 믿음을 평가할 관련된 관점을 대변한다. 주제들을 다음 그림에서처럼 삼각형의 꼭지점과 변으로 시각화하라.

고발, 심판, 구원은 엄격한 범주는 아니며, 이것들은 히브리의 문학적 관습을 따른다.[

호세아 1-3장: 고멜과 그의 자녀들

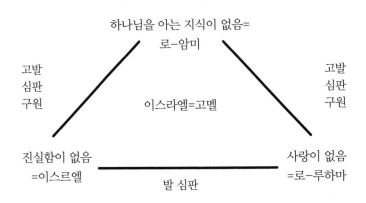

고발-심판-구원 신탁, p. 386.] 일반적으로 고발 신탁은 생생한 형태로 이스라엘이 책임을 져야 할 과거와 현재의 그들의 죄를 묘사한다. 때로 고발 신탁은 여호와의 사랑, 선물이나 신실함을 배경으로 이스라엘의 죄악을 묘사한다. 다른 때에 독자들은 성문으로 안내되어, 하나님이 원고이자 심판관이 되며, 고멜-이스라엘은 피고인이 되는 법적 절차를 목격하도록 초대받는다. 7장 1-7절에서의 두 가지 고발 신탁을 제외하고, 이런 유형의 모든 예언은 심판에 대한 간략한 진술로 끝난다.

심판 신탁은 고발을 포함하며, 신속하게 하나님이 죄에 대해 임명한 결과로 옮겨간다. 처음에호5장; 9:1-10:8 심판의 발언은 어떤 희망도 포함하지 않는다. 임박한 멸망에 대한 말씀은 두 번째 관점사랑이 없음에서 마지막 심판의 발언으로 시작하면서, 회개로의 초대에 새겨져 있다.10:12 여호와가 그들의 구세주라고 상기시키는 언급이 있다.13:4, 14a-b[고발-심판-구원 신탁, p. 386.]

자녀 로-루하마사랑받지-않는다, 불쌍히-여겨지지-않는다와 로-암미내-백성이-아니다는 자신들의 정당한 보답을 받는다. 깨어진 관계와 왜곡된 예배의 자연스러운 결과는 거부, 포기, 음행, 도덕적 무지와 부패, 내적 갈등, 질병, 약탈하는 짐승, 기근, 전쟁으로 이어진다. 이것들은 국가의 의지를 산산 조각낸다. 마지막 결과는 추방이다.4:19; 5:14; 7:16; 8:10; 9:3, 15, 17; 11:5, 10-11 박탈당하고 합법성을 인정받지 못한다는 것은 민족이 세상의 백성들 가운데 결국에는 흩어지는 것을 묘사한다.

마무리하는 섹션11:12-14:8, 이스르엘, 하나님이 씨뿌리다에 대해서, 이스라엘은 심판을 받지만 추방에 대한 언어는 없다. 이스라엘은 심지어 하나님이 어떻게 이집트에서 자신들을 구했는지 상기시키는 것도 듣지 못한다. 그렇다면 그들은 어떻게 이집트 및 앗시리아와 동맹을 맺은 결과에 대한 경고를 받아들이는가? 동풍앗시리아은 나라 전체를 휩쓸 것이다. 이스라엘은 야만스러운 짐승들에게 먹이가 될 것이다. 하나님은 임신한 여자들과 아기를 살해하는 자들에게 주기까지 이스라엘을 포기하고 있다. 장자 이스르엘은 팔레스타인에 남겨진 남은 자를 대변한다. 호세아 가족의 이야기는 하나님의 백성들의 회복에서만 다시 원점으로 돌아온다.

세 개의 구원 신탁은 불순종한 가족과 나라에 희망을 제시한다. 신탁들은 회개의 노래,6:1-3 파토스 가득한 하나님의 내적 대화, 사랑하는 부모,11:1-11 그리고 진정한 회개를 위한 호세아와 여호와가 하는 공동 호소로 구성된다. 회개는 하나님의 회복을 준비하는 적절한 방법이다.14:1-8[고발-심판-구원 신탁, p. 386.]

하나님과 호세아는 저항, 불평, 진노와 초대에서 목소리를 높인다. 야곱 가족과 예언자 가족의 유감스러운 상태는 자신들의 상호 번민을 부추긴다. 예언자는 이중 메시지를 인식하지 못하는 것은 아니다. 이스라엘의 곤경이 없다면 예언자의 가족은 온전했을 것이다. 호세아의 말은 경고의 부르짖음이나 심판을 알리는 데서 높여지든지, 자신의 집에서 수세기에 거쳐 메아리친다.

이 주석의 특성과 강조점

이 주석 시리즈는 비전문가를 위해 계획됐다. 즉 이 주석 시리즈는 호세아 연구의 경향, 히브리어 문법의 첨단 또는 고대 근동 역사와 문화의 세부 내용을 반드시 잘 알지는 못하는, 평신도와 교사와 목사들의 기독교 공동체에 기여할 것이다. 이것들은 주석가가 본문 연구에 제시할 자료들이다. 의도된 청중과 제한된 공간으로 말미암아 제약이 있다. 종종 다른 주석가들과의 논쟁은 구절의 표현, 구체적인 성경 참고 본문, 놀랍도록 강력하게 진술된 요점이나 간략한 단어 연구에서 숨겨진다. 주로 진리와 명확함에 관심을 가진다.

그러나 필자는 이 해석을 특징짓는 주요 특성에 대해 분명히 하고 싶으며, 이 해석을 어느 정도 호세아의 다른 연구와는 구분하고 싶다. 어떤 문학거룩한 문학이든 보통 문학이든을 다루는 연구가라도 자료를 읽고 설명하는 관점을 발전시킨다. 독자들이 이 주석의 방향에 잘 맞추도록 하고자, 필자가 이 주석의 주요 가정, 구분되는 특징, 관점 그리고 통찰이라고 간주하는 바를 여기서 요약하려 한다.

첫째, 호세아서는 자연스럽게 두 부분, 즉 1-3장과 4-14장으로 나뉜다. 둘째 부분의 개요는 필자 자신이 제시한 것으로, 이 개요는 자녀와 둘째 부분의 세 섹션 사이에 상관성에서도 드러난다.

둘째, 필자는 고발,지목되고 묘사되는 죄 심판확인되는 징벌 그리고 구원하나님의 미래 사역에 대한 희망이 호세아서의 계획의 본질적인 요소로 계속적으로 나오는 주기로 본다. 이 주기들은 여섯 개의 하위 섹션 각각을 특징짓는다.

셋째, 필자는 설교 또는 설교 요약을 의도적이며 조심스럽게 더 큰 전체를 제시하려고 배열된 것으로 본다. 처음 읽을 때, 저자의 묵상, 감정, 개인적인 경험과 공적인 경험을 반영하는 예언적 선포는 무작위로 모아진 것처럼 보일 수도 있다. 더 큰 주장이자 일련의 주장은, 우리가 가끔씩 나오면서 통합하는 편집적인 논평으로 암시되는 개별 설교의 주요 이미지와 주제를 따를 때만 나온다.4:1-3 참조

넷째, 필자는 결혼과 가족이라는 은유가 두 부분을 관통한다고 해석한다. 호세아의 결혼 경험은 실제적역사적이었다. 이 경험은 우리가 함무라비 시대에서부터 서기까지 고대

근동 곳곳에 있는 법과 가족 문서들에서 나온 결혼, 가족, 성적 도덕성, 성창,聖娼 이혼, 유산 그리고 재혼에 대해 아는 것과 상응한다. 하지만 주님과 이스라엘의 결혼은 토대를 이루는 양식으로, 호세아서가 전해지는 역사적인 실재라고 말하는 것이 더 정확하다. 이 결혼은 고대 근동 사회의 용어로 묘사된다. 그렇다면 호세아의 결혼과 가족 경험은, 주님과 이스라엘 사이의 언약 관계를 가리키면서, 실제 은유 역할을 한다.

다섯째, 필자는 북 왕국이스라엘의 여호와 신앙주님인 여호와 예배이 유다남 왕국와는 다르게 발전했다고 주장한다. 호세아는 출애굽, 정복 그리고 다윗 왕조의 역사적 역할의 정당함을 인정한다. 독특하게 이스라엘이 광야 기간과 초막절을 강조하는 점이 두드러진다. 호세아 역시 비판하지 않고 여호와 신앙의 여러 중심지에서의 이스라엘의 예배를 인정한다.[이스라엘 종교, p. 401.]

여섯째, 필자는 종교의 가치와 관습을 개인, 공동체, 사회와 국가의 삶의 다른 특징과 분리할 수 없다는 확신으로 호세아에 접근한다. 우리는 예언서의 메시지에서 뒤죽박죽의 이슈처럼 보이는 것을 보고서 놀라지 않아야 한다. 각 문화는 자신만의 접착제로 삶의 재료를 종합한다. 조사하는 문헌에서 사람들의 핵심 가치, 제도, 역사 그리고 관습의 복잡한 상호 작용을 밝히는 것이 해석가의 임무다.

그러므로 동시에 "음행"매춘은 사회적으로 허용되는 직업, 종교적 제의, 간음, 실제적인 정치를 비난하는 묘사, 국제적 조약을 협상하는 행위, 땅의 소산을 위한 바알 숭배를 나타낼지도 모른다. 서구 사람들은 이것이 어느 쪽이든 되기를 바란다.[음행, p. 412.] 호세아서의 독자는 현실에 대한 단일 차원을 선택하는 호사를 거의 누리지 못한다. 이것은 본문이 "당신이 선택하는 어떤 것이든"을 의미하게 하는 것은 아니다. 본문은 세공되는 보석과 마찬가지로, 다면적이며 의미의 여러 차원을 포함한다. 각 면이 빛을 받으면, 보석의 숨은 아름다움이 드러난다. 필자는 본문에 대한 해설을 통해 독자가 이런 복잡 미묘함과 광채에 경각심을 가지기를 바란다.

일곱째, 호세아서의 설교가 앗시리아 추방의 정신적 외상과 연결된다는 것을 감안하면, 호세아서는 유다 백성들을 위해 기록된다. 호세아가 북 왕국에 전하는 원래 메시지가 성취된다는 사실은 그의 나머지 메시지가 정당하다는 것을 보여준다. 호세아서는 메시지의 기록된 형태에서, 먼저 유다를 위한 경고의 말씀으로 계획되고, 부차적으로 흩어진 이스라엘의 추방자들에게 회개와 희망의 메시지로 계획될 뿐이다. 메시지가 원래 전해진 형태에서는 반대가 사실이다. 즉 북 왕국 사람들이 주요 수령자며, 유다는 부차적인 청중이었다.

여덟째, 호세아서는 축적된 의미의 층들로 우리에게 온다. 이 의미는 성서 기록 자체 내에 수집됐다. 때로 우리는 이 층들이 다른 본문에 나올 때 구분되는 요소들을 알아차린다. 하지만 주로 언어상의 실마리에 근거한 상호본문성 연구본문들 비교하기는, 동요하는 진리의 훨씬 많은 부분 가운데 표면적인 특징만을 포착한다. "성서적 맥락에서의 본문"이라는 제목의 고찰은, 장엄한 구속이라는 오케스트라의 걸작 가운데 다른 곳에서 계속 나오는 특징 몇몇을 밝히려는 시도다. 우리는 이 특징들에, 우리 개인적인 역사, 우리의 교파적이면서도 집단적인 서구의 종교 전통과 경험 및 기독교의 깊은 유대적 뿌리를 추가해야만 한다. 이 모두가 의미심장하게 우리의 본문 읽기를 정하고 그 읽기에 영향을 미친다. 어떤 이는 "교회의 삶에서의 본문"이라는 제목 아래 해설을 진지한 주석에서 적절하지 않다고 여길지도 모른다. 하지만 복음주의 아나뱁티스트 전통에 있는 자들에게, 상관성이라는 시험은 그 전통이 다른 시대와 장소에 미치는가 하는 것이다. 본문이 설명되어 은혜롭게 본문의 의미를 우리 세계에 전달한다면, 하나님은 찬양받아 마땅하다!

필자는 호세아와 아모스의 대부분에서 히브리 본문에 대한 필자 자신의 번역을 제공한다. 그렇지 않을 때는 성서의 많은 좋은 번역본 가운데서도 NRSV를 따르기로 했다. NRSV는 용어에서 현대적이고, 성서 본문에 충실하며, 두 성에 대해 포괄적이다. 예언서와 이 주석은 너/너의, 그/그의/그를, 그것/그것의, 그들이/그들의과 같이 다양한 대명사로 유다, 이스라엘 또는 나라를 언급한다. 이것은 위에서 소개된 대로, 의미, 펼쳐지는 드라마와 이미지의 층들 때문이다. 맥락은 의미를 분명하게 한다.

호세아 1:1

머리말

사전 검토

이 시작하는 단어들은 메모를 맨 앞에 두는 정보와 같이 쓰여 있다.

발신인: 여호와

수신인: 브에리의 아들 호세아

날짜: 웃시야의 때

주석적 해설

주제 1:1a

예언서의 표제는 비슷할지 모르지만, 독창적이지 못할 정도로 동일하지는 않다. **여호와의 말씀**히. '다바르'[dabar]이라는 구절은 예언서에서 공통적이지만, 욜1:1; 욘1:1; 미1:1 등 이것이 구두의 말씀을 포함한다고 하더라도 구두의 말씀 이상을 가리킨다. **말씀**'다바르' 이라는 용어가 사람과 연결될 때, 이것은 일관되게 여호와든, 사무엘상4:1이든, 다윗삼하14:17이든, 엘리야왕상17:1이거나 앗시리아 왕왕하18:28-29이든 권위나 권력이 있는 누군가를 가리킨다. 그러므로 이 책의 내용은 권위 있게 제시된다. 이 내용은 상당한 위험을 무릅쓰고서야 무시될 수 있을 것이다.

'다바르' 는 또한 **우리아의 사건** '다바르' 에서처럼, 왕상15:5 **일, 문제, 용건, 물체**를 의미할 수도 있다. 따라서 하나님은 말씀으로 호세아와 소통하는 동안, 단순하게 반복하면서 메시지를 전달하고 있는 것은 아니다. 하나님은 자신의 의도, 이스라엘과의 자신의 용건을 드러낸다. 예언자는 여호와의 말씀을 받는 과정에서 하늘의 회의의 구성원이 되는데, 하나님은 예언자에게 자기의 비밀을 계시한다.암3:7; 렘23:18 참조 그러므로 호세아가 하나님과 소통하거나 자신의 입술로 예언을 말할 때, 이 말씀은 여호와의 조언에서 나온다고 여겨야 한다. 즉 이 말씀은 마치 예언자가 만군의 주님에게서 1인칭 발언으로 인용한 것처럼 온전히 하나님의 목적을 구성한다.

임한 여호와의 말씀이라는 구절은 예언서에서 독특하다. **임한/된/속한**으로 번역된 동사는 발언을 초월하는 행위를 암시한다. 하나님의 조언은 예언자의 영혼과 의식을 채운다. 하나님이 전한 말씀은 이 하나님의 목적의 발로다. 말씀은 호세아를 소유하면서도 동시에 호세아에게 소유된다. 하지만 말씀은 사적인 소유를 위한 것은 아니다. 왜냐하면 예언자는 이 세상에서 하나님의 대리인이기 때문이다.

예언자 1:1b

브에리의 아들, 호세아. 하나님의 말씀이 이렇게 독특한 방식으로 예언자들에게 임하기 때문에, **예언자**라는 호칭은 불필요하다.

호세아는 비교적 흔한 이름이다. 구약에는 이 이름으로 다섯 명이 확인된다. 이 이름은 엘레판티네Elephantine의 남부 이집트 도시에 있는 주전 15세기 유대 공동체에서도 흔했다. 이 이름은 구원하다를 의미하는 히브리어 단어 '야사' yaša '에서 유래하며, 따라서 "구원"이나 "구출"을 의미한다. 호세아의 아버지, 브에리에 대해서는 알려진 바가 전혀 없다. 아마도 아버지의 이름은 관례를 따르는 것 같다. 호세아라는 이름이 흔하므로, 예언자는 이 이름으로 다른 사람들과 구분될 필요가 있었다.

연대 1:1c

연대 공식은 세 가지 점에서 주목을 끈다. 첫째, 호세아서의 내용은 많은 왕들이 통치하는 기간에 걸쳐 이뤄진 사역에서 나온다. 다섯 왕이 확인된다. 틸레Thiele참고문헌을 보라는 여로보암 2세가 이스라엘을 통치한 시기는 주전 753년에 끝나며, 히스기야가 유다를 통치한 시기는 주전 716년에 시작한다고 계산한다. 만약 그렇다면 호세아는 주전 755년에서 최소한 주전 715년까지 40년 동안 사역했다.

둘째, 호세아는 북 왕국 예언자인데도, 자신의 나라 왕을 언급하기 전에 유다 왕을 언급하면서 사역한 연대를 표기하는 것은 특이하다. 그렇게 한 이유는 이 예언을 수집하는 유다 편찬자가 편견을 가지고 있기 때문인가? 만약 그렇다면, 이 편찬자는 왜 호세아의 초기 북부 사역에서의 얼마 되지 않은 예언, 유다에게 먼저 전한 예언을 포함하는가?

앗시리아가 사마리아를 멸망시킨 후, 호세아는 원래 북 왕국에 전한 이전의 메시지로 유다에게 향했다고 필자는 제안한다. 이 메시지들은 유다를 간혹 언급하는데, 이는 호세아가 자신을 통해 전달되는 하나님의 말씀이 하나님의 모든 백성을 위해 의도됐다고 인지했다는 것을 보여준다.[유다와 다윗, p. 407.] 이스라엘은 호세아의 메시지를 거부했다. 하지만 예언자는 주도적인 백성들이 추방된 된 후 시골지역에 거주한 이스라엘의 남은 자에게 계속 메시지를 전했다.왕하17:5-6 유다를 구체적으로 언급하는 구절을 제외하고, 호세아서의 내용은 이스라엘의 추방 전 시기와 잘 들어맞는다. 회개에 대한 요청 이외의 어떤 예언도 자연스럽게 추방된 자들의 상황과 들어맞지는 않는다.

주요 연대기 기준으로 유다 왕들을 사용하는 가장 그럴듯한 이유는, 호세아서가 주로 유다 백성들을 위해 의도된 책이라는 점이다. 북 왕국의 퇴보는 이스라엘이 다시 다윗 자손에 의해 재결합될 것이라는 희망을 되살렸다.3:4-5 주요 기준점으로 유다 왕을 사용하여, 희망의 메시지를 강력하게 강조하고, 북 왕국의 경쟁 상대인 왕에 대한 호세아의 고발을 강화한다.7:7,8:4,13:10-11

유다 왕들을 사용하는 연대 공식은, 호세아서의 기능을 훨씬 심도 깊게 알려준다. 아모스8:8, 9:1-10에서 예언한 파괴적인 지진은 미래 세대에 대한 그의 메시지가 옳다는 것을 입증한다. 그러므로 지진은 이 지진이 일어났을 때의 후손을 위해 기록됐다.1:1 마찬가지로 호세아가 북 왕국에 대한 자신의 사역에서 예언한 앗시리아의 철저한 승리는, 나머지 호세아의 메시지가 옳다는 것을 입증한다.1:4-5, 10:5-15, 13:14-16 이 메시지들은 구체적으로 유다에 전하는 경고의 메시지를 포함한다. 그래서 호세아의 이전 예언은 그가 진실되다는 증거가 된다.

호세아를 통해 전달되는 하나님의 말씀에 대한 모든 언급, 사마리아의 멸망 전에 호세아가 받은 메시지를 떠올리게 하는 것은, 유다에게 회개하라고 요청하기 위함이다. 유다와 이스라엘의 상태를 비교하는 예언으로 말미암아, 유다 사람들은 자신들의 영적 상태에 경각심을 가지게 된다. 하나님은 이스라엘에 내린 이전의 말씀을 성취했다. 유다는 현재 치명적인 위험에 직면한다. 추가로 말씀이 필요하지 않다.

호세아의 작성과 히스기야의 개혁 사이의 연관성에 대해 알려진 바가 없지만, 히스기야가 유다에서 전하며 묘사하는 종교적 타락은 놀랍도록 호세아가 비난한 내용과 비슷하다. 호세아의 메시지이사야의 예언 메시지와 함께가 유다의 영적 갱신과 국가적 개혁에 기여할 수 있었는가?왕하18-20장; 대하29-32장 참조 이 점은 왜 히스기야의 개혁이 의도적으로 북왕국의 영토에까지 확장됐는지를 설명하는 데 도움이 될 것이다. 새 다윗 아래 아브라함, 이삭 및 야곱의 자손들이 땅에서 재결합하고 재건될 것이므로, 히스기야는 심지어 자신을 새 다윗으로 보았을지도 모른다.호3:5

연대 공식에서 세 번째 특이한 특징은 이스라엘의 마지막 여섯 왕들과 관계가 있다. 이왕들이 연대 공식에 없다는 점에서 두드러진다. 이렇게 생략한 것은, 심지어 끝이 오기 전에 하나님이 에브라임에게 등을 돌렸다는 징표로 읽어서는 안 된다. 심판의 용어가 가혹하지만 호세아는 계속 이스라엘에게 회개하라고 요청한다.12:6 이스라엘의 배반이 하나님을 괴롭게 하고 매우 슬프게 할지라도, 하나님의 은혜는 고갈되지 않았다. 아마도 마지막 다섯 명의 통치 가운데 네 명이 빠르게 연속적으로 왕 위를 찬탈한다는 사실로 말미암아, 호세아와 그의 서기관들은 이 왕들의 적법성이 의심스럽다고 보았을 것이다.

우리는 호세아서의 표제에 있는 이 특이한 특징들에 대해 무엇을 생각해야 하는가? 이특징들은 본질적인 것, 하나님의 백성의 신학적인 통일성을 가리킨다. 분열된 왕국은 일탈이었다. 하나님이 분열 왕국을 허락했다고 하더라도, 분열 왕국이 하나님의 의도는 아니었다. 하나님의 백성의 통일성이라는 메시지는 사마리아의 파괴와 북 왕국의 종말에잘 들어맞는다. 히스기야는 이스라엘 곧 브엘세바에서 단까지 여호와에게 돌아와 예루살렘에서 유월절을 지키는 데 합류하자고 권고했을 때 이 신학적인 관점을 포착한 것 같다.대하30:1-2 당시 예배자는 유다, 베냐민, 에브라임 및 므낫세에 널리 퍼져 있었는데, 여호와에 대한 헌신으로, 거룩한 돌, 아세라 상, 산당, 제단을 파괴하고, 곧 민족에게서 거짓숭배의 만연한 상징들을 제거했다.[아세라, p. 387.]

유다와 에브라임이스라엘은 친족이다. 특히 남 왕국의 종교적 상태가 북 왕국과 매우 밀접하게 닮았기 때문에, 북 왕국에게 전달된 메시지는 동일하게 유다에게 적용된다. 두 왕국 모두 비슷하게 타락했다. 그래서 예언적 말씀 각각의 특별한 경우보다는 메시지의 특성에 초점이 맞추어져 있다. 실제로 기록된 형태로 된 개별 예언을 둘러싸는 역사적 사건들은 흔히 일어난 사건들이다.

호세아서는 심판의 파동을 견딘 북 왕국의 남은 자에게 여전히 말하면서도, 남 왕국의만연한 죄들과 불안정한 상태를 다룬다.

HOSEA

1부

결혼 실패의 전기

호세아 1:2-3:5

개관

이 예언은 비망록처럼 시작할 수도 있지만, 현대의 소설처럼 진행한다. 첫 세 장은 등장 인물들을 소개하고, 플롯을 전개한다. 호세아서의 나머지호4-14장는 세 가지 관점에서 하나님과 이스라엘 사이의 관계를 탐구하면서, 심도 있게 상황을 분석한다.

호세아서는 노래로 불리는 사랑 이야기인데, 실제로 거부당하고, 걷어차이고 더럽혀진 사랑을 다루는 두 가지 사랑 이야기이다. 히브리 오페라는 반복의 형태로 복잡한 플롯을 전개한다. 혹은 우리는 호세아서를 두 가지 층의 단계로 진행되는 것으로 생각할 수도 있다. 상층은 하나님과 이스라엘의 로맨스를 전개하는 반면, 하층은 호세아, 고멜 및 자녀들의 로맨스를 전개한다. 여자 인물이 무대에 오르고 생생하고 활동할지라도 남자 목소리가 지배적이다. 때로 하나님의 목소리가 플롯을 홀로 이끌어가고, 때로 호세아의 사랑 노래가 지배적이다. 이따금씩 이들의 목소리는 공통된 전개로 섞인다. 호세아서는 열정과 파토스, 황홀, 및 엄청난 고통의 드라마이다.

이스라엘의 사랑은 냉랭해졌다. 하지만 여호와는 이스라엘을 놔주지 않을 것이다. 하나님은 이스라엘의 불충성에 깊게 상처를 입어, 자기 신부에게 그의 행위의 잘못을 보여주려는 욕구와 한때 친밀했던 관계를 회복하려는 소망 사이에서 괴로워하고 있다. 친밀함은 연인들이 성실, 헌신 및 사랑으로 함께 묶여 있을 때에만 깊어질 수 있다. 친밀함은 강제가 아니라, 선택으로 생겨난다. 하나님의 인내로 말미암아 이스라엘에게 이 선택권이 허락된다.

하나님의 마음을 보이고, 그의 백성이 회개하도록 자극하는 데는 인간의 사랑 이야기보다 더 좋은 방법이 무엇이겠는가? 이를 해결하고자 호세아와 고멜 및 세 자녀들이 무대에 오른다. 이 결혼의 비극을 통해, 이스라엘은 자신이 자기 남편, 곧 여호와에게 입힌 상처를 엿볼 수 있고, 사람들을 치유하는 데 필요한 화해에 주목할 수 있다.

호세아의 결혼이 이스라엘에게서 "오 여호와여, 용서하소서!"라고 이끌어내고자 한다면, 이스라엘은 하나님이 입은 상처의 깊이를 봐야만 할 것이다. 보통 결혼의 압박으로는 남편의 고통을 인식할 정도로 이스라엘을 일깨우지 못할 것이다.

어떤 고통이 간음으로 받는 고통보다 더 아플 수 있겠는가? 여기서 우리는 남편의 지붕 아래 살면서 연인을 갈망하는 한 배우자, 음행하는 배우자,[음행, p. 412.] 이혼의 번민, 및 자기 자녀를 버리는 행위를 보고 있다. 호세아의 번민 깊은 곳에 희망이 있다. 아마도 이스라엘은 고멜에게서 자신의 모습을 보고, 자기 하나님에게 돌아올 것이다. 호세아는 한 평생에 응축된 500년간의 이스라엘의 언약 불순종을 감당하면서, 고통당하는 종이 됐다.[언약, p, 395.]

개요에서 이 첫 세장은 다음과 같이 나온다.

이스라엘과 언약을 맺은 하나님

언약 파기	심판	회복
과거(1:2–2:1)	현재(2:2–13)	미래(2:14–3:5)
결혼과 가족	이혼	재혼

고멜과 언약을 맺은 호세아

한글 성경의 장과 절 구분회1–2, 14장은 히브리 성경과는 다르다. 우리는 히브리 본문을 읽는 자들은 쉽게 조정할 수 있다고 가정하면서, 한글 성경새번역 구분을 따를 것이다.

호세아 1:2-2:1

호세아와 고멜: 4차원에서의 결혼 은유

사전 검토

다른 어떤 인간의 경험도 가족생활만큼이나 잠재적인 고통과 즐거움을 충분히 담아내지 못한다. 호세아가 행하는 예언자의 역할은 하나님이 그의 결혼과 자녀 약속에 대해 지시하는 데서 시작한다. 이 지시는 토대를 이루고, 호세아가 이스라엘을 대상으로 행할 사역의 주요 상징으로 세워진다. 두 지시 모두는 번민이 황홀함보다 심해지면서, 달콤하면서도 씁쓸해진다.

5~8년의 결혼과 자녀 양육은 짧은 몇 절로 압축된다. 우리가 상상력을 동원하고 우리의 감정을 표출할 때에, 이 사건은 우리에게 영향을 미친다.

하지만 비극으로 시작하나 승리로 끝난다. 거친 말씀들은 사랑으로 누그러들지 않는다면 파괴적이 된다. 질책은 희망의 말씀이 동반되지 않는다면, 분노와 절망으로 이어진다. 실제로 고발과 심판의 모든 주요 섹션은 구원자 하나님의 개입이 이어진다. 호세아는 "하나님은 구원한다/인도한다"를 의미한다. 1장도 예외는 없다.

개요

해설자: 배우들 소개하기, 1:2a

하늘에서 맺은 결혼, 1:2b-3a

1:2b	가서 결혼하라!
1:3a	예, 주님!

이스르엘, 1:3b-5

1:3b	아들이다!
1:4-5	하나님이 설명하다: 종점

로-루하마, 1:6-7

1:6a	딸이다!
1:6b	하나님이 설명하다: 이스라엘의 끝
1:7	… 그리고 약속한다. 그러나 유다는….

로-암미, 1:8-2:1

1:8	또 다른 아들!
1:9	주님께서 말씀하셨다. "너희가 나의 백성이 아니며"
1:10-2:1	그러나 너는 … 이 될 것이다라고 약속한다

주석적 해설

해설자: 배우들 소개하기, 1:2a

호세아의 사역은 여호와가 먼저 그에게 결혼하고 가족을 가지라고 지시할 때 시작됐다. **호세아를 통하여**라는 전치사구는 **호세아의 의해** 또는 **호세아와 함께**로 읽을 수 있다. 문법적으로 어떤 것으로 의도된 것인지 결정할 수 없다. 어쨌든 하나님과 호세아 사이의 대화는 개인적인 훈계를 목적으로만 의도되지 않았다. 이 대화는 비공식적이며, 개인적이었을지도 모르지만, 항상 호세아의 예언자로서의 소명과 연결됐다.

주님께서는 호세아에게 말씀하셨다라는 드문 구절에서 우리는 다음과 같이 질문하게 된다. 하나님은 들리게 말씀하였는가? 메시지는 환상의 형태로 왔는가, 아니면 꿈의 형태로 왔는가? 아마도 결혼이 잘못된 후에, 호세아는 이 결혼에서 하나님의 메시지를 인식했을 것이다. 자녀에게 특이하고 부정적인 이름을 지어주라는 지시는 결혼과 가족의 경험이 후대의 해석이 아니라, 구체적인 하나님의 인도의 결과였다는 것을 암시하기 때문에, 이 셋째 선택 사항은 아마도 무시할 수 있을 것이다.

하늘에서 맺은 결혼, 1:2b-3a

1:2b 가서 결혼하라!

고대 이스라엘에서 결혼은 규범이었다.[결혼, p. 411.] 호세아의 생애의 이 부분이 그의 사역을 구체화하는 것이기 때문에, 가서 아내를 맞이하라는 지시는 필요하다. 아내를 맞이하는 것은 첫날밤과 같이 결혼 행위의 더 구체적인 부분을 가리킬 수 있지만,신20:7 보통 결혼하는 것을 의미한다.신24:1; 민12:1 이슈는 결혼이지 첩의 관계가 아니다.

맞이하라새번역, "결혼하여"-역주는 명령은 맞이하라에 대해 결혼 예식이나 첫날밤보다 더 일반적인 의미를 암시하면서, 아내뿐만 아니라 자녀를 포함한다. 고멜은 결혼할 때 어떤 자녀도 데려오지 않았다. 이어지는 지시와 묘사는 아이가 결혼 후에 태어난 아이라고 확인한다.

호세아의 아내와 자녀들은 모두 **문란하다**NRSV: 매춘[whoredoms]고 특징지어진다. 이 단어는 **매춘하다/창녀**와 관련되며, 결혼 이외의 성적 행위를 가리킨다. 호세아서의 나머지에서는 문란한 행동을 가리키지만, 고멜과 자녀들의 성격을 묘사하는 것 같다. 사람들에 대한 성서의 견해에서, 성격과 행동은 서로 별개로 간주되지 않는다. 고멜 및 그녀가 낳은 자녀들은 사회의 성적 기준과 행위를 반영한다4:12 참조 고멜이 결혼 당시 유명한 창녀였다거나, 그녀가 호세아에게 신실하지 못할 것이라고 믿게 할 성격의 결함을 보였다는 암시는 없다. 그리고 첫 자녀가 명맥하게 호세아에게 태어났다고 하기 때문에1:3 매춘의 자녀들 자체로 혼외의 성적 행위로 태어난 자녀를 의미할 수도 없다. 설명은 다른 데 있다. 고멜은 결혼 언약을 어기게 되고, 따라서 주님에 대한 이스라엘의 신실하지 못함을 상징한다.

특히 아합 왕이 시돈의 왕 엣바알의 딸 이세벨과 한 결혼으로 말미암아, 가나안의 종교 관습이 이스라엘의 예배와 일상생활에 침투했다. 이세벨은 아합에게 바알을 따르도록 유혹했다.왕상16:29-34 이세벨의 영향으로 말미암아 바알 숭배, 곧 혼외의 성적 행위, 우상 숭배 및 주술적 관습으로 특징지어지는 종교가 넘쳐났다. 이스라엘에게 그들이 쫓아낸 민족의 방식을 따르지 말라고 경고했다.신7:1-6; 18:9-14 그러나 이세벨의 영향으로 바알 숭배를 적극적으로 장려한 결과, 나라는 이 풍요의 종교에 개방됐다.[가나안의 풍요 신화, p. 391.] 열왕기하 9장 22절에서, 이세벨의 죄는 우상숭배와 주술로 확인되는데, 이는 이스라엘이 모방하지 않아야 할 다른 민족들을 특징짓는 조합이다.레20:6; 미5:11-13; 사47:9; 호4:12; 말3:5 참조

호세아만이 다른 신들을 숭배하는 것을 음행매춘이나 문란행위로 언급한 것은 아니

다. 금송아지 사건 이후 언약 갱신의 기사출32-34장는 이교 숭배의 행위를 **그들이 자기들의 신들에게 스스로 매춘하며**새번역, "그들이 자기들의 신들을 음란하게 따르며"-역주라고 묘사한다.34:15; 신31:16 참조 언어와 개념은 사사기에서부터 바빌로니아 포로 시기의 성서까지 두드러지게 나타난다. 음행매춘은 바알 숭배와 연결된 성적인 방탕함을 상징한다. 마찬가지로, 음행은 이스라엘이 주님과 맺은 언약을 어기고서, 이스라엘이 이교도의 민족과 맺은 언약적 관계를 의미한다.[음행, p. 412.]

이스라엘의 지혜 전통은 이 언어와 개념을 공유한다.잠1-10장 부도덕한 여자는 어리석음을 구체적으로 표현한 것이다. 그녀는 자신을 방문하는 자들에게 주문을 거는 이방인이다. 그녀와 시간을 보내면 죽음으로 이어진다.

음행은 또한 언약의 불순종의 언어다.[언약, p. 395.] 고대근동의 조약 문서에 나오는 언약의 저주는, 음행매춘이 언약에서 맺은 맹세와 같은 엄숙한 맹세를 어긴 자에게 부과되는 징벌 가운데 하나를 대표한다는 것을 보여준다.Hillers: 58-60 다른 언약의 주를 따르는 것은 현존하는 언약을 어기는 것이다. 즉 이것은 간음이다. 그러므로 바알을 좇는 이스라엘이 간음하는 아내로 묘사되는 것은 적절하다. 고멜은 이스라엘이 시내 산에서 맺은 주님과의 언약에 대해 보였던 동일한 오만함을 결혼 언약에 대해 드러낼 것이다. 고멜은 가나안 땅에서의 전체 백성들과 그들의 관습을 상징하게 된다.호2:2-4 **이 나라가 주님을 버리고 떠나서 음란하게 살았다.** 이 구절은 언약의 불순종이라는 개념을 강화한다.

1:3a 예, 주님!

호세아는 고멜과 결혼한다. 이 결혼이 호세아의 부모가 정한 결혼인지, 아니면 호세아가 신부를 정했는지에 대해 어떤 언급도 없다. 호세아의 부모가 죽었다면 후자가 사실일 것이다. 고멜이라는 이름도 특별하게 중요하지 않다. 내러티브는 어떤 불필요한 세부 사항도 포함하지 않는다. 하나님은 말씀하고, 호세아는 행동한다. 지시와 반응이 연속적으로 이어지는 것은 호세아 측의 지체하지 않는 순종을 가리킨다.

이스르엘 I:3b-5

1:3b 아들이다!

결혼은 가족 혈통의 미래를 보장하는 아들, 이스르엘로 축복받는다. 하나님이 세 자녀 모두의 이름을 짓는다는 사실은 이 이름들이 상징적인 의미를 지닌다는 것을 암시한다. 곧 이들의 이름은 호세아 사역에 매우 중요하다.

하나님은 **이스르엘**이 약 4세대 이전에 이스르엘에서 예후가 행한 대학살로 이스라엘을 다시 되돌릴 것이라고 설명한다.[역사적 요약, p. 401.] 하나님은 아합을 이어 예후에게 이스라엘의 왕이 되도록 임명했다. 하나님은 예후를 통해, "내 종들인 예언자들의 피와 또 주님의 다른 종들의 모든 피를 이세벨에게 갚으려고 한다. 나는 아합의 가문을 모두 다 멸망시킬 것이다."라고 약속한다.왕하9:7-8 예후에게는 그와 그의 후손들이 4세대 동안 사마리아를 지배할 것이라는 보상이 허락됐다.왕하10:30 그러나 예후의 과도한 열정으로 유다 왕 아하시야9:27-28와 아하시야 친족들10:12-14을 죽여, 하나님이 승인하지 않는 것 같다. 예후가 아합의 집을 멸망시키는 행위는 일부 복수로 행해졌을 가능성이 있다. 예후는 아합 가족의 학살을 **주님을 향한 열심**으로 묘사했지만,왕하10:16 무엇보다 하나님에게서 변절하게 한 우상을 이스라엘에게서 제거하지 않았다.왕하10:29, 31 예후의 행위로 말미암아 그는 왕좌의 경쟁자와 바알 숭배의 정치적 영향을 제거하지만, 이것이 하나님에게 철저하게 돌아온다는 것을 나타내지는 않았다.

대학살의 장소인 이스르엘은 길보아 산의 북부 기슭에 위치한 성읍의 이름이다. 침략하는 군대와 방어하는 군대는 성읍을 장악하고자 싸웠는데, 이 성읍은 팔레스타인의 남부 지역으로 통하는 주요 상업 도로이자 군사적 도로를 보호했다. 이스르엘은 또한 이스르엘 성읍에서 서쪽으로 뻗는 비옥한 평원의 이름이다. 므깃도의 남쪽에서 이 평원이 내려다보인다. 비옥한 토양과 풍부한 수자원은 하나님이 뿌릴 것이다라는 이 이름의 문자 그대로의 의미를 두드러지게 한다. 하나님이 계속 자기 백성에게 구원을 뻗을 것이라는 확신이 이 이름에 암시된다. 그렇다면 이스르엘은 결정적인 전투, 수도, 풍요와 구원의 형상을 만들어 낸다.

1:4-5 하나님이 설명하다: 종점

이스르엘이라는 자녀의 이름의 의미는 주님이 설명한다. **이스르엘 평원**에서 하나님은 예후 왕조의 계승자들에게 심판을 내릴 것이다. 예후-여호아하스-요아스-여로보암의 왕의 혈통은 이제 끝나려 한다. 여로보암의 아들 스가랴는 6개월의 통치 후에 암살됐다.왕하15:8 이 예언의 성취는 가까워 오지만 임박하지는 않다.

이런 정치적인 메시지는 아마도 여로보암 통치의 말기에 전해졌을 것인데, 주목을 받았겠지만 인기를 얻지는 못했을 것이다. 외국의 지배의 일시적인 유예는 끝나고 있다.왕하14:25-27 참조 호세아의 사역 초기에 이 첫 이름을 주면서 이 메시지를 확증했으며, 호세아의 나머지 메시지에 대해 무게감을 더했다.

예언은 **이스라엘의 왕권**이나 **왕국**뿐만 아니라, 예후의 집을 향한 예언이었다. 이스라엘의 활이라는 용어는 나라의 군사적 지도력을 가리키면서, 영웅적 행위와 힘을 상징한다.렘49:35; 겔39:3; 욥29:20 참조 활을 꺾는다는 것은 언약의 맥락의 다른 곳에서는 언약을 파기한 자에 대한 신의 저주와 멸망을 의미하는 듯하다.Hillers: 60

시대의 표징을 읽는 자들은 이 아이의 이름이 이스라엘의 내부와 국제적 안정에 가하는 위협이라고 인식할 것이다. 아이 이스르엘은 정치적인 격변을 가리킨다. 그의 존재는 단순히 정권의 교체가 아니라, 하나님의 방문을 표시한다. 피흘림은 피흘림을 낳는다. 암살과 학살은 서로 신속하게 연결되어 이어진다. 이스르엘은 이스르엘로 이어진다.

예후의 가족 혈통은 주전 752년에 끝났다.

로-루하마 1:6-7

1:6a 딸이다!

한 아이에 이어 다른 아이가 나온다. 딸은 호세아의 자녀였는가, 아니면 고멜의 신실하지 못함으로 말미암은 자녀였는가? 호세아에게 태어났다는 진술이 없다는 것은 아이가 호세아의 아이가 아니었다는 것을 암시할 지도 모른다. 히브리 학자들은 둘째 출생 내러티브에서 주님을 생략하는 데서도 볼 수 있듯이, 연결된 병행 기사들은 점차적으로 짧아지는 경향이 있다고 옳게 지적한다. 그러나 로-루하마와 루-암미는 고멜의 자녀들이지만 호세아가 아버지는 아닐 가능성을 높이는 네 가지 논증이 있다.

첫째, 신실하지 못함을 고발하므로 그에게라는 구절은 이 메시지의 핵심에 매우 중대해진다. 저자는 이 구절이 내러티브의 해석을 결정한다면 간결하게 표현하고자 구절을 생략하지 않을 것 같다. 둘째, 둘째의 이름불쌍히 여겨지지-않다과 셋째의 이름내-백성이-아니다은 호세아가 그들의 아버지가 아니라는 사실을 강화한다. 셋째, 2장 4-5절의 진술은 어머니의 부끄럼을 모르는 문란함을 자녀들의 임신과 연결시킨다. 넷째, 5장 1-7절의 심판 메시지는 신실하지 못함과 음행이라는 은유로 이스라엘을 다음과 같이 고발한다. **그들이 주님께 정조를 지키지 않고 사생아를 낳았으니.**

자녀들의 출신에 대한 대안적인 해석은 이스라엘 종교의 재구성에 의존한다.[이스라엘의 종교, p. 401.] 자녀들 모두 호세아와 고멜의 자손이지만, 고멜이 자신의 다산을 보장받고자 바알 성소에 갔기 때문에, 그들이 문란함의 자녀라고 지목되는 것은 적절하다. 고멜은 임신을 보장받고자 성스러운 매춘에 관여했을 수도 있거나, 단순히 이 축복을 빌고자 제물을 바치고 기도를 했을 지도 모른다. **음행하는 자식들**이라는 구절은 호세아에게 태어난 이스르엘을 포함하여, 세 자녀 모두에게 적용된다.2:4 주님이 이스라엘의 불충성을 인식하듯이, 호세아는 고멜의 불의를 알고 있다. 두 "남편들"은 오래 참는 정신을 보여준다. 각각은 언약의 상대방의 신실하지 못함을 신랄하게 드러내어, 상대방을 소환하려고 한다. 자녀의 이름들은 예언의 메시지를 통한 이런 대면을 대변한다.

로-루하마. 긍휼히 여겨지지-않다. 불쌍히 여겨지지 않다. 이 지점에서 이런 단어들을 선택한 것은 호세아의 메시지에 중대하다. '라티암' ratyam이라는 어근 동사는 어머니가 자기 자녀들에게 느끼는 사랑, 긍휼, 그리고 연민을 표현한다. 이 단어는 따뜻하고 강렬하다. 이 단어는 어떤 성적인 어조도 포함하지 않는다. '라함' rah am이 하나님의 사랑을 묘사할 때, 항상 상처 입은 자녀, 소외된 자녀, 강퍅한 자녀, 그리고 의도적으로 불순종하는 자녀에게 뻗는 사랑이다. 이것은 심판에서 하나님의 백성을 회복한다. 중립적인 문맥에서의 사랑이 아니다. 이것은 한 눈에 알 수 있는 사랑이 아니다.

예를 들어, 하나님은 다음과 같이 말씀한다. "이제는 참으로 내가 이 백성을 불쌍히 여겨서, 그들 가운데서 포로가 된 사람들을 돌아오게 하겠다."렘33:26 "분노가 북받쳐서 나의 얼굴을 너에게서 잠시 가렸으나 나의 영원한 사랑으로 너에게 긍휼을 베풀겠다."사 54:8 라함은 회복하는 사랑으로서 독특한 강조를 가리키면서, **불쌍히 여겨서**와 **포로가 된 사람들을 돌아오게**가 병행을 이루며 나온다. 엄밀한 의미에서 라함은 항상 하나님이 자기 백성들에게 갖는 관심을 묘사하며, 일반적으로 민족들에 대한 하나님의 사랑을 결코 표현하지 않는다.

1:6b-7 하나님이 설명하다: 이스라엘의 끝

이 아이의 이름이 지니는 의미는 명백해진다. **곧 내가 다시는 이스라엘 족속을 불쌍히 여기지 않겠다이다.** **다시는**이라는 구절은 이전 심판의 선언에서 구원에 대한 암묵적인 메시지를 떠올리게 한다.1:4 그러나 **로-루하마**는 이스라엘에 돌아올 수 없는 지점에 다다랐다는 것을 가리킨다. 하나님은 다시는 불쌍히 여겨 심판을 거두거나 멈추지 않을 것이다.

로-루하마라는 이름은 두 가지 구별되지만 관련된 어감을 전달한다. 언약에 대한 불순종의 본격적인 결과가 북 왕국 이스라엘에 곧 닥치려 한다. 로-루하마는 언약의 저주가 이스라엘을 포로로 끌려가도록 하고자 맹렬하게 이스라엘에게 닥치고 있음을 의미한다.[언약, p. 395.]

둘째, 어근 '라함' rh m은 이집트에서 5세기 유대 아람어 결혼 계약에 유산의 권리와 연관되어 나온다. 거기서 명사는 주요 상속자로 지목된 자를 가리키는 듯하다. 한 사람을 로-루하마라고 말하는 것은 그녀를 "상속권을 박탈당한 자"라고 부르는 것이다. 이스라엘은 땅을 선물로 약속받았으므로, 하나님이 자기 자손에게 로-루하마라고 부를 때, 이로써 그들이 계속 주님의 재산을 소유하지 못할 것임을 가리킨다. 그렇다면 긍휼과 유산이라는 언어의 두 삶의 정황은 포로 된 백성으로서의 이스라엘의 운명을 가리키는 것으로 모아진다.

번역자와 주해가는 이 두 절에 대해 씨름한다. 하나님은 북 왕국에 대한 자신의 행동과 유다에 대한 행동을 구분하고 있는가?[유다와 다윗, p. 407.] 앤더슨과 프리드먼Andersen and Freedman은 아니라고 말한다. 그들은 본문을 다음과 같이 번역한다.

> 그녀의 이름을 로-루하마라고 불러라. 이는 나는 그들의 하나님 여호와로서 결코 다시는 이스라엘 국가에 대해 불쌍히 여기거나 용서하지 않을 것이기 때문이다. 그리고 유다 국가에 대해서는 나는 불쌍히 여기거나 구원하지 않을 것이다. 나는 활에서부터 그들을 구원하지 않을 것이다.142-143

다른 이들은 용서하다라는 단어를 철수하다로 읽어야 한다고 제안한다. 스튜어트Stuart는 다음과 같이 6절 마지막에 대해 다른 번역을 주장했다. **내가 완전히 그들에게서 배반당하였으므로.**23, 31 NIV는 나는 더 이상 이스라엘에 사랑을 보이지 않으며 그들을 전혀 용서하지 않을 것이기 때문이다라고 한다. 각 해결책은 히브리어를 바꾸거나 문법적 구성에서 문제를 야기할 수 있다.

문법적인 문제와 신학적인 문제를 해결하는 다소 단순한 번역이 다음과 같이 있다.

> 그녀를 불쌍히 여겨지지 않다로-루하마라고 불러라. 이는 내가 비록 그들을 용서할지라도, 내가 더 이상 계속 이스라엘을 사랑하지라함 않을 것이기 때문이다. 그러나 유다는 내가 사랑할 것이며,라함 나는 그들을 여호와 그들의 하나님에 의해 그들을 구원할 것이다.

구약에서 최소한 두 다른 히브리어 구절은 내가 그들을 용서할 것이다라는 구절에서 문제를 나타낸다고들 말하는 문법적 구성을 이루고 있는데,사2:9에서처럼 이는 이 해석의 문법적 토대를 확증한다.

1:7 ··· 그리고 약속한다. 그러나 유다는···

우리는 라함이 회복하는 사랑을 나타낸다고 인식할 때, 유다를 향한 하나님의 행동과 이스라엘을 향한 하나님의 행동을 구분할 수 있다. 하나님은 **더 이상 북 왕국을 사랑하지** 라함 **않을 것이다.**

이것은 북 왕국이 독립 실체로서 포로에서 회복되지 않을 것이라는 것을 의미한다. 북 왕국은 유다와 별도로 땅을 상속받지 못할 것이다. 하나님은 그들의 죄에 대해서는 용서할 것이지만, 그들을 독립된 왕국으로 다시 세우지는 않을 것이다.3:5 참조

그러나 유다에게는 아직 언약의 저주가 전격적으로 임한 것은 아니다.레26:46; 신28:15-68 참조 그렇다 하더라도 하나님의 회복하는 사랑은 땅에서 유다를 재건하고자, 포로로 있는 그들에게 뻗을 것이다.신30:3 유다의 구원은 하나님의 행위를 통해 성취될 것이다.호1:7 어떤 인간의 힘이나 군대의 힘도 적들을 무찌르는 데 하나님의 무기로 기여하지 않을 것이다. 하나님은 심지어 기병대나 병거군단에도 의존하지 않을 것이다. 유다의 구원에서 하나님의 손에 대해 어떤 잘못된 해석도 없을 것이다.

호세아는 아마도 예루살렘유다이 산헤드립의 군대에게서 경험할 기적적인 구원을 예견하고 있는 듯하다.왕하18-19장 주님은 성읍을 포위하고 땅을 차지하는 앗시리아 군대를 멸하고자 자신의 천사를 보냈다. 이 행위는 주님의 회복하는 사랑을 실제적으로 표현한 것이었다.

로-암미 1:8-2:1

1:8 또 다른 아들!

셋째 아이는 고멜이 로-루하마에게 젖을 뗀 후 임신했다. 보통 아이가 약 3살이 될 때, 젖을 뗀다.마카비2서7:27 우리는 가족과 공동체가 **내-백성이-아니다**라는 이름을 들을 때 그들에게 미칠 영향을 상상할 수 있다. 현대 영어의 동등어구인 나쁜 놈bastard은 가족의 삶에 미친 영향에는 근접하지만, 이 아이가 공동체에 미치는 영향을 포착하지 못한다.

1:9 주님께서 말씀하셨다. "너희가 나의 백성이 아니며"

너희가 나의 백성이 아니며, 나도 너희의 하나님이 아니기 때문이다라는 주님의 해석은 당시 이혼 공식과 닮았다.2:2 참조 하나님은 자기 백성과 의절했다. "너희가 나의 백성이 아니며"라는 표현은 이혼하는 아내의 아들들과 의절하는 옛 바빌로니아 문서에 나온다.Westbrook: 129, PBS 8/2 155에서; PRAKIB 17 아이는 아버지의 집에서 쫓겨나고, 유산을

상속할 권리를 가지지 못한다. 보통 아이가 어머니에게 잉태되지만 이혼하는 남편이 아닌 다른 남자에게서 낳은 경우에만 이런 일이 일어난다.

아이의 이름에 대한 설명은 우리를 다시 출애굽기 3장 14절로 인도한다.[출애굽 전승, p. 400.] 이스라엘을 이집트에서 구하는 강력한 행위에서, 주님은 자신을 그들의 하나님으로 선언했다.출6:7 참조 언약의 용어로 확증할 때,출19:7-8; 24:3 이스라엘은 하나님의 백성으로 불리는 것을 받아들인다고 선언했다.출19:5-6[여호와-바알 갈등, p. 417.] 호세아 1장 9절과 출애굽기 3장 14절이 강력하게 연결된다는 사실은, 둘 다 '에흐예' ehyeh나는 ~일 것이다라는 공통된 동사 형태를 족장의 하나님을 가리키는 이름으로 사용한다는 점에서 분명하다. NRSV와 NIV는 **나는 너희의 하나님이 아니다**라고 읽히도록 하나님이라는 단어를 제공하여 이 구절을 다르게 해석한다. 대신에 히브리어는 **나는 너희의-에흐예가 아니다**나는-너희의-아닐-것이다라고 되어 있다. 이 독특한 구성은 이집트의 속박에서 자기 백성을 구원한 하나님에게 주목한다.

로-암미라는 아이는 하나님이 최소한 일시적으로 자기 백성을 포기하고 있다는 것을 가리킨다. 언약 백성은 다른 모든 민족들, 곧 백성-아닌 자와 같이 될 것이다.아래 성서적 맥락에서의 본문을 보라 주님은 이 이름으로 그들과의 특별한 연결의 특권이 중지됐다고 선언한다. 그러나 거부와 포기는 빠르게 절망으로 이어질 수 있다. 이것이 일어나지 않도록 하나님은 즉각적으로 거부의 시기에 따라 올 약속의 말씀을 선언한다. **로-암미**는 심지어 포로로 끌려간 백성들에게도 하나님의 최종 말씀이 아니다.

1:10-2:1. 그러나 너는 … 이 될 것이다라고 약속한다

다섯 가지 약속은 세 자녀의 이름에서 상징된 심판을 역전시킨다.1:10-11 이 약속들의 언어는 신앙의 더 큰 공동체인 모든 이스라엘의 회복에 대한 강조를 덧붙이면서, 두 왕국을 포함한다. 여로보암 1세의 분열은 이스라엘을 분리시켰고 약화시켰다. 하나님의 회복은 이 과정을 역전시키고 나라의 본래의 모습을 새롭게 할 것이다.

섬멸되고 포로로 끌려간 백성들은 대거 회복될 것이다. 하나님은 아브라함창22:17과 야곱32:12에게 그들의 자손들이 바다의 모래같이 수없이 증가할 것이라고 약속했다.[야곱과 이삭, p. 406.] 후손의 성장은 이집트에서 성취됐다.출1:1-8 이것은 당시 실제 인구는 아마도 백만의 2/3가 안될지라도, 솔로몬 시대에 새롭게 성취됐다.왕상4:20; Stuart: 38-39 사르곤 2세앗시리아 왕, 주전 722-705년는 사마리아의 27,290 거주민이 추방됐다고 기록한다.ANET: 284 아마도 북 왕국의 대다수는 앗시리아 군대와의 전쟁에서 죽었다. 하지만

불쌍히 여겨지지-않는 후손과 **내-백성이-아닌** 후손은 측량치-못하며, 세지-못할 것이다.1:10a 운명의 역전은 극적이다. 하나님은 언급되지는 않을지라도, 족장에게 한 이 약속을 보증하는 이다.

둘째 약속은 로-암미의 이름의 영향과 힘을 역전시킬 것이다. 하지만 이 약속에 언급된 **장소**는 무엇인가? 이 **장소**가 아이에게 이름을 지은 것과 관련되는 듯하지만, 우리는 추측할 뿐이다. 이것이 사실이라면, 이 장소는 심판을 선언하는 이 아이의 이름이 광장또는 성문 앞에서 선포됐다는 것을 의미한다. 구원의 말씀도 역시 지붕꼭대기에서 외쳐질 것이다.

새로운 이름, **내-백성**을 의미하는 **암미**는 하나님이 받아들인다는 사실을 가리킨다. 언약 백성은 거듭 죽음보다 삶을, 변절보다는 순종을, 저주보다는 축복을 선택하도록 도전받았다.신30:13-20 참조 이 백성은 하나님의 "장자,"출4:22-23 "주님의 자녀들"신14:1-2과 그의 상속, 그의 "소유"나 "몫"신4:20; 32:9으로 알려졌다. 다른 민족에서는 신들이 상속으로 땅을 소유했으나, 주님은 무엇보다 자기 백성에게 관심을 가졌고, 지금도 그렇다.Block을 보라 이 하나님은 우상과 대조적으로 살아 있다.호4:12; 8:4-6; 사44:9-20 참조 하나님은 생명의 창시자호14:5-8; 창1-3장 참조이며, 아픈 자와 죽어가는 자를 소생시키는 이다.호6:1-3

첫 약속은 하나님이 족장들과 맺은 언약, 곧 바다의 모래와 같이 될 것이라는 언약을 성취한다. 둘째 약속은 시내 산 언약의 축복, 곧 **내-백성**이라는 축복을 갱신한다. 세 약속을 다시 거명하는 것은 다윗 언약의 축복, 곧 백성들이 통일을 이룩하여, 한 통치자를 세우고, 땅에서 번성할 것이다라는 축복을 회복시킨다.[유다와 다윗, p. 407.] 흩어진 이스라엘과 유다는 다가올 날에 다시 모여 새로운 신앙의 공동체로 다시 합류할 것이다. 그들의 오랜 분열과 반목은 사라질 것이다. 그들을 하나로 만드는 유대의식이 다시 드러날 것이다.

다윗이 북과 남을 함께 모아, 하나님 아래 하나의 위대한 민족을 이루었듯이, 넷째 약속은 새로운 다윗 계통의 지도자 아래 북과 남의 재결합을 표시한다.호3:5 머리를 가리키는 용어는 보통 왕들을 가리키지 않지만, 시편 18편 43절과 욥 29장 25절과 아마도 여기서 왕을 묘사한다.

마지막 약속은 당혹스러우며, 의도적으로 여러 의미를 지닐 수도 있다. 히브리어는 **그들이 땅에서 올라가다**NRSV: 그들이 땅을 소유할 것이다로 읽는다. 이것은 흩어진 포로들의 새로운 출애굽이 있을 것이라는 사실을 가리키면서, 이스라엘이 다시 모이는 방식을 가리키는가?호8:13; 출1:10; 3:8 참조 아니면 땅이라는 용어는 지하 세계 곧 죽은 사람들의 세계를 나타내는가?호6:1-3; 13:14; 겔37장 참조 아니면 이 약속은 주변 나라들의 재정복과 더 큰 다윗 제국의 재건설을 가리킬 수 있는가? 이 제국은 에돔, 모압, 암논, 아말렉, 수리아, 블레셋을 포함했다.삼하8장 모두가 가능하다. 즉 모두가 의도됐을 수 있다.

우리는 이 후자의 제안을 지지하며, 동사 "오르다"가 빈번하게 군사 작전이나 침입을 가리키는 데 사용된다는 것에 주목한다. 게다가 이 날은 훌륭한 승리의 날이 될 것이다. **이스르엘의 날이 크게 번창할 것이다!**호1:11 이스르엘이라는 이름을 이전에 사용한 것은 또한 왕족과 연결됐지만, 주요 군사적 대재앙을 의미했으나,1:4-5 이스르엘의 이 날은 회복된 백성을 위한 승리를 표시한다. 아모스 9장 11-12절은 이런 관점을 확증하여, 다윗 왕조의 재설립과 민족의 회복을 주변 민족의 정복과 연결시킨다. 이 전통이 이 구원의 신탁에 반영되는 듯하다.[고발-심판-구원 신탁, p. 386.]

호세아 1장 10-11절은 우리에게 하나님의 목적이 여전히 그대로라는 것을 확신시킨다. 하나님은 자기 백성의 신실하지 못함으로 무기력하게 되지 않는다. 하나님은 심지어 백성이 아닌 자들을 택하여 흩어진 남은 자들에게서 이스라엘을 재창조할 수 있다. 심판을 유발한 것은 백성의 죄이다. 이 과정에서 원인과 결과는 쉽게 이해된다. 하지만 10-11절에서 발견되는 것과 같은 이런 약속을 유발한 것은 무엇인가? 백성들 안에 있는 어떤 공적도 회복의 행위를 위한 충분한 원인이 아니다. 유일하게 가능하고 충분한 원인은 이 신성의 성격, 곧 하나님은 은혜롭다는 성품에 있다. 심판의 메시지와 구원의 신탁을 분명하게 나란히 제시하는 것은 신랄하게 하나님의 은혜를 회복의 원천으로 강조하는 것이다.

호세아 2장 1절은 은유의 또 다른 단계를 전개한다. 이스르엘은 땅에서 지속될 남은 자로 묘사되며, 로-루하마와 루-암미는 포로 된 자들을 대표한다. 이전에 민족집은 **불쌍히 여기지지 -않았고, 내-백성이-아닌** 것으로 간주됐다. 이제 하나님이 행할 회복은 모든 이스라엘 족속들이 공통의 하나님을 섬기고 회복의 사랑을 경험했다고 인정하도록 요구할 것이다. 너희 형제들과 너희 자매들이라는 복수들NRSV 해설은 그것들이 "너희, 이스르엘은 회복된 이스라엘 족속들에게 말하라"라는 명령을 지시한다는 점에서 중요하다.

원래 은유의 로-암미와 로-루하마는 모든 이스라엘 족속들에게서 구체화되고 있다. 어느 누구도 배제될 필요가 없다. 하지만 포함되려면 그들은 서로가 **불쌍히 여겨지며,**루하마 **하나님-에게-속한다**암미, 내-백성라고 인정해야만 한다. 명령형은 중요하다. 하나님은 주권적으로 행동하면서도, 자신의 약속을 성취하게 될 자들에게서 순수한 회개를 요청한다. 하나님의 백성은 서로 알아보며 인정하게 될 것이다. 그들을 분리시켰던 쐐기는 제거될 것이다. 이스르엘은 자신의 자매와 형제들을 자격을 제대로 갖춘 가족 구성원으로 다시 환영받게 될 것이다.

성서적 맥락에서의 본문
고난당하는 종으로서의 호세아

예언자는 메시지가 됐다. 호세아의 결혼과 가족생활은 이스라엘에게 독특한 말씀을 전한다. 호세아의 이야기는 은유지만, 실재이기도 하다. 호세아의 이야기는 하나님과 이스라엘의 관계를 상징하지만, 이 이야기가 가리키는 깨어진 관계에도 참여한다.

우리는 예언자들을 통해 상징적 메시지의 세 가지 면을 확인할 수 있다. 하나님의 사자는 때로 메시지를 전달하려고 상징적인 행동을 사용한다. 예레미야는 베 띠,13:1-11 가죽부대,13:12-14 토기장이와 물레,18:1-18 진흙 단지 깨기,19:1-15 및 소 멍에28:1-17의 교훈을 제시한다. 이것들은 행동으로 보여준 실례들이다. 예언자 자신은 상징에서 중심을 차지하지 않는다. 하나님은 삶의 경험이라는 은유를 통해 메시지를 전달하려고 다른 예언자들을 사용했다. 주님의 명령에 따라, 이사야는 3년 동안 벌거벗고 맨발로 다녔다. 이런 보통 수치스러운 행동은 이집트와 구스의 파괴와 포로 됨을 상징하고,사20장 이집트에 의존하는 것이 무익하다는 것을 의미하면서, 이집트와 구스에 대한 표징이었다. 호세아는 자신보다 나이가 많았던 북 왕국의 같은 시대 사람인 이사야와 비슷한데, 이사야는 자신의 자녀들과 함께 유다에게 메시지가 됐다. 자녀들의 이름인 "남은 자가-돌아올-것이다,"사7:3 "약탈-에-빠르고-전리품-에 신속하다"8:1는 심판뿐만 아니라 희망에 대해 말한다. 이사야는 자신과 자기 자녀들이 "만군의 주님께서 이스라엘에게 보여 주시는, 살아 있는 징조와 예표"였다고 인정했다.8:18

호세아의 삶과 마찬가지로, 예레미야의 삶은 그 자체로 메시지였다. 예레미야는 결혼하지 않고 자녀가 없는 채로 있었으며, 죽은 자를 위해 애도하거나 결혼을 축하하기를 거부하면서 다가올 심판을 구체화하고자 했다.렘16:1-18 그의 삶은 다가올 날의 민족의 경험을 미리 보여준다. 또 다른 경우 예레미야는 심지어 예루살렘 성읍이 바빌로니아 사람들에게 포위됐을 때에도, 아나돗에서 가족의 밭을 되샀다.32:1-44 땅 구매는 삶이 다가올 심판 후에 정상으로 돌아갈 것이라는 표징이었다.

마찬가지로 에스겔의 입은 하나님이 봉했고, 그는 가택 연금을 당하여, 임박한 심판에 대한 거의 특별히 허가받은 공적인 선언을 할 수 없었다.겔3:24-27 에스겔은 북 왕국에게 가해질 여러 해의 징벌을 대변하고자 390일 동안 왼쪽으로 누워, 다가올 예루살렘 포위를 상징하도록 지시받았으며, 그 다음에 그는 유다의 징벌의 시간을 대변하고자 40일 동안 오른쪽으로 누워있어야 했다.4:1-17 예루살렘 포위가 시작됐을 때, 에스겔의 아내는 죽었는데, 이는 나라의 상실을 상징했다. 에스겔은 예루살렘이 바빌로니아의 손에 들어갈 때까지 아내를 위해 애도하거나 어떤 예언적 선포를 하는 것도 금지 당했다.24:15-27; 33:21-22

예언자들이 하나님의 백성들에게 메시지를 전하는 세 번째 방법이 있다. 예언자들은 자신의 모습과 인격에서 하나님의 인격을 대표한다. 주님의 대사로서,렘7:25 그들은 이스라엘의 거룩한 이의 가장 심오한 계획에 관여한다.창18:17-33; 민12:6-8; 암3:7 참조 그들은 민족 앞에서 하나님을 대표한다. 사무엘, 엘리사, 예레미야, 아모스는 이런 식으로 기여했던 예언자들에 속했다.

신약 역시 말씀의 사도와 사역자들을 메시지로 제시한다. 그들은 단순한 매개체가 아니다. 그들은 또한 내용이었다. 사도 바울은 복음을 "구원을 얻는 사람들 가운데서나, 멸망을 당하는 사람들 가운데서나, 하나님께 바치는 그리스도의 향기"라고 선포한 자들에 대해 말한다.고후2:15 그러므로 바울은 고린도 교인들에게 "여러분이야말로 우리를 천거하여 주는 추천장입니다."라고 말한다.고후3:1-5 이런 이유에서 바울은 자신이 하나님을 따르듯이, 그리스도인들에게 자신을 닮으라고 권고하는 것은 적절해 보인다.고전4:16; 11:1; 빌3:17; 살전1:6

예수님은 경고하기를, 사람들이 메시지를 거부할 때, 그들은 또한 전령을 불신하거나 죽일 필요를 느낄 것이다.요15:18-25 복음을 전하는 자는 메시지의 절대적으로 중요한 부분이 된다. 전령을 맞이하는 자들은 메시지를 받았다고들 말한다. 그러므로 사람들이 "여기 내 형제자매 가운데, 지극히 보잘 것 없는 사람"에게 한 반응은 하나님이 마지막 심판에 그들을 인정하거나 비난할 토대로 묘사될 수 있다.마25:31-46; 10:40-42 참조 메시지를 거부한 자들은 전령도 거부할 것이다. 이스라엘은 엘리야, 예레미야, 그리고 이믈라의 아들 미가야에게 그들의 사역을 거부함으로써 반응했다.

때로 하나님의 종들은 메시지, 종을 보낸 자 그리고 그들이 섬기는 백성들과 전적으로 동일시하여서, 그들은 하나님의 백성의 구원을 위한 수단이 된다.사52:13-53:12 참조 예수님과 바울은 이런 시각에서 자신들의 사역을 보았다.마16:21-28; 골1:24; 고후2:12-6:13 참조 모세와 바울은 자기 백성들을 위해 너무나 강렬하면서도 전적으로 동일시하여 중재하며, 자기 동료 유대인들의 구원을 위해 자신의 생명과 영원한 운명을 잃을 준비가 되어 있었다. 출32:32; 롬9:2 그렇게 할 때, 그들은 자신들이 사랑했고 섬기려고 노력했던 자들을 위해 크게 고난을 당했다. 호세아는 고난당하는 종의 고귀하고 고통스러운 전통에서 하나님을 위해 행동했다.

뒤로 돌아감, 앞을 향해 기울임: 호세아 1:10

내-백성이-아닌 이가 **살아있는-하나님-의-자녀**가 될 것이다. 호세아는 이스라엘의 배반과 그 결과를 묘사하는 말씀들을 위해 다음과 같이 모세의 노래신32:21를 거슬러 호소한다.

말씀들과 개념들	호세아	신명기
내-백성이-아니다	1:10	32:19-21
그를 빼낼 사내가 하나도 없을 것이다	2:10	32:29, 39
치유하다, 소생하다	6:1-3; 7:1	32:36, 39
먹이다, 만족시키다, 잊다	13:5-6	32:10, 13-18
어리석은, 지각이 없는	7:11	32:6, 28
지혜로운 사람은 깨닫는다	14:9	32:29
그들은 죄상을 보관하고 있다	13:12	32:18

이런 상응과 유사점에 대해, 우리는 주님이 둘째 신혼여행의 경험을 위해 다음으로 이스라엘을 광야로 인도할 때, 이스라엘이 새로운 노래를 부를응답하다, 증언하다 것이라는 약속을 덧붙일 수 있다. 2:15; 신31:19-20, 30; 32:44-47 참조[성막, p. 415.]

호세아는 불순종에 대한 언약의 징벌의 성취를 가리키려고 언약의 저주 전통에 크게 의존한다.[언약, p. 395.] 또한 호세아는 저주가 축복의 홍수로 바뀔 날을 가리키고자 이 말씀들과 개념들에 의존한다. 2:14-23; 6:1-3; 11:8-11; 14:1-8

다소의 랍비 사울-바울은 이방인들의 회심이 새로운 개념이 아니었고 바울에게 독창적이었다는 증거를 찾고자 호세아에게 되돌아간다. 호1:10; 2:23; 롬9:19-33 참조 베드로는 한때 백성이었던 것이 아니라 이제 하나님의 백성인 자들로서 자기 독자들에게 말한다. 벧전2:9-10 언약들 사이의 이 친밀한 관계는 하나님의 더 큰 목적에 초점을 두며 지상의 모든 민족들에게 빛과 축복이 되라는 이스라엘에게 주어진 독특한 역할을 강조한다. 창12:1-3; 출19:5-6; 사42:6-9; 49:5-13

교회생활에서의 본문

하나님의 목적

모든 성서는 하나님의 목적, 곧 세상이 구원받고 자유롭게 되며, 인도되고 구출될 것이라는 목적에 수렴된다. 교회 역사의 상당부분은 스스로 구원받은 상태를 누리는 것뿐만 아니라 모두가 삶의 기뻐함에 참여하도록 복음을 선포하는 데 헌신하는 자들에 대한 기록이다.

목적에 대한 인식이 흐려질 때, 교회의 활력은 조직의 간소화, 이단의 근절, 교리의 정확한 의미에 대한 정의, 대성당과 사교적 집회장 건설과 같이 유지와 생존으로 다시 방향이 설정된다.

교회가 살아있는 하나님에게서 복음을 선포하는 데 최선의 사람과 가장 중요한 활력을 배치한다면, 교회의 가장 어려운 문제 가운데 어느 문제가 완전히 사라지고, 어느 문제가 배후로 물러날 것인가?

깊은 사랑의 힘에서의 신실함에 대한 모델

교회 역사 전반에서, 교회는 교회 지도자의 대표적이고 모범적인 역할을 지지했다. 우리가 호세아를 허세를 부리지 않는다고 생각할 수도 있지만, 그는 하나님의 지시에 기꺼이 순종한 것으로 유명하다. 바울이 "내가 그리스도를 따르듯이 나를 따르라."고 신자들에게 권유할 때, 어떤 지도자도 바울만큼 대담하게 말하고자 하지 않는다. 하지만 지도자들은 좋든 싫든 모델이다. 긍정적인 평범한 모범은 공동체에서 더 깊은 영성과 더욱 일관된 신앙생활을 개발하는 데 필수적이다. 엡2:9-16 참조

가톨릭교회는 더 젊은 교인들에게 스스로 영적인 인도자를 찾아 사모하라고 격려했다. 개신교는 개인의 성장과 지도자 훈련을 위해 교육에 관여하거나 좋은 스승이 되는 지도자에 대해 말한다. 이렇게 의도적으로 모델로 삼을 때 바탕을 이루는 것은, 전령이 메시지의 필수적인 측면이라는 인식이다. 말씀과 실천은 서로를 강화한다.

건강한 기독교적인 모델은 그리스도에 대한 깊은 헌신으로 시작한다. 그리스도의 인격에 열렬히 몰두함으로 불가피하게 더 겸손하고 온화한 제자가 만들어진다. 이런 몰두의 결과 진리에 대해 열린 자세를 가지며, 사람을 사랑하고, 가난한 자, 불우한 자, 병은 자, 고통당하는 자를 불쌍히 여기게 된다. 사랑을 이해하면 강력해지면서도 부드러워진다.

경건한 사람은 그의 신실함으로 모델이 된다. 테레사 수녀나 빌리 그래햄의 긍정적인

영향은 이들의 일관된 믿음에서 나온다. 이들의 삶은 의도적으로 모델이 되고자 했기 때문이 아니라, 살아 있는 하나님을 깊이 경험했기 때문에 설득력이 있다. 그들이 하나님을 추구할 때, 다른 이들은 그들의 삶의 패턴을 따르고자 끌린다.

영적인 지도자는 성령의 정결하게 하고 정화하는 역사로 이뤄진다. 영적인 거인들은 자신들의 불완전함과 연약함과 죄에 민감하다. 이들은 그리스도의 몸 안에서부터 뿐만 아니라 성령에서부터 직접적으로 바로잡음에 민감하다. 양심의 가책과 겸손은 서로 배타적이지 않다. 가장 위대한 영적인 지도자는 성령의 은혜가 자신들 안에서 성숙해지는 한계를 의식하지 않는다. 그들은 최선을 좇아 좋은 것이나 더 좋은 것도 심지어 계속 제쳐둔다.

그러나 위험이 있다. 추종자를 모으는 공적인 종교 인물들은 속이든 부도덕하든 또 다른 종류의 사람들일 수 있다. 개인의 권력을 추구하는 지도자들에 의한 어떤 형태의 모델도 상황을 특히 남용하기 쉽게 할 수 있다. 토마스 민처Thomas Mintzer와 짐 존스Jim Jones와 같은 강력한 카리스마를 지닌 지도자는 마음을 통제하는 방식을 행한다고 비난받을 수도 있다. 제자들이 자신들의 지도자를 생각 없이 모방할 때, 해를 입을 가능성은 잘 될 가능성만큼 크다.

어느 시대를 막론하고 성도들은 권력의 유혹과 행사를 의식해 왔다. 진정한 성도는 자신들의 힘을 다른 사람들의 안녕을 위해 헌신한다. 건전한 제자 삼기는 스승과 제자 양측 모두에게 자발적이다.

호세아 2:2-23

결혼의 죽음: 희망의 재탄생

사전 검토

두 색채의 층이 이 문학 단위에서 긴밀하게 엮여 있다. 때로 한 층이 노출되고 때로 다른 층이 노출된다. 다른 때에는 둘 다 함께 나온다. 한 층은 살색의 층이다. 즉 서로 멀어지는 호세아와 고멜의 이야기다. 신실하지 못함이 둘을 갈라놓으며, 호세아는 이혼을 하게 된다.

다른 층은 고집스러우며 배반하는, 언약을 파기하는 백성들에게 제시한 하나님의 구속을 다룬 진홍빛 층이다. 회복하는 사랑이 지배적이다. 하나님은 신실하지 못한 이스라엘이 자신의 죄에 대한 현실과 의미에 직면하기까지 끝까지 사랑한다.

법정과 이혼 절차, 발정한 어린 암소, 풍요의 제사와 그 제사의 음행, 매춘 구애와 약혼과 재혼, 그리고 언약식이라는 다섯 가지 삶의 상황이 여기서 문학적으로 묘사된다. 형상이 빠르고, 예고 없이 빈번하게 바뀌는 것은 혼란스러울 수 있다. 이스라엘은 열혈 바알 숭배자[바알, p. 388.], 창녀이자 간음자, 땅 및 자녀로 묘사된다. 이런 상징의 지시어들은 대략 동의어로 이해해야 한다.

1장에서 이스라엘은 과거 신실하지 못함 때문에 징벌을 받았다. 2장은 탐욕과 혐오스러움, 간음과 용서, 약속과 희망의 장면에서 중심을 묘사한다. 2장은 뻔뻔하고 이기적이며 탐욕스럽고 완고한, 간음한 여자로 고멜을 묘사한다. 이스라엘은 역사에서의 고멜의 대응자이다.

개요

주석적 해설

큰 본문 단위의 지배적인 해석 이슈는 바로 이것이다. 하나님은 이스라엘과 이혼했는가? 어떻게 이 문제를 해결할 것인가는 주로 이미 믿는 것에 근거한다. 우리는 하나님이 죄스러운 행위이혼를 자신의 백성과의 이 관계를 묘사하는 데 사용한다고 상상할 수 있는가? 언제 언약은 끝나는가? 하나님은 실제로 이스라엘과 언약을 취소하는가?[언약, p. 395.] 결론은 이 단락을 해석하면서 접하게 될 연속적인 선택들로 결정된다. 이것들은 에세이에서 다룰 것이다.[결혼, p. 411.]

이혼절차, 2:2-5

2:2a-b 증인으로서의 자녀들

재판이 진행 중이다. 하나님은 원고, 재판관 및 집행관의 역할을 한다. 하지만 호세아, 고멜, 그의 자녀들도 참석했다. 마치 두 사건이 같은 장소에서 심리 중인 것처럼, 하나는 위에 있는 방에서, 다른 하나는 아래에서 열리는 것 같았다. 때로 두 사건이 하나가 됐다.

자녀들에게 내리는 명령은 특이하다. 번역은 **꾸짖다**NIV에서 **호소하다**KJV, NRSV까지 다양하다. 여기서 발견되는 히브리어 구문은 다른 곳에서는 창세기 31장 36절과 사사기 6장 32절에서만 나온다. 우리는 적절하게 다음과 같이 명령을 번역할 수 있다.

네 어머니에 대한 고소를 확증하라!
그녀는 내 아내며 나는 그녀의 남편이 아니라고 확증하라!

반대 증인으로서 자녀들은 고멜이 호세아를 버렸다는 호세아의 주장에 동조했다. 고멜이 버린 것은 이혼과 다를 바가 없으며, 호세아는 "이것을 법적인 것으로 삼고" 있다. 호세아가 자기 집에서 고멜을 내쫓았더라면, 법적으로 그는 그녀를 보호하려면 "이혼 증서"를 주었어야만 했을 것이다.신24:1 참조 이사야 50장 1절은 아내가 버릴 경우 어떤 법적인 문서도 필요하지 않다는 것을 의미한다. 하지만 분명히 법정은 호세아가 자기 아내를 집에서 내쫓지 않았다는 증거를 요구한다. 자녀들은 이것에 대해 증언하고 있다.

이혼이 진행 중이라는 점에 대해서는 의심의 여지가 없다.Friedman: 199 2천년에 걸치는 결혼과 이혼 증서는, "그녀는 내 아내이다."와 "당신은 내 남편이다."와 같은 진술이 결혼 선서의 중심을 나타낸다는 사실을 확고히 한다. 결혼은 배우자들이 공적으로 이런 말들을 부정할 때 취소된다.

"그녀는 내게 아내가 되지 않을 것이다."
"당신은 내 남편이 아니다."Kalluveetil: 110-111

그렇지 않았다면 하나님은 왜 다시 이스라엘에게 구혼하고,2:14-15 약혼하는가?2:19-20 그렇지 않았다면 이스라엘은 왜 **"내 남편"**1:16이라는 결혼 공식을 반복하는가?[결혼, p. 411.]

이혼 증서는 이혼에 대한 구체적인 근거를 명기한다. 간음이나 명예훼손과 같이 정당한 원인에서만 남편은 그의 아내의 지참금을 보유하고 아내에게 주었던 선물을 돌려받을 수 있다. 남편이 아내에게 준 선물을 보유하거나 다시 돌려받는 데 정당화되는 두 가지 근거는, **간음과 의도적으로 자기 남편의 명성에 해를 끼치는 것**이다.[결혼, p. 411.]

2:2c-d 간음은 용서받을 수 있다

하나님과 호세아는 각각의 배우자들의 신실하지 못함을 입증하고자 절차를 밟는다. 바로 이어서 그들은 배우자들에게 돌아오라고 호소한다.

이스라엘의 법정 절차는 우리와 크게 달랐다. 이스라엘의 재판관은 회개와 고백을 호소했다. 배반한 백성에 대한 주님의 소송에서, 회개에 대한 호소는 법적 절차의 일부일 수 있다.사1:5-6, 16-20; 호2:2-4 참조

회개에 대한 암묵적인 요청은 이 문법 구조에서는 **그녀가 음행의 흔적을 제거하도록… 네 어머니를 꾸짖으라**라고 번역해야 할 히브리어 접속사로 알려준다.[음행, p. 412.] 이 이혼의 목적은 침해당한 남편이 법적으로 신실하지 못한 아내를 제거하는 것이 아니다. 증인들의 증언과 남편의 이어지는 조치는 신실하지 못한 배우자를 자기에게 되돌리려는 의도이다. 고멜/이스라엘에게 법적 소송의 과정에서 자신의 간음을 단념하도록 설득할 수 있다면, 이 조치는 여전히 유지될 수 있다. 목표는 징벌이 아니라 회복이다. 복수가 아니라 사랑이 이 소송에서의 추진하는 힘이다.

그녀가 자기 연인과 관계를 끊고 다시 자신의 열정을 자기 남편에게 집중하겠다고 설득된다면 얼마나 좋겠는가. NRSV는 다음과 같이 히브리어를 문자 그대로 번역한다. **그녀가 자기 얼굴에서 자신의 음란함을 제거하고 자기 가슴 사이에서 간음을 제거한다면.** 13절은 우리가 이 진술을 이해하는 데 도움이 된다. 명백하게 신실하지 못한 아내는 간음하기 전에 스스로 자기 얼굴에 코걸이와 자기 가슴 사이에 목걸이로 치장했다. 이것들은 창녀의 상징이었는가, 렘4:30; 겔23:40 참조 아니면 바알 숭배에 사용된 독특한 보석이었는가? 우리가 이것을 결정하기에는 자료가 부족하다.

2:3-5 깊은 고통, 강렬한 위협

여섯 가지 위협이 이어진다. 다섯 가지 위협은 배우자에게 향하고, 한 가지는 자녀들에게 향한다. 위협들은 강력함과 고통으로 두근거리게 한다. 첫 위협은 고멜2:3에게 가하는 것이며, 그 다음에는 자녀들이 포함된다.2:4-5

신명기에 따르면, 간음은 둘이 현장에서 잡히면 죽음으로 처벌받을 수 있다.22:22 호세아 그리고 하나님는 그렇게 심각하지 않은 방책을 고수한다. 신실하지 못한 아내가 회개하지 않으면, 그녀는 공적으로 드러내고 수치를 당하도록 발가벗겨질 것이며, 집에서 쫓겨나서 가혹한 환경에 놓일 것이다. 전형적인 히브리어 시어로는, 첫 다섯 가지 위협은 다음과 같이 병행구를 이루며 나온다.

> 내가 그를 발가벗겨서 내버릴 것이다.
> 그리하여 내가 그를 사막처럼 메마르게 하고,
> 메마른 땅처럼 갈라지게 하여,
> 마침내 목이 타서 죽게 하겠다

형상은 다채롭다. 힐러스Hillers, 1964a:58-60는 "창녀와 같이 발가벗겨"진다는 것은 언약-저주의 용어라고 주장한다.[언약, p. 395.] 정복당한 사람들은 때로 발가벗겨지고 묶여서 추방당했다.ANEP: 305, 323, 358, 365 이스라엘은 고집스럽고 뻔뻔스럽게 하나님과의 언약을 어겼으며 추방될 것이다.

본문은 또한 아내가 연인들에게 거듭 스스로 노출하는 것을 상징하면서, 남편이 공적으로 간음한 자기 아내를 발가벗겨 수치스럽게 하는 풍습을 반영할 수 있다. 그녀는 공적으로 수치를 당한 후에, 연인들은 더 이상 그녀에게 끌리지 않는다.렘13:26-27; 겔16:35-42; 23:10, 28-29

발가벗기고 공적으로 수치스럽게 하는 행위는 또한 남편이 더 이상 법적으로 음식, 옷과 부부간의 권리를 제공할 의무가 없다고 알리는 방식일 것이다.출21:10 이 장의 나머지는 어떻게 아내의 음식, 옷과 풍요로움이 철회되고,호2:5-13 그 다음에는 새로운 결혼 관계에서 회복되는지를2:14-23 설명한다.

이스라엘은 결혼을 위해 아무 것도 가져오지 않았다. 이스라엘은 빈곤했다. 노예로 이집트를 떠났다. 하나님은 노예로 봉사했던 것에서 요구하여, 이집트인의 부를 자기 신부에게 듬뿍 주었다.출12:25-26 하나님은 이스라엘에게 결혼의 지참금에 해당하는 약속의 땅을 주었다.[결혼, p. 411.] 정당한 사유로 이혼할 경우, 아내가 받은 선물은 남편에게 돌려줘야 한다. 이스라엘은 땅에서 쫓겨날 것이다.

그가 처음 태어나던 날과 같이 공적으로 노출된다는 것은, 아이의 건강과 성별을 알리고자 새로 태어난 아기를 구경꾼들에게 보이는 행위를 떠올리게 한다. 이것은 또한 에스겔이 발전시킨 대로, 어머니가 죽게 내버려두었지만, 은혜로운 낯선 이인 하나님이 돌보고 기르고 마침내 결혼한, 버려진 신생아의 형상을 떠올리게 한다.겔16장

사막처럼 되게 하고, **메마른 땅처럼** 갈라지게 하는 것은 큰 의미가 있다. 언어가 이스라엘을 땅으로 묘사하는 것으로 옮겨가기 시작하지만, 고멜과 이스라엘은 여전히 인격체로 묘사된다. 사막과 광야는 적대적이며 위협하는 영토다. 사막은 바알의 불모, 무능, 죽음에 대해 말한다.왕상17-18 참조 거기서 비와 풍요의 신이라는 바알은 생명을 유지할 수 없다.[가나안의 풍요 신화, p. 391.] 하나님은 광야에서의 자신의 통치를 증거하며 **이스라엘을 목이 타서 죽게 할 것이다.** 대조적으로 이상적인 신부는 솔로몬의 노래에서 정원과 샘, 연인의 즐거움으로 묘사된다.4:12-15 하지만 하나님이 자기 신부에게 다시 구애하고 바알을 버리는 영토로 부를 때까지, 황량하고 메마른 광야는 어떤 연인도 초대하지 않는다.호2:14-17 여섯 번째 위협호2:4은 고멜의 자녀들에게 향한다. 이 자녀들은 수유하는 아기들이 아니라, 책임 있는 인격체이다. 그들은 자기 어머니의 음란한 성향을 공유하므로,우상 숭배를 포함하여 자기 어머니의 운명을 공유하게 된다. 그들은 어머니의 발자취를 가까이 따른다.

이혼: 조정하기 위한 이별, 2:6-13

2:6-7a 담을 쌓음

고발2:5에는 결과에 대한 주님의 선언2:6-7a이 이어진다. 각 고발은 행동과 말로 구성된다. 행동과 말은 서로를 강화하고 해석한다.

어머니는 음행에 의지했다.[음행, p. 412.] 이 용어는 음행매춘의 용어다. 실제 죄는 간음이다. 이 장에서의 증거는 고멜이 생계를 위해 보통 음행에 의지했다기 보다는 신실하지 못함과 음란함이라는 해석을 선호한다. 왜 이런 용어를 사용하는가?

이것은 언약 저주의 용어다.Hillers: 1964a:58 아모스는 아마샤의 아내가 심판의 날에 생존하려고 매춘을 하지 않을 수 없을 것이라고 예언할 때, 이 용어를 사용한다.7:17

고멜/이스라엘은 매춘에 의지한 이 첫 주기에서 고발당한다.2:5 그녀가 좇고자 하는 여인들이 성소의 남창이거나 바알 숭배자라면, 그들은 고멜/이스라엘이 자기 **빵**과 물, 양

털과 모시, 기름과 술을 받았다고 주장하는 바알과 다른 신들을 대표한다. 정부가 우연한 간음자라면, 선물에 대한 언급을 설명하기가 어렵다. 가장 포괄적인 해석이 최선일 것이다. 정부들은 바알들, 주인들이다.[바알, p. 388.] **음행**은 바알 종교를 좇는 모든 행위와 그 결과 생기는 삶의 방식을 가리킨다.[가나안의 풍요 신화, p. 391.]

이스라엘은 지역 바알들이 삶의 일상적인 필수품, 곧 음식과 옷을 제공한다고 주장한다. 고기, 은신처와 자녀를 생략한 것은, 이것이 필수품의 목록이라면 이상할 것이다. 다른 근동 문화에서 온 결혼 문서는, 남편이 자기 아내를 향한 의무가 곡식과 기름, 양모를 풍부하게 제공한 것으로 구성된다고 묘사한다.2:8 참조 물술과 모시아마를 추가하는데, 이는 사치품을 암시한다.2:5 모시는 일상 옷이 아니다. 물을 제공하는 것은 아내가 지역 우물에서 물을 긷고 나르는 매일의 고된 노동을 할 필요가 없다는 점에서 사치에 해당한다. 여기서 언급한 기름은 결혼 증서에서 요리용 기름이 아니라 화장용 기름이라고 확인한다. 고멜과 이스라엘은 바알이 참으로 자신들을 축복했다고 주장한다.

이 고발의 주기는 언약 상대자의 반응으로 끝난다.2:6-7a 기록자는 이제 두 형상, 곧 소와 성공적이지 못한 창녀를 합친다. 고멜/이스라엘은 소와 같이 흔한 길을 따라 언덕 위의 길을 가고 있다. 소들은 가시덤불과 가시로 만든 울타리 또는 돌 벽으로 된 울타리 안에 있었다. 하나님은 이스라엘이 좋은 것들을 갈망하는 것을 알고서, 이스라엘이 황소로 상징되는 바알을 좇지 못하도록 가는 길에 장애물을 놓았다.[소의 형상, p. 389.]

두 번째 형상은 첫 번째 형상을 강화한다. 고멜/이스라엘은 자기 고객들을 좇는 창녀와 같다. 하지만 하나님은 고멜/이스라엘을 오래 지연시켜 고객들을 따라잡지 못하도록 방해한다. 이 장면은 잠언 7장에서 묘사된 장면과 닮았다. 창녀나 음녀는 길 아래 지나가는 사람을 목격한다. 그녀가 고객인 것 같은 사람을 보았을 때, 자신의 상품과 서비스를 개인적으로 홍보하려고 돌진한다. 하지만 주님은 예상되는 고객을 놓치도록 길게 지연시킨다. 그녀는 달려가면서 고객을 찾고자 가까이 있는 거리와 뒷골목을 뒤지지만,2:7a 고객은 가버렸다. 고객을 거듭 놓쳤기 때문에 그녀는 좌절하게 되고, 자기 남편에게로 돌아오기로 결심한다.

2:7b-8 태도 인식하기

각 신탁이 이전 신탁에서 나오면서, 이 연결된 신탁의 효과는 하나님을 재판관으로 묘사하는 것이다. 이스라엘의 만연한 변절로 말미암아 불쾌한 재판관은 평결을 선언하기에 이른다. 언뜻 보아서는 재판관의 위협은 회개를 야기한 듯하다.2:7b 하지만 이스라엘의 말은 죄책에 대한 인식도 죄에 대한 인식도 포함하지 않는다. 이스라엘의 태도는 자기 남편의 품위를 떨어뜨린다.

이 두 번째 고멜/이스라엘에 대한 비판은 배우자가 자기 편의를 위해 남편을 사용한다고 고발한다. 언급했든 단순히 생각만 했든, 그녀의 말과 행동은 모두 순수하게 기능상의 관계를 가리킨다. 하나님이 자기 길을 방해한 행위에 좌절하여, 신실하지 못한 배우자는 자기 남편의 집으로 돌아가기로 결심한다. 그녀가 자기 남편을 사랑하기 때문도, 자신의 간음을 회개하기 때문도, 자신의 죄가 막대함을 인식했기 때문도 아니라, 남편의 집이 더 편안한 삶의 환경을 제공하기 때문에 그녀가 돌아온 것이다.2:7b

소원해진 결혼 배우자 사이를 조정하는 것은 항상 적절한 일이다. 고멜은 바알들과 결혼하지 않았으며, 즉 그들은 고멜의 정부였기 때문에, 어떤 법적인 장벽도 조정을 방해하지 않는다.

그녀는 내가 이 신탁의 핵심에 있었다는 것을 알지 못했다.2:8 침해당한 남편이 되돌려 받을 물품의 목록은 그가 자기 아내에게 준 모든 것을 포함한다. 포도주 이외에 여기서 언급한 항목은 지참금을 묘사하는 고대근동의 결혼 계약에 나온다. 앞의 표현은 고멜이 지참금 없이 결혼하게 됐고, 호세아가 은혜롭게 제공했다는 것을 의미한다.

이스라엘은 하나님과 함께 경험한 혜택 때문에 하나님에게 돌아갔다.그리고 아마도 고멜은 호세아에게 돌아갔을 것이다 이스라엘은 이 축복을 받아들였지만 관계를 무시했다. 사실 이스라엘은 주님을 축복의 근원으로 인식조차 하지 못한다. 생각이 없거나 바알의 세계관에 너무 빠져들어 삶을 주님의 관점에서 볼 수 없다. 이것은 여로보암 1세,왕상13:1-6 아합,왕상18장 그리고 예후왕하9-10장의 피상적인 회개돌아옴에서 일어난 일들이며, 아사, 여호사밧, 요아스, 아마샤와 아사랴의 부분적인 회개에서 일어난 일들인가? 이들 각각에 대해 각자 다음과 같은 것을 행했다고 말한다.

> 주님께서 보시기에 정직하게 행하였으나, 그가 산당만은 헐어 버리지 않아서, 백성은 여전히 산당에서 제사를 드리며 분향하였다.왕상22:43; 15:11-14; 왕하12:2-3; 14:3-4; 15:3-4 참조

여기서 호세아의 고발은 나라가 만든 두 가지로 구분되는 종교를 반영하는 것 같다.[이스라엘의 종교, p. 401.] 여호와주님는 이집트에서 이스라엘을 인도하여 낸 이로서, 이 나라의 민족적 하나님이다. 하나님의 관심과 영역은 우주를 포괄할 만큼 광활하다. 하나님

은 민족들을 다스린다. 족장들은 하나님이 드러낼 때 알았으며, 그분의 이름 엘 샤다이로 그분을 알았다.출6:3 참조 엘 샤다이는 최후의 의지할 하나님이었다. 이 엘이자 여호와 신을 효과적으로 상징하는 것은 여로보암 1세가 베델과 단에 만든 두 개의 금송아지였다.왕상12:28-30[수송아지, p. 390.]

여로보암 1세가 이 금송아지를 둘 때 **이스라엘 백성들아, 너희를 이집트에서 구해 주신 신이 여기에 계신다**라고 한 말은 교훈적이다. 주님에 대한 이 상징들과 나란히 여호와는 산당에 수많은 성소를 세웠다.왕상12:31 베델 성소는 왕의 성소, 곧 왕국의 성전이다.암7:13 산당의 성소는 보통 백성들이 바알을 섬기는 장소다. 주님나는 존재하다은 민족과 역사적 문제를 조절하고 바알은 매일 삶의 문제를 조절한다고 생각한다. 산당을 손대지 않고 사용하는 한, 주님에게 돌아가는 것은 형식적이 될 것이다. 하나님은 근본적인 회개, 즉 180도 돌아서는 것을 의도했다. 이스라엘은 옳은 방향으로 고개를 끄덕이는 것만으로 충분하다고 생각한다.

이스라엘/고멜은…을 알지 못했다. 이스라엘/고멜의 종교는 너무나 철저하게 왜곡되어, 바알의 것으로 여겼던 모든 선물이 실제로는 주님에게서 온다는 사실을 인식하지 못한다. 풍요는 주님의 영역이다. 주님은 자신의 말씀으로 만든 세상을 축복했고, 생육할 능력을 부여했다.창1장 그러므로 풍요 제사는 창조주의 섭리를 믿지 못하는 행위이다.[이스라엘의 종교, p. 401.]

마술은 빈번하게 우상숭배 및 성적 방탕함과 연결되어, 신들을 통제하는 널리 알려진 수단이었다.출22:18; 호4:12; 사47:9; 미5:11-13; 나3:4; 말3:5 우리에게는 마술이 어떻게 바알숭배와 연결됐는지, 또는 마술이 어떻게 신들을 통제하고자 하나님의 선물을 사용했는지에 대한 세부 정보가 부족하다.

곡식, 양떼와 소떼 선물은 하나님의 은혜로운 선물이다. 나라의 번영은 여로보암 2세의 긴 통치 대부분의 기간에 이뤄졌다. 하지만 나라는 최근에 풍족해진 부를 주님에게 돌리지 않는다. 대신에 그들은 바알에게 영광을 돌리려고 부를 사용한다. 바알 숭배는 하나님의 보상으로 번성하게 된다. 하나님은 자신의 통치권의 양도에 책임이 있는가?

전혀 아니다!

2:9-13 상호의존 철회하기

이스라엘이 자기 결혼 상대자에게 보이는 거만한 태도는 주님의 품위를 떨어뜨렸고, 제지당하지 않았다면 이스라엘 측에서 혐오와 학대로 이어질 것이다. 하나님은 이스라엘이 행한 간음의 결과를 지연시킴으로 더 이상 이 태도를 조장하지 않기로 했다. 사랑은 언제 "이제 그만!"이라고 말할지를 안다. 하나님은 이스라엘의 자기기만을 공유하지도 않을 것이며, 거짓된 회개로 조종당하지도 않을 것이다. 결정적인 조치가 따른다. 하나님의 인내는 그 한계에 달했다.

주님은 결혼 혜택을 취소할 것이다.2:9 이스라엘이 돌아온다면히브리어, '슈브' [šub], NRSV의2:7b 하나님은 민족이 자각하게 될 운명을 변화시키면서,2:9-13 자기 선물을 돌려줄 것이다. '슈브,' NRSV의2:9a 재판관은 말하고 있다. 이 법정 사건의 시작에서 언급한 위협은 이제 더 자세하게 설명된다.

하나님의 대답에는 추수 은유가 도입된다. 하나님은 추수를 방해하고 곡식이 대규모로 실패하고 예배 수단을 제거하여, 이스라엘이 자각하기를 희망한다. 하나님은 사람들이 바알의 덕분으로 여겼고, 바알을 섬기는 수단이 되기도 했던 자신의 보상을 보호하기로 2:9b; NRSV: 빼앗다 결심한다. 주님 자신이 곡식과 포도주, 양털과 모시의 수확을 추수할 것이다.

이 장면은 생생하다. 이스라엘이 밭의 열매를 추수하려고 하듯이, 하나님은 곡물을 잘라내고, 포도가 그의 분노의 포도주가 되도록 짓밟을 것이다. 이스라엘은 추수의 선물을 잘못 사용하기 때문에, 하나님 자신이 자기 양털과 마를 보호하겠지만, 누구도 이스라엘을 하나님의 손에서 보호할 수 없을 것이다. 이 언어유희는 상상력을 자극하고 있다.

주님은 공적으로 드러낼 것이다.2:10 주님이 개인적으로 분개의 태도를 부인하거나 숨기는 것은 옳지 않다. 공개적으로 남편은 부정한 아내의 남편이라고 낙인찍힐 것이다. 이런 현실을 부인하는 사랑, 인내, 용서는 호세아이든 비유적으로 하나님이든 어떤 남편의 명성도 훼손할 것이다.

해결책은 남편이 자기 신부에게 준 선물을 빼앗고 그녀를 쫓아내는 것이다. 그녀의 정부가 그녀를 돌보도록 하라! 누구도 공적인 수치에서 보호할 만큼 이 여자를 존중하지 않을 것이다. 주님은 비슷한 상황에서 신부를 사랑했다.2:3a 참조 다른 어떤 신도 이런 음란한 백성들과 동일시하지 않을 것이다.

그러므로 주님은 절기를 **끝장낼 것이다.**2:11 이스라엘의 기념은 서서히 멈출 것이다. 절기는 이스라엘의 역사와 경험에서 특별한 행사를 나타냈다. 성서는 모든 남성이 참여해야 하는 세 가지 순례 절기를 소개한다.출23:14-17; 34:18-24; 신16:1-17; 유월절/무교병, 추수/칠칠절/오순절, 수장절/초막절/장막절 다른 절기와 더불어 새 달 기념민28:11-15과 안식일민28:9-10은 하나님의 자기 백성을 위한 역사적인 구속과 지속되는 공급을 정기적으로 떠올리게 하는 역할을 한다. 하지만 이제 이 절기들은 원래의 의미를 상실했고, 바알의 날들이 됐다.호2:13 절기를 끝냄으로써만 이스라엘은 절기의 의미를 재고하도록 자극을 받을 것이다.

주님은 자신의 창조한 질서에서 증인을 소환한다. 주님이 혜택을 취소하고 문제의 참된 상태를 드러내며, 악을 기념하지 못하도록 하는 것과 세상이 보이는 것을 증거하도록 부르는 것은 별개이다.4:3; 2:21 해설 참조 언약의 증인들인 하늘과 땅은 맨 먼저 비난할 것이다.[언약, p. 395.] 저주는 신실하지 못한 이스라엘에게 닥친다. 약속의 땅은 혼돈의 상태로 되돌아간다. 포도넝쿨과 무화과나무는 지나갈 수 없는 숲이 된다. 그들의 열매는 동물들에게만 음식이 된다.

농경의 은유는 두 가지 방향, 즉 바알은 무능하고 주님은 탁월하다는 사실을 가리킨다. 이스라엘이 땅에서 하나님을 영예롭게 하지 못하여, 땅과 그 산물은 하나님의 백성이 그분을 얼마나 무시했는지를 증언하게 된다. 이스라엘이 하나님의 은혜를 기대할 때, 그들은 결국 하나님의 선물을 권리로 주장하고, 하나님이 맡긴 것을 개인 소유물로 주장한다. 조만간 하나님을 무시하는 것 자체는 자연이 모든 종류의 남용에 맞서 반란을 일으키는 것으로 드러날 것이다.

결정적인 결말이 있다.2:13 하나님은 혜택을 보류하면서 시작하고, 직접적으로 자신의 간음하는 아내를 벌하면서 끝맺는다. 호세아는 이 징벌의 연속 단계에서 등장하지 않는다. 그러나 확장된 은유에 비추어, 호세아는 여기 있으면서 결말이 자신의 소원해진 아내에게 닥치도록 하여 하나님의 훈계를 따른다. 호세아의 아내는 감정적으로 욕을 했기 때문에, 호세아는 아내를 보호하고자 그녀를 위해 행동하지 않을 것이다. 호세아가 그녀를 보호한다면, 그는 동반자가 되고, 그녀의 더러운 자기기만의 행위에 예속될 것이다.

약 2백 년 전에 엘리야는 갈멜 산에서 바알의 예언자들과 겨루어 이스라엘의 하나님을 대표했다. 하나님의 번개가 제단과 희생제물을 삼켰다. 또한 생명을 주는 비로 나라에 넘치도록 했다. 누가 주님의 탁월함을 의심할 수 있겠는가? 하지만 곧 이스라엘은 바알 숭배로 되돌아갔다. 산당으로 가는 길들은 너무 깊게 밟혔고, 생각과 삶의 양상은 너무 깊게 굳어버렸다. 이것들은 마른하늘의 번개 또는 한두 번 심지어 세 번의 추수 실패로도 고칠 수 없었다.

하나님은 이용당하지 않을 것이다. 이스라엘은 자신의 목적을 위해 하나님의 소유물을 주장함으로써 그것들을 훔쳤다. 하나님은 자신의 소유를 보호하기로 결심한다. 누구도, 심지어 바알도 하나님의 심판에 개입할 수 없다.신32:39 참조 아마도 이 생각은 계속되고,

하나님은 민족의 적, 곧 **들짐승들**이 이스라엘을 치도록 할 때에, 이스라엘은 용사로서의 하나님의 손을 인정하게 될 지도 모른다.호2:12; 5:14 참조

이 위협2:12b-13은 고발과 심판을 묶어준다. 하나님의 보상이 제거됨에 따라, 이스라엘은 가지고 놀던 장난감이 빼앗길 때 불평하는 아이와 같이 자신의 상실을 애도하게 될 것이다. 이스라엘은 진리를 볼 수 없는 듯하다. 호소는 듣지 못하는 귀에 호소한 꼴이다. 질책은 무시된 채 지나가 버렸다.

하나님 자신이 이 양상을 깨뜨린다. 13절과 14절 사이에 암암리의 심판이 있는데, 이는 나중에 이 책의 4-14장에서 섬뜩하게도 아주 자세히 알려질 것이다.

드라마의 이 지점에서, 호세아와 고멜은 배경으로 물러났다. 더 큰 민족의 역사는 중심 무대에 오며, 하나님의 사랑은 하나님의 백성들이 거부하는 반면에, 하나님은 화해를 간절히 바란다. 이스라엘은 어떻게 될지를 보지 못하므로, 하나님은 이스라엘에게 어떻게 될 것에 대한 비전, 곧 결말을 제시한다. 이혼은 끝이 아니다. 즉 희망을 회복하기 위한 하나의 단계다. 이 희망은 하나님이 주도하기 시작한다.

심지어 사랑의 시작에서도 아주 오래 되었다, 2:14-23

원고 하나님은 계속 법정에 호소한다.2:14-23 하나님은 자신의 신부를 회복하려는 계획을 드러낸다. 이혼은 화해에 대한 하나님의 간절한 바람을 끝내지 않는다. 실제로 이혼은 화해하려고 의도됐다. 세 가지 바라는 결과가 언급된다.

하나님은 새로운 행동2:14-15a과 새로운 말씀2:15b-17으로 이스라엘에게 설득하고, 새 언약을 시작할 것이다.2:18-23 이 세 가지 결과는 원래 다른 예언에서 규정됐는지의 여부는 상관없다. 이 결과는 현재 그대로 일관된 전체를 이룬다. 즉 화해와 회복이라는 신명기적 언약에서 제시된 대로 하나님의 목적을 담아낸다.신30장 두 단계의 돌아옴이 이 절들에서 반영된다. 이스라엘을 위해 새로운 언약은 창조의 전 세계를 포괄할 것이다. 나중에서야 주님은 신실하지 못한 이스라엘에게서 새롭게 하는 사역을 완성할 것이다.2:21-23

2:14-15a 우정과 낭만을 재발견함

이스라엘 측에서의 새로운 행동은 하나님이 솔선수범한 데서 나온다. 하나님은 이스라엘이 광야로 돌아오도록 권고하고 독려하고 설득한다.[성막, p. 415.] 하나님은 부드럽게 이스라엘에게 처음 사막의 신혼여행의 친밀함과 기쁨을 속삭일 것이다. 하나님은 부드러운 말씀과 친절함으로 이스라엘과 낭만적인 시간을 보낼 것이다.창34:3; 삿19:3 참조

광야는 이중적인 의미를 지닌다. 광야는 이스라엘이 이집트에서 나오는 길에 가로질렀던 사막을 가리킨다. 그 황량한 장소에서, 하나님은 이스라엘을 먹이고 보살폈다. 거기 시내 산 기슭에서 이스라엘은 하나님과 맹세를 교환하고서, 하나님의 백성이 됐다.

하지만 더 많은 것이 있다. 바알은 풍요의 신이라고 평판이 났을지라도, 황량한 광야는 바알의 지리적인 제한과 무능을 가리킨다.[가나안의 풍요 신화, p. 391.] 이스라엘이 광야에서 받은 어떤 선물도 주님에게만 돌릴 수 있다. 사막은 바알의 영향이 미치는 영역 바깥에 있다.

은혜에 대한 회복은 약속의 회복으로 이어진다. 저주는 이스라엘을 풍요의 땅에서 추방한 심판으로 완성됐다. 하나님의 약속의 말씀은 이 땅을 이스라엘에게 회복시킬 것이다. 이 땅은 열두 정탐꾼이 나라를 살필 때에 목격한 대로,민13:23-28 젖과 꿀을 내고, 풍요로운 올리브 밭과 포도밭을 낼 것이다.출3:8, 17; 수24:13 참조 불행하게도 이 처음 약속은 불순종과 패배로 야기된 고통을 통해서만 받았다. 아간과 그의 가족은 **고통**을 뜻하는 아골 골짜기에서 돌에 맞았다.수7:24-26 이 약속의 미래 성취는 이런 **고통**의 경험이 없이 이스라엘을 회복시킬 것이다. 아골 골짜기는 유대 언덕으로의 문을 열 것이다. 적들에 대한 승리 가운데 외치는 환호는 패배의 절망을 대체할 것이다. 고통은 희망으로 바뀔 것이며, 회복은 이스라엘의 가장 허황된 꿈과 가장 영광스러운 과거 경험을 능가할 것이다.

2:15b-17 사랑스러움이라는 새 단어를 만듦

그 날에 주님은 또한 자기 신부에게서 새로운 말씀이 나오게 할 것이다. 구애는 광야에서 재혼으로 이어질 것이다. 하나님이 처음 이스라엘을 이집트에서 인도하여 냈을 때, 백성들은 시내 산에서 언약 관계와 조건을 **주님께서 명하신 모든 말씀을 받들어 지키겠다**라고 하면서 확증했다.출24:7 그들은 하나님을 주님으로 인정했다.렘2:2-3 참조[언약, p. 395.] 다가올 구속에서 백성들은 자신들의 맹세를 반복하겠지만, 새로운 어휘로 반복할 것이다. 남편, 주인, 소유주 또는 바알을 의미하는 '바알' ba'al이라는 단어는 이스라엘의 어휘에서 없어질 것이다. "남편"에 대한 명칭으로서 '바알'은 오직 첫 결혼, 곧 남편을 가장이자, 그의 공동체 내에서 다스리는 역할을 맡기에 적격자로 지명하는 결혼에만 적용된다.[바알, p. 388.] 이 단어의 고유 명사바알, 신로서의 기능뿐만 아니라 보통 의미남편가 폐기될 것이다. 추방은 그 의도된 목적을 달성할 것이다. 이스라엘은 우상숭배에서 깨끗하게 될 것이다.

여자는 이혼했으므로, 재혼에 대한 협상이 그녀와 그녀의 구혼자그녀의 전 남편 사이에서 발생한다. 이때 그녀는 "사랑받는" 아내로 알려진 바가 될 것이며,창29:30-31; 신21:15-17; 삼상1:5 참조 자기 가족의 협상을 통해 얻은 신부가 아니라 남편이 선택했기 때문에 보통 그렇게 불릴 것이다.

고멜/이스라엘은 태어난 날과 마찬가지로, 자기 남편의 집을 빈곤한 채로 떠났다. 이는 그녀가 새로운 결혼에 가져올 재산이 없다는 것을 의미한다. 구혼자로 바뀐 그녀의 사랑하는 남편은 그녀의 지참금을 회복할 것을 약속한다. 그녀로서는 다시는 바알이라는 언어를 사용하지 않기로 약속한다. 이는 그녀가 하나님에게만 신실하고자 다른 모두를 떠난다는 것을 의미한다.호2:16

2:18-23 새로운 결혼 언약

주님의 반응에는 새 언약의 시작이 중심에 있다.2:18-23 이 절들은 언약 언어와 개념으로 가득하다.[언약, p. 395.]

주님은 안전한 환경을 제공할 것이다.2:18 회복의 시기에 이스라엘이 자신의 맹세를 반복한 후,2:15b-17 하나님은 이스라엘의 안전을 보장하겠다고 약속한다. 땅과 풍요로는 충분하지 않다. 곡식, 양떼, 소떼와 자녀들은 들짐승과 전쟁의 약탈로 제거당할 수 있다. 그러므로 하나님은 두 가지 방법으로, 곧 땅에 거주하는 생물들과 언약을 맺고, 갈등과 전쟁이 없을 것이라고 약속하여, 이스라엘의 안전과 평온을 보장한다. 자연과 민족들은 이제 하나님의 구원의 목적에 기여하지 않을 수 없다.

언약은 이스라엘을 위해 짐승들과 맺는다. 이 언약은 적절하게 노아, 인류 및 "살아 숨쉬는 모든 생물"창9:10과 맺은 언약을 닮았으며 그 언약을 반영한다. 하나님의 보존하려는 배려는 이스라엘의 안전을 보장한다. 그럼에도 이 언약은 추가적인 의미를 전달한다. 타락 이후, 증오와 생존을 위한 경쟁이 인간과 짐승들 사이에 있었다.창3:14-21 하나님의 백성이 그분의 뜻에 불순종할 때, 들짐승과 다른 피조물은 심판의 대행자가 됐다.레26:21-22; 신28:26,42 하지만 새로운 질서는 전적으로 달라질 것이다.

지상의 피조물과 맺은 언약의 더 깊은 함의는 바알 숭배 내에서 동물들과 동물의 조상彫像을 잘못 사용한 데서 나온다. 둘째 계명은 우상숭배를 금지했다.출20:4-6 바알 숭배는 황소를 숭배를 목적으로 발판 위에 두었다. 다른 신들은 자신들의 동물 상징을 지녔다. 지상의 피조물들과 맺은 언약은 악습이나 숭배보다는 인간들이 책임 있게 사용하도록 이들을 종속적인 역할에 두었다. 그러므로 하나님의 회복은 창조 세계를 원래 의도된 질서로 되돌릴 것이다.

전쟁은 불순종에 대한 저주였다.레26:25-39; 신28:25,31-33,49-52 언약 축복에 대한 회복은 전쟁에서의 승리보다는 평화의 통치가 도래하는 것을 묘사한다. 하나님은 군사적 힘이나 전략에 의지하지 않고서 안전을 조성할 것이다. 폭력은 샬롬으로 대체될 것이다.

주님은 이스라엘이 지속될 자질을 개발하도록 도울 것이다.호2:19-20 **내가 너를 내 아내를 맞이하겠다**고히. 너와 약혼하다 세 번 반복하는 것은 하나님이 이스라엘과 맺은 언약의 결론을 표시한다. 이스라엘의 결혼 풍습에 따르면, 구애는 결혼 협상으로 이어졌다. 결론이 났을 때, 신부값을 지불하는 것은 약혼을 조인한 것이었다. 결혼이 당분간 완료되지 않더라도, 약혼은 결혼의 유대를 표시했다.삼상18:25; 신22:23-24 참조

신부값은 호세아 2장 19-20절에 자세하게 기록된다. **의로움**이나 올바름은 사람들 사이의 적절하고 정상적이고 공평한 관계를 구성한다. 이것은 법을 초월하며, 법을 표현하는 것이라기보다는 공정함이라는 의미로 나타난다. 정의는 이해의 갈등과 집단과 관련하여 개인과 가족의 안녕을 집행하는 데 적용된다. 사회의 연약한 구성원에게는 정의를 통해 힘이 주어진다. **변함없는 사랑**이 서로 언약을 맺은 당사자들의 관계를 지배한다. 이 사랑이 가족 같은 유대를 유지하는 것을 증명한다. 자비는 특히 기준에 미치지 못하는 자들을 매우 긍휼하게 여기는 것을 의미한다. **진실함**은 성실한 사람의 특징이 된다. 이 진실함은 일관됨, 신뢰할만함 그리고 확고함과 같은 다른 것으로 준수된다. 이런 자질들은 하나님이 베푸는 최선의 선물로서 물질을 능가한다. 이런 유형의 관계가 이스라엘을 지배할 때, 민족은 내적인 유대와 힘을 누리고 언약의 본질을 보존하게 된다.

이때 그리고 오직 이때에만 이런 미래의 재혼은 **너는 나 주를 바로 알 것이다**라는 명백히 규정되는 결말과 더불어 완성될 수 있다. 깨진 결혼은 피상적인 회개나 죄를 경시하는 것이 아니라 직면하고 응징하며, 고백하고 치유하며, 새로운 상호간의 재헌신, 새로운 백성을 창조하는 새로운 선물들을 통해 회복됐다. 이 언약은 영원하며,2:19 지속적이 될 것이다.

주님은 파괴적인 양상을 깨뜨릴 것이다.2:21-22 언약의 종말론적인마지막 때 축복은 두 가지 추가 과정과 연결된다. 첫째는 언약의 저주를 철회하는 축복이다.2:21-22 질문에서 히브리어 단어는 말로나 노래로 **누군가에게 응답하는 것**을 의미한다. 시내 산 언약의 조건에서는 하늘과 땅이 협약의 증인들이다. 언약을 위반할 때, 증인들이 진실하지 못한 자들에게 불리한 증언을 하고신4:26; 30:19; 31:28 죽음의 대행자가 될 것이다.17:7

호세아 2장 21-22절은 하나님에게서 시작하고, 하나님의 보상, 곧 이스르엘 골짜기라는 민족의 모델로 마무리하면서, 연속 체계를 따라 내려오는 순서를 묘사하고 있을 것이

다. 이스라엘의 이전 불순종을 증언하는 각 증인들에게 이 저주는 끝이 났고, 축복이 회복되어야 한다고 충고한다. 또는 아마도 이것은 질문과 응답의 형태로 되거나시15; 24 참조 교차적으로 하는 합창 형식으로 된시136편; 신27:11-28:6 참조 서로에게 화답하는 행렬의 합창단에 대한 형상일 것이다. 이것이 바탕을 이루는 형상이라면, 신적인 지휘자는 축복의 노래를 시작한다. 각각 연속되는 합창 무리, 곧 하늘, 땅 및 그 풍부한 보상은 이스르엘에 들리기까지 노래를 이어간다. 전체 우주는 하나님의 백성의 회복을 축하한다.

주님은 친숙한 얼굴들에 대해 새로운 이름을 부여할 것이다.2:23 온전한 회복과 축복으로 이어지는 둘째 과정은 자녀들을 다시 이름 짓는 것을 포함한다.2:23 민족의 패배의 장소인 이스르엘yizre ʻeʼl은 하나님의 심음zr ʻ이 되고, 불쌍히-여김을-받지-못한 자는 불쌍히-여김을 받는-자가 되고, 내-백성이-아닌-자는 내-백성이 될 것이다. 하나님이 사람의 이름을 짓는 것과 다시 이름을 짓는 것은 매우 중요하다. 이것은 소유권, 지배 또는 이름이 불리는 자의 참된 본성과의 일체화를 나타낸다. 이스라엘은 새로운 백성이 됐으며, 주님은 그들의 하나님이 된다.

성서적 맥락에서의 본문
하나님의 이혼: 도덕적 딜레마?

호세아 2장은 이혼 소송 절차를 묘사한다. 이혼 소송 절차는 호세아와 고멜 및 하나님과 이스라엘이라는 두 차원에서 동시에 진행된다. 하지만 하나님은 분명하게 성서의 다른 곳에서 죄악이라고 비판한 방식으로 호세아가 행동하도록 승인하고 심지어 권하기까지 하는가? "나는 이혼하는 것을 미워한다. 주 이스라엘의 하나님이 말한다."말2:16 예수님에 따르면, 모세는 무정한 남편에게 이혼을 용인한 것이지만, 처음부터 하나님의 의도는 결혼이 평생 지속되는 것이다.막10:2-9과 병행본문; 신24:1-4

호세아 2장 2절의 이혼 언어가 제기하는 도덕적 딜레마는 현실적인 문제다. 이혼은 우리가 하나님을 이해하는 데 위배된다고 해서, 우리가 이혼을 부정할 수는 없다. 이런 점에서 이 사안은 하나님이 제정한 수혼제와 닮았는데,신25:5-10 이 수혼제는 결혼한 형제가 의무를 져야 할 경우 일부다처가 될 수 있다. 가나안 땅의 거주자를 제거하라는 명령이나,신7:17-26 불의한 청지기의 지혜를 칭찬하는 데서눅16:1-12 비슷한 도덕적 딜레마가 생긴다.

우리는 은유 용어의 특성에 호소할 수도 있다. 하나님은 이혼이라는 은유를 사용하여 이스라엘과의 관계 설명한다. 실제로, 후대 본문은 하나님이 **유다는, 이스라엘이 나를 배신하고 음행을 하다가, 바로 그것 때문에 나에게서 내쫓기는 것과, 이혼장을 쥐고 내쫓기는 것을 보았다**라고 말씀한다고 인용한다.렘3:8 이것은 이 은유가 하나님과 그분의 백성의 관계를 묘사하는 데 적절하다고 확증한다. 그러나 이것은 호세아가 자기 아내와 이혼하는 행위를 정당화하지 않는다. 이 관계 모두는 단순히 은유로서의 이혼으로 묘사된다고 말한다면, 우리는 호세아의 전체 결혼 경험을 은유로 받아들이라는 방향으로 압박을 받게 된다. 그러나 1장의 구체적이며 특이한 성격은 이 결론에 불리하게 작용한다. 이혼은 실제적이지만 하나님은 이혼을 싫어한다.

사랑과 증오라는 용어는 **내가 야곱은 사랑하고, 에서는 미워하였다**말1:2-3; 신7:7-8 참조라고 한 것처럼, 야곱과 에서의 경우에서와 마찬가지로 선택과 거부를 규정한다. 또한 이 언어는 보통 일부다처의 결혼을 특징짓는 감정적인 유대를 반영한다. 이처럼 "사랑받는" 아내는 부모가 아니라 남편이 선택한 둘째 아내다.신21:15-17; 22:13-19; 창29:31-32 참조 말라기 2장 16절은 다음과 같은 점에서 분명하고 명백하다. 하나님은 이혼이 사람들의 결혼에 대한 끝이 아니기를 바라며, 마찬가지로 하나님은 이스라엘에 대한 심판에서 즐거워하지 않는다.겔18:21-24 참조 그럼에도 이혼 용어는 하나님이 악에 대해 반응하고 언약을 거절하는 자들에게 심판한다는 것을 담아내기 때문에, 적절하다고 할 수 있다.호 9:10-17 이혼 용어는 인간의 경험을 반영하고 하나님의 마음과 소통하는 적절한 수단이 된다. 즉 적합하거나 정화하는 행동에서 하나님의 거룩함을 묘사할 때 용사 또는 굶주린 짐승으로서의 하나님이라는 용어만큼이나 적합하다.

하나님의 지속되는 인내

호세아 2장은 거듭되는 죄에 대한 심판을 말한다. 이스라엘의 역사는 지속적으로 성실하지 못한 행위로 이뤄진다. 즉 사랑하는 하나님에 대한 신실하지 못함을 다룬 이야기이다. 우리는 하나님의 인내에 놀라워한다. 이스라엘을 하나님 자신에게로 거듭 부르는 것에 놀랄 따름이다. 하나님의 심판의 순간 또는 회복하는 은혜의 한계를 정의하는 공식은 전혀 없다.

때로 이스라엘의 역사에서, 구체적인 죄들은 즉각적으로 심판과 연결됐다.출32장; 민11장; 삼하24장; 왕상14장 또 다른 사례에서는 죄와 그 결과는 시간과 환경에서 분리된다.욥27장; 시73편 예측할 수 없는 시간의 구조는 하나님의 백성에게 하나님을 아무렇게나 대하지 말라고 경고한다. 하나님은 언제든지 죄의 결과를 야기할 수 있다. 인간은 하나님의 인내를 기대하지 않아야 한다. 하나님이 지연시키는 것은 무관심이 아니라, 과분한 호의다.시 94편; 벧후3:1-13 참조

하나님이 인내하고 다시 부르는 은혜에 대해 침묵하는 것은 성도의 고통이 된다. 신실한 남은 자는 "얼마나 오래 기다려야 합니까? 우리에게 공정한 판결을 내려주소서, 주님!"이라고 외친다. 거기에는 예측할 수 없는 시간이 신앙을 시험한다.시73편; 제6:10

하나님은 분명히 자기 백성을 다시 부르려고 실행에 옮긴다. 하나님은 그들을 결코 버리지 않을 것이다.신30장; 렘31장 이것은 호세아 당시의 이스라엘과 새 이스라엘에게 모두 적용된다. 하지만 어떤 개인도, 지역 회중도, 교파도 하나님의 백성의 다른 어떤 분파도 무조건적인 축복을 주장할 수 없다.창17:1-14; 레26장; 삼하7:8-17; 제2-3장 하나님에게 불순종하고 거만한 태도를 보이는 자들은 하나님의 백성에게 허락될 유산을 공유하지 못하게 된다. 놀라운 사실은 하나님의 사랑이 우리 언약 서약을 갱신하고 회복하려는 초대로 모두에게 계속 뻗어나간다는 것이다. 이스라엘의 역사는 경고와 확신 모두로 기록된다.고전10장; 히3-4장[언약, p. 395.]

교회생활에서의 본문
결혼과 가족이라는 증거

하나님의 임재와 은혜에 대한 무엇보다 강력한 증거는 교회 가족에서 나온다.막3:31-35; 병행본문; 롬8:14-17, 29 교회는 이 증거가 결혼과 가족 단위에 반영되기를 원한다.엡5:21-6:4 교회는 이혼의 파괴적인 영향과 그 결과 야기되는 재혼의 복잡한 문제와 항상 씨름했다. 최근 연구는 우리가 분리된 결혼의 유대가 미치는 장기간의 파괴적인 영향력을 과소평가했다는 점을 보여준다.Wallerstein 이것들은 더 깊은 왜곡과 혼란의 징후이며, 자주 더 깊이 돌이킬 수 없는 해악의 원인이 된다.

결혼 언약을 취소하는 것은 고통으로 가득하다. 호세아는 감정적이며 도덕적으로 파괴적인 결혼을 끝낸다는 고통을 기록한다. 때로 교회는 이혼이 발생했다는 사실을 인정할 필요가 있다. 대부분의 결혼은 파탄나기 전에 상당한 학대와 무시가 지속되고 있다. 실제로 결혼의 강력한 친밀감 때문에, 대부분의 결혼은 종종 개인의 미성숙, 침묵, 거리감, 탐닉, 제3자 및 심지어 육체적 학대도 견디면서, 놀라울 정도로 제자리로 돌아온다. 간음, 학대와 버림은 심각한 위반이지만 이 인간관계에서 최종 결정의 역할을 할 필요는 없다.

호세아서와 호세아는 또한 하나님의 회복하는 사랑의 인내를 비춰준다. 호세아는 신앙

공동체가 형제와 자매에게 무너지고 심지어 깨진 결혼 관계를 회복하라고 요구하며 모든 세대에게 메시지를 전한다. 이혼은 해결책이 아니다. 고백, 회개, 대면, 진리 말하기 등이 회복을 향한 방법이며, 건전한 결혼으로 돌아가는 길이다. 주전 8세기의 드라마에서, 호세아와 하나님은 깨어진 가정과 사회에 대한 희망을 복구하라고 제안한다. 회복된 결혼과 화해한 가족은 설득력 있게 하나님의 하나 됨과 구원하는 은혜를 말하게 된다. 이것은 그리스도에 대한 으뜸가는 증언이다.

그리스도와 교회: 신랑과 신부

친밀함과 신실함이라는 이스라엘과 하나님의 언약의 관계를 묘사하고자 결혼 형상을 사용한 것은 그렇게 새롭지 않다.렘2:2-3; 겔16:1-14 참조 이 해석 전통은 랍비들 사이에서 활발하게 발전했는데, 랍비들은 이 전통을 아가서에 적용했다. 유대교에서 모형론은 이스라엘이 집합적인 언약 공동체로서 역할을 한다고 보았다. 즉 모형론은 개인들에 대해 사용되지 않았다.

후대 기독교 해석가들은 연인들을 개인적으로 그리스도와 개인 그리스도인으로 재해석하여, 아가서의 육감적 특징과 거리를 두었다. 이 접근은 사막의 교부들과 아빌라의 테레사Teresa of Avila 저작에서 흔히 나타났다. 황홀경은 그리스도와의 개인적인 사랑을 적절하게 묘사하는 것이 됐다. 이것은 인간의 사랑과 친밀함을 문자 그대로 묘사하기에는 부적절하다고 간주됐다.

신약은 자기 신부인 교회에 돌아오는 신랑 그리스도의 형상을 계속 사용한다.엡5:22-33; 고후11:2 요한계시록의 최종 환상에서, 미래의 구속은 다음과 같이 하나님의 백성에 대한 형상을 은유 중에 은유로 묶고 있다.

> 나는 새 하늘과 새 땅을 보았습니다…. 나는 또 거룩한 도성 새 예루살렘이, 남편을 위하여 단장한 신부와 같이 차리고, 하나님께로부터 하늘에서 내려오는 것을 보았습니다. 그 때에 나는 보좌에서 큰 음성이 울려 나오는 것을 들었습니다. "보아라, 하나님의 집이 사람들 가운데 있다. 하나님이 그들과 함께 계실 것이요, 그들은 하나님의 백성이 될 것이다. 하나님이 친히 그들과 함께 계시고…."계21:1-3

용어는 의도적으로 구약 예언서와 비슷하다. 요한계시록의 환상은 그 완성에서 하나님과 그분의 백성 사이의 회복된 언약 관계에 대해 호세아가 기대하는 바를 성취한다. 이것

은 어린 양 그리스도가 교회, 곧 모든 민족의 성도들과 연합할 때 일어난다.계19:7-9; 7:9-
10 호세아 예언의 역사적 성취에 대한 문제는 여전히 남아 있다. 에스라그리고 느헤미야의 인
도로 돌아온 것은 하나님이 자기 아내를 돌아오라고 부르는 주도적인 행위를 나타내는
가? 우리가 믿기로, 이것은 두 단계의 구속에서 첫 단계다. 마지막 단계는 하나님이 그리
스도를 통해 모든 민족의 신자들에게 열려 있는, 새 언약의 조건 아래서 이스라엘을 갱신
하고 회복하는 것이다.마26:26-29; 28:19; 히8-9장

호세아 3:1-5

화해: 계속되는 사랑에서 기인함

사전 검토

호세아의 결혼은 하나님이 신실하지 못한 이스라엘에게 자신의 마음을 여는 시각적인 도구가 됐다. 이혼과 이어지는 심판의 행위는 치유하려는 의도였다. 약속의 땅에서 추방되면 광야에서 죽게 된다.2:3 그럼에도 주님의 기적은 끝나지 않았다. 하나님은 이스라엘을 황량하고 바싹 마른 바알이 없는 황무지 가운데 확실한 죽음으로 내몰았다. 이스라엘이 절박한 상황 가운데 자신을 둘러볼 때, 하나님의 모습이 다시 나타나서, 자기 백성을 새로운 결혼관계로 부르고 구애하고 초청하며, 새로운 삶으로 환영하고 있다.

2장을 마무리하는 구원 신탁은 자신의 소외되고 이별한 아내에게 약속하는 주님의 말씀을 포함한다. 이 말씀들은 연인의 꿈으로, 열렬하게 신랑이 약속한 바이다. 이런 꿈이 현실로 되는 실제 과정은 이런 화려한 약속이 시사하는 것보다 종종 훨씬 세속적이며 발칙하다. 호세아 3장은 호세아와 고멜의 삶에서 약속들이 실현되는 단계들을 제시한다. 이전에 호세아의 결혼은 이스라엘의 변화무쌍한 과거를 보여줬으나,회1장 이제 이스라엘의 미래는 이 가족의 삶에서 기대된다.[고발-심판-구원 신탁, p. 386.]

개요

사랑이 교착 상태를 깨다, 3:1-3

주석적 해설

사랑이 교착 상태를 깨다 3:1-3

3:1 네 전 부인과 가서 재혼하라

"여인을 사랑하라." 이 여인은 고멜인가 아니면 다른 사람인가? 해석은 부분적으로 우리가 어떻게 시작하는 말씀을 읽는가에 달려 있다.

　　(A) 주님께서 나에게 또 말씀하셨다. "너는 가서, … 사랑하여라."

　　(B) 주님께서 나에게 말씀하셨다. "너는 가서, … 다시 사랑하여라."

"다시"라는 부사는 지속된다는 것을 의미한다. 문제는 무엇이 지속되는가이다. 하나님의 말씀이 지속된다는 것인가, 아니면 호세아가 가서 사랑하는 것이 지속된다는 것인가? 토대를 이루는 히브리어 부사에 대한 연구에서, 부사가 빈번하게 그것이 수식하는 동사를 따른다고 하더라도, 위의 A와 마찬가지로 때로 부사는 동사를 앞선다는 것B에서와 마찬가지로; 사56:8; 렘2:9; 겔5:4 참조을 알 수 있다. 그래서 주해는 문맥에 근거하여 결정돼야만 할 것이다.

호세아가 이혼 후에 다른 여자와 결혼하면 은유에서 문제를 일으킨다. 분명히 주님은 이스라엘이 신실하지 못했기 때문에 둘째이자 다른 아내를 선택한 것은 아니다. 게다가 이 여자는 간음을 행하여 **음녀**로 묘사되기 때문에, 여전히 하나님이 결혼한 것으로 간주한다. 이것은 남편이 자신의 이혼한 아내를 광야로 다시 인도할 때 이전의 매혹적인 말의 바로 핵심과 일치한다.호2:14 남편은 자기 아내고멜/이스라엘와 재혼하고 사랑의 언약을 갱신하려 한다. 주도권은 전적으로 남편이 쥐고 있다.

여자에 대한 묘사는 특이하다. NRSV는 **정부가 있는 여자**라고 읽는다.3:1 문자 그대로, **가장 친한 친구가**히. '레아' [rea'] **사랑한 이**가 된다. 지금까지 아내의 연애는 **정부들**복

수: 2:5, 7, 12-13과 관련됐다. 왜 바뀌었는가? **사다**로 번역된 단어3:2도 역시 특이하다는 것을 주목할 때, 당황스럽고 더욱 깊어진다. 히브리어 동사 '카라' karah는 대부분 **파다**로 번역되며, 우물,창26:25 무덤,창50:5 또는 동물을 잡는 구덩이출21:33를 파는 것이나 귀를 뚫는 것시40:6을 가리킨다. 다른 경우 이 동사는 음식을 준비하는 것을 가리킨다.욥41:6[히. 40:30]; 왕하6:23 신명기 2장 6절에서 모세는 사람들에게 에돔 영토를 통과하는 것에 대한 지시를 검토한다.

> 먹거리가 필요하면 그들에게 돈을 주고 사서히. '샤바르'[šabar] 먹어야 하고, 물이 필요하면 돈을 주고 사서 '카라'[karah] 마셔야 한다' 하셨습니다.

사다를 가리키는 두 단어의 차이점은 음식이 은으로 교환되는 일용품인 반면, 물은 나라를 통과하면서 물에 대한 권리 형태로 구입됐다는 것을 가리킨다. 이것은 아마도 물을 위해 파거나 이미 있는 물을 사용할 권리를 포함할 것이다. 성적인 어조는 다른 사람에게 넘겨주는 일용품에 대해 지불하는 것보다는, 단어가 음식, 물, 파는 것애4:10-5:4 참조 그리고 편의에 대한 권리를 구입하는 것과 연관될 때 분명하게 드러난다.

이것이 호세아 3장의 의미에 어떻게 영향을 미치는지를 고려하라. 만약 고멜이 제의 창녀가 됐다면, '레아' 친구라는 용어를 사용한 것은 특이한 일이다. 고멜은 더 이상 자신의 정부에게 충분히 매력적이지 못하기 때문에 노예로 자신을 팔았는가? 어쩌면 그럴 수 있다. 그러나 이 경우 그녀를 **다른 남자**단수**의 사랑을 받고 음녀가 된 것**이라고 언급하는 것은 적절하지 않을 것이다. 그녀가 **원조를 받는 여자가** 됐다는 것이 가장 가능성이 높다. 그렇다면 그녀는 공식적으로 노예도 아니며, 더 이상 매춘에 종사하지도 않는다. 그녀의 정부가 성적 사랑에 대해 의식주을 제공하고 있다.

사다 '카라' 라는 동사는 호세아가 그녀의 성적 사랑을 위한 권리를 사고 있다는 개념을 강화한다. 그녀는 아내가 아니지만 그럼에도 호세아가 그렇게 하기로 선택했다면 그의 아내가 될 수 있다. 호세아가 그녀의 성 행위에 대한 권리를 산 후, 즉각적으로 그녀가 사랑하게 된 역할에서 호세아를 위해서나 다른 남자를 위해서 섬기도록 요구받지 않을 것이라고 알린다.3:3

이런 조정은 아마도 여자에게 창녀와 첩의 중간쯤 되는 지위를 부여하는 것 같다. 그녀는 이 관계를 위해 지참금이라는 담보를 가지고 있지 않다. 노년에 장기간의 의무에 대한 약속이나 돌보겠다는 약속도 없고, 자기 자녀들을 위한 상속의 권리도 없다. 분명히 그녀 자신과 아마도 그녀의 자녀들의 생존 목적을 위해 이런 조정이 이뤄졌을 것이다.

고멜과 이스라엘의 이야기는 비슷하다. 고멜의 이전 욕망은 오로지 남편처럼 한 정부의 성적 욕망을 충족시키는 것이었지만 결혼에서는 아니었다. 다음과 같이 3장 1절에서의 병행구를 주목하라.

너는 가서 그 여인을 사랑하여라	주가 이스라엘 자손을 사랑하는 것처럼
(A) 다른 남자의 사랑을 받고	(B′) 이스라엘 자손이 다른 신들에게로 돌아가서
(B) 음녀	(A) 건포도를 넣은 빵을 좋아하는 자들 복수

하나님의 사랑은 호세아의 사랑의 모델이자 척도이다. 하나님은 자기 백성을 돌이킬 수 없을 정도로 버리지 않을 것이다. 추방을 통한 이혼과 섬멸하는 심판은 주님의 사랑에 대한 범죄가 얼마나 악독한지를 이스라엘에게 깨닫게 하려는 의도이다. 이스라엘이 다른 신들을 좇고, **건포도를 넣은 빵을 좋아할지라도**,NRSV 하나님의 사랑은 이들에게 뻗는다. **건포도를 넣은 빵**에 대한 언급은 다른 신들에 대한 언급과 병행구를 이룬다. 이런 **빵**은 부정적인 의미가 없이 다른 곳에서 언급된다.삼하6:19; 병행본문, 대상16:3; 아2:5; 사16:7 그럼에도 여신의 형상과 관련된 건포도를 넣은 빵은 아세라 또는 아스타르테Astarte또는 이쉬타르, 렘7:18; 44:15-28에 나오는 "하늘 여신" 곧 금성의 여신; Martens, 1986:75, 291에 바쳐졌다.[아세라, p. 387.] 어떤 종류의 사랑이 그렇게 부드럽지만 곤란하게 할 수 있는가? 응징하지만 회개를 위해 인내할 수 있는가? 전적으로 순수하지만 기꺼이 용서할 수 있는가?

'아하브''ahab사랑라는 단어의 어근은 호세아 3장 1절에서 네 번 나오는데, 이는 이 단어의 폭을 잘 보여준다. 이 어근은 이제 호세아가 자신의 신실하지 못한 배우자에게 보이는 용서하는 사랑, 부정한 정부에 대한 사랑과 친밀감, 하나님의 사랑이 지속됨과 확고하게 신실함, 그리고 심지어 이교의 숭배에서 관능을 충족시키는 건포도 넣은 방에 대한 욕구를 묘사한다. 즉 용서, 사랑, 신실함, 욕구를 묘사한다.

3:2-3 솔선하여 행하라

호세아의 행동은 주님의 행동을 기대하게 한다. 호세아는 고멜을 되돌려 받으려고 그녀의 정부에게 지불한다. 대가는 주님이 맹세하며 헌신한 여자에게 지불하는 동일한 금액레27:4인, 여자 노예에 지불하는 30세겔출21:32이 되지 못한다. **은과 보리**로 지급한 것은 판결로 정해진 금액이라기보다는 협상안이라는 것을 암시한다. **열다섯 세겔과 보리**

한 호멜 반은 할인가격이다. 이 가격은 고멜의 나이, 만족도나 육체적 상태가 좋지 않음을 반영한다. 고멜은 더 이상 크게 필요한 상황이 아니다. 그녀는 퇴물이 되었으며 오직 무절제한 탐욕이나 순수한 사랑에게만 매력적이 됐다.

호세아는 고멜을 되산다. 이로 말미암아 호세아는 소유권을 가지게 된다. 고멜은 더 이상 배우자로서의 자유가 없다. 호세아가 그녀에게 부과한 의무가 구속력을 지니게 될 것이다. 호세아는 더 긴 기간 동안 그녀의 신실함을 시험한다는 제한을 둔다. 고멜은 음행이 금지되며 아마도 또한 산당에서의 거룩한 의식에 참여하는 것도 금지될 것이다. 그녀는 다른 어떤 남자와도 성관계를 해서는 안 된다. **너는 남자에게 속하지 않아야 한다**새번역, "다른 남자와 관계를 맺지도 말고"−역주라는 마지막 구절은 **결혼하다**에서 **성관계를 하다**까지 폭넓은 의미를 지닌다. 여기서 이 구절은 성관계 하는 것을 가리키는 것 같다.레21:3; 창 24:16; Andersen and Freedman, 1980:302−303 참조

마찬가지로 다윗은 압살롬이 성관계한 열 명의 첩에게 평생 성관계의 금지령을 내렸다.삼하20:3; 16:21−22 참조 이런 금지령은 레위기 27장 1−8절에 나오는 법의 주제인 것 같으며, 또한 결혼과 미혼에 대한 바울의 충고에도 나온다.고전7:36−38

고멜에게 이렇게 제약을 둔 것은 호세아가 사랑으로 헌신한 것보다 더 하다. 곧 **나는 당신과 함께 하지 않을 것이다**라고 한다. 이 결혼과 사랑의 관계는 오랜 동안 성관계 없이 지속된다. 호세아는 자신이 대가를 치루지 않는 무언가를 고멜에게서 기대하지 않는다. 이 이상적인 관계는 둘에게 모두 감정적인 어려움을 야기하지만 특히 호세아에게는 더욱 크게 야기한다. 호세아는 고멜이 마음을 바꾸기를 기다린다. 동시에 고멜에게 보이는 호세아의 행동은 가장 순수한 사랑에서 나온다. 이런 사랑은 배우자의 내적인 소생을 기다리며, 그들이 한때 경험했던 사랑의 깊은 유대감이 다시 불붙기를 기다린다. 이런 사랑은 개인적인 만족을 위해 타인에게 요구하지 않는다. 결혼의 결속은 사랑이 뉘우치게 하고 다시 사랑을 낳도록 할 때만이 온전히 회복된다.

우리는 다른 무엇을 기대해야 하는가? 3:4−5

3:4 신뢰가 회복되려면 시간이 걸린다

호세아−고멜의 재혼이 가리키는 더 폭넓은 현실이기도 한 이 설명은 이제 주님이 드러낸다. 호세아가 자기 아내의 성적인 절제를 요구한 것은, 하나님이 이스라엘을 다루는 것을 지적하려고 병행구를 의도하기 때문이다.왜냐하면, 3:4 지속되는 관계는 제약이 있을 것이다. 민족은 많은 해 동안 주요 정치적, 종교적 제도가 없이 존재할 것이다. **왕도 통치자**

도 없이는 민족의 흩어짐과 예속됨을 예상하는 것이다. 민족의 군사 지도자와 정치 지도 자들은 사라진다. 이스라엘은 더 이상 통치자의 영향을 받지 않을 것인데, 이 지도자들 대부분은 활발하게 다른 신들을 숭배하는 일을 했으며 이 일을 장려했다.왕하17:21-23 북 왕국은 끝났다. 자신의 나라를 잘못 인도한 지도자들도 사라졌다. 그러나 고멜이 있다 는 것은 독자에게 민족이 사라지지 않을 것이라고 확신시켜준다. 하나님은 자기 백성을 버리지 않았다.

희생제물을 중지한 것3:4은 주님에게든 다른 신들에게든 바치는 모든 제물에 적용된 다. 이 절제의 긴 기간에 모든 공식적인 희생제물을 멈출 것이다. 의식 자체는 오해되고 잘못 사용됐다. 더 이상 이스라엘 사람들은 하나님에게 자신들의 가축을 제공하여 그분 을 통제하려고 하지 않을 것이다. 하나님은 동물 희생제물의 되살아난 열광보다는 새로 운 마음을 찾는다.

거룩한 돌기둥이나 돌3:4은 원래는 부정적인 어감을 지니지 않고서 사용됐을지라도 가 나안 숭배의 흔한 특징이었다.신7:5[가나안의 풍요 신화, p. 391.] 이스라엘이 가나안 땅 에 들어가기 전과 심지어 들어간 후에도 이런 거룩한 돌은 개인적인 기념을 위해,삼하18:18 무덤을 표시하기 위해,창35:20 언약창31:45-52; 수24:26-27 또는 하나님의 출현창28:18, 22; 35:14을 기념하기 위해 사용됐으며, 제단에서의 예배와 연관됐다.출24:4 막연한 방식으로 돌기둥남성 신을 대표하는은 바알 숭배의 필수적인 부분이 됐다.종종 여성 신을 가리키는 나무 막대 기와 가까이에[아세라, p. 387.] 그러므로 기둥은 이스라엘 예배에서 금지됐다.신7:5; 16:22 주 님에 대한 왕의 신실함을 시험하는 한 방법은 그 왕이 산당에 있는 거룩한 돌을 파괴했는 가의 여부였다.왕하10:26

이스라엘이 오랫동안 추방의 징벌을 받을 때, 그들은 가나안 땅의 산당에 접근하지 못 할 것이다. 이들의 대중적인 이교 상징과 이렇게 거리를 두어, 거룩한 돌에 대한 사랑이 제거될 것이다.

에봇과 드라빔은 나란히 언급된다. 에봇은 제사장들이 입는 모시로 된 옷이다. 에봇은 제비로 그런가—그렇지—않은가하는 형태로, 아마도 주머니에서 색깔 있는 돌을 꺼내는 것을 통해 하나님의 뜻을 결정하는 수단을 포함했을 것이다.삼상23:9-11; 30:7-8 다른 한 편 드라빔은 아마도 인간의 모양으로 된 다양한 크기의 가정 신들일 것이다.창31:34; 삼상 19:13 드라빔은 가족의 지도력을 인정하고, 가정을 보호하며 아마도 심지어 가족 문제에 서 신들의 뜻을 드러내는 데 기여했을 것이다. 에봇과 드라빔은 함께 일상 문제에서의 보 호를 나타낸다. 이스라엘이 인정할 만한 방법으로 다시 하나님을 희망하고 찾을 때까지는, 추방의 생활에서 방향을 찾는 이런 수단들은 제거될 것이다.

3:5 결과는 매우 가치가 있다

호세아와 고멜은 배경으로 사라졌다. 하나님의 회복하는 사랑이 이스라엘에게 여기서 작용한다. 이교 사상과 하나님의 축복의 온전한 혜택에서 강제로 고립되는 긴 기간은 그 자체로서의 목표를 달성하게 된다. 세 가지 근본적인 요소, 즉 인정받은 군주의 지도력, 주님에게 접근하는 적절한 방법, 그리고 하나님의 인도하는 임재의 징표가 중지했다. 이것들은 약속된 구원의 핵심이다. 이스라엘의 신앙은 생명으로 회복될 것이다.

그런 **다음에**서와 같이 기간은 무한하다. 많은 날들은 하나님이 확신하지 못하기 때문이 아니라, 기다리는 이로서 하나님에 초점을 두기 때문에 정해지지 않았다. 주요 관심은 이 심판의 기간의 목적이다. 이스라엘은 제정신이 들 것이다. 통한은 회개로 이어지고, 회개는 하나님에 대한 새로운 갈망으로 이어지며, 하나님에 대한 인식은 깊은 두려움과 겸손으로 이어진다. 게다가 전능자에 대한 존경은 하나님의 보상의 저장고를 활짝 열어 놓는다.

돌이켜서라는 단어는 완전히 돌아서는 것을 가리킨다. 이것은 새로운 방향인데, 그들의 주님에게로 이끄는 방향이다. 옛 방법은 다른 신들을 좇고, 바알들을 따르며, 정부들을 갈망하는 것이었다. 하나님을 찾는다는 것은 하나님을 예배하며 접근하고, 자신의 삶에서 하나님의 임재를 열광적으로 갈망하며 하나님의 의로움을 실천하는 것을 의미한다. 마6:33 참조

그러나 왜 **그들의 왕 다윗**을 찾는가? 호세아는 북 왕국 사람들에게 메시지를 전하고 있다. 이것은 유다 사람에 의해 본문에 소개되는 추가사항인가? 전혀 아니다. 역사서사무엘서, 열왕기서, 역대기는 다윗에게 하는 하나님의 약속을 민족의 기대를 성취하는 핵심 사항으로 기록했다. 북 왕국과 남 왕국의 분열은 주님에 대한 제사와 섬김을 왜곡하는 결과를 낳았다. 이스라엘은 민족이 계속 다른 왕들이 좇는 길을 따르지 않으면 미래에 하나님의 축복을 받기를 기대할 수 없다. 여로보암은 주님의 상징으로서 수송아지를 사용하도록 권장하여, 이스라엘에 다른 예배와 제사장직을 소개했다. 왕상12:25-33[수송아지, p. 390.] 사람들의 희망은 다윗에게 준 대로 하나님의 약속이 회복되는 것이다.

마지막 결과는 하나님을 깊이 존경하고 자발적으로 **하나님의 선함**을 그분의 보상으로 받아들이는 것이다. 이스라엘의 신실하지 못함의 역사는, 주님의 약속이 변경될 수 없다고 주장하고 심지어 자신들의 예물을 바알에게 돌리면서, 그들이 주님을 잊는 것이 중심

을 차지했다. 이스라엘이 회개할 때, 그들은 하나님을 온전한 위엄 가운데 다시 만날 것이다. 그들의 무관심한 태도는 하나님의 임재 앞에서 두려움 가운데 녹을 것이다. 그들이 주님에게서 자비의 혜택을 받을 때, 그들은 감사하며 선물로 그것을 받을 것이다.

이 회복의 사건들은 **마지막 날에** 일어날 것이다. 이 용어는 전형적으로 예언의 성격을 지니며, 다른 곳에서는 회복의 기간을 가리킨다.신4:30, RSV; 사2:2 결국 주님은 자기 백성들이 변덕스러울지라도, 자신의 원래 계획을 성취한다.

성서적 맥락에서의 본문
사랑의 특성

어떤 사랑이 징벌하면서도 치유하고, 자제하면서도 주고, 약속하면서도 요구할 수 있는가? 하나님의 사랑이라는 주제는 신명기와 호세아서를 함께 묶는다. 이 연관성은 우연이라고 할 수는 없다.

신명기는 하나님의 사랑을 근본적으로 스스로 선택한 것, 곧 하나님이 이스라엘을 선택한 것에 근거한다고 묘사한다. 하나님은 "당신들의 조상을 사랑하셨으므로" 가나안 땅을 주려고 이스라엘을 이집트에서 인도하였다.신4:37; 7:7-9 참조 이 사랑은 애정과 정절을 되돌려 줄 것을 권하거나 오히려 요구한다. 이 사랑에는 질투심이 많다. 하나님은 자신의 사랑의 대상을 보통 정부들이나 다른 어떤 정부들과도 이 문제에 대해 나누지 않을 것이다. 이스라엘은 "당신들은 마음을 다하고 뜻을 다하고 힘을 다하여, 주 당신들의 하나님을 사랑"해야 한다.신6:5 이것은 하나님을 순종하고 섬기며, 하나님이 사랑하는 자를 사랑하고 하나님의 방식으로 행하는 것을 의미한다.신10:12-22; 11:1-25 고대 근동 조약에서와 마찬가지로, 군주를 사랑하는 것은 그에게 순종하는 것이다.Moran: 78-80

순종은 사랑을 보이는 것을 너무 엄격하게 묘사한 것처럼 보일 수 있다. 하지만 요한 문헌에서 똑같이 동일시하는 내용이 발견된다. "너희가 나를 사랑하면, 내 계명을 지킬 것이다."요14:15 "누구든지 하나님의 말씀을 지키면, 그 사람 속에서는 하나님께 대한 사랑이 참으로 완성됩니다."요일2:5 신약과 구약의 복음은 사랑이라는 주제에 대해 같은 목소리로 말한다. 예수님의 명령에서 "새로움"이라는 요소는 사랑의 기준에 있다. 이웃을 사랑하라는 시내 산의 명령은 자기 자신에 대한 사랑을 기준으로 설정한다.레19:34 예수님은 더 높은 기준을 요구한다. "내가 너희를 사랑한 것과 같이, 너희도 서로 사랑하여라."요15:12; 요일3:16 이 새로운 기준을 명확하게 율법에서 제시하지는 않았을지라도, 이미 호

세아의 은유와 가르침에 담겨 있다. **내가 너희를 사랑한 것과 같이, 너희도 서로 사랑하여라.**호3:1

주님의 심판은 종종 주님의 사랑과는 대조되는 것으로 보인다. 이 두 개념으로 우리 마음에 야기된 부조화는, 하나님의 사랑에 대해 우리가 이해하지 못하는 것을 반영한다. 이것은 바람에 날리는 눈만큼이나 순수하고 정직하다. 하지만 이것은 또한 대담하게 대면하며 신랄하게 바로 잡는 사랑이다. 하나님의 사랑은 인간의 상태에 대한 신실이나, 하나님이 얼마나 죄를 싫어하는 지에 대한 진실을 숨기지 않는다. 이런 폭로가 죄인에게서 죄책감을 일으킨다면, 처음 의도를 달성한 것이다. 하나님이 죄를 폭로하려는 더 온전한 의도는 화해하고 회복하기 위한 것이다. 그래서 회복이 일어날 수 있기 전에, 범죄 이후 고백, 회개 및 용서가 따라야만 한다. 이런 식으로 "사랑은 허다한 죄를 덮어 줍니다."벧전 4:8 이보다 덜한 것은 값싼 은혜다. 자신들의 삶과 공동체에서 죄를 미워하는 자들은 하나님이 미워하는 대로, 하나님의 사랑의 길고 따뜻한 포옹을 누릴 준비가 되어 있다.

교회생활에서의 본문
열정을 새롭게 하기

이스라엘과 마찬가지로, 교회는 수 세기 동안 자신들의 언약의 주님과의 관계에서 열정을 유지하려고 분투했다. 하나님의 백성의 이야기는 열정적인 첫 사랑이 지루하도록 단조롭게 되고 관행으로 바뀌는 이야기다. 하나님의 백성이 첫 사랑의 신선함을 잃었을 때, 하나님이 그들을 버리지 않은 것은 축복이다. 하나님의 회복하는 사랑은 선택하는 사랑만큼이나 열정적이다. 자주 이 사랑은 하나님의 백성이 어떻게 자신들의 냉담한 겉치레가 스스로와 하나님에게 영향을 미쳤는지를 볼 때에만 되살아난다.

주변 문화에 적응함으로 말미암아 하나님의 백성은 신랑인 그리스도에 대한 사랑의 새로운 높이까지 끌어올리지 못했다. 물질적인 복에 관심을 가짐으로 말미암아 보통 탐욕, 권력을 향한 욕망 및 소유에 대한 우상 숭배가 깊어진다. 특정 정치 정당과 밀접하여 하나님의 백성은 권력 구조에 대한 자신들의 예언적 임무에서 멀어진다. 콘스탄티누스 황제의 "회심"은 교회와 국가의 상호 승인으로 이어졌으며, 결과적으로 황제는 교회를 능가하는 권력을 장악하게 되었다.

회복하는 상담의 패러다임

주님이 이스라엘과 새 언약을 맺는 행위와 그 과정은 이전에 결혼한 부부가 서로 새로운 결혼으로 돌아가도록 상담하고 돕기 위한 패러다임으로 받아들일 수 있다. 이런 관계를 회복하는 역학은 이혼한 사람이 다른 상대자와 결혼하도록 돕는 것과는 크게 다르다. 이전 배우자는 자주 적이 됐고, 관계에 대한 파괴적인 방식을 발전시켰다.

결혼 상담가 빌 탤리Bill Talley는 결혼 파탄을 다루는 방식으로 화해라는 성서 주제를 사용한다. 복음의 핵심에는 화해가 가능하다는 메시지가 있다. 탤리는 "이전에 결혼했던 독신에게 이해시키는 가장 어려운 일은, 화해가 하나님을 순종하는 데 열중하는 기독교인에게는 선택 사항이 아니라는 것이다."라고 언급한다. 탤리의 가장 높은 목표는 이전 배우자와의 재결혼, 곧 온전한 화해다. 그는 많은 이들이 "재결혼하기 위한 좋은 후보자가 되는 것에 어울리는, 영적, 감정적, 재정적인 성숙함을 결코 이루지 못할 것이다."라고 인정한다. 그래서 그는 그들의 관계의 우정의 수준까지 화해하는 것을 최소한의 목표로 삼는다.Talley: 143-148

탤리는 수천 쌍의 부부를 상담하고서, 화해가 가능하며, 게다가 화해는 "일흔 번을 일곱 번이라도"마18:22라는 정신으로 죄를 고백하고 용서하려는 서약으로 시작한다고 주장한다.

태미의 눈을 통해

태미는 도시 중산층 가정에서 자랐다. 그녀의 어린 시절 기억은 슬픔과 눈물로 가득했다. 어머니와 알콜 중독의 아버지는 자주 그리고 길게 싸웠다. 태미는 장녀로서 자신이 어떻게든 소리 지르고 저주하고 이름을 부르고 밀며, 때로 때리는 말다툼과 분노의 원인이었다고 느끼게 됐다. 아버지가 술을 잔뜩 마시고 집에 돌아올 때, 그녀는 자기 어머니를 보호하기를 원하고 동시에 자신이 아버지의 분노의 대상이곤 했다는 것을 알고서 두려움에 움츠렸다.

어머니는 주말에 일을 했기 때문에, 아버지는 대부분의 이런 주말에 태미와만 시간을 보내곤 했다. 아버지는 그녀를 성폭행하면서 "너는 상황이 악화된 것에 그리고 네 어머니에 대해 보상할 수 있다."라고 말하곤 했다. 그 다음에는 그녀에게 비밀을 지키라고 맹세하게 했다. "네 어머니에게 말하면 너는 우리 가족을 깨뜨릴 거야. 어머니는 이해하지 못할 거야."

태미의 어머니는 태미가 12살 때 이 비밀을 알았다. 어머니는 이혼 소송을 벌였고 자녀

양육권을 얻었다. 어머니는 "네 아버지가 네게 한 일은 끔찍이도 나쁜 일이야."라고 테미에게 확신시켰다. 그럼에도 테미는 자신이 이어지는 이혼과 어려움에 책임이 있다고 느끼지 않을 수 없었다.

그들은 도시의 다른 지역에 있는 아파트로 이사했다. 이것은 학교를 바꾸고 새로운 친구를 사귀어야 한다는 것을 의미했다. 테미는 우정과 사랑을 간절히 원했고 외로움을 느꼈다. 그녀는 "나는 여기 누구도 알지 못한다. 누구도 나를 사랑하지 않는다. 나는 어떤 가치도 없다."라고 생각했다. 그녀는 공부에 집중하는 것이 더 어렵게 됐다. 성적은 떨어졌다.

태미는 나쁜 아이들과 같이 다니기 시작했다. 그들이 그녀를 받아주었다. 저녁 데이트 후 성관계를 요구받기 시작했을 때, 그녀는 인정받기를 원하면서 순응했다. 하지만 그녀는 사랑받는다고 느끼지 못하며, 이용당했다고 느꼈다. 그들은 태미에게 자기 아버지를 떠올리게 할 뿐이었다. "남자들은 모두 똑같아!"라고 생각했다.

스티브는 예외였다. 그는 착한 학생이었고, 공개적으로 곤혹스러울 때 구해주면서, 태미의 과제를 도와주었다. 스티브를 통해 태미는 다른 친구들을 알게 되었는데, 그들은 깨끗하게 지내고, 마약도 하지 않고, 많은 친구들은 기독교 동아리의 회원이었다. 태미는 완전히 다른 두 세계를 대변하는 듯한 친구들에게 충실하려 할 때 갈등했다. 2학년 때 그녀는 기독교인이 됐다. 자신의 어울렸던 친구들을 떠나는 것이 어려웠지만, 새로운 방식에 전념했다.

스티브와 태미는 같은 기독교 대학에 다녔고, 졸업 직후 결혼했다. 그들은 태미의 역기능적인 가족 관계와 그녀 아버지 및 많은 데이트에서 학대당한 것을 다루는 상담을 받았다. 스티브와 태미는 기독교식으로 결혼하고 가족을 꾸리기로 결정했다. 그들은 지역 교회를 찾고 함께 영적인 생활을 양육 받았고 아들이 태어나 축복받았다.

그러나 태미는 산후 우울증을 심하게 앓았다. 그녀는 다시 무가치하다는 감정에 압도당했다. 그녀는 친구들과 상담자의 도움을 거부했다. 스티브와 태미는 그녀가 감정적으로 회복한 후에 다시 아이를 갖지 않기로 동의했다. 임신은 우연한 일이었다. 그들은 유산에 대해 이야기했지만 유산은 배제했다. 딸이 태어났을 때, 스티브는 그 아이를 "우연한 일사고"이 아니라고 생각하기가 어려웠다.

태미의 우울증은 심해졌고, 신실하지 못한 패턴이 시작됐다. 스티브는 이해할 수 있는 만큼 노력했지만 태미에게 더 이상 다가갈 수 없었다. 그들의 셋째 아이인 아들은 스티브에게서 낳은 아들이 아니다. 스티브는 생각을 없애려고 노력하는 만큼, 더 "이 아이는 사생아다!"라는 생각이 들었다.

태미는 괴로워하며 스티브와 자녀들을 떠났다. 그녀는 잠시 동안 옛 고등학교 친구와 지냈고, 이로 말미암아 스티브는 이혼과 자녀 양육 소송을 진행했다. 모두 허락받았다.

수년이 지났다. 스티브는 계속 독신으로 지냈다. 태미는 재혼하고 이혼하고 다시 다른 사람과 살았는데, 그 남자는 태미가 간염에 걸릴 때까지 계속 학대했다. 스티브는 태미가 지역 병원에 입원했다는 소식을 들었고 그녀를 방문하러 갔다. 병은 그녀를 기독교 신앙으로 돌아오도록 하기에는 그녀에게 너무 강력하게 영향을 미친 듯했다. 병원 청구서가 쌓여갔고, 그녀는 지불할 방법조차도 없다고 느꼈다. 하지만 스티브가 방문했을 때, 청구서를 모두 지불했다. 그는 태미가 이전처럼 자신들을 도왔던 기독교 상담가에게 돌아간다면, 상담 비용을 지불하겠다고 제안했다. 그녀는 스티브에게서 새로운 결혼 제안을 수락할 준비가 되기까지 몇 년이 걸렸는데, 이 결혼은 그녀가 소외됨과 우울함의 뿌리까지 도달할 때에 비로소 완성에 달했던 결혼이었다.

고멜과 호세아에 대한 이런 현대적인 묘사는 우리가 그들의 역사를 읽는 감정적인 어조를 바꾸는 데 도움이 될 것이다. 이것은 우리가 하나님의 은혜와 구원의 역사를 이해하게 되는 신학적인 자세를 다시 형성하도록 도울 것이다.

HOSEA

2부

재판 사본: 하나님 대 상속자

호세아 4:1-14:9

개관

제1부와의 연관성

호세아서는 자연스럽게 두 부분으로 나뉜다. 4장에서 둘째 부분이 시작된다. 여기서 호세아의 개인 가족 경험은 배경으로 물러나고, 이스라엘 민족이 중심 무대를 차지한다.

호세아의 자녀들은 우상숭배에 대한 삼중 경고가 된다. 자녀들의 어머니의 무대 공연은 이스라엘이 탐욕스럽고 혹독하게 바알을 추구하는 불쾌한 면을 드러낸다. 자녀들 스스로가 고발의 말씀이 된다. 즉 이스르엘,패배 불쌍히-여겨지지-않다, 내-백성이-아니다.

사람의 차원에서의 드라마는 이혼의 형태로 중간 단계를 밟는다.2:2 고발하다 또는 고소하다라는 히브리어 단어의 의미는 이혼 절차의 시작을 알린다. 이 단어는 호세아서 제2부의 머리말이 된다.4:1 호세아 4장 1절−14장 7절은 연대기상으로도 드라마상으로도 호세아 2장 2절에 들어맞는다. 제1부는 내러티브의 틀을 제공했고, 제2부는 이스라엘의 비극에 대한 세부 내용으로 채운다.

세 자녀들은 이제 세 주제가 된다. 이 주제들은 다음과 같이 제1부의 무대에서 밟았던 반대 순서로 발전한다.

내-백성이-아니다 ───→ 하나님을 아는 지식이 없음4:4~6:3

불쌍히-여겨지지-않다 ──→ 언약 사랑이 없음6:4~11:11

이스르엘 ─────────→ 진실이 없음11:12~14:7

호세아의 설교모음은 이 세 큰 주제에 맞춰서 나온다. 각 주요 주제 아래에 설교와 설교 요약이 다음과 같은 신탁으로 더 자세하게 배열된다.

고발 신탁

심판 신탁

구원 신탁

이런 자료 순서는 저자의 사상 흐름을 따라가는 데 도움이 된다. 이 자료들이 원래 설교된 순서인지에 대한 실마리는 없다.[고발-심판-구원 신탁, p. 386.]

병행과 대조

호세아서의 두 부분호1-3장과 4-14장은 구조의 경계를 넘어 병행과 대조를 포함한다. 언약 용어와 형상이 호세아서 전반에 나온다. 결혼 언약은 이 풍부한 개념을 공급하는 원천 가운데 하나일 뿐이다. 제1부는 노아, 아브라함과 다른 족장들, 시내 산 그리고 다윗과 맺은 하나님의 언약을 암시한다. 제1부는 또한 이런 언약들에 의존한다. 제2부는 언약 사랑과 언약의 신실하지 못함이 드러내는 복잡함과 깊이를 더 잘 이해하도록 돕는다.

결혼의 신실하지 못함이라는 용어가 전반적으로 두드러진다. 간음, 신실하지 못함, 음행/창녀, 정부와 같은 단어들이 무대에서 자주 등장한다.

공적인 윤리, 정치 그리고 외국 관계가 호세아의 관심의 대부분을 차지한다. 개인과 가족의 삶에서 신실하지 못함은 국가 수준에서의 가치와 관계를 반영할 뿐이다.

호세아서의 두 주요 부분 사이에 중대한 차이점이 있다. 제1부에서는 사람들의 이름이 중요하다. 이 이름들은 메시지의 중요성을 전달한다. 하지만 제2부에서 호세아는 족장 야곱과 살만 왕만 부른다.10:14 하나님은 자기 백성을 매우 개인적으로 다루지만, 또한 집단으로도 다룬다. 비난을 위해 특정 왕들이나 제사장들을 구분하는 것은 다른 이들에게 변명하도록 유혹할 수도 있다. 호세아는 이 말씀을 모두에게 제시한다.

제1부에서 이스르엘은 유일한 지명이지만, 지리적인 언급이 제2부를 채운다. 지명은 도덕적이고 역사적이며, 구원에 대한 기준점이 된다. 세겜, 길갈, 벳아웬,베델 그리고 사마리아는 왜곡된 예배를 대변한다. 바알브올은 가나안 숭배가 이스라엘에서 행해졌다는 것을 묘사한다.9:10[가나안의 풍요 신화, p. 391.] 기브아, 라마 그리고 벳아웬은 가족인 이스라엘에 맞서 유다가 공격한 것을 알린다.5:8 기브아는 군주제의 타락을 가리키는 기준점을 겸한다.10:9 길르앗은 민족 자체 내의 폭력에 대해 말한다.6:8

이집트와 이집트의 주요 성읍인 멤피스는 모두 이스라엘이 구원받고 다시 돌아갈 노예와 압제의 시기뿐만 아니라, 구원자 하나님의 은혜를 가리킨다. 앗시리아는 이집트와 비슷한 당시의 역할을 하게 된다. 심판에서 벧아벨10:14과 아람메소포타미아, 12:12이라는 이름으로 되살아난다. 소돔과 고모라와 함께 파괴된 작은 성읍들인 아드마와 스보임은 정곡을 찌르면서, 하나님의 심판으로 사람들이 건너도록 허락되지 않을 경계를 표시한다. 심판을 넘어 새롭게 재배에 대한 짤막한 묘사인 두로9:13와 레바논14:5-6이 있다.

호세아 4:1-3

재판에 대한 서문

사전 검토

호세아서의 나머지는 다음의 세 가지 압축된 절들을 풀어놓는다.

개요

사건: 하나님 대 북 이스라엘, 4:1a-b

    4:1a   너희는 들으라! 너희는 들으라!

    4:1b   묘사된 사건: 상속인은 무단 거주자의 권리를 주장한다

혐의, 4:1c-2

    4:1c   없음으로 드러나다: 한 주제에 대한 변화

        진실이 없음: 이스르엘

        가족 사랑이 없음: 로-루하마

        하나님을 아는 지식이 없음: 로-암미

    4:2   악에 대한 열거: 율법을 어김

        저주: 행동에서의 무신론

        사기: 신뢰를 파괴함

        살인: 계획적인 폭력

도둑질: 생계에 대한 위협

간음: 가족의 친밀함을 어김

눈덩이 효과

전 세계가 그들과 함께 탄식하다, 4:3

주석적 해설

사건: 하나님 대 북 이스라엘, 4:1a, b

4:1a 너희는 들으라! 너희는 들으라!

너희는 들으라!5:1 참조는 전령이 소개한 것이다. 배경은 왕의 뜰, 광장, 성전 구역 또는 성문이다. 대화는 중간 문장에서 냉담해지고, 시끌벅적함이 멈춘다. 하나님이 자기 백성에게 무엇을 말해야 하는가? 예언자는 "들으라!"라는 표현 뒤에 불길한 무언가로 이어가는 경향이 있고, 메시지는 불길하다.

4:1b 묘사된 사건: 상속인은 무단 거주자의 권리를 주장한다

예언자는 하늘의 법정의 집행관으로 온다. 하나님은 땅의 모든 사람들에 대한 불평을 쌓아두었다. 하나님은 이어지는 심각한 범죄로 그들을 고발하고 있다. 변론이라는 명사는 법적 소송을 소개한다. 이런 소송을 제기하는 이는 주님이므로, 주님은 민족이 자신의 조건과 자신이 선택하는 법정에서 이 소송에 응답하기를 기대할 것이다.

고발당한 자는 **이 땅의 주민들**이다. 이 구절은 미약한 무언가 뿐만 아니라 이 땅에 고정되었다는 느낌을 지닌다. 그들은 이 땅에 살았지만 실제로 땅을 소유하지 않았다. 땅은 고향이 없는 사람들에게 주는 하나님의 선물이었다. 하나님은 아브라함에게 "내가 너의 자손에게 이 땅을 주겠다."창12:7라고 약속했다. 그렇다. 땅은 아브라함과 그의 자손들에게 "영원한 소유"창17:8로 약속됐지만, 땅을 차지하는 것은 이들이 신실하다는 조건에 항상 달려 있었다.창17:1, 9; 렘7:3; 겔33:24-26 주님에게서 변절했기 때문에, 하나님은 이스라엘 앞에서 죄가 가득한 가나안 사람들을 쫓아냈듯이, 이스라엘을 내쫓을 것이다. 그 다음에 이 땅은 황무지가 될 것이다.신29:22-28; 레26:27-35

혐의 4:1c-2

이스라엘은 세 가지 다른 범주에서 아홉 가지 범죄로 고발당한다. 세 가지 태만에 다섯 가지 구체적인 위반이 이어진다. 고발은 하나의 총체적인 혐의로 끝난다. 집행관은 부작위의 죄로 시작하고, 다음으로 작위의 죄를 열거한다. 죄들은 의무와 관계에서 구체적인 위반까지 범위가 다양하다. 작위의 죄는 부작위의 죄를 확대한 것이다.

성실과 진실함,에메트[' emet] **언약의 순종과 사랑**헤세드[h esed]**과 하나님을 아는 지식** '다아트 엘로힘[da 'at ' elohim]은 전에도 언급됐다2:19-20 정의, 공의 및 긍휼과 더불어, 이것들은 하나님이 다가올 구원에서 자신에게 백성을 회복할 신부값을 나타낸다. 이런 근본적인 미덕이 없이 이스라엘이 하나님 및 서로와 맺은 관계는, 다른 민족들이 그들의 신들과 맺은 관계와 거의 다르지 않을 것이다. 호세아서의 나머지는 이 주제를 중심으로 호세아의 예언을 모았지만, 여기서 열거된 반대의 순서로 되어있다.위의 개관를 보라

4:1c 없음으로 드러나다: 한 주제에 대한 변화

진실이 없음: 이스르엘. '에메트' 라는 단어는 신뢰함, 진실함과 진실이라는 속성을 나타낸다. 하나님 자신은 " '에메트' 의 하나님"이며,시31:5; 86:15 자기 백성을 일상의 관계와 법 제도에서 '에메트' 를 행하라고 요청한다.슥8:16, 19; 렘4:2 이런 진실은 사람의 존재에 깊이 뿌리내린다. 이 진실은 사람의 마음에서 나온다.시15:2; 잠3:3

'에메트' 가 없을 때 사람들은 맹세할 때뿐만 아니라, 일상 대화에서 진리에 대해 거만하게 군다.렘9:5; 사48:1 '에메트' 의 반대는 사기, 거짓, 거짓 증언, 왜곡된 정의와 변덕스러움이다. '에메트' 가 없는 사람들은 신뢰할 수 없다. 그들은 근본적인 진실이 없다. 그들 깊은 곳에서 존재 전반에 틈이 퍼진 채 갈라져 있다. 이렇게 '에메트' 가 없다는 것은 이스르엘이라는 이름에서도 의미하며, 호세아 11장 12절-14장 8절의 예언에 지배적이다.

가족 사랑이 없음: 로-루하마. 사랑도 없고라는 표현은 공동체를 온전하고 친밀하며 돌보는 '라함' [rah am] 관계로 유지하지 못한 것을 가리키는데, 이는 6장 4절-11장 11절에서 파헤칠 주제이기도 하다. '헤세드' 는 절박한 곤경에 처한 더 약한 사람을 돌보는 행위에서 드러난다.Sakenfeld '헤세드' 는 영어로 단 하나의 동등어로 표현할 수는 없을지라도, 사랑이라는 단어가 가장 가깝다.렘2:2 하나님이 주도하는 사랑은 자기 백성에게 확대된다. 이 동일한 사랑은 결혼의 결속과 누구나가 자기 가족에 대해 가지는 사랑을 특징짓는다. '헤세드' 가 없다는 것은 공동체의 안녕을 무시하는 것이다. 이스라엘의 삶의 거의 모든 차원이 서로에게 '헤세드' 를 품지 못하여 왜곡된다.

하나님을 아는 지식이 없음: 로-암미. 세 번째 부작위의 죄는 이스라엘이 더 이상 하나님을 아는 지식을 소유하지 않았다는 것이다. 다양한 어감에서 "하나님을 아는 지식, 지

존하는 이를 아는 지식"이라는 이 용어 자체는 구약에서 드물게 사용된다. 하지만 하나님을 안다는 개념은 중요하다. 하나님을 아는 방법은 창조시100:3; 시40:28-31와 역사출6:6-8에서의 하나님의 사역에 대해 성찰하고, 가르침과 경험을 통해 하나님의 뜻과 방법을 이해하는 것이다.삼상3:7; 신34:10; 바로와 대조적으로, 출5:2[출애굽 전승, p. 400.] 하나님을 안다는 것은 하나님이 열정적인 것에 대해 열정적이 되는 것이다.렘9:23-24 이것은 어떤 종류의 백성 '암'['am]을 요구한다. 하나님을 모르는 자들은 자신들의 방법대로 진행한다.삿2:10; 삼상2:12 이 길은 백성을 파멸로 이끈다. 호세아 4장 4절-6장 3절의 주제는 하나님을 알지 못한다는 위험에 초점을 두며, 이런 삶의 과정을 추구하지 않는 것에 대해 이스라엘에게 경고한다.

4:2 악에 대한 열거: 율법을 어김

다섯 가지 구체적인 죄를 열거한다. 이 가운데 마지막 셋은 십계명에 나온다. 히브리어는 죄를 짓는 행위를 강조한다. 이 번역은 다음과 같다. **저주, 사기, 살인, 도둑질 그리고 간음이 터뜨려진다.**또는 모든 곳에서 발생한다; 새번역, "있는 것이라고는 저주와 사기와 살인과 도둑질과 간음뿐이다"-역주

저주: 행동에서의 무신론. 사람들은 흔히 자신들의 약속에 대한 보증인으로서 하나님의 임재를 호소한다. 맹세의 행위4:2 배후에는 개인의 이익을 위해 다른 이들을 속이려는 경향 또는 진리나 해악에 노출되는 것에서 자신을 보호하려는 경향이 있다. 셋째 계명은 주님의 이름을 이렇게 잘못 사용하는 것을 금지한다.출20:7 오만하게 맹세하여 사람은 하나님이 약하고 쓸모없다고 조롱했다.

저주는 진실이라는 인상을 전달한다. 그러나 속이는 의도로 맹세했다면, 공동체 내에서 선한 믿음을 나누는 토대는 갈등의 열기에서 사라진다.

사기: 신뢰를 파괴함. 두 번째 작위의 죄는 사기이다. 때로 거짓말로 번역될지라도,호4:2 근본적으로 이 단어는 허위진술 또는 속임수를 가리킨다.수7:11; 레6:2-3 이것은 레위기 본문에서는 도둑질, 사기, 거짓 맹세를 포함하는 일련의 금지 사항 가운데 하나에 속할지라도, 거짓으로 맹세하는 것을 가리키지는 않는다.레19:11 참조

사기는 겉모습과 실재가 서로 조화를 이루지 못하는 것으로 묘사한다. 사기가 있게 되면, 모든 재정적인 거래는 **구매자에게 조심하도록 하라!**라는 지시문의 영향을 받게 된다. 방심하거나 순진하게 신뢰하는 사람은 매번 돈을 **빼앗긴다.** 이런 사회는 자기 방어적이고 의심하며, 보복하고 앙심을 품게 된다. 이런 사회는 흔한 일상의 관계 수준에서 붕

괴된다.

살인: 계획적인 폭력. 셋째 항목은 살인이다.호4:2 바탕을 이루는 히브리어 단어는 성서에서 모두에게 적용될지라도,민35장 보복자가 사형에 처하는 것은 문제가 되지 않으며, 과실치사도 문제가 되지 않는다. 암살을 포함해서 계획적인 살인이 의도된 것 같다. 이런 행위는 땅을 더럽힌다.민35:33-34 여섯째 계명은 무조건적으로 살인하지 못한다출20:13라고 진술한다. 생명이 가볍게 되면, 모든 다른 가치도 사라진다. 인간이 된다는 의미가 상실된다. 살인은 인간의 존재를 육식 동물의 수준까지 낮추게 된다. 폭력으로 흘린 피는 땅에서 하나님에게 호소한다.창4:10-12

도둑질: 생계에 대한 위협호4:2 어떤 해석가는 여덟 번째 계명인 도둑질하지 못한다는 원래 오직 사람을 도둑질하는 것만 가리켰다고 주장한다.출21:16; 신24:7 참조 이 율법은 이렇게 협소하지 않았던 것 같다. 이스라엘의 경제에서 대다수의 사람들은 생존하는 수준보다 약간 나은 삶을 살았다. 이런 배경에서 재산을 도둑질하는 것은 우리 서구 사회에서보다 다른 규모의 의미를 지니게 된다. 여기서 대부분의 소유물은 삶에 본질적이지 않고, 많은 사람들은 처분할 수 있는 상당한 수입이 있으며, 제품들은 노후화될 것을 계획하고서 생산된다.

욥기 24장 2-12절은 도둑이 포획한 대상에 대해 실질적으로 설명한다. 도둑질은 경계석을 옮기고땅을 훔치는 공동 목초지에서 양의 소유를 주장하며, 고아의 교통수단을 압수하고 과부의 소땅을 가는 수단를 저당 잡으며, 가난한 자의 자녀들을 빚에 대한 보상으로 팔려는 행위를 포함한다.

이스라엘의 법은 누구라도 본의 아니게 개인이 노예로 삼는 것을 금지했다.출21:16 오직 법정에서만 사람에게 노예의 역할을 할당할 수 있다. 노예로 삼게 되면 사람들을 재산의 지위로 전락시킨다. 그들은 항구적으로 예속된 자가 되며, 그들의 인격은 침범 당한다. 실제적인 의미에서 이것은 모든 도둑질의 결과이다. 즉 이것은 비인간화하는 효과를 지닌다.

간음: 가족의 친밀함을 어김. 간음하는 것은 범한 다섯 가지 죄 가운데 마지막에 해당한다.호4:2 이것은 일곱 번째 계명을 반영하며,출20:14 구체적으로 성적인 죄의 특성보다는 결혼 제도를 다룬다.

결혼은 언약이다.말2:10-16[언약, p. 395.] 엄밀한 의미에서 결혼은 하나님과 그분의 백성인 이스라엘의 특별한 결속과 역사를 반영한다. 그렇다면 한 수준에서 간음하는 것은 하나님의 선택과 이스라엘의 소명이라는 독특함을 왜곡하는 것이다.

간음은 사회 구조를 갈라놓는다. 간음의 행위에서 공동체의 가족들을 함께 묶는 데 도움이 되는 유대 관계는 약화된다. 간음은 사회생활의 토대에 불안전함을 야기한다. 간음은 신뢰를 무너뜨리고 분노를 조성하며, 이혼, 학대, 붕괴 및 여자와 자녀들을 더욱 빈곤하게 한다.

눈덩이 효과. 이 다섯 가지 죄는 **터뜨린다**고 묘사된다.호4:2 이 동사는 아이가 태를 터뜨리고 나오는 것,창38:29 역병이 잔인하게 일어나는 것시106:29과 포도주 통이 터지는 것잠3:10을 묘사하는 데 사용된다. 그리 폭력적이지 않은 상황에서, 이것은 산산이 부서진 벽왕하14:13이나 가족의 수가 크게 증가한 것창30:30; 대상4:38을 가리킨다. 호세아서의 제2부에 대한 이 도입은 죄의 전염성의 범위와 심각성에 대해 어떤 의심의 여지도 남겨두지 않는다. 어떤 사회의 제약도 존재하지 않는다. 모든 사람들은 자신들의 눈에 옳은 것을 행하고 있다.

집행관이 읽은 아홉 번째 고소는 일반적인 진술이다. 히브리어는 번역하기가 어렵다. **NRSV와 NIV는 학살에 학살이 이어진다**새번역, "살육과 학살이 그칠 사이가 없다"-역주라는 한 가지 선택 사항을 포함한다.호4:2 이 문장에서 두 번 번역된 단어인 학살문자 그대로, 피들은 폭력을 의미하는데, 이것은 실제 피를 흘리기까지 확대된다. 이 단어는 아마도 이전 문장에서 살인이라는 단어보다 더 일반적인 폭력을 가리키는 듯하다. 코건Cogan, 89-92은 이 단어가 드물지 않게 사회의 약자에게 저지르는 불의의 목록에 포함되기 때문에, 사회의 범죄를 가리킨다고 주장한다.렘7:6; 22:3,17; 겔22:6 이후, 25절 이후; 왕하21:16; 9:7; 21:6; 24:4 참조

이 표현에서 동사는 의미가 만지다에서 붙잡다, 치다까지 범위가 다양하다. 이 범위 가운데 해악을 의미하는 끝에서, 이 단어는 두 번 보복에 대해 말한다.수9:19; 삼하14:10 이렇게 읽으면, 이 표현은 **한 폭력 행위가 다른 행위를 일으킨다, 또는 폭력은 폭력으로 보복한다**를 의미한다.

가나안 땅의 사람들에게 공개적으로 비난하는 이 고발은, 악이 갑작스럽게 증가하는 것을 나타내는 죄로 구성된다. 사회를 함께 묶는 접착제가 녹고 있다. 한 종류의 폭력은 민족이 무정부 상태 직전의 동요에 이르기까지 다른 종류의 폭력을 낳는다.암3:9-10 참조

죄를 이렇게 열거하여, 멸망이 가까워 온 북 왕국에 대해 알려진 것을 올바르게 묘사한다. 여로보암 2세의 죽음에 이어, 여섯 왕들이 전체 25년 동안 왕좌를 차지했다. 넷은 암살로 왕좌를 취했다. 열왕기하 14장 23절-17장 23절의 도움으로, 우리는 민족 사이에 일어나는 권력 다툼을 감지하고 생각할 수 있다.

에브라임의 풍경을 포괄하는 죄의 숫자와 진행은 어둡게 묘사된다. 절박한 조치만이 필요한 변화를 일으킬 수 있다. 호세아서는 이런 조치를 대변한다.

전 세계가 그들과 함께 탄식하다 4:3

그러므로 온 땅이 신음한다. 에덴 동산은 아담과 하와가 세상의 나머지를 이용한 것에 대한 모범 역할을 해야 했다. 사람과 동물과 식물은 함께 조화롭게 역할을 다했다. 죄가 들어와 창조된 질서를 혼란에 빠뜨렸다. 땅은 소산물을 인색하게 산출하고, 동물과 식물은 영역 통제를 위해 경쟁자가 됐다.

하나님이 약속의 땅에 이스라엘을 인도하였을 때, 그 땅은 "젖과 꿀이 흐르는 땅"이었다.신26:9,15 이스라엘이 주민들과 그들의 우상 숭배 관습을 파괴하는 한, 하나님은 에덴의 축복을 보장할 것이다.신7:12-16 점차적으로 정복하면, 하나님의 백성은 들짐승도 역시 통제할 것이라고 보장할 것이다.신7:22 하지만 이스라엘이 하나님과 동행하지 못하면, 불모, 기근, 질병과 약탈을 경험하게 될 것이다.신28:15-29:28

이런 심판은 호세아 4장 3절의 세 문장에 압축된다. 창조의 과정은 거꾸로 돌아갔다. 인간의 폭력에 반응하여 자연은 난폭해 질 수 있다.출7-12장의 열 가지 재앙과 마찬가지로 무자비한 열기는 물의 근원을 말리고, 식물이 시들어 사라지도록 한다. 땅의 인간 주민들은 이것들이 죽은 것에 애통한다. 하늘, 땅, 물에 거하는 피조물들은 이스라엘의 불순종의 효과에 고통스러워한다. 이들은 하나님의 땅에서 제거된다.

땅과 그 땅의 주민들은 저주를 받는다. 저주 언어는 들짐승, 새와 고기라는 창세기의 창조 순서를 거꾸로 하여, 훨씬 강조된다.창1:30 창조주는 축복을 거둬들이고 있다.

호세아 4:4-6:3

피고 로-암미: 너희는 하나님을 알지 못한다

개관

제사장들과 예언자들은 하나님을 알아야 한다. 우리는 이들이 이 범주에 나오기를 기대하며, 실제로 이들은 나온다. 이 종교적인 사람들이 백성들에게 하나님을 알도록 가르칠 책임을 다하지 못한다고 하더라도, 이 때문에 왕이나 대부분의 백성들이 모른다고 용서받지 못한다.

고발의 발언에서 심판의 발언으로 전환되는 곳은 5장 1절이나 5장 8절에서라고 주장할 수 있다. 5장 1절에서 더 종합적인 대상자, 곧 제사장, 백성들과 통치자들을 부르고, 심판에 대해 구체적으로 언급하는 것은 5장 1절에서 전환됨을 알리는 증거가 된다고 할 수 있다.

로-암미에 대한 고발

호세아 4:4-19

사전 검토

호세아 4장은 해석가들에게는 어려운 본문이다. 대부분의 문제는 누가 메시지의 대상인지에 대한 질문을 중심으로 한다. 2장과 마찬가지로, 동사의 주어는 분명하지 않다. 2장에서는 해결책은 동일한 대상자고멜, 이스라엘, 암소, 백성, 민족, 자녀들를 가리키는 다수의 은유와 형상을 인식하는 데 있다. 4장에서는 잡다한 대명사와 동사의 주어가 동일한 근원일 수 있다. 즉 하나님과 호세아가 이스라엘, 에브라임, 유다, 백성,로-암미, 내-백성이-아니다 제사장, 예언자, 어머니 및 자녀들에 대해 말하거나, 그들에게 말한다.

이 주석은 미카엘 드로슈Michael Deroche, 185-198가 제시한 해석의 통찰력과 기본적인 윤곽을 다룰 것이다. 4장은 최소한 세 가지 예언의 신탁을 포함한다.4:4-6; 4:7-12a; 4:12b-19 이 신탁들은 하나님을 아는 지식이라는 주제 및 이 지식과 관계를 경험하고 왜곡하는 매체를 인식하는 것에 의해 서로 연결된다.

개요

고발 1: 지식의 근원을 거부함, 4:4-6

4:4-5	나는 듣지 못했다
4:6a	나는 알고 싶지 않다
4:6b-e	나는 기억하지 못한다

고발 2: 하나님을 아는 지식을 왜곡함, 4:7-12a

4:7-8	개인의 이득을 위해
4:9	제사장과 백성들이 똑같이
4:10-12a	개인의 즐거움을 위해

고발 3: 정부와 사귐, 4:12b-19

4:12b-13a	선택에 의한 음행
4:13b-14	이중 기준
4:15	유다에게 전하는 하나님의 조언
4:16-17	이스라엘에 대한 하나님의 평가
4:18-19	부끄러워하는 상대자들

주석적 해설

고발 1: 지식의 근원을 거부함, 4:4-6

고발하는 다섯 가지 단어 쌍들이 다음과 같이 독자에게 주목하도록 충격을 준다.

서로 다투지 말고…	내 비난새번역, "네 백성은 너에게 불만이 크다"-역주
네가 넘어지고…	예언자가 넘어질 것이다
내가 … 멸하겠다	내 백성이 … 망한다
내가 … 버리니,	나도 너를 버려서
네가 마음에 두지 않으니	나도 … 마음에 두지 않겠다

질문과 항의가 4장의 세 가지 모든 신탁 배후에 있는 것 같다. "우리는 언약 백성들이다. 그리고 당신은 우리가 하나님을 모른다고 말하는가? 그것은 불가능하다. 우리는 제사장들이 우리에게 정확하게 가르친 대로 행하고 있다."

4:4-5 나는 듣지 못했다

재판관인 하나님은 백성들이 제사장들에 맞서는 사건을 심문하기를 거부한다. 다툰다는 것은 누군가에게 법적 소송을 시작한다는 것이다.4:1 참조 **비난하다**로 번역된 단어는 예언자의 공식적인 책임에 사용되며,겔3:26 잘못을 진실로 고발하는 것에 적용된다. 보통 이런 고발은 도덕적으로 옳고 하나님의 축복을 받지만 여기서는 아니다.

하나님은 이런 소송이 "도토리 키 재기"식이기 때문에 이런 소송을 금지한다. 자신에게 무죄를 선언할 수 있는 이스라엘 사회의 계층이 없다. 이스라엘이 빠지게 되는 도덕적 늪을 만드는 데 모두가 책임을 같이 나눈다.

고발은 맞고발에 직면하게 된다. 그 밖의 모든 사람이 유죄다.

하나님은 이런 상호 고발에 대해 다음과 같이 비관적인 견해를 취한다. 즉 **너희 백성들은 제사장에게 고소하는 자들과 같기 때문이다.**호4:4, NIV; NRSV: 너희에게 내 비난이 있기 때문이다, 제사장이여새번역, "이 일로 네 백성은 너에게 불만이 크다"-역주 율법은 제사장이나 재판관에게 경멸하며 대하는 누구에게든지 사형에 처했다.신17:8-13 백성들은 큰소리로 자신들의 권리를 주장하면서 임명된 권위자들을 거부한다. 여기에 사회 질서가 무너지고 있다는 증거가 있다. 사사 시대 만연했던 풍토가 돌아왔다.21:25 모두가 자신들에게 옳은 대로 행하고 있다.

사람들이 힘이 다하여 **넘어질** 때에,호4:5 잘못하는 민족을 바로잡고 다시 방향을 수정해야 하는 예언자들은 또한 그들의 위상을 잃었다. 예언자들은 종종 환상이나 꿈을 통해 계시를 받는다. 그들이 밤에 넘어진다면, 그들 스스로 더 이상 하나님의 목소리를 분명하게 듣지 못한다. 행동을 바로잡기 위한 모든 가능성이 상실됐다.

멸하라! 버리라! 표현들이 거칠다. 메시지는 일종의 최후통첩이다. 논쟁은 호세아 4장 5c–6a절을 중심으로 격렬하게 진행된다. 많은 이들은 **어머니**를 이름 없는추정되는 대제사장의 어머니로 읽는다. 4장 5절의 **어머니**와 제사장단수 및 4장 6절의 **아들딸들** 모두는 이스라엘을 가리킬 가능성이 높다. 어머니와 아들딸들이라는 용어는 호세아 1–3장의 형상과 일치한다. **어머니**"딸 시온," 렘6:2 참조를 멸하는 것은 어머니를 침묵하게 하고, 생명의 근원인 주님에게서 그녀를 떼어내는 것이다.

4:6a 나는 알고 싶지 않다

이스라엘은 세상의 민족들에게 하나님을 위한 제사장이다.출19:6 하나님이 자기 백성을 자신을 위해 선택했을 때, 그분은 백성들이 자신을 대변하도록 지명했다. 그들의 민족과 사회와 개인의 삶에서 하나님을 거부할 때, 그들은 하나님을 아는 지식을 왜곡했다. 결과적으로 하나님은 제사장으로 섬기는 이스라엘의 자격을 박탈한다.

4:6b–e 나는 기억하지 못한다

마지막 반복되는 단어는 잊는다이다. 이스라엘이 하나님의 보호와 가르침을 잊었기 때문에, 하나님은 **너희 자녀들을 잊을 것이다.**새번역, "나도 네 아들딸들을 마음에 두지 않겠다"–역주 이스라엘의 복은 항상 그들이 하나님의 명령에 신실한가에 달려 있다. 심지어 아브라함에게 한 약속도 조건이 있다.창17:9–14 하나님은 자기 백성에게 민족들을 축복할 도구가 될 것이라고 보증했다.12:3 하지만 불순종으로 말미암아 이 고귀한 소명에서 어떤 개인이나 심지어 전체 세대도 자격이 박탈될 수 있다.

고발 2: 하나님을 아는 지식을 왜곡함, 4:7–12a

이전 신탁은 버려진 고아가 된 이스라엘로 마무리했다. 이 둘째 고발의 신탁은 일련의 단절된 형상으로 바알 숭배를 행할 때의 백성들과 제사장들의 기쁨을 묘사한다.[고발–심판–구원 신탁, p. 386.] 이 신탁은 많은 후손이라는 주제를 이어가며, 교차대구로 구성된다. 즉 하나의 중심이 있고 두 조의 상응하는 감싸는 구절로 구성된다.[문학적 유형, p. 409.]

단위	핵심어
(A) 4:7	죄짓다, 바꾸다

(B) 4:8	먹다, 죄짓다
(C) 4:9	심판하다/갚다, 방식들/일들
(B') 4:10a	먹다, 음행하다
(A') 4:10b-12a	음행, 빼앗다

호세아 4장 4-6절에서처럼 여기서 의미는 메시지의 대상을 누구로 이해하는가에 영향을 받는다. 앤더슨과 프리드먼Andersen and Freedman, 1980:342-344은 전체 장을 대제사장과 그의 자녀들에게 하는 일련의 예언적 진술로 해석하여, 인칭, 수, 성의 변화를 설명한다. 주석적 해설은 여기서 드로슈가 제시한 해석 방향을 따르고 있다.아래 성서적 맥락에서의 본문에서 "해석학과 히브리 본문"을 보라

4:7-8 개인의 이득을 위해

이스라엘은 자신의 하나님을 역사의 주님으로 인정하지만, 풍요는 바알의 탓이라고 여긴다.[가나안의 풍요 신화, p. 391.] 민족의 인구가 증가함에 따라, 그들은 자신들의 힘을 기뻐하고, 이교도의 신들에게 영광을 돌렸다. 이런 행동은 자신의 백성의 순수함을 위해 강렬하게 질투하는 하나님이 징벌하지 않은 채 내버려 둘 수 없다.

하나님은 **내가 그들의 영광을 수치로 바꾸겠다**라고 선언한다. 그러므로 이스라엘의 영광은 바알에게서 받은 선물로 간주한 수많은 후손들임이 틀림없다.

8절의 두 문장으로 말미암아 이 구절을 이해하는 것이 더욱 어려워진다. 더 폭넓은 본문은 제사장들을 언급한다면, 내 백성의 죄를 먹고 살다새번역, "내 백성이 바치는 속죄제물을 먹으면서 살고"-역주는 그들이 죄를 위해 바친 제물속죄제물을 먹는 것을 의미할 수 있다. 전체 이스라엘이 고발당한다면, 먹다/먹고 살다는 즐기다,암9:14 참조 간절히 받다,렘15:16 참조 또는 혜택을 누리다창31:15 참조로 번역될 수도 있다. 그렇다면 이것은 다른 곳에서는 "희망하다" 또는 "갈망하다"신24:15; 렘22:27 참조를 의미하는, 다음 행의 자신의 목을 들어 올리다라는 관용구와 일치할 것이다. 드로슈는 이 구절이 "이스라엘에게 죄짓는 것뿐만 아니라, 자신의 죄악이 가득한 방식을 원하고 즐긴다고 고발하고자…입과 관계된 은유의 쌍"을 사용한다고 설명한다.197[바알, p. 388.]

4:9 제사장과 백성들이 똑같이

제사장들과 백성들은 소송하는 자들로 장면에 등장한다.4:4 그들은 공통의 징벌을 공

유하며 퇴출된다.4:9-10 백성들은 잠언에서 기준점이다. 겔16:44-45 참조 이스라엘에서 군주 시대 동안 제사장들은 하나님을 섬기도록 한 것이 아니라, 왕에 충성하도록 선택된, 왕이 임명한 자들이다. 왕상12:31-33 참조 제사장들은 백성들과 마찬가지로, 음행의 행위에 참여하고 자신들의 문화에서 이런 삶의 방식을 권장하면서, 풍요의 제의의 렌즈를 통해 세상을 본다. 심판의 핵심은 죄와 상응한다. 주님은 **그 행실대로 벌하고, 한 일을 따라서 갚을 것이다.** 심판자의 "기소된 대로 유죄!"라는 평결4:9은 이제 호세아4:10-13가 더 자세하게 설명할 것이다.

4:10-12a 개인의 즐거움을 위해

풍요의 신들은 음식과 자녀를 제공하거나 그렇게 한다고들 생각한다. 하나님은 가나안 땅에서 풍요를 제거하여, 이스라엘의 주목을 받겠다고 약속한다. 용어는 언약 저주의 용어다. 레26:26; 신28:62-63[언약, p. 395.] 심판은 누구도 하나님의 영광과 선물을 주장할 수 없다는 사실을 분명히 한다.

이 신탁에서 마지막 말씀은 심판하는 이유를 상세히 설명한다. 호세아서는 잇따르는 경고, 죄의 과정과 결과에 대한 잇따르는 설명으로 구성된다. 음행하고 우상을 숭배하는 것은 버림의 행위다. 이런 행위들은 사소하게 저지르는 경솔한 행위가 아니다. 즉 또 다른 세계관을 채택한다는 것을 나타낸다. 이 행위들은 자연의 과정을 통제한다는 창조주의 통치권을 부인한다. 즉 하나님이 누구인가에 대한 이해를 왜곡한다.

분명히 바알 숭배자들은 바알 앞에서 먹고 마심으로 기념한다. 호4:18을 보라 내 백성의 마음을 **빼앗는다**는 것은 내 백성을 속이거나 현명한 지각을 훔친다는 것을 의미한다.7:11 참조; 이 문장은 4:11-12의 절 구분을 넘어 확장된다 묵은 **포도주와 새 포도주**는 **이해**새번역, "마음"-역주를 방해한다. 이것들로 말미암아 하나님에게 더 가까이 가지 못하고, 하나님을 지각하고 경험하는 것이 왜곡된다.

고발 3: 정부와 사귐, 4:12b-19

음행과 포도주는 이전 신탁에서 소개됐다. 주님께 신실하지 못함을 세 번째 표현한 것은 이제 그들이 어떻게 인도를 구하는지에서 나온다.

4:12b-13a 선택에 의한 음행

이스라엘 사람들은 신들에게 **의뢰하여**, 신들의 뜻을 추구한다! 숭배자들은 성지에서 신 앞에 또는 제단 옆에 설치된 아세라 막대기를 통해 자신들의 질문을 둔다.신16:21[아세라, p. 387.] 제의 수행원 또는 예언자는 신을 대신해 대답한다. 현재의 예에서 신의 입상은 조각된 나무로 되어 있으며, 아세라 막대기의 끝에 올려졌을 것이다.호4:12

백성들이 주님의 뜻을 알기 위한 공개된 방법이 전혀 없는가? 물론 없다! 제사장들과 예언자들이 똑같이 심지어 세속적인 문제에 대해서도 질문을 받고 하나님의 응답을 전달하도록 권한을 부여받았다.삼상9:6-9 하지만 이스라엘은 우상숭배의 분위기에 사로잡혔다. 그들은 다른 민족의 신들에게 휘말렸다.신12:29-31 그들은 산당을 자주 방문하는 자들의 유혹의 길에 빠진다.

역사적으로 바알 숭배는 이세벨 및 이방인과의 결혼을 통해 민족에 동화된 다른 이방인들이 공식적으로 소개했고, 비공식적으로 강화했다.왕상16:30-33 바알 숭배는 이스라엘 역사 초기부터 있었다. 바알에 오랫동안 노출되어 이런 숭배가 만연했고, 호세아가 **음심**이라는 단어로 포착한 분위기를 조성했다.호4:12

4:13b-14 이중 기준

그들의 아버지들은 산당의 경험으로 신들에게 더 가까이 끌린다. 그들의 형제와 남편들은 산당에서 숭배하여 바알을 영예롭게 한다. 그러므로 딸들과 며느리들이 이런 관습을 따라할 것이라고 자연스럽게 기대할 수 있다.

호세아 4장 13b절은 이스라엘 여자들의 성적 경험이 아세라와 바알에 대한 숭배의 일부였는지에 대해서는 구체적으로 밝히지 않는다. 이것이 사실이라면, 이스라엘 여자들은 단순히 성적인 방탕함이라는 죄를 범했을 뿐이다. 그들은 신들의 방식이 모두에게 좋은 것임이 틀림없다고 생각한다.

이스라엘남성 사회는 남자들 스스로에 대해 정당화되고 용서된다고 간주하면서도, 자기 여자들에 대해서는 혼외 성관계를 심각하게 비판했다.4:14 이런 이중적인 기준은 주님이 아주 싫어하는 것이다. 주님은 여자와 남자를 다르게 판단하기를 거부한다.

이스라엘은 이런 행위가 내포하는 의미를 이해하지 못하는 듯하다. 그들은 혼외 성 행위가 사람의 종교 생활의 필수적인 부분일 때, 결혼 관계에서 순결을 기대할 수 없다고 생각한다. 그럼에도 그들은 자신들이 이중적인 기준을 행하고 있다는 것을 인식해야만 한다.

우리는 남자들이 "악은 악이며, 비판될 필요가 있다."라고 말하는 것을 듣는다. "간통하고 간음하는 이스라엘 여자들은 하나님이 불쾌해 하는 것을 느껴야 한다!" 이 표현들은 그들의 조상 유다 이야기를 떠올리게 하는데, 유다는 과부가 된 자신의 며느리 다말에게 남편을 제공한다는 약속을 이행하기를 거부했다.창38장 다말은 제의 창녀 역할을 했다. 유다는 상황을 고려하고서, "그 아이가 나보다 옳다."38:26라고 고백했다. 이런 통찰력과 고백은 8세기 중반 이스라엘에게는 부족하다. 그러므로 하나님은 여자들을 심판하기를 거부한다. 이 거부는 그 자체로 민족에 대한 심판 행위다. 하나님은 이 악이 자연스럽게 진행되도록 허용할 것이다. 아마도 이로 말미암아 민족이 이 악을 지각하게 될 것이다.

4:15 유다에게 전하는 하나님의 조언

예언자는 이스라엘과 유다에게 전한 하나의 신탁으로 압축된 메시지로 마무리한다. 유다에 대한 관심의 말씀과 더불어 이스라엘은 너희라고 2인칭으로 불리므로, 이 신탁은 초기 형태라고 할 수 있다. 북 왕국에 대해, 예언의 말씀은 심판을 선언하고, 남 왕국에 대해 무시무시한 경고를 선언한다.

유다는 여전히 호세아가 북 이스라엘에 대해 선호하는 이름인 에브라임에게 닥칠 운명을 비켜갈 수 있다.[유다와 다윗, p. 407.] 남 왕국은 아직 바알 숭배에 몰두하여 주님에게서 돌아서지 않았다. 이스라엘은 네 가지 죄를 범했는데,호4:15-18 이 죄들은 파멸로 이어지기 때문에 유다는 피해야만 한다.4:19

첫째, 그들은 길갈과 벳아웬에서의 숭배를 피해야 한다. 벳아웬은 우상, 악함, 또는 고통의 집을 의미하면서, 하나님의 집, "베델"을 가리키는 별칭이 되었다.암5:5 참조 두 장소는 쉽게 남 왕국 사람들이 접근할 수 있었다. 두 장소는 주요 종교 중심지였으며, 따라서 아마도 호세아 4장 13절에서 비난하는 산당이 아닐 것이다. 베델은 북 왕국의 왕족의 성지였다.암7:13; 왕상12:30-33 길갈은 고대 제의의 중심지로, 이전에 사무엘의 사역에서 축복받은 곳이었다.삼상7:16 민족은 이 두 중심지에서 일어난 일에서 종교적인 본을 따랐다. 거기서 제시된 신앙과 관습의 모범이 북 왕국의 산당 곳곳에서 따라 만들어졌다.왕상12:31-33 이 두 장소는 유다 예배자들이 쉽게 도달할 수 있는 거리에 있었다. 유다 사람들이 베델과 길갈을 방문하고 이스라엘의 전례를 따른다면, 그들은 죄를 범하고 동일한 심판을 당할 것이다.

피해야 할 둘째 죄는 거짓 맹세하는 죄다. **주의 살아 계심을 걸고** 하는 맹세의 공식은 주님을 주권자 주님으로 부르는 것이었다. 우상 숭배의 송아지와 다른 형태의 거짓 숭배 앞에서 이것을 하는 것은 모욕이 된다. 하나님이 실제로 자신의 임재 가운데 그들의 약속의 지킨다면, 진실되게 약속해야 할 필요가 있다. 이스라엘 사람들은 자신들의 맹세로

"주님은 정말로 하나님이시다"라고 확증하지만, 실제 행위에서는 부인했다.

4:16-17 이스라엘에 대한 하나님의 평가

셋째 죄는 고집 피우고 배반하는 죄다. 4:16a 베델 성소에 여로보암의 수송아지 가운데 하나가 설치되었기 때문에, [수송아지, p. 390.] 암소라는 친숙한 은유가 이 장면에 어울린다. 이스라엘은 황소에 매료되어 침착하지 못하고, 자신의 주인에 주목하기를 거부한다. [소의 형상, p. 389.]

버리겠다는 심판이 이어진다. 이 심판은 두 가지 병행하는 형상으로 표현된다. 암소는 넓게 펼쳐진 목초지에 있는 양이 된다. [소의 형상, p. 389.] 암소는 세상을 찾아 자기 마음대로 다니는 무한한 자유를 누린다. 이런 그림은 다시 인간의 모습으로 다시 표현된다. 에브라임의 예배는 우상과 한패가 됨을 대변한다. 언약 백성은 바알과의 동반자가 됐다. 유다는 조심하라! 하나님은 그들 자신의 계략에 따른 반역자를 버릴 것이다. 호세아가 고멜에게 한 것과 마찬가지로, 호2장 하나님은 이스라엘에게 자기 마음대로 하라고 허용한다. 그때에야 비로소 이스라엘은 하나님이 다시 부름에 순순히 반응할 것이다.

4:18-19 부끄러워하는 상대자들

넷째 죄는 끊임없이 되풀이 되는 술잔치와 음행으로 구성된다. 4:18 이스라엘 지도자들히. 방패은 민족의 보호자여야 한다. 대신에 그들은 성적인 우상숭배에서 주도한다. 히브리어는 어렵다. 고발은 생생하게 다음과 같이 읽을 수 있다.

> 그들은 술잔치를 한바탕 벌인 다음에,
> 언제나 음행을 한다.
> 지도자들은 여성의 성기를 사랑한다. 새번역, "대신들은 수치스러운 일 하기를 즐긴다."—역주

이런 태도와 행위는 징벌을 가할 때만 끝날 수 있다. 4:19 **음행의 정신** '루아흐' [ruah]은 죄인들을 쓸어버리는 **바람** '루아흐' [ruah]이 된다. 시1:4 참조 그들이 성공, 안전, 가족, 인정을 위해 의존하는 희생제물은 그들에게 수치를 쏟아 부을 것이다.

이스라엘은 버려졌다. 유다는 조심하라!

성서적 맥락에서의 본문

생태학과 구원: 땅이 탄식하다

죄는 하나님 및 다른 사람과의 관계를 파괴하는 것만은 아니다. 죄는 또한 아담을 취했던 바로 그 흙을 파괴한다.창2:7

예언자는 땅이 탄식한다고 말할 때,호4:3 땅이 하나님의 대행자로 묘사되며, 인간의 불순종이 땅에 영향을 미친다고 제시한다. 성서는 좀처럼 인간의 죄와 생태학적으로 태만하거나 파괴하는 것 사이에 구체적으로 인과관계를 설정하지 않지만, 관계가 있다고 긍정한다.렘4:22-26 참조

이 예에서와 마찬가지로, 성서는 도덕과 구원을 생태에 연결시킨다. 전쟁, 탐욕, 태만함은 환경을 약탈한다. 곧 땅은 황폐하게 되고 비는 오지 않으며, 들짐승은 사람들에게 위협이 된다.

마찬가지로 바울은 인간의 죄악의 영향을 받은 자연이 산고로 신음한다고 묘사한다. 마른 썩은 병이 시작됐다. 피조물은 하나님의 백성과 함께 자유롭게 될 날이 오기까지 고통과 부패의 상태에 있을 것이다.롬8:18-25

땅과 도덕의 연결은 즉각적으로 명백하지는 않다. 은행 강도가 나라를 파멸시키지는 않지만 미국의 은행들과 재정 기관들에 널리 퍼진 부정행위는 세계 이율에 영향을 미치고, 심지어 세계 통화 제도의 지불능력을 위협한다. 땅의 권리에 대해 싸우는 두 사람은 나라를 망치지 않겠지만, 군대는 기근을 일으키며 사람들을 약화시키고 질병에 걸리기 쉽게 하면서, 비옥한 땅을 파괴하고, 따라서 농부들을 그들의 땅에서 몰아낸다. 나무를 쓰러뜨리는 사람은 숲을 파괴하지 않지만, 제약을 받지 않고 마구잡이로 넓은 숲 지역을 베는 것은 지역 생태계를 위협하며, 수십 년에 걸쳐서 심지어 지구 기후의 변화를 일으킨다. 나라들은 현대 경제를 세우고자 엄청나게 빠른 증가의 비율로 기름을 생산하지만, 대체 에너지 자원을 개발하기 전에 기름을 모두 소비한다.

본문에서는 언급하지 않지만, 하나님이 활동하는 대행자이다. 하나님의 손은 백성들의 죄로 왜곡된 피조물의 모든 부분에 고통을 가하면서 이스라엘을 칠 것이다.

목회의 소명

제사장과 예언자의 소명은 양떼를 산산이 흩는 것이 아니라, 돌보는 것이다. 구약에서는 제의를 통해 용서를 중재하는 제사장의 역할레위기, 민수기과 예언자의 대면하고 인도하며 중재하는 사역을 강조한다. 많은 예언자들은 레위 지파에서 나왔다. 그래서 이 구분은

사람들이 생각하는 것만큼 그렇게 분명하지 않다. 제사장들은 또한 전통의 수호자이므로, 그들의 가르치는 역할은 중요했다.대하15:3; 말2:7 참조

대제사장과 그의 동료들은 언약의 수호자들이었다.신33:8-11 이들에게는 또한 대법원의 역할이 부여됐다.신17:8-13 오경의 법전에 따르면, 대제사장은 결정하려면 특별한 옷, "판결 가슴받이"를 입어야 했다.출28:15, 29-30 승인받은 결정의 수단인 우림과 둠밈이 하나님의 뜻을 백성들에게 소통하는 대제사장의 책임을 상징하는 것으로서 가슴받이의 주머니에 놓였다.민27:21 참조 이것은 제비뽑기의 방법이었을 것이다. 하나를 뽑으면 그것은 상정된 질문에 대한 긍정의 대답을 의미했다. 다른 것을 뽑으면 부정의 대답을 의미했다.

게다가 대제사장들과 예언자들은 민족에게 경건의 모범이 되어야 하며, 희생제물을 바치는 임무를 수행해야 했다.호4:5-6; 5:9; 약3:1 참조 그러나 호세아는 제사장들이 실패했다고 선언한다. 제사장들은 전체 백성의 자격을 책임졌는데, 따라서 민족의 도덕적, 사회적, 경제적 및 정치적 생활이 타락했다. 그들은 나무 막대기에 불과한 우상에게 상의하려고 우림과 둠밈에서 돌아섰다.4:12

사람들은 지식이 없고, 제사장들은 이런 문제의 상태에 책임을 진다.4:6 제사장들은 하나님의 율법을 무시했고,4:6 이로써 수많은 이질적인 영향과 하나님에 대한 왜곡된 견해에 길을 열어주었다. 그들은 계시된 진리를 인간의 구조물로 바꾸었고, 그 다음으로 하나님의 진리 가운데 어떤 부분을 그들이 따르고자 하는지를 결정할 권리를 가지게 됐다. 마찬가지로 예레미야 당시 다른 예언자들은 하나님보다는 현상 유지를 위한 대변인이었다.렘29:9-40; 특히 29:16-17

호세아에서 보여준 모범이 되는 지도력이 중요하다는 것은 성서 다른 곳에서 입증됐다. 에스겔34장은 돌봄이라는 형상과, 고용된 부정한 목자라는 형상을 사용한다. 예수님은 늑대가 올 때 달아나는 삯꾼 목자와 대조되게 자신을 선한 목자로 소개한다. 예언자 사무엘삼상12:3-4과 사도 바울고린도후서은 자신들의 삶과 사역의 모범이 되는 특성을 깊이 인식했다. 이런 이유에서 바울은 무리에게 사도의 동기를 시험하고,행20:25-35 참조 그들이 주님의 사자로서 탐욕이나 권력욕에서 섬기지 않는지 확인하라고 도전했다.

교회는 예언적 지도자의 역할이 신약에서도 계속된다고 이해했다.고전12장 되물림에 의한 제사장 역할은 이제 그리스도의 몸의 다른 구성원들에게 모든 구성원이 하는 사역을 포함하게 됐다.벧전2:5, 9 사도의 승인으로 예언적 가르침의 사역은 성령이 지도자에게 부여하는 대로 계속됐다.고전12-14장

해석학과 히브리 본문

어떤 학자는 불확실하거나 이해하기 어려운 히브리 독법인 듯한 본문호4:7; 5:1c에서와 마찬가지로을 만날 때에 자유롭고도 쉽게 히브리 본문을 수정한다. 우리는 거의 수정하지 않아야 하며, 수정한다고 하더라도 최후의 수단으로만 해야 한다는 것이 필자의 확신이다. 히브리 본문에 대한 이런 존경의 배후에는 다음과 같은 전제가 있다.

1. 히브리 본문의 전통은 충실하게 보존됐다. 70인역헬라어의 토대를 이루는 본문은 다른 전통에서 온 듯하다.

2. 우리에게 혼란스러워 보이는 것은 히브리 성서의 사고방식과/또는 언어와의 거리 때문일 것이다. 필사자들과 해석자는 본문을 기록된 대로 이해했다. 우리가 저자들의 모국어 이해 능력을 판단하는 것은 오만한 것이다.

3. 우리가 다른 독법을 재구성할 때, 문맥과 그 의미에 대해 우리가 이해한 바를 주입한다. 우리는 히브리어 자체에서의 문맥과 의미를 해독하려고 노력하는 것이 낫다.

4. 우리의 무지를 인정할 때 부적절한 것은 전혀 없다. 우리의 접근은 본문에 오류가 있다고 여기기보다는 구문, 어휘나 삶의 정황에 대해 우리가 이해하는 능력에 문제가 있다고 간주한다.

이 주석에서 "히브리어는 혼란스러워 보인다" 또는 "해석가에게 어려움을 준다"와 같은 논평은 학자들 사이의 주장의 이런 점을 나타낸다.4:7 해설을 참조하라 달리 지적하지 않는다면, 필자는 히브리 본문의 전통을 따른다.

교회생활에서의 본문

은혜로 덮히다: 제발 나를 용서하소서!

교회의 역사는 많은 면에서 이스라엘의 역사를 이어간다. 하나님이 이스라엘의 존재 자체에 헌신했다는 점에서, 이스라엘은 스스로를 선택된 자로 보았다. 하나님의 약속은 안전에 대한 보장과 축복에 대한 확신이었다. 이런 확신은 오만함이 됐다. 이스라엘은 어떻게 땅과 자기 백성을 다루든지, 하나님이 이스라엘의 축복과 안전을 빚었다고 믿게 됐다.

선택에 대한 잘못된 견해는 죄와 윤리적 삶에 대한 부름을 경시하는 견해로 이어질 수 있다. 교회는 현재의 상황을 정당화하고, 교회의 이교주의를 변명하면서, 자신의 조건으로 구원을 주장하려는 유혹을 받았다. 성서와 종교적 신실함의 이름으로, 교회는 여자들을 억눌렀고, 다른 기준으로 남자와 여자를 판단했다. 권력을 쥔 자들은 죄의 등급을 매기고 종교적 재가를 받은 죄를 변명하거나 심지어 정당화하는 경향이 있다.

디히트리히 본회퍼Dietrich Bonhoeffer는 값싼 은혜, 곧 용서가 공짜이며, 관대하고 무조건적이라고 여기는 오만한 태도에 대해 말했다. 이 값싼 은혜는 이런 진술로 표현한다. "나는 이것이 잘못 됐다는 것을 알지만, 대안은 너무 고통스럽다. 나는 또한 하나님이 나를 용서하실 것을 안다." 이것은 주제 넘는 태도를 보이는 죄다.

집중하는 마음으로 드리는 예배

예배는 기쁨에 차고 감정적으로 풍부하게 표현하도록 의도됐지만 누구나 마음은 온전하게 예배한다는 암시가, 호세아 4장 10-12절에 숨겨져 있다. 하나님은 자신을 계시한다. 우리는 "우리가 아는 것을 예배한다." 게다가 하나님의 사람들은 분명하고 알기 쉽게 보통 언어와 발화 행동으로 소통한다. 판단을 흐리게 하는 포도주도, 공적인 예배에서 해석되지 않은 방언으로 말하는 것고전14장도 예배에서 적절하지 않다. 하나님이 영이라는 사실은 공적인 예배를 하나님의 이름을 암송하는 것으로 바꾸지도 않으며, 알아듣기 힘든 중얼거리는 소리도 단순한 황홀경도 정당화하지 않는다.

예배의 본질적인 요소는 우리가 하나님의 말씀과 뜻을 받고 전한다는 것이다.

하나님을 기쁘게 하고 우리 하나님의 성품과 상응하는 예배는 두려움과 순종에 입각한다. 이 예배는 알아들을 수 있으며, 의식적인 결정과 행동으로 이어진다.

이중 기준: 남자에게도, 여자에게도

종교적으로 유발된 제약은 부당하다고 인식하기가 가장 어렵다. 이것은 수세기 동안 노예제에 축복을 허락한 데서도 드러난다. 이런 제약은 인정하고 대체하기가 훨씬 어렵다. 교회의 역사 가운데 많은 부분에서 교회는 남자와 여자에 대해 이중 기준을 유지했다. 이것은 성적 기준에서만 해당하는 것은 아니다. 남편을 고용하면 배우자도 사역에 동참할 것이라고 당연하게 여기고, 목회자 외에 다른 분야에서도 심지어 여자들의 일을 제한하고, 결정 사안에서 여자의 역할을 제한하며, 봉급 규모에서도 차별은 일어났다.

이제 남자들이 신앙에서 자매들에게 귀를 기울이고 그들의 고통을 들을 때이다. 남자들은 하나님에 귀 기울이고 오늘날까지 이중 기준을 만들고 유지하는 데 우리가 한 역할을 인정할 때이다. 오직 그럴 때에만 우리는 그리스도의 몸의 참된 선물을 인식할 것이다. 오직 그럴 때에만 여자들은 일에서의 자유를 찾고, 교회 생활과 사회에서 온전히 참여하게 될 것이다.

이중 기준은 사라져야만 한다.

평결
호세아 5:1-15

사전 검토

이스라엘에게 불리한 증거는 이제 공식적인 법정 기록의 일부가 된다. 호4장 민족은 우상숭배에 빠진다. 증거가 제시되는 동안 재판관은 때로 고발의 결과를 설명한다. 4:5b, 6b, 9, 10a, 13b-14, 19 그러나 법정은 아직 평결을 내리지 않았으며, 선고를 선언하지도 않았다. 이것은 5장에 기록된 두 가지 예언의 신탁에 나온다. 첫째는 주요 증거를 검토하여 평결을 지시한다. 5:1-7 둘째는 선고가 지니는 특성과 얼마나 긴지를 선언한다. 5:8-15

하나님을 아는 지식이라는 주제는 호세아 4장에서와 마찬가지로, 이 섹션에 널리 퍼져있다. 다양한 형태의 동사 '아다' yada 가 5장 3-4, 9절에 나온다. 게다가 이스라엘이 다가올 비상사태에 하나님을 찾을 때 그분을 찾을 수 없게 되므로, 5:6 그들이 하나님을 성실하고 정직하게 찾게 될 것이다. 5:15 이런 일이 일어나면 심판은 회복의 목적에 기여할 것이다.

개요

피고인, 이스라엘, 5:1-7

5:1a	피고인은 일어나게 하라!
5:1b-4	기소된 대로 유죄!
5:5-7	관대함을 위한 근거? 전혀 없다!

공동 피고인, 에브라임과 유다, 5:8-15

5:8-9	에브라임: 어떤 온당한 의심의 여지도 없이
5:10	유다: 형제에 범한 죄에 대해
5:11-15	재판관이 설명하다: 상황과 조건

주석적 해설

피고, 이스라엘 5:1-7

5:1a 피고인은 일어나게 하라!

피고인은 법정에서 그들의 날을 맞이한다. **이것을 들으라! 주목하라! 귀 기울이라!**라고 하는 세 가지 명령은 재판관에 그들에게 주목하게 한다.

각 명령은 다른 피고인을 대상으로 한다. 그들 모두 이전 고발 신탁에서 신실하지 못함 때문에 기소 당했다. **제사장, 백성, 왕족**이라는 범주들은 이스라엘 사회의 여러 계층, 곧 종교 조직, 일반 대중, 왕, 군대 및 정부의 정치와 행정 분야를 대변한다.

5:1b-4 기소된 대로 유죄!

유죄! 세 집단 모두 기소된 대로 유죄다.

민족의 세 분야가 재판을 받는다. 세 가지 고발 진술이 열거된다. 우리가 한 고발을 각 집단에 대한 것으로 읽는다면, 히브리어 본문은 수정될 필요가 없다. 세 집단을 묶어 다음과 같이 된다.

> 제사장들아! 너희는 미스바에 놓은 덫이었다
> 백성아! 다볼 산 위에 펼쳐 놓은 그물이었다
> 왕족들아! 반역자들이 살상에 깊이 빠져들었다

이것이 무엇을 의미하는지 궁금해 할 수도 있다. 위의 해석이 옳다면 제사장들은 덫을 놓은 죄를 범했다. 그들은 이스라엘 사람들을 유혹하여 미스바에서 예배하게 했다. 그러나 우리는 어떤 미스바를 의미했는지 알지 못한다. 이것은 아마도 요단 강 건너 길르앗의 미스바는 아닐 것이다. 길갈 가까이에 있는 미스바인가? 베냐민에 있는 미스바인가? 분명히 듣는 사람들은 무엇을 의미했는지 알았을 것이다. 그것으로 충분하다.

백성이스라엘도 죄가 있다. 그물에 펼쳐 놓은이라는 동사의 수동형은 백성이 다볼 산 위에서 죄에 걸려들었다는 것을 암시한다. 이것은 거기에 있음이 틀림없는 성지를 가리키는가? 아마도 그럴 것이다! 미스바도 다볼 산도 분열 왕국의 기록에서 주요 제의 중심지로 다뤄지지 않는다. 그러나 이전의 고발이 이스라엘이 우상을 숭배하고 모든 산당에서 음행하는 것에 대해 말했기 때문에, 이 두 중심지는 이런 곳들을 충분히 대표하고 있다. 공식적인 성지에 대한 언급을 피하여, 증거는 바알 숭배가 전체 백성에 지배적인 영향을 미치면서 만연되어 있다는 것을 암시한다.

왕족 및 왕족의 통치와 관련된 모두가 심판을 위해 다음 행에 나온다. 나중에 호세아가 언약 사랑6:4-11:11과 진실11:12-14:7의 관점에서 민족의 삶을 해석할 때, 왕족은 더욱 두드러지게 나올 것이다. 제사장들과 백성은 하나님을 아는 지식의 관점인 곳에서 주요하게 주목받는다.

어느 누구도 **반역자들이 살상에 깊이 빠져들었다**가 무엇을 의미하는지 확신하지 못한다. 번역 자체는 의문의 여지가 있다. NRSV는 그리고 싯딤에 깊게 파인 구덩이라고 읽는다. 명사 **살상**은 구약에서 오직 여기서만 한 번 나온다. 상응하는 동사 **살상하다**는 주로 희생제물을 죽이는 것을 가리킨다. 그러나 이 동사가 왕과 그들의 신하 또는 반역자를 암살하는 것을 묘사하는 몇 사례가 있다.삿12:6; 왕상18:40; 왕하10:7, 14; 렘39:6; 그리고 병행본문 우리는 북 왕국의 멸망이 가까워 오는 시기에 수많은 반란과 암살이 있었다는 사실을 안다.왕하15장 본문이 예후의 폭력과 같이 지배 가문의 특정 살인을 가리키는지왕하9-10장 또는 이스르엘이라고 불리는 자녀에게서 구체화된 심판의 대상이 되었던 이런 폭력적인 행동의 역사를 가리키는지호1:4-5 분명하지 않다.[역사적 요약, p. 401.] 두 심판은 왕족을 대상으로 한다.

재판관은 자신이 **교도관**, 곧 징벌하는 관리인이 될 것이라고 선언한다. 주님은 이스라엘을 엄하게 다룰 것이다. 주님이 **너희를 모두 징벌할 것이다.**5:2b 그들의 불순종은 하나님에게 사적인 것이다. 하나님은 그들의 언약의 주님이다. 그들이 경멸하는 이는 하나님이다. 하나님은 이스라엘을 징벌하겠다는 약속을 이행할 것이다.레26:28; 신8:5; 호7:12; 10:10 참조 **징벌하다**라는 용어는 처벌의 선언에 희망을 불어넣는다. 이 단어는 부모가 훈계하는 것을 묘사한다. 이것은 신체에 가하는 처벌이며, 심지어 때로 가혹할 수도 있지만, 처벌의 목적은 가르치고 성숙하게 하며, 회복하는 것이다. 이것은 범죄의 희생자가 취하는 복수심에 찬 행위가 아니다. 슬픔에 찬 부모가 하는 엄격하지만 회복하게 하는 행동이다.[여호와-바알의 갈등, p. 417.]

하나님과 호세아는 평결이 정당하고 덧붙인다. 하나님의 설명은 간단하고 핵심을 찌른다. 5:3 호세아는 더 자세히 설명한다.5:4-7

주님의 평결은 자기 백성에 대한 완전한 지식에서 나온다. 하나님은 동기, 태도 및 행동 모두를 세밀히 살폈다. 하나님은 과거와 현재를 모두 알고 있다. 가족, 사회 집단, 민족뿐만 아니라 개개인의 은밀한 죄도 숨길 수 없다.

그들의 주요 죄, 곧 그들이 징벌 받아야 할 주요 혐의는 음행이라는 정결하지 못함이다. 병행 구절들은 **정말로, 바로 지금···** 5:3c으로 소개된다. 그들이 만약 이전에 진정으로 회개했다면 이 심판은 언급될 필요가 없다는 생각이 내포되어 있다. 평결이 선언되고 있는 바로 그 순간에, 음행이 계속된다. 얼마나 뻔뻔스러운가! 그들의 남편과 언약의 주님을 얼마나 조롱하고 있는가!

이 백성은 거룩한 민족이 되라고 부름 받았으나,출19:6; 신7:6; 26:19 부정하게 되고 더럽혀지며, 오염됐다.6:10 참조 그들은 주님의 제사장이 되기에 적합하지 않다.레21-22장; 호4:6-7 그러므로 일정 기간 주님은 한 번 더 민족들 앞에서 합당하게 주님을 섬기도록 그들을 준비시키고자, 그들에게 제의의 정화 과정을 거치도록 한다.3:3-5 참조

호세아는 하나님의 메시지에 대해 자세히 설명한다.5:4-7 행동들과 그들을 지배하는 정신은 이스라엘의 마음에 깊이 파고들었다. 습관적으로 성지로 가는 틀에 박힌 생활을 하고 있었다. 숭배와 음행의 행위가 이스라엘에게 제2의 천성이 되었다. 이 행위들은 이스라엘이 자신들의 가족, 농업, 공동체 생활, 정부와의 관계, 절기에 대해 갖는 태도에 영향을 미쳤다. 그들의 관습은 그들의 세계관의 일부가 됐다. 그들은 산당을 무시한다면 가족과 공동체는 심판을 받을 것이라고 생각했다. 이스라엘은 이런 상황에서 **회개하고** 5:4 **그들의 하나님에게 돌아가면** 바알의 심판이 자신들에게 임할 것이라고 믿는다.

호세아가 이런 음행의 정신이 있다는 것과 그들을 자신을 위해 선택한 주님을 알 능력이 없다는 것을 연결시키는 것은 약간 놀랍다.5:4b 사고방식에는 바알이 깊이 뿌리내리고 있다. 풍요의 제의는 하나님을 이해하는 틀이 됐으며,[여호와-바알의 갈등, p. 417.] 바알 사상은 더 이상 단순한 유혹이 아니다. 바알 사상을 유혹으로 말하는 것은 그 사상 밖에 서서, 한 특징이나 다른 특징으로 유혹받는 것이다. 이스라엘은 굴복했고, 바알 사상 안에 서 있다. 이제 그들의 진정한 남편은 바깥에 서 있다. 바알 및 관련된 풍요 의식은 진정한 예배의 근원과 척도가 됐다. 어떻게 이스라엘은 실제로 이 관점에서 유일하게 진정한 하나님을 알 수 있는가?

5:5-7 관대함을 위한 근거? 전혀 없다!

호세아가 자신의 결론의 토대로 삼는 증언은 이스라엘의 자기 입술에서 나온다.5:5 이스라엘은 풍요의 제의가 자신을 부요하게 하고, 자손이 많아지고 강력하게 했다고 주장한다.[가나안의 풍요 신화, p. 391.] 풍요의 제의는 이스라엘의 자부심의 대상이며,암6:8; 신8:14, 17-18 참조 심지어 자랑 거리다. 이스라엘이 신들의 즐거움을 보이는 증거로 간주한 것은 주님에게 신실하지 못함에 대해 이스라엘에게 불리한 저주의 증거가 됐다.5:7

이스라엘이 생존하고자 의지한 것이 자신에게 파멸을 불러왔다. **넘어지다**5:5라는 단어는 사람이 비틀거리는 모습을 묘사한다. 사람들이 나르는 짐이 너무 무겁거나, 육체적으로 너무 약한 상태에 있다는 것을 의미한다. 북 왕국 에브라임을 의미하는 이스라엘에게, 넘어지는 원인은 그들이 나르는 죄의 무게 때문이다. 이 죄의 무게는 분명히 이스라엘을 굴복하게 할 것이다.

역사적인 배경은 분명하지 않다. 본문은 유다의 넘어짐이 동시에 일어났는지, 그리고 동일한 재앙으로 말미암았는지에 대한 실마리를 제공하지 않는다.[유다와 다윗, p. 407.] 이 심판에서 하나님의 대행자로서 가장 가능성이 높은 후보는 앗시리아 군대이다. 두 장면이 심판에 대해 보이는 이스라엘의 반응을 묘사한다. 두 장면 모두 이스라엘의 예배가 지니는 이교의 특성과 무익함을 확증한다.

장면 1: 동물 희생제물 5:6

필사적으로 이스라엘 사람들은 주님에게 묻고자 자신들의 희생제물, 곧 양, 염소, 소를 가져온다. 분명히 주님은 그들이 가져온 많은 예물에 만족할 것이다. 하지만 그들은 자신들의 하나님이 순종 대신에 희생제물을 받는다고 생각하지만 이것은 잘못된 것이다. 그들은 또한 바알의 성지에서 숭배한 후에 싫든 좋든 돌아서서 주님에게도 역시 절할 수 있다고 여긴다. 바알 숭배는 다신론적이었기 때문에, 의논 대상의 목록에 또 다른 신을 추가해도 완벽하게 받아들일 만했다. 하지만 그들은 너무나 오랫동안 거짓 예배에 길들여져서 바알과 언약의 하나님 사이의 총체적인 모순을 알 수 없었다. 시내 산에서 이스라엘을 만나 자신의 뜻을 그들에게 계시한 이, 곧 그 주님은 쉽게 자신이 발견되도록 허용하지 않을 것이다.잠1:20-32 참조 주님은 그들이 피를 흘리게 하고 큰 소리로 외치며 호소하는 기도를 하여도 응답하기를 거부한다.왕상18:26-29; 암8:11-12 참조

장면 2: 아이 희생제물 5:7

하나님은 그들의 동물 희생제물에 응답하지 않는다면, 무엇에 응답할 것인가? 민족은 필사적이 됐다. 그들의 음행과 간음에서 그들에게 자녀들이 태어났다. 자녀들은 하나님에게서 받은 선물이지만, 사람들은 자녀들을 바알에게서 받았다고 여긴다. 그래서 그들은 우상 숭배와 풍요의 제의의 자손이기 때문에 **위법하고 낯설고 이질적**이라고 불린다. 그들은 하나님의 가족에 속하지 않는다. 그들은 반역과 언약 파기의 산물이다.히. '바가다' [bagad], 신실하지 못하게 처신하다; 말2:10-11 참조 아이 희생제물은 다른 신들에 대한 숭배,

아마도 **초하루** 절기와 연결됐다.신12:31; 왕하16:3; 17:17

공동 피고인, 에브라임과 유다, 5:8-15

첫 심판 신탁5:1-7은 법적이고 제의적이고 농경적인 형상으로 된 심판에 대해 말한다. 하나님은 교도관이 된다.5:2 하나님은 침묵하며 물러날 것이다.5:6 그들이 필사적으로 바알의 뜻을 찾는 것은 오히려 그들이 바알의 것이라고 여긴 모든 자원을 삼킬 것이다.5:7[고발-심판-구원 신탁, p. 386.]

장면은 이제 역사의 주인인 하나님에게 이동한다. 세 가지 역사적 심판이 확인된다. 첫째 심판은 언약 공동체 내에서 이뤄진다. 둘째 심판은 언약 백성 및 그들이 자신들의 구원을 위해 신뢰하게 된 민족을 묘사한다. 주님은 모든 다른 구원자가 무익하다는 사실을 드러낼 것이다. 셋째 심판은 하나님이 자기 백성을 추방하는 것을 묘사한다.[언약, p. 395.]

구체적인 사건은 기록되지 않은 역사의 침묵에 남기려고 넌지시 암시할 뿐이다. 일반적인 배경은 앗시리아와 에브라임의 전쟁이다.주전 735-732년 심판 신탁은 시리아-이스라엘의 연합 그리고 유다와 베냐민 군대 사이의 전투라는 배경에서 이해할 필요가 있다.

5:8-9 에브라임: 어떤 온당한 의심의 여지도 없이

남쪽에 있는 세 베냐민 성읍은 유다-베냐민이 북쪽 이스라엘에 맞서 공격하기 위한 집합지역이 된다. 이 성읍들은 모두 예루살렘에서 약 16km 내에 있다. 집합할 때는 방어가 목적일 수 있지만, 두 용어는 공격이라는 것을 암시한다. 전쟁을 알리는 나팔 불라는 것은 군대가 행진하기 전에 외치는 것이다. 히브리 성서의 다른 곳에서는, 패배한 용사들의 큰 외침에 사용되기는 할지라도, 오직 한 번 이 용어는 방어하려는 군대의 준비를 묘사한다.사15:4 외국 군대에 맞서 방어를 위해 준비하며 외친다는 단 한 번의 언급민10:9은, 이스라엘에게 그들의 도움이 어디에서 오는지를 상기시킨다. **베냐민아, 네 뒤를 쫓는다**라고 집결하라는 외침호5:8은 군대가 공격을 위해 대형을 갖추고 있다는 것을 분명히 한다. 언급하지는 않았지만 유다의 군대는 예비 인력으로 준비하고 있다.

공격은 에브라임을 향했다. 에브라임은 호세아가 북 왕국을 가리키는 이름이다. 그러나 이 특정 전투가 에브라임에게 벌을 받는 날을 묘사하는지,5:9 또는 이것이 단순히 그들이 황폐하게 될 더 큰 전쟁에서 한 전투인지는 분명하지 않다. 사마리아를 굴복시킨 역사적 사건을 고려할 때, 이 공격은 베냐민과 유다가 북 왕국에 맞서 싸운 공격으로 간주하는 것이 바람직하다. 그들은 복수를 위해 다시 치려고 시리아-에브라임 연합에 맞선 초기 앗시리아 군사작전을 이용했을 것이다.왕하15-17장

에브라임에게 최종 결과는 대대적인 파괴가 될 것이다. 여기에 재판관과 교도관의 말이 성취되고 있다. **내가 이미 확정된 일을 내가 선포한다**라는 말씀은 신뢰할 만하다.호5:9 이 말씀은 또한 이스라엘 모든 지파에게 경계하게 하도록 쏜, 타오르는 화살이 된다. 민족은 서로 등을 돌렸다. 언약 백성을 이루도록 조성됐던 민족의 통일은 무너졌다. 이들의 민족의식은 위기에 처한다.

5:10 유다: 형제에 범한 죄에 대해

이 심판 신탁의 전반부는 비슷한 유형을 따른다.[문학적 유형, p. 409.]

(A) 유다와 베냐민은 이스라엘을 침입할 준비를 한다.
(B) 에브라임은 황폐화될 것이다.
(A') 유다는 이스라엘을 침입했다고 심판받는다.
(B') 에브라임은 심판에도 우상숭배를 고집한다.

유다를 주목하는 것은 예기치 못했다. 그들의 소송의 장점을 주장하거나 이스라엘이 유다에 가한 폭력에 대해 이스라엘을 비난하려는 시도는 없다. 각자는 자신의 범죄 때문에 심판 받는다. **유다 통치자들**은 경계선을 옮기는 것과 비교할 수 있는 행동에 대해 죄를 범했다.신19:14 **유다 통치자**는 왕의 아들들보다는 각료와 같이 주도적인 공직자들을 가리킨다. 8세기와 7세기에는 이런 공직자들에 대한 언급과 기능이 극적으로 많이 대두하는 것을 볼 수 있다. 에브라임에 맞서 취한 행동은 각료의 결정에서 나오며, 유다 지도자들 사이에 내부의 분열과 정책의 갈등을 암시할 수 있다.

저주는 이웃의 소유를 훔친 자들에게 내려진다.신27:17 유다는 이스라엘 영토를 합병하러 나갔는가? 아마도 그럴 것이다! 하지만 유다는 "형제"에 향한 언약의 결속을 지키지 못한 것에 대해 비난을 받을 가능성이 더 높다. 하나님은 유다를 자신의 징벌하는 칼로 보내지 않았다. 형제를 먼저 주도적으로 공격하는 것은 공동체를 범하는 것이고, 그들의 주님의 분노를 초래하는 것이다.

하나님의 진노는 **물**과 같이 이 사람들에게 내릴 것이다. 분명히 홍수 기사가 의도됐다. 그 경우 하나님은 악한 통치자의 왕조가 자기 동료 백성들에 대항했기 때문에 인류에게

심판을 내렸다.Kline 그들의 깊이 뿌리 내린 타락과 지대한 영향을 가져올 폭력이 홍수를 초래했다.창6:11-13장 그래서 홍수는 폭력에 폭력으로 응수하면서 유다에게 임할 것이다.

5:11-15 재판관이 설명하다: 상황과 조건

결과는 에브라임이 억압을 당한다는 것이다. 억압은 유다와 베냐민의 손에서 오지만 또한 앗시리아의 손에서도 온다. 하지만 심지어 **하나님의 평결**에 대한 경험의 이 첫 무대5:11, 심판; 5:1 참조는 어떤 변화도 야기하지 않는다. **허무한 것을 뒤쫓아갔으니**라는 번역은 이 문장에서 마지막 단어를 이해하는 데 어려움이 있다는 것을 보여준다.5:11 히브리어로 이 단어는 규례, 율법 또는 훈계이며, 현재의 과정에서 계속되는 것을 가리킨다. 대부분의 번역가들은 이것을 철자를 잘못 쓴 것으로 간주한다. 우상새번역, "허무한 것"은 완곡어법일 것이다. 앤더슨과 프리드먼Andersen and Freedman은 "술 취함의 더러움이 의도됐다. 이 완전한 관용구는 '배설물'이라고 불리는 혐오할 신을 따름으로써 제의에 참여하는 것을 의미한다."고 설명한다.1980:410 이 단어는 명확하지 않지만, 메시지는 분명하다. 심지어 심각한 심판도 에브라임을 우상에 의지하는 데서 돌아서게 할 수 없다.

세 가지 은유가 이 심판 신탁의 균형을 유지하게 한다. 은유는 신실하지 못한 이스라엘에게 내리는 심판의 범위를 확장한다. 장면은 이제 언약 공동체 내에 지파의 관계의 붕괴에서 민족의 삶의 타락으로 이어진다.5:12-13 그리고 마침내 장면은 이스라엘과 유다의 강제 추방으로 옮겨간다. 세 은유는 이 몇 절 안에서 세 번이나 병행구로 나온다.

첫 장면에는 치료의 도움을 구하는 심각하게 부상당한 사람이 나온다. 하나님 자신이 자기 백성을 칠 것이다.5:12 우리는 형상에서 완전히 일치하는 것을 기대할 필요가 없다. 에브라임과 유다 민족은 아프고 중병5:13; 상처이 걸린 것으로 묘사된다. 본문은 하나님의 심판 행위를 옷에 구멍을 내고 좀의 행위와 같으며, 죽은 살을 먹는 괴저썩음의 행위와 같다고 묘사한다.5:12; 구더기

둘째 은유는 의사를 찾는 장면이다. 에브라임과 유다는 자신들의 딜레마를 인식하고 있다. 신명기의 언약 저주28:59는 민족의 불순종의 결과 다양한 종류의 질병을 예견한다. "질병"은 병을 가리키는 통칭적인 용어다. 중병은 언약 저주를 더욱 특별하게 묘사한 것이다.[언약, p. 395.]

유다는 의도적으로 은유의 나머지에서 생략됐는가? 5장 3a절에서 소개된 병행구가 이 절에서 계속된다면, 의도적으로 생략된 것은 아니다. 중병을 가리키는 히브리어 단어를 반복하는 것은 이 해석을 더 확증한다. 간접적으로 표현된 본문은 다음과 같은 읽기를 가

리킨다.

> 에브라임은 자신의 병을 보았고,
>
> **유다**는 자신의 중병을 보았고,
>
> 에브라임은 앗시리아를 의지했으며,
>
> **그**는 도움을 구하러 위대한 왕에게 보냈다
>
> 그는 너를 고칠 수 없다.
>
> 그리고 그는 **네** 중병을 고치지 못할 것이다.

유다가 앗시리아에 도움을 구하러 호소했다는 증거가 있지만, 이스라엘의 역할은 역사의 흙먼지로 덮여 있어 모호하다.

시리아–에브라임 전쟁의 맥락에서 앗시리아에 도움을 구하러 가는 것은 언약의 동맹을 제안한다는 것을 암시할 것이다. 이런 제안을 하는 민족은 앗시리아에 뇌물을 바침으로 확증되는 정치적 이해와 관련되며 군사적인 충성의 무언가를 바쳐야만 할 것이다.왕하 16:7-9, 17-18 이것은 에브라임도 유다도 하나님의 회복하는 심판을 피해 음행하고 있다는 것을 의미한다. 하지만 이 새로운 언약 군주인 앗시리아의 디글랏빌레셀은 무기력하다. 그는 심판으로 가해진 상처를 고칠 수 없다.

징벌의 셋째 은유는 주님이 인간의 살을 맛본 사자처럼 에브라임과 유다를 쫓는 은유이다. 짐승의 왕은 사냥 중이다. 사자는 자신의 먹이를 잡아, 상처를 내고 죽이며, 먹어치우려고 자기 굴에 물고 간다. 그래서 이스라엘과 유다 역시 그렇게 될 것이다.

내가, 정말로 내가 그들을 갈기갈기 찢을 것이다라는 강조의 표현은 이스라엘에게 그들이 자신들의 언약 주님을 대면하고 있다는 것을 상기시킨다.레26:22; 신32:24 사자의 공격은 다른 민족이 행할 역사적 심판의 형태를 취할 것이지만, 실제로 그것은 하나님이 변장한 것이다. 이스라엘은 바로 앞의 원인과 궁극적인 원인을 조심스럽게 구분하고 그들의 하나님이 이 세상의 민족들을 통치하고 있다는 사실을 인정하도록 하라. 하나님이 사자처럼 행동할 때, 누구도 구할 수 없다.호5:14; 2:9-10 참조

얼마나 됩니까, 오 주님! 이 심판이 얼마나 오래갈 갑니까?

심판이 측은히 여겨지질 수 있기 전에 두 가지 조건이 충족되어야만 한다. 첫째, 하나님의 백성은 **자신들의 죄**를 고백해야만 한다.호5:15a 그들은 잘못을 인정할 필요가 있을 것이다. 깊은 곤경을 당할 때 하나님에게 도움을 구하러 부르는 것만으로 충분하지 않을 것

이다.5:15b 하나님은 이집트의 속박의 시기,출3:7-10 사사 시대삿3:9, 15와 심지어 여로보암 2세의 통치 시기왕하14:26-27에도 이런 호소에 응답했다. 이번에는 하나님이 고통의 신호에 응답하지 않을 것이다. 하나님의 귀는 이제 오직 죄의 고백에만 맞춰 있을 것이다.

둘째, 민족은 주님을 찾을 필요가 있을 것이다.호5:15a 제단과 희생제물은 충분하지 않을 것이다. 이스라엘이 더 이상 다른 신들을 보지 않고 주님만을 좇을 때, 그때에만 주님은 스스로 발견되도록 드러낼 것이다. 임시적인 조치도 부분적인 조치도 민족을 회복하는 데 기여하지 못할 것이다.

성서적 맥락에서의 본문
하나님을 아는 지식: 세 측면

호세아 4장 4절-6장 3절은 "하나님을 아는 지식"이라는 주제에 초점을 두었다. 우리는 이제 이 주제를 더 폭넓은 전체로 확대할 것이다.

"하나님을 아는 지식"은 호세아에서 정보와 해석, 경험, 및 인정으로 묘사된다.

정보와 해석 "알다" "하나님을 아는 것"에서라는 단어의 내용은 이 본문에서 거의 주목을 받지 못한다. 호세아는 율법이 하나님을 알 수 있는 틀을 마련한다고 여긴다. 이것은 이해하고 묘사하고 경험할 수 있는 "객관적인" 진리가 있다는 것을 암시한다. 하나님의 진리 및 하나님에 대한 진리는 동일하게 하나님이 스스로 드러내는 부분이다. 사람들은 하나가 없이는 다른 하나에 대해 말할 수 없다.

제의 행위에 하나님을 아는 지식이 담겨 있다. 예배자들은 끊임없이 자신들의 하나님의 성품과 행위를 떠올린다. 북쪽의 주요 절기인 초막절은 주님이 자기 백성을 이집트에서 구속한 이임을 기념했다.[성막, p. 415.] 하나님의 섭리, 광야에서 친절하게 돌봄, 언약을 맺는 행위 및 이스라엘에게 땅을 주겠다는 약속의 이행, 이 모두가 예배에서 부각됐다. 거룩한 이가 자기 백성들 가운데 거했다.Martens: 81-96

이스라엘은 왜곡으로 이어지고 결국에는 진리를 의도적으로 억압하기에 이르는 무지함에 대해 고발당한다. 최종 결과는 죄가 진정한 하나님을 아는 지식을 너무 흐리게 하여 사람들이 하나님의 행위를 인식할 수 없고, 하나님의 행위로 해석할 수 없게 만든다. 잘못된 해석은 하나님의 의도를 인식하는 마음을 어둡게 한다.

다른 곳에서 성서는 주님의 성령이 어떻게 완악해진 인간의 마음이 심지어 잠재의식의 기억에 숨겨진 하나님을 아는 지식을 떠올리지 못하도록 하는지에 대해 말한다. 사6:9-10

과 병행본문: 롬1:18-32; 히6:1-12; 10:26-31 참조

하나님을 경험하기 "하나님을 아는 것"의 둘째 측면은 이 예언 안에 깊이 새겨져 있다. 이스라엘에서 "아는 것"은 정보 이상이었다. 안다는 것은 경험을 수반했다. 예를 들어 누군가의 배우자를 "아는 것"은 성적인 교감을 즐기는 것이었다.창4:1, 17 참조 성관계의 친밀감, 구애의 자연스러운 부분인 사랑과 보호의 긍정, 이것이 증진하는 개방성, 이 모두는 하나님을 아는 것의 밀접한 부분이다. 하나님을 아는 것은 순수한 이성의 행위가 아니다. 이것은 헌신된 사랑의 친밀감 가운데 하나님을 경험하는 것으로 구성된다.

주님을 친밀하게 아는 것은 하나님의 행동 가운데서 그분을 인식하는 것이고,사1:3; 렘9:24 하나님의 구원 사역을 경험하는 것이고,시9:9-10 탄원하고 찬양하며 그분의 이름을 부르는 것이고,사52:6 이스라엘의 거룩한 이와의 만남으로 구체화되는 것이다.시36:10; 겔38:23 참조

하나님이 처음 사무엘과 이야기했을 때, 어린 소년은 나이 든 제사장 엘리가 자신을 불렀다고 생각하고서 그에게 대답했다. 사무엘서 저자는 "이 때까지 사무엘은 주님을 알지 못하였고, 주님의 말씀이 그에게 나타난 적도 없었다."삼상3:7라고 설명한다. 사무엘은 아직 하나님을 경험한 적이 없었다. 그래서 주님의 목소리를 인식하지 못했다. 엘리의 아들들도 하나님을 역시 알지 못했지만,2:12 이들이 지식이 없는 것은 제사장의 특권을 잘못 사용하는 것에 뿌리를 두고 반영되며, 하나님을 경멸하고 있다.

하나님을 아는 것: 사랑의 반응 하나님을 아는 것에서 셋째 요소는 사람의 반응과 관계가 있다. 하나님을 아는 지식에는 그 사람이 하나님을 인정한다는 진리에 대한 확신이 있다. 구체적으로 이런 인정은 하나님의 임재를 받아들이고, 하나님이 말씀하는 것을 들을 준비가 되어 있으며, 그 다음에 하나님의 가르침을 순종하는 것으로 표현될 수 있다.창22:12; 렘24:7 잘 하려고 기술을 발전시키는 행위에서와 마찬가지로,렘4:22; 9:3, 6 희생제물과 예배는 하나님을 인정하는 방식이다.사19:21

반대의 행위는 권능과 은혜를 풍부하게 보여주는데도, 주님을 인정하지 않기로 하는 것이다.호4:6 부정적인 반응은 도덕적인 둔감함 때문이거나 이전의 결정 및 사람의 또 다른 방식에 전념하기 때문일 것이다. 하지만 이 반응은 선택을 포함한다. 사람들이 하나님을 거부하기로 선택할 때, 그들은 하나님이 떠난 것을 알게 된다. 그들은 헛된 것을 좇는다. 사람들이 하나님을 알지 못할 때 모든 것이 무익하고 의미가 없다.전도서 참조

교회생활에서의 본문

성도들

하나님을 아는 지식은 우리 시대 기독교 공동체에서 영성 또는 영적인 훈련이라고들 이해한다. 교회는 다양하게 영적인 생활의 목표를 성도됨, 하나님과의 친밀함, 하나님과 함께 하는 능력이라고 이해했다. 오랜 역사에 걸쳐 대부분의 신자들은 궁극적인 목표를 예수 그리스도의 인격과 관련하여 정의했다. 이처럼 그리스도는 하나님의 아들이든, 성육신한 이든, 고난당하는 종이든, 가난하게 된 이든, 또는 하나님의 어린 양이든 간에, 궁극적으로 성도의 이상이다.

모든 시대의 성도들은 하나님을 친밀히 알고자 갈망했다.시100:3; 렘9:23-24; 31:34; 요17:3; 빌3:10 이런 경험은 하나님이 자신을 계시했기 때문에 가능했다. 하나님은 자신을 가리키려고 말씀했고 행했다. 하나님은 예수 그리스도의 인격으로 최종적으로 자신을 드러냈다.히1:1-3 성령도 또한 인간의 영과 함께 증거한다.롬8:16 하나님의 예!는 "예! 주님은 우리가 당신을 사랑하는지 아십니다."요21:15-19 참조라는 반응을 이끌어낸다. 하나님을 열정적으로 사랑하는 자들은 자신들의 존재의 모든 힘을 다해 하나님을 찾는다.

많은 교회 제도는 영적 훈련이 부족함을 느끼고서 일어난 반응이었다. 그 예로 수도원, 성서학교, 신학교 및 성서 협회 또는 기독교 실업인 연합과 같은 선교단체 조직 등이 있다. 우리 노력에 효력이 있는지 불신하므로, 우리는 영성을 한정된 길로 바꾸려 한다.

하지만 정보, 경험 및 삶의 반응 사이의 불균형으로 말미암아 오히려 역으로 더 강조하기에 이른다. 교리문답은 상징적인 제의 또는 신앙 고백과 마찬가지로 예배자에게 각 시대에는 도움이 되었을지라도, 유용하지 못할 수도 있다. 동일한 점이 "순수한" 성서 연구 또는 신학 연구, 침묵의 피정, 금식 또는 악의 세력과의 직접적인 관여에도 해당된다. 마틴 루터, 메노 시몬스Menno Simons와 키에르케고르Kierkegaard는 당시 풍토에 반응했고, 정신의 회복을 갈망했다. 각각은 하나님에 대한 내적인 경험을 통해 자신들을 영혼을 풍요롭게 하고, 즐겁고 책임 있는 삶을 사는 가운데 인격적으로 하나님에게 반응함으로써 메마른 정통주의에서 회생을 발견했다.

영성

교회의 영성의 역사에서 잇따라 강조하는 것은 그에 상응하는 반응하는 것으로 이어졌다. 수정은 더 심도 깊은 수정이 필요한 이탈로 이어진다. 우리는 하나를 강조하고 곧 또 다른 은혜의 수단을 무시한다. 교파의 이야기를 읽는 한 방법은 교회를 진자의 추로 보는 것이다. 추가 각각 흔들리는 것은 부적절하거나 균형 잡히지 않은 영성을 수정한다는 것을 나타내지만, 각각의 새로운 강조는 자체로 제한되고 여전히 수정이 필요하다.

예를 들어 로마 가톨릭교회는 물러남, 침묵, 반성, 기도, 하나님과의 친교와 같이 묵상에 필수적인 상징에 기여했다. 이것들은 모교회의 풍부한 유산이 됐다. 교회 내에서 수도원 운동은 이런 무시되거나 잊혀진 영성 훈련의 회복을 위한 원천이었다. 이제 가톨릭교회는 영적인 훈련보다는 영적인 지도자를 우선시하게 됐으며, 훈련에 사로잡힌 것은 개신교 공동체이다.

자크 엘륄은 동시대 사회에 대한 통찰력 있는 비판을 제시한다. 하나의 통찰력이라면 현대와 과학의 기술을 선호하는 경향에 관심을 가지는데, 이런 경향은 심지어 우리가 영성을 추가할 때도 한 수준에서 그 경향을 표현한다. 우리는 영적 성숙을 위한 해결의 열쇠, 지름길을 찾는다. 우리는 다른 곳에서 삶의 중요한 것들을 하면서 행할 수 있는 영적인 훈련을 장려한다. 음식에 대한 우리의 사랑을 계속 탐닉하게 해주는 영적인 체중 조절 프로그램을 계발할 때, 너무나 자주 우리는 이스라엘을 닮았다.

균형과 활력은 우리가 성숙한 신앙의 모범을 따르는 것이 얼마나 중요한지 염두에 둘 때에만 유지될 수 있고, 폭넓은 범위의 영적인 훈련을 실천할 때에만 유지될 수 있다. 기독교인의 삶에서 넓이와 깊이, 기쁨과 인내는 하나님을 경험하고자 하나님이 자신을 알리는 많은 방법들에 우리 자신을 일관되게 열어두는 결과로 얻게 된다.

하나님의 백성의 갈등과 증언

자신들의 불만을 공개적으로 방송하는 것, 폭언으로 법정을 방해하는 것, 각각의 새로운 지도자나 감지할 수 있는 위협적인 시나리오의 출현으로 속이 뻔히 들여다보이는 전쟁에 참여하는 것은 호세아의 이스라엘, 바울 당시의 고린도 교인들, 오늘날 어느 나라에 있는 교회에도 잘 들어맞는다.

예수님의 대제사장적 기도는 "우리가 하나인 것 같이, 그들도 하나가 되게 하여 주십시오.…"요17:11에서처럼 하나님의 사람들이 통일되는 것에 관심을 두었다. 교회의 가장 강력한 증언은 이 통일에 있다. 바울은 이것을 유대인과 이방인의 화합으로 상징되는, 하나님의 신비로 설교했다.엡2-3장

하나님은 정기적으로 다른 교파의 목사들과 회중을 위해 기도하는 회중의 증언을 축복한다. 하나님은 화해를 이끌어 내려고 장애물을 넘어서고, 그들이 보지 못한 신앙 안에서

형제자매들을 축복하는 자들을 축복한다. 아마도 언젠가 우리는 더 많은 평화와 화해의 팀이 심지어 거리에서도 남녀노소 흑백 모두, 공통의 사랑으로 사역에 함께 묶여, 적대적인 분열 사이에 서 있는 것을 볼 수 있을지 모른다.

보존된 희망: 피고인은 상태를 인정한다
호세아 6:1-3

사전 검토

여기는 호세아서의 제2부에서 세 가지 구원 신탁 가운데 첫 번째 신탁이다. 각각은 하나님을 아는 지식, 언약 사랑 그리고 진실에 대한 섹션을 마무리한다. 이 신탁들이 세 가지 연대기를 나타낸다고 가정해서는 안 된다. 모두가 동일한 구원 사건을 묘사한다. 저자는 첫 3장에서 발전시킨 대로, 고발-심판-구원이라는 패턴을 제1부에서 반복했다. 이 구원의 말씀들은 또한 세 번 나온다.1:10-2:1; 2:14-23; 3:4-5 참조[고발-심판-구원 신탁, p. 386.]

이전 심판에서 회복을 위한 조건은 (1) 죄를 인정하는 것과 (2) 주님에게 돌아가고자 구하는 것이다. 어떤 주석가는 이스라엘의 발언6:1-3이 성실하지 못하거나 너무 피상적이어서 하나님의 회복을 보증할 수 없다고 주장한다.

증거는 진심에서 우러나서 돌아온다는 것을 가리키는데, 이것은 시제의 변화로 알 수 있다. 이전의 예언하는 진술이었던 **나는…찢을 것이다**는 여기서 **주님께서 … 찢어셨으나**가 됐다. 그러므로 구원 신탁은 사자 굴에서 하는 이스라엘의 고백이다. 하나님의 먹이가 되어, 그들은 심하게 다뤄져 굴에까지 물려갔다. 징벌은 그 바라던 효과를 얻는다. 그럼에도 민족은 하나님의 보호를 받는다.

개요

진심어린 고백과 회개, 6:1-2

6:1a	협력의 마음: 우리 돌아가자…
6:1b-2	확신하는 마음: 하나님께서 … 하실 것이다

하나님에 대한 전적인 헌신, 6:3

6:3a	오직 한 목적을 위해서만

주석적 해설

진심어린 고백과 회개 6:1-2

6:1a 협력의 마음 : 우리 돌아가자…

회개의 언어는 진실하다. **돌아가다**로 번역된 단어는 두 가지 기능을 한다. 이것은 "회개하다" 뿐만 아니라 "반대 방향으로 돌아서 가다"를 의미한다. 주님을 따르는 것은 그의 길로 동행하는 것을 의미하기 때문에, 신8:6; 13:4; 수22:5 실제로 두 의미는 거의 구분할 수 없다. 하나님이 자신의 불순종하는 백성을 심판 한 후에, 그들이 마음을 다해 하나님에게 돌아오면, 그분은 그들의 운명을 회복하고 그들을 가나안 땅으로 돌아오게 할 것이다. 신30:2,8,10; 시78:34

이스라엘의 언어가 바뀌었다. 백성들은 서로 고발하는 대신에, 호4:4 회개하고 자신들의 주님에게로 돌아가자고 서로에게 격려한다. 이전에 그들의 삶의 방식은 너무나 확고하게 굳어서 하나님에게로 돌아갈 수 없었으므로 고발당했다. 5:4 게다가 민족이 자신의 병을 인식할 때, 앗시리아에 도움을 구했었다. 5:13 그러나 이제 그들은 자신들의 주님에게로 돌아오기로 결심한다. 회개는 충분히 진심에서 우러나오는 듯하다.

6:1b-2 확신하는 마음: 하나님께서…하실 것이다

이스라엘은 자신들의 몰락의 원인을 분명하게 인식하지 않고, 그들의 행동의 결과를 모면하고자 피상적인 사과를 했다고 고발당할 수 있다. 그들의 고백은 삶의 두 가지 중요한 측면을 인정한다. 첫째, 그들이 경험하는 재앙, 곧 찢기고 상처 입는 재앙은 하나님이 하는 일이었다. 그들은 자신들의 죄 때문에 하나님이 얼굴을 돌렸다고 이해한다.

둘째, 회복에 대한 그들의 희망은 주님에게 있다. 그들은 다른 누구에게도 호소하지 않는다. 하나님이 징벌했기 때문에, 그분의 때에 또한 이스라엘의 운명을 회복하고 그들의 상처를 싸맬 것이다. 하나님은 죄에 대해 진심어린 슬픔에 반응한다는 것을 신뢰할 수 있다. 하나님의 백성은 그분이 유일한 구원자임을 인식했다.

호세아 6장 2절은 많은 논란의 대상이다. 이스라엘은 부활을 생각했는가, 아니면 이것은 질병에서 회복하는 것에 대해 말하는 방식이었는가? Barre "회개"라는 이 발언들은 신이 셋째 날 생명으로 돌아가는 풍요 제의의 의식에서 유래할 수 있는가?

윙가드Wijngaards는 더 매력적인 해석을 제안한다. 그는 호세아 당시 국제조약에 나오는, 언약 및 언약 용어의 개념에 의존한다. 이와 같이 그는 봉신을 죽인다는 용어가 어떻게 예속된 왕을 폐위시키거나 그가 왕좌에 오르지 못하도록 하는 것을 가리키는지를 잘 설명한다.30-32 실제로 때로 왕은 "살해당했다"라고 그 다음에 그는 "도망쳤다"거나 "그 땅에서 쫓겨났다"라고 전해진다. 봉신 왕을 왕좌에 회복하는 행위는 "그를 죽음에서 생명으로 올렸다"라고 묘사된다.

언약 상대자의 파면이나 회복은 죽이고 살린다는 용어로 표현된다.[언약, p. 395.] 하나님은 자기 백성들이 언약을 어겼기 때문에 그들을 "죽일" 것이다.호2:3; 5:14; 9:15-16; 13:5-6; 신28:45-48, 63 참조 "죽음"에 이어 추방이 따른다.신28:49-52 그들이 마음을 다해 회개하면,신30:1-2 주님은 그들이 살도록 가나안 땅에 회복시킬 것이다.신30:3-6 선택은 그들의 몫이다.신30:19-20

호세아 6장 1-2절은 모세의 노래에서도 표현된 대로,신32:39 또한 질병과 치유, 죽음과 생명이라는 용어에서 발견되는 하나님 및 형상 개념에 의존한다. 죽임/상처입힘과 생명으로 살림/치유함으로 표현되는 저주와 축복의 전통은 오래된 전통이다. 이것은 언약 용어다.

이 "부활"을 **이틀 뒤에**, … **사흘 만에**, … 일어난다고 말하는 것은 시내 산에서 맺은 언약식을 떠올리게 한다.출19:10-11, 14-19 하나님은 이스라엘과 맺은 언약을 새롭게 한다. **내-백성이-아닌** 자들이 다시 **내-백성**이 될 것이다.

하나님에 대한 전적인 헌신 6:3

6:3a 오직 한 목적을 위해서만

구원은 주님을 **알고자** 하는 자들에게 온다. 이런 확신은 희망에 의거한 생각에서 오지 않는다. 하나님은 자신이 결코 인류를 멸하지 않을 것이라고, 노아 및 그의 자손들과 언약을 맺었다.창9:1-17 모든 무지개는 이 약속을 상기시킨다. 회개하는 이스라엘은 새로운 시각에서 이 약속을 보았고, 하나님이 겨울비와 봄비를 주리라고 기대하면서, 목을 **빼며** 온다.

6:3b 새벽마다 여명이 오듯이─이것은 약속이다

구원은 풍요와 희망이 황폐한 백성들과 땅에 돌아올 때 완성된다.[여호와-바알의 갈등, p. 417.] 새벽 직전의 깊은 흑암 및 겨울비와 봄비라는 은유는 하나님이 분명히 자기 백성을 돌아오게 할 것이라는 점을 묘사한다.2:21-23 참조 오직 그 때에만 증인들은 언약이 갱신되는 것을 듣게 될 것이다.

> "너는 내 백성이다!"
> "주님은 나의 하나님이십니다."2:23

성서적 맥락에서의 본문

부활

지상의 삶의 회복으로서의 부활이라는 개념은 엘리야와 엘리사를 통해 생명-에로의-부활이라는 기적에서 두드러지게 나타난다.왕상17:17-24; 왕하4:18-37; 8:1-6; 13:20-21 구약 시대에 부활한 모든 이들은 생명이 연장됐다. 그럼에도 그들은 모두 다시 죽었으며, 이 부활은 소생이라는 형태였다. 이런 부활의 기적은 치유의 연장이다. 예를 들어 독과 나병왕하4-5장은 치유되지 않으면 죽게 된다. 부활은 치유를 죽음의 영역에까지 확대했다. 부활은 죽음의 장소스올에서 불가피하고 영원히 머무는 것에서 일시적이기는 할지라도, 형 집행 정지를 내렸다.

신약 개념은 소생의 개념을 이어간다.나사로, 야이로의 딸 그리스도의 부활은 다른 질서에 속한다. 곧 음식과 피가 아니라 영으로 특징지어지고 활력을 얻는 몸으로 돌아오는 것이다.

호세아 6장 1-3절은 부활한 예수님이 엠마오로 가는 길에서 제자들을 가르칠 때눅24:13-27와 나중에 출현할 때24:44-49 언급하는 본문인 듯하다. 예수님은 삼일-만에-부활이라는 주제가 구약 전반에 있다고 확인했다. 즉 예수님은 자신이 어떻게 이스라엘의 약속에 대한 기대와 이스라엘의 죽음에 대한 실재를 성취했는지를 보여주고자 옛 언약 문헌 전체를 연결시켰다.히브리서 참조 하나님이 이사야서의 고난당하는 종과 맺은 언약사42:6; 49:5-8 참조은 예레미야의 새 언약에 대한 약속과 결합된다.렘31:31-34 이것은 예수님이 자신의 피로 새 언약을 해석하는 토대가 된다.눅22:14-23 새 언약의 중재자인 그리스도 안에 사는 모든 사람들은 그리스도의 부활의 폭발적인 힘으로 살도록 초대받는다.빌3:10-14; 골3:1-17

호세아 시대에 이스라엘은 "생명으로 일으키다"라는 용어를 문자 그대로 사용하지 않았을 것이다. 그럼에도 언약의 개념은 분명히 육체적 부활에 대한 가르침을 형성하는 데 주요 요인이었다. 하나님이 과거에 죽은 사람을 온전하면서도 극적으로 살렸듯이,왕하 13:21 신실한 자들은 죽음에서 생명으로 일으켜질 것이다.단12:1-4; 겔37:1-14; 사26:14, 19 참조 이처럼 부활은 새로운 시작을 가리키는 은유가 된다. 신약에서 부활은 그리스도에 대한 신앙에 뿌리를 두며, 세례로 상징된다.요5:25; 롬6:3-11 죽은 자는 하나님의 아들의 목소리를 듣고, 생명을 다시 얻는다. 그리스도의 부활은 "그리스도 안에" 있는 모든 자에게 희망을 위한 모범과 보증이 된다.고전15장

부활은 지금 여기서 시작된다. 부활한 사람들에게 모든 것은 새롭고, 위대한 일들이 가능하다. 권능을 현재 보여주는 것은 하나님의 영광을 미래에 보여줄 것임을 분명히 한다. 부활은 영원을 시간에 끌어들인다.

교회생활에서의 본문

회개: "우리 돌아가자"

집단 회개

서구 사회는 본질적으로 개인주의적이다. 이 사고방식은 교회에 대해 약한 개념을 조성한다. 우리는 집단적 책임, 행동 또는 혜택을 생각하기가 매우 어렵다. 이런 사고방식은 또한 더 큰 전체를 위해 중재, 상호 돌봄 그리고 자기희생에 대한 이해와 경험을 약화시킨다.

궁극적으로 모든 죄는 하나님에게 대항하는 것이기는 하지만, 회개는 모든 죄가 다른 사람에게 영향을 미친다고 인식할 때 구체화된다. 그러므로 죄를 오직 하나님에게만 고백하는 것이 필요하지만 결코 충분하지는 않다. 내 형제자매들은 내 죄가 미치는 제약을 가하는 영향에서 자유롭게 될 필요가 있으며, 나 역시 그들의 죄에서 그렇게 될 필요가 있다. 우리는 치유 받으려고 서로에게 우리 죄를 고백한다. 그리고 우리는 우리의 집단적인 죄, 곧 교단, 지역 회중, 신앙 공동체의 죄를 인식할 때 공개적으로 고백한다. 기독교인의 증언과 그리스도의 이름이 더럽혀졌을 때 우리는 머뭇거린다. 하지만 중재와 고백을 통해 죄를 받아들인다면, 우리는 깨끗하게 되고 교회는 새롭게 될 수 있다.

집단적 죄는 개인보다는 집단에 속하는 태도나 행동이다. 즉 우리가 살고 있는 상황의 일부이므로 보기가 어렵다. 예를 들어 국가의 전쟁을 정당화하고 지지할 때, 국내와 국외의 경제적 억압에서 적극적으로 혜택을 누릴 때, 법을 어긴 자를 인도주의적으로보다는 복수심에서 다룰 때, 교회는 죄를 짓는다. 가난한 자, 연약한 자, 장애인을 무시할 때, 또

는 우리에게 비교적 단기간에 번영과 안정을 "보장"하는 정치인들을 독려할 때 우리는 죄를 짓는다.

회개와 회복

회개는 죄의 결과에서 벗어나는 것 이상이다. 회개는 하나님에게 돌아오는 것으로 구성된다. 회개는 평등정의과 가장 깊은 사랑의 관계에로 우리를 회복시킨다.

하나님은 우리의 온전함, 우리의 건강, 우리의 회복을 바란다. 하나님은 죄인들의 죽음에 기뻐하지 않는다. 하나님은 생명에 관심이 있다.

자립과 회복

우리 모두에게는 성숙하고 자립하려는 욕망이 깊이 뿌리 내리고 있다. "나는 스스로 할 수 있다"라는 말이 어른은 물론 아이에게서도 역시 나온다. 우리는 우리 자신에게서 연약함을 제거하고, 우리의 감정을 조절하며, 다른 사람 심지어 하나님에게도 의존하지 않으려고 우리에게 필요한 것을 얻을 방법을 찾으려고 노력한다.

이스라엘 사람들은 당당하고자 모든 가능한 수단을 통해 노력하는데, 이들 가운데 일부가 호세아 5장에 나온다. 산더미 같은 희생제물, 심지어 신생아를 바치는 행위, 외국과의 동맹을 통해 권력을 사용하는 것, 이 모두는 소용이 없었다. 그 어느 것도 인간 공동체를 위한 필요를 다루지 못했다. 그들은 하나님의 분명한 뜻, 곧 하나님의 형상으로 만들어진 자들을 사랑함으로써 하나님을 사랑하라는 뜻에 순종할 것을 요구했지만 이를 어기므로, 누구도 지속되는 안전과 번영을 제공하지 못했다.

각 사회는 성숙과 조화를 이끌 것이라고 여기는 자체의 이상과 관습을 발전시킨다. 북아메리카 사람들은 문제를 해결할 자유로운 사람의 능력에 몰두했다. 우리는 대화보다는 폭력을 통해 삶의 문제를 다루려고 노력하는 것 같다. 자기 계발을 통해 다른 사람들 및 심지어 하나님에게서 인정받고 회복하려고 노력한다. 분명히 이런 방식으로 적절하게 일부를 얻을 수 있다. 하지만 실제 회복은 관계, 즉 다른 사람과 관련이 있다. 그 길은 아마도 양보, 상호지지, 도움을 받아들임, 또는 대면함일 것이다. 깨어진 관계는 고백, 용서와 화해로, 곧 공동체를 세우는 진실의 이런 은혜와 형태로만 고쳐질 수 있다.

호세아 6:4-11:11

피고인, 로-루하마: 어떤 가족의 사랑도 없다

개관

둘째 자녀는 로-루하마라고 불리는데, 이 이름은 **사랑받지 못하다**를 의미한다. 호세아서의 2부에서, 이름의 **루하마** 부분에 상응하는 긍정적인 신학적 단어는 헤세드다. 이 단어는 4장 1절에서 충실새번역, "사랑"-역주로 나오고, 6장 4, 6절과 10장 12절과 본문의 이 전체의 섹션을 넘어서는 12장 7절에서는 변함없는 사랑으로 나온다. 처음 2장 19절에서 이 단어가 소개됐는데, 거기서는 이 단어가 **라함, 긍휼, 회복하는 사랑**히2:21과 함께 나온다. 헤세드는 사랑의 진정성을 강조한다.10:12 주님의 부모로서의 사랑 '아하바' ['ahabah]은 떠나서11:2 어떤 **언약의 사랑**헤세드 6:4, 6; 10:12도 되돌려 주지 않는 고집스러운 아들11:1을 부른다.

사랑이라는 용어와 형상이 이 장에 깊이 스며들어 있으며 언약의 사랑이라는 더 큰 주제를 중심으로 메시지를 집중시킨다. 이미 1부에도 있는2:14-23 참조 언약 개념은 이 섹션에서도 펼쳐진다. 언약에 대한 언급은 6장 7절, 8장 1절, 10장 4절에 나온다.[언약, p. 395.]

이 섹션의 처음과 마지막 신탁6:4-6; 11:8-11은 비슷한 수사적 질문으로 시작하는데, 이는 시작과 끝을 함께 묶는다. 2부에서 본문의 세 주제 단락 각각은 고발 신탁, 심판 신탁, 구원 신탁이라는 진행을 포함한다.[고발-심판-구원 신탁, p. 386.] 4:1-14:9의 개관을 보라 호세아 6장 4절-11장 11절도 이 유형을 따른다. 이 주제 단락들은 한 주제 단위에서 또는 한 주제에서 다른 주제로 시간적인 순서로 되어 있는 것처럼 읽어서는 안 된다. 이 단락들은 세 섹션에 있는 신탁의 각 유형에서의 강조점을 공유하는 것에서만 다르다. 4장 4절−6장 3절에서는, 고발이 지배적이다. 6장 4절−11장 11절에서는, 심판 신탁이 비례적으로 지배적이다. 구원 신탁은 이전 섹션보다는 11장 12절−14장 8절에서 더 비중을 차지한다. 이런 변화하는 비율은 아래 그림으로 제시된다.

고발, 심판 그리고 구원 신탁의 비율

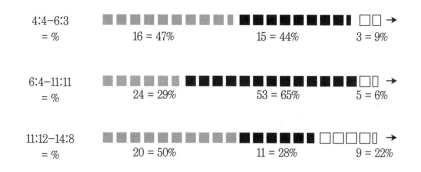

로-루하마에 대한 네 가지 고발
호세아 6:4−7:16

사전 검토

충실하지 못함이 이 섹션에 지배적이다. 언약에 대한 헌신은 참석자들이 언약을 지킬 것이라고 보증하려고 하나님이나 신들에게 호소하는 말로 하거나 법령으로 규정된 맹세를 포함한다. 창15; 31:48−54; 수9:15, 18−19; 겔16:59 시내 산에서 맹세 대신에 이스라엘은 **주님께서 명하신 모든 말씀을 받들어 지키겠다**라고 엄숙한 약속으로 반응했다. 출24:7−8; 19:8 헤세드는 언약의 사랑이요, 충성이다. 헤세드에 따라 사는 이는 일관되게 신실하다. 그들의 약속과는 대조적으로, 그들은 변덕이 심했다. 그들은 신에서 다른 신으로, 한 외국 군주에게서 다른 군주에게로 자주 옮겼다. 네 가지 고발 신탁은 이런 충실하지 못한 역사를 검토한다. [고발−심판−구원 신탁, p. 386.]

각 신탁은 더 큰 전체에 무언가 기여한다. 이 전체는 하나님이 이스라엘을 언약에로 다시 부를 때, 하나님의 행위에 이스라엘이 저항하는 내용으로 구성된다. 우리는 신탁의 특성과 숫자를 자세히 살펴볼 것이다. 고발은 이스라엘이 하나님의 언약 사랑을 거부한다

고 묘사한다. 하나님의 바로잡으려는 심판은 어떤 것도 바꾸지 못한다.6:4-11a 하나님의
인애는 효과가 없는 것으로 드러난다.6:11b-7:2 민족의 지도자들은 거짓을 행하고, 술책
에 의한 정책에 의존한다.7:3-13 그들은 최후의 수단으로 회개를 시도하지만, 거의 회개
하지 않았고 너무 늦었다.7:14-16

이스라엘에게 언약 사랑이 없음에 대한 주장과 그들이 진실이 없음에 대한 주장은, 두
주제가 겹치기 때문에 서로 구분하기가 어렵다.11:12-14:9 각 주제는 약간 다른 관점을 지
닌다. 하지만 두 사례에서 거짓과 진실하지 못함의 문제가 지배적이다. 각 주제의 단락은
동일한 쟁점을 다루는 것으로 이해해야 한다. 이 쟁점들은 논리적인 진행이나 역사적 진
행을 따르지 않는다. 대신에 동일한 장면에 대해 다른 각도를 묘사한다.

우리는 언약 사랑이 **관계**를 묘사하고, 진실은 성격을 묘사한다고 보아, 이 둘을 구분할
수 있다. 실제로 고발 신탁은 구약에 공통적인 언약에 대한 세 가지 표현을 주장한다. 곧
주님이 자기 백성과 맺은 언약,6:4-7:2 백성이 자신들의 지도자와 맺은 언약7:3-7과 민족
이 다른 민족들과 맺은 언약7:8-16이 있다.[고발-심판-구원 신탁, p. 386.]

개요

7:16b-c　　　　징계 조치

주석적 해설

고발 1: 족속의 결속을 깨는 것 6:4-11a

원래 두 가지 말로 한 신탁6:4-6; 7-11a은 다음과 같이 하나의 구도를 고안하려고 한 본문 단위로 만들어졌을 것이다.

일반적인 고발

과거 심판

구체적인 고발

미래 심판

이 구조는 처음의 호소와 마무리하는 심판 진술에서 유다에게 전한 것과 일치한다. 그들은 6장 4-11a절을 단일 본문 단위로 확인한다.[유다와 다윗, p. 407.]

문법적인 지시 대상자가 문제이지만, 의미를 모호하게 하지는 않는다. 대명사는 6장 4a절의 단수 너에서 6장 4b절의 복수 너희로, 6장 5a절의 그들로, 6장 5b절의 단수 너로, 6장 7-9절에서 그들로, 그리고 다시 10절에서 단수 너로 돌아온다. 단수 대명사는 민족을 집합적인 전체로 가리킬 수 있다.

6:4-6 증발하는 충성

주님의 진노를 보여준다. 6장 4절의 이중 질문에서는 심지어 좌절까지 기록한다. 하나님이 거듭 이스라엘과 유다에게 자각하도록 하려는 시도는 성공하지 못했다. 더 이상 무엇을 할 수 있겠는가? 이들을 언약의 주님에게로 되돌리도록 그 밖의 무엇을 할 수 있겠는가?사1:4-6 참조 질문은 좌절하고 불쌍히 여긴다는 것을 전달한다. 간음은 어떤 배우자들을 살인으로 내몬다. 하나님은 그들과 같을 것인가?

이스라엘과 유다는 더 깊은 실패를 같이 한다. 그들은 주님을 당연에게 여긴 죄를 범했다. 둘 다 하나님이 그들을 회개하도록 이끄는 행위를 인식하지 못한다. 유다를 포함하여, 호세아는 이스라엘이 다른 신들과 음행한 초기로 우리를 다시 데려간다.

이스라엘과 유다의 너희, 복수 언약 사랑과 충성은 오래가지 못한다. 하나님이 거명하려는 모든 특정 죄들은 이 더 큰 죄를 표현한 것에 불과하다.

주님의 고발은 상상력을 사로잡는다. 짙은 **아침 안개**와 **이슬**은 곧 태양 빛의 열기에 사라진다.호13:3a 참조 예배에서 신실하지 못하다고 고백한 것은 이스라엘의 지도자들이 당시의 논제에 직면하자 증발한다.

주님은 자신의 좌절을 설명한다.6:4a 이것은 이스라엘이 처음 범한 가벼운 죄도 아니고, 하나님이 처음 바로잡으려는 행위도 아니다.6:4b 이런 과거 징벌은 의도적이었으며, 이스라엘이스라엘과 유다를 의미하는이 하나님에 대해 안 모든 사실과 일치한다. 과거 징벌은 예언자들의 입을 통해 왔다.6:5 복수는 예언자의 개입이 오래된 역사라는 사실을 암시한다.신18:14-22; 렘26:4-5 참조 하나님이 지명한 대리인은 전에도 바로 잡으려는 말씀을 전했다.

말씀은 힘을 지닌다. 말씀은 하나님의 행동을 시작하기 때문에, 이런 말씀의 효과는 채석공이나 목수와 같이 잘게 **자르거나 패서 자르는 것**이며, 제사장이나 용사와 같이 **죽이는 것**이다.6:5

6장 5절의 마무리하는 절의 주어는 **빛**, 번개 또는 조명이다. **나의 심판이 너희 위에서 번개처럼 빛났다**라고 되어 있다. 그래서 심판은 이스라엘의 죄를 밝힌다. 하나님은 먼저 불손종의 영향을 경고하고, 그 다음에 심판하는 이유를 설명한다. 두 유형의 예언 메시지는 일반적이며, 민족이 자신의 상태를 인식하고 주님에게 돌아가도록 하는 손거울의 역할을 한다.

예언의 말씀과 이스라엘이 심판에 반응하는 방식 사이의 대조6:6는 이스라엘이 자신들의 언약의 주님을 이해하지 못한 것을 설명한다. 예언자들은 이스라엘에게 거룩한 삶을 살라고 촉구해 왔다. 사람들은 그들의 희생제물을 늘리는 것으로 반응한다. 이 반응은 핵심을 놓친다.

주변 민족들에 있는 이교의 종교는 희생제물과 제의 행위를 강조했다. 여호와 신앙은 이스라엘에게 삶과 관계의 방식에서 구별된 백성이 되라고 요구했다.[이스라엘 종교, p. 401.] 희생제물은 반드시 사랑과 충성을 표현하는 것은 아니다. 예언자 호세아, 아모스, 이사야 그리고 미가는 한 목소리로 말하는데,암5:4-15, 21-27; 사1:10-20; 미6:6-8 이는 **순종이 제사보다 낫다**라는 이전 세기의 예언자들을 반영하는 목소리이다.삼상15:22-23

시편 기자도 다음과 같이 동의한다.51:16-17

주님은 제물을 반기지 않으시며,

내가 번제를 드리더라도 기뻐하지 않으십니다.

하나님께서 원하시는 제물은 찢겨진 심령입니다.

오, 하나님, 주님은 찢겨지고 짓밟힌 마음을 멸시하지 않으십니다

희생제물은 오직 진심 어린 고백 후 또는 고백과 더불어서만 받아들일 수 있다.시51:18-19; 40:6-8 참조 예언자, 제사장과 신실한 예배자들은 하나님이 소와 염소의 피보다 언약의 사랑을 바란다는 데 동의한다.[소의 형상, p. 389.] 다음의 네 절은 언약 사랑이 없음부작위의 죄들, 호6:7, 10과 제사장의 피—흘림의 효과작위의 죄; 6:8-9를 설명한다.

6:7-11a 의도적인 불충

불충을 설명하고자 구체적인 고발이 이어진다. 이 고발은 더 큰 그림을 드러내려고 커튼을 젖힌다.

언약에 신실하지 못함에 대한 묘사는 제사장의 죄를 둘러싸고 있다. 역사와 사회에 대한 언급은 당시에는 자명했겠지만, 현대 독자들에게 어렵다. 어떤 언약을 의미하는가? 길르앗의 죄는 무엇인가? 제사장들은 실제로 세겜으로 가는 길에 예배자들을 공격했는가?

통용되는 해석은 **아담에서 그들은 언약을 어기고, 거기서 그들은 나를 배반했다**새번역, "이 백성은 아담처럼 언약을 어기고 나를 배반하였다"-역주6:7라는 읽기를 선호한다. **아담**을 지명으로 읽는다면,수3:16 참조 전치사 접두어를 **~처럼**에서 **~에서**로 바꿀 필요가 있다. 지명을 선호하는 주장은 부사가 이것을 요구하는 것 같다는 것이다. 우리가 이 해석을 따른다면, 언약 파기의 특성은 알려지지 않게 된다.

전통적인 신학적 해석은 아담이 첫 인간, 곧 최초의 죄인창3장의 이름이나 모든 언약 파기자를 가리킨다고 보면서 **사람**들로 읽는다. 이 해석에 대한 반대의견은, 비록 "창세기 2-3장이 단어를 사용하지 않고서 언약을 암시"하기는 할지라도,Andersen and Freedman, 1980:439 창세기 1-4장 어디에서도 분명하게 언급된 언약이 없다는 것이다.

거기에서라는 부사는 **이스라엘 족속** 곧 사람들을 가리키면서, 다시 6장 10b절에 나온다. 우리가 이 사고의 흐름을 따른다면, **거기에서**는 어디든지 이스라엘이 처음 언약을 어긴 곳을 가리킨다.

이것은 우리를 시내 산으로 데려간다. 하나님은 자신의 뜻을 돌판에 기록한 바로 그 순간에, 사람들은 스스로를 위해 금송아지를 만들었다.출32장 광야에서 현재까지 이스라엘

의 이야기는 다른 신들과의 하나의 긴 추문이었다. 이 추문은 아론으로 시작해서, 제사장들이 승인했다. 제사장들의 범죄에 대한 세부 내용은 6장 6-7절의 히브리어에서 모호하다. 앤더슨과 프리드먼Andersen and Freedman, 1980:440은 다음과 같이 세 가지 죄를 열거하는 교차대구적 패턴에 주목한다.[문학적 유형, p. 409.]

8a		범죄	폭력배들의 성읍
8b		살인	거짓, 피와 더불어
	9a	강도	강도떼, 길목에 숨음
		강도	제사장 무리
9b		살인	세겜 가는 길목에
		범죄	차마 못할 죄

이 해석은 호소력이 있다.

더 설득력 있는 해석은 단어들의 다른 의미들에 초점을 둔다. **떼** 또는 **무리**로 번역된 용어6:9a는 더 자주 "마술, 마법 걸기, 주문"신18:11; 사47:9, 12을 의미한다. **차마 못할 죄**를 가리키는 단어6:9b는 종종 성적인 죄의 개념을 포함하며, 우상숭배를 가리키는 은유가 된다.렘13:27; 겔22:9, 11 위치가 알려지지 않았지만 길르앗 성읍은 세겜으로 가는 도중에 위치했을 것이다. 만약 그렇다면, 이 제사장들은 세겜에 있는 주님을 예배한 곳으로 가는 길에, 특히 흑주술과 저주를 통해, 거짓과 폭력을 행사하고 사람들을 살인하고 있다.호6:8-9

6장 8b절의 이런 해석을 위한 상황은 이 행을 따라 계속된다. 이교의 예배와 종교 제의에서 성적인 방탕, 우상수배 그리고 주문 걸기는 밀접하게 관련된다.4:12; 왕하9:22; 미5:11-14; 나3:4 이런 흑주술을 행하는 자들은 발람과 같은데, 모압과 미디안 사람들이 이스라엘을 저주하여 그들을 약화시켜 멸망당하도록 발람을 고용했었다.민22-24장 발람은 결국에는 우상숭배와 성적인 부도덕한 행위로 이스라엘을 약화시키라고 모압에게 가르쳐 주었다.민25장; 31:16 의도된 저주와 부도덕한 행위와 우상숭배의 연결은, 우리가 바알 제의에 대해 알았던 것과 일치하는 이 고발 신탁에 의미를 부여해 줄 것이다. 이 해석의 더 큰 장점은, 사람들이 성소에서 예물과 희생제물을 바치는데, 제사장들이 바로 이 사람들을 강탈하고 있다고 할 필요가 없다는 점이다.

그러므로 **길르앗**에 위치한 제사장들은 사람들에게 주문을 걸고 지불받은 것에 대해 주술을 행하면서, 여기서는 강도질로 간주되는 누군가의 적을 저주하는 기술을 다듬었다. 그들은 동료 이스라엘 사람들에게 주문을 걸어, **살인**을 행했다. 이처럼 길르앗의 제사장들은 주술 전문가로서, 겸업으로 추가 수입을 벌었다. 소송 중에 있거나 또는 마음에서 제사장들의 고객에게 적들은 **세겜**으로 예배하러 간 신실한 자들도 포함했다. 그렇다면 이 본문은 이스라엘의 종교적 왜곡이라는 엄청난 실상, 종교적 왜곡이 공동체에 미친 효과, 그리고 북 왕국의 제의 안에 제사장들의 충돌하는 행위들 드러낸다.

마무리하는 고발은 이스라엘에게 언약 사랑이 없다고 묘사한다.6:10 심지어 이것은 하나님을 당황스럽게 한다. **소름 끼치는 일, 몸을 팔다**, 그리고 **더럽힌다**라는 용어는 하나님이 느끼는 엄청난 혐오감을 담아낸다.

유다가 길르앗에서 저지른 죄를 북 왕국에게만 유일하다고 해석하지 않도록, 하나님은 남 왕국을 심판의 위협에 포함한다. 곡식이 무르익을 때 **추수**새번역, "심판할 시기"-역주를 하게 된다. 이 시간은 하나님의 손에 있다. 민족이 심판 받을 때라고 하나님이 선언할 때, 민족은 충분한 "응분의 대가"를 치를 것이다.

고발 2: 핵심에서의 타락, 6:11b-7:2

6:11b-7:1a 용서받은 범죄자가 범죄로 돌아간다

이전 신탁은 이스라엘이 다시 자각하도록 하는 수단으로서의 예언의 말씀에 대해 말한다.6:5 이 일은 역사 전반에서 일어났다. 심판은 회개와 회복으로 이어져야 했다. 이 신탁은 하나님이 자비와 언약적 신실함을 행하는 것을 백성이 회개하도록 하는 또 다른 수단으로 묘사한다. 최근 역사에서 이스라엘은 외세의 지배로 고통을 겪었지만, 하나님이 "여로보암을 시켜서 그들을 구원하신 것이다."왕하14:26-27 여로보암은 "주님께서 보시기에 악을 행"했으므로,14:24 이런 행위는 순수하게 자비에서 나왔다. 그러나 심지어 하나님의 선함도 이스라엘을 하나님에게로 되돌리지 못했다.

7:1b-2 범죄 기록으로 공적으로 드러냄

하나님은 **내 백성의 운명을 회복**할 해방자 및 **이스라엘을 치유**할 의사의 역할을 했지만, 어떤 행동도 새로운 생명을 낳지는 못했다. 하나님이 개입할 때마다, 민족의에브라임의 죄와 지도자들의사마리아의 죄악을 더욱 드러낼 뿐이었다. 의사의 진단 시험은 다음과 같은 도덕적 질병을 드러낸다.

만성적인 사기

주거침입

만행과 약탈

주거침입은 사람들의 집에 들어가는 것을 묘사하고, **만행**과 **약탈**은 전쟁 희생자의 몸에서 옷과 귀중품을 벗겨낸다는 개념을 담아낸다. 이 목록의 범위가 왜 그토록 짧고 협소한지는 분명하지 않다. 이것은 사례를 든 것일 수 있다. 이것은 숨겨진 범죄 행위에서 가장 뻔뻔한 범죄행위, 곧 모든 사람이 부도덕하다고 인정하는 행위까지 죄의 전반적인 범위를 소개한다.

심지어 사회에서 가장 명백하고 흔히 인식되는 범죄가 있는 곳에서도,7:2 사람들은 하나님이 그들 사이에 일어난 일에 관여했다고 인정하지 않는다. 도덕적 통찰력의 부족으로, 이스라엘은 마치 하나님이 기억상실증에 걸린 것처럼 대우한다. 죄? 악함? 범죄? 하나님이 이것과 무슨 상관이 있는가? 하나님은 어제의 머리기사와 범죄 통계도 기억하지 못한다. 민족은 하나님이 삶의 도덕적, 경제적 그리고 사회적 사안에 관심을 가진다고 인식하기를 거부한다.

호세아는 이스라엘에게 그들의 악한 행동이 모든 곳에 있다고 알린다. 그들을 바라볼 때 하나님은 이 모든 것을 다 본다. 인애와 사랑의 보호는 회개하도록 하지 못했다. 다른 선택의 여지가 무엇이 있는가?

고발 3: 정치적인 변덕쟁이, 7:3-7

정치계는 언약에 신실하지 못함에 대한 또 다른 영역을 드러낸다. 이스라엘의 정치 생활은 변덕이 심하다. 편법이 난무한다. 하나님의 계획은 민족의 지도자들이 민족에 대한 도덕적 안내자로 행하는 것이다. 대신에 그들은 길을 잃고 방황한다. 전체 구절은 교차대구적 형태를 취한다.[문학적 유형, p. 409.]

7:3		왕과 통치자들의 상태
7:4a		간음자들=반역자들=달아오른 자들
7:4b-6		왕궁의 음모와 반란
7:7a		폭식가들=반역자들=달아오른 자들
7:7b		왕들의 상태

7:3, 7b 타락하고 부패한 지도력

정치가들과 정부 관료들은 폭력이나 조작, 공적인 승인으로 생존한다. 사마리아에서 왕과 통치자들도 다르지 않다. 효과가 있는 것이 옳은 일이다! 이 풍토에서 이스라엘의 통치자들은 어떻게든 일이 되도록 하는 것을 지지한다. 결과적으로 악이 필연적이 됐으며 사기는 미덕이 됐다. 왕과 통치자들은 결과 및 그 결과를 달성하는 데 사용된 수단을 지지한다.

연이은 반란에서, 7:7b 이스라엘의 왕 가운데 어느 누구도 주님을 의지하지 않는다. **누구도 심지어 주님에게 호소하지 않는다.** 주님은 그들의 삶에서 중요한 역할을 하지 않는다. 심지어 가장 어려운 환경에서도 그들의 생각은 언약의 주님을 의지하지 않는다. 어떻게 이런 지도자들이 참되고 거룩한 방법으로 백성을 인도할 수 있겠는가? 그리고 그들을 물러나게 한 자들은 똑같은 방식으로 쫓겨난다.

7:4-7a 혁명: 불타는 화덕

정치가들은 은유 중의 은유로 묘사된다. 시작하는 행과 마무리한 행이 다음과 같이 병행을 이룬다.

7:4a	7:7a
그들 모두	그들 모두
간음을 행한다	그들의 통치자를 삼킨다
타오르는 화덕처럼	화덕처럼 뜨거워진다

간음을 행하는 자들은 언약의 불충을 행하는 자들을 가리키는 은유이다. 7:4 반란을 계획하는 자들은 **그들의 통치자들을 삼킨다.** 7:7 이것은 간음 행위다. 어느 날 그들은 스스로 언약으로 새로운 지도자를 지지하기로 서약한다. 왕하11:4, 17 참조 그 다음 날 그들은 이 지도자를 전복시키려고 음모를 꾸민다.

열기가 이 확장된 은유에서 두드러지게 나온다. 열기는 불의 열기, 호7:4 성욕의 열기, 7:4 진노의 열기7:6와 만취의 열기7:5이다.

이 은유에서 마지막 요소는 빵 굽는 이와 빵 굽는 과정이다. 7:4 '타누르' tannur는 특별히 고안된 흙으로 만든 **화덕**이다. 타다 남은 것이 이전 빵을 굽는 것에서 남겨진다. 화덕은 오랫동안 열기를 담고 있어서, 빵 굽는 이는 잘 주무른 반죽이 부풀어 오르도록 따뜻한 화

덕에 둔다. 이 동안에 그는 나머지 불씨에 어떤 연료도 추가하지 않는다.7:4b 뜨거운 화덕
은 빵에 있는 효모를 파괴한다. 효모가 그 작용이 다했을 때, 빵 굽는 이는 빵을 굽는 열기
를 위해 불을 키운다.7:6b

7:7b-d 힘이 정의를 만든다

확장된 은유는 정치적인 배반, 곧 언약의 신실함이 없음을 묘사한다. **왕의** 잔칫날의 행
사7:5는 매우 특별한 사건임이 틀림없다. 이것이 여로보암 1세가 북 왕국을 통일하려고
세운 절기가 아니라면,왕상12:32 이스라엘에 이 절기에 대한 어떤 다른 기록도 존재하지
않을 것이다. 이 절기는 왕의 기념일이 됐을 것이다.

함께 먹고 기념하는 것은 특히 언약식이나 언약 갱신 의식에서 우정과 상호 헌신을 확
증한다.창31:46, 53-54; 출24:11; 대상29:22 그 어떤 것도 악한 일을 꾸미면서 그 사람의 식탁
에 앉아 있는 것보다 더 비열하고 더 거짓된 행위는 없다.단11:27 참조[언약, p. 395.]

반란 지도자들은 동의를 얻는다. 모두가 취한 때, 그들은 이른 아침에 왕을 칠 것이다.
그들은 자신들의 시간을 기다린다.

취하여 인사불성이 됐을 때, 왕은 상스러운 농담과 비속한 조롱거리에 참여한다. 조롱
하는 자와 마찬가지로, 왕은 다른 이들을 조롱하고 잘난 체하며 자신이 우월하다고 선언
한다. 얼마나 모순된 일인가! 왕의 동료들이 그를 치려고 적절한 순간을 기다리고 있는 동
안에, 왕은 자신의 우월과 무적을 자랑한다.

아침이 왔을 때,7:6b 빵 굽는 이는 불을 키워 빵을 구울 수 있는 열기가 되도록 끌어 올
린다. 이 신호에, 반역자들은 포도주와 분노로 달아올라, 칼로 자신들의 통치자를 삼킨
다.

고발 4: 외세의 참여 7:8-16

이스라엘은 또한 국제 조약 상대자에게도 신실하지 못하다. 민족들은 7장 8절에 언급
된다. 그들은 7장 11절에서는 이름으로 불린다. 조약 맹세는 7장 12b절에 나온다. 외교
문제를 이끄는 민족의 지도자들은 7장 16절에서 하나님의 심판의 대상이다.

예언의 메시지는 기교뿐만 아니라 말씀을 통해 온다. 이 아홉 절에서는 11가지의 독특
한 형상이나 유추, 은유가 나온다. 일부만 서로 연결된다. 우리가 더 큰 주제를 염두에 두
지 않는다면, 탁구 선수들이 빠른 속도로 치는 탁구공을 따라 가려고 하는 자들과 마찬가
지로 우리 머리는 돌아가기 시작할 수도 있다. 실제적인 수단의 효과를 포착할 더 좋은 방

법은 무엇인가? 우리는 다음과 같이 본문 단위를 고발과 심판이 교차하는 것으로 읽기를 제안한다.

7:8-11	고발
7:12-13	심판
7:14-16a	고발
7:16b-c	심판

7:8-11 어리석은 외교 정책

빵 굽는 것과 구워진 음식을 먹는 것에 대한 형상은 이 신탁에서도 이어진다. 이 형상은 이전에 묘사된 왕궁 반란을 일으킨 계기는 외교 정책에 대한 분열임을 묘사한다. **섞이다**라는 단어는 바탕을 이루는 히브리어 동사의 특성 일부를 포착한다. 7:8 이 단어는 빵을 준비할 때 기름과 밀가루를 섞는 것을 의미한다. 이 동사 형태는 에브라임이스라엘이 잘못했다는 것을 의미한다. 에브라임은 자신을 민족들과 섞었다.

뒤집지 않은 빵은 한쪽은 구워지고, 다른 쪽은 구워지지 않는다. 이것은 원칙이 없는 외교 정책에 대해 말한다. 이스라엘이 국제 관계에서 따르고 있는 지침의 규칙은 다음과 같다. 우리는 생존하려면 어떻게 두 경쟁하는 외세앗시리아와 이집트가 서로 등을 돌리도록 할 수 있는가? 이것은 최적의 상황에서도 위험하다.

이 정책을 수행할 때, 이스라엘은 자신들을 보호하는 동맹국에게 유인책을 제시해야 한다. 예를 들어 므나헴은 앗시리아에게 모든 부자에게서 은 50세겔의 세금을 징수하여 채운 국고에서 37톤의 은이라는 많은 뇌물을 지불하여 생존했다. 왕하15:19-20 다른 뇌물을 지불한 것에 대한 세부 내용은 없지만 이스라엘의 동맹의 일부로 당연하게 여겨져야 한다. **외세**는 이스라엘의 자원을 삼키지만, 호7:9 민족은 내포된 의미를 이해하지 못한다. 민족에게 지혜가 풍부할지라도, 회색 빛 머리 이스라엘은 어떤 기간에 대해서도 이런 자주 바꾸는 외교 정책을 이어갈 수 없다는 것을 인식하지 못한다.

7장 9절에 **그러나 그는 깨닫지 못한다**라는 구절을 반복하는 것은 그들이 민족의 생존 문제에 대해 하나님에게 지금 상의하지 않고 있다는 사실뿐만 아니라 외교 정책의 근시안적인 성격을 강조한다. 내부 갈등이 또한 이스라엘이 자신의 복을 위한 결정적인 조치를 취할 능력을 약화시켰다.

과연 무엇 때문에 민족이 이런 난국에 처하게 됐는가? 호세아는 이 질문에 대해 이스라엘의 교만이라는 단순한 설명으로 대답한다. 호세아에게 교만이라 함은 이스라엘이 자신들의 주님에게 고집스럽게 저항하는 것을 의미한다. 또한 호세아는 이스라엘의 교만의 대상, 곧 하나님이 자신들을 추방시키지 않을 것이라는 확신을 언급하는 것일 수 있다. 이 잘못된 선택받았다는 견해로 말미암아 이스라엘은 그릇되게 안전하다고 느끼게 된다.

교만과 **진심** 어린 회개는 서로 양립할 수 없다. 누구도 죄를 고백하려고 거만하게 하나님 앞에 활보할 수 없다. 이스라엘은 자신을 다시 초대한 이를 인정하지 못한다. 7장 14절에서 강화된 함축적 의미는 민족이 더 이상 여호와와 다른 신들을 구분하지 못한다는 것이다. 그들은 우상들에게 호소하듯이, 여호와에게 호소한다.

줏대 없는 비둘기라는 형상은 이스라엘의 외교 정책을 요약한다.7:11 그들은 지혜도 방향도 없이 촐랑거리며 돌아다닌다. 그들은 한 순간 앗시리아에게 기웃거리다가, 다음에는 이집트로 날아간다.

7:12-13 징계 조치

새의 형상이 이어진다. 주님은 사냥꾼이 닿는 한도까지 유인된 비둘기에 그물을 던지는 들새 사냥꾼으로 행동한다. 새들은 그물을 던지면 공중으로 날아오르지만, 그물에 휩싸여 떨어진다.

7장 12절의 후반부는 여러 번역이 가능하다. 회당 전통에서 우리에게 내려오는 대로 히브리어 단어를 이해하는 것이 쉽지 않으며, 게다가 이 전통은 다른 읽기를 포함한다. 신뢰할 수 있는 읽기는 **내가 그들의 조약의 보고대로 그들을 징계하겠다**새번역, "그들이 저지른 죄악 그대로 내가 그들을 징계하겠다"-역주이다. 조약은 보통 저주 목록을 포함하는데, 이 목록은 조약을 어기면 제재 역할을 했다. 조약의 보증자로서 하나님에게 맹세하여, 하나님은 위반자들에게 기록된 저주를 내릴 것이다. 이 읽기에 따르면 주님은 이스라엘에게 그들이 조약의 조건을 어겼기 때문에 자신이 자기 백성에게 저주를 이행하려고 조치할 것이라고 확신시키고 있다.

2세기 후에 에스겔은 호세아의 은유와 메시지를 요약하고 유다에게 그것을 돌렸다.겔 17:11-21; 16:59 참조 이스라엘은 앗시리아와 맺은 조약을 어겼으며, 유다는 바빌로니아와 맺은 조약을 어겨 비난을 받는다.왕하24:1, 20

이 형상은 호세아 7장 14절에서 갑작스럽게 인간의 영역으로 옮겨간다. 첫 동사 **달아나다**는 사람에게 은유로 사용하기는 하지만, 자주 동물, 특히 새를 가리킨다.렘4:25; 사 10:14 그들이 거역했다는 병행구는 알려진 기준을 어긴 것을 의미한다.호8:1 참조 이스라엘의 거역은 다른 민족들과의 조약을 깬 형태로 표현되기는 하지만, 주님에게 맞선 것이다. 결과는 이스라엘의 **파멸**이다.

어떤 이는 여기서 언급되는 이스라엘의 죄가 승리자의앗시리아의 신들을 숭배하는 것으로 구성된다고 주장했다. 그러나 앗시리아가 자신의 제의를 봉신 국가에 강요했다는 증거는 없다.Cogan: 112 이스라엘이 조약을 지지하겠다고 주님의 이름으로 선서한 맹세를 어겼다는 것으로 충분하다.겔17:11-21 참조 이스라엘이 교대로 이집트와 앗시리아에 도움을 구하는 어리석음은, 그들이 하나님의 위대한 이름을 무시하는 데서 가중된다. 그들은 주님의 이름을 헛되이 사용했다. 이런 중죄로 말미암아 그들은 사형에 처해진다.

주님이 압제하는 군주에게서 자기 백성을 **구속**새번역, "건져주다"-역주하려는 모든 시도신7:8 참조에 대해 그들은 거짓말로 대처했다. 이것은 어긴 맹세를 가리키는가? 거짓말은 또한 이스라엘이 하나님의 방법으로 행하기를 거부할지라도, 자신들은 하나님의 사람들이라고 계속해서 주장하는 것을 가리킬 수도 있다. 이 예언의 배후에 어떤 역사적 현실이 있다고 하더라도, 이스라엘은 무지보다는 고의에 의한 불순종에서 행하고 있다.

7:14-16a 하나님에 대항한 반역자들

이제 예언의 말씀은 무대 배경을 아마도 왕궁의 예배 중심지인 연회실로 빠르게 옮기고 있다. 함께 모인 자들은 식탁에 기대고 있다.암2:8; 6:4 참조 이것은 행사인가? 아마도 유월절-무교절과 같은 절기 때 회개의 시간일 것이다. 이 절기는 보리 수확을 처음 거둬들인 절기초실절뿐만 아니라, 이집트에서 이끌어낸 하나님의 **구속**을 기념한다. **그들이 스스로 찢어 상처를 내다**호7:14라고 번역한 동사는 **그들이 빙빙돌다**라고 읽을 수도 있다. 또는 이 동사는 **그들이 함께 모이다**를 의미하는 또 다른 히브리어 동사를 나타낼 수도 있다. 어떤 읽기이든 절기의 장면에 어울린다. 첫 동사의 어근은 주님 앞에서의 기도 춤에 집중하고, 둘째 동사 어근은 공동체의 요소에 주목한다. **그들이 나에게 부르짖으나, 거기에 진실이 없다**라는 구절은 그들이 구원을 위해 주님에게 호소한다고 잘못 생각한다는 사실을 가리킨다. 하지만 하나님은 그들의 회개가 적절하지 못하며 진실하지 못하다고 여긴다.

관심이 그들이 하나님에게 무엇을 하는가, 즉 울부짖고 제물을 바치는 것에 중심을 두었다는 점에서 적절하지 못하다. 그들은 쉽게 절기에 모이고, 제의로 진행한다. 마음을 변화를 겪는 것은 또 다른 문제다.

화로다새번역에는 없음-역주라는 표현은 하나님이 자기 백성에게 내릴 재앙 때문에 울부짖게 될 것이라고 암시한다. 하지만 하나님은 그들이 어떻게 심판의 결말을 피할 것인지에 몰두하기보다는 죄에 대한 깊은 인식과 진심 어린 회개를 요구하고 있다. 민족의 지도자들은 하나님이 그들의 죄의 결과를 바꾸기를 원하는 듯하다. 하나님은 마치 피뢰침이 번개를 끌어들이는 것과 같이 심판을 끌어들이는 것처럼 행동하는 이스라엘의 신실하지 못한 행동과 태도를 바꾸기를 원한다.

이스라엘의 회개는, 그들이 우상과 다른 신들에 대한 의존을 버리기를 거절한다는 점에서 진실 되지 못하다. 그들은 계속 주님에게서 **돌아서거나 반역한다. 돌아서다**새번역, "거역하다"-역주라고 번역된 동사는 종종 누군가가 어떤 사람에게서 벗어나는 것을 구체적으로 표현할 때 사용된다. 보통 표현은 "악에서 돌아서다," "네 마음이 돌아서지 않도록 하라," 그리고 "다른 신들을 섬기려고 돌아서지 말라"를 포함한다. 여기서 그들은 하나님에 대항하여 돌아서고 있다. 호세아 7장 15절은 이스라엘이 보인 주님에 대한 부정적인 태도에 대한 묘사를 강화한다. 하나님은 이스라엘이 성숙하도록 훈련시키고 바로잡으려 했을지라도, 지도자들은 하나님의 행위를 악하다고 간주한다. 그들은 하나님의 바로잡는 부모 같은 보호를 복수심에 불타는 분노의 행위로 여겼다. 그들은 주님에게 표면에 나타나지 않는 동기가 있다고 여긴다. 이스라엘은 하나님이 마치 예측할 수 없는 가나안의 신인 것처럼 그분에게 다가갔다.[가나안의 풍요 신화, p. 391.] 그들은 더 이상 하나님의 행위를 도덕적 삶으로의 사랑스러운 초대라고 인식하지 않는다. 어떤 종류의 "회개"를 그들에게서 기대할 수 있는가? 어떻게 회복이 일어날 수 있는가? 그들은 하나님을 아는 새로운 지식이 필요하다. 뒤틀린 관계는 하나님이 불쌍히 여겨 행동하기 전에 치유될 필요가 있다.

돌아선다라는 형상은 7장 16a절에서 이어진다. 지도자들은 회개의 몸짓과 제의를 진행한다. 하지만 그들은 지극히 높으신 하나님에게 돌아오지 않는다. 그들의 회개하는 행위에서 그들은 자신들의 주님 이외에 다른 대안을 선택한다. 민족의 지도자들은 더 이상 하나님의 바로잡는 행위가 그들을 되돌리려는 의도에서였다고 인식할 수 없다. 그들은 하나님의 심판을 불쾌하게 여기고, 하나님의 분노에서 벗어나려고 다른 신들을 의지한다. 결과적으로 그들은 결함이 있어 목표를 **맞출 수 없는 활**과 같이 신뢰할 수 없게 됐다. 시78:57 참조

7:16b-c 징계 조치

하나님의 바로잡기 위한 징벌은, 이스라엘 내에 하나님이 이스라엘을 향해 거듭 보여

주는 은혜의 증거를 담고 있다. 또 이스라엘의 반응은 하나님을 통제하려는 시도가 된다. 이스라엘은 더 이상 참된 사랑을 이해하지 못한다.

최종 결과는 징벌의 심판이다. 통치자들은 **칼**로 죽임을 당할 것이다. 지도자들은 협상에서 **이집트**가 앗시리아에 맞서도록 하므로, 그들에게 전쟁이 임한다. 그들의 실패한 국제 정책은 자신들의 머리에 되돌아 올 것이다. 이스라엘은 자신의 죄를 고백하기보다는 하나님을 저주한다. 주님이 비난을 받는다! 주님은 자신의 신실함을 입증하지 못했다. 언약 파기는 이스라엘의 맹세의 보증자로서의 하나님의 자기변호로 이어진다. 만군의 주님에 대항하는 분개의 말들로 말미암아 그들에게 파멸이 닥쳤다. 얼마나 무례한가!

심지어 민족들은 하나님의 신실하지 못한 백성에 비난하는 말을 한다. 언약 파기는 어리석은 정책이다.

성서적 맥락에서의 본문

선택, 신실함 그리고 순종으로서의 헤세드

헤세드언약 사랑은 감정이라기보다는 선택이고, 강렬한 경험보다는 신실함이고, 예전보다는 윤리적인 삶이다. 다윗은 요나단이 언약을 개시하는 행위를 사랑의 행위, 순수한 은혜의 행위로 묘사했다. 그렇게 할 때, 요나단은 선택에 의해 자유롭게 결심한 헌신을 유지하기로 스스로를 제약했다. 언약 상대자가 언약의 사랑을 실천할 때, 그 상대자는 언약의 조건을 지킨다. 신명기는 하나님을 사랑하는 행위가 하나님을 순종하는 것이라고 설명할 때 언약의 본질을 잘 포착한다.6:1-9 새 언약의 조건은 "너희가 나를 사랑하면, 내 계명을 지킬 것이다."요14:15-21와 같이 동일하다.

언약의 사랑가족의 애정은 희생제물보다는 순종, 윤리적 삶으로 더욱 온전하게 표현된다.호6:6; 8:11-14 이것이 율법의 목적이다. 율법은 하나님의 가르침이다.8:1, 12 그래서 이 사랑은 주관적인 경험, 개인적인 동의 또는 우연한 연합보다는 객관적으로 인정할 만하고 규정할 만한 기준에 근거한 상대방에 대한 충성으로 이뤄진다. 시내 산에서 받은 계명들은 삶의 수단으로, 언약 대상자에게 충성을 표현하는 방법으로 의도됐다.

언약 관계의 윤리적 성격이 성서에서 확인된 구원하는 각 언약들에서 두드러진다. 노아 언약은 인간의 삶이라는 가치에 초점을 둔다.창9:4-6 족장 언약은 할례로 상징되는 신실한 삶을 강조한다.창17:1, 9-14 시내 산 언약은 축약된 형태와 확장된 형태로 열 가지 "말씀"을 요구한다.출19-24장 다윗 언약은 각 왕이 하나님의 계시된 뜻에 신실하게 반응할 것을 기대한다.삼하7:14; 시89편 새 언약은 공평하고 불쌍히 여기며 신실한 언약 중재자의 자기희생과 완전함에 의존한다. 사42:3-4; 49:10, 13; 53:4-12; 마3:15; 히4:14-5:10

하나님을 향해 언약에서 신실하지 못함은 곧 다른 언약 대상자들결혼 배우자, 가족, 동료 백성, 민족들에 대한 거짓으로 바뀐다. 호세아서의 **가족-사랑이-없음** 섹션에서는 이 위반사항들을 확인한다. 아담은 최초의 언약을 어긴 자이다.호6:7 이스라엘이 이후 계속해서 죄를 짓는 행위는 아벨을 살해한 가인을 떠올리게 한다. 이스라엘은 연이어 언약을 파기한 죄를 범한다.7:3-11; 8:8-10

언약 파기의 용어는 의도적으로 불순종한 행위를 의미한다. 이스라엘은 음행하고6:10 음모를 즐긴다.7:6 그들은 길을 잘못 들어서고7:13 배반하며7:13 그들의 하나님에게 거짓말을 한다.7:13 그들은 하나님의 분명한 가르침대로 행하기를 거부한다.8:1, 12 그들은 주님을 언약 상대자보다는 적으로 대우한다.9:7 이스라엘은 주님에게 순종하기를 거부한다.9:17 민족의 행실은 건방진 태도의 오만함7:16과 자신을 의지하는 교만10:13으로 전락한다. 그들은 하나님에게서 돌아서는 데 열중한다.11:7 그러므로 신실하지 못한 이스라엘은 최소한 상징적으로 이집트의 노예로 돌아가는 것이 적절해 보인다.7:16; 8:13; 9:3, 6; 11:5과는 대조적으로 앗시리아는 하나님의 징벌을 행하며 궁극적으로 주님에게로 다시 부르는 대행자 역할을 할 것이다. 언약 위반은 저주를 부른다.신27:14-26; 28:15-68; 레26:14이후 참조 그럼에도 언약의 제재는 결코 기계적으로 적용되지 않는다.

전쟁, 기근, 포로됨 또는 심지어 죽음도 최종적인 결정이 아니다. 하나님은 신실한 이로서, 자기 백성을 완전히 파멸시키지는 않을 것이다. 최종적인 결정, 곧 구속은 남아 있다. 사자는 달려들고 이스라엘을 굴에 물고 갔다. 이 동일한 사자가 울부짖고, 아슬란C. S. Lewis의 식으로이 두려워하고 확신하지 못하는 백성을 그들의 고향으로 다시 인도할 것이다. 주님은 생명이 사방에 흩어진 마른 뼈들에 들어가라고 말씀했다.겔37장

교회생활에서의 본문
큰 그림 찾기

어떻게 우리는 큰 그림을 단순화하여 과도하게 왜곡하지 않고서 제시할 것인가? 이것은 이 예언서에서 도전이 된다. 평생의 사역이 한 시간도 안 되게 축약돼야 한다.

호세아서에 들어서는 것은 천문관에서 폭넓게 투영된 사진을 보는 것과 같다. 봐야 할 것이 너무 많고 한 번에 해석하고픈 마음이 있다. 보는 사람은 모두를 취하여, 시시각각

으로 북쪽의 빛에 집중하고, 다음으로 빠르게 별들의 무리, 은하수 가운데 하나 또는 소행성이 만든 빛줄기로 옮겨간다. 효과는 깊이와 폭 가운데 하나이다. 두 카메라 각도는 폭을 전달하며, 세 카메라는 깊이를 포착하는 데 필요하다.

호세아서는 이스라엘 및 이스라엘과 하나님의 관계를 보는 세 가지 관점으로 구성된다. **가족이 사랑받지 못함**은 실제의 이 차원 가운데 둘째를 제공한다. 응축되고 서로 나란히 놓인, 연속으로 이어지는 예언은 예언이 구체적인 성격을 지니고, 유형과 깊이가 있음을 동시에 보여준다. 호세아는 큰 그림, 즉 외세의 강력한 끌어들임으로 형성된 강렬하게 요동치며, 이상한 궤도의 큰 공간에서 살아온, 수백 년의 역사를 제시하는 데 관심을 둔다. 호세아는 하나님이 이스라엘에 대해 관심을 가지는 것들을 묘사한다.

은유를 바꾸자면, 호세아서는 장점과 단점을 묘사하라고 요구하는 추천서 양식을 닮았다. 각 평가 진술에 대해, 응시자와의 개인적인 관찰이나 관계에서 도출한 사례로 설명해야 한다. 사례는 인물의 장점뿐만 아니라 행동 양식을 설명하는 데 기여한다.

호세아가 큰 그림을 제시하는 방법은 개인이나 공동체의 더 큰 삶에서 성장을 확인하거나 변화를 장려하고자 하는 목사 또는 교사에게 모범을 제시한다. 여러 각도에서 찍은 실사 또는 영상의 단편들은 폭과 깊이를 전달한다.

예언이 성공할또는 실패할 때

호세아는 예언이 실패한 200년 기간 끝에서 사역했다.6:5 실패는 무능함 때문도 신실함이 부족함 때문도 잘못된 비전이나 목표 때문도 아니었다. 이스라엘은 하나님을 의지하지 않았었다.

"내가 이 백성을 섬기라고 너를 부르고 있다. 지금까지 어느 누구도 성공하지 못했다! 심지어 엘리야와 엘리사도 성공하지 못했다."라고 듣는 것은 어떨까. 이것은 하나님을 섬기는 것을 독특한 관점에 둔다. 사6:9-13; 겔2:3-7 참조

이것은 또한 인격과 목적을 지닌 남녀들을 부르는 것이다. 그들의 비평가들은 이런 백성을 고집스럽다고 부르나, 하나님은 그들을 신실하다고 말한다. 치료사는 그들을 불안정하다고 하겠지만, 하나님은 그들이 성령으로 가득하다고 본다. 사회는 그들을 세상과 보조를 맞추지 않다고 간주하지만, 하나님은 그들과 동행하는 것을 기뻐한다. 그들의 동시대 사람들은 그들을 피학적이라고 진단하지만 예수님은 예수님의 이름을 위해 기꺼이 고난당하는 자들이라고 단언한다.

이런 특이한 특성들은 하나님의 통치권을 두려워하며, 우리 주님과 친밀한 관계를 유

지하며, 성령을 열매로, 살아온 삶과 밀접하게 연관된다.

실용주의의 지배

실용주의와 언약 사랑은 서로 조화를 이루지 않는다. 이것은 삶의 선택, 비판에 대한 반응, 국가 정책 결정 또는 국제 관계에도 해당한다. 이스라엘은 민족의 통치 원리가 다음과 같은 실용주의로 묘사된다. 즉 이것이 효과가 있는가? 결과를 얻으려면 무엇이 필요한가? 이것이 우리 목적, 내 목적을 달성하는 데 도움이 될 것인가?

언약 사랑은 장기적인 관점에서 보이는 가치 있는 목표를 포함한다. 삶의 결정을 위한 안내로서 **언약 사랑**은 다음과 같이 묻는다. 무언가가 옳으며, 참되고 사랑스러운 것을 촉진시키는가? 약자와 가난한 자에게 이득이 되는가? 이런 헤세드는 신실하고 지속적인 사랑이다. 헤세드는 도덕적이며, 건설적이며, 신중하며 기쁨으로 넘쳐난다.

실용주의는 순교자도 성인도 만들지 못한다. 둘의 과정은 너무 오래되고 많은 것을 요구하기 때문이다. 언약 사랑은 결국에는 승리할, 하나님의 진리와 거룩함을 가리키는 순교자와 성인을 만든다.

하나님이 고난당한다

고발 신탁의 어조와 정신은 깊은 사랑에서 나온다. 우리는 비통함을 들을 수 있으며, 이스라엘의 간음이 주님에게 야기한 고통을 느낄 수 있다.

교회 역사 전반에서 고난당하는 성도는 스스로에게 "하나님께서는 내 고통을 느끼시는가? 하나님께서는 자신의 피조물과 함께 고난당하시는가?"라고 물어왔다.

호세아 6-7장은 우리에게 하나님이 우리 고통을 느낀다고 확신을 준다. 하지만 우리는 상실로 말미암은 번민, 사고 또는 질병으로 말미암은 육체적인 고통에 주로 관심을 가지는 반면에, 하나님의 번민은 훨씬 깊다. 하나님은 죄의 파괴력을 본다. 창6:6b 하나님은 거절당함으로 말미암은 모욕을 알고 있다. 렘2:31-32

때로 우리는 마치 하나님이 우리에게 책임이 있는 것처럼, "설명해 주십시오! 할 수 있다면 변호해 보십시오! 우리에게 왜 이런 일이 일어나도록 허락하십니까?"라고 하나님에게 제기하고자 일어선다. 그리고 하나님은 어디에서도 자기 백성의 부르짖음에 침묵하지 않는다.

그러나 우리는 호세아가 자세히 설명하는 개인적인 용어 또는 깊이나 폭에서 악을 거의 보지 못한다. 죄에 대한 우리 견해는 협소하고 피상적이다. 하나님에 대한 우리 견해는 미시적이며, 왜곡됐다. 우리가 "우리가 하나님의 고통을 느끼는가? 나는 느끼는가? 우리는 하나님의 사랑의 깊이를 인식하는가? 나는 인식하는가?"라는 이전 질문을 다시 표현할 때 세상은 다른 경향을 취한다.

집단적인 언약 파기

언약은 개인적이거나 집단적인 협약일 수 있다. 이스라엘은 이스라엘의 왕 및 주님과 맺은 언약을 다루는 동일한 방식으로 국제 조약을 다룬다.

언약에 대해 공정하게 접근하는 것이 적절하다는 정도로 말할 수 있다. 이것은 하나님의 백성의 삶이 다른 사람들과의 관계에서 그들의 신앙만큼이나 중요하다는 것을 의미한다. 종교개혁 이후, 개신교는 주로 거룩함과 윤리를 부차적으로 중요하며, 하나님에 대한 사랑의 공언이 더 높은 신앙의 순서를 차지한다고 간주했다. 그들우리?은 행실을 계속 무시하고, 교리 진술, 특히 하나님의 성품에 대해 높은 가치를 매긴다. 예수님은 두 가지 사랑을 동일한 수준에 놓았다. "첫째"와 "둘째"라는 순서는 하나님에 대한 사랑이 우리 이웃에 대한 사랑의 기초를 이룬다는 사실과 관계있다.막12:28-34; 병행본문 두 가지 사랑은 신앙의 동등하고 필수적인 표현들이다. 교회는 예수님의 가르침에 비추어 교회의 신앙 표현을 재고하는 것이 현명하다. 예수님의 말씀은 우리가 흔히 왜곡될 수 있는 것을 바로잡아준다.

그러므로 모든 언약을 거만하게 다룬 것을 제외하고는, 이스라엘이 공정해야 하는 것은 적절하다.

족속의 사랑이 없음에 대한 선고
호세아 8:1-11:7
사전 검토

죄로 가득한 화덕은 불이 붙고 심판의 불기둥으로 터진다. 이스라엘은 이것을 두 가지 형식, 즉 풍요의 철회와 민족의 추방으로 절정에 달할 전쟁의 공포를 경험하게 될 것이다. 고발 신탁은 이스라엘이 하나님의 심판 역사에 대한 이유를 분별할 수 없는 것 같다는 주제를 확립한다. 이스라엘은 자신들의 세계를 볼 언약의 관점을 상실했다. 제의는 도덕성에서 분리됐다. 따라서 이스라엘은 더 이상 하나님의 바로잡고 훈계하는 행위를 그 바탕을 이루는 죄와 연결시킬 수 없다. 민족은 어떻게 자신들의 주님에게로 돌아가는지를 잊었다. 결과적으로 그들은 하나님을 기쁘게 하는 일을 포기했다.

호세아는 쇄도하는 심판에 대한 주요 이유를 거듭 설명하여 이 포기를 다룬다. 그들은 자신들의 왕을 세우고, 다른 민족들과의 언약에 의지하며, 바로잡는 예언 메시지를 거부하고, 예배를 왜곡하며 풍요의 제의를 행한다.

이런 고발은 거듭 역사적 맥락에서 전달된다. 호세아는 이스라엘이 지속적으로 죄를 짓는 것을 부각시키려고 이스라엘의 역사를 사용하기를 좋아한다. 때로 호세아는 어떻게 하나님이 이스라엘에게 베푼 은혜로운 이전 행동을 이스라엘이 거부했는지를 보여주고자, 분열왕국 이전의 사건을 소개한다. 또 때로 호세아는 이스라엘이 죄를 짓는 패턴을 가리키고자 족장들까지 거슬러 올라간다. 도덕적 주장의 문학적 아름다움과 호소력은 설득력 있는 파괴력을 압축한다. 하나님은 수세기 동안 이스라엘의 불충에 대해 비난했으나 실제적인 반응은 없었다. 남아 있는 유일한 선택사항은 하나님이 그들을 심판으로 치는 것이다.

우리가 역사적 검토에서 암시와 언급을 추적할 때, 더 광범위한 패턴이 대두한다. 8장 1-14절의 심판은 8세기주전 사건의 틀에서 온다. 9장 1절-10장 8절의 심판은 이집트에서의 노예 시절로 돌아간다.9:1-9 거기서부터 예언자는 불순종한 이스라엘이 변하지 않았다는 것을 보여주려고 광야로 인도한다.9:10-17 심지어 약속의 땅에 들어가서도 훼손된다. 풍경은 이스라엘이 의존하게 된 가나안 우상들로 어수선하게 된다.10:1-8

이 심판 신탁의 독특한 특징은 여호와의 말씀과 호세아의 말 사이의 상호 작용에서 엿볼 수 있다. 때로 예언자와 그의 하나님이 이스라엘의 운명에 대한 대화에 나온다. 아주 가끔 둘 가운데 하나가 이스라엘에게 직접적으로 말한다.8:5a; 9:1,7,10; 10:9,12-15

이 긴 심판 섹션을 함께 묶는 구조적 요소는, 시작8:2과 끝11:7에 이스라엘에서의 인용을 사용한 것이다. 시작하는 인용은 이스라엘의 하나님의 백성이라는 주장을 제시하면서, 하나님의 진술에 나온다. 마무리하는 인용은 호세아가 신앙 고백으로 인용한 것이다.

개요

하나님이 선언한 선고: 팔레스타인에서 이집트까지 거슬러, 8:1-14

<table>
<tr><td>8:1-3</td><td>족속의 유대를 깨는 것에서 대해: 폭력에의 노출</td><td></td></tr>
<tr><td></td><td>침입, 소란</td><td>8:1 a, 3b</td></tr>
<tr><td></td><td>… 때문에</td><td>8:1b-3a</td></tr>
</table>

주석적 해설

하나님이 선언한 선고: 팔레스타인에서 이집트까지 거슬러 8:1-14

8:1-3 족속의 유대를 깨는 것에서 대해

침입, 소란 8:1a, 3b

전쟁을 대비하는 **나팔** 소리는 연속으로 나오는 심판 본문을 위한 분위기를 조성한다. 나팔은 입술로 연주할지라도, 입과 입술이 때로 둘 다 발언을 가리키는 병행구로 나온다. 잠5:3; 8:7 여기서 사용된 단어는 입이다.

이 새는 발톱으로 급습하여 이스라엘을 잡으려고 기다리는 **독수리**eagle인가,신28:49 참조 아니면 쓰러진 동물의 고기를 먹을 수 있을 때까지 시간을 기다리며 사냥터를 배회하는 **독수리**vulture인가?호8:1, NRSV욥39:27-30; 마24:28 참조 이스라엘이 어리석은 비둘기7:11-

13이든 전쟁에서 살해당하는 자들이든,7:16 형상은 앞으로 일어날 일에 대해 독자에게 준비시킨다. 이 시작하는 단락은 전쟁의 돌격, 곧 신속하게 무질서한 소란으로 바뀌는 돌격을 알리는 나팔 소리로 시작한다.

적군의 정체는 중요하지 않다.8:3b 역사적으로 앗시리아가 이 역할을 했다. 하지만 이 도구 배후에서, 호세아는 자기 백성을 심판하는 하나님의 손길을 본다.

… 때문에 8:1b-3a

이스라엘의 멸망은 단 하나의 죄, 곧 이스라엘이 언약을 어긴 죄 때문이다.8:1b 호세아 6장 4절-11장 11절의 하위 주제의 용어로, 이스라엘은 죄는 그들이 언약적 사랑과 신실함이 없다는 것이다. 여기에서 심판에 대한 언약의 범주를 풍부하게 사용한다.

깨뜨리다 또는 **어기다**라는 용어는 흔히 누군가가 국경, 시내, 성읍 경계, 또는 기타 분명하게 규정 가능한 범위를 넘는 것을 가리킨다. 때로 여기와 마찬가지로 이 용어는 법이나 하나님의 명령, 하나님의 언약을 어기는 것을 가리킨다.6:7; 신17:2; 수7:11, 15 이 용어는 자체로 언약의 취소나 폐기라는 개념을 포함한다. 위반은 언약의 주님을 성나게 한 자에게 언약의 저주를 야기한다.[언약, p. 395.]

핵심이 되는 고발은 최소한 두 가지 방식으로 다시 진술된다. 첫째, **그들은…율법을 어겼다**라는 고발인데, 언약을 어긴다는 것은 반란 행위와 같다. 반란은 정치적 영역에서 군사 반란 또는 관계를 깨는 수동적이며 부정적인 행위를 가리키는 단어다. 이 특정 동사를 사용하는 것은 우연에 의한 어김 또는 무지에 의한 죄를 배제한다. 즉 의도적인 위반이 일어났다.

둘째, 언약의 위반에서 이스라엘은 **선을 경멸했다.**8:2b 선은 하나님, "선한 이"를 인격화한 것일 수 있다.막10:18 참조 **선한**이라는 단어는 가깝고 공식화된 조약의 우호에 대한 보통의 언약적 의미를 전달할 가능성이 높다.Hillers, 1964:46-47 조약문서는 **주님 보기에 좋고 옳은 것을 하라**는 지침을 포함한다.신6:18; 12:28 그래서 이스라엘에게 한편으로는 삶과 선한 것 그리고 다른 한편으로는 죽음과 재앙 사이에서 결정하도록 요구한다.신30:15; 암5:6, 11-12 참조 호세아의 메시지는 명료하다. 이스라엘은 죽음과 파멸을 선택했고, 삶과 선을 거부했다.

언약을 어긴 것이 무엇을 의미하는지에 대한 두 가지 설명 사이에, **"우리의 하나님, 우리 이스라엘이 주님을 압니다!"**호8:2b라는 이스라엘이 현재 하나님에게 하는 호소가 나온다. 적군이 이스라엘에 맞서 모일 때, 도움을 구하는 이스라엘의 호소는 하나님에게 전달된다. 이 호소는 **우리의 하나님**이라는 인격적인 요소와 같은 매혹적인 특징을 포함한다. 이스라엘의 마음에, 주님은 그들의 민족의 신이다. 분명히 그분은 자신들의 호소를 들을 것이다!

그들이 집요하게 **우리 이스라엘이 주님을 압니다!**라고 표현한 것은 그들이 자신들의 하나님과 누린 친밀하고 오래된 관계에 대해 말한다. 이스라엘의 예배에 형상을 사용했다는 사실에서, 그들이 하나님에게 애처롭게 호소한 것은 그분을 대변한다고들 말하는 우상 가운데 하나에게 한 것이었다고 우리는 판단할 수 있다.[이스라엘 종교, p. 401.] 그들은 자신들의 공통 경험에 대한 하나님의 기억에 호소하고 있다. 이런 호소는 당연히 하나님이 이어질 심판의 발언에서 이 공통 경험에 대해 되돌아 볼 길을 마련하게 한다.

부자연스러운 관계의 거리를 두고, 민족은 하나님에게 자신들이 누구인지를 상기시킨다. 전복된 배의 생존자와 마찬가지로, 주목을 끌기 위해 외치고, 팔을 격렬하게 흔들면서, 이스라엘은 자신들이 생각하는 구원자에게 자기 이름을 외친다. 심판이 선언됐기 때문에, 이스라엘의 필사적인 행동은 적군에게 자기 위치를 알리는 데만 성공한다. 결과는 예측할 수 있다. 곧 **적군에게 쫓길 것이다.** 이 추격은 신탁에서 세 가지 확장된 연속 은유에서 묘사된다.

8:4-6 두 종류의 반란에 대해: 살해

정치적 반란 8:4a

이스라엘 세계에서 군주제와 제의는 밀접하게 연결됐다. 종교인들은 자주 정치에서 결정하는 역할을 했다. 따라서 제사장을 확고하게 통제하는 것이 왕의 관심사였다.

여로보암 1세는 다윗 왕조에 맞서는 반란을 이끌 때,왕상12장 자신의 왕좌를 지키고, 유다에게서 국가의 독립을 확립할 필요가 있었다. 교활하게 그는 이스라엘의 종교와 유다 및 예루살렘의 종교를 구분하고자, 두 가지 상징물, 곧 베델과 단에 금송아지를 만들었다. 북 왕국은 예루살렘 성전에 있는 언약궤와 같이 언약 상징이 없었다. 금송아지는 베델과 단에서 이런 기능을 떠맡았다. 성지는 많아졌다. 결과적으로 우상이 이스라엘 전역에서 예배를 위한 흔한 도구가 됐다.8:4[수송아지, p. 390.] 또한 여로보암은 자신에게 충성을 맹세하는 제사장들을 세웠다.왕상12:31 결과는 국가를 합법화하고 정부 정책과 관습을 재가하는 종교였다.[이스라엘 종교, p. 401.]

엘리야 및 엘리사와 같은 예언자들은 민족의 양심으로 행동했으며, 민족의 정책과 종교 정책을 비판했다. 그들은 왕의 궁전과 북 왕국의 성전에서 냉대를 받았다. 참된 예언자들은 예루살렘에서와 달리 사마리아 및 베델의 정치-종교 제도권에서는 승인받지도 후원받지도 못했다.

호세아 8장 4절의 고발은 이스라엘의 정치와 종교 구조의 형성과 관련된 두 가지 주요 민족의 죄를 확인한다. 첫째, 예후를 제외하고, 왕하9:1-12 민족은 하나님이 임명하지 않은 왕을 세웠다. 두 가지 구별되지만 관련된 사안이 이 고발의 배후에 있는 것 같다. 아마도 계승 제도는 하나님이 왕을 선택한 것을 알리도록 허용하지 않은 것 같다. 연합 국가의 첫 세 왕을 선택한 전통은 주님을 왕으로 선택하는 이로 확립했다. 왕의 혈통 가운데 장자인 "혈통에 의한" 상속자는 하나님이 필연적으로 선택한 것은 아니다. 하나님이 사울과 다윗을 선택하는 패턴은 선택의 수단으로서의 장자권은 제쳐둔다. 솔로몬도 장자가 아니었다. 최소한 이스라엘은 왕을 선택하는 과정에서 직접적으로 하나님이 개입하는 것을 배제한 듯하다. "제도"가 정치적 임명을 관장했다.

고발은 또한 경쟁 정치 집단이 왕을 암살하여 야기된 신속한 지도자의 계승을 향했을 것이다. 북 왕국의 마지막 시기는 혼란의 시기였다.

그들이 왕을 세웠다와 **통치자를 세웠다**라는 진술은 공통 언급을 포함하며 병행을 이룬다. 통치자라는 단어는 히브리어에서 둘째 진술에 나오지 않지만, 동사 '사라르' śarar통 치하다의 개념에 포함된다. 이스라엘이 자신들의 안다고 주장할지라도, 호8:2 그들은 스스로 주님이 모르는 지도자를 임명한다. 이스라엘이 외세에 지배를 받는 것은 아니다. 오히려 그들은 하나님의 법령에 따라 행하지도 않고, 하나님의 가르침에 복종하지도 않는 왕들의 지배를 받는다. 신17:14-20 참조 이스라엘은 하나님이 선택하는 지도자에 대해, 자신들이 선택한 지도자로 대체했다.

종교적 반란 8:4b

둘째, **그들은 우상을 만들었다.** 8:4 주님이 그들에게 베푼 부를 사용하여, 2:8 참조 그들은 우상을 만들었다. 4:17; 13:2; 14:8; 대하24:18; 시135:15 이 우상들은 아마도 은과 금으로 씌운 나무였을 것이다. 우상은 처음에는 하나님을 대변했지만, 우상 숭배의 둘째 단계에서, 신들 자체가 됐다. 보이지 않는 언약을 맺은 하나님은 동물 모양으로 된 형상으로 축소됐다. 북 왕국 사람들이 어떻게 십계명의 첫째와 둘째 계명에 비추어 자신들의 우상을 정당화했는지는 알려지지 않는다. 아마도 그들은 아론이 시내 산에서 한 것과 마찬가지로 합리화했을 것이다. 출32:1-25 아니면 그들은 하나님의 두 이름, 곧 엘 샤다이와 여호와를 출애굽의 하나님들로 기억했을지도 모른다.[수송아지, p. 390.; 소의 형상, p. 389.]

메시지에는 이 점에 대해,호8:12 참조 이스라엘이 율법을 무시한다거나 십계명이 관련이 없다고 일축한다는 암시는 없다.

송아지 우상에 대한 바람직한 제거 8:5-6

결과절은 심판을 이스라엘의 죄에 대해 이전에 열거한 것과 연결시킨다. 주어는 단수이기 때문에, 이스라엘이 파멸될지 또는 금송아지가 제거되려는 참인지에 대해서는 명확하지 않다. 이 동사는 다른 곳에서 사람, 특히 하나님의 가르침을 어긴 자들을 멸망시키거나 추방 보내는 데뿐만 아니라 우상을 잘라내는 데 사용된다.

호세아 8장 5-6절은 번역과 해석에 어려움을 준다. NIV의 **네 금송아지-우상을 던져버리라, 오 사마리아여!**라는 해석은 초기 헬라어 번역과 일치할지라도, 문법적으로 가능성이 낮다. 하나님을 표현되지 않은 주어로 하여 읽는 것이 더 낫다. 즉 **그분은 네 금송아지를 거절한다, 오 사마리아여**가 된다. 주님의 행동은 이스라엘이 선한 것을 거부한 것에 대한 적절한 반응이다.8:3a 다음 병행하는 진술은 분노하는 하나님나의 분노가 활활 타오른다이 자신에게 반란을 일으킨 백성을 벌하는 조치를 취하고 있는 것을 묘사한다.

너희가 언제 깨끗해지겠느냐?라는 수사적 질문은 정결하지 못한 오랜 역사를 의미한다. 순결은 다른 곳에서 손의 순결과 연결되며,창20:5; 시24:4; 26:6; 73:13 이 뉘앙스를 이 문맥에 도입할 수 있다. 만약 그렇다면 심판은 우상을 만들거나 건드리는 행위와 관련 있다.

간결한 구절인, **이스라엘에서 우상이 나오다니!**호8:6a는 우리를 이스라엘이 이전에 하나님에게 호소한 것으로 데려간다.8:2 하나님은 **그래 이스라엘이다!**라고 동의한다. 묘사는 그들의 주장 및 그들의 행동과 일치한다. 심판은 이것이 목표로 삼는 곳에 정확하게 임했다.

시편기자뿐만 아니라 예언자들은 우상의 무능함 및 사람이 만든 우상이 신일 수 있다는 비합리적인 주장에 대해 풍자한다.사44:9-20; 46:5-7; 렘10:1-16; 시135:15-18; 솔로몬의 지혜서13-15장, 참조 게다가 우상을 만들고 숭배하는 자들은 하나님의 저주를 받는다.신27:15 문장 구조는 송아지 신상은 대장장이가 만든 것일 뿐, 그것은 신이 아니다라고 병행하는 진술로 되어 있다. 이 병행법은 "그것"에 금송아지 우상이라고 문자대로의 손가락을 경멸적으로 가리키는 것을 포함한다.호8:6 **사마리아의 신상 송아지는 산산조각이 날 것이다**라는 표현으로 우상 파괴는 생생하게 묘사된다.

이 우상을 반대하는 주장에는 하나님의 원래 계획과 암묵적인 비교가 있다. 사람들은 하나님의 형상으로 만들어졌다. 그들이 자신들의 언약 주님에 반란을 일으킬 때, 그들이 지배해야 하는 동물의 형상으로 그분을 다시 만든다. 깊은 무의식의 차원에서 사람들은 자신들의 신들을 통제하려고 시도한다. 그들은 첫 인간들과 마찬가지로 신들과 같이 되고 신들과 같이 행동하려고 열중한다.

8:7-10 외부인들을 향한 행동에 대해: 추방

네가 뿌린 것을 네가 거둔다 8:7-8

다른 두 형상이 호세아의 생각을 구체화할지라도, 심판의 지배적인 형상은 추수의 형상이다. 이 절들의 구조는 심판을 강조한다.

시작하는 잠언은 분위기를 조성한다. 어떤 주석가는 호세아 8장 7-8절을 씨를 뿌리는 것에서부터 음식을 소비하기까지 연속되는 무대로 읽는다. 첫 두 행은 "네가 뿌린 것을 얻고, 다음으로 더 많은 것을 얻는다."라는 잠언의 지혜일 가능성이 높다. 히브리어 어순은 **바람을 이스라엘이 심었으니, 광풍을 그들이 거둘 것이다**라고 결과를 강조한다. 곡식을 기르는 자는 심각하게 스트레스가 쌓인 곳에서는 소출과 품질이 좋을 수 없다는 것을 안다. 그러므로 **곡식 줄기가 자라지 못하니, 알곡이 생길 리 없다.**

은유는 **여문다고 하여도, 남의 나라 사람들이 거두어 먹을 것이다**라고 무익함의 저주가 계속된다. 이런 유형의 저주는 언약에서 흔하다. 이런 저주들은 또한 성서 다른 곳에서도 나온다.레26:16; 신28:38-44[언약, p. 395.]

은유가 다루는 실재는 설명이 필요하다. 이스라엘의 곡식이 하나님의 심판이라는 기근을 통해 고통을 겪는다는 개념을 좇는 대신에, 호세아는 이스라엘의 남은 자를, 하나님의 초대로 온 **민족들**이 **삼키는**, 낮은 품질의 알곡호8:8a이라고 다시 표현한다. 형상은 갑작스럽게 바뀐다. 이스라엘은 민족들 가운데 흩어져, 깨어진 그릇처럼 쓸모없게 될 것이다.8:8; 렘22:28; 48:38 참조 그들은 쓰레기 더미가 될 운명이다. 옹기 조각은 기껏해야 긁는데 사용될 뿐이다.욥2:8

이스라엘은 자신의 국제 정책의 수확을 거둬들일 것이다. 숫자가 줄어든 민족은 추방될 것이다. 처음에는 모든 민족에게 축복의 근원과 기회로 제시되었으나, 이제 **쓸모없는 그릇**이라는 나쁜 본보기가 됐다.렘18:1-12 참조

실패한 유화 정책 8:9-10

때문에는 두 개의 원인 진술을 소개한다.8:9 이전 심판8:7-8과 이어지는 심판8:10a;

NRSV: ~일지라도이 설명에 연결된다. 여기에는 이 이 치욕의 수확을 초래한 원인이 있다.

이스라엘의 조약 협상자는 동맹을 협상하러 **앗시리아로 올라갔다**. 여정은 두 은유에서 활기를 띤다. 즉 들나귀는 먹을 것을 찾아 외로이 사막 주변을 떠돌아다니지만,창16:12; 욥24:5 참조 창녀 이스라엘은 자신의 정부로 앗시리아를 고용한다. **치룬 수고에 대한 대가**는 아마도 팔레스타인 지역에 앗시리아의 군대 활동을 지원하는 공물과 협약을 포함해서, 조약의 의무를 구성한다.

이스라엘은 팔레스타인 정치에서 고립됐다. 언약의 주님인 하나님을 의지하기보다는 또 다른 군주를 찾아 방랑한다. 이스라엘은 앗시리아에서 군주를 찾는다. 하나님은 자기 백성이 민족들 가운데 **꼬리가 아니라 머리가** 되기를 의도했다.신28:13 하나님을 경험하고 예배하는 가운데 민족들을 인도하는 대신에, 북 왕국은 자신에게 안전을 제공하고 편의를 제공할 정부, 곧 다른 민족을 찾아 방랑한다.

하나님이 이스라엘의 외교 정책을 비난하는 내용은 추수 은유로 시작하고 마무리한다. 호8:7-8, 10 **추수**라는 단어가 8장 10a절에 나오지는 않지만, **모으다**라는 동사는 추수할 때 곡식이나 곡식 단을 모으는 행위를 가리킬 수 있다.미4:12 참조 이 추수는 범죄자들을 징벌하기 위해서다.

호세아 8장 10절의 나머지는 여러 해석이 가능하다. **그러나 먼저 그들은 왕과 통치자들의 부담으로 좀 오래 더 더럽혀질 것이다**또는 아프게 될 것이다라는 해석은 문법과 어휘를 포착하며 문맥에 들어맞는다. 재앙이 바로 가까이에 왔다. 그러나 왕들과 실패로 끝난 외교 정책에 대한 이스라엘의 몫이 끝날 때가 되어야, 비로소 하나님이 징벌할 분량이 온전히 측정될 것이다. 부담을 가리키는 단어가 나귀, 노새 또는 낙타가 나르는 **짐**을 가리킨다는 점에서, 의도적으로 **들나귀** 형상과 연결했을 수 있다.8:9 하나님은 무르익은 순간에 에브라임은 외교 정책과 관습으로 뿌리는 것을 추수하게 될 것이라는 사실을 분명히 한다.

8:11-14 하나님을 향한 태도에 대해: 전쟁
하나님 이용하기 8:11-13

또 다른 고발8:11-13a은 한 번 더 심판을 선언한 데서 나온다.8:13b 대명사 그의와 그들은은 이스라엘을 집합명사와 배분사로 묘사한다. 죄들은 제의 관습8:11, 13과 종교적 가르침8:12, 14의 영역에서 온다.

희생제물은 하나님을 진노하게 한 치명적인 결과를 가리킨다. 희생제물은 또한 용서를 통한 백성의 회복을 상징한다. 자신들의 범죄를 인식했을 때, 회개로 반응한다면 민족은 동물 희생제물을 통해 용서를 알 것이다. 그럴 때에만 예배자는 하나님 앞에서 언약 갱신의 식사를 먹음으로써 회복을 기념하게 된다.레7:11-21

이스라엘은 비난을 받는다. 그들은 희생제물을 남용한다. 그들은 의식법과 도덕법을 거부한다. 북 왕국은 중심 성소가 없기 때문에, 그들은 인구가 많이 밀집한 지역과 산당에서 예배한다. 하지만 제단이 많다고 해도 하나님을 용서를 경험하는 대신에, 그들은 우상 숭배, 음행 그리고 이교의 개념과 관습에 따라 희생제물을 바치는 행위를 통해 예배의 본질을 왜곡시킨다. 각 희생제물은 용서를 통해 죄의 압박을 떨쳐버리기보다는 죄를 가중시킨다.호8:11

이스라엘은 하나님의 명령을 무시한다. 하나님은 이스라엘이 죄를 짓지 못하도록, 예배에 대해 신중한 가르침을 제시했다. 이스라엘은 제의법과 도덕법을 동일하게 무시한다. 심지어 더욱 심하게 이스라엘은 하나님의 **가르침을 이질적이며, 자기들과는 상관없는 것**으로 취급한다.8:12 토라는 그들의 관습과는 일치하지 않는데, 그들은 **이방** 민족들과 가나안의 제의 중심지의 예배를 따르기 때문이다.

다음과 같이 문자 그대로의 번역은 고발의 분위기를 부각시킨다.

> 내 예물의 희생제물에 대해서는
> 그들은 고기를 바치고 그들은 그것을 먹는다
> 하지만 주님은 그들의 기쁨이 아니다.8:13a

그들은 하나님에게 예물을 바친다.2:5-8 참조 그러나 정결함이 화목제를 먹기 위한 전제 조건이다.레7:16-21 식사는 회복된 관계를 상징한다. 그러나 이스라엘은 거룩함과 교제라는 가장 친밀한 상징을 왜곡하고 있다. 하나님이 그렇게 격렬하게 화목제 법을 규정하는 제재를 행사하는 것은 놀랍지 않다.

은혜의 수단을 이렇게 왜곡한 것에 대해 엄한 심판이 이어진다.호8:13b 희생제물은 죄를 용서하고 제거하도록 제정됐다. 만약 오만하게 바친다면, 희생제물은 하나님을 분노하게 한다. 하나님은 죄를 기억할 때, 조치를 취한다.7:2; 9:9 참조 **그들을 이집트로 다시 돌려보내겠다**라는 표현은 **내가 그들을 추방하여 노예가 되게 하겠다**라고 말하는 전형적인 방식일 것이다.

하나님 잊기 8:14

신탁은 군사의 침략이라는 일소하는 고발과 선언으로 시작한 대로 마무리하고 있다. 하나님은 자기 백성들과 **그들의 죄악을 기억한다.** 하지만 **이스라엘은 자신의 창조주를 잊었다.** 이스라엘은 모든 민족들 가운데 창조주의 특별하고 귀한 작품이었다.신26:17-19; 32:6, 15 그럼에도 그들은 자신들의 안전을 위해 의지하는 요새와 궁궐들을 지어, 자신들의 창조주를 거부한다.

전통적인 심판이 이어진다. 이스라엘과 유다의 안전의 원천은 바닥까지 지워질 것이다. 하나님 자신이 이스라엘의 손으로 만든 작품을 태울 불을 붙일 것이다.

유다를 언급한 것은 뜻밖이다.[유다와 다윗, p. 407.] 이것은 남 왕국이 북 왕국처럼 동일한 과정에 열중한다는, 원래 남 왕국에 대한 예언의 경고에 속하는가? 이것은 자료를 편집한 자가 도입한 적용의 말씀인가? 그 기원이 무엇이든지 간에, 이스라엘에게 분명하게 닥칠 운명은, 또한 유다가 자신들의 언약의 주님에 맞서 동일한 죄를 계속 짓는다면 유다에게도 임할 것이다.

호세아가 지지하는 평결과 선고: 노예 시절로 돌아가서 9:1-9

이전 심판8:1-14은 하나님에게서 왔다. 이어지는 심판들은 충고와 함께 예언자의 아멘을 포함한다. 예언자의 입에서 충고는 어떻게 반란의 파괴적인 결과를 알아볼 것인지에 대한 가르침이 된다.

9:1-7a 첫 혐의에 대해

불충 9:1

호세아는 경고의 부르짖음으로 민족의 종교 절기를 방해하고 있는가? 이것은 레위기 23장 39절과 사사기 21장 19절에서 언급된 "여호와주님의 절기"인가? 이 절기는 타작마당, 포도주 틀, 기쁨이라는 본문의 추수 주제에 들어맞는다.

그러나 이 해석은 두 가지 점에서 실패했다. 첫째, 이집트에서 팔레스타인으로 오는 여정을 기념하는 초막절은 유다에서 일곱째 달9-10월; 레23:33-43에 열렸다. 북 왕국에서 여로보암 1세는 유다와 단절한 후에 이스라엘 사람들이 남 왕국과 일치하지 않으려고, 의도적으로 이 날짜를 한 달 뒤로 바꾸었다.왕상12:26-33 다시 말해서, 북 왕국 절기는 추수 절기가 아니었다. 곡식은 일곱 달 이전에 수확됐고, 과일, 올리브와 포도는 한 달 이상 이전에 수확됐다. 아마도 이런 이유에서 절기는 오직 하나님이 이스라엘을 이집트에서 구원한 사건에만 연결되는 것 같다. 다음과 같이 금송아지 신상을 설치했다는 말씀은 이 역사적 구원을 반영하며, 이전 추수에 대해서는 전적으로 침묵한다. **이스라엘 백성들아, 너희를 이집트에서 구해 주신 신이 여기에 계신다.**왕상12:28

둘째, 호세아 9장 1-9절의 본문은 추수 기념과 음행 및 **타작마당과 포도주** 틀을 연결시킨다.9:1-2; 미1:7 참조 동시에 이 본문은 추수를 주님에 대한 예배와 분리시킨다.호9:4-5[성막, p. 415.] 특히, 호세아 9장 5절은 미래 **절기**절기, 주님께 영광을 돌릴 잔칫날을 가리킨다. 이 전체 본문을 베델에서의 아홉째 달 절기로 설명하는 것은 문맥에 들어맞지 않는다.

그럼에도 호세아는 추수 절기 동안 예언의 말씀을 외친다. **이스라엘아, 너희는 기뻐하지 말아라. 다른 백성들처럼 무아경으로 날뛰지 말아라.**9:1

대부분의 번역본은 다음과 같이 두 개의 병행하는 동사 구절로 만들려고 본문을 수정한다.

> 이스라엘아, 너희는 기뻐하지 말아라.
> 다른 민족들처럼 기뻐하지 말아라.NRSV

히브리어는 오직 첫 동사만 포함하며, 문자 그대로 **백성들처럼 무아지경**의 지점까지 기**뻐하며**가 된다. 병행구를 이루는 히브리어 구문은 욥기 3장 22절에 나온다. 이 수정은 보증되지 않았다. 그렇다면 호세아는 무엇을 말하고 있는가?

이스라엘은 자신들 가운데와 주변에 사는 **백성들**과 마찬가지로 추수 절기를 기뻐하러 왔다. 이것은 무아지경의 기쁨이 이스라엘에 적절하지 않았다는 것을 암시하는 것은 아니다. 사실 초막절에 지배적인 가르침신16:13-17은 호세아 9장 1절에 나오는 기뻐하다를 가리키는 동일한 동사를 사용한다. 풍요는 진심어린 예배에서 적절하다.

금지된 것처럼 보이는 것은 그들의 축하의 패턴이 가나안 문화에서 빌린 것이다. 아마도 이런 축하의 형태는 바알과 아세라 제의와 연결되며, 이 제의에서 독특하다.[아세라, p. 387.] 엄밀한 의미에서 고발은 그들의 죄의 특성을 설명한다.9:1b

구체적인 죄는 그들의 하나님에 대항한 신실하지 못함이다. 고발은 이스라엘의 하나님이 추수의 주님이라는 이해를 전제하거나 최소한 형식적으로 인정한다.마9:37 또한 고발은 하나님이 풍요를 누구에게도 위임하지 않는 질투의 하나님이라는 인식을 전제한다.[가나안의 풍요 신화, p. 391.]

너희는 모든 타작 마당에서 창녀의 몸값을 받으며 좋아하고 있다. 그들은 바알과 맺는 부적절한 관계를 참된 농경의 풍요로움의 원천이라고 본다. 이것이 주님에게 보이는 불충이다. 그들은 곡식의 추수를 자신들의 풍요 의식의 직접적인 결과라고 간주한다. 그들은 바알과 교제한다. 풍요로운 결과는 그들의 노동을 충분하게 입증한 것이다.[가나안의 풍요 신화, p. 391.]

이스라엘 사람들은 두 세계관 사이에 있다. 각 세계관은 추수를 설명하지만, 다른 방식으로 설명한다. 여호와 신앙은 하나님을 땅이 산출하는 모든 것의 원천이라고 주목한다. 창1:11-13, 20-30 참조 추수의 원천으로서의 주님을 받아들이는 것이 신앙의 행위이다. 어떤 주술, 풍요 의식 또는 성행위도 곡식을 생산하려고 신을 자극하거나 활기를 북돋는 데 필요하지 않다.

바알 숭배는 예배자에게 새 생명을 낳고 곡창을 채우는 데 바알 신에 참여하도록 초대했다. 생생한 경험으로 논증하기는 어렵다. 예배의 혜택에 사로잡힌 자들에게는, 주님보다는 바알이 더욱 설득력 있게 추수의 원천을 설명했다.

추방 9:2-7a

해석가는 오랫동안 이 본문 단위의 형상과 씨름했다. 곡물 실패라는 언어가 두드러진다.9:2 기근의 심판으로 말미암아, 그들은 절기에 하나님의 집에서 그분을 예배할 수 없을 정도로 수확물이 부족하게 된다.9:4c-5 추방의 용어가 또한 강력하게 나온다. 더 정확하게 말하자면, 이집트로 돌아간다는 형상이 구절에 지배적이다. 추방이라는 개념이 구절의 바탕을 이루지만, "추방"이라는 단어 자체는 언급되지 않는다. 대신에 이스라엘이 재난을 피해 이집트로 간다고 하지 않고, 이집트에서 **재난**에 이른다고 말한다.새번역, "재난이 닥쳐와서 백성들이 흩어지는"-역주9:6

필자는 이 구절의 배경과 핵심은 가나안 땅에서의 야곱과 그의 가족의 운명에 대한 이야기라고 제안한다.창34-47 야곱은 북 왕국에서 선택된 족장이다.[야곱과 이삭, p. 406.] 팔레스타인에서 야곱은 대부분의 시간을 북에서 보냈다. 베델은 야곱의 영적인 고향이다. 그가 하란앗시리아?에서 돌아왔을 때, 그의 딸 디나가 강간당하고,창34:2 "부정하게 되고,"호9:4; 창34:5, 13, 27 참조 가나안 사람 세겜에게서 창녀 취급을 받았다. 야곱의 아들들이 세겜 성읍 남자들을 죽여 여동생의 강간을 복수했다. 그 다음에 야곱과 그의 가족은 베델로 도망했는데, 그곳에서 야곱은 이전에 자신에게 나타났던 엘을 위해 제단을 쌓았다.창35:1-15 이곳이 기근으로 이집트에 갈 때까지는 가족의 고향이 됐다.창45-47

장

음행, 부정하게 됨, 기근, 벧-엘/엘-베델/**벧-여호와**,호9:4, 주님의 집 하나님에게 **전제**를 부음,9:4; 창35:7, 14 참조 그리고 가족을 보존하고자 이집트로의 여정이라는 주제 모두는 그들의 조상, 이스라엘야곱이 가나안 땅에서 경험한 불안정한 생활을 떠올리게 한다.[여호와—바알의 갈등, p. 417.] 이 주제들은 이 심판 본문에서 이스라엘의 가장 존경받고 선구자인 조상의 삶에서 일어난 주요 사건들에 대한 맥락으로 엮여 있다.

구체적으로 심판은 수확물의 실패를 알리는 것으로 시작한다. 풍성한 포도나무에 대한 약속은 거짓이며 실패할 것이다. 땅은 신실하지 못한 백성에게 산출하기를 거부할 것이다.

기근은 **주님의 약속한 땅**에서 야곱의 후손들을 몰아낼 것이다.9:3 야곱은 두 번 이 약속을 받았으나,창28:10-15; 35:9-13 쫓겨났다. 일찍이 그는 자기 형제의 원한을 피해 하란으로 가서 가나안 사람이 아니라 친족과 결혼했고,27:41-28:9 마침내 기근으로 말미암은 죄를 피해 이집트로 갔다.창46-49 그래서 이 약속은 계속해서 소유하고 번성한다는 무조건적인 보증이 아니다. 야곱에 대한 조건과 그의 민족의 후손들에 대한 조건은 동일하게 "가나안 사람들과 결혼하지 말라"창24:3; 28:1; 신7:3; 수23:12는 것이었다. 야곱의 아들들은 가나안 사람 세겜이 여동생을 강간하고 창녀처럼 취급했기 때문에 가나안 사람들을 거부했다.창34장 이제 민족은 창녀가 됐으며, 자기 죄를 자랑하고, 한때는 그들에게 불쾌했던 가나안의 관습을 자랑스럽게 여겼다. 이 땅이 하나님의 선물인 땅과 추수를 더럽힌 야곱의 자손들을 거부하지 않겠는가?

구약에서 오직 여기에서만 **여호와의 땅**이라는 용어가 나온다.호9:3 아브람부터 모세까지 땅에 대해 했던 수많은 약속들은, 의심의 여지없이 소유권에 대한 약속이다. 팔레스타인은 하나님이 허락하고자 하는 이들에게 줄 하나님의 소유이다. "내가 네게 이 땅을 주겠다."라는 약속은 족장 역사와 민족의 역사 곳곳에서 반복된다. 오직 더럽혀지지 않은 자들만이 이 약속의 안전과 번영을 누릴 것이다.레26장 신실하지 못한 자들에게는, 이집트의 노예로 되돌아가게 하며, 앗시리아에서 더럽혀지고 노예로 섬기게 되는 길이 놓여 있다.

그들은 자신들이 왔던 나라로 돌아감으로써 생존하겠지만, 큰 대가를 치룰 때에만 생존할 수 있을 것이다.호9:3-4b ~와 같이로 소개한 **초상집의 음식**에 대한 언급은, 거룩함과 부정함의 등급에 대한 율법을 상기시킨다.신26:14; 학2:11-14 참조 제사장들은 부정한 상태라면 희생제물의 음식을 나눌 수 없다. 마찬가지로 초상집에 있는 어떤 것도 정결하지 않았다.민19:11, 14-16 호세아는 이런 율법을 설교하면서, 포로로 끌려가 그들이 바치는 모든 제물은, 우선 이스라엘이 신실하지 못하고 제의에서도 정도에 어긋나 더럽혀졌기 때문에 받아들일 수 없다. Fishbane: 199

호세아는 수사적 질문으로 납득시킨다.9:5 만약 그들 모두가 더럽혀졌다면, 그들은 어떻게 구원의 절기를 축하할 수 있는가? 사람들은 초막절에 대한 가르침이 "빈 손으로 주님을 뵈러 가서는 안 됩니다. 저마다 주 당신들의 하나님으로부터 받은 복에 따라서 그 힘대로 예물을 가지고 나아가야 합니다."신16:16-17: 출23:15 참조라고 하기 때문에 이 축하를 보류해야 할 필요가 있을 것이다.

처음 이집트에 내려갔을 때처럼, 기근에서의 구제로 시작하여 기한 없이 머물게 됐다.9:6 그들은 다시 죽은 자들의 이집트 성읍에서 노예가 되고 묻힐 것이다. **이집트가 그들을 모으고, 멤피스가 그들을 묻을 것이다.**새번역, "이집트가 그 피난민을 받아들여도, 끝내, 멤피스 땅에 묻히는 신세가 되고 말 것이다"-역주 그러는 사이 그들이 떠난 팔레스타인의 고향은 가시와 덤불로 덮일 것이다.9:6b 나라는 기근의 심판으로 말미암은 영향으로 사람들이 줄어들 것이다.

그들이 모세의 지도 아래 의기양양하게 이집트를 떠날 때, 이집트의 부도 가져왔다.출12:35 이스라엘 사람들이 떠나며 노예 보상금을 요청했을 때, 이집트 사람들은 그들에게 은, 금과 옷을 주었다.신15:12-15 참조 호세아가 전한 심판은 이 선물의 순서를 바꾼다. 이제 이스라엘은 이집트를 돌아갈 때, 유동자산은을 가지고 가서호9:6a 그것을 거기에 남겨둘 것이다.

6절은 또한 야곱과 그의 가족이 이집트에 내려간 것을 배경으로 한다.[야곱과 이삭, p. 406.] 야곱 가족의 남자들 가운데 오직 야곱과 요셉만이 팔레스타인에 장사됐다.창49:29-50:26; 출13:19 최소한 이스라엘 사람들 네 세대가 이집트에서 죽고 장사됐다. 그리고 사람들이 모세의 지도를 따르는 지혜에 대해 의문을 제기하기 시작했을 때, 그들은 "이집트에는 묘 자리가 없어서, 우리를 이 광야에다 끌어내어 죽이려는 것입니까?"출14:11라고 불평했다. 그들은 광야에서 하나님을 신뢰하는 도전보다는 이집트에서 연중 안전하게 추수하며 노예로 사는 것을 선호했다.

어떤 것도 변하지 않았다. 이스라엘은 과거에서 배우지 못했다. 그들은 가나안 사람들과 교제하는 위험도 이해하지 못하고, 온전히 충성하라는 주님의 요구도 인정하지 못한다. 그들은 사랑의 하사금으로 좋은 땅을 선물 받은 것도 감사하지 않았다. 보복을 받을 날이 이르렀다.호9:7a

9:7b-9 두 번째 혐의에 대해

진리를 압제함 9:7b-9a

여기에 메시지가 마음에 들지 않는다면 그 전령을 공격하라고 하는 전형적인 응답이 있다. **예언자는 무엇을 아는가? 어리석은 자다!** 미친 자다! 호세아는 이렇게 백성의 반응을 기록하고 그것을 설명한다. 그들의 산 같은 죄는 그들의 시각을 방해한다. 그들이 품은 원한은 그들의 청각을 무디게 한다. 이것들은 생생한 죄죄악이며, 원한, 분개, **적의**와 같은 마음의 태도다. 두 종류의 죄가 현실을 흐리게 만든다. 이 죄는 고발을 외면하고, 진리를 거부한다. 이 죄는 궁극적으로 엄청난 거짓말, 곧 하나님이 말씀하지 않았다고 하기에 이른다. 창3:1-4; 요일1:10 참조

호세아 9장 8절의 첫 행은 문법적으로 어렵다. 이것은 이집트로 내려간다는 주제를 이어갈 것이다. 이럴 경우 이 행은 요셉을 가리킬 수 있는데, 요셉은 자기 형제들의 적절하지 못한 행동에 대해 야곱에게 알렸다. 창37:2 하지만 훨씬 간단히 하자면, 요셉은 야곱의 좋아하는 아들이었고, 자기 형제들과 심지어 부모도 언젠가 그에게 절할 것이라고 꿈을 꾸었기 때문에, 자기 형제들의 분노의 초점이 됐다. 창37:3-11 요셉이 어리석어 보임은 가족을 구원하는 수단을 미리 보여주었지만, 오직 증오와 원한을 야기했을 뿐이다.

에브라임이라는 이름은 요셉의 더 어린 아들이지만 더 두드러진 아들인 에브라임을 통해, 요셉을 북 왕국에 연결시킨다. 호세아는 에브라임이 한때 예언자로 행했다고 주장한다. 과거에 그는 자기 아버지, 요셉을 통해 하나님이 선택한 가족에 있는 하나님의 목적을 인식했다. 창45:4-8 참조 당시 요셉은 형제들의 적대의 대상이었다. 그럼에도 요셉을 통해 가족은 이집트로 내려가서 구원받았다. 이제 호세아가 예언자의 역할을 차지하고, 민족은 그를 불신하고 침묵시키려 한다. 민족이 그의 말씀에 주의한다면 얼마나 좋겠는가! 구원은 여전히 가능할 것이다. 그렇다면 본문은 이런 식으로 해석될 수 있다.

> 에브라임은 파수꾼,
> 내 하나님이 함께 하는 예언자이다

또는 더 난해한 의미로 다음과 같이 해석할 수 있다.

> 파수꾼, 에브라임이여!
> 내 하나님이 함께 하는 예언자

갑작스럽고 헛된 말이 없이, 호세아는 무리의 반대에 대해 외친다. 그는 **파수꾼, 보초**의 친숙한 역할로 그들 앞에 서 있다.렘6:17; 겔3:16-21; 33:1-9; 사56:10 참조 그는 적을 볼 수 있는 높은 곳, 망대를 차지한다. 다른 이들은 위험을 알아차리지 못하지만, 예언자는 "도망하라! 자신을 보호하라! 네 죄를 인정하고 하나님에게 돌아가라!"라고 경고를 외친다.

파수꾼의 메시지를 신뢰하는 대신에, 이스라엘 사람들은 하나님의 전령을 공격한다. 이 전략은 종종 반복됐다.렘26:8; 36:26 참조 우리는 무슨 덫이 **그의 길에** 놓였는지 또는 어떻게 이 원한이 **하나님의 집과** 연결됐는지에 대해 상세한 내용을 가지고 있지 않다. 호세아는 그를 반대하는 예언자가 대립하고 있는 것인가?왕상22장; 렘28장 참조 다른 이들이 호세아에게 혐의를 날조한다고 고발하여, 호세아를 반대하거나 불신하려고 노력하고 있는가? 본문은 어떤 자세한 내용도 제시하지 않는다. 우리는 단순히 적대감의 수준이 높다고 들을 뿐이다. 이 설명은 호세아가 북 왕국을 대상으로 한 사역에서 받은 반응에 대해 많은 것을 이야기해준다.

이스라엘의 도덕적 타락호9:9a은 자신의 과거에서 이끌어 낸 최악의 사례와 일치한다. 사사 시대 기브아 사람들은 동료 이스라엘 사람과 그의 첩을 공격하여, 사회 관습과 도덕 가치에 대해 완전히 무시하고 있음을 보여준다.삿19장 그들은 잔인하게 그녀를 윤간하고 죽였다. 이스라엘은 가나안 사람들보다 죄가 심했다.[여호와-바알의 갈등, p. 417.] 베냐민 사람들은 이 잔혹함을 옹호했다. 다른 지파들은 베냐민 지파를 황폐하게 하고 거의 멸절하게 할 정도로 공격했다.삿20-21장

호세아는 기브아를 언급하여, 듣는 사람들의 마음에 수치에 대한 민족의 역사적인 순간을 떠올리게 한다. 그들의 도덕적 의식은 바닥을 쳤다. 그들은 공개적으로 죄를 묵과할 뿐만 아니라, 자기 공동체가 무기력한 자에게 죄를 행할 권리를 옹호한다. 전 민족이 부도덕함을 정당화한다. 추잡한 죄가 만연하였다. 하나님은 거의 베냐민을 멸절시켰던 심판을 되풀이하려는 참이다.

기다리고 지켜보자! 9:9b

호세아는 심판을 청하는가, 아니면 심판을 선언하는가? 어느 것이라도 적절할 것이다. 만약 호세아가 하나님의 법령을 직접적으로 선언하고 있다면, 사람들은 이유를 들었다. 그들은 무지를 주장할 근거가 없다. 호세아가 하나님에게 **이스라엘의 죄악을 기억하고, 그들의 죄에 대해 조치를 취하라!**라고 청한다면, 그분은 그렇게 할 도덕적 권리와 의무가 있다. 이것이 베냐민 사람들이 기브아의 죄인들에게 했어야 할 일이었다. 그들이 기브아의

죄를 비판하지 않음으로 말미암아 그들 자신이 거의 멸절되기에 이르렀다. 그들은 기브아의 죄에 대해 관여하게 됐다. 호세아가 공개적으로 하나님의 심판을 청하고 있다면, 백성들이 듣기를 거부하여 깊이 상처 입은 이의 역할을 이행하고 있는 것이다.

휴정: 협의 중인 법정의 재판관과 친구들 9:10-17

다섯 심판 섹션 가운데 이 중심부는 적절하게 이스라엘의 광야 경험과 그 후속 이야기, 특히 열두 정탐꾼 이야기에 초점을 둔다.민13-14장[성막, p. 415.] 짧게 고발한 후, 호세아는 자신의 압도적인 선언으로 두 번 하나님의 심판 선언을 반복한다. 이 구절은 풍요의 용어를 사용하지만, 저주가 가득하다. 약속된 축복은 모든 가능한 방법으로 역전된다.[언약, p. 395.]

9:10 하나님: 그랬던 대로

열매는 이 구절에서 이중적인 의미를 지닌다.[여호와-바알의 갈등, p. 417.] 전체 본문은 광야의 반란 전통에 의존한다.민12-25장[성막, p. 415.] 민수기에서 이 반란은 두 인구조사 사이에 나온다. 이 반란은 둘째 인구조사에서 민족이 40년 이전에 조사했던 인구 수보다 더 적었으므로, 불순종의 파괴적인 효과를 알린다. 그래서 호세아 9장 10-17절에서의 이동으로 우리는 축복과 번영의 약속에서 광야 방랑과 죽음이라는 황폐함까지 이른다.

배경은 광야 기사이지만, 독자는 불순종하는 북 왕국이 당시에 상관이 있었다는 사실을 이해하게 될 것이다. 이스라엘은 광야에서의 조상들의 불순종을 반추하게 된다.

하나님이 이집트에서 구한 조상들은 **광야에서 포도송이를 찾는 것 같이** 유쾌한 약속, 놀랍게 매력적인 사람들을 대변한다. 하나님은 사막의 사적인 생활에서 이스라엘과의 친밀한 시간을 즐겼다.렘2:2-3 참조 **첫 제철에 막 익은 무화과의 첫 열매와 같이** 그들은 족장들에게 한 약속이 처음 성취가 됐다.

하나님이 성숙한 관계를 희망했으나, 그들이 **바알브올**에 왔을 때 그 희망은 박살났다.민25장 이스라엘 사람들과 다른 백성들이 처음 평화롭게 만날 때, 이스라엘 사람들은 다른 신들에게 절했고, "브올의 바알"을 섬겼다. 부끄럽게 여기지 않고 이 제의의 일부로서 모압 여인들과의 성적인 부도덕에 탐닉했다. 그들은 그토록 최근에 사랑하고 순종하기로 맹세한 주님에게서 재빨리 돌아섰다.

용어는 고발에 강렬함을 더한다. **브올의 바알**은 그들이 의지한 신의 지역 현현을 가리킨다. 역사의 주님이요, 하늘과 땅의 창조주이며, 그들에게 팔레스타인 전체 땅을 준 분 앞에서, 그들은 그 마을의 신을 의지했다. 그들은 하나님이 산에서 그들에게 보여주고 말한 것을 이해할 수 없었는가?

게다가 그들은 **부끄러움**새번역, "부끄러운 우상"-역주**에 몸을 바쳤다. 바쳤다** '나자르' [nazar]라는 단어는 긴밀하게 유대 관계를 가지면서, 맹세하고 지속적으로 누군가에게 헌신하는 것을 말한다. 명사 형태는 "나실인," 곧 지정된 시간 동안 특별히 정결하게 하나님에게 전적으로 바치는 사람을 가리키는 단어다.민6장 그들이 몸을 바친 이는 보셋,Bosheth, 수치 바알참조, 이스-보셋, 수치의 남자, 삼하2:8 이후=에스-바알, 대상8:33이었다. 결과적으로 그들은 **자신들이 사랑한 것**바알 우상만큼이나 더럽고 혐오스럽게 됐다. 그들의 삶은 아낌없이 바친 그들의 신, 바알의 성격과 행동을 닮고 있다.

이런 패턴은 하나님이 자기 백성을 돌보는 초기부터 시작됐는데, 이스라엘의 역사 전반에서 여전히 지속된다. 하나님은 거짓과 정결하지 못함을 더 이상 참을 수 없다. 특별한 조치가 이 패턴을 깨뜨릴지 모른다. 하나님은 궁극적인 무기를 발사하려는 참이다.

9:11-13 하나님: 자녀들이 결과를 감당하다

심판에서 결정적인 것은 이스라엘이 바알에 도피하게 하여, 하나님을 이스라엘이 원했던 선물을 거둬들이는 이로 경험하게 된 것이다. 이스라엘은 바알이 번성과 풍요의 원천이며, 풍요의 가장 큰 선물은 자녀들이라고 생각하면서, 바알을 좇았다. 아이를 낳을 능력이 없거나 이미 태어난 자녀들의 생명이 제거된다면, 그들은 바알 이외에 누군가가 책임을 져야 한다고 생각한다. 사전에 심판이 선포된다면 우월한 하나님의 존재가 더 분명하게 입증될 수 있다. 여기서의 예고는 주님을 하나님으로 확립하며 바알은 무능하고 열등하며 존재하지 않는 것으로 확정짓는다.

첫 주장9:11은 풍요가 거둬들여질 순서로 **출생, 임신** 그리고 **출산**을 열거하는데, 이는 자신들의 후손의 자랑이었던 에브라임에게 일격이 된다. 민족은 여로보암 1세 때 자랑스러워했다.왕6:8,13 참조 하나님이 출생, 임신, 출산을 제거할 때, 민족의 미래는 위험에 처한다. 이로써 본문은 바알의 무능함 및 자연의 과정과 민족의 미래에 대한 주님의 통치권을 선언한다.

심판은 분명하고 강력하다고 하는데, 이는 언약 저주의 용어의 특징이다. 보편적이고 절대적인 심판은 언약을 파기한 자가 마땅히 벌을 받아야 것과 경험하게 될 것을 묘사한다. 호세아 9장 12절의 초반은 자녀들이 남아 있기 때문에, 풍요가 완전히 거둬들여지지는 않는다고 분명히 한다. 그럼에도 심판의 범위는 이미 살아있는 자들을 포함한다. 이 자녀들의 부모는 인간 대행자를 통한 하나님의 행위로 자녀가 없게 될 것이다.[언약, p. 395.]

호세아 9장 12b-13절은 번역과 해석에 어려움이 있다. 단어들은 쉽게 알아들을 수 있는 문장이 아니다. 단어들은 최소한 두 가지를 말하는 것 같다. (1) 하나님은 축복을 저주로 바꾸고, (2) 에브라임은 자기 아들이 살해당하는 것을 볼 것이다. 상황은 자세히 설명되지 않는다. 아마도 전쟁의 상황일 것이다. 민족은 강제로 신들에게 민족의 재앙을 되돌리게 하려는 시도에서 자녀 희생제물에 의지할 것이다.왕상16:34; 왕하17:16-17 참조

북 왕국은 후손들을 보장하려고 바알을 의존해 왔기 때문에, 주님은 그들의 자녀들을 세 가지 방법으로 파멸시킴으로써 민족의 신학을 공격한다. 하나님은 인간의 풍요를 거둬들이고, 이미 태어난 자녀들을 죽이려고 전쟁과 인간 대행자를 사용한다. 그리고 하나님은 민족이 그들의 약한 신들에게 구해달라고 하는 쓸모없는 시도에서 자기 자녀들을 희생하도록 허용한다.

9:14 호세아: 주님, 제발!

하나님은 가족들이 번민하게 될 것이며 민족들은 재앙에 처할 것이라고 예언한다. 다른 예언자들과 마찬가지로 호세아는 자신이 선언하도록 부름 받은 심각한 위협에 냉정하지는 않다.렘8:21; 9:1 참조 호세아는 기도에 의지한다. 그는 가족을 잃는 것이 무엇을 의미하는지 알고 있다.

이 절의 모호함은 **주님, 그들에게 벌을 내리십시오! 주님께서는 무슨 벌을 내리시고자 하십니까?**와 같이 호세아의 말들에 표현된 양의성兩義性 때문이다. 이것은 자비를 구하는 호소인가, 아니면 하나님의 저주를 반복하는 것인가? 아마도 다음과 같은 의미를 지니면서, 둘 다 해당할 것이다. "아이 배지 못하는 태를 주시고, 젖이 나지 않는 가슴을 주십시오, 이런 일이 일어나게 하소서, 주님! 한편 자녀들이 태어나더라도 오직 신들에게 바치는 제물로 또는 침입하는 적군에게 살해되게 하소서, 오 하나님, 자녀들을 그들에게 허락하지 않아서 이 백성의 고통을 줄이소서!"

호세아는 중재자로서, 오래 참고 거룩하고 정의로운 언약의 주님과 고집스럽게 죄를 짓는 백성들 사이에 서 있다. 호세아는 하나님의 거룩함으로 친밀하게 살고 있지만, 선택된 백성의 뻔뻔한 불순종도 본다. 호세아의 마음은 백성을 향한 사랑으로 찢어진다.

9:15-16 하나님: 자녀들이 결과를 감당하다

호세아의 생각은 이제 이스라엘의 지도자에게 향한다. 광야 전통은 배반하는 지도자들에 대한 많은 기사를 포함한다.민12장; 14:36-38; 16 호세아는 브올의 바알 및 이스라엘의 광야에서의 불순종에 대한 배경에다가, 이제 **길갈**이라는 이름을 추가한다. 길갈은 이스라엘의 역사에서 세 번 중요성을 지닌다. 첫째, 길갈은 여호수아가 팔레스타인 거주민을 공격하기 시작한 작전 근거지였다.수9:6; 10:6; 14:6 여호수아는 준비하면서 백성들에게 할례를 받도록 했다.수5장 할례는 출산풍요의 수단을 정화하는 것을 의미하며, 하나님에 대한 순종을 나타낸다.

둘째, 길갈은 또한 만나와 메추라기를 의존했던 삶이 종결되는 지점을 가리킨다. 거기서 이스라엘은 가나안 땅의 소산물을 먹기 시작했다. 그러므로 길갈은 약속된 축복의 성취를 상징한다.

셋째, 모든 이스라엘 사람은 **길갈**이라는 이름에서 더 많은 것을 본다. 거기서 사울은 왕으로 확증됐다.삼상11:12-15 거기서 사울은 사무엘이 약속된 일곱째 날에 나타나지 않자 희생제물을 바침으로써 사무엘에게 불순종하여 왕국을 잃었다.삼상13:1-15 그래서 길갈은 불순종하며 반란을 일으키는 왕조의 시작을 떠올리게 한다.호9:15c 하나님은 이스라엘이 하나님의 선물에 감사하지 않는 것과, 지도자들의 실패를 한 단어, 곧 길갈에 함께 모은다.

거기서 또한 하나님의 증오가 이 백성들에게 분명하게 드러났다.9:15a 그들이 가나안 땅에 발붙일 곳을 겨우 얻자마자, 하나님은 이스라엘을 가나안 땅에서 쫓아내기로 결심했다.9:15b

기근은 이스라엘의 뿌리를 마르게 하며, 영글어 가는 과일을 시들게 한다. 처음부터 창조주는 수확의 실패를 이스라엘에게 하나님에게서 멀어진다고 경고하는 수단으로 사용했지만, 이스라엘은 자연 재앙을 하나님의 심판 행위로 보지 못했다.암4:6-8 참조 주님이 그들의 사랑하는 자녀들을 죽게 할 때조차도,호9:16c 민족은 하나님이 떠올리는 은혜를 보지 못하고 여전히 저항한다.

9:17 호세아: 미래에도 그렇게

호세아는 이스라엘의 운명에 대해 주님과 대화를 계속 이어간다. 호세아는 하나님의 마음을 안다. 그는 하나님이 수 세대 동안 참았던 거부당함을 느낀다. 이스라엘은 땅을 받고서, 하나님의 선물을 더럽혔다. 이런 행동은 무한히 지속될 수는 없다. 호세아는 거

룩한 이의 회의 가운데 서 있기 때문에,렘23:18 참조 그는 **백성이 하나님의 말씀을 듣지 않**
으니, 나의 하나님이 백성을 버리실 것이다라고 그 회의의 법령을 보고할 수 있다.

이스라엘은 그 땅에서 제거되어야만 한다는 결론이 이어진다.호9:17b 이스라엘을 그대
로 둔 채 바로잡아 손대지 않는다면, 그들은 심지어 가장 파괴적인 행위에서도 하나님의
손길을 인식할 수 없게 될 수도 있다.창3:22-24 참조 아마도 방랑자로서, 민족들 가운데 집
없는 피난민으로서 안전하지 못할 때, 그들의 마음이 주님에게로 돌아올지도 모른다. 여
기서 항상 암묵적이기는 하지만, 희망의 말씀이 유보된다. 심판이 장면을 가득 채운다.

성서적 맥락에서의 본문
감정을 지닌 하나님

하나님은 어떤 철학자들의 감정이 없는 신과 달리 감정을 지닌 채 성서 모든 곳에 나온
다. 주님은 사랑하고 미워하며, 분노가 불타오르고 긍휼과 후회가 가득하며, 바람과 기
쁨, 고통과 슬픔으로 가득하다.호9:7-17; 창6:6; 암7:3, 6; 말1:2-3 참조 그러나 우리가 하나님
을 인간과 연관시킬지라도, 하나님은 인간의 범주로 축소될 수 없다. 하나님은 인간이 아
니다.민23:19; 삼상15:29 그럼에도 우리는 인간 이외의 범주로 인격적인 하나님을 생각할
수 없다. 그러므로 모든 하나님의 용어는 인간의 생각과 경험의 패턴에 적응된 것으로 구
성된다. 하나님의 모든 종류의 자기묘사는 극복할 수 없는 장벽을 가로지르는 번역으로
구성된다. 하나님이 장벽에 다리를 놓지 않으면 우리는 어둠 속에 머문다.롬11:33-36; 고전
2:6-16

하나님은 가장 온전하게 성육신한 그리스도에게 자신을 드러냈다.요1:1-18; 엡1:3-17;
히1:1-3 이 성육신에서 하나님은 우리의 선택하고 추론하는 능력에서처럼 증언하며, 우리
감정의 자아와 공감한다. 하나님의 완전함은 감정을 포함하는데, 이는 감정이 하나님의
행동과 태도를 해석하는 단순한 방법 이상이라는 것을 암시한다. 그리스도를 목격한 자
들은 친한 친구들을 얼마나 깊이 사랑했는지,요11:5, 35-37; 15:9-13; 19:26 제자들이 너무
느리게 배운다고 느꼈을 때 그들에게 얼마나 참았는지,마17:17; 눅24:25 위선자를 직면했
을 때 그리스도의 눈짓과 어조에 분노가 있었는지,마23장; 막3:5 결정할 때의 괴로움과 좌
절이 있었는지,요12:27-28 축하의 기쁨이 있었는지,눅10:21; 마11:19; 요2:1-10 그리고 죽음
에 직면하면서 얼마나 번민했는지히5:7를 주목했다. 예수님에게 있는 이런 감정들은 성서
에서 결코 인간의 나약함이나 실패로 묘사되지 않는다. 완벽한 사랑을 경험한 하나님은

또한 완벽한 분노, 슬픔, 기쁨과 평화를 경험한다.

주님의 말씀

모든 예언의 발언이 하나님이 호세아에게 한 말씀은 아니더라도, 호세아와 하나님은 한 목소리로 말한다. 실제로 호세아서의 주요 부분은 이스라엘에 대한 주님과 그분의 예언자 사이의 대화로 구성된다. 상당한 호세아의 논평은 이스라엘에 대해 사람들에게 전달되는 것 같다.

예언자와 사도들은 하나님의 생각을 말하고, 하나님의 행동을 해석하고, 하나님의 목적을 사람들에게 알리면서, 스스로를 하나님의 대표자로 이해했다. 때로 말씀은 만군의 주님의 보좌에서 꿈이나 환상을 통해 전달됐다.사6장; 겔1장; 고후12장 참조 아브라함과 마찬가지로 주님의 이 종들은 하나님이 자신이 하려고 하던 일을 유보하지 않는 하나님의 친구가 됐다.대하20:17; 창18:17; 암3:7; 갈1장; 요15:12-16:33

성문에서 매일의 사건에 대해 묵상하고, 낯선 이들과 장사하는 이들, 군대의 움직임과 종교 행렬을 목격하고, 사업 거래를 목격하거나 지나가는 이들의 두려움과 희망에 귀 기울일 때, 때로 성령의 지혜는 그들에게 왔다. 결과적으로 예언자들은 적절하게 "성문에서 비판하는 자들"로 알려지게 됐다.암5:10; 사29:21 참조 그들이 하나님과 동반자가 됐기 때문에, 말씀은 유일한 권위로 그들을 통해 왔다. 성령에 감동이 되어 그들은 그들이 보고 들은 것을 말하지 않을 수 없다.암3장; 렘20:9; 행4:20

교회생활에서의 본문
지도자를 선택하는 일에 대해

호세아는 하나님이 선택하지 않은 지도자를 선택했다고 이스라엘을 꾸짖는다.8:4 교회는 거의 2천년 동안 좋은 지도자를 어떻게 선택할지에 대해 씨름했다. 이스라엘에서처럼, 대부분의 교회 분파는 지도자를 선택하는 현행의 정치적 방법을 채택했다. 선거 방법은 과정이 이행되는 개방성과 사용되는 기준만큼 중요하지 않다. 3세기 성직자 키프리아누스는 이 본문8:4과 교회가 집사를 선출한 사례행6:1-7를 인용하면서, 좋은 지도자를 선택하는 핵심은 공개적으로 시험과 고려되는 사람의 인품과 능력을 확증하는 일에 관여하는 것이다.Epistles 54, 67

주석적 해설

팔레스타인에서 범죄에 대한 선고한다 10:1-8

대화는 독백으로 바뀐다. 호세아의 독백은 패턴에서 동일한, 두 가지 더 추가된 심판의 메시지로 다음과 같이 나온다.[문학적 유형, p. 409.]

죄의 열거

징벌 선언

이스라엘의 절망이 예상됨

첫 메시지는 과거, 현재 및 미래를 통해 이스라엘의 종교 생활과 도덕 생활을 추적한다. 둘째 메시지는 빠르게 현재에서 미래로 옮겨가면서 전체를 절정으로 끌어 올린다. 앞으로는 추방으로 진행된다. 두 메시지에서 사람들의 말이 절망의 표현으로 인용된다.

10:1-3 첫 범죄에 대해

남용 10:1-2a

형상은 과일에서 돌로 이동하고, 다시 나뉜 마음으로 이동한다. 이전 심판 메시지는 이스라엘과 포도나무의 유사함으로 시작했고, 시든 뿌리와 죽어가는 아이들로서의 이스라엘로 마무리했다.9:10

이스라엘은 그 성격에 따라 과일을 산출하는 **울창하고 무성한 포도넝쿨이다.** NRSV는 **이것이 그 열매를 산출한다**고 읽는다. **~와 같다, 닮다**를 의미하는 **생산하다**를 가리키는 히브리어 어근과 정확하게 같은 철자로 된 또 다른 동사가 있다. 다음 행은 하나님의 선물과 이스라엘이 이어서 잘못 사용하는 것 사이에 상응함을 강조하기 때문에, 이 의미가 여기에 의도됐을 가능성이 높다. 포도넝쿨인 이스라엘은 **그 성격에 상응하는 열매를** 산출한다. 추수는 민족의 성격과 일치한다. 시작하는 행에서부터, 호세아는 민족의 종교 생활에 대해 부정적인 기사로 시작한다.

세 가지 구체적인 고발이 이어진다. 첫째, 포도넝쿨이 자라고 더 많은 열매를 산출하듯이, 이스라엘 사람들은 제단의 숫자를 늘리는 것으로 반응했다.10:1b 두 가지 죄가 묘사됐다. 첫째는 더 많은 예배 중심지를 제공하는 것으로, 이는 많은 결과를 낳게 될 행동이다. 많은 성소는 더 큰 공동체에 대한 약화된 의식으로 이어진다. 희생제물을 위한 중심지가 늘어나는 것은 결국 하나님을 지역 신으로 인식하기에 이른다. 늘어나는 제단에 대한 고발에 내포되는 둘째 죄는, 신앙과 하나님에 대한 이스라엘의 개념과 관계가 있다. 이스라엘은 예배자의 행위를 중요하게 여긴다. 종교 의식은 구원의 수단이 됐다.

둘째 고발은 땅이 번성함에 따라, 이스라엘은 산당에서의 예배의 상징들을 미화했다.10:1c 미적인 즐거움이 쟁점은 아니다. 죄를 매력적으로 만드는 것이 문제다. 이스라엘은 마세바masebah로 알려진 돌기둥남근 상징물?을 사용하지 않아야 했다. 하나님은 거듭 이스라엘에게 예배에 있는 이런 이교적 도구들을 파괴하도록 명령했다.출23:24; 호3:4 참조

셋째 고발은 마음을 다룬다.호10:2a 깊은 수준에서 이스라엘은 선물에 대해 주님을 추구했고, 이익에 대해 바알을 추구했다. 그들은 이 두 신들을 동시에 섬기는 것을 정당화했다. 종교는 한 신에 관여하든 많은 신들에 관여하든, 일관된 세계관을 만들려고 시도한다. 다신론에서 흔한 과정은 신들의 계층최고의 신, 낮은 신, 가정 신들을 만들거나 신들에게 다른 지배 영역땅, 하늘, 역사, 자연, 전쟁, 죽음을 할당하는 것이다. 호세아는 백성이나 제사장들에게 예배에서 거짓을 행한다고 고발하지 않지만, 그럼에도 이들에게 통렬히 한탄한다. 그들은 분명히 삶에 대한 자신들의 종교적 해석에서 주님과 바알을 의미 있는 전체로 통합했다. 백성은 주님으로서의 하나님과 그분의 대행자로서의 바알을 일상생활의 사건에서 영예롭게 하는 다신론 형태를 받아들였다.[이스라엘 종교, p. 401.; 여호와-바알의 갈등, p. 417.]

박살난 성지 10:2b

이스라엘은 제단과 성소에서 그들의 죄가 절정에 이른다. 하나님은 더 이상 그들의 죄를 참지 않고, 스스로 **그들의 제단의 목을 부러뜨릴** 것이다. 이런 생생한 용어는 피가 나오지 않아 사람이 먹기에 적합하지 않도록 하면서, 동물의 목을 부러뜨리는 행위에서 온다. 제단은 구석에 "뿔"출29:12 참조이라고 알려진 돌출 부분이 있다. 중죄로 고발당한 사람은 최후로 정의에 호소하고자 제단의 뿔을 잡을 수 있다.왕상1:50-51 주님이 이스라엘의 최후 법정을 제거하고 **제단의 뿔을 부러뜨릴** 뿐만 아니라,암3:14 참조 뿔 배후에 있는 제단 자체도 파괴할 것이며, 이 장소에서 드리는 예배의 모든 가능성을 제거할 것이다. 제단과 함께 주님은 돌기둥을 사용할 수 없게 하면서, 황폐하게 할 것이다.

역사적으로 앗시리아는 이스라엘의 많은 성소를 파괴하는 하나님의 대행자 역할을 했다. 이 침략의 세부 내용은 호세아의 두 번째 발언에 나온다.10:8[역사적 요약, p. 401.]

피고인의 반응: 자포자기 10:3

특히 효과적인 수사 장치는 대적이나 말씀을 듣는 자들의 예상되는 반응을 인용하는 것이다. 이것은 항변을 무력화하고 가능한 응답의 범위를 제한한다. 호세아는 전문적으로 반박 강변이라는 공식적인 의미에서는 아니더라도, 반박이라는 이런 수사 장치를 이용한다.Murray

호세아는 적의 침입에 대해 이스라엘이 적에 맞서 자신들을 이끌 왕이 없다는 그들의 설명을 예상한다. 이 상황은 이스라엘의 사회적, 정치적 분열 때문이다. 하나님은 왕을 세우고 물러나게 하는 역할을 하므로, 백성은 이렇게 지도자가 없는 원인이 된, **주님 두려운 줄** 모르고 살았는지 의아해한다.

스스로에 대해 분석한 후 각성하게 된다. 왕이 있은들 무엇에다가 쓰랴? 약 10년 전의 그들의 경험왕하15:19-20은 그렇지 않을 것임을 시사한다. 그렇다면 아마도 실제 문제는 하나님이 자기 백성에게 제공할 수 없는 능력에 있다. 이것이 이스라엘의 재앙에 대한 실제 설명일 수 있는가?

가장 밀접하게 이 본문에 들어맞는 역사적인 사건은 732/31년 디글랏빌레셀이 이스라엘에 침략한 사건이다. 성서 역사학자는 앗시리아 왕이 함락시킨 갈릴리 바다 위의 요단 강 양 측에 있는 고지대뿐만 아니라, 성읍들, 곧 이욘과 아벨벳마아가와 야노아와 게데스와 하솔을 열거한다.왕하15:29 함락된 영토의 사람들은 포로로 끌려갔다. 사마리아 주변 지역은 새로운 친-시리아 통치자인 호세아 아래에서 봉신 국가가 됐는데, 그는 베가에 대항하여 반란을 일으켜 분명히 앗시리아에 신뢰를 얻었었다.왕하15:30 호세아 10장 1-3절은 권력을 위해 내부적으로 서로 헐뜯고 싸우는 역사 시기에 가장 잘 들어맞는다. 이스라엘이 방금 경험했던 침략은 다가올 더 강력한 진동의 미진에 불과하다.

10:4-8 둘째 범죄에 대해

본문 단위는 백성의 말에 대한 언급으로 시작하고 마무리한다. 시작하는 말은 고발로 이뤄지고, 마무리하는 말은 백성들의 절망을 알린다.

위증 10:4

여기에 이스라엘의 성격과 일치하는 열매가 있다. 열매는 언약 성취를 보증하려고 선서한 맹세의 위반들로 구성된다. 고발은 다음과 같다.

그들은 빈 약속이나 일삼고, 거짓 맹세나 하며,

쓸모 없는 언약이나 맺는다.

그러므로 밭이랑에 돋아난 독초처럼 불의가 퍼진다.

이스라엘의 공적인 일은 혼란에 빠진다. 신뢰가 떨어질 때 책임 있는 공동체 관계를 보장하는 다른 수단이 필요하게 된다. 이스라엘은 **언약 사랑과 충실**을 점차 율법주의로 대체하기로 한다.

맹세하는 이는 하나님을 보증자로 청한다. 거짓 맹세는 주님의 이름을 사용하면서 의도적으로 사기를 벌이는 것이다. 거짓 맹세는 하나님에게 모욕을 보이는 것으로, 본질적으로 하나님을 무능하고 무관하다고 간주하는 것이다. 오히려 하나님은 더 큰 목적, 즉 국가의 복지를 위한 수단이 된다.

박살난 성지, 추방된 왕들 10:5-8b

호세아가 심판을 묘사할 때, 분위기는 역설과 풍자로 가득하다. 사마리아 관료들은 하나님을 본떠 만든 금송아지 형상이 제공하는 복을 잃을까봐 두려워한다. 사람들과 우상을 섬기는 제사장들 모두 이 형상이 없어진 것을 애도한다. 전 민족은 금송아지가 전쟁의 보상으로 앗시리아로 끌려가는 것을 보고 두려워 숨을 죽인다.8:5 참조

그것을 즐겨서 섬긴10:5c이라는 호세아의 풍자는 호세아를 통해 제사장들과 백성에게 전달되는 조롱거리가 된다. 민족은 주님의 영광이 가나안 땅의 악과 우상숭배 때문에 그 땅을 떠났다는 사실을 인식하지 못한다. 하나님을 상징하는 송아지는 승리한 통치자를 기념하려고 옮기는 전리품의 행렬에서 자리를 차지하게 될 것이다. 사르곤은 "나는 그들이 신뢰하는 신들을 전리품으로 생각했다."라고 사마리아의 정복을 보고했다.Cogan: 104

구경꾼들에게 앗시리아를 위한 승리인 것처럼 보이는 것은 실제로 주님 자신의 구원 행위다.10:6-7 송아지 형상을 제거할 때, 앗시리아 왕은 에브라임의 수치를 제거하고 있다. 이스라엘의 소위 "왕" 곧 송아지 형상은 포로로 끌려가고 있고, 백성도 같이 끌려갈 뿐이다.

물 위의 나무토막이라는 은유는 독자들에게 그들의 "신"이 쓸모없는 나무로 된 우상이라는 사실을 떠올리게 한다.10:7 이전 침략에서 이스라엘 사람들 스스로 형상에서 우상의 화려한 금을 벗겨냈다. 이제 이스라엘은 자신의 우상을 닮아, 발견자가 희망하는 대로 사용되도록 쓸모없게 되고 부서진다.

이스라엘의 거짓 예배의 두 대상, 곧 송아지 형상과 상징적인 기둥이 있는 산당이 호세아의 설교에 지배적이다.[수송아지, p. 390.] 최고 신들의 형상은 자기 백성들을 통제한다는 중요한 상징물이었다. 이 형상들은 이미 예언에서 앗시리아에 보내졌다. 다음으로 산당 차례.10:8a-c 산당은 낮은 수준의 신들, 특히 풍요의 신들과 여신들에 대한 숭배를 대변한다.[이스라엘 종교, p. 401.] 이것들을 파괴하는 것은 정복당한 사람들에 대한 희망의 마지막 근원을 파괴하는 것이다.

아웬 산당들10:8은 나라의 모든 산당을 가리키거나 더 구체적인 산당을 가리킬 수도 있다. 아웬악의 집히. 베트[beth]은 벧엘을 가리킨다.4:15; 5:8; 10:5 참조 열왕기상 12장 32절에 따르면, 여로보암은 벧엘에 산당을 지었다. 이 산당들이 여기서 의도된 것일 수 있다. 만약 그렇다면 앗시리아는 이스라엘의 예배와 산당을 연결시켰다.

가시덤불과 엉겅퀴호10:8b에 대한 언급은 첫 인간의 불순종에 대한 저주를 반영한다.창 3:18 이것은 풍요를 상실한다는 형태로 바로잡는 심판 이상을 알린다. 풍요산당와 순종제단이라는 바로 상징 자체는 혼돈이 바알의 힘을 정복하는 장소가 된다. 이 저주는 주님에게서 나오고 있다.[여호와-바알의 갈등, p. 417.]

피고인의 반응: 자포자기 10:8c

"우리는 차라리 죽는 게 낫다!"라고 이스라엘은 외친다. 산들과 언덕들이 자신들에게 덮치게 해달라고 요청할 때, 이스라엘 사람들은 죽음 이상을 갈망한다. 신앙에 대한 상징물과 연결된 그들의 희망은 사라졌다. 절망이 엄습했다.

절망을 넘어 그들의 갈망은 자신들의 땅에 장사되려는 바람을 포함한다. 그들은 어떤 상황이라도 외국 땅에 포로로 끌려가는 것보다 낫다고 느낀다.시137편 참조 고국에서 죽는 것이 은혜일 것이다.

재판관은 이전 시대에 대한 선고한다 10:9-11:7

두 신탁과 함께호10:9-15; 11:1-7 하나님은 언약 사랑이 없다는 주제 아래 모은 심판 예언으로 마무리한다.6:4-11:16의 개관을 보라 두 신탁에서 하나님은 거부당한 사랑의 사건을 제시한다. 이스라엘의 죄악은 확고해졌다. 그들은 여전히 언약 백성이라고 공언하지만 더 이상 언약의 조건 대로 살지 않는다.

암소와 어린 아이라는 두 은유는 민족을 묘사한다.[소의 형상, p. 389.] 두 은유는 고집스럽게 훈계받기를 거부하는 모습을 드러낸다. 이스라엘을 바로잡으려면 확고한 훈련이 필요할 것이다.

하나님의 인내가 다한 것처럼 보인다. 그럼에도 회개에 대한 요청이 심지어 이 마지막 심판 메시지에도 담겨 있다. 멸망에 대한 예고는 아무리 강렬하고 심할지라도, 이 예고에는 희망의 씨앗이 담겨 있다. 심지어 가장 강렬한 비난도 반드시 일어날 것이라는 단정이라기보다는 일어날 수도 있는 것을 묘사한다.

10:9-15 정복 이후 범죄에 대해: 전쟁

역사적으로 민족들과 자연은 심판을 전하는 역할에 도입됐다. 즉 기브아, 전쟁, 뿌리고 거두는 것으로 묘사됐다. 호세아 대부분의 예언과 마찬가지로, 이 예언에 대한 구체적인 맥락을 확인하거나 연대를 매기려는 시도는 소용없는 일이다.

범죄: 지속되는 죄 10:9-10

호세아는 간략하게 숙고하고 자신의 결론을 내린다. 하나님은 이스라엘이 기브아의 죄를 지속한다고 비판한다. 곧 냉대와 강간, 살인은 본질적으로 언약 사랑을 어기는 것이다. 삿19-21장 여기에 가나안 땅에 **족속에 대한 사랑이 없다**는 증거가 있다. 그리고 민족은 호세아의 예언 시대까지 지속적으로 이런 종류의 죄를 범한다.

기브아에서 이스라엘은 자신의 죄의 결말을 직접 접한다. 민족의 도덕적 분개를 깨우려면 극적인 상징적 행동이 필요하다. 레위인들은 자기 첩의 시체를 해체하고 잘라서 부분을 각 지파에 보냈다. 지파들은 베냐민 지파가 기브아 주민들을 벌하도록 자신들에게 보내야 한다고 요구했다. 베냐민은 거절했다. 마지못해 민족은 악을 행하는 자들을 숨기고 그들의 행동을 용서했다고 베냐민 지파를 공격했다. 베냐민 지파는 이어지는 전투에서 거의 전멸됐다.

이 심판 진술의 주장은 다음과 같이 진행된다. 이스라엘 족속이 자신 백성의 한 지파 전체를 공격하고 거의 전멸시키는 것이 분명하게 하나님의 뜻이었다면, 하나님은 전체 민족이 범한 비슷한 죄에 대해 더 행하지 않겠는가? 그들은 자신들의 죄를 수세기 동안 지속했다. 하나님은 수백 년 동안 참았다. 하나님이 선택한 때에, 죄에 대해 전쟁으로 민족을 벌할 것이다. 이번에는 하나님은 이방 민족들을 자신의 도구로 사용할 것이다. 이 민족들은 독립적으로 행동하지도 않고 자신들의 신의 뜻대로 행하지도 않을 것이다. 이 민족들은 주님의 언약을 어긴 백성들에게 첫 돌을 던지면서, 하나님의 소송에서 증인으로 행동하러 온다. 암3:9-10 참조

두 가지 죄라는 용어는 모호하다.호10:10, 히. 이 용어는 사사기 19장의 이야기가 묘사한 대로, 환대가 없는 것과 부도덕과 학대를 가리킬 수 있다. 이것은 기브아에서의 죄와 민족의 현재 죄를 가리킬 수도 있다. 부도덕의 죄샷19장와 자신의 군사령부를 기브아에 세운 사울 왕의 불순종샷19을 심지어 가리킬 수 있다

재판관의 호소가 귀먹은 귀에 들리다 10:11-13a

역사의 무대에서 호세아는 자기 독자들을 농업의 세계로 이동시킨다. 우리는 훈련된 어린 암소, 타작, 경작, 씨뿌리기, 추수 및 두 수확을 통한 먹기를 목격한다. 서로 섞인 형상은 희망이 중간에 있는 심판을 묘사한다. 역사의 국면에서 이 형상들은 다음과 같이 연속되는 사건들로 바뀐다.

> 하나님의 의도10:11
> 회개하도록 부름10:12
> 이스라엘의 실제10:13a

이스라엘을 위한 하나님의 계획은 그들에게 하나님을 섬기도록 가르치는 것이었다. 땅은 그들이 하나님의 백성으로 성숙하게 될 배경이었다. 이 은유는 암소가 성장하는 것을 추적한다.10:11 어린 암소는 심하게 알곡을 상하게 하지 않고 줄기에서 곡식을 털기에 충분할 만큼 가볍고 잘 뛰어다녔다.

다른 곳에서 호세아는 비난하듯이 소와 같은 이스라엘에 대해 말한다.2:6; 4:16; 암4:1-3 참조 이런 풍자는 바알을 반대하는 논쟁으로 적절하게 기여한다. 그러나 여기서 은유는 하나님의 백성을 긍정적으로 묘사한다. 아니면 우리는 호세아의 말씀에서 역설을 느끼는가? 아마도 호세아는 "그래서 너희는 자신을 암소로 생각하고 주님을 황소로 생각하기를 좋아한다. 그렇다면 하나님이 너희를 위해 의도한 바를 생각하라."를 의미하는 듯하다. 우리는 짝짓는 장면을 기대하겠지만, 이것은 어울리지 않는다. 하나님이 이스라엘을 다룰 때 성적인 요소가 없다는 것은 하나님의 사랑의 독특한 성격을 가리킨다.[소의 형상, p. 389.]

이스라엘은 **나는 곡식 떨기를 좋아한다**라는 말로 인용된다.10:11a 이것은 놀랍지 않다. 타작은 비교적 자유롭고, 가벼운 일을 하고, 음식을 자주 접하는 시간이었다. 이스라엘에게 곡식을 밟을 때 동물의 입에 재갈을 물리지 말라고 명령했다.신25:4 민족은 정복을

통해 팔레스타인 땅의 소산물을 얻었다. 그들은 땅을 깨끗이 하고 포도원과 과수원을 설비할 어려운 수고를 덜었다.신6:10-12 땅은 선물, 곧 족장들에게 한 약속으로 주어졌다.

그러나 하나님은 자기 백성들이 더욱 성숙한 경험과 신앙의 고백으로 이어지도록 의도했다. 그래서 하나님 자신은히브리어로는 강조 이 성숙한 암소의 아름다운 목에 멍에를 두었다.호10:11b 천천히 훈련시키려고, 하나님은 먼저 **에브라임을 수레를 끌게 하겠다**또는 타겠다는 자신의 명령에 반응하도록 가르치고자 계획했다. 훈련된 이후에만 주님은 자기 백성유다, 야곱을 더 힘든 쟁기질과 써레질을 시킬 것이다.

은유가 드라마에 녹아든다.10:12 이제 사람들은 땅을 기경한다. 땅의 청지기로서 그들은 품격, 공동체 및 축복이라는 열매를 산출하는 과정에 책임이 있다. 의를 산출할 씨를 뿌리고, 무한한 사랑의 기준을 충족시키는 것을 추수하는 것이 그들의 일이다. 하지만 이를 달성하려면, 그들은 주님에게 돌아갈 필요가 있다. 이스라엘의 땅은 너무 오래 놀고 있었다. 기경되지 않은 땅은 잡초, 가시덤불과 엉겅퀴가 자란다. 하나님의 농장은 야생풀들이 자라는 장소, 인간을 부르기에 저주가 되는 장소가 됐다.창3:17-19 참조

해결책은 간단하다. **주님을 찾아라!**라는 아모스를 통해 이전에 전달된 말씀을 반복한다.5:6 하나님만이 신선한 비로 땅을 부드럽게 하며, 올바른 생명과 관계로 땅을 싹트게 할 수 있다. **주님을 찾으라**는 것은 그들에게 오직 주님만을 섬기고 그분의 뜻을 따르라고 부른다는 것을 의미한다.

이스라엘은 **악을 갈았고심었고 불의를 추수했다.**호10:13a 죄를 가리키는 단어 둘 다 백성들에게 폭력이나 불의를 행했다는 것을 가리킨다. 죄는 궁극적으로 사람이 하나님과 맺은 관계를 어기는 것이지만, 죄인이 다른 사람에게 공격할 때, 죄는 스스로를 드러낸다. 잡초나 가시덤불의 씨를 뿌리고서 포도나 올리브, 밀을 기대할 수 없다.

이스라엘은 심은 것을 거두며, 거둔 것을 먹는다.10:13a 사회너희, 복수의 모든 부분들은 동일한 도덕적 음식을 먹는다. **거짓의 열매**가 주요 식사가 됐다.

거짓이라고 번역된 단어는 어근에서 약속된 것이나 예상되는 것을 산출하지 못하는 것을 의미한다. 그렇다면 이 단어는 야윔이나 연약함을 의미하게 된다. 이스라엘의 죄는 민족을 함께 묶는 사회 결속을 약화시키는 사회 구성원들에게 향한다. 민족은 영양이 부족하게 된다. 식사에는 진리와 언약의 신실함, 하나님을 아는 지식이 없다. 적들은 이렇게 약해지고 서로 조화를 이루지 못하는 백성이 쉬운 먹잇감이라는 것을 알게 될 것이다.

왕이 죽다! 10:13b-15

호세아 10장 13b-15절은 혼돈스러운 전투를 묘사한다. 대규모의 파괴가 약화된 이스라엘에게 임했다. 동사의 주어는 복수 너희에서 집합의 단수인 너로 바뀐다. 민족의 정신력은 군대를 준비시켜 지도자를 중심으로 단결한다. 에브라임은 훈련된 군사들, 수비대를 갖춘 요새 그리고 군사 지도자에 의지하면서, 적에게 돌진할 자신들의 자원을 신뢰한다.

용어는 생생한 전쟁 장면을 묘사한다. 민족의 예배 중심지인 **베델**은 공격의 예봉을 맞이한다. **요새**와 성읍들은 산산조각 난다. 적은 어머니들과 아이들의 시체로 대규모 무덤을 채운다. 적이 새벽에 공격할 때, 이스라엘이 전투하라고 선택한 왕은 아무 쓸모가 없다.삼상8:19-20 참조

이스라엘의 멸망은 백성의 크나큰 죄악, **극도의 악**히. **너희 악 중에 악** 때문으로 거슬러 추적될 수 있다. 이스라엘이 사회의 압제에서 하나님에게 불순종한 것과 임박한 심판 사이의 연관성을 볼 수만 있다면 얼마나 좋겠는가!

11:1-7a 정복 이전의 범죄에 대해: 전쟁

이전 예언은 이스라엘을 먼저 암소로 배역을 정하고, 그 다음으로 견인용 동물로 배역을 정했지만 성숙하지는 않았다. 이제 형상은 고집스러운 어린 아이이다. **어린 아이**라는 용어는 태어난 나이샷13:5,7에서 성년왕상11:28까지의 남자이지만, 약하고 성숙하지 못하거나 경험이 없는 사람을 묘사한다.

호세아 11장 1-7절의 히브리어 본문은 학자들에게 어려움을 준다. 여기서 제시된 번역한 해석은 세부 내용에서의 의미와 각 부분들에서의 일관성을 찾으려는 시도다. 많은 요소들이 이 해석에 영향을 준다. 첫째, 다섯 가지 행동-반응의 반복 진행은 이스라엘과 이스라엘의 하나님을 대조시킨다. 호세아는 이 대조를 연속되는 가족과 여행 장면에서 그리고 두 가지 전쟁 장면에서 발전시킨다. 중앙의 장면은 가족에서 전쟁으로 전환된다.11:4-5b

> 하나님의 솔선하는 사랑.11:1
> 민족의 신실하지 못한 반응.11:2
>
> 하나님의 솔선하는 사랑.11:3

민족의 무지.11:3b

하나님의 솔선하는 사랑.11:4

민족의 새로운 속박.11:5ab

민족의 고집.11:5c

하나님이 심판을 내리다.11:6

민족의 고통.11:7ab

하나님이 반란을 일으킨 아들을 부인하다.11:7c

하나님의 솔선하는 사랑은 이스라엘에게 거부당한다.11:1-4 나중에 하나님이 이스라엘을 거부하거나 부정한다.11:5c-7 둘째, 본문의 이 해석은 본문의 패턴에서 지지받는다.[문학적 유형, p. 409.] 구절은 고발11:1-4에서 심판11:5-7으로 이동한다. 전환되는 부분11:4-5b은 이 본문을 통합된 전체로 연결한다. 셋째, 은유는 성숙의 수준을 통해 이스라엘의 반응을 추적한다.10:7-15 참조 마지막으로, **일으켜 세우다**11:7라고 번역되는 동사는 자녀를 기르다, 훈련하다, 보호하다를 의미할 수 있다.사1:2; 23:4 참조 이 동사는 저자가 시작한 주제를 여전히 이어간다는 것을 암시한다. 결과는 다음과 같이 번역한다.

장면 1

이스라엘이 어린 아이일 때에, 내가 그를 사랑하여
내가 이집트의 날에서 그를 내 아들을 불러냈다.11:1
그들도 또한 이름으로 그들을 불렀으며
그들을 부른 결과로 그들은 그렇게 가버렸다.
짐승을 잡아서 바알 우상들에게 희생제물로 바치며,
온갖 신상들에게 향을 피워서 바쳤지만11:2

장면 2

나는 에브라임에게 걸음마를 가르쳐 주었고,
내 품에 안아서 길렀다.

죽을 고비에서 그들을 살려 주었으나,

그들은 그것을 깨닫지 못하였다.11:3

장면 3

나는 인정의 끈과 사랑의 띠로 그들을 묶어서 업고 다녔으며,

그들의 목에서 멍에를 벗기고 가슴을 헤쳐 젖을 물렸다.11:4

이스라엘은 이집트 땅으로 되돌아가게 될 것이다.

이스라엘은 앗시리아의 지배를 받게 될 것이다.11:5ab

장면 4

그들이 회개하기를 거부하기 때문이다.11:5c, NRSV: 나에게로 돌아오기를 거부하기

전쟁이 이스라엘의 성읍을 휩쓸고 지나갈 때에,

성문 빗장이 부서질 것이다.

그들이 헛된 계획을 세웠으니 칼이 그들을 모조리 삼킬 것이다.11:6

장면 5

내 백성이 두려움의 긴장 가운데 살지라도

내 백성이 끝끝내 나를 배반하기 때문에

그들이 그를 "지극히 높으신 하나님"이라고 부를지라도,

그가 그들을 키우지 않을 것이다.11:7

하나님의 부름을 경멸한 범죄 11:1-2

하나님의 사랑과 맹세한 약속으로 말미암아, 하나님은 이집트에서 이 노예 된 백성을 구하였다. 하나님은 자신을 위해 그들을 자유롭게 했으며, 시내 산 기슭에서 언약을 통해 그들을 연합시켰다. 민족의 역사는 그들이 풀려난 데서 시작했다. ~에서는 이스라엘의 기원이 되는 지점을 표시한다.[언약, p. 395.]

호세아는 이미 이스라엘을 **살아 계신 하나님의 자녀**로 소개했다.1:10 여기서 민족은 집합적으로 하나님의 아들로 간주된다. 이 용어는 하나님이 모세를 통해 이스라엘에게 "이스라엘은 나의 맏아들이다…. 내가 너에게 나의 아들을 놓아 보내어 나를 예배하게 하라" 출4:22-23라는 권리를 주장한 것을 떠올리게 한다. 이스라엘은 아들이었을지라도, 새로

태어난 민족은 무기력한 아기였다.

호세아 11장 1a절의 히브리어 구문은 **이집트에서 내가 너를 내 아들로 불러냈다**라고 읽는다. 더 이상 그들은 노예가 아니다. 그들은 수반되는 특권과 책임을 지닌 장자가 됐다. 이 본문 단위의 나머지는 하나님의 장자인 이스라엘이 부모인 하나님에게 불순종했기 때문에 심판이 필요하다는 소송을 확립해 간다.

우리가 2절의 히브리어 본문을 있는 그대로 받아들인다면, 우리에게 다음 장면이 소개된다. 하나님은 이스라엘을 자신의 아들, 곧 적법한 상속자로 불러냈다. 그때부터 하나님은 이 백성에게 시내 산까지 그리고 광야에서 보내는 기간 내내 자신을 따르라고 요구한다.[성막, p. 415.] 하지만 이스라엘을 부르는 다른 목소리가 있다. 그 목소리는 정체를 알 수 없으며, 많은 목소리가 있다. 이스라엘은 이 이상한 목소리의 유혹하는 어조에 굴복한다.

2절의 후반부는 그들이 따르고 있는 조언하는 자들의 정체를 명확히 한다. 바알과 우상들이 이스라엘의 삶의 방식을 특징짓는다. 아이는 다른 주인바알은 주, 주인, 남편을 의미한다고 그들이 만든 인형우상을 받아들였다.[바알, p. 388.] 역사적으로 모세가 시내 산을 내려오기 전에, 이스라엘은 우상을 의지했다.출32-34장, 특히 32:8 심지어 그들이 약속의 땅에 도착하기 전에, 브올의 바알과 다른 신들에게 희생제물을 바쳤다.민25장 얼마나 변덕스러운 백성인가!

하나님의 돌보는 사랑을 거부한 범죄 11:3-4

반란의 두 번째 형태는 무지와 배은망덕에 뿌리를 둔다.호11:3 광야에서 보낸 40년은 하나님의 보호를 받은 특별한 시간이었다.[성막, p. 415.] 하나님은 자신에게 의존하는 자녀를 위해 은혜롭게 물, 메추라기, 만나를 제공했다. 하나님은 이스라엘에게 걷는 법, 자신을 의지하는 법을 가르쳤다.신8장 이것은 이스라엘이 아들 됨을 확증할 것이다.신8:5 하지만 하나님의 백성은 그분의 보호를 이해하지 못한 듯하다. 출애굽기와 민수기의 모든 면을 채우는 불평과 불만족은 이런 무지와 망각의 증거가 된다.

고치다새번역, "살려주다"-역주라는 단어는 구원에 대해 말한다.호5:13; 6:1; 11:3; 14:4 이 단어로 호세아는 고통과 즐거움, 곧 회개하는 백성에게 아낌없이 허락되는 하나님의 훈련의 고통과 용서의 기쁨을 주목한다. 걸음마를 배우는 아이는 많이 넘어진다. 이런 상처는 사랑하는 부모와 좋은 의사가 부드럽게 돌보았다. 그럼에도 이스라엘은 하나님의 사랑의 치유하는 손길에 결코 감사하지 않았다.

하나님의 보호와 이스라엘의 고집 센 불순종 사이의 세 번째 행동 반응의 대조는 아이의 은유를 확장하여 전개된다.11:4-5 하나님은 아이의 어머니로 묘사되는데, 이 어머니는 **인정의 끈과 사랑의 띠**로 만든 주머니로 자기 등이나 엉덩이에 아기 이스라엘을 묶어 나른다. 어머니의 손길은 **그들의 뺨까지 아기를 올리는 자들과 같이** 따뜻하고 애정어리다. 어머니인 하나님은 아기 이스라엘을 무릎에 두고 젖을 먹이려고 구부린다.11:4c 역사의 주님은 이스라엘에게 젖을 먹인다. 이 은유는 하나님에 대한 우리 편견을 깨뜨린다.

아이가 무엇을 더 요구할 수 있겠는가? 어떤 어머니가 자기 아이에게 더 부드럽게 대하고, 더 자유롭게 하는 안내를 하며, 더 풍부하게 먹일 수 있겠는가?

마치 아이의 배은망덕으로 어머니가 고통을 느껴 중단한 것처럼, 형상은 갑작스럽게 끝난다. 용어는 바로잡는 태도로 바뀐다.11:5

선고: 앗시리아의 정복과 추방 11:5-7a

많은 번역과 주석가들은 이스라엘이 이집트에 포로로 끌려갈 것이라는 7장 16절, 8장 13절과 9장 6절의 진술에 근거하여, 5절의 시작하는 절을 질문으로 바꾼다. 하지만 호세아는 이스라엘이 이집트에서 경험한 것을 노예와 미성숙, 자유와 아들 됨을 가리키는 은유로 사용하고 있었다. 그러므로 민족이 이집트로 상징되는 속박으로 돌아온다고 하더라도,11:5 그들은 글자 그대로 이집트로 돌아오지 않을 것이다. 이번에 심판은 그들을 앗시리아로 끌고 갈 것이다. 그들이 광야에서 알았던 사랑하는 부모와 크게 대조적으로, 앗시리아는 반역자를 다루는 어떤 왕보다 거칠게 그들을 다룰 것이다.왕하17장 참조

주전 725-722년의 이스라엘의 경험은 이 예언이 성취된다는 것을 입증한다. 베가가 호세아에게 암살당했을 때, 디글랏빌레셀은 아마도 앗시리아 왕의 지원으로 온전히 이스라엘을 통치하게 됐을 것이다.왕하15:29-30 호세아는 이집트에 의존했고, 앗시리아에게서 자신을 보호해 달라는 군사 협정을 체결했다. 그는 앗시리아에게 바치는 공물을 보류했다. 결과적으로 앗시리아 왕 살만에셀은 사마리아를 공격했고, 삼년 동안 줄곧 포위했다.왕하17:3-6 살만에셀의 계승자, 사르곤 2세의 사료는 사실에 입각한 용어로 정복을 다음과 같이 묘사한다.

나는 사마리아를 포위하고 정복했으며, 전리품으로 27,290명의 주민을 이끌고 왔다. 나는 그들 가운데서 50병거 군단을 만들고 나머지 주민이 자신들의 사회적 지위를 가지도록 했다. 나는 그들에게 9명의 관료를 세웠고, 이전 왕의 공물을 그들에게 부과했다.

가자 왕 하노Hanno와 또한 시베,=소 왕, 왕하17:4 이집트의 투르탄이 결정적인 전투를 벌이고자 내게 맞서 라피후에서 출발했다. 나는 그들을 무찔렀다.ANET: 284-285

위협받은 지도자와 민족들의 음모는 어떤 것도 성취하지 못했다. 오직 생생한 상상만이 전쟁, 죽음과 멸망 그리고 이런 사건이 야기한 개인적인 공포와 고통의 장면을 재현할 수 있다. 운이 좋게도 저자는 잔인하고 괴롭게 하는 세부 내용은 아꼈다.

하나님과 그분의 아들 사이의 네 번째 대조는 심판하는 이유로 시작한다. 그들이 나에게로 돌아오기를 거부하기 때문이다가 하위 단락의 맨 앞에 있다.호11:5c 이 의도적으로 짝을 이루는 것에서, 하나님의 파토스11:1a, 3-4는 이스라엘의 심각한 징벌에 대한 이유로 바뀐다. 이전의 그다지 많지 않은 징벌뿐만 아니라 심판의 위협도 이스라엘을 그들의 주님에게로 돌리지 못했다. 이 백성은 돌아가기를, 곧 죄에서 돌아서서 하나님에게 돌아가기를 거절했다.

이스라엘은 잘 고안된 계획이 회개를 대체하는 것이 아니라는 것을 깨닫지 못했다. 한 수준에서 회개는 전쟁을 이기지 못한다는 것이 분명하다. 하지만 이것이 정확하게 핵심이다. 이스라엘은 더 이상 하나님을 자신들의 군대의 지도자로 여기지 않았다. 이스라엘은 그분을 주님으로 섬기지 못했다. 그러므로 우월한 앗시리아 군대가 에브라임 성읍들을 휩쓸게 된 것은 이스라엘이 완고하게 불순종했기 때문이다. 앗시리아의 군사적 우월함이 민족을 몰락시킨 원인이 아니다.

칼이 요새화 된 성읍의 거리에서 휘몰아치고 번쩍인다. 강화된 성문은 비스듬히 걸려 있다. 적군들이 돌진하여 신중하게 짠 전투 계획을 발밑에 짓밟는다.

11:7bc 호세아의 논평: 너무 적고 너무 늦다

다섯 번째 행동-반응의 장면은 적군이 접근할 때, 이스라엘의 필사적이며 열광적인 종교 활동을 묘사한다. 어떤 이는 하나님이 그들에게 불만스러워할 수 있다고 깨닫는다.11:7ab 그들은 엘 알이라는 이름으로 그분에게 호소한다.11:7b, 높으신 하나님 분명히 그분의 최고의 권능을 인정하여, 그들은 그분의 호의적인 주목을 끌어야 한다.

하나님은 그들의 마지막 순간의 호소를 거부한다.11:7c 민족은 반란을 일으킨 아들에게 구체화된 심판, 곧 죽음을 맞이할 것이다.신21:18-21 참조

하나님이 불쌍히 여길 것이라는 희망

호세아 11:8-11

사전 검토

호세아서의 반복되는 패턴은 고발–심판–구원이다. 각 주요 단락은 이 개요를 따른다. **어떤 언약 사랑도** 없다는 것이 고발이었다.6:4–7:16 앗시리아의 침략과 정복이 심판 장면에 지배적이다. 이스라엘 사람들은 포로의 행렬로 끌려간다.

호세아는 이스라엘의 시작하는 날들로 거슬러 올라갔다. 이집트와 광야는 그들의 죄와 노예 생활과 동시에 희망을 상징하는 역할을 한다.

하나님의 손자인 에브라임은 그의 언약 주님을 인정하기를 거부한다. 적절한 부모로서의 반응은 훈련일 것이다. 이 경우 바로잡는 행위는 땅에서 추방하여 앗시리아로 끌려가게 하는 형태를 취한다. 이스라엘은 상속권이 박탈당한다. 로–루하마.1:6, 사랑받지–못하다, 불쌍히–여겨지지–않다

부모와 아이라는 틀의 형상은 이전 심판 신탁에서 계속된다.[고발–심판–구원 신탁, p. 386.] 이 형상은 사자의 울부짖음과 이동하는 새의 시각과 더불어, 역사적 배경과 지리적 배경을 채운다. 하지만 이스라엘의 구원에 훨씬 중심이 되는 것은 하나님의 부드러운 마음이다. 이 신탁에서 하나님은 고집스러운 이스라엘에 대한 자신의 번민과 회복하는 사랑을 뻗으려 함을 드러낸다.

개요

거룩한 이의 긍휼, 11:8–9
주님이 돌아오는 길은 인도한다, 11:10–11

주석적 해설

거룩한 이의 긍휼 11:8–9

부모로서 하나님은 또한 언약의 주님이다. 어머니의 긍휼과 아버지의 사랑으로 말미암은 번민은 **어찌…?**에 나타난다. 외침은 때로 기쁨이지만 보통 슬픔의 깊고 강렬한 감정을 드러낸다. 여기서 우리는 이 고집스럽고 반란을 일으키는 아들을 징벌한다는 생각에

흐느끼는 하나님, 사랑으로 뻗은 손길을 떠올려야 한다. 고통이 장면에 널리 퍼져 있다. 이런 고통을 아는 자들은 묘사가 필요 없지만, 다른 이들에게는 말로는 표현할 수가 없다.

8절은 다음과 같이 두 가지 불가능한 일을 표현한다. (1) 하나님은 적들이 마음대로 처리하도록 이스라엘을 적앗시리아에게 넘기는 것을 참을 수 없다.11:8a (2) 하나님은 소돔과 고모라와 함께 소각된 성읍들인, 아드마와 스보임을 처리했듯이 북 왕국을 제거하지 않을 것이다.11:8b; 창14:2; 19:25-29; 신29:23 참조

하나님은 자신의 사랑과 정의 사이에 나뉘는 정신분열이 있는가? 하나님이 다중 인격을 지녀, 그 가운데 한 인격이 징벌을 요구하고 다른 인격이 자비를 요구하는 것인가? 징벌에 대한 언약 약속은 축복의 약속보다 참되지 않은가? 아니다!

이스라엘은 고집 피우며 지속적으로 언약을 파기했다.호6:4-7:16 민족은 하나님의 다시 부르는 심판의 행위에 저항했다.8:1-11:7 이스라엘이 응당 치러야 할 대가는 추방과 파멸이다.레26장; 신28:15-68; 29:19-28 그럼에도 하나님은 "비록 그들이 죄값을 치르고 있더라도, 그들이 원수의 땅에 잡혀 가 있는 동안에, 나는 절대로 그들을 버리지 않겠다. 미워하지도 않고 멸망시키지도 않겠다. 그래서 그들과 세운 나의 언약을 깨뜨리지 않겠다. 내가 주 그들의 하나님이기 때문이다."라고 말씀한다.레26:44 다른 곳에서 이런 특별한 은혜가 하나님의 위대한 사랑과 족장들에 대한 약속 때문에,신7:7-11 또는 신실한 중재 때문에출32-33; 신9:25-29 그들에게 허락된다고 말한다.

본문은 추방의 징벌을 상정한다.호11:10-11 이 징벌은 하나님의 분노를 표현한 것이다.5:10; 8:5 언약 저주를 무한정 쏟아 붓는다면 에브라임은 완전히 사라질 것이다. 레위기 26장과 신명기 30장에서 하나님은 이스라엘이 회개하면 저주를 제거할 것이라고 약속한다. 호세아서에서 주님은 회개를 요구하지만 그들이 회개하지는 않는다. 호세아는 이스라엘의 회복을 하나님이 솔선함을 분명히 한다.

고집스럽고 추방된 백성에게 이렇게 새롭게 솔선하는 것은 하나님이 **마음**을 바꾸고, **불쌍히 여기는** 데서 온다. 하나님의 감정이 인간의 용어로 표현된다. 하나님의 마음을 전달할 다른 수단이 없다.

호세아는 레위기 26장에서 발견되는 동일한 논증을 좇는다. 어떤 상황에서도 불순종은 중죄다. 그럼에도 하나님의 긍휼과 언약에 대한 신실함 때문에 무한정 징벌을 적용하지는 않는다. 약속과 맹세를 불성실하게 다루는 인간과 다르게, 주님은 일관되게 언약 사랑을 유지한다. 정말로 다시 진술된 언약의 본질적인 부분은 하나님의 자기 백성을 회

복할 것이라고, 신명기30:4-10에 기록되어 있다.

우리는 다음 논증을 기대할 수 있다. 북 왕국이 반란을 일으키고 멸망당하더라도, 유다의 생존은 하나님이 신실하다는 사실을 증명한다. 그러나 호세아서에서 하나님은 북 왕국을 단순히 남 왕국과 분리되었다고 해서, 변절자로 다루지 않는다. 그들은 하나님의 백성의 필수 부분으로 남아 있다. 언약의 약속은 동일하게 에브라임과 유다에게 적용된다. 호세아는 결코 유다만을 신실한 남은 자로 묘사하지 않는다.

하나님이 마음을 바꾸는 동기는 하나님의 본성에 있다. 그분은 하나님, **거룩한 이**다. 이사야 12장 6절과 마찬가지로, 여기서는 **거룩한 이**라는 명칭은 구원의 맥락에서 나온다. 가장 자주 이 명칭은 심판을 소개한다. 하나님은 이스라엘을 깨끗하게 할 때 즐거워한다. 이번에 거룩한 하나님은 **분노 가운데 오지 않을 것이다.**새번역, "나는 너희를 위협하러 온 것이 아니다"-역주 인간과 다르게, 하나님의 감정은 진정시킬 시간이 필요 없다. 죄가 제거되면 하나님은 기쁘게 자신의 회복된 백성을 맞이한다.

주님이 돌아오는 길은 인도한다 11:10-11

이 행들은 이스라엘이 돌아오는 것을 묘사하지만, 이 돌아옴은 기쁨 가운데 돌아오는 것은 아니다. 여기 은 15세겔과 약간의 보리와 포도주로 구매되어, 완성의 미래 시간까지 기다리라는 지시를 받은, 고멜이 있다. 이스라엘은 마지못해서 되돌아오고 있으며 아직 감사하며 순종하지는 않는다.호3:2-4

이스라엘 사람들은 하나님이 이 요구를 **사자**의 목소리로 말씀할 때만, 돌아오라는 그분의 요구에 반응한다. 울부짖음으로 말미암아 하나님의 아들들은 **서쪽**바다에서 오게 되는데, 이곳은 그들이 흩어져 있던 지중해 연안과 섬들에 속한다. 그들은 두려움 가운데 떨며 온다.3:5 참조

어떤 사람들은 도피자로서 이집트로 달아났다.왕하25:26; 렘42-44장 참조 그들이 신중하고 쉽게 놀라 도망칠지라도, 그들의 일시적인 피난처에서 돌아온다. 깊은 곳에 내재된 힘으로 신비롭게 정확한 방향으로 이동하는 새 무리와 마찬가지로, 하나님은 그들을 고향으로 되돌아오게 한다. 다른 사람들은 앗시리아 포로로 끌려갔었다. 이들도 역시 놀라고 안정되지 않지만 거룩한 분에 이끌려 돌아온다.

모두가 자기 집의 안전한 곳에 정착한다. 이스라엘의 구원에 대한 어떤 더 깊은 묘사도 없다는 사실은, 이 구원의 행위가 예비적인 성격을 지닌다는 것을 가리킨다.

성서적 맥락에서의 본문

어머니 되신 하나님

하나님—용어는 무한한 존재를 인간의 개념과 경험으로 표현한다. 하나님이 인간의 형태와 특성을 가진다고 묘사하는 것은 의인화한 것이다. 하나님은 말씀하고, 손과 발을 가지며 보좌에 앉는다.

거의 예외 없이 히브리 성서에서 하나님을 가리키는 용어는 남성이다. 하나님은 성인 남성으로 나온다. 이것은 비본질적인 것은 아니지만, 남자와 여자가 동등한 권리를 지니며, 서로 바꿀 수 있거나 포괄적인 역할을 하는 사회에서는, 당황스러운 현상이다. 게다가 남자에게 성적 학대를 당한 여자그리고 남자는 하나님을 남성으로 묘사하면, 하나님에게서 멀어질 수도 있다. 심지어 **아버지**라는 용어는 의도된 위로, 안전과 애정을 전달하기보다는 두려움, 격변과 거리감을 일으킬 수 있다.

하나님은 성을 초월한다. 그러나 불행하게도 히브리어도 영어도 남성 은유가 의도되지 않았을 때 하나님을 가리키는 단수이면서 포괄적인 인칭 대명사는 없다.

호세아서에서, 하나님은 어머니뿐만 아니라, 남편, 연인, 거룩한 이, 지극히 높으신 하나님, 분노하는 부모로 다양하게 묘사된다. 호세아는 우리가 하나님을 오로지 남성으로 묘사하는 것에 대해 도전한다. 어머니의 모습으로 하나님은 광야에서 보내는 여정에서 아기 때부터 자녀를 데려 다녔다. 어머니는 뺨을 아기에게 대고 젖을 먹이려고 가슴을 대며 구부리기도 하여, 애정 깊고 부드럽게 아기와 친밀한 관계를 유지한다.호11:4 호세아서는 하나님을 어머니로 묘사한다.

하나님을 여성으로 묘사하는 것은 또한 이사야서에도 드러난다. 이스라엘의 창조주인 하나님은 아버지와 어머니의 역할을 모두 한다. 즉 아버지로 하나님은 이스라엘을 잉태하게 했으며, 어머니로서 하나님은 이스라엘을 낳았다.사45:10 아이가 어른으로 성장했다. 그는 다른 신들을 숭배하는 가운데 부모로서의 하나님에게 등을 돌렸다. 하나님은 산고로 고통하는 여자의 번민하는 울부짖음으로 불순종하는 이스라엘에게 괴로움을 표현한다.42:14 하나님은 결코 잘못하는 아들, 곧 이스라엘을 잊을 수 없다. 인간 어머니는 자신이 낳은 아이를 잊을 수 있을지라도, 하나님은 백성 이스라엘을 잊을 수 없다.49:15 그러므로 이스라엘에게 하나님이 추방당한 자들을 예루살렘으로 회복하여, 어머니의 위로를 계속할 것이라는 사실을 알린다.66:12 여기서 하나님을 여성으로 묘사하는 것은, "아버지"라는 용어와 형상이 전달할 수 없는 종류와 정도의 유대감, 긍휼 그리고 양육의 깊이를 전달한다.

호세아 11장과 신약

호세아 11장 1절은 출애굽을 거슬러 언급한다. 마태는 호세아의 사고를 예수님에게로 확대했다.[출애굽 전승, p. 400.] 모세는 "내가 너에게 나의 아들을 놓아 보내어 나를 예배하게 하라고 하였건만"이라는 하나님의 요구를 바로에게 제시했다.출4:22-23 출애굽은 하나님이 자기 백성을 구원하는 방식이었다. 출애굽 이후 시내 산에서 언약을 맺기에 이르고, 40년의 광야 경험과 약속의 땅으로의 입성이 이어졌다.[성막, p. 415.]

마태는 예수님을 메시아적인 기대를 성취하는 이로 묘사한다.1:1, 18; 2:4; 16:16; 26:63 마태는 호세아 11장 1절을 예수님의 메시아 역할을 입증하는 증거로, 요셉과 마리아가 이집트에 머문 사건과 연결시킨다.마2:13-15 호세아서에의 말씀은 예언이 아니라 역사적 내러티브다. 마태는 성취를 예언과 연결시키는 랍비적 주해를 사용할지도 모른다. 이 연관성은 **내가 내 아들을 이집트에서 불러냈다**호11:1라는 구절을 역사적으로 이용했을 수 있다. 호세아 본문의 주해적 상관성은 이집트라는 암호 용어로 드러난다.

마태는 예수님이 어떻게 자신의 생애에서 이스라엘이 시내 산에서 하나님과 만나게 된 사건 과정을 다시 추적하는지를 계속 보여준다. 잉태마1:21-23에서부터 십자가형마27:35까지, 예수님은 성서를 성취했다.

한 예로 마태가 예수님의 생애를 해석하는 방법이 얼마나 복잡하고 훌륭한지를 지적할 것이다. 예를 들어 이스라엘이 홍해에서 세례 받듯이,고전10:2 예수님은 "모든 의를 이루려고" 요단 강에서 세례를 받았다.3:15 세례에서 예수님은 하늘의 음성으로 "이는 내가 사랑하는 '호 아가페토스'[ho agapētos] 아들이다. 내가 그를 좋아한다."라고 확인된다.마3:17 유대적 해석은 "사랑하는"이라고 번역된 단어를 독생자라는 개념에 연결시켰다. 70인역은 히브리어 '야히드'yahid독생자를 '아가페토스/세' agapētos/ē로 번역한다.창22:2,12,16; 삿 11:34; 암8:10; 슥12:10; 렘6:26 예수님은 불순종한 이스라엘이 성취하지 못한 것을 성취하면서, 순종하는 아들이다. 히5:8

그 다음에 저자 마태는 이스라엘과 그리스도의 사이의 병행 내용을 구속사의 의도적인 패턴이라고 본다. 이것은 마태가 유대 전통과 조화를 이루고 나사렛 예수님을 메시아로 독특하게 인식하며, 구약 본문을 선택하는 데 영향을 준다.

교회생활에서의 본문

지도자들에 대한 신뢰

헤세드언약의 신실함과 언약 사랑의 정신이 사라질 때, 언약은 거짓으로 행하게 된다. 신뢰가 사라졌을 때, 협약은 오직 폭력이나 사회적 징벌이라는 위협으로만 유지된다.

율법과 규정을 증가시키는 것은 사회적인 성격이든, 경제적인 성격이든, 법적인 성격이든, 종교적인 성격이든 공동체 내에 저하되는 유대감을 강화하는 흔한 방법이다. 법이 증가되면 더 많은 법 집행관과 더 많은 감옥이 필요하다. 관료 스스로 오만함으로 율법을 다루거나, 자신의 주머니를 챙기려고 법에서 모든 빠져나가는 구멍을 이용할 때, 법 자체는 의심스럽게 된다. 오직 인도하는 자들이 공개하며 일관되게 행하고 자기희생을 하여, 공적인 신뢰를 얻는 곳에서만, 신뢰는 쌓여갈 것이다. **종의 지도력**이라는 용어는 이런 지도력의 특성과 양식만을 뜻한다.

예언 심판의 본문 사용하기

명백하게 설교자와 교사는 우리 사회에서 현재 다루는 것보다는 다르게 이스라엘을 다뤘다. 이스라엘에게 다가오는 대재앙에 대해 경고하는 것은 적절했다. 호세아가 메시지를 더 마음에 들게 했다면, 자신의 임무에서 무책임했을 것이다. 교회는 어떻게 이런 평결과 선고의 메시지를 사용할 것인가?

첫째, 우리는 우리 사회와 교회가 비난의 강력한 말씀을 들을 필요가 없다고 여겨서는 안 된다. 죄와 심판의 심각성을 과소평가하는 경향이 있다. 암에 대한 의학적 진단에서, 건강한 표본인 듯한 사람이 갑작스럽게 수술하라는 지시를 받는다. 실제로 수술이 사람의 목숨을 구하는 중대한 단계에 있을 때, 관찰자는 이것을 매정한 행위로 볼지도 모른다. 마찬가지로 사회의 도덕적 암에 대한 분명한 진단은 본질적으로 그 사회를 멸망에서 구하는 불쌍히 여기는 행위다.

무자비한 심판이 시대의 메시지가 아닌 경우에, 이 단어를 긍정적인 비슷한 단어로 바꿀 수 있다. 즉 "이것은 하나님을 기쁘게 한다. 하나님은 위리를 더 깊은 사랑과 신실함으로 초대한다." 청중은 스스로 우리는 이 문제에 대해 하나님 편에 있는가라고 물을 필요가 있다.

이스라엘에 내리는 이런 가혹한 평결은 또한 교회에 보호하는 역할을 할 수 있다. 고린도 교회에 편지할 때, 바울은 이 사건들이 하나님에게 변절하려는 것에 대한 경고로 작용하도록, 미래 세대를 위해 기록됐다고 설명한다.고전10:11 이런 경고가 효과적인지는 교회가 이스라엘과 하나님의 백성을 동일시하는 능력에 달려 있다.

일관된 가치 체계

호세아는 이스라엘의 공적인 생활과 사적인 생활을 지배하는 윤리적인 원리와 이상, 개인적인 관습과 공동체의 관습, 내부자와 외부자의 관계 사이를 구분하지 않는다. 윤리적 가치와 신앙의 사람들의 관습은 모든 삶의 영역에서 일관된다. 모두는 그들의 하나님의 통치를 받아 질서가 잡혀 있다.

이 현실은 우리가 세계 시민과 세계 그리스도인이 되는 것으로 바뀐 것 같다. 그렇다면 우리 자신의 국가와 교파의 유대감은 보편적인 가치와 관심에 종속된다. 이 진리에 대한 함의는 세계 지구촌에 있는 교회에게 혁명적이다.

호세아 11:12-14:8

피고인 이스르엘: 진실함이 없다

개관

말씀들! 말씀들! 말씀들! 진실이라는 주제가 진실을 말하기라는 주제보다 더 광범위하지만, 호세아서의 이 마지막 단위는 발화 행위에서 얻은 증거에 의존하여, 이스라엘에게 불리하게 사건을 강화한다. 다음의 묘사와 가르침을 고려하라. **거짓말**,11:12; 12:1 **심판**,12:2 **간구하였다**,12:4 **말씀하셨다**,12:4 **에브라임의 자랑**,12:8 **예언자들에게 말하였다**,12:10 **에브라임이 말하였다**,13:1 **이스라엘이 말하였다**,13:10 **미련한**,10:13 **아뢰어라**,14:2 **더 이상 말하지 않겠습니다**,14:3 **응답하는 것은 나이다**.14:8 게다가 이 단위는 입, 턱, 입맞춤, 또는 먹기에 대해 많이 언급한다.12:1; 13:2,5,8; 14:2

호세아 11장 12절-14장 8절은 진실과 의로움의 관점에서 에브라임에게 메시지를 전한다. 이전 메시지의 관점인 하나님을 아는 지식4:4-6:3과 언약 사랑6:4-11:11과는 대조적으로, 이 섹션은 어떤 사회 제도의 죄에 모든 관심을 집중시킨다. 즉 상인들12:7과 전체 백성을 일반적으로 언급하는 것을 포함하지만, 고발을 위해 사회 집단이나 제도를 분리하지 않는다. 심지어 지리적인 언급길르앗, 길갈, 사마리아도 선택된 무리보다는 전체 백성을 대상으로 한다.

이스라엘에 대한 고발은, 상징적으로 이스르엘이라고 불리는데,1:4 말로 하는 음모에 국한되지 않는다. 그들의 죄는 또한 공격과 불의의 형태로 이런 음모의 결과로 자체를 표현한다. 그들의 죄는 거짓말,11:12; 12:1 음모,11:12 폭력12:1과 조약 파기12:1로 나타난다.

시장에서 그들의 죄는 부정직한 저울과 속임으로,12:7 그들의 집에서는 은으로 우상을 만드는 것으로,13:2 예배에서는 하나님의 축복의 원천에 감사하기를 거부하는 것으로13:5-6 나타난다. 어떤 관점에서 이스라엘에게 진실이 없다는 사실은 이 섹션의 모든 고발의 말의 핵심에 놓여 있다. 대조적으로 주님은 **신실한 이로**,11:12 족장들에게 한 약속을 이해하는 데 자신의 명성을 건 이로12:5 행동한다. 하나님의 신뢰할 만함과 인내는 이 백성과 적절한 심판 사이에 있다.

균형, 조화 그리고 생생한 형상은 고발11:12-13:6과 심판 섹션13:7-16을 연결한다. 이 최종 고발-심판-구원의 사이클에서 강조점은 회개를 부각시키는 신탁을 알리는 구원으로 옮겨갔다.12:3-4,6

이스르엘의 고발: 진실이 없음

호세아 11:12-12:8

사전 검토

이 신탁의 구조는 하나님을 중심으로 하며 균형을 이루면서, 큰 V자 모양을 닮았다.12:5 각각 뻗은 팔은 고발로 가득하며, 또한 회개의 모범을 보여준다. 이스라엘이스르엘, 1:4이 진정으로 회개하지 않는다면, 하나님의 포옹이 이 죄악의 백성을 짓밟을 것이다.

히브리 저자는 이 예언의 말씀을 여러 방식으로 앗시리아에 연결한다. 첫째, 두 노예로 삼는 민족들이 호세아서 다른 곳에서 병행구로 나올 때, 순서는 먼저 이집트이고 그 다음이 앗시리아다. 여기서 저자는 앗시리아를 주요 지시대상으로 가리키면서, 순서를 바꾼다. 둘째, **동풍**새번역, "열풍"-역주은 앗시리아를 가리킨다. 셋째, 12장 3-4, 7-8절은 이제 반복되면서,창28-31장 야곱의 메소포타미아앗시리아 경험의 바탕을 이루는 도덕적 패턴을 감싼다.

성가신 문제는 유다를 두 번 언급하는 데서 온다.11:12; 12:2 이것이 두 가지 이전 하위섹션 각각에서 나타났기 때문에, 문제는 유다가 언급된다는 사실에 있지 않다. 번역가와 주석가는 둘을 긍정적인 진술로 읽어야 할지, 부정적인 진술로 읽어야 할지, 아니면 첫째는 부정적이며 둘째는 긍정적인 진술로 읽어야 할지 당황스럽다.

개요

거짓말, 속임수, 폭력, 11:12-12:2

야곱, 회개의 모범자인가? 12:3-4

너의 구원자, 나를 기억하는가? 12:5

참된 회개, 12:6

내 손은 깨끗하다. 보라! 12:7-8

주석적 해설

거짓말, 속임수, 폭력 11:12-12:2

대조적으로 유다는 여전히 **신실하다고**같은 어근어 동사 인정받을지라도, **진실이 없음**이라는 단어들은 이 섹션에 나오지 않는다. 개념은 거짓말과 음모라는 더 구체적인 용어로 전달된다. 다른 곳에서 **거짓말을** 가리키는 용어는 수척하고 굶주린 사람을 묘사하는 데 사용된다.욥16:8; 시109:24 형태나 골격이 존재하지만, 본질은 쇠약해졌다. 겉모습과 실재가 상응하지 않는다. **속임수를** 가리키는 용어는 말로 표현된 거짓 진술을 의미한다. 여기서 이 용어는 새로운 요소가 가미된다. **거짓 저울**12:7; 잠11:1 참조은 너무 무겁거나살 때 너무 가벼운팔 때 평형추를 가졌을 것이다. 균형을 맞춘다는 주장과 실재가 일치하지 않는다. 속임수는 진실을 가린다.

하나님은 문자 그대로 이스라엘의 거짓으로 **둘러싸인다**. 진리에 대한 어떤 기준도 사람들의 의식에 남아 있지 않다. 그들은 참된 하나님을 찾기를 거부한다. 상업, 사회 또는 개인생활 어디에서든 모든 쟁점은 자신들에게 얼마나 이익이 되는가에 따라 취급된다. 진리는 이익에 비례하여 존중된다. 그 결과 종교 활동이 부패한 장사와 같아진다. 희생제물은 회개와 용서를 나타내는 것으로 의도됐으나, 죄에 대한 깊은 비애가 덧붙여지지 않는다. 그 다음으로 심지어 예배는 하나님과의 거래 물품이 된다.

필자는 호세아 11장 12b절을 다음과 같이 읽기를 선호한다.

> 유다는 계속 하나님과 함께 통치권을 가지면서,NRSV 해설 참조 그리고 거룩한 이에게 신실하다.새번역, "유다 족속도 신실하고 거룩하신 하나님을 거역하고 있다"-역주

두 논증이 이 번역을 지지한다. 첫째, 히브리어 문법의 미세한 점을 인식하면, 에브라

임과 유다 사이의 대조를 강조하는 것을 알 수 있다. 둘째, 유다를 언급하는 것은 이것을 설명하는 12장 4절과 연결될 필요가 있다. 유다 민족은 족장 야곱과 같다. 분명히 둘 다 과실이 없지 않다. 하지만 그들이 하나님과 씨름할 때, 둘 다 회개와 지속적인 기도에서 우세했다.창32장 이런 점에서 남 왕국과 족장 야곱은 모두 하나님의 백성이 스스로에 대한 진실 그들의 관계에 대한 진실을 접할 때 실현가능한 모습의 모범이 된다.

거룩한 이11:12b새번역 "거룩한 하나님"-역주는 아마도 유다 역사 전반에 흩어져 있는 경건한 본보기일 것이다. 이들은 일반적인 사람,시16:3 왕들,왕상15:5, 14; 22:43 레위인들,민3:12-13; 대상15:11-15; 대하35:3 나실인들암2:11-12이나 예언자들왕하4:9; 천사로서의 "거룩한 이들," 단7-8장 참조일 수 있다. 이 해석은 야곱이라는 본보기를 사용한 것에 들어맞는데, 이 야곱에게서 호세아는 당시 이스라엘을 위한 의미를 도출해내려던 참이었다.

에브라임의 국가 정책과 국제 정책은 속임수로 가득하다. 사회적인 약탈과 거짓말이 불어난다. 이들은 나아가 불신을 키우고, 폭력을 야기하며, 보통 삶을 붕괴시킨다. 절망 가운데 민족은 생존을 주요 목표로 추구한다. 이 목표는 얼마 못 간다. 앗시리아를 대변하는, 사막에서 오는 마른 **동풍**과 마찬가지로, 이것은 오직 불모와 죽음을 가져올 뿐이다.

이스라엘이 앗시리아와 조약을 맺을 때에, 최고의 속임수가 드러난다. 우리에게는 이 구체적인 조약에 대한 기록은 없지만, 이때 당시의 이런 조약의 많은 사본을 얻을 수 있다. 지배 국가인 앗시리아는 의심의 여지없이 관계에 대한 조건을 지우면서 보호를 제안했다. 이스라엘은 조공을 바치기로 동의하는데, 아마도 앗시리아 군대에 파병 부대를 보내고 앗시리아 동맹에 원조를 보내고, 앗시리아의 적은 대항하면서 앗시리아가 주변 지역에서 전쟁할 때에 지원하기로 동의했을 것이다.왕하15:19-20, 29-30; 16:5-18; 17:3-6; 18-19 참조 이스라엘은 또한 만약 조약의 맹세와 조건을 어긴다면 그들과 앗시리아 신들이 사형을 선고할 것이라고 모든 신들에게도 맹세했을 것이다.

이스라엘이 목숨을 위해 앗시리아와 협상하는 순간에, 조용히 이집트와 예비교섭을 하고 있었다.호12:1b 올리브 기름을 보내는 행위는 상업 거래가 아니라 조약을 맺은 것을 묘사한다. 이 예언서의 이스라엘을 치는 공격에 대한 경우는 열왕기하 17장 3-5절에 묘사된 반역일 수 있다. 앗시리아의 왕 살만에셀은 비슷하게 배반당했을 때, 다음과 같이 앗시리아의 이전 왕들이 행했던 대로 반응했다.

그야슈브-아두가 동맹했을 때, 아바드 사원에서 내게 맹세했다…. 게다가 나는 그에게 맹세했다…. 그럼에도, 그는 이제 내 적이 됐으므로, 카므무의 사람을 따르고 있다. 그는 한 왕과 동맹하고 맹세하고, 그 다음으로 그는 그가 동맹한 첫 왕의 적이 되면서 한 왕과 동맹하고 맹세한다. … 그가 전쟁을 위해 움직일 때, 너는 내가 그의 땅에서 하고 있는 모든 일을 들을 것이다.ANET: 628

살만에셀의 복수는 자신에게는 즐겁겠지만, 이스라엘 사람들에게는 씁쓸할 것이다. 삼 년 동안 포위당한 후에, 사마리아는 파멸과 죽음이라는 앗시리아의 무기에 굴복할 것이다.

첫 고발은 하나님이 주님께서 **유다를 심판하시고, 야곱을 그의 행실에 따라 처벌하실 것이다**라고 알리는 것으로 요약된다. 하나님이 이스라엘과 유다를 구분하려 다루는 것은 중요하다. 유다는 아직 징벌을 받을 단계가 아니다. 그럼에도 유다에게 해명하도록 요구한다. 야곱의 행위는 이미 거론됐고 부족한 것으로 드러났다. 북 왕국이 도덕적 타락과 영적 타락에서 미리 압박했다.

야곱, 회개의 모범자인가? 12:3-4

야곱은 이스라엘에서 명성 있는 족장이었다. 북 왕국은 야곱이라는 이름으로 알려졌다.12:2b 게다가 야곱 족장이 자신의 생애를 이 지역에서 많이 보냈기 때문에, 야곱 전승은 베델과 사마리아에 널리 알려졌다.[야곱과 이삭, p. 406.]

호세아는 빠르게 야곱이라는 사람과 그와 동일시되는 민족을 훑어 내려간다. 족장 관련 사건에 대한 역사적 맥락은 창세기 32-33장과 35장 1-15절이다. 야곱의 이야기에서 세 사건이 여기에 두 절로 압축된다.

야곱은 자기 이름, 곧 속이는 자에 걸맞게 살았다. 야곱의 생애에 대한 사건을 열거하여, 그의 삶이 거의 끊임없이 계속되는 속임수의 생애였음을 보여준다. 상징적으로 호세아는 이 구절에서 속임수의 요소를 모으고 있다. **태에서 그는 자기 형제를 속인다**.호12:3, NIV 해설; 창25:21-34 참조

장년기에 야곱은 속임수로 얻고자 했던 축복을 하나님이 허락할 준비가 될 때까지 하나님과 씨름했다.창32:22-32 축복은 깊은 후회와 철저한 회개로 이해되어야만 하는 것을 통해 인정받았다. **그는 울었고 그하나님은 그에게 자비를 베풀었다**.호12:4b 큰 두려움과 고통 가운데 한 야곱의 기도창32:9-12 참고에서 하나님을 기쁘게 하는 회한과 의존의 정신을 엿볼 수 있다.

삶을 바꾸는 이런 회개만이 베델에서와 마찬가지로 하나님을 새롭게 스스로 드러낼 수 있다.창35:1-7 참조 이스라엘이 땅에서 미래에 대한 어떤 희망이라고 갖고자 한다면, 비슷한 회개와 복종이 필요할 것이다. 거짓말, 속임수, 불의 이 모두는 저주와 파멸의 구름을 민족 위에 몰고 온다. 하나님이 그들에게 다시 자비롭게 이야기하고자 한다면, 거짓과 이방 신들과 그들의 우상들이 제거되어야만 한다.창35:2-5 참조

너의 구원자, 나를 기억하는가? 12:5

이 예언의 신탁이 중심으로 하는 기둥은 하나님의 이름의 선언이다. 베델에서 하나님은 야곱에게 자신을 엘 샤다이전능하신 하나님, 창28:3로 드러냈다. 이제 하나님은 자기 이름을 **여호와, 만군군대의 하나님**이라고 선언한다. 하나님이 스스로 이름을 바꾸는 것은, 하나님이 출애굽 사건 이전에 모세에게 계시한 것을 다음과 같이 떠올리게 한다.

> 나는 주여호와다. 나는 아브라함과 이삭과 야곱에게 전능한 하나님엘 샤다이으로는 나타났으나, 그들에게 나의 이름을 주여호와로는 알리지 않았다.출6:2-3

그리하여 두 가지가 변했다. 첫째, **여호와**라는 이름은 이제 하나님의 언약 약속을 성취하는 활동에서 하나님을 대변한다. 호세아 당시의 이스라엘뿐만 아니라, 출애굽의 이스라엘에게 그들의 언약 주님이 메시지를 전하고 있다. 하나님의 위협뿐만 아니라, 약속은 이스라엘의 경험에서 실현되고 있다. 이 하나님은 이스라엘을 돌아오라고 부르는 하나님이다.

둘째, 만군의 하나님이라고 추가적으로 묘사하여, 새로운 상황에서 이스라엘의 민족의 실존을 다룬다. 이 이름은 최소한 이스라엘에게 중요한 두 가지 의미를 전달한다. 하나는 고대 근동의 우주론에서 해, 달, 행성과 별들이 하늘의 주인이었다는 것이다.신4:19; 왕하23:4-5 참조 그들은 빈번하게 예배의 대상이었다. 그러므로 하나님이 자신을 **만군의 하나님**이라고 선언할 때, 그분은 이스라엘의 잘못된 숭배의 대상을 장악하는 자신의 통치권을 알리고 있다. **만군의 여호와**라는 이름은 또한 이 세상 모든 군대를 통제한다는 것을 알린다. 민족이 여전히 회개하지 않는다면, 하나님은 자기 백성을 심판으로 제압하고자 선택하는 군대에 알릴 것이다.

주님은 세상이 돌아가는 중심점이다. 이스라엘은 이해할 것인가? 그들은 먼지와 재 가운데 회개할 것인가?

참된 회개, 12:6

하나님의 회개에 대해 명백하다.

> 하나님의 보호 아래 회개하라,
> 올바른 관계를 회복하라,
> 하나님을 끊임없이 의지하라.

히브리어 어순은 **그러나 너희는**이라는 구절을 강조한다. 하나님에게 돌아가려면 그들은 쌓인 이방 신들을 제거해야 할 필요가 있다. 또한 그들의 언약의 주님과의 친밀함도 회복할 필요가 있다. 이런 근본적인 회개는 종종 자신들의 죄가 얼마나 깊은지, 그리고 죄가 마음과 생각을 얼마나 깊이 사로잡았는지를 이해하는 시간이 걸린다. 이것은 마치 이스라엘이 광야를 통해 다시 시내 산으로 거슬러 가도록 요구되는 것과 같다. 거기서 하나님은 익숙했던 이교사상과 분리된 이스라엘을 다시 사랑으로 안을 것이다. 그리고 이스라엘은 새로운 사랑과 찬양으로 반응할 것이다.호2:14-23 참조

회개와 회복은 밀접하게 연결된다. 진심어린 회개는 단절되거나 왜곡됐던 관계를 회복하는 방향으로 나아간다. 하나님에게 돌아가는 것은 그것과 더불어 백성의 구체적인 반응을 포함한다. 이 반응들은 **언약의 신실함**과 **정의**라는 단어들에서 구체화된다. 이것들은 신앙의 행위들이다.

회개하는 이스라엘의 세 번째 신앙 행위는 하나님에게 의지하는 것이다. 히브리어 단어는 **기다려라!**이다. 역사 전반에서 이스라엘은 자신이 변덕스러웠다고 입증했다. 앗시리아 및 이집트와의 동맹에서 이스라엘의 급변하는 태도는 적절한 사례가 될 것이다. 국가적 차원에서 이스라엘은 사회의 분열과 탐욕이 만연해 있다. 권력과 힘이 가장 큰 목소리를 낸다. 약자들은 목소리를 내지 못한다. 하나님이 자기 백성을 위해 가진 계획과 얼마나 다른가!출21-23장

하나님만을 계속해서 기다려라!새번역, "너희 하나님에게만 희망을 두고 살아라"-역주 그들의 신앙은 시간을 두고 시험을 거쳐야만 발전할 것이다. 이 점에 대해서는, 그들은 하나님을 온전히 신뢰하도록 확고히 하는 데 그렇게 오래 지속하지 못했다.

내 손은 깨끗하다. 보라! 12:7-8

고발에 대한 마무리는 대칭을 이루면서, 불의와 오만함이라는 두 가지 죄에 집중한다.

불의는 경제적인 속임수와 압제의 형태를 띤다. 이전 고발의 **속임수**11:12a는 문학적으로 비슷한 형상의 이 단락에서 더 온전한 형태를 띠게 된다.12:7[문학적 유형, p. 409.] 사회를 분열시키는 죄의 종류는 속이는 추와 정직하지 못한 저울이다. 실제로 사기 치는 사람들은 명예의 상징이 됐다. 과도하게 가격을 매기기, 적게 거슬러 주기, 낮은 품질의 상품, 부당한 이자율, 대출에 대한 담보권 행사, 이 모두는 **압제**로 알려진 죄의 범주에 들어맞는다. 그리고 민족은 압제를 적법한 것으로 받아들이는 법을 배웠다. 경제 제도는 그로 말미암은 혜택으로 정당화되고, 유효하게 된다. 탐욕이라는 죄는 이스라엘의 오만함으로 가중된다.12:8

게다가 경제 제도는 공격적인 사업가에게는 상당한 성과를 낸다. 자체의 증거에서도 우리는 이스라엘이 자신의 부를 열심히 일한 대가로 여긴다는 사실을 알게 된다. 진술들은 이스라엘의 상태에 대해 다음과 같이 설명한다. **아, 내가 정말 부자가 되었구나. 이제는 한 밑천 톡톡히 잡았다. 모두 내가 피땀을 흘려서 모은 재산이니, 누가 나더러 부정으로 재산을 모았다고** 말하겠는가!12:8

이스라엘은 앞을 다투어 부요함이라는 속임수의 구렁텅이에 빠졌다. 땅의 보상이 하나님에게 왔다는 사실을 감사하지 않고, 이스라엘은 좋은 수확과 풍요로운 양떼와 소떼에 대한 공을 가로챘다. 하나님은 이런 곡해를 예상하고 백성에게 유혹에 대해 경고했었다. 신8:10-18 참조 하지만 그런 경고마저도 충분하지 않다. 게다가 백성은 부자에게 유리한 정의뿐만 아니라 거래와 상업의 제도를 고안했다.암2:6-8; 5:10-15; 8:4-6 참조 불평등, 부당한 노동법, 가난한 자에 대한 불균형적인 과세, 강자가 운영하는 정의 제도, 이 모두는 보통 사람을 차별하고 압제자를 옹호한다.

아마도 그들은 진심으로 자랑할 것이다. 그들은 자신들이 말하고 있는 것을 믿는다. 사회 구조는 너무나 압제와 불의가 가득하여, 외부자나 하나님의 회의에 참여한 자만이 불평등의 특성과 범위를 인식할지 모른다. 그들은 법적인 것과 도덕적인 것을 혼동한다. 그들의 눈은 가난에 눈이 멀었다. 국가의 주장과 정책으로 말미암아 그들의 귀는 압제당하는 자의 목소리를 듣지 못한다.

어떤 진실도 없다!는 민족에 내리는 날카로운 고발이다. 하지만 하나님은 여전히 자비 가운데 손을 내밀고 있다.

이스르엘에 대한 심판: 진실함이 없다

호세아 12:9-13:16

사전 검토

이전 고발 메시지는 사회 구조와 정치, 관습을 다뤘다. 이제 하나님은 주로 제의의 이탈에 대해 심판의 위협을 전한다. 여기에는 이전 신탁에서는 두드러지게 나타났던 회개에 대해 전혀 호소하지 않는다. 희망에 대한 한 마디12:9가 에브라임이스라엘, 이스라엘 1:4에 대한 심판의 흐름을 깬다.

첫 심판 신탁의 교차대구적 구조12:9-13:8는 노예 된 백성을 이집트에서 인도하여 낸 하나님의 특별한 구원에 주목한다.[문학적 유형, p. 409.; 고발-심판-구원 신탁, p. 386.] 중심에는 호세아의 손가락이 이스라엘이 전적으로 하나님의 은혜를 오해하고 거짓 진술하고 있음을 가리킨다. 에브라임에게 은혜 가운데 허락된 특권과 지위는 당연한 것으로 여겨졌다.

둘째 심판 신탁은 이스라엘이 자신의 재판관에게서 피난한, 어두운 지하세계로 우리를 데려간다. 하나님은 자신이 우가릿 문헌에서 심지어 가나안의 풍요의 신도 정복하는, 바다, 죽음과 하데스를 포함해서 모든 신들보다 우월하다고 증명한다.13:9-16[가나안의 풍요 신화, p. 391.]

개요

한 번 더 이집트에서, 그러나 거꾸로, 12:9-13:8

12:9-10	하나님: 좋았던 옛 날들
12:11-13	호세아: 어디에서 … 를 기억하는가?
12:14	호세아: 완전 청산
13:1-3	호세아: 그들은 송아지에 입맞추는가!…?
13:4-8	하나님: 내게 너에 대한 기억을 새롭게 하라

심지어 지옥에서도 아니다! 13:9-16

13:9-11	하나님: 나는 너를 벌주는 자이다. 이스라엘아
13:12-13	호세아: 죄를 자만하는 태아

| 13:14 | 하나님: 숨을 곳이 없다 |
| 13:15-16 | 호세아: 벗겨지고 배가 갈라진다 |

주석적 해설

한 번 더 이집트에서, 그러나 거꾸로 12:9-13:8

12:9-10 하나님: 좋았던 옛 날들

출애굽은 하나님의 구원의 최고의 행위다.[출애굽 전승, p. 400.] 그러나 여기서 출애굽은 하나님의 구원의 모범이라기보다는 역사적 준거점 역할을 한다. 히브리어는 **나는 이집트 땅에서 온 여호와 너희 하나님이다**라고 읽는다. 어떤 번역NIV와 같은은 이 본문이 흔히 전해 내려오는 말을 줄인 것이라는 가정에서, **너를 인도하여 낸**이라는 표현을 추가한다. 그러나 이집트는 여기서 새로운 시작의 준거점 역할을 한다. 이런 새로움이 민족을 특성지어야 한다. 지정된 절기들, 아마도 유월절을 매년 지키는 것은 이 새로운 시작을 기념하는 것이다. 실제로 미래에 대한 하나님의 약속, 곧 이 신탁에서 단 한 마디의 희망은 이 신혼여행 경험으로 돌아가는 것으로 상징된다. 그들이 광야에서 경험했던 신뢰로 돌아갈 때, 회복이 일어날 것이다.[성막, p. 415.]

이스라엘이 신뢰할 때, 그들은 하나님이 예언의 전령들을 통해 인도함에 의지하는 법을 배웠다.12:10 메시지는 말씀, 환상 또는 비유비교: 민12:6-8 참조로 오면서, 모두가 동일하게 분명한 것은 아닐 것이다. 그럼에도 메시지는 길을 가며 민족에게 방향을 제시했다. 복수의 예언자들이 출애굽과 광야 사건 자체를 넘어 방향을 가리킨다. 예언자들은 율법 문제뿐만 아니라, 우림과 둠밈으로 제시되는 단순히 긍정이나 부정으로는 답할 수 없는 사안에서 지침을 제공하면서, 하나님의 특별한 도구였다.민27:21; 신18:9-22; 33:8 북 왕국은 대제사장의 우림과 둠밈을 소유하지 않았으므로, 그들은 더욱 예언의 말씀에 의존했다.

북 왕국의 예언 전승은 더욱 예언자의 축복과 희망이라는 확신보다는 고발과 비난으로 구성된다. 엘리야와 엘리사의 삶과 사역은 북 이스라엘 왕들이 하나님의 예언자들에 대해 가지는, 상반되는 태도와 심지어 적대적인 태도를 잘 보여준다. 아합이 엘리야에게 "그대가 바로 이스라엘을 괴롭히는 자요?"왕상18:17라고 불렀을 때, 예언자에 대한 전통적인 감정을 잘 요약해준다. 유다 사람 아모스가 하나님의 말씀을 전하려고 북으로 갔을 때, 그 역시 거부당했다.암7:12-13

12:11-14 호세아: 어디에서…를 기억하는가?

두 예언 단위12:11-14; 13:1-3는 이 단락의 중심을 구성한다. 두 단위 모두 이스라엘의 예배를 비판한다. 하나님이 3인칭그으로 언급되기 때문에, 둘 다 호세아에게서 나온다. 첫 단위가 주님을 예배하는 성소에서 예배하는 부적절함을 다룬다는 점에서, 두 단위는 다르다. 둘째 단위는 듣는 사람의 관심을 바알 예배의 중심지로 돌리고 있다.

첫 단위12:11-14; 히12:12-15는 매우 어렵다. 아마도 호세아의 기교가 현대 주해가에게는 어려움을 야기하는 것 같다. 호세아는 다음과 같이 단어들과 소리의 반복을 즐긴다.

길아드gil' ad—바길갈bagilgal—케갈림kegallim	길르앗—길갈에서—더미처럼
지베후zibehu—미즈베호탐mizbehotam	그들이 제물로 바치다—그들의 제단
사다이saday—세데śedeh	밭이랑—아랍의들
베이샤be' iššah—베이샤be' iššah	아내를 얻으려고—아내를 얻으려고
샤마르šamar—니쉬마르nišmar	그가 돌보았다/ 머물렀다
	—그가 돌보아졌다/보호받다
베나비benabi' —베나비benabi'	예언자에 의해—예언자에 의해
헤엘라he 'elah—알라이브 'alayw	여호와께서 이끌어 내시고—그에게

예배가 이 본문 단위에 지배적이다. 하나님의 경륜에서 예언적 종교 모범은 이스라엘이 희생제물과 절기로 대변되는 제의에 집착하는 것과는 크게 대조된다. 제의에 대해 집중하여도 이스라엘을 하나님에 대한 진리로 인도하지 못했다. 민족이 생존하고자 한다면, 모세를 통한 안내로 돌아가야만 한다.

두 지리적 중심지는 요단 강 양 측에 위치한 이스라엘 전체를 대변한다. 길르앗에 대한 언급12:11은 해석의 맥락이 없다. 호세아서에서 **악**죄악이라는 단어는 우상숭배의 의미를 지닌다.10:8; 삼상15:23; 사41:29; 66:3 참조 이스라엘의 종교적 곡해는 그들이 예배하는 신을 닮은 백성을 만들었다. 그들은 **공허하고, 실체가 없으며, 효과가 없으며, 무가치하고 쓸모없게 됐다.**

길갈은 북 왕국을 위한 여호와 예배의 주요 중심지였다.호4:15; 9:15 해설 참조 형상은 시간, 역사, 그리고 자연의 힘을 합친다. 길갈은 **돌더미처럼** 될 것이다. 수세기에 걸친 바람과 물의 작용이 성읍을 평평하게 하여, 미래 농부들은 거리, 집, 제단이 한때 있었던 땅에서 일하게 될 것이다. 쟁기가 돌무더기를 파낼 때 휘청거릴 것이다. 길갈의 제단은 심지어 나중 세대들에게도 골칫거리가 됐다.

호세아 12장 13-14절은 인간의 진실하지 못함과 음모의 본보기인 야곱과 하나님의 대변인이자 종으로서의 모세의 본보기를 대조시킨다. 야곱은 아람새번역, "메소포타미아"-역주의 들NRSV: 땅에서 안전을 추구했다. 창세기 29장은 야곱이 어떻게 두 아내 레아와 라헬을 얻으려고 14년 동안 종살이를 했는지를 기록한다. 저자는 매우 즐겁게 야곱의 아내들이 라반의 가정 신들을 어떻게 가져왔는지를 설명한다.창31:33-34; 35:2-4 야곱은 자기 아버지를 속이고 도주했을지라도, 결국 자발적으로 종이 되고 이방 신들의 영향을 받게 되었다.

모세를 예언자로 언급하는 것은 모세의 권위 있는 가르침을 강조할 뿐만 아니라,신18:9-22 모세가 하나님과 친밀하다는 것을 강조한다.호12:13; 민12:6-8 참조 **예언자 한 사람을 시키셔서 그들을 지켜 주셨다**라는 결론을 맺는 행은 모세가 광야에서 인도한, 분명하고 방향을 제시하고 보호하는 지도력을 명백하게 가리킨다. 이 행은 또한 이스라엘이 금송아지를 만들어 예배하여 불순종한 것에 대해 하나님의 심판에서 살려두도록 하는 모세의 중재를 가리킬 수 있다.출32-33장 호세아는 북 왕국이 돌아올 수 있도록 여지를 남겨두지만, 오직 회개와 순종이라는 두 가지 조건에서만 그렇게 한다.

13:4 호세아: 완전 청산

공허하며 우상 숭배하는 예배는 하나님의 영을 성가시게 하고 **몹시 노엽게** 한다.호12:14 다른 신들을 섬겼다고 이스라엘에게 하나님이 분노하는 것을 묘사하는 이 동사는 종종 신명기와 열왕기에 나온다.신4:25; 삿2:12; 왕상22:53; 왕하17:11 참조 주님은 단순히 예배 형태와 양식에서 벗어난 데 관심을 두는 것이 아니다. 하나님은 에브라임의 마음에서 밀려났다. 이에 대해 심판이 그들에게 내릴 것이다.암3:2; 갈6:7 참조

징벌을 자세히 이야기할 필요는 없다. 완전히 청산한다고 아는 걸로 충분하다. 이스라엘의 왜곡된 예배는 두 가지 암으로 자란다. 첫째는 백성과 사회에 대한 **폭력**범죄, 문자 그대로, 피이다. 죽임을 당한 자의 피와 압제당한 자의 울부짖음이 하나님 앞에 모인다. 주민들은 땅에서 이 죄를 깨끗이 해야만 한다. 이스라엘은 동일한 방식인 폭력으로 대가를 치르게 것이다.

왜곡된 예배는 둘째 암을 야기한다. 하나님의 명성을 더럽히는, 의도적인 조롱이나 행동을 통해서든 아니든, 하나님의 이름은 민족들 앞에서 훼손됐다.겔36:20-23 참조 하나님은 스스로 변호할 것이다. 에브라임은 수치와 불명예라는 상응하는 징벌을 당해야만 한

다. 하나님의 명예가 위태롭다. 결국 민족들은 이스라엘이 마땅히 치러야 할 대가를 받고 있다고 인정하게 될 것이다.

13:1-3 호세아: 그들은 송아지에 입맞추는가!…?

호세아는 이교의 예배 중심지를 공격하려고 숨을 죽이고 주위를 돈다. 이 중심지는 명백하게 사마리아에 있는 바알에게 바치는 산당과 바알 사원을 포함한다.왕상16:32 참조 호세아는 이스라엘의 과거, 현재, 미래를 민족 앞에 슬쩍 보여준다. 이 예언 단위는 에브라임의 성대한 시작에 대한 갈채로 시작한다.호13:1a 그러나 그 이후 그들의 삶은 모두가 내리막길이었다.13:1b-2 대재앙이 수평선을 뒤덮는다.13:3

호세아 13장 1-2절은 가장 큰 북부 지파인 에브라임을 언급하여, 이스라엘의 쇠퇴를 추적한다. 창세기에서 요셉 이야기는 에브라임을 후손들이 나중에 한 지파로 발전할 가장 어린 식구로 묘사한다.창48장 족장 사회에서 권위는 주로 출생 순서에 달려 있다. 막내는 가장 적을 것으로 기대해야 한다. 그러나 하나님은 자주 장자의 타고난 권리를 무시했다. 즉 아브라함, 이삭, 야곱, 유다, 에브라임, 모세, 사울 및 다윗은 장자가 아니었다. 그러므로 이스라엘에서 에브라임의 역할을 언급하는 것은 민족에게 통치하는 주님이 자기 백성을 선택하고 인도하고 있다는 것을 상기시킨다.

민족의 탄생에 이어, 에브라임 지파는 곧 지도자의 역할로 자신을 확립했다. 에브라임 지파는 인정받은 권위로 말했다. 모세의 계승자인 여호수아는 첫 번째이자 가장 위대한 군사 지도자였다.민13:8,16 에브라임의 다음 인정받는 지도자는 여로보암 1세였는데,왕상11:26 그는 다윗 가문에 대항하여 반란을 이끌었고 자신들의 종교를 수정하여 왕국의 분열을 강화했다.

에브라임의 점차 악화되는 모습은 다음과 같이 무덤의 묘비와 같다. **그는 바알 신을 섬겨 죄를 짓고 말았으므로, 이제 망하고 말았다.**호13:1b

묘비명 같은 용어는 두 가지 요소를 부각시킨다. 지파의 쇠퇴와 북 왕국의 쇠퇴의 중심적인 요인은 바알 숭배였다. 이것이 주요 범죄였다. **그는 망하고 말았다**라는 표현은 바알 숭배를 언약의 위반으로 주목한다. 윙가드Wijngaards는 죽고 죽이는 용어가 어떻게 언약 위반으로 말미암은 심판을 묘사하는 데 기여하는지를 보여줬다. 에브라임의 죽음은 민족이 모세 언약의 저주를 받은 것으로 명시된다. 여로보암 1세는 왕 위에 오를 때, 하나님이 그에게 부과한 조건을 위반했기 때문에, 이 죽음의 징벌이 북 왕국에게 내렸다.왕상11:37-39; 12:25-33; 13:33-34

현재는 그들이 행동에 어떤 변화도 없다는 것을 보여준다. 그들의 산당에 쌓인 민족의 죄는 산더미 같은 비율로 증가했다. **그들은 거듭 죄를 짓고 있다**라는 구절은 그들이 계속 하나님을 찾아 방랑하고 있지만 끊임없이 잘못된 길을 선택했다는 것을 의미한다. 그들은 계속 반복했으며, 되돌릴 수 없는 상습적인 일에 빠져들었다. 이 죄의 구체적인 형태는 다음 행에서 자세히 설명된다.

이스라엘이 하나님에게서 돌아서서 옳은 길을 잃었다는 것은 우상을 만드는 일에서도 표현한다. 민족은 자신들이 만든 것에 의존한다. 그들의 능숙한 공예가들은 은을 신상으로 만들고자 가장 진보한 기술을 사용한다. 신들은 가장 좋은 것을 받을 자격이 있다!

주님의 어떤 예배자들이 하는 조롱은 다음과 같이 그들의 죄를 생생한 색채로 포착한다.

사람을 희생제물을 바치는 자들,
그들은 송아지 신상에 입맞춘다.

하나님은 희생제물에 대한 동물, 사랑하고 보호할 백성을 의도했다.아이 희생제물에 대해 호5:7 해설 참조 우상숭배는 민족을 삐뚤어지게 했다. 그들은 가치에 대한 의식을 상실했다. 단과 베델에 있는 송아지 신상은 인간의 손으로 만든 산물이다. 하지만 이 백성들은 너무나 타락하여 피조물을 숭배한다는 어리석음도 심지어 깨닫지 못한다.[수송아지, p. 390.] 조롱은 창조 기사에 너무나도 강력하게 묘사된, 동물을 다스리라는 인간의 소명에 대한 왜곡을 해설하는 역할을 한다.

그러므로13:3는 독자가 미래 심판에 주목하도록 한다. 이전 예언 단위에서,12:10-14 백성은 실체가 없다고 묘사됐다. 여기서 그들의 일시적이며 공허한 실존은 다음과 같이 네 장면을 차지한다.

아침 안개
이른 새벽에 사라지는 이슬
타작마당에서 바람에 날려 나가는 쭉정이
굴뚝에서 나오는 연기

각 비유는 실제적이지만 무상하고, 일 년의 4계절과 관련된 무언가를 가리킨다. 이처럼 그들은 계속되는 상태에 대해 말한다. 심판을 미리 보여주면서, 계곡의 안개에서, 땅에 놓이지만 여름 태양에 증발하는 이슬로, 가을의 마른 쭉정이로, 그리고 마지막으로 실내 겨울 화로로 진행된다. 하나님은 윤택하게 수확하게 하는 보이지 않는 이로서, 물질의 형상 없이 존재한다. 거짓된 신들과 나무, 동과 은으로 만든 우상, 이 모두는 실체가 없으며 텅 비었다. 자연을 넘어 하나님을 신뢰하는 자들은 우상이 전혀 필요 없다. 그들은 삶의 경험에서 자신들의 하나님이 실재라는 증거를 가지고 있다. 이집트에서 민족을 구원하는 것은 하나님을 신뢰하는 자들이 옳음을 증명하는 것이다.

13:4-8 하나님: 내게 너에 대한 기억을 새롭게 하라

주님은 스스로를 이스라엘의 어두운 생활과 분명하게 대조시킨다. 호세아 12장 9절에서와 마찬가지로, 하나님이 구원자와 보호자로서 스스로 규정하는 것은, 이스라엘이 이집트를 떠날 때부터 자신이 이스라엘의 하나님이었음을 강조한다. 사사와 왕조 시대의 이야기에서 보여주듯이, 긴 역사에서 이스라엘은 결코 다른 어떤 신에게서 구원받은 적이 없다. 삿6; 8:33-35; 10:1-16; 삼하7장; 왕상17-19장; 왕하18-19장 참조

모세는 모든 좋은 것들을 자신들의 손이 만든 산물로 주장하는 것에 대해 백성들에게 경고했다. 13:6; 신8:10-20 참조 하나님을 잊는 것으로 이어지는 패턴렘3:21 참조는 다음과 같이 두 본문에서 동일하다.

좋은 것들에 만족함
교만: 내 힘과 내 손이 주님을 잊는 이 부를 만들었다.

이 역시 큰 거짓말에 해당한다. 곧 번영은 안전, 건강, 여가를 보장해주는 것이 아니다. 유일하게 사용가능한 해독제는 번영을 제거하고, 사람들을 다시 하나님을 의지하게 만드는 것이다. 거짓은 더 깊은 심판을 통해 드러날 것이다.

언약의 주님에 의한 심판은 종종 육식동물의 공격에 비유된다. 호13:7-8; Hillers: 54-56 이스라엘의 근거가 되는 언약 문서는 역시 이런 식으로 불순종을 다루겠다고 위협한다. 레26:22; 신32:24 굶주린 짐승과 치명적인 독사는 저주 받은 땅을 상징하게 된다. 모든 주민을 한 번에 제거하여, 사람들이 거주하지 않는 땅을 동물들에게 넘겨주게 될 것이다. 신7:22 이렇게 위협에 노출되는 것은 저주가 될 것이며, 자기 백성을 위한 하나님의 계획과는 반대될 것이다. 하나님의 백성은 동물을 두려워하기보다는 다스리도록 의도됐다.

이처럼 다가올 심판을 하나님이 맹렬하게 공격하는 것으로 묘사할 때, 호세아는 이것을 언약 저주로 소개하고 있다.

이스라엘이 공격하는 적을 또 다른 하나님의 종으로 해석하지 않도록, 주님은 미리 이것을 자신이 하고 있다고 설명한다. 이스라엘 사람들은 그럼에도 또 다른 형태의 거짓에 탐닉하지 않아야 할 것이다. 역사 전반에서 그들은 하나님의 선물을 오해했다. 하나님은 자신이 선물들을 철회하고 이어질 심판의 약탈을 허락한다는 것을 이스라엘에게 분명히 알게 할 것이다.

심지어 지옥에서도 아니다! 13:9-16

13:9-11 하나님: 나는 너를 벌주는 자이다. 이스라엘아

하나님의 의도에 대한 진술이 이 신탁의 머리말로 나온다.13:9 이스라엘은 민족의 자살을 향해 돌진하고 있다. **몰락**NRSV: 내가 너를 멸망시킬 것이다을 가리키는 히브리어 단어는 아름답거나 강하거나 실용적이거나 도덕적인 무언가를 취해서 그것을 비틀어 추하거나 약하거나 쓸모없거나 타락하게 하는 행위를 묘사한다. 이 단어는 민족 생존의 종말을 가리키지만, 또한 우리 생각을 하나님이 자기 백성을 부른 목적으로 향하게 한다. 하나님은 민족을 "모든 민족 가운데서 나의 보물"출19:5-6이 되고, 하나님의 길로 행하라고 불렀다. 그러나 백성은 이 길에서 벗어나 방랑했다.

이스라엘은 진리, 거룩함, 공동체 그리고 안전으로 인도할 명령을 거부한다. 그들의 국제 정책뿐만 아니라 내적인 삶은 타락했다. 이 타락과 그 효과의 두 가지 본보기가 이어진다.호13:10-13

이스라엘의 왕은 민족의 희망에 대한 주요 상징이 됐다. 몇 가지 조심스럽게 선택된 행에서 하나님은 북 왕국의 왕조 가운데 유감스러운 역사를 드러낸다. 민족은 하나님이 선택한 지도자들사사들에 의존하여 불안정하게 된 것을 원망했다. 그래서 사무엘 아래에서 그들은 "다른 민족들과 같이" 왕을 요구했다.삼상8장; 12장 이런 지도자는 자신들의 전투를 싸우고, 백성을 위해 안전을 보장할 수 있을 것이다.삼상8:20 참조 이런 면에서 그들의 요구는 왕으로서의 하나님을 거부한 것이었다.

그럼에도 군주제는 은혜로운 선물로, 믿음이 없는 백성에게 허용한 것이었다. 일단 세워졌으므로, 백성과 왕이 하나님에게 순종하기만 하면 지속될 것이다.삼상12:14-15 불순종으로 말미암아 하나님의 손길은 자기 백성을 치게 될 것이다. 특히 북 왕국에서의 군주제의 역사는 하나의 긴 퇴보의 역사였다. 명백하게 이 예언이 전달되는 시기에 이스라엘의 왕은 암살되거나 폐위됐다. **너의 왕이 지금 어디에 있느냐?** 왕을 제거하는 것은 하나님이 인간의 재원을 신뢰하는 것이 쓸모없다는 것을 보여주는 방식이었다. 이것은 민족이 맞섰던 이의 행위였다.

13:12-13 호세아: 죄를 자만하는 태아

군주제의 문제에서 에브라임의 죄는 오래된 죄였다. **모았다**와 **보관했다**라는 단어들호 13:12은 신중하게 모아지고 보존된 죄의 꾸러미로 가득한 거대한 저장실을 표시한다. 이스라엘의 국가 저장고는 실패의 역사를 포함한다. 잇따른 왕들은 하나님에 대항한 죄를 추가했다. 하나님은 이스라엘이 자신의 영광으로 간주한 것을 이스라엘의 수치라고 선언한다. 이렇게 심각하게 변형된 태아는 결코 하나님의 구원의 날이 비출 빛을 보지 못할 것이다.

위기출생, 13:13의 시기가 오면, 민족은 회개하고 하나님을 새롭게 의지할 적절한 단계를 밟을 수 없다. 백성과 그들의 지도자들은 길을 바꿀 수 없다. 달이 꽉 찼어도 이 아이는 태에 계속 머물게 된다. 희망은 사라졌다.

13:14 하나님: 숨을 곳이 없다

이 구절의 대칭은 예술적으로 묘사되지만, 그 의미는 분명하지 않다. 히브리어를 단순하게 읽는다면, NIV 번역 형태가 될 것이다. 맥락이 심판이라는 점에서 모호하다. 그래서 다음과 같은 긍정적인 진술은 적절해 보이지 않는다.

> 내가 그들을 스올의 권세에서 속량하며
> 내가 그들을 사망에서 구속하겠다.

이런 문맥과의 불일치는 다음과 같이 이 절의 마무리하는 행에서도 커진다.

> 내게 동정심 같은 것은 없다.

두 가지 가능한 해결책이 있다.

불일치를 해결하는 가장 간단한 방법은 먼저 두 행을 질문으로 읽는 것이다.NRSV 이것을 알리는 문맥이나 문법적인 실마리는 없을지라도, 히브리어에서 이 읽기가 가능하다.

수사적 질문은 "물론 아니다."라는 대답을 의미한다. 심판은 확실하다. 이렇게 늦은 시기와 이렇게 심각한 상황에서의 구원은 불가능하다. 그렇다면 이어지는 것은 신실하지 못한 이스라엘에게 내릴 파멸의 무기를 가져오도록 죽음모트과 스올무덤에게 요청하는 것이다. 이 해석에서, 죽음과 스올은 하나님의 백성을 심판하는 하나님의 대행자이다.

그러나 선호되는 해석은 **모트**죽음와 **스올**무덤, 만족할 줄 모르는 괴물이 가나안 신을 묘사한다고 보는 것이다.[가나안의 풍요 신화, p. 391.] 스올은 때로 구약에서 모트와 문학적인 병행구로 사용된다.삼상2:6; 욥17:13-16; 시49:14; 잠1:12; 아8:6; 사28:15, 18 참조 바알 신화에서 모트와 바알은 삶과 죽음의 전투에 참여한다. 모트는 바알을 죽이고, 지하세계무덤로 끌고 간다.

호세아 13장 14절에서 **모트**죽음과 **스올**무덤이 사람들을 잡아먹는 괴물을 언급하는 것이라면, 이 절은 하나님의 권능이 모든 어둠의 세력을 장악한다고 주장하고 있다. 그 어떤 것도 심지어 가나안의 신, 모트-스올도 이스라엘의 미래를 통제할 수 없다.[여호와-바알의 갈등, p. 417.] 모트-스올의 무기재앙과 파멸는 하나님의 권능에 맞서 효과가 없다. 이스라엘을 스올에서 구속할 주님의 능력을 신뢰하는 시편기자와 다르게,시16:10; 49:14-15; 86:13 호세아의 메시지는 비참한 위협이 된다. 하나님 자신은 심판을 내리려고, 죽음-스올이 요구하는 자들을 **구속**하거나 **구원**할 것이다! 심지어 죽은 자들의 장소도 불순종한 이스라엘에게 피난처가 되지 못한다.암9:2 참조 이 문제에서 아모스와 호세아는 한 목소리로 말한다. 심판 신탁의 나머지회13:14e-16는 이 심판의 특성을 묘사한다.

13:14e-16 호세아: 벗겨지고 배가 갈라진다

하나님이 이스라엘을 격렬하게 공격하는 이유는 너희가 내게, 곧 너를 돕는 이, 네 **하나님**에게 반항하였기 때문이다.13:16a 반란은 한 번의 행위가 아니다. 동사 '마라' marah는 부모 또는 하나님의 충고나 가르침에 반항하여 입장을 고수하면서, 지속적으로 고집 부리는 것을 가리킨다. 이스라엘은 이런 반항, 곧 그들이 하나님의 길이라고 아는 것을 따르기를 완고하게 거부하는 태도에 대한 오랜 역사를 가졌다.

심판의 심각성은 시작하는 행에서 묘사된다. 축어적으로 번역하면 다음과 같다.

슬픔회개, 긍휼은 내 눈에서 피했다.13:14e

이 지점에서 이스라엘이 할 수 있는 어떤 것도 심판의 확고함을 되돌릴 수 없으며, 심판의 심각성도 줄일 수 없다.

용서를 넘어 희망?
호세아 14:1-8

사전 검토

이 구원 신탁은 두 부분으로 구성된다.[고발-심판-구원 신탁, p. 386.] 첫째 부분 14:1-3은 호세아가 어떻게 자신들의 죄를 다룰 것인지에 대해 이스라엘에게 하는 충고가 나온다. 둘째 부분14:4-8은 주님의 회복하는 사랑을 묘사한다. 본문은 이전 심판과의 연관성을 자세히 설명하지 않는다. **내게 동정심 같은 것은 없다**13:14e는 너무나 결정적이어서 우리는 구원이 심판을 방지하거나 대체하는 것이 아니라, 심판에 이어진다고 여겨야만 한다. 우리는 이렇게 이해하고서 진행할 것이다. 앗시리아의 광풍이 이스라엘을 자각하도록 하였다.

개요

호세아의 조언, 14:1-3

14:1-2a	돌아오라!
14:2b-3	"나는 죄를 지었으니 제발 용서하소서"로 시작하라

의사-구혼자가 말한다, 14:4-7

14:4-5a	나는 고칠 것이다, 나는 그녀를 사랑할 것이다
14:5b-7	그녀는 더할 나위 없이 아름답다

이스라엘을 위한 하나님의 원고, 14:8

14:8a	나를 나로 받아들여라
14:8b-d	아플 때나 건강할 때

주석적 해설

개요는 본문의 복잡한 전개와 대칭의 일부를 정확히 담아낸다. 호세아는 다른 곳에서 세 자녀의 이름과 의미와 연결된 다양한 층들을 함께 묶는다. 그는 또한 이 결론짓는 예언의 교차대구에서 구원을 원래 상태로 되돌려 놓는다.[문학적 유형, p. 409.]

호세아의 조언 14:1-3

14:1-2a 돌아오라!

구원은 하나님의 주권적 행위다. 죄가 있다면 회개를 요구한다. 하나님의 회복하는 사역은 경험상으로 인간의 반란과 회개, 고백 및 용서의 실패와 만난다.

회개를 가리키는 흔한 히브리어 용어는 **돌아서다** 또는 **돌아오다**이다.14:1a, 2a 개념은 사람이 행하는 길로서의 믿음의 삶이라는 기본적인 형상에 뿌리를 둔다. 이것은 삶의 과정, 하나님 및 사람과의 관계의 패턴을 나타낸다. 하나님의 백성이 "다른 신들을 좇아 행하거나" "길에서 돌아설" 때, 하나님에게 **돌아오는** 것이 요구된다.

호세아는 이스라엘에게 조건 없이 행하라고 조언한다.14:1 그들은 **완전히 주님에게 돌아와야 한다**.신4:30; 30:2; 암4:6, 8-10; 욜2:12 참조 부분적인 회개는 충분하지 않을 것이다. 제한적으로 돌아온 것이 이스라엘의 역사의 특징이었다. 엘리야와 바알 예언자들 사이의 갈등에서든, 예후 왕의 무리한 개혁에서든, 이스라엘의 **회개**는 피상적이거나 선택적이었다. 그렇다. 예후는 이스라엘 가운데 바알 숭배를 파괴했지만, 베델과 단에 있는 금송아지를 제거하지 못했다.왕하10:28-29 그는 끊임없이 민족을 우상숭배를 이끄는 유혹을 끊지 못했다. 가장 깊게 중대한 죄는 건드리지 않은 채 남아 있었다. 이것들이 백성이 **거꾸러지는** 장애물이었다.호14:1

14:2b-3 "나는 죄를 지었으니 제발 용서하소서"로 시작하라

호세아는 민족에게 자신의 영적인 상태에 대한 진실을 고백하라고 요구한다.14:2b-3; 렘3:25 참조

이스라엘의 삶은 거짓이었다. 그들의 삶은 속임수, 거짓 약속, 언약 파기, 자신들 사이에서의 부정직 그리고 하나님의 가르침에 대한 의도적인 위반의 역사다.호11:12-13:16

심지어 주님에 대한 그들의 사고방식도 뒤틀렸다. 그들이 충분하게 황소를 제물로 바치면, 그들은 하나님이 기뻐할 것이라고 생각한다. 이것은 바알 숭배에서는 사실일지 모르지만, 이스라엘의 하나님의 방법은 담아내지 못했다.

호세아는 더 많은 소를 희생제물로 바치라는 것이 아니다. 구원은 이스라엘이 얼굴을 돌려 하나님에게 진리를 말하는 것에 달려 있다. 하나님이 바라는 세부 내용은 다음과 같이 두 가지 긍정적인 진술과 세 가지 부정적인 진술로 설명된다.

> 용서하여 주십시오
> 받아 주십시오
> 그러면 호소하지 않겠습니다
> 앗시리아에게
> 군마를 의지하지도
> 우상에게도
> 고아를 가엾게 여기시는 분은 주님밖에

이스라엘의 몰락은 그들의 죄와 성실하지 못하거나 피상적인 회개 때문이었다.14:1 회개에 대한 긍정적인 진술은 문제의 분석과 상응한다. 주님은 그들이 돌아올 대상이어야만 한다. 그들의 삶은 다시 주님에게 방향을 설정할 필요가 있다. 과거에 신속하게 "우리가 저질렀을지도 모르는 죄에 대해 우리를 용서하소서, 주님"이라고 말하는 것은 더 종합적이고 더 구체적이 되어야만 한다.

그들의 죄에 대한 고백은 더욱 종합적이 됐다. 고백은 강력하게 히브리어 어순을 통해 그들의 전체 죄악NRSV: 모든 범죄을 강조한다. 거꾸러뜨리는 근원이었던 모든 것은 용서가 필요하다. 오직 선, 곧 적극적이며 의식적인 선만이 그것을 대체할 수 있다. 악을 피하는 것으로는 충분하지 않다. 선이 시내 산에서 이스라엘에 오고, 예언 전통을 통해 온 대로, 이스라엘은 하나님의 가르침을 되돌아봄으로써 선을 안다.

많은 희생제물과 대조적으로, 이 고백은 하나님에게 신실함을 약속하는데, 이 신실함은 입술로 대변되는 수송아지라고 묘사된다.히.; NRSV: 우리 입술의 열매[소의 형상, p. 389.] 이런 새로운 충성의 맹세는 언약의 주님에게 새로운 사랑과 헌신을 위한 접속점이 된다. 말들은 이해와 헌신을 표현한다. 이스라엘 사람들은 진심 어리며 깊은 고백을 동물로 바꾸었다. 그들이 하나님에게로 돌아올 때, 그 신앙은 겸손하게 자신들의 참된 상태를 인정하는 데서 그 자체를 보여줄 것이다. 호세아는 이제 이스라엘에게 이런 진심 어린 고백에 합당한 말을 선택하라고 재촉한다.14:3 이스라엘은 새롭게 맹세할 것이다. 곧 이 맹세는 그들의 입술이 약속한 바를 바침으로써 지키는 맹세가 될 것이다.

이스라엘 사람들은 자신의 부적절함, 오만함 그리고 하나님에게서 독립하려는 갈망을 고백해야 한다.14:3a 세상의 가장 위대한 나라인 앗시리아가 자신들을 구원할 수 없다고 말한다면, 그들은 하나님의 목적이 인간의 수단을 통해 낮의 빛을 보지 못할 것이라고 받아들인 것이다. 앗시리아의 조약에 대한 보증도 이스라엘의 말기병도 민족을 위한 하나님의 계획을 성취하지 못할 것이다.

이 고백은 또한 이스라엘에 자신의 딜레마의 특성을 오해했다고 인정하는 것을 포함한다. 이스라엘은 다른 민족들과의 갈등에 있는 게 자신의 가장 절박한 문제라고 생각했다. 실제 문제는 호세아가 확인한다. 곧 그들은 하나님을 무시하고, 언약에서 이탈하며, 주님에 대항하여 죄를 짓고 있다.

이스라엘은 또한 **우리 손으로 만들어 놓은** 모든 우상을 거부하기로 약속해야 한다.14:3b **우리 신들**이라는 구절14:3b, 히.은 아론과 여로보암 1세의 죄를 떠올리게 한다. 둘은 수송아지를 "이스라엘아! 이 신이 너희를 이집트 땅에서 이끌어 낸 너희의 신이다." 출32:8; 왕상12:28라고 확인했다. 백성은 이교 사상 및 그들 주변의 다신론과 완전히 결별할 필요가 있다.

호세아 14장 3절의 결론짓는 행은 당황스럽게 한다. 어떤 논리의 고리가 하나님의 고아를 긍휼히 여기는 마음을, 어떤 다른 신들도 두지 말라는 둘째 명령을 지키는 약속과 연결시키는가? 연관성은 이스라엘의 죄가 너무 크고 그로 말미암은 징벌이 너무 심각하여, 불쌍히 여기는 하나님만이 돌아와 그들을 다시 받을 것이라는 인식에서 올 수도 있다. 그렇다면 이 긍휼의 범위는 정의를 위해 부르짖는 외로운 고아의 목소리에 하나님이 얼마나 민감한가에 따라 명료해진다.

필자는 훨씬 매력적인 읽기를 찾았다. 때로 히브리어 관계사 절은 문장에서 다른 요소 때문에 분리될 수도 있다. 우리가 여기서 이 문법 구성으로 읽는다면, 본문은 **우리 손으로 만든 우상에 우리는 결코 다시는 "고아가 긍휼을 경험할 우리 하나님"이라고 말하지 않을 것이다**라고 번역될 것이다. 이스라엘 사람들은 하나님을 나타내는 우상에 의지할 때, 우상을 소외되고 연약한 자들의 주님이라고 불러왔다. 정직한 고백은 이것이 얼마나 어리석은지를 인정하게 된다. 그러므로 호세아는 회개하는 자들에게 **얼마나 바보스럽고, 우리의 악한 방식이 얼마나 삐뚤었는가! 우리는 우리 손으로 만든 신이 압제자를 몰아내고 이들의 희생자들에게 구원을 베풀 권능과 권위를 지닌다고 상상할 수 있겠는가!**를 인정하라고 촉구한다.

의사─구혼자가 말한다 14:4-7

회복에 대한 이 약속의 용어와 형상은 적절하게 자연에서 가져 온다. 이스라엘이 위안을 찾은 풍요의 제의 때문에 이것은 적절하다. 또한 자연의 용어는 이상, 곧 에덴 동산과 약속의 땅의 용어이기 때문에 적합하다. 두 이상적인 것이 회복의 이 그림에 있다.[여호와─바알의 갈등, p. 417.]

14:4-5a 나는 고칠 것이다, 나는 그녀를 사랑할 것이다

이스라엘의 회개는 자체로 추방에서의 회복을 가져올 수 없다. 인간의 회개가 하나님에게 강요할 수 없다. 마음을 걷잡을 수 없는 죄를 범한 백성을 치유하고 회복하는 행위는 주님의 변함없는 사랑에 뿌리를 둔다. 이 행위는 죄를 범한 이스라엘에게 그들의 언약의 주님이 한 약속으로 온다.신30:1-10 참조 하나님만이 이스라엘의 미래에 최종적인 발언을 한다.

호세아서에서, 치유는 징계 및 훈련과 연결된다. 죄를 범한 민족이 주님의 훈련을 받게 됐다. 이 신체적인 치유는 자녀들을 바로잡는 징벌호11:3 참조과 민족을 위협하는 사자의 먹이가 되게 하는 형상5:13-6:1 참조으로 호세아서에 나온다.5:13-6:1 참조

용서는 선물이다. 즉 받을 자격이 없는 사람들에게 온다. 이스라엘은 하나님이 그들을 회복하여 그들의 회개에 반응해야만 한다는 인상을 받지 않도록, 하나님은 그들의 회개조차도 은혜의 선물이라고 지적한다. 즉 **기꺼이 그들을 사랑하겠다**라고 한다. 죄의 파괴를 막는 치유는 하나님에게서 온다. 이 치유는 하나님의 회복하는 사랑 '라함' [raḥam,], 자비, 14:3에서 온다.

이스라엘의 불충을 묘사하는 데 사용된 히브리어 단어는 메슈바mešubah인데, 이는 자신들의 언약의 주님에게서 돌아섬을 의미한다.11:7 참조 이스라엘이 거듭 하나님에게서 벗어나더라도, 하나님의 회복하는 사랑은 누그러들기를 거부한다.

두 단어가 호세아서에서 사랑을 가리키는 데 사용됐다. 처음에 하나님은 **로─루하마**라는 이름으로 이스라엘을 거부했다.1:6-7 참조 이것은 **긍휼, 회복하는 사랑**을 가리킨다. 호세아가 고멜과 재혼하라는 메시지를 받았을 때,3:1 고멜을 사랑하라는 지시를 받는다. 사랑을 가리키는 단어는 언약 관계의 토대를 묘사한다.신4:37; 5:10; 6:5; 7:9,13 참조 이 단어는 선택의 사랑, 곧 의지에 의한 행동을 나타낸다. 하나님은 자기 백성을 자신에게로 회복하고자 그들을 사랑하기로 선택한다.호14:4 이 사랑은 어떤 경계도 없다. 이 사랑은 자신들의 언약의 주님을 거부하는 자들이 마땅히 받아야 할 하나님의 진노를 대체한다.

하나님은 이스라엘의 생명의 근원이다. **이슬**은 신비스럽게도 폭풍 신, 바알이 내린다고 생각했던 비와 다르게 맑은 하늘에서 나타난다. 하나님은 명백한 무無에서 이스라엘의 필요를 공급할 수 있다.

그렇다면 여기에 민족이 그렇게도 갈망하며 추구했던 풍요의 근원이 있다. 그들은 풍요를 찾고자, 끊임없이 바알을 의지했다. 그들은 주님의 추수를 바알의 탓으로 여기고 있었다. 이제 그들은 하나님이 자주 그들을 심판했던 방법인 수확을 허락하지 않았던 일들뿐만 아니라, 자신들의 번영에 대한 진리를 인식하게 될 것이다.

14:5b-7 그녀는 더할 나위 없이 아름답다

에브라임은 하나님이 심었다. 주어가 바뀌어, 독자는 회복된 백성 안에서의 새로운 삶이 지니는 세 측면, 곧 백성의 활력, 아름다움 그리고 보상을 주목하게 된다.

나리꽃은 습기가 있는 토양에서 자란다. 하나님은 나리꽃을 **싹이 트게 하고, 숲 바닥의 모든 곳에 자라게 하는** 이슬이다. NRSV: 꽃피다 이런 식으로 하나님은 추방된 이스라엘에 생명을 회복할 것이다. 정한 시간이 되면 민족은 소생될 것이다. 눈에는 보이지 않고 죽은 듯하나, 실제로는 주님이 물주기를 기다리며 동면한 상태다.

호세아 9장 16절에서, 이스라엘은 뿌리가 마른 포도넝쿨로 비유된다. 넝쿨은 시들고, 열매는 마른다. 다가올 구원은 이스라엘이 견고하게 하고 양분을 얻도록 토양 깊이 뿌리를 내리는, 레바논의 백향목이라고 묘사한다. 결코 다시는 이런 심판이 이 백성에게 내리지 않을 것이다.

이스라엘의 화려함은 백성이 땅에 돌아올 때 회복될 것이다. 연결된 세 절이 이스라엘의 위엄을 묘사한다. 각 절은 활력이 넘치고 우아한 계획의 아름다움을 묘사한다. 이스라엘은 자주 포도원이나 포도넝쿨로 묘사된다. 시80:8-18; 사5장; 렘2:21; 12:10; 겔19:10-14 참조 매년 싹에서 새롭게 자라는 넝쿨과 마찬가지로, 이스라엘의 **새로운 성장이 싹틀 것이다.** 히브리인들의 식물 분류에서 넝쿨은 나무로 간주됐다. 삿9장; 겔15,17장 다시 세워진 민족은 또한 올리브 나무와 비교된다. 올리브 나무는 주요 식품기름을 제공하며, 매우 생산성이 높으며, 매력적으로 연중 푸르고, 기근이 길어지는 시기에도 생존할 수 있다. 이스라엘이 비교되는 세 번째 나무는 향기 나는 레바논의 백향목이다. 백향목의 유쾌한 향기는 몸과 마음을 상쾌하게 한다. 이 백향목은 구경꾼을 자신의 아름다움으로 감싼다.

왜 나무에 비유하는가? 첫째 자연의 형상은 농산물을 넘어 자주 바알 숭배와 연관된다. 이스라엘을 묘사하는, 이 구절의 모든 나무레바논의 백향목, 잣나무, 올리브 나무는 항상 푸른 잣나무와 마찬가지로, **연중 내내 잎을 간직한다.**호14:8 이것은 항구적인 회복에 대한 생각을 강화한다.

둘째, 나무 형상은 또한 바알의 부적절함을 주목하게 한다. 바알은 계절의 신으로, 그의 능력은 연중 강우량과 물 공급에 따라 변한다. 주님은 그렇지 않으며,14:8 그의 백성도 그렇지 않다.14:5-7

셋째, 하나님이 이스라엘의 풍성함에 관심을 가질 때, 모든 피조물의 풍성함도 포함한다. 모든 살아 있는 것은 그 생명을 하나님에게서 얻는다. 바알에게서 풍요가 온다는 가정에 몰두하여, 모든 피조물의 주님, 하나님에게서 관심을 돌렸었다. 바알 사상은 곡식, 가축 그리고 인간의 제한된 세계에 초점을 두었다.[여호와-바알의 갈등, p. 417.] 함께 축복받은 창조 질서의 나머지는 어디에 있는가?창1:11-13 더 큰 세계가 하나님의 영역에 속하며, 또한 하나님의 은혜의 대상이기도 하다. 아브라함에게 한 약속은 전 세계에 대한 축복의 말씀을 포함한다. 이스라엘이 포로 됨에서 회복할 때, 하나님은 이 기대를 성취하려고 의도한다.

호세아 14장 7절히14:8의 번역과 해석은 다음과 같이 히브리어 문법과 어휘의 **다섯 가지 특징**에 달려 있다.

> 내 그늘 밑에 사는 자들은 돌아올 것이다.
> 그들은 곡식으로 활기를 띠게 될 것이다.
> 그들은 포도나무처럼 꽃이 피고,
> 그의 명성은 레바논의 포도주과 같이 될 것이다.

마지막 문장을 제외하고 주어들은 복수다. 모두가 이전에 언급된 나무 그늘에 사는 백성 무리를 가리킨다. 시작한 동사, **그들이 돌아올 것이다**는 종종 번역에서 어려움을 주기 때문에 필사자의 실수로 간주된다. 본문을 바꾸기보다 우리는 이 문자 그대로의 번역과 대안의 해석을 제시한다.

그늘은 편안함을 나타낸다. 중동의 뜨거운 열기에서 그늘은 생명 자체를 나타낼 수도 있다. 그늘은 종종 생존에 필수적이다.욘4장; 시36:7; 121:5 참조 따라서 하나님 자신은 그늘, 곧 타는 듯한 해에서 보호하는 원천과 동일시된다.시121:5 여기서 확장하여 하나님은 이스라엘의 압제당하는 자를 위한 그늘로 묘사될 수 있다.시17:8; 57:1; 91:1; 시25:4-5 이 개념은 정치적인 무대에까지 뻗는다.

강력한 왕이나 나라가 정치적으로 강력하지 않은 왕이나 나라와 연합할 때, 강력하지 않는 왕이나 나라는 우월한 자의 그늘에 산다고 말한다.사30:1-3 실제로 에스겔은 호세아보다 150년 후에 예언하면서, 지상의 모든 민족들에게 그늘이 되는 레바논의 백향목앗시리아이라는 형상을 사용한다.31:6 앗시리아의 교만 때문에 하나님은 "민족들 가운데 그 그늘에서 살았던 자들, 곧 그 동맹국들"31:17새번역, "살아 생전에 그 나무의 그늘 밑에서 살다가 스올로 들어온 자들"-역주에 합류시켜 앗시리아를 멸망시킨다.31:7-16 게다가 민족에게 정치적 경제적 피난민들의 귀환을 요구하는 동맹이 없다면, 이 피난민들은 그들이 안전을 찾는 보호하는 왕이나 나라의 그늘 아래에 온다고 묘사된다.겔31:6-7; 사16:1-3

그늘이라는 개념을 언약 영역에까지 이렇게 확장하는 것은 본문에 잘 들어맞는다. 북왕국의 추방 이전에 이스라엘의 그늘에 살았던 자들은 이방인들이었다. 그들은 정치적으로도 종교적으로도 다른 나라에서 피신한 피난민들이다. 이스라엘의 법은 이런 사람들을 보호했다.민15:13-16; 신1:16 그 이상으로 이스라엘은 그들에게 왔던 거류민들을 사랑해야 했는데,신10:18-19 하나님이 그들을 사랑하기 때문이다. 피난민들은 하나님의 백성과 언약의 보호 아래 왔기 때문에, 이스라엘은 암묵적으로 그들을 외국에 추방하지 않아야 한다.

이 이방인들은 호세아가 **그의 그늘 밑에 사는 자들이 돌아올 것이다**라고 언급하는 것에서 의도한 자들이다. 그들은 하나님의 보호 아래 왔다. 그들은 이스라엘의 하나님에게 영광을 돌리러 왔다. 이스라엘이 추방당했을 때, 그들의 보호의 근원은 사라졌다. 그래서 주님이 자기 백성에게 내리는 심판은 훨씬 더 큰 무리의 백성들, 곧 하나님을 섬기고 예배하러 온 이방인들에게도 깊은 영향을 미쳤다.

이스라엘이 가나안 땅으로 회복된 것은 주님을 섬기고자 하는 이방인들에게 안식처가 될 것이다. 이런 백성의 무리는 이스라엘의 풍요라고 묘사된다. **그들은 곡식을 나타내고 기능하면서, 소생하고 회복될 것이다.**호14:7b 이스라엘과 마찬가지로 **포도나무처럼 꽃이 필** 이들은 바로 이 비 이스라엘의 무리다.

이런 회심자들이 하나님의 회복된 백성에 은혜롭게 속하게 되는 결과로, 이스라엘의 명성은 세상에서 두드러질 것이다. 이스라엘은 레바논의 뛰어난 포도주보다 더 풍요로운 향기를 지니게 될 것이다. 이 풍요로움은 비 이스라엘 백성의 영적인 풍요로움을 포함한다.

이스라엘을 위한 하나님의 원고 14:8

이스라엘은 "우리가 지은 죄를 용서하여 주십시오. 우리는 주님과 관계없이 멋대로 행동했습니다. 우리는 우리 손으로 지은 신처럼 주님을 섬겼습니다. 용서하여 주십시오, 주님" 14:2-3이라고 요청했다.

응답은 다음과 같이 용서를 구하는 이스라엘의 고백과 호소의 세 부분과는 반대 순서로 온다.

이스라엘의 호소	하나님의 반응
(A) 회복	(C') 하나님은 자신을 우상과 연관 짓지 않는다.
(B) 독립	(B') 하나님은 자신의 보호를 약속한다.
(C) 우상숭배	(A') 하나님은 이스라엘에게 지속적으로 공급안전과 풍요하다고 확신시킨다.

14:8a 나를 나로 받아들여라

이 절의 히브리어는 하나 이상의 해석이 가능하다. 다른 해석은 시작하는 행에서 야기된다. 우리는 어떻게 하나님이 에브라임에게 부르짖는 것과 이어지는 내용의 관계를 이해해야 하는가? NIV는 첫 진술너로서 언급되는과 이어지는 진술그로서 언급되는을 분리했다. 여기서 제안한 대안은 다음과 같이 NRSV와 비슷하게 읽는다. "**오 에브라임이여, 나는 결코 다시 우상과의 비교를 받아들이지 않을 것이다.**"라고 나는 응답한다.

에브라임에게 하는 하나님의 말씀은 번역할 수 없는 히브리어 관용구를 사용한다. 이 관용구는 주님과 우상 사이의 어떤 왕래도 강하게 부정하는 것을 나타낸다. 하나님은 어떤 경쟁자도 허용하지 않는다. 우상숭배는 근절될 필요가 있다. 이스라엘이 이 현실을 이해하고 받아들일 때까지, 추방이라는 훈련을 계속 받을 것이다. 최종적으로 회복된 이스라엘은 우상숭배에 대해 고쳐질 것이다.3:4 참조 이스라엘의 하나님을 아는 지식으로 말미암아 우상숭배는 최종적으로 이스라엘에게 가장 싫어하는 것이 될 것이다. 이스라엘고멜은 온전히 결혼의 친밀함을 즐길 만큼 회복될 것이다.3:5 참조

14:8b 아플 때나 건강할 때

나는 신중하게 그를 주목한다.NRSV: 주님을 찾는다; NIV: 그를 좋아한다 이것은 이스라엘에게 그들이 하나님의 시야에서 사라지지 않았다는 것을 상기시킨다. **신중하게 주목하다라**

고 번역된 동사는 **어디에서도 주의하다**라는 생각을 포함하지 않지만, 여전히 추방된 자들에게 위로의 원천이 된다. 하나님은 자기 얼굴을 돌리지 않았다. 하나님은 회개의 징후를 찾고 있다. 즉 자기 백성이 말한 말들을 성취하면서, 그들이 돌아오기를 계속 기다린다.14:2b-3 하나님의 회복하는 사랑루하마은 인내하고 기다리면서 확고하다.

하나님은 **항상 푸른 잣나무**인가? 얼마나 이상한 은유인가! 아니면 아마도 이것은 그렇게 이상하지는 않다. 나무는 상록수로, 심지어 바알이 죽을 때에도, 이스라엘에게 하나님의 생명을 주는 힘이 존재한다는 것을 상기시킨다. 모든 열매는 주님에게서 발견된다. 이스라엘은 다른 이들을 위한 축복의 근원으로서, 오직 하나님만을 의지할 수 있다. 모든 다른 자원은 세상에서의 이스라엘의 유력함을 무효로 하고 공허하게 할 것이다. 바알 숭배도 우상숭배의 어떤 형태도 하나님이 아브라함에게 한 약속을 성취할 목적에 기여하지 않을 것이다. 그러므로 하나님의 백성의 정체성과 목적은 하나님만이 그들에게 유일한 공급자라는 것을 인정하고 감사하는 데서 온다.

분명히 이스라엘의 초점은 너무 협소했고, 그들의 시각은 너무 근시안적이었다. 하나님은 자기 백성을 회복할 때, 그들에게 하나님의 통치와 그들의 소명이라는 새로운 차원을 열어줄 것이다. 하나님의 구속 사역은 이스라엘의 죄를 다루는 것 이상을 하게 된다. 이 구속 사역은 하나님의 원래 계획과 조화를 이루어, 새로운 미래까지 열어준다.

회복된 에브라임은 아브라함의 축복이 민족들에게 임하는 수단이 될 것이다.

호세아 14:9

에필로그: 지혜로운 자들에게 하는 말씀

사전 검토

이 말씀들은 이스라엘을 회복된 진실로 초대하면서, 셋째 구원 신탁에 대한 마무리하는 논평으로 읽을 수 있다. 그렇다면 결론은 거울처럼 시작하는 말씀과 일치할 것이다.14:1-2a

특징적인 이 지혜의 격언은 시편 107편 42-43절과 비교할 만하며, 더욱 포괄적인 범위를 가지는 것 같다. 이 지혜의 격언은 두 가지 잠언으로 구성된다. 두 번의 질문과 응답의 형식으로, 첫째 잠언은 독자들에게 자신들의 현재 곤경을 이해하도록 촉구한다. 둘째 잠언은 사람들이 주님의 길에서 행하느냐 아니면 넘어지는가에 따라, 지혜로운 자와 어리석은 자를 구분한다.

개요

지혜로운 자의 길, 14:9a-d
어리석은 자의 넘어짐, 14:9e

주석적 해설

지혜로운 자의 길 14:9a-d

에필로그는 독자들에게 처음 구두로 북 왕국에 전달된 메시지 모음집에 어떻게 반응해야 하는지에 대해 결론짓는 충고를 제시한다. 우리가 주장하기를, 이 원래 독자들은 유다 사람들이지만, 충고는 다른 시기와 장소의 독자들에게도 역시 적용된다.

이전에 이스라엘은 **지혜가 없는 아이**로 묘사됐다.호13:13 이제 호세아는 하나님의 말씀의 의미뿐만 아니라, 하나님의 행동이 함축하는 바를 이해할 수 있는 어른으로서 독자들에게 호소한다. 지혜와 명철, 지식은 하나님의 구원이라는 비밀을 여는 열쇠로 사람들에게 추천한다. 이스라엘은 하나님의 경고를 이해하고 경계하는 데 실패했거나 거부했다. 분명히 지혜는 유다를 다른 길로 인도할 것이다!

누가 지혜로운 자인가? 누가 이해하는가? 라는 질문은 직접적으로 답을 주지 않았다. 하지만 어떤 이스라엘 사람도 이 친숙한 표현을 들으면, **주님을 경외하는 자가 곧 지혜로운 사람이며, 악을 차단하는 자가 명철이 있는 자**라고 본능적으로 답할 것이다.욥28:28; 시34:7-14; 잠9:10 참조

어리석은 자의 넘어짐 14:9e

이 예언의 모음집은 두 사람이 결혼하여 함께 삶을 사는 것으로 시작했는데, 이 결혼은 갈등과 별거로 이어지고, 나중이 되어서야 화해하고 회복하는 결혼이었다. 어리석은 이스라엘은 하나님에게서 멀어졌다.

호세아서는 여정에 있는 두 사람에 대한 짤막한 묘사로 끝난다. 의로운 사람은 생명으로 이어지는 길에서 확신 가운데 걸으며, 죄인, 의도적인 위반자는 넘어지고, 자신이 계획한 길로 여정을 간다.

에필로그는 우리에게 다음 질문을 남긴다. 독자는 호세아서의 메시지를 파악하고 사용할 것인가, 아니면 돌아설 것인가?

성서적 맥락에서의 본문

진실

어근에서 '에무나'emunah라는 단어는 같은 어근어와 함께, **안정감, 신뢰성 및 진리**에 대해 말한다. 이 단어는 관계가 진행되고 세워지는 토대를 규정한다. 신뢰가 깨지면, 의

심이 모든 말, 행동 및 관계에 스며든다. 신뢰가 확립되고 유지되면, 관계는 열리고 변화하기를 거부하는 현상이 줄어들고 정의가 실현된다. 호세아는 '에메트' emet가 "정의와 공의에 대해 필수적"TDOT, 1:313이라고 지적한다.

'에메트' 진실와 동일한 어근에서 나온 어근어들은 특히 예배 표현시편과 지혜서욥기, 잠언, 다니엘에 자주 나온다. 호세아 11장 12절-14장 9절에서, 정의, 법적 고발, 지혜, 주님의 길이라는 지혜 용어는 지배적이지는 않을지라도 현저하게 나온다.

진실의 관점에서 민족을 비판하는 것은 진실의 특성을 분석하기보다는 진실이 없다고 지적함으로써 진행된다. 속이는 자 야곱의 개인적인 이야기만이 이와 관련하여 하나님이 민족에게 바라는 것의 본보기가 되는 데 기여한다. 이 본보기는 과거 진리에서 스스로를 보호하는 데 헌신했던 자들에게도 일어날 수 있는 일을 부각시킨다.

이스라엘은 자신들의 하나님을 닮지 않았다. 피상적이며 일시적인 것의 형상이 '에메트' 진실와 분명하게 대조를 이룬다. 사람들은 바람을 먹고 살며 동풍새번역, "열풍"-역주을 좇는다. 사람들은 기억력이 짧고,13:6 끊임없이 흔들린다.13:9-10 이스라엘은 무익하고,12:11 어리석음으로 가득하며,13:13 심지어 자신들을 돕는 자의 손길에서 돌아선다13:9 그들의 맹목적인 죄악에서, 허풍을 떨고 거만하게 자랑한다.12:8; 13:6 이스라엘은 치명적인 인격의 약점을 가지고 있는데, 그것은 이 백성에게 진실이 없다는 것이다.

그 결과는 민족의 죄와 일치하는 홍수 같은 하나님의 진노다. 적절히 그들은 **아침 안개, 새벽 이슬, 쭉정이 또는 연기와 같을 것이다.**13:3 그들 모두는 안전을 위해, 그들의 조약, 부, 희생제물, 많은 우상들 그리고 자녀들을 의존하는데, 이 모두는 하나님이 축복을 철회하고 **사막에서 동풍**을 몰고 올 때 사라질 것이다.13:15 이 뜨거운 동풍은 문자 그대로 뿐만 아니라, 비유적으로도 죽음의 대행자다. 뜨거워진 들녘은 동쪽에서 닥쳐오는 민족에 의해 더욱 황폐하게 될 것이다. 앗시리아는 약탈하고, 파괴하고 죽이러 올 것이다.

하나님은 회개에 얽매이는가?

아니다! 우리가 하는 회개는 하나님이 우리를 향하도록 강요하지 못한다. 회개가 우리 죄를 분해하거나 지우지 못한다. 회개는 죄인이 죄에 대해 후회한다는 것과 미래에는 다른 길을 계획하겠다고는 결심을 표현할 뿐이다. 회개는 태도와 의도를 나타내는 징후다. 사람들은 거의 죄의 깊이와 인간의 마음의 속임을 측정하지 못한다.렘17:9 그래서 회개는 죄의 온전한 범위 또는 악한 특성을 다룰 수 없다.

그럼에도 하나님은 우리 죄를 용서한다. 용서는 하나님이 우리에게서 우리 죄의 결과를 제거하는, 하나님의 선물이다.시103:7-14 궁극적으로 하나님은 스스로 우리 불순종과 악을 감당하여 우리 죄를 제거했다. 이것이 이스라엘이 예언의 선언에서 보고,호14:4-8; 대하7:14 참조 메시아에 대한 약속에서 기대했던사53장 메시아에 대한 그림이다.

이스라엘은 여전히 불순종의 상태에 있다. 그럼에도 심판이 오기 전에 하나님은 민족에게 자신이 그들을 받아들이며 회복할 것이라고 확신시킨다.호14:4 하나님으로 스스로 솔선하여 우리에게 의무를 진다. 하나님은 자신의 아들이라는 선물을 통해 인류에게 스스로를 구속시키는데, 자신의 아들에게서 하나님은 약속을 성취한다.요1:29

민족들에 대한 축복

아브라함에게 한 약속은 심지어 이스라엘이 실패한 때에도 본래대로 유지됐다. 아브라함의 이름이 축복에 사용되고, 그의 후손들이 민족들에게 축복의 근원이 될 것이다.창12:1-3 하나님의 백성이 신앙의 이방인들을 통합할 것이라는 약속과 희망은 히브리 성서를 관통한다. 1장 10절-2장 1절에 암묵적으로 간주될지라도, 여기서만 약속과 희망이 나온다.14:7 이 주제는 아모스서9:11-12에서 다윗에게 한 약속의 성취로 발견되며, 이사야서45:14; 49:6에서 기대되는 새 언약과 관련하여 발견된다. 신약의 신앙 공동체는 예수 그리스도를 따르는 자들 가운데 이것을 인식했다. 하나님이 언약을 새롭게 맺은 자로서의 메시아를 알아보는 모두는 새로운 공동체로 통합됐다.사45장; 49:6; 마26:26-29; 고전11:25 참조

루하마: 회복하는 사랑

'라함' rah am은 **회복하는 사랑**으로 읽어야 한다고 호세아 1장 6절 아래 해설에서 논거를 들었었다. 히브리 성서에서 이 단어는피엘과 푸알 형태로 일정하게 심판 아래 있는 자에게 생명을 연장하는 자비를 가리킨다.애 3:32; 사14:1; 렘33:26; 슥10:6 참조 회복하는 사랑은 심판을 행하는 자, 곧 대부분은 하나님에게서 온다. 어느 순간 이 사랑은 심지어 예루살렘 성읍에 거주하는 자들에게 향했으며,렘30:18 성읍을 재건하기에 이르렀다.

호세아서에서 동사 '라함'은 1장 6-7절, 2장 4절,히6절 23절,히24절, 두 번 14장 3절,히.사절에 강세형으로 나온다. 각각의 경우 상실된 것이나 부족한 것14:3 참조을 복구하거나 **회복하는 것**을 가리킨다. 이 동사는 호세아서에서 사랑을 가리키는 더 흔하고 포괄적인 '아하브' ahab처럼, 결코 관계를 시작하는 과정을 묘사하지 않는다. 동사 '아하브'는 선택

을 의미하며 또한, 사랑과 친밀감이 특징이 되는 계속되는 관계를 의미한다.14:4[히14:5]에
서처럼

회복하는 사랑은 하나님 및 죄악의 백성과의 관계를 특징짓는다. 이 사랑은 이전 관계
에서 나오는 깊은 애정으로 유발된다. '라함'을 유보한다는 것은 심판의 행위이거나 잔악
함으로 유발된다.렘6:22-23; 50:42

교회생활에서의 본문
신앙과 실천에서의 진실

하나님을 아는 지식, 언약 사랑, 진실이라는 세 가지 주제는 우리에게 하나님을 보고
이해하며, 하나님과 동행하는 포괄적인 방법을 소개한다. 다른 비슷한 요약 표현이 성서
다른 곳에 나온다. 신명기의 본질은 다음과 같이 요약된다. "당신들은 마음을 다하고 뜻
을 다하고 힘을 다하여, 주 당신들의 하나님을 사랑하십시오."6:5 미가는 가르침을 "오로
지 공의를 실천하며 인자를 사랑하며 겸손히 네 하나님과 함께 행하는 것이 아니냐!"6:8
라고 순화한다. 예수님은 전체 구약을 두 진술로 담아낸다. 무제한으로 "하나님을 사랑
하라" 그리고 "네 이웃을 네 몸과 같이 사랑하여라."마22:37-40 호세아의 세 가지 범주는
구별되면서도 이례적이게도 포괄적이다. 이스라엘은 세 가지 모두 부족하거나 없다.

하나님을 아는 지식은 신앙과 경건의 토대다. 하나님을 안다는 것은 그의 길을 이해하
는 것이다. 즉 스스로를 하나님의 형상을 반영하는 것으로 인식하는 것이다. 우리는 하나
님의 위로하고, 인도하고, 보존하는 임재를 경험한다. 의미, 가치 그리고 정체성은 하나
님을 우리의 하늘의 부모로서 아는 데서 온다.

둘째 주제, **언약 사랑**은 하나님 및 이 사랑으로 응답하지 않는 그분의 백성의 관계를 명
확히 한다. 언약의 주님은 말씀했고 행동했다. 우리는 그분의 방법을 보고, 그분의 말씀
을 들으며, 그분의 선택하고 용서하는 은혜를 경험한다. '헤세드' 언약의 신실함과 사랑와 '루
하마' 회복하는 사랑라는 단어들로 포착하는 관계는 모든 인간의 경험을 포괄한다.

하나님과의 삶이라는 근본적인 사안을 다룰 때 **진실** 특유의 위치는 어디인가? 성적인
부도덕이 넘쳐나는 곳에, 순종이나 거룩함이 더 적절한 주제가 아니겠는가? 계급 갈등,
범죄 및 폭력으로 나뉜 사회에서, 정의, 공의 및 평화라는 도덕적 범주가 더 적절하지 않
는가?

진실은 성품과 일관성에 대해 말한다. 본질적인 사람에 대한 묘사로서, 사람의 내적인

핵심, 곧 진실은 행동, 태도, 동기의 바탕을 이룬다. 진실은 사람의 가치, 말, 실천 사이의 조화로 구성된다. 진실한 사람은 도전받고 교화되는 데 열린 자세로 세상을 맞이한다. 그들은 자신들의 약속에서 신실함으로 특징지어진다. 그들은 진리를 탐구하고 기꺼이 받아들인다. 그들은 고귀한 인격의 사람들로 알려진다. 그들은 일관되게 하나님의 길로 행한다. 십자가의 양 측에 있는 하나님의 사람들은 하나님의 진리로 행하도록 도전받는다.삼상12:24; 시43:3; 요3:21; 14:6; 엡4:25

하나님의 말씀을 진리로 선포하고, 진리를 실천하며, 진실한 사람으로 사는 것, 이 모두는 호세아 11장 12절-14장 9절의 표현들이다. 하나님이 백성들의 존재의 깊은 곳에서 그들을 붙잡을 때, 그들은 진리를 향한 열정을 계발한다. 이것이 그들 안에서부터 그들을 변화시킨다.

불행하게도 사탄, 죄와 자아는 계속해서 내적인 자아를 뒤틀리게 하고, 마음을 가리고, 우리에게 홀로 위험을 물리치라고 북돋는다. 인간의 마음은 심지어 진리가 면전에서도, 가장 추잡한 자기기만에 쉽게 휩쓸린다. 마음은 마음의 가장 깊은 은신처를 아는 하나님 앞에서도 참된 상태에 대한 책임을 재빨리 피하려 한다. 진실은 거짓된 것을 드러내고, 참된 것을 존중한다. 진실은 회복된 자아로서 말한다.

사람들이 적극적으로 하나님의 신실함과 사랑을 경험하고, 자신들의 이웃에게 동일하게 불쌍히 여기는 돌봄으로 손을 내밀 때, 진실은 전체를 일관되고 활발한 신앙의 삶으로 통합시킨다. 과테말라에서 가족, 소유 생명의 위기에서도 정의라는 명분을 위해 목소리를 높일 때, 그리스도인들은 진실을 드러낸다. 파산할 수밖에 없지만 자신의 모든 채권자들에게 수년 동안 개인적으로 희생하여 갚고자 고집하는 농부는 그의 영혼에 스며든 이것이 옳은 일이라는 의식에서 자극받는다. "아플 때나 건강할 때"가 결국 병약한 배우자를 평생 돌보는 것이 될 때, 약속을 지키는 행위와 동기는 깊은 뿌리를 가졌다는 것이 드러나게 된다.

'에메트'진실가 있는 곳에, 사람의 말은 그 사람의 약정이 된다. 맹세하는 것은 필요가 없게 된다. 속임수는 질색이다. 예수님은 이것을 다음과 같이 간결하고 포괄적으로 진술했다. "너희는 '예' 할 때에는 '예'라는 말만 하고, '아니오' 할 때에는 '아니오'라는 말만 하여라. 이보다 지나치는 것은 악에서 나오는 것이다."마5:37 "나는 이것을 단지 하지 않겠다."라고 단순하게 설명하는 것이 악을 거부하는 심오한 이유가 된다. '에메트'를 어기는 것은 하나님과 가까이 사는 사람의 인품에 어울리지 않는다.

교회의 역사에서 이런 온전한 진실은 종종 성도의 길과 고난, 사역과 순교로 이어졌다.

우리는 존경심으로 신앙의 순교자들에 대한 이야기를 읽는다. 유감스럽게도 그리스도인들은 또한 밀고자, 재판관 그리고 처형자 가운데도 있었다. 86세의 폴리갑Polycarp 감독, 22세의 어머니 페르페투아,Perpetua 스위스 귀족 마이클 새틀러,Michael Sattler 이들 모두는 예수 그리스도에 대한 신앙을 철회하기보다는 죽음을 맞이하게 된 근본적인 진실을 공통으로 지녔다. 신실함과 신뢰성을 표현할 때 대부분 그렇게 극적이지 않을지라도, 그럼에도 이런 표현들은 인격적인 진실의 중요성을 나타낸다.

이런 인품은 성령과 자신의 내적인 영에 대한 민감함에서 성장한다. 방심하지 않는 부드러움 가운데, 이런 인품은 악의 과오를 깨닫는, 조용하고 작은 목소리를 들으며, 성숙함으로 성장해가는 부드러운 자극을 느낀다. 즉 사회의 요구보다는 더욱 더 하나님의 목소리와 사람들의 필요에 귀를 기울이게 된다. 진실의 인품은 확고하게 신념을 붙들고 열린 은혜로 형제자매들의 목소리를 듣는다. 인도하는 별로서 아버지의 뜻을 행하고자 하는 이, 곧 자신이 길이요, 진리요 생명이라고 선언하는 이를 따른다.요4:34; 14:6

호세아서의 개요

AMOS
아모스

아모스 서론

시대

아모스서는 완전하게 갖추어 우리에게 전해졌다. 아모스서도 아모스라는 인물도 구약 본문의 다른 곳에 나오지 않는다. 본문은 심지어 "…의 아들"이라는 통상적인 가족에 대한 지칭도 생략한다. 이 책과 호세아의 증거를 제외하고는, 이스라엘 사회나 8세기 이스라엘 역사의 특성에 대한 직접적인 성서 자료가 거의 없다.[역사적 요약, p. 401.] **지진이 일어나기 이 년 전**이라는 연대가 오래 머물렀다기보다는 잠시 방문한 것을 암시하기 때문에, 아모스서의 사건은 이스라엘의 역사에서의 한 순간을 반영한다.

이스라엘북 왕국과 유다남 왕국의 시대적 상황은 나쁘지 않았다. 이스라엘의 여로보암 2세대략 주전 793-753년, Thiele의 연대기와 유다의 웃시야대략 주전 792-739년는 서로 몇 년 안에 왕위에 올랐다. 둘 다 안정적으로 오랫동안 통치했다. 둘 사이에 갈등이 있었다는 증거는 없다. 각 나라는 전통적인 영향권으로 확장하는 데 서로의 권리를 존중한 것 같다. 유다는 서쪽으로는 블레셋, 동쪽으로는 암몬 영토, 남쪽으로는 에돔과 아래로는 엘랏 만으로 확장했다.왕하14:22; 대하26:1-8 그러는 동안 이스라엘은 북과 동쪽에 시리아 영토에 대한 권리를 주장했다.왕하14:25,28 유다와 이스라엘은 점차 번성했고 군사적으로도 강력해졌다.[팔레스타인 지도, p. 424.]

이스라엘에 대한 위협이 나라 밖에서 멀리 어렴풋이 느껴지기 시작한 것은 사실이다. 디글랏빌레셀 3세주전 745-727년는 앗시리아의 세력을 제국의 비율에 따라 재편성하고 조직했다. 팔레스타인에서의 그의 군사작전, 공물 각출 및 정복한 백성의 대규모 이송 정책왕하15:19-20; 16은 아모스의 사역 후에 일어났다. 그러나 앗시리아의 활동은 아모스서의 예언에서 예상됐다. 아모스는 여로보암의 혈통이 폭력적인 죽음을 맞이하고,암7:9 이스라엘은 다마스쿠스 저 너머5:27 하르몬으로4:3 추방될 것이라고 예언했다. 이스라엘은 영토의 모든 지역에서 압제당할 것이다.6:14

아모스는 디글랏빌레셀이 등극하기 전에 사역했다. 이스라엘은 활기찼었다. 전쟁은 전례 없이 성공적이었다.6:2,13 이스라엘은 방어할 수 있도록 잘 갖춘 견고한 성읍으로 말미암아 자신만만했다.3:9,11 나라는 어떤 적의 공격에도 맞서 안전했다.5:18; 6:1, 13; 9:10 자신만만해 할 그럴듯한 이유들이 있었다.6:8

나라는 번성했으며, 상아는 지위를 보여주는 상징이었다.3:15; 6:4 주민들, 최소한 중요 인물들은 여름 별장에서의 삶을 즐기고,3:15 구미에 맞게 다듬어 지은 집에서의 삶을 누렸다.5:11 최상의 식사를 즐기고,6:4,6 가장 좋은 향유를 몸에 바르며,6:6 고급 예술을 즐기는6:5 시간을 가졌다. 포도원은 큰 단지로 번성했다.5:11 곡식 거래는 폭등하여, 많은 이익을 냈다.8:5-6

종교적 관습은 항상 최고를 기록했다. 정기적인 예배가 주요 예배 중심지에서 열렸다.4:4-5; 5:21-22 음악은 훌륭했고 예전은 화려했으며, 사람들은 풍성하게 제물을 바쳤다.4:4; 5:23; 8:3 그러는 동안 제사장들은 설교가 사람들의 정신을 고양하고 나라의 복지를 증진하도록 보장하는지 면밀히 감시했다.7:10-13

종교는 민족의 생활에 중요한 부분이었다. 주요 종교 중심지인 베델과 길갈은 공식적인 신앙에 집중했다.5:5 영토 전역에 산재해 있는 종교 목적의 산당은 지역적 관심을 더 가지는 지역 사람들을 만족시켰다.2:8; 7:9 그리고 당시 그들의 조상 이삭이 이름 지은 성읍인 브엘세바가 있었다.창26:33; 21:31 참조 브엘세바는 당시 유다가 통제하고 있었는데, 이는 북쪽의 예배자들이 국경을 건너도록 초대받았다는 사실에서 알 수 있다.암5:5 브엘세바는 이스라엘 순례자들에게 주요한 수련 중심지가 됐다.5:5; 8:14[야곱과 이삭, p. 406.]

그럼에도 이스라엘의 요새화된 성읍, 잘 갖춰진 군대, 상아 수입과 세워진 제단이 이스라엘의 약점을 보호할 수 없다. 아모스가 사회에 향해 가한 비판은 국가의 자랑이자 자랑스러워했던 대상들을 발가벗겼다. 아모스는 이 백성이 덮고 있으나 실제로는 수의를 덮고 있다는 사실을 인식하지 못하고 있는 망가진 사회 조직을 적나라하게 드러냈다. 아모스는 그 다음으로 취약하고 부드러운 곳을 꼬집어 말했다.

메시지

아모스는 민족이 회개하지 않는다면 결국에는 이스라엘의 성공이 붕괴될 것이나, 일시적으로 형 집행이 정지된 것뿐이라고 폭로했다.5:15 아모스의 예언의 환상과 하나님의 선언에 나오는 아마도라는 단어는, 사회 구조와 백성의 영적 상태를 시험하고자, 잘 다듬은 돌의 외관과 부의 휘장을 파고든다.

예언자 아모스는 이 상황을 묘사했다. 세금은 보통 지주에게 부담이었다.7:1-6 수도 및 사마리아에서의 행정 당국이 주요 세금의 수혜자였다.3:9-10 벌금2:8과 세금부과5:11는 자급자족 농민과 소작인에게 큰 부담이 됐다. 수확 실패로 말미암아 저당이 압류되고 궁극적으로는 사람들이 부채-노예로 팔리게 될 것이다.2:6; 5:11; 8:6 가난한 사람들은 소모품으로 무시됐다.8:4 국가 예산의 비중, 추징금과 벌금 부과는 부자들에게 유리하게 작용했는데, 많은 부자들은 아마도 정부 공직을 차지했거나 공공사업을 위해 계약했었을 것이다.

공식적으로 승인된 재정비용에 추가되어, 사법 제도의 조작2:7; 5:5,12과 물품 교환에서의 사기8:5가 있었다. 유일한 법적 청구권은 지역 법정에 재판관으로도 앉아 있는 바로 그 부자들에게 호소하는 것이었으므로, 가난한 사람은 실제 정의에 접근할 길이 없었다.2:7; 5:7,12,15 부패가 만연했고, 권력이 지배했다. 경제 사다리의 바닥에 있는 자들은 마음대로 사용하다가 버릴 저당물이었다.8:4-6 구조적 불의2:7; 5:7,12와 개인적인 부정8:5-6과 과시적 소비6:5-6가 당시의 특징이었다.

아모스가 사마리아를 혼란으로 가득하다고 묘사한 것에 대해서는 어떤 의문도 없다.3:9 물질의 번영이 사회 가치를 지배했다. 계급 구분이 사람들을 서로 구별했다. 어떤 사회도 이런 상태에서는 안정적일 수도 역동적일 수도 없다. 이스라엘의 파멸의 씨앗이 이미 예언자에게는 분명했다. 민족의 지도자들은 민족이 추락하는 때에 각성할 수 있겠는가?

도덕적 타락에 문제를 제기하는 대신에, 이스라엘의 종교는 조용하게 무시했다. 아모스서에서 불의한 자들은 위선자들인데도 결코 그렇다고 비난받지 않는다. 종교 관련 절기는 온전히 엄격하게 지켜졌다.4:4-5; 5:21-23 예배자들은 희생제물이 바치는 자들에게 하나님의 축복을 보증한다고 생각했다. 부자들은 가장 큰 규모와 가장 정례적인 희생제물을 바칠 수 있기 때문에, 논리적인 결론은 하나님이 부자들을 선호한다는 것이었다. 그러나 그들은 자신들의 부를 부당하게 얻었었다. 그래서 그들은 하나님이 희생제물로 매수되거나 정의와 긍휼의 문제에 대해 무관심했다고 생각했다. 그러므로 윤리와 종교는 서로 분리됐다.

이스라엘의 많은 특징들이 유다와 비슷했다. 이로 말미암아 유다 사람 아모스는 효과적으로 사마리아와 베델에서 소통할 수 있었다.[이스라엘 종교, p. 401.] 이스라엘에서의 희생제물의 유형과 제사의 시기는 유다와 일치했다.4:4-5; 5:21-22 이스라엘 사람들은 오래되고 전통적으로 족장의 예배중심지였던 브엘세바로 이동했다.5:5 이것은 하나님에 대한 개념과 이 두 나라의 예배 행위가 밀접하게 일치한다는 것을 암시한다. 암묵적인 고발이 산당7:9과 다수의 제사 중심지에서의 예배5:5; 8:14를 언급할 때 나온다. 이것은 다음과 같이 북 왕국의 통치에 대한 성서 역사가의 일반적인 불평을 반영한다. 그들은 "주님께서 보시기에 악을 행하고, 이스라엘로 죄를 짓게 한 느밧의 아들 여로보암의 죄에서 떠나지 아니하고, 그것을 그대로 본받았다."왕하14:24 하지만 당시 유다도 브엘세바와 다른 산당에서 예배하고 있었다.왕하15:4

이스라엘과 유다는 자신들이 선택된 백성이고,3:1-2 이집트에서의 종살이에서 자유로워졌고,2:10; 9:7 하나님에 의해 광야를 통해 인도됐다는 확신을 공유했다.2:10; 5:25 그들은 아모리 족속의 땅을 빼앗고 그들의 영토를 이스라엘 자신의 영토로 삼았다.2:10 주님은 그들에게 하나님의 방법과 뜻에 대해 계속 신실하게 목격하도록 그 땅을 제공했었다.2:11; 3:7-8; 신18:14-22; 민6장 참조 이스라엘이 구체적인 규례를 어겼다는 언급도 없고, 유다에 대한 고발과는 대조적으로, 2:4 시내 산 언약에 대한 언급도 없을지라도, 책 전체에서는 이 언약의 분위기가 지배적이다.[언약, p. 395.]

아모스서에서, 언약은 이스라엘의 선택받음과 책임을 이해하는 데 필수적이다.3:1-2 언약은 하나님이 자신의 예언자들에게 계시한 계획에 스며들어 있다.3:7 언약은 주님이 이미 그들에게 전했지만 성공하지 못했던 회복의 심판에 대한 역사의 바탕을 이룬다.4:6-11 언약을 맺는 하나님으로서, 주님은 자신의 이름을 이스라엘에게 계시했다.출6:1-8 이 이름과 이름의 의미는 아모스서의 주요 심판 본문 가운데 세 본문의 중심에 있다.암4:6-13; 5:1-17; 9:1-8 각 사례에서 한 찬양 단편은 전체 본문을 언약의 주님, 여호와에 초점을 두는데, 이 주님의 창조 행위와 자연에 대한 주권적 통치로 말미암아, 이스라엘은 하늘과 땅의 창조주가 메시지를 자신들에게 전달한다는 사실을 상기하게 된다. 여호와가 그분의 이름이다!

이스라엘은 주님이 자신의 백성을 도덕적 책임을 지도록 부른 하나님이라는 사실을 잊었다.3:1-2 이스라엘이 예배 의식에서 여호와라는 이름을 사용한다고 하더라도, 베델과 길갈에서 이스라엘이 예배하는 대상은 분명히 여호와, 곧 의와 긍휼, 정의와 심판의 하나님은 아니었다.5:5,14,16 하나님의 도덕적 성품과 우주의 통치권은, 민족들이 어기고 1:3-2:3 그들이 책임을 지고 있는 정의에 대한 요구에 반영된다. 이 동일한 의가 죄악의 왕,7:7-9 베델의 제사장7:17과 심지어 하나님이 한때 특별한 소유로 선택한 민족9:1-4을 불태울 것이다.

예언자

아모스가 부름을 받았다는 강렬한 의식의 결과로, 우리는 아모스이라는 사람에 대해 알게 됐다.3:7-8; 7:14-15 하나님은 이 예언의 임무를 이행하도록 그를 붙들어 북 왕국에 보냈다. 7장과 8장의 환상이 이 소명의 일부였었나? 아마도 그럴 것이다. 우리는 이 소명의 상황과 수반되는 심리적인 역할을 상상할 수만 있을 뿐이다. 어떤 것도 이 책의 목적에 기여하지 않으며, 어떤 것도 주목받지 못한다.

아모스는 어떤 예언자 학교와의 연계를 부인한다. 그는 예언자에 대한 증명서도 없고, 예언했던 전력도 없으며, 어떤 개인적인 논제도 없다. 그는 오직 하나님이 멸망으로 돌진하는 사람들에게 전령이 되라고 했으므로 예언할 뿐이었다.

아모스는 메시지를 형성하는 데 활발하게 하나님과 함께 참여했다. 그는 주님에게서 명백한 말씀을 받았을 때, 그 말씀을 전했다. 아모스는 이스라엘에 대해 강력하고 집중된 사회 비판을 하면서, 자신의 성찰로 이 말씀들을 강화했다.암5-6장 양치는 자이며 돌무화과를 가꾸는 자로서, 아모스는 자신의 일을 통해 친숙해진 사람들이나 미래 고객들에게 말하고 있었을 것이다. 그러므로 이 메시지는 훨씬 신랄하게 된다. 아모스는 다른 사람의 복을 위해 이익을 기꺼이 포기했는데, 이는 그의 메시지를 듣는 사람들에게는 생소한 정신이었다.6:6

환상 보고를 읽고암7-8장 아모스의 긍휼에 감동되지 않는 것은 불가능하다. 아모스는 재앙이 이스라엘 백성에게 내리려 하는 것을 보면서, 그는 본능적으로 **주 하나님, 용서하여 주십시오!**7:2,5라고 반응했다. 복수심에 차거나 "내가 너희에게 그렇게 말하지 않았느냐."라는 독선적인 태도도 없었으며, 보통 어깨를 움츠리는 몸짓도 없었다. 언짢은 쟁점을 제기하여 하나님의 예언자를 비난함으로써 정치적 "수습책"을 행하려 했던 아마샤와 다르게, 아모스는 중재하려고 간청했다. 그는 짧기는 하지만 홍수 같은 하나님의 심판을 막았다. 결국에 하나님은 아모스가 더 이상 중재하지 못하도록 하고 응하라고 요구했다.7:8 그 때에야 비로소 아모스는 주님의 평결을 내놓고 있다.

아모스서

아모스서는 아모스가 예언 사역을 한 얼마 후에 작성됐다.1:1 작성의 실제 시기나 무대는 알려지지 않았다.[아모스의 작성, p. 393.] 그러나 예언자의 메시지는 예언자 무리의 구성원들이 기억에 잘 담고 있었을 것이라고 알고 있다.사8:16 참조 아모스와 아마샤의 만남을 3인칭으로 묘사하는 것은, 아모스 메시지를 기록할 때 이런 "학교"의 역할을 암시한

다.7:10-17

이 주석에서는 어떤 부분이 원본이고 다른 사람이 창작한 것이고 편집자의 작업인지를 분류하는 작업을 하지 않고, 문학적인 전체로 아모스를 읽을 것이다. 받은 본문은 본질적으로 아모스가 8세기 중반 이스라엘에서 사역한 산물이며, 편집자들은 성령의 인도를 받은 작업에서 하나님의 의도에 충실하다고 전제할 것이다.

아모스서는 문체상 다채롭고 독창적이다. 즉 심판 발언,1:3-2:15 찬양 단편,4:13; 5:8-9; 9:5-6 역사 이야기,4:6-11 환상 보고,7:1-9 애가,5:2 지혜의 격언,5:13; 6:12 비유6:9-11와 논쟁2:9-11; 3:3-8; 5:18-20; 9:7을 포함한다. 수사 장치로는 역설,4:4-5 줄임말,4:12 언어유희,8:1-2 극적 효과를 위한 청중의 말 인용4:1과 독자의 주목을 집중시키고자 교차구조 형태로의 반복5:1-17을 포함한다.[문학적 유형, p. 409.]

힘과 아름다움이 아모스 3-9장의 감각적인 형상에 결합된다. **이 말씀을 들으라**라는 행으로 끝나는 네 장3-6장은, 소리, 발언과 냄새, 인체에 상응하는 부분들에 속하는 용어로 상상을 잘 담아낸다. 부지불식간에 영향을 미치는 메시지는 전령의 공적인 선언을 강화한다. 거의 40가지의 이런 언급이 여기 장들에 나온다. 사자가 **부르짖고**, 나팔소리가 **들리며**, 하나님이 **자신의 비밀을 드러내고**, 증인들이 **증거하며**, 사마리아 여인들이 자기 남편들에게 **말한다**. 주님은 **맹세하고**, 제사장은 자원예물을 바칠 시간을 **알리며**, 농부들은 **슬퍼하고**, 대중은 성문에서 **꾸짖는** 자를 싫어한다. 그들의 절기는 **노래와 악기**로 가득하고, 그들의 집은 잘 **다듬어진** 돌로 지어졌다. 신중한 자들은 이런 악한 시기에 **침묵하고**, 죽은 자를 장례하러 오는 이는 **쉿! 우리는 주님의 이름을 언급하지 않아야 한다**라고 경고 받는다. 관련 용어에서 목동은 **사자의 입**에서 두 다리 또는 귀 조각을 구한다. **상아**로 만든 집은 멸망하고, 여인들은 그들의 입술에? **낚시 바늘로 꿰어진** 채로 끌려 나갈 것이다. 기근으로 말미암아 **이**가 깨끗하게 되고, 그들은 **상아** 침대에 눕고, 정의를 독으로 바꾼다.

아모스 7-9장은 하나님의 진리를 다섯 가지 환상으로 전달한다. 표현은 평범하지만, 시각적 형상이 지배적이다. 관련 용어는 공간, 차원, 장소, 움직임, 방향을 가리킨다. 즉 배경, 전경, 행동을 제공한다. 환상에서 풀이 **싹트고** 불이 **나며**, 다림줄이 **완전한 침묵 가운데 걸려** 있다. 중재할 때의 아모스의 주장은 이스라엘이 **너무 작아** 견딜 수 없다고 지적한다. 그러나 하나님은 자기 백성의 **옆을 지나가지** 않고, 여로보암과 이삭의 산당에 **맞서 일어설** 것이다. 아모스는 **가축 무리를 좇을 때**, 주님이 데려온 선견자이다. **베델의** 아마샤는 아모스에게 **이스라엘 가운데** 반란을 조장한다고 고발한다. 그러므로 그는 유다로 도망할 것이라고 한다.

네 번째 환상은 **여름 과일 바구니**로 구성되며, 죽은 시체를 나타낸다. 심판은 나일 강의 물이 **불어나고 빠지는** 것을 닮은 지진으로 구성된다. 해는 지고, 땅은 **대낮에 어두워**질 것이다. **젊은 남자들**과 **아름다운 하녀들**이 북에서 동으로 **헤매고 우왕좌왕 할 것이다**. 지진이 일어날 때, 성전은 사람들의 머리 위로 무너질 것이다. 그들은 **도망하고, 땅을 파고, 올라가며, 몸을 숨기고, 포로로 끌려갈 것이다**. 그러는 동안 주님은 **손으로 잡아내리며** 그들을 찾고, 해를 끼치려고 마침내 그들에게 자신의 눈을 **고정할** 것이다.

실제로 주님의 눈은 악한 왕국을 멸망시킬 것이다. 주님은 "악이 우리를 덮치거나 오지도 않을 것이다."라고 주장하는 모두를 **체로 흔들 것이다**. 다가올 구원은 다윗의 **무너진** 초막을 **회복할** 것이다. 풍요는 회복되고, **기경하는** 자는 **거두는** 자를 **따라잡고**, 포도를 **밟는** 자는 거의 침묵하며 씨앗을 뿌리는 자를 따라잡을 것이다. 축복은 포도주 형태로 **언덕에 떨어져, 흘러내릴** 것이다. 우리가 본문을 크게 읽고 우리의 상상을 흔들도록 할 때, 저자의 기교가 살아난다.

아모스서의 구조

	아모스 1-2장					아모스 3-6장			아모스 7-9장				
암호 문자	1:1	1:3,6,9	1:11,13 / 2:1	2:4	2:6	3:1	4:1	5:1	7:1	7:4	7:7	8:1	9:1
		세 가지 죄에 대해 …				이 말씀을 들으라			여호와 하나님께서 내게 보여주셨다. … 나는 보았다.				
서론 / 본론		시리아 블레셋 베니게	에돔 암몬 모압	유다	이스라엘	유다와 이스라엘			메뚜기떼	불	다림줄	익은 과일	지진과 회복
대상 무리		이방인	친족	형제	우리	전체 가족	여성들	처녀 이스라엘	가난한자 약한자		지배자 부자		예배자 남은 자
예언자의 역할	법정 전령					성문에서 부짖는 자			중재자…			다가올 것들에 대한 관찰자	

아모스 1:1-2

머리말

사전 검토 및 개요

빈틈없이 압축된 두 개의 절에, 아모스서의 편집자는 자신의 독자들 앞에 현대의 제목, 서언 그리고 서론에 해당하는 내용들을 다음과 같이 제시한다.

예언자, 1:1a
백성, 1:1b
시간, 1:1c
분위기, 1:2

우리는 지진 후라는 것을 제외하고는, 이 절들이 언제 기록되었는지 모른다. 예언자가 제시한 때와 아모스서가 기록되거나 편집된 때 사이에는 시간의 간격이 있다.

주석적 해설

예언자 1:1a

아모스는 베들레헴 남쪽 약 10여km 떨어진 유다 마을, 드고아의 목자로 소개된다.[팔레스타인 지도, p. 424.] **목자**를 가리키는 히브리어 단어는 특이하다. 구약에서 이 단어는 다른 곳에서는 열왕기하 3장 4절에서만 나온다. 거기서 모압 왕 메사는 "목자"로 불리는데, 이는 메사가 이스라엘의 왕에게 만 마리의 어린 양과 만 마리의 숫양을 제공할 자격을 갖췄다고 여겨지기 때문이다. 이전 이스라엘의 북부의 문화에서 나온 증거에 따르면, 이런 목자는 양모와 고기를 위해 기르는 양 떼를 관리하는 자였다는 것을 암시한다.Craigie: 29-33 아모스서 후반에서, 아모스는 자신을 소떼, 양, 나무 열매를 관리하여 먹고 사는 잡다한 일을 하는 농부로 묘사한다.7:14-15

그러므로 아모스는 이스라엘의 행정, 경제, 종교 지도자에게 당당하게 말할 자격이 있다. 아마도 아모스가 더 먼 남쪽의 브엘세바뿐만 아니라, 베델과 다른 북부 중심지에 있었던 것은 그의 사업 활동 때문이었을 것이다. 이 경우 북 왕국의 종교 관습에 대한 어떤 비판도 자기 사업에는 좋지 않았다. 사역에 대한 자신의 소명이 생계보다 더 우선시됐다.

예언자의 말은 하나나 그 이상의 환상에서 유래했다. 잠자는 동안에 받은 꿈의 메시지와는 대조적으로, 환상 메시지는 보통 의식이 있는 상태에서 받는다. 이것이 어떻게 일어났는지 정확한 방식은 단순히 그가 보았다라고 묘사되는데, 이것은 방식이 예언자의 통상적 경험이었다는 것을 암시한다.사2:1; 미1:1 참조

백성 1:1b

환상의 말씀은 이스라엘에게 전달된다.NRSV에서처럼, 단순히 이스라엘에 대해서가 아니라 전치사는 이스라엘을 위한 심판의 메시지라는 중압감을 전달한다. 그렇다면 처음부터 아모스서는 불길한 예감을 전달한다. 저자는 조심스럽게 접근하기를 거부한다. 독자여 조심하라!

첫 독자들은 아마도 유다 백성들이었을 것이다. 아모스서에서 **이스라엘**이라는 용어는 특히 북 왕국,암2:6; 5:1 참조 솔로몬의 죽음으로 분열되기 전의 통일 국가3:1; 9:7 참조이거나 다가올 날에 회복된 다윗 공동체9:14를 가리키지만, 결코 남 왕국만을 가리키지는 않는다.

시간 1:1c

예언 시기는 전형적인 근동의 양식으로 제시되는데, 근동에서는 사건들이 왕의 나이나 통치를 언급하며 날짜가 기록되었다. 여로보암 2세가 이스라엘을 통치했고 웃시야아사랴는 유다를 통치했다. 이들의 통치의 정확한 연대에 대해서는 상당한 논란이 있지만, 티엘Thiele은 여로보암에 대해서는 주전 793-753년과 웃시야에 대해서는 주전 792-739년

을 제시한다. 다른 연대 체계는 몇 년 정도만 차이가 난다.Hayes and Miller: 678-683 아모스는 아마도 여로보암이 크게 군사적으로 성공한 후, 주전 760년경에 사역했을 것이다.왕하 14:25,28; 암6:1-2,13-14

특이한 사항이 시선을 사로잡는다. 이스라엘 왕 여로보암 앞에, 유다 왕 웃시야를 언급하여 책의 연대를 기록하는 것은 특이하고 이는 의도적이기도 하다. 아모스는 문학적인 유형이나 말의 유형을 깨뜨려 자신의 메시지를 주목하게 한다. 이런 파격적인 유형은 유다 역시 이전에는 북 왕국에게 의도된 동일한 예언 말씀이 전개되는 그 방향에 있다는 것을 암시한다.

여기서 언급한 **지진**은 8장과 9장의 심판 장면에서 두드러지게 나온다. 아모스는 이 중요한 사건이 일어나기 2년 전에 사역했다. 3세기 후 이것은 유다의 기억 가운데 생생하게 남아 있었다.슥14:5 이 사건은 아모스가 기대했던 중단 지점이었다. 지진의 때부터, 이 선견자가 예언한 심판은 이스라엘에게 시작됐으며, 유다에게는 경고로 작용했다.

아모스서가 지진이 일어난 후 편찬됐다는 사실은, 예언자의 말씀이 북 왕국에는 유효했듯이, 당시를 넘어 지속되는 가치를 지니는 것으로 인식됐다는 것을 시사한다. 메시지의 성취는 하나님의 징조 가운데 하나였다.신18:22; 렘32:8 미리 경고한다는 것은 미리 대비해야 한다는 것이다.

분위기 1:2

아모스의 말씀은 주님의 발언인 것으로 드러난다. 그리고 주님의 메시지는 사자의 부르짖음과 같이 온다. 사자가 자신의 존재를 알리고, 그 부르짖음을 듣는 모두의 마음에 두려움을 심어주듯이, 주님은 이 말씀으로 자신의 통치권을 주장한다.

사자는 오래 전에 팔레스타인에서 사라졌지만, 구약 시대 사자들은 특히 요단 강 골까지와 유대 광야의 깊은 덤불에 흔했다. 사자는 가장 자주 성서에서 유다와 관련하여 나온다. 실제로 유다 자체는 사자 새끼로 언급된다.창49:9 솔로몬의 보좌는 사자로 장식됐으며,왕상10:19-20 "왕의 분노는 사자가 소리지르는 것과 같고"라는 잠언에도 나온다.잠19:12 적절하게 이 권위와 권력은 이스라엘의 하나님, 곧 시온 산을 지배하는 이에게 부여된다고 인식한다.

유다 사람 아모스는 북 왕국에 말씀을 전하는 임무를 띠고 있다. 그의 시작하는 말은 나쁜 징조다. 만약 실제로 부르짖는 이가 주님이라면, 모든 다른 신들은 무기력하게 서있게 된다. 게다가 북 왕국의 제사장과 예언자들은 백성에게 하나님이 자기들 편이라고 안심시키고 있었다.암5:18,21-23 하나님이 혼동했는가? 아모스가 실수했는가? 그들의 제사장과 예언자가 사기꾼들인가? 아모스의 메시지와 시간만이 말해줄 것이다.

하나님의 경고는 성전 산 시온과 거룩한 성읍 예루살렘에서 나온다. 그렇다면 베델과 길갈에서 이스라엘 사람들은 누구의 목소리를 듣고 있는가? 아마도 살아 있는 참된 하나님의 목소리는 아닐 것이다. 그렇다. 하나님은 종종 자신의 종, 예언자들 곧 엘리야와 엘리사와 예언자의 자손들을 통해서 북쪽 사람들에게 말씀했다. 그러나 이 진짜 예언자들 가운데 누구도 여로보암 1세가 북쪽의 열 지파를 다윗 왕조에 떼어 나갈 때 세운 대안의 종교 중심지와 연결되지 않는다. 그래서 예루살렘에서 나오는 부르짖음은 주님의 신탁이 없어도 된다고 공언하는 모든 다른 중심지에 내리는 심판을 의미한다.[여호와-바알의 갈등, p. 417.]

아모스가 다음과 같이 멸망의 어휘를 선택하려고 생각하게 된 것은 바로 목자의 마음과 열매를 재배하는 자의 마음에서다. **목자의 초장이 시들고 갈멜 산 꼭대기가 마른다.** 타오르는 듯한 해가 구름이 없이 여러 달 내려 쪼일 때, 목자의 피난처울창한 목초지는 말라 버린다. 갈멜의 봄이 멈출 때, 거의 에덴 동산과도 같은 이곳은카르멜; 정원, 과수원, 농장 쓸모없는 황무지가 된다. 사자의 부르짖음은 북 왕국의 생명을 멈추게 한다. 하나님의 백성은 이 부르짖음의 의미를 분별할 수 있는가라는 중대한 질문이 대두된다.

AMOS

1부

이스라엘

아모스 1:3-2:16

개관

아모스는 사자의 두 번의 부르짖음 사이에,1:2; 3:8 여덟 민족들에게 가하는 하나님의 심판을 전한다. 이스라엘과 그 이웃들은 민족 면에서 유대 관계가 있는 사람들에서 형성 됐다. 이 민족들은 번갈아 서로 약탈하고 이집트, 바빌로니아, 앗시리아와 같은 공동의 적에 대항하여 함께 연합했다. 때로 그들은 팔레스타인 이웃 나라들 가운데 한 나라나 다 른 나라에 대항하여 동맹을 형성했다. 어떤 때는 처음 언급된 일곱 민족들 각자는 이스라 엘의 호된 적들이었다. 아모스가 사역하는 동안, 유다는 블레셋, 암몬, 모압, 에돔을 통 제한 반면,대하26:2,6-8 이스라엘은 시리아를 지배했다왕하14:25,28 베니게두로만이 유다나 이스라엘의 지배를 벗어났다.

첫째, 예언자는 이스라엘이 혈족관계가 없는 것으로 여겨지는 사람들, 곧 시리아, 블레 셋, 베니게에 대해 고발한다. 다음으로 먼 친척으로 간주되는 자들, 곧 에돔, 암몬, 모압 에게 향한다. 마지막으로 자매 나라인 유다와 이스라엘에 정조준 한다.[근동의 지도, p. 425.] 혈족관계가 가까운 관계의 중대한 요소였던 문화에서, 이런 순서는 심판의 조여 오는 나선형이 유다를 통해 소용돌이 치고 이스라엘에게 가해짐에 따라 절정을 향해 간 다.

거듭되는 심판은 청중과 독자를 지상의 모든 족속의 근원인 노아의 전통에까지 거슬러 올라간다.창10:31; 암3:1 참조 하나님은 결코 다시는 인류를 물로 심판하지 않겠다고 노아 와 언약을 맺었다.창9:8-17 하나님은 인류를 파멸에 이르게 할 수도 있는 이런 악의 축적 을 막고자 인류의 불의에 대한 심판을 내릴 것이다. 하나님의 가혹함은 은혜의 조치이며 시간의 긴박함을 나타낸다.

이 민족들에게 전하는 아모스서의 메시지는 누그러들지 않는 징벌이다. 각 민족은 자 신의 구체적이며 독특한 죄에 책임을 진다. 그러나 가장 가혹한 심판은 하나님의 특별한 백성이라고 주장하며, 거룩한 삶에 대한 하나님의 분명한 가르침에 빛을 자랑하는 자들

을 위해 유보된다. 가장 강력한 고발과 가장 심각한 징벌은 북 왕국 이스라엘을 위해 유보
되며, 아모스는 이스라엘에 대해 예언자로 임명받았다.암1:1

민족들에 대한 고발

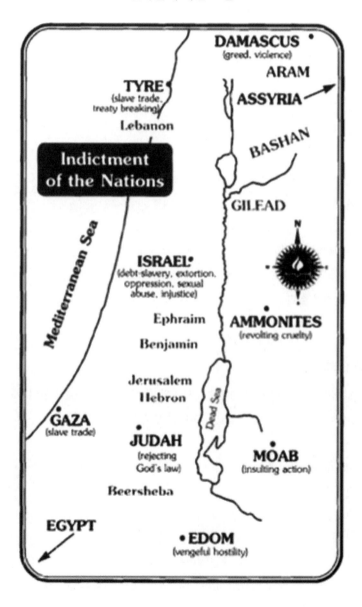

개요

이방 민족들에 대한 고발, 1:3-10

1:3-5	다마스쿠스/시리아/아람
1:6-8	가자/블레셋
1:9-10	두로/베니게

관련된 민족들에 대한 고발, 1:11-2:3

1:11-12	에돔
1:13-15	암몬
2:1-3	모압

주님의 백성들에 대한 고발, 2:4-16

2:4-5	유다
2:6-16	이스라엘

범죄의 긴 목록	2:6-8
아모리 족속보다 심각함	2:9-12
걸맞은 징벌	2:13-16

사전 검토

아모스 1장 1절에 대한 편집 해설은 아모스의 메시지가 이스라엘에 향한다고 소개했다. 주변 민족들에 전하는 첫 예언들은 하나님의 백성에게 향하는 더 큰 주제의 일부이다.

민족들에 향하는 거듭되는 고발 메시지는 일반적인 패턴을 따른다. 거의 예외 없이 고발 메시지들 각각은 다음을 포함한다.

1. 소개 공식: **이와 같이 주님께서 말씀하신다.**

2. 죄에 대한 일반적인 고발: **서너 가지 죄에 대해**

3. 징벌에 대한 일반적인 선언: **나는 징벌을 철회하지 않겠다.**

4. 죄에 대한 구체적이고 자세히 설명하는 고발: **그들이 …했기 때문에,**

5. 징벌에 대한 구체적이고 자세히 설명하는 선언: **나는 불을 보낼 것이다.**

6. 마무리 공식: 만군의 **주님께서 말씀하신다.**

이와 같이 주님께서 말씀하신다라는 각 예언의 시작하는 행은 전령의 역할뿐만 아니라 메시지의 근원을 명확히 한다. 이 말씀은 열정적인 민족주의도, 악몽도, 창조적인 상상의 산물도 아니다. 이 말씀들은 살아 있는 하나님의 생각에서 유래한다. 예언의 내용의 형상과 형태는 아모스의 배경, 경험, 인성을 반영하는 것은 당연하지만, 그럼에도 메시지는 하나님의 메시지다. 이 진리는 이 시작하는 구절이 전령의 발언을 전통적으로 소개하는 것이라는 사실에서도 그 자체로 확증된다. 전령은 전형적으로 자신의 주인의 메시지를 인용하거나 바꾸어 표현한다. 이런 경우, 아모스는 분명한 심판이라는 하나님의 말씀을 전달한다.

첫 세 예언에서 민족은 두드러지는 성읍 가운데 하나나 그 이상에 대한 지칭으로 소개된다. 그 후 각 민족은 민족의 기원과 관련하여 가장 가까운 조상의 이름으로 불리면서 그 지칭은 더욱 개인적이 된다.

숫자로 표현하는 격언은 근동 문헌, 특히 욥기나 잠언에서 발견되는 것과 같은 시로 된 지혜 문학에서 상대적으로 흔하다. 자주 이런 숫자에는 특징이나 사건을 항목별로 세분화한 내용이 이어진다. 이처럼 "기이한 일이 셋, 내가 정말 이해할 수 없는 일이 넷이 있으니."라는 표현에는 네 가지의 난해한 내용을 묘사한 것이 이어진다.잠30:18-19 마찬가지로 "그는 여섯 가지 환난에서도 너를 구원하여 주시며, 일곱 가지 환난에서도 재앙이 네게 미치지 않게 해주시며"라는 엘리바스의 확신에는 하나님이 신실한 사람을 보호할 일곱 가지 역경의 목록이 이어진다.욥5:19-23

그러나 아모스 1-2장에서 죄의 구체적인 열거는 오직 이스라엘에 대한 고발에서만 나온다. 거기서 본문을 어떻게 해석하느냐에 따라, 넷, 여섯 또는 일곱까지 구체적인 죄를 발견할 수 있다.

아모스는 자기주장을 하려고 네 가지 모든 죄를 열거할 필요는 없다. 언급된 죄는 죄의 위반의 정도에서 최고에 속한다. 이 점에 대해세 가지 죄 하나님은 은혜롭지만 그분의 인내에는 한계가 있다. 지금까지 하나님은 징벌의 손을 억눌렀다. 목표는 화해이다. 하지만 지속적으로 하나님에 맞서 저항하고, 하나님의 다시 부르고 용서하는 은혜를 거부하고, 죄를 뻔뻔하게 쌓으므로심지어 네 가지에 대해서도, 불가피하게 **나는 징벌을 철회하지 않겠다**라는 결론에 이른다.

문자 그대로 심판에 대한 일반적인 선언이 **나는 그를/그것을 되돌리지 않겠다**라고 선포한다. 크니림Knierim이 주장하듯이, 대명사 그/그것이 가리키는 가장 가능성이 높은 대상자는 하나님의 말씀이거나 하나님의 분노다. 하나님은 자신의 분노를 표현하는 심판의 말씀을 억제하지 않기로 결심한다. 하나님은 자신의 분노의 화살을 일단 겨누면, 거두지 않을 것이다. 마지막 평결은 하나님의 손에 있다. 하나님은 자신이 정한 때에 평결을 내놓는다. 그 시간이 이제 왔다.

하나님이 전령을 통해 전하는 이 말씀의 넷째 요소는, 구체적인 죄를 열거하는 것이다. 구체적인 고발은 각 예언의 독특한 특징을 나타내기 때문에, 각 고발은 세심하게 주목할 필요가 있다. 그러나 어떤 일반적인 관찰도 할 수 있다. 하나님은 심판 이유를 제시한다. 이것은 분명해 보이지만, 깊은 의미를 담고 있다.

불은 처음 여섯 예언에서 징벌을 구체적으로 선포할 때 공통된 요소다. **그러므로 내가 … 에 불을 보내겠다. 그 불이 그 요새들을 삼킬 것이다.**1:4,7,10,12,14; 2:2,5; 4:11; 5:6; 7:4 참조 장면은 적군이 요새화된 성읍에 대한 공격을 시작하는 침략의 장면이다. 적군들은 나무로 된 성문, 벽 주변의 고지대 및 크고 신중하게 건설된 왕과 귀족의 궁전과 요새에 불을 놓는다. 이 요새는 격렬한 공격에 맞서는 보호 역할과 주거 역할을 한다.왕하15:25; 시 48:3,13 참조

사자의 부르짖음이 이스라엘에게까지도 들렸다.1:2 이것은 이 예언들이 다른 민족들을 언급하는 것일지라도 기본적으로 이스라엘에게 전해진다는 것을 암시한다. 아모스는 사자의 소리를 들은 자들을 위한 말씀으로 다른 민족들에 대해 예언하고 있다.

종종암1:5,8,15; 2:3 하나님은 주 **하나님께서 말씀하신다, 주님께서 말씀하신다**와 같은 공식으로 심판의 말씀을 마무리한다. 메시지의 근원에 대해서는 의심할 여지가 없다. 누구든지 범죄의 악함에 대해 논쟁하거나, 대중의 무죄를 주장하거나, 시기가 적절한지에 대해 의문을 제기하고자 아모스와 대화를 하고 싶어 할 수도 있다. 하지만 아모스가 선포했을지라도, 이 말씀들은 하나님에게 속한다. 누가 논쟁하거나 주장하거나 의문을 제기하든지 간에 거룩한 하나님에게 말해야 할 것이다. 아모스는 이 심판 메시지를 이스라엘에게 전했을지라도, 하나님의 권위로 긴급하게 민족들에게 향한 것임을 분명히 한다.

이방 민족들에 대한 고발

아모스 1:3-10

주석적 해설

다마스쿠스(시리아/아람) 1:3-5

아모스를 통해 전달하는 하나님의 첫 말씀은 시리아에 대한 것인데, 시리아의 수도가 **다마스쿠스**이다.[근동의 지도, p. 425.] 다마스쿠스는 하사엘의 왕조의 중심지였다. 즉 유프라테스 강의 서쪽 권력의 중요한 중심지였다. 시리아는 동쪽과 서쪽 사이의 주요 무역로 가운데 하나를 통제했다. 시리아가 심판받고 있는 죄는, 그들이 경제적인 지배에 대한 관심을 확장했다는 것이다. **길르앗**이라고 알려진 지역은 원래 르우벤과 갓과 므낫세 지파에 할당된 트랜스요르단의 이스라엘 영토이다. 종종 이스라엘 및 시리아의 군대와 통치자들이 대가로 요구하던 땅이었다.

분명히 시리아는 길르앗의 영토를 통제했고, 아마도 공물을 거둬들임으로써 **타작**했을 것이다. 소와 어린 암소는 타작마당에 펼쳐놓은 곡식 단 위에서 타작하는 썰매를 끌었다. 썰매의 바닥에는 곡식 단을 부수려고 부착된 날카로운 돌이나 철 조각이 있어서, 곡식은 까부르면 쭉정이와 분리될 수 있다. 좋은 농부는 곡식이 타작되는 특성에 따라 신중하게 썰매의 유형과 무게를 조정했다.사28:24-28 부주의하게 타작하면 곡식에 상처를 주고, 수확물이 줄어든다.

시리아의 죄는 이스라엘 사람들을 정복한 것이 아니라, 그들이 과도하게 수입을 요구하고, 세금을 거두고 대중을 정복할 때 비인간적으로 대했기 때문이다. 그들은 새롭게 얻은 대상에서 "시장이 감당하는 것보다 더 많은 것을" 요구하는 것에 대해 설명해야 했다. 시리아는 하나님의 법정에 자주 같이 등장하는 죄, 곧 탐욕과 폭력이라는 이중 죄에 대해 유죄 판결을 받았다.

하나님의 "유죄" 판결에 따라 탐욕스러운 압제자들에 대한 멸망이 이어질 것이다. 하나님은 요새를 연기 가운데 휩싸이게 하면서, 수도에 불을 붙일 것이다. 심판 자체는 하나님의 대행자의 정체를 거론하지도 심지어 힌트조차도 주지도 않고, 침략의 시기도 분명하게 설명하지 않는다. 궁극적으로 하나님이 언급하고 있는 구체적인 앗시리아의 침략을 확인할 수 있다는 것은 본질이 아니다. 아마도 그 침략은 예언이 있은 후 25년 이내인 주전 750-725년경에 일어났을 것이다. 심판의 확실성과 근원(주님)이 연대보다는 이 본문의 핵심에 훨씬 더 가깝다.

하나님이 자신의 명령을 행하도록 앗시리아를 소환할 때, 시리아가 길르앗을 폭력으로 억압한 것에 대해 그들에게 갚을 것이다. 다마스쿠스의 큰 성문 경첩이 놓인 **돌**이 으깨질 것이며, 그래서 성문 빗장이 갈라질 수 있다.1:5a 침략은 시골과 도시,1:5a 지도자와 평민,1:5b **죄의 평야**새번역, "아웰 평야"-역주와 **기쁨의 집**새번역, "벳에덴"-역주 거주민들 모두, 곧 백성 전체에 영향을 미칠 것이다. 결과적으로 발생할 파괴와 기르암9:7에 따르면 그들의 근원지에의 추방은 하나님의 뜻으로, 시리아의 자랑스러운 정치 역사가 종결될 것이다. 하나님이 자신의 종 아모스를 통해 예언한 대로, 이 말씀은 성취됐다.왕하16:9

가자블레셋 1:6-8

아모스는 한 번 더 숨을 고르듯이, 블레셋의 주요 다섯 성읍 가운데 네 성읍, 곧 가자, 아스돗, 아스글론, 에그론을 두루 다룬다. 갓만 생략되었는데, 아마도 문학적인 이유에서였을 것이다.[팔레스타인 지도, p. 424.] 전반적으로 구약은 블레셋이 도시 국가의 동맹으로 기능한다고 묘사한다.

그들의 죄는 무엇인가? 그들은 **전체 공동체를 에돔에 팔 목적으로 포로로 삼았다.** 여기서 비판받는 두 가지 죄가 있다. 노예 소유 자체는 여기 두가지 죄에 속하지 않는다. 전쟁에서 사로잡힌 노예들은 고대 기준에 따라 인간적으로 다뤄졌다. 이에 대한 대안은 보통 죽음이었다. 이스라엘을 포함해서 고대 근동의 나라들은 생포하여 노예를 소유하는 관습을 실행하고 있었다.

두 가지 블레셋의 죄는 먼저 **전체 공동체**를 노예로 팔아서 문화와 민족을 소멸시킨 것이다. 이런 민족 학살의 행위는 백성의 정체성을 파괴한다. 사람이 후손과 문화를 통해 계속 사는 세계에서, 전체 국민을 노예로 삼는 것은 살아있으나 죽은 것을 의미했다. 그들이 낳은 자녀들은 그들의 주인에게 속할 것이다. 그들의 처녀 딸은 최고의 입찰자의 첩이나 아내가 될 것이며, 그들의 아들들도 노예 노동자가 되고 그들의 자녀들도 또한 주인에게 속하게 될 것이다. 그들의 땅과 사랑하는 자들에게서 헤어지고, 심지어 그들의 신들도 숭배되기를 멈출 것이다. 이것은 전멸이었다.

블레셋의 둘째 죄는 대규모 노예 무역에 참여한 것이다. 반란을 제거하고자 적을 노예로 삼는 것과 순수하게 경제적인 이득을 위해 침략하여 사람들을 생포하는 것은 별개의 문제다. 그들은 탐욕으로 말미암아 총체적으로 긍휼을 외면했다. 즉 다른 이들을 비인간화했다. 사람들은 사고팔며, 인격으로서의 실제 가치는 생각지 않고 사용하는 상품이 됐다.

여기서도 하나님의 불을 보내는 심판이 온 땅을 휩쓸 것이다.1:7-8 주민거주민과 두목왕권 잡은 자이 함께 내려갈 것이다. 하나님은 폭력과 탐욕의 모든 블레셋 중심지를 박살낼 것이다. 심지어 **블레셋 사람들의 마지막 사람까지** 멸망할 때에도 결국에 시적 정의당연한 것으로 여겨지는 인과응보-역주가 지배할 것이다. 즉 블레셋이 은과 금, 말, 향수를 위해 거래했던 사람들에게 닥친 동일한 파멸로 파멸될 것이다.

두로베니게 1:9-10

블레셋의 북쪽으로 약 320km 떨어진 곳에 두로가 있다.[근동의 지도, p. 425.] 아모스 당시, 두로의 요새화된 성읍은 해안가에서 약 0.8km 떨어진 섬에 위치했다. 두로는 큰 베니게 상선과 해군 함대를 숨겼다. 이 성읍의 위치와 방어, 해군으로 말미암아 성읍은 거의 난공불락이 되었다.

두로는 또한 인류에 대한 범죄를 쌓아 올렸다. 두로의 지속적인 범죄는 하나님의 주목을 끌었다. 블레셋과 마찬가지로, 두로는 노예무역에 참여했다. 전쟁에서 사로잡은 포로를 판 블레셋과는 다르게, 두로는 단순히 중개인 역할만 했다. 그들은 인간 육체를 거래하는 상인들이었다. 그들이 냉혹한 현금에 대한 탐욕으로 말미암아 어머니의 품에서 헤어지는 아이들의 울음소리와 부상당한 자들의 신음 소리, 남겨진 자들이 울음소리를 듣지 못했다. 블레셋과 마찬가지로 그들은 경매대에서 **전체 사람들을 팔 때** 이들의 희망을 무시했다.1:9b

최악의 죄는 아직 말하지 않았다. 그들이 판 자들은 그들의 이웃이며 친구였다. 어떤 점에서 그들은 친목의 조약으로 함께 결속되어 있었다. 포로들이 이스라엘 사람이든 그렇지 않든 아모스에게는 차이가 없다. 이들이 범한 가장 큰 죄는 믿음을 지키지 않았다는 것이다. 그들은 분명히 "조약은 깨라고 있는 것이다."라고 말하고 있다. 어느 순간에는 두로가 당신의 친구였으나, 다음 순간에는 그들이 당신을 시장에서 팔 것이다. 그들은 그럴듯하게 **형제애의 조약**을 무시하면서, 사업은 사업일 뿐이라고 말할 것이다. 과거 관계도 이전 협약도 심지어 개인적인 우정도 그 어떤 것도 좋은 거래를 방해하지 못한다.

이런 무정함과 진실의 부족, 우정에 대한 부인은 국제적인 비난과 하나님의 분노를 산다. 가치 있는 어떤 것도 남아있지 않을 때까지, 불이 큰 벽을 따라 훌륭한 **요새**를 전체를 휩쓸 것이다.1:10 하나님이 이름 모를 대행자를 통해 가할 심판의 날에, 두로 사람들이 움켜쥐고 끌어안았던 소유물은 연기, 먼지, 재로 변할 것이다.

관련된 민족들에 대한 고발

아모스 1:11-2:3

주석적 해설

에돔 1:11-12

에돔은 사해의 남쪽 끝 주변을 둘러싼다. 바다의 동쪽에서 모압과 북쪽의 경계를 공유한다. 서쪽으로는 유다와 인접하며, 에돔이 거주할 만한 땅의 남쪽에는 사막이 있다. 에돔의 두 주요 성읍은 데만과 보스라다.1:12[근동의 지도, p. 425.]

아모스는 에돔에 대해 직접적으로 알고 있다. 그는 유다의 농토 남서쪽 가장 자리에 평생 살았었다. 아모스는 하나님을 대신하여 선언하는 구체적인 고발이 무슨 의미인지 잘 안다. 에돔은 유죄이며 벌을 받아 마땅하다.

에돔은 피의 복수, 그것도 자기 형제를 대상으로 하는 죄를 범했다. 국제 법정이나 평화 유지군이 없어, 아모스 당시 나라들은 자체의 정의의 양식을 실행했다. 에돔은 자신이 당한 잘못된 것을 바로잡으려고 시도했기 때문에 법정에 선 것이 아니다. 에돔에게는 (1) 칼로만 바로잡으려 하고 (2) 모든 긍휼을 억누르고 (3) 제멋대로의 분노로 혈족의 분화를 지속한 것에 대해 설명하도록 요구한다. 에돔은 자신이 먹을 수 있는 것보다 더 많이 터무니없이 죽이느늘 화를 내며 들짐승과 같았다. 처음의 공평함에 대한 관심은 엄청난 불의, 형제애에 대한 억제, 불타는 듯하고 복수심이 넘치는 증오로 변했다.

에돔의 분노가 향했던 **형제**는 유다일 수 있는가? 그렇다면 이 죄는 야곱이 자기 쌍둥이 형제의 장자권과 축복을 훔쳤을 때, 처음 시작된 오랜 증오가 계속되는 것일 수 있다.창 25:27-34 정의가 이 사건들에서 잘못 기여한 것이 사실이다. 하지만 한 세대에서 다음 세대로 분노를 지속하고 더욱 불붙듯 분노하여 때로 어느 정도 **긍휼히 여길** 수 있는 것에도 **그르쳤다.**[야곱과 이삭, p. 406.]

데만도 **보스라**도 주님의 심판을 피할 수 없을 것이다. 하나님이 보낸 적은 심지어 자신이 만군의 주님의 대행자 역할을 한다는 사실도 모를 것이다. 하지만 그의 파괴하는 행위는 파괴의 목적을 성취할 것이다. 이로써 하나님은 자신이 죄를 싫어하며 모든 민족을 통치함을 선언할 것이다.

암몬 1:13-15

성서는 암몬 조상을 아브라함의 조카 롯에게까지 추적한다. 암몬 출생의 기사는 소돔

과 고모라의 멸망 사건에서 롯의 아내의 죽음과 연관된다.창19장 암몬 족속은 점차 트랜스
요르단의 모압 북쪽에 정착할 때까지 동부 사막의 가장자리에 살았다. 그들은 북쪽의 길
르앗이스라엘과 남쪽의 모압 사이에의 압박을 받았으며, 끊임없이 동쪽까지 침입하는 사
막 사람들이었다. 요단 강 단층 계곡이 서쪽에서 암몬을 감쌌다.[근동의 지도, p. 425.]
그들은 숨 돌릴 틈이 없었다.

그들은 민족의 생존에 대한 관심을 확장 정책으로 분출됐다. 이것이 그들의 죄를 범하
게 된 원인이다. 구체적으로 하나님은 **그들에게 자신들의 경계를 확장하고자 길르앗의
임신한 여인들의 배를 갈랐다**고 고발한다. 땅과 안전에 대한 필사적인 욕망에서 이를 단
순하게 해결하려 하기에 이르렀다. 암몬은 길르앗을 침략했으며, 모든 남자들을 죽였고
여인들을 노예로 팔았다. 성장했을 때 영토의 소유권을 다시 주장할 수도 있는 길르앗 남
자들의 출생을 막으려고, 그들은 모든 임신한 길르앗 여인들의 배를 갈랐다. 암몬은 이런
혐오스러운 잔인한 행위로, 땅에 대한 욕망이라는 죄를 가중시켰다.

주님은 **암몬의 랍바에서 파멸의 불을 붙일 것이다**. 한 절정의 날에 적은 전투 가운데
냉담하게 소리 지르며 수도의 벽을 공격할 것이다. 알려지지 않은 공격자는 이 "안전한"
땅 전역을 쓸모없게 만들고 그들의 왕을 추방시키면서, 폭풍과 같이 분노할 것이다. 죽음
과 파멸은 하나님이 포고한 죽음과 파멸을 초래한다. 추방된 백성은 자신들의 안전을 위
해 그렇게 잔인하게 빼앗았던 땅을 소유하지 못할 것이다.

모압 2:1-3

모압은 창세기에서 롯의 장녀에게서 난 롯의 장자로 묘사되는데,창19:30-38 다음으로
범죄 행위에 대한 냉혹한 고발을 듣게 된다.[근동의 지도, p. 425.] 그러나 우리가 듣기
에, **에돔 왕의 뼈를 재가 되기까지 태운다는 것**은 사소한 일에 야단법석을 떠는 것 같다.
이 고발은 탐욕에 대해서도 폭력에 대해서도 말하지 않는다. 하지만 이 고발은 다른 이들
에 대한 모욕의 태도를 다룬다.

조상들을 존경하고 죽은 자를 존중하는 세계에서, 시체를 모독하는 것은 최고의 경멸
과 혐오를 보이는 행위다.왕하23:16 참조 **뼈를 태운다**는 것은 모압이 의도적으로 왕의 시체
와 기억을 모독하려고 왕의 무덤을 털었다는 것을 의미한다. 지도자는 백성을 대표하고,
백성들에게 기능적이고 대표하는 정체성을 부여하기 때문에, 적의 왕의 뼈를 태우는 것
은 전체 국민에게 행한 것이기도 하다.

모압의 뻔뻔스러운 행위는 하나님의 감독과 심판을 받게 된다. 하나님은 더 이상 심판

을 자제하기를 거부한다. 하나님의 분노의 대행자는 삼킬 듯한 분노로 모압을 굴복시킬 것이다. 모압의 요새와 방어막은 불에 탈 것이다.암2:2a 그의 백성과 지도자들재판관과 관료들은 멸망할 것이다.2:2b-c 의심의 여지없이 재판관은 민족의 지도자를 가리킨다. 그들의 역사의 다른 시기에 모압이 왕을 가진 것으로 묘사되지만,삼상12:9; 왕하3:4; 렘27:3 이 당시 모압은 그들의 지도자를 "왕"보다는 재판관으로 임명했을 수 있다.

아모스는 모압의 임박한 운명을 생생하게 묘사한다. 침략하는 군대는 주요 요새들을 공격한다. 그들이 벽을 뚫고 성문을 때려 부술 때, 공격하는 군사들은 방어하는 많은 사람들이 마지막으로 저항하려고 피했던 건물의 나무를 불태웠다. 대기는 불과 연기, 소음과 혼란으로 가득하다. 나팔이 울리고, 군사들은 등골이 오싹하게 외쳤다. 모압이 자기 이웃의 감정과 위엄을 완전히 무시했기 때문에, 죽음이 다양한 형태와 규모로 덮쳤다.

그 날이 오고 생존자가 예언을 떠올릴 때, 그들은 이런 파멸의 배후에 이스라엘의 군주로서의 하나님의 손길이 있다는 것을 상기하게 될 것이다. **나는 … 불을 놓을 것이며, … 멸망시키고, … 죽일 것이다**라고 주님이 말씀한다. 이제까지 무시됐던 것은 주님의 뜻이다.

성서적 맥락에서의 본문
하나님이 통치한다

주님의 위협하는 부르짖음에는 다른 신들에게서 어떤 도전하는 대응도 없다. 성서는 신들이 경합하는 것에 대한 이야기로 가득한데, 다른 민족들의 신들은 왜 침묵하는가?

많은 다른 경우에서와 마찬가지로, 여기서 하나님은 자신이 메소포타미아이든, 이집트이든 가나안이든, 민족들의 신들보다 우월하다는 것을 보여준다.신4:15-19; 수24:14-15 주전 5세기 전 예언자의 메시지에서 지배적인 논쟁은 다른 신들이 얼마나 부적절하며 하나님이 모든 권능의 대결에서 그들보다 얼마나 뛰어난지를 보여주는 형식을 취한다. 이스라엘의 여호와는 신이라고 불리는 모든 것보다 우월하다. 출애굽, 가나안 땅의 입성과 소유, 그리고 엘리야 당시 바알 및 아세라와의 싸움, 이 모두는 여호와가 비교할 수 없으며, 여호와의 통치는 이스라엘이 차지하게 된 영토에 국한되지 않다는 사실을 보여준다.

사탄은 예수님을 유혹할 때, 지상의 나라를 통치한다고 주장한다.마4:8-9; 병행본문 사탄은 사람들을 압제하는 일과 하나님의 함께함을 왜곡하는 일에 협조하는 인간의 제도를 통해 반역자의 마음 가운데서 통치한다는 점에서, 이 주장은 타당하다. 그럼에도 하나님은 모세나 여호수아나 엘리야나 아모스를 통해서 심판을 선언할 때, 세상에 대한 궁극적인 소유권을 주장한다. 하나님은 민족들을 심판할 권리를 보유하고 있다. 하나님이 자신의 권리를 행사할 때, 이 세상의 신들은 무능하게 보인다. 그들은 굴복하여 침묵한다. 주님의 우월함은 국제적으로 뻗어 나가고, 강력하게 통제하는 가운데 드러난다. 하나님이 자신을 재판관으로 보여줄 때, 역사의 영역에서 갈등은 "경쟁이 안 되는 것"으로 드러난다.

윤리와 돌봄

아모스서에서 시작하며 쇄도하는 심판 신탁은 우리에게 하나님이 돌본다는 것을 알리고 있다. 하나님은 성도와 죄인을 돌본다. 하늘의 아버지는 자신의 해가 의로운 자와 불의한 자에게 비추게 하며, 모두에게 동일하게 비와 땅의 보상을 허락한다.마5:42-48 하나님은 자신들의 행동으로 자연이라는 하나님의 선물을 특권층이나 권력을 가진 소수에게 사람을 비판한다.

하나님에게 신실한 반응은 항상 순종을 포함하며, 순종은 정의와 은혜, 긍휼, 사랑의 행위를 표방한다. 인도주의적 기준을 따르는 것은 고귀하며, 하나님의 기록된 계시로 인도함을 받지 않는 사람들 가운데서도 일어난다.창14:17-24; 롬1:18-2:16 우리는 하나님이 이 민족들을 심판하는 토대가 하나님의 말씀이나 구체적인 계시나 언약이 아니라는 점을 놓쳐서는 안 된다. 악은 집단의식을 통해 본질적으로 그렇게 인식되는 악이다. 심지어 어떤 하나님의 계시와도 별도로, 하나님은 사람을 책임을 지도록 부를 권리가 가졌다.

구약은 많은 다양한 방법으로 하나님의 윤리적 성품을 표현한다. 순종에 대한 부름은 노아에게든,창9:1-17 아브라함에게든,창17:1-14 시내 산에서 이스라엘에게든,출20-24장 다윗에게든,삼하7:1-17 하나님의 언약 관계의 본질적인 부분이다. 구약의 전체 율법과 신약에서 예수님과 사도들의 가르침은 윤리적 존재로서의 하나님이라는 진실에 뿌리를 둔다. 이것에 근거하여 성서는 확고하다. 그리고 하나님은 윤리에 관심을 가지므로, 하나님의 백성은 하나님의 본성과 관심을 반영해야 한다. 이 주제는 성서 전반에서 놀랍게 자주 나온다.

너희의 하나님인 나 주가 거룩하니, 너희도 거룩해야 한다.레19:2

그러므로 당신들은 마음에 할례를 받고, 다시는 고집을 부리지 마십시오. 이 세상에는 신도 많고, 주도 많으나, 당신들의 주 하나님만이 참 하나님이시고, 참 주님이십니다. 그분만이 크신 권능의 하나님이시요, 두려우신 하나님이시며, 사람을 차별하여 판단하시거나, 뇌물을 받으시는 분이 아니시며, 고아와 과부를 공정하게 재판하시며, 나그네를 사랑하셔서 그에게 먹을 것과 입을 것을 주시는 분이십니다.신10:16-18

이제 나는 너희에게 새 계명을 준다. 서로 사랑하여라. 내가 너희를 사랑한 것 같이, 너희도 서로 사랑하여라. 너희가 서로 사랑하면, 모든 사람이 그것으로써 너희가 내 제자인 줄을 알게 될 것이다.요13:34-35

여러분이 하나님께서 의로우신 분임을 알면, 의를 행하는 사람은 누구나 다 하나님에게서 났음을 알 것입니다.요일2:29

신실한 삶을 살게 하는 원동력의 근본적인 동기는 하나님이 자기 백성을 신실하게 돌보는 행위에 기인한다. 하나님은 존재 자체에서 윤리적이므로, 하나님의 방식을 따르는 자들도 하나님의 본성과 일치하여 윤리적이다. 이 특성은 사랑과 정의라는 무한한 행동에서 자체를 드러낸다. 하나님을 아는 지식을 억누르면 개인과 민족은 하나님의 뜻에서 벗어나고, 긍휼과 정의의 충동을 외면하게 된다.

하나님의 자기 계시는 항상 실제적인 의미를 지닌다. 하나님은 겉치장을 위해 신학적 사고라는 세밀하게 짜인 장식에 특히 관심을 가지는 것이 아니다. 이런 이유에서 성서 곳곳에서 심판을 열거할 때, 이것은 원인X의 세 가지 죄에 대하여, 심지어 네 가지에 대해. … 때문에 … 과 결과그러므로, … 에 밀접하게 연결된다. 하나님은 개인적으로나 은밀하게 윤리적인 것이 아니다. 하나님은 사람들이 자신의 도덕적인 행위와 구원하는 행위에 기뻐하고 이 행위들을 닮게 하려고, 이 행위들을 인류 앞에 드러낸다.

민족들을 다룸

구약과 신약 모두에서 하나님은 민족들에게 책임을 추궁한다. 구약 예언자들은 종종 민족에게 하나님의 말씀을 전달한다.요나; 나훔; 사13-25장; 렘46-51장; 겔25-32장 민족들에 주목한다는 것은, 이스라엘이 제사장 나라가 되어야 한다는 역할을 분명히 한다.출19:1-7 침례 요한이 이 전통에 서 있다. 요한은 자기 동생의 아내와 결혼한다고 헤롯을 비난했다. 예수님은 공개적으로 헤롯을 "여우"라고 불렀고, 그렇게 함으로써 헤롯의 정치 정책과 교활한 관행을 비판했다.눅13:32 바울은 "선함과 절제와 장차 올 심판"행24:24-25이라는 주제로 벨릭스에게 예수 그리스도를 믿는 믿음을 설명했다. "선함"을 가리키는 히브리어 상당어구는 "정의," 곧 아모스서의 용어이자 개념이다.[공의와 정의, p. 407.] 그래서 벨릭스에게 전하는 바울의 메시지는 벨릭스가 통치한 자들, 그가 통치하는 방식, 어떻게 통치할 것인가에 대해 하나님에게 지는 그의 책임에 대해 바울 자신이 가지는 관심과 관련 있다. 그러므로 지도자와 민족들을 다룰 때, 복된 소식은 하나님이 그들의 권력 행사와 정치와 국가 정책에 관심을 가진다는 것을 포함한다.

구원, 곧 하나님의 회복하는 사역은 인간의 사회 구조의 한계에까지 확대된다. 개별 죄인뿐만 아니라, 모든 인간 제도는 악이나 악의 세력에 기여하는 데 사용될 수 있다. 아모스 1-2장에서 민족들의 정책과 관행은 악의 도구이다. 단순히 왕이나 군대가 아니라 국가에 책임이 있다. 집단적인 악은 민족의 정신의 일부가 됐다. 민족들은 민족의 생존이나 자부심, 복수나 이득을 위해 침략을 추구한다. 정치와 사회구조는 이 사회에 존재하는 한, 도덕적으로 중립적이지 않다. 인류의 죄는 사람들이 건드리는 모든 것을 감염시켰다. 영향을 받은 구조 및 그들이 조장하는 도덕적인 정신과 동일시하는 모든 자들은 그들이 만든 것에 대한 책임을 받아들여야만 한다. 이런 이유에서 심판은 각 민족의 권력 중심을 친다. 그리고 그 중심이 파괴되면 모든 의존하는 부분들도 영향을 받고 포함된다.

교회생활에서의 본문
악을 명명하기

수세기에 걸쳐 교회는 교회가 함께 존재하고 있는, 명목상으로 "그리스도인"이거나 비그리스도인이라고 선언하는 사회의 죄를 다루는 사안과 씨름했다. 사회에 두드러지는 대부분의 죄들은 교회에도 비슷하게 나타난다. 죄는 어떤 기존 공동체에 지역적으로 나타나거나 고립되지 않는다. 하지만 주변 문화의 지배적인 죄는 또한 신앙 공동체에서의 다툼의 원인이 되는 경향이 있다. 교회가 이들 사안에 대해 반응한 것은 교회가 복음에 신실하다는 시금석이 된다. 구체적인 사례로, 자이르 문화에서 사기와 뇌물의 높은 발생률, 미국 사회에서의 부에 대한 심취, 브라질에서 혼외 자녀 출생의 높은 발생률, 이 모두는 이 나라들에 있는 교회의 신학과 실천에 반영된다. 이런 점에서 교회가 사회를 다룰 때, 보통 그 사회의 그리스도인들 가운데 지배적인 죄를 다루고 있다. 주전 8세기의 이스라엘도 예외가 아니었다. 이스라엘 사회와 주변 사람들 사이의 죄의 상관관계를 주목하라. 분명하게 하나님의 백성의 성화는 불완전하다.

교회는 그리스도의 이름을 주장하는 자들의 내부 죄를 다룰 주요 의무가 있다. 많은 신자들은 교회도 문화의 파괴적인 진행에 대해 자신의 사회나 다른 나라의 사회에 대해 말할 의무를 지니는지 묻는다. 리처드 니부어H. Richard Niebuhr는 그리스도와 문화 관계라는 면에서 이 사안을 규정했다. 문화가 파괴적이기 때문에, 그리스도는 이 문화에 대해 저항한다. 교회는 다양한 관점을 제시했고, 교회가 존재하는 동안 실천에서 다양한 입장을 취했다.

아모스가 다룬 대부분의 민족들시리아, 블레셋, 베니게, 에돔, 암몬, 모압은 자신들의 민족 신을 여호와로 여기지 않는다. 그러나 다른 민족유다, 이스라엘은 자신들의 신을 여호와로 여긴다. 현대의 비슷한 상황은 아마도 스스로를 그리스도인들로 여기는 나라들서부 유럽 나라들, 미대륙과 이런 표식을 거부하고, 의식적으로 세속적이라고 여기거나 다른 종교로 구별되거나 무신론주의자들이스라엘이나 마르크스주의자나 무슬림 국가와 같이 사이에 존재할 것이다. 아모스는 문화나 신앙을 뛰어 넘는 소통의 패러다임의 역할을 할 수 있는가?

첫째, 아모스는 공개적으로 자신이 선포하는 메시지의 근원이 주님이라고 밝힌다. 이 메시지는 개인적인 의견이 아니고, 역사의 주인이기도 한, 우주의 창조주이자 섭리하는 이의 뜻에서 유래한다.1:2 아모스는 자신이 누구를 섬기는지, 그리고 민족들이 누구에게 책임을 져야 하는지에 대해 자신의 증언에서 단호하다.

둘째, 사회에 대한 모든 비판에는 암묵적으로나 노골적으로 하나님의 은혜와 인내를 선언하는 내용이 수반된다. **서너 가지 죄에 대해서**라는 구절은 상투적인 표현이기는 하지만, 여전히 사람들에게 주님은 이 시점까지 은혜로웠다고 상기시킨다. 하나님은 그들이 처음 잘못했을 때 치지 않았다. 아모스 자신은 이스라엘이 회개하도록 호소할 때, 이것을 추론했다.5:15 그는 **주 만군의 하나님이 남아 있는 요셉의 남은 자를 불쌍히 여기실** 것을 희망한다.

셋째, 어떤 대안의 조치를 보이면서 회개와 변화를 요구하는 것이 심리적으로는 바람직하겠지만, 아모스는 민족의 정책에 대한 대안을 제시하지 않고 하나님이 죄를 싫어한다고 선포한다. 즉 아모스는 죄의 구체적인 형태를 확인한다. 아모스는 국제적으로 인정된 중재인이 아니다. 그는 하나님을 대변한다.

기독교 공동체가 사람 사이의 다툼과 공적 생활의 영역에 깊이 관여할 때, 교회가 사회에 대해 하는 증언이 신뢰할 만하게 된다. 예언자들은 회개를 요구하지만, 또한 슬퍼하는 자들을 위로하고 상처 입은 자들을 치유하며, 왕과 지도자들에게 충고하고 구체적인 공공 정책을 증진하며, 가난한 자들과 버림받은 자들과 함께 고통을 나눔으로써 인간의 권리를 옹호한다.이사야, 예레미야, 에스겔 참조 예언자들은 모든 차원에서 인간의 문제에 깊이 참여한다. 추방되었을 때에, 그들은 다니엘과 마찬가지로 심지어 이런 사람들을 위해 하나님의 뜻을 선포하면서도, 노예나 주민이 된 민족의 안녕을 위해 사역한다.

넷째, 아모스는 사람들의 모든 죄에 대해 말하려 하기보다는, 중심이 되는 중요한 사안을 다룬다. 이것은 유다와 이스라엘뿐만 아니라 모든 민족들에게도 해당한다. 보편적인 비판은 상황에 맞지 않을 수도 바로잡지 못할 수도 있다. 아마도 유다를 제외하고 초점이 되는 죄는 사람들을 다루는 것과 관계가 있는 듯하다. 이 죄는 개인, 사회, 정치 또는 국가의 차원에서든 그들의 관계를 포함한다. 모든 경우 죄는 구체적이다. 죄는 사람들이 회개할 수 있는 무언가이다. 언급된 죄에 대해 깊은 슬픔 가운데 회개한다면, 그들의 태도를 변화시키고, 그들의 사회에 대변혁을 일으킬 것이다. 그들이 연약한 자와 자신들의 대적을 진실과 자비로 대한다면, 이것은 불가피하게 집단적인 차원에서 더욱 긍휼히 여기며 더욱 친절한 사회로 변화시킬 것이다.

다섯째, 아모스는 일관되게 메시지를 듣는 사람들이 이해할 수 있는 담화의 언어와 범주를 사용한다. 아모스는 민족들의 죄가 국제적인 관례를 어겼다고 묘사한다. 이처럼 아모스는 사람들이 스스로와 서로 평가할 수 있으면서도, 흔히 이해되는 기준을 제시한다. 실제로 그들은 자신들이 서명한 인류의 권리에 대한 UN 헌장을 어겼다. 어느 누구도 이전 위반에 대한 고발 뒤에 숨을 수 없다. 모두가 심판을 받아 마땅하다.

동시에 스스로를 하나님의 백성이라고 선언하는 자들은 더 큰 책임을 지도록 부름 받았다.하박국; 마11:20-24 어떤 나라에 있는 하나님의 백성도, 특히 그 나라가 탁월한 윤리 기준을 가졌다고 공언한다면, 그 사회의 개인적인 삶과 공적인 삶에서 분별돼야 한다. 이런 점에서 세상 가운데 스스로 "기독교" 국가라고 선언하는 자들은 더 훌륭한 지식을 소유했으므로, 더 온전한 지식에 따라 범한 범죄에 대해 더 엄격하게 심판받을 것이다.

하나님을 축복하기

1994년 유럽과 일본, 미국 사업 지도자들이 윤리에 대한 국제 규약을 처음으로 진전시키고자, 스위스의 코Caux에서 만났다. 성명서는 현저하게 실제적이었으며, 인간의 존엄에 대한 관심에 뿌리를 두었다. 분명히 주님께서 아래의 원리들을 증진하려는 모두에게 축복할 것이다!

원리 1. 사업의 책임: 주주를 넘어 이해당사자를 향해

사회에 대한 사업의 가치는 사업이 만드는 부와 고용이며, 사업이 품질에 비례하여 합리적인 가격으로 소비자에게 제공하는 시장성 높은 생산품과 서비스다. 이런 가치를 창출하려면, 사업이 경제적인 건전성과 실행 가능성을 유지해야만 하지만, 생존 자체가 목적이 되어서는 안 된다.

사업은 모든 고객, 피고용인과 주주들과 사업이 만들어낸 부를 공유함으로써, 그들의 삶을 증진하는 데 기여한다. 공급자 및 경쟁자들 역시 사업에서 정직과 공정함의 정신으로 그들의 의무를 존중하도록 기대하게 된다. 사업체가 운영하는 지역, 국가, 및 세계 공동체의 책임 있는 시민으로서, 사업체는 그들의 공동체의 미래를 형성하는 데 일부를 감당한다.

원리 2. 사업의 경제적 영향과 사회적 영향: 혁신과 정의와 세계 공동체를 향해

계발하고 생산하고 팔고자 외국에 세운 사업도 활발한 고용을 증대하고 그 나라 시민의 구매력을 높이는 데 도움을 주어, 그 나라의 사회 발전에 기여해야만 한다. 사업은 또한 사업이 운영하는 나라의 인류의 권리, 교육, 복지 그리고 활력에 기여해야 한다.

사업은 자원을 효과적이며 신중하게 사용하고, 자유롭고 공정한 경쟁을 하며, 기술, 생산 방식, 마케팅 및 소통에서 혁신을 강조하여, 그들이 운영하는 나라뿐만 아니라 전체 세계 공동체에서의 경제와 사회 발전에도 기여해야 한다.

원리 3. 사업 행동: 법의 문자를 넘어 신뢰의 정신을 향해

거래 비밀이 정당하게 허용되면서도, 사업은 특히 국제적인 수준에서 진실과 공정, 정직, 약속 준수, 투명성이 자신들의 신뢰와 안정성뿐만 아니라, 사업 거래의 원활함과 효율성에도 기여한다는 것을 인식해야 한다. ⋯Business Ethics 10/1 [1996]: 36–37

주님의 백성들에 대한 고발
아모스 2:4-16

주석적 해설

유다 2:4-5

유다가 쌓아 올린 범죄는 이교도 이웃과 마찬가지로, 동일하게 철저히 검사받는다. 유다 사건에서 화근이 되는 것은, 그들이 의도적으로 **주님의 율법을 거부하고**, 하나님의 **율례를 지키기를 거부하며, 거짓 신들**을 좇았다는 것이다. 이 고발의 용어는 종종 신명기에서 경고의 진술에 나온다. 신명기에서 이스라엘에게 하나님의 "가르침""토라," 28:58; 29:21; 32:46을 따르고 하나님의 구체적인 율례를 반드시 지키라고4:40; 16:12; 26:17 명령한다.

아모스는 하나님의 율법을 이렇게 어기는 가장 빈번한 원인은 **거짓 신들**을 좇는 것그들의 거짓이 그들을 잘못 이끌었다이라고 설명한다. **거짓**이라는 단어는 성서 다른 곳에서 우상을 가리키는 데 사용된다.사28:15,17; 시4:2; 40:4 실제로 시편 4편 2절에서 경건하지 못한 자들은 거짓에서 하나님의 말씀을 찾는 자들이라고 묘사된다. 우상이 유다가 길을 잃게 한다는 것은 놀랍지 않다. 즉 우상은 거짓새번역 "거짓 신"-역주이 된다. 우상은 생명을 약속하지만 죽음을 일으킨다. 우상은 하나님의 백성의 전체 세대를 속이는 말로 현혹하고 하나님의 진리를 왜곡했다. 유다는 하나님의 길로 행하지 않고 죽음의 길로 곤두박질친다.

유다에 대한 고발은 일반적인 용어로만 제시된다. 하지만 이 용어들은 하나님의 뜻에 대한 요약으로 종종 나오기 때문에, 메시지는 의심의 여지없이 명백하다. 유다의 범죄는 어떤 하나의 불법적인 행위가 아니다. 유다는 자신의 언약 주님을 부인한다. 다른 신들거짓을 따를 때, 유다의 삶의 전체 방식은 왜곡됐다. 우상 숭배와 참된 하나님에 대한 예배를 혼동하여, 이어지는 세대에도 뿌리 깊이 반복되는 삶이 되었다.암2:4c 결과적으로 유다는 진리를 인식할 수 없게 됐다. 이런 고정된 패턴은 하나님의 개입으로만 깨어질 수 있다. 그리고 하나님은 개입할 것이다. **내가 … 불을 보내겠다. 그 불이 예루살렘의 요새들을 삼킬 것이다.**[유다와 다윗, p. 407.]

이스라엘 2:6-16

이스라엘은 아모스가 극적으로 상술한 내용 가운데 주목받는다. 아모스가 북 왕국의 이웃들에게 심판의 메시지를 차례로 전할 때, 우리는 이스라엘 사람들이 서로 눈치를 주며 기뻐하는 것을 상상할 수 있다. 이스라엘의 전통적인 적들에 대한 심판은 자신들에게는 성공이 되며 자신들의 정당성이 입증되는 것이라고 그들은 생각한다. 그들은 전체가 조여드는 올가미가 됐다는 사실을 너무 늦게 깨닫는다. 마지막 말씀은 이스라엘을 심판으로 감싼다. 그들은 **서너 가지 죄에 대해** 하나님의 미사일을 피할 여지가 없다. 다섯 가지 구체적인 고발이 이어질 것이다.

2:6-8 범죄의 긴 목록

부채-노예

이스라엘 사람들은 동료를 부채-노예로 팔았다. 법은 이렇게 이스라엘 사람을 부채-노예로 삼는 조건을 통제했다.출21:7-8; 레25:39-55; 신15:12-18 관습은 이스라엘과 유다에 흔했지만사50:1; 렘34:8-22; 느5:1-8 마지막 두 본문이 보여주듯이, 부채-노예는 학대당할 가능성이 높다. 아모스를 통한 하나님의 말씀은 두 가지 학대를 공격한다. 첫째는 **의로운 사람**을 노예로 파는 것이었다. 법적인 상황에서 "의로운"이라는 용어는 죄가 없다는 것을 의미하며,신25:1; 호14:9 어떤 가난한 이스라엘 사람이 사기 당했다는 것을 내포한다. 담보를 가지고 있는 자들은 대출에 대한 담보권을 행사하여, 부채를 갚도록 빌린 사람을 판다. 법 문헌에 나오는 동사 형태가 "팔리다"보다는 "스스로를 팔다"로 번역하는 것이 옳다면, 부채-노예와 관련하여 법적으로 오직 빌린 사람이 주도권을 행사하는 것이다. 빌려준 사람이 아니라, 빌린 사람이 어떻게 자신의 부채를 갚아야 할 지를 결정한다. 이스라엘 사람들에 대한 고발에서 본문은 채권자가 빚진 자를 솔선해서 파는 것을 의미한다. 암2:6 이것은 복합적인 범죄를 나타낼 수 있는데, 곧 강제로 압류하여 파는 것이다.

강탈

둘째 학대2:6d는 **신 한 켤레 값에또는 때문에 가난한 자를 파는 것**이다. 신 한 켤레에 대한 언급은 형제의 혈통을 보존하려는 헌신에서 신을 벗는 관습이 아니라,신25:5-10; 룻4:7-8 사람을 파는 것을 가리킨다. 여기와 아모스서에서 다른 네 곳4:1; 5:12; 8:4, 6에서 사용된 "가난한"을 가리키는 히브리어 단어는 여기서 "공동체-땅과 돈에 대한 자본재를 접근"하지 못하는 이스라엘 사람들 가운데 토지 소유 계층을 가리킨다.Yoder, 1987:129 빌리고 빌려주는 관습은 3세기 후 이집트에서와 같다면, 그것은 정말로 냉혹한 상황이다. 이집트의 문서는 사람들이 종종 씨앗을 위해서든 음식을 위해서든 곡식을 빌렸다는 사실을 가리킨다. 연 50-100퍼센트의 이자가 일반적이었다.

안식년 법은 땅을 50년 째 해에 땅을 원래 주인에게 돌려주었다.레25:8-55 이스라엘의 서투른 사업 관행 때문에, 명백하게 이 법은 이스라엘에서 무시됐다. 언급되지 않은 요인은 만연해 있는 바알 정신이었는데, 이 정신은 독립적인 지주의 역할을 높였다.[바알, p. 388.] 압제의 풍토가 가나안 땅에 정착했다.

가난한 사람들은 임금을 버는 사람들이 되거나, 독립적으로 남으려면 빌려야 했다.신24:14 아모스 본문에서 이 가난한 자들은 이미 자신들의 땅을 박탈당했다. 그들의 마지막 담보는 자신과 그들의 가족들이었다.왕하4:1-7 참조 곡식을 탐하여, 이스라엘의 채권자들은 무정하게 **신 한 켤레**에 해당하는 작은 빚을 해결하려고 자기 이웃을 팔았다. 이스라엘의 부자들은 부를 축적하는 데 전념했다. 사람과 공동체는 거의 중요하지 않았다. 통상적인 지혜는 "당신이 성공하고자 한다면 긍휼을 억눌러라."인 것 같다. 어느 누구도 성공에 대해서는 반대하지 않는다. 아모스를 제외하고는 어느 누구도 반대하지 않는다.

긍휼과 함께 공동체에 대한 의식도 쓰레기 더미 속으로 사라진다.

압제

이스라엘의 셋째 범죄는 가난한 자들을 압제하는 것이다.암2:7a 이 절에서 언급되는 가난한 사람들은 무력한 자들이며,4:1; 5:11; 8:6 참조 **사회적으로나 경제적으로 압제당하는** 자들이다. 이들은 고아 및 과부와 같이 항구적으로 가난한 자들을 포함한다. 그들은 경제력을 모두 소진했다.

번역은 간결한 히브리 시이거나 필사자가 실수한 것을 의미가 통하게 하려는 시도에서 다양해질 수 있지만, 고발의 핵심은 분명하다. 어떤 부자가 가난한 자를 이용하고 있다는 것이다.

누군가의 머리를 짓밟는다는 형상은 군사 정복에서 가져왔으며 계층 갈등을 의미한다. 사회는 정복자와 정복당하는 자로 나뉜다. 사회에서 이 "패배한" 부류는 법정에 동등하게 접근하지 못한다.2:7a 이 사실은 **압제당하는**이라는 단어가 미치는 영향력을 잘 담아낸다. 아마도 부자는 자기 공동체에서 재판관의 역할을 한다. 이로 말미암아 자급자족하는 농부와 일용직 노동자는 특히 불이익을 당하게 된다. 재판관이 지불청구서를 쥐고 있을 때 가난한 사람이 얼마나 정당하게 대우 받겠는가? 이런 정의의 왜곡은 분명하게 이스라엘의 도덕 규정과 반대됐다.출23:6-8; 신16:19; 24:17-18

긍휼이 사라졌을 뿐만 아니라,암2:6b 이스라엘은 모세의 법 아래 모든 사람에게 제시되는 기본적인 권리를 어겼다.

성적 학대

넷째 범죄는 어린 여자들을 겉으로는 사회적 목적이나 종교적 목적으로 제의 창녀에게처럼 학대하는 것이다.2:7b 이 고발은 아들과 아버지가 **같은 여자**노예가 아니라와 성관계를 하는 것에 대한 것이다. 히브리어로 본문은 "한 남자와 그의 아들"이 아니라, **한 남자와 그의 아버지**라고 되어 있다. 본문은 모든 남자가 여자같이 연약한 사람이거나 약혼한 남자와 그의 아버지가 신부가 될 사람과 성관계를 하거나, 어린 남자의 아버지가 근친상간을 행하고 있다고 암시한다. 어떤 경우든지 그들은 일부일처 결혼의 신성함을 더럽힌다. 신22:13-30 참조 그들은 심지어 풍요를 보증하고 따라서 후손을 통한 안전을 보장한다는 종교적 동기도 있을 것이다.[음행, p. 412.] 구체적인 동기가 무엇이든지 간에 이 행위는 **하나님의 거룩한 이름을 더럽힌다.** 이 행위는 결혼의 토대를 부도덕함에 두며, 어린 여자의 인격을 훼손한다. 팔렸든 약혼했든 결혼했든, 여자는 남자의 욕망의 무기력한 대상이자 희생자로 전락한다.

이런 이교적 풍습은 이스라엘의 신앙과 이스라엘의 하나님을 다른 민족들과 구분할 수 없게 한다. 이런 풍습은 여자를 무시하며, 곧 결혼 언약을 계약으로 축소하고 하나님의 이름을 더럽힌다.[언약, p. 395.]

불의와 위선

아모스는 다섯째 범죄,2:8 곧 종교적 이유에서 정당화되는, 가난한 자에 대해 범하는 죄를 서둘러 지적한다. 이스라엘의 법은 자기 가족을 부양하고자 빌린 사람을 보호했다. 채권자는 낮에는 해에서 보호하고 밤에는 추위에서 보호하는 데 사용하는 남자의 무거운 보호 옷을 담보로 받곤 했다. 토라는 채권자가 해가 진 후에 겉옷을 계속 가지고 있지 못하도록 금지했는데, 이 옷은 밤에는 주인의 담요 역할을 했기 때문이다.출22:26-27; 신24:12-13 부자는 자신의 채무자의 복지에 대해 완전히 무시하며 행했다.

장면을 상상해보라. 빌려준 자는 가난한 사람이 자기 가족을 살릴 정도로 충분한 음식을 빌려줄 만큼 가난한 사람에게 "은혜"로웠다. 그는 밤을 보내려고 좋아하는 성소에 가거나, 하나님에게서 말씀을 기다리거나,시3-4편 주님께 기도할 때, 담보로 받은 겉옷을 가져간다. 다른 경우에 아마도 어떤 관리 지위에 있는 부자가 어떤 법을 어긴 것에 대해 포도주로 지불되는 벌금을 강요한다. **벌금**이라는 단어는 가해진 상해에 대한 보상을 가리킨다.신22:19; 출21:22

아모스의 고발에서 "다른 편"은 가난한 사람이다. 예언자는 가난한 사람이 죄가 없다고 제안하는 것이 아니다. 실제로 가난한 사람은 그들이 가난하다고 해서 석방되지는 않을 것이다.출23:3 참조 그러나 부유하면서도 권력이 있는 자는 약하고 곤경에 처한 자에 대해 모든 가능한 소유권을 강력하게 주장했다고 유죄로 판결 받는다. 이런 주장에 맞서 가난한 자는 법 앞에서 청구권에 제약이 있다.암2:7a 당시 부자들은 독선적으로 담보 및 포도주로 받은 벌금을 자신들이 주님께 헌신하는 행위에 충당하는 데 사용한다. 무력한 자를 향해 이런 태도와 행위를 보이는 것과 하나님에게 공공연하게 헌신하는 것 사이에 내적인 충돌이 있다. 하나님에게 범한 것이든 사람에게 범한 것이든 죄가 있다는 것은 모든 이런 예배를 무효로 만든다.

이스라엘의 제도 역시 하나님의 뜻을 구체화하지 못한다. 거래와 상업, 사법 제도, 결혼과 가족, 종교 제도, 이 모두는 왜곡됐다. 이것들은 대표적인 죄다. 여기서의 묘사는 습관적인 행동을 가리킨다.2:6-8 사회 구조는 통제하는 사람들에게 압제의 무기가 됐다. 민족이 온전하게 회복된다면, 교환의 수단은 긍휼, 사랑, 정의가 되어야만 한다.

2:9-12 아모리 족속보다 심각함

생각의 눈이 이 장면을 눈여겨보고 있다. 배경은 성문으로 대다수의 중요한 거래가 일어나는 곳이다. 아모스는 하나님의 말씀을 전달하고자 하는 깊은 충동을 이야기하면서, 성문 옆에 서 있다. 우리는 성읍에서 거래를 이어가는 성읍의 특권층, 부자와 권력을 가진 자들을 상상할 수 있지만 보통 때와는 같지 않다. 그들은 아모스를 쫓아내고 싶어 한다. 하지만 아모스가 참된 예언자라면, 그들은 최소한 그가 말해야 하는 것을 들어야 한다. 여러분은 그들의 입술이 혼잣말로 중얼거리면서, 움직이는 것을 볼 수 있다. "하나님은 이런 사소한 잘못에 대해 우리를 심판하지 않을 것이다. 아모스는 필사적으로 애쓰고 있다." 그러나 말씀은 아모스가 아니라 하나님에게 속하며, 하나님은 왜 자신이 심판을 철회하기를 거부할 것인지에 대한 설명을 강조한다.

그러나 나로서는, 나는 … 새번역, "그런데도 나는"-역주은 어떻게 이스라엘 사람들이 행동했는지와 하나님이 무엇을 했는지 사이의 분명한 대조를 소개한다. 하나님의 은혜로운 행위 세 가지는 죄인들,2:9 가난한 자와 압제당하는 자,2:10 무지한 자2:11-12를 향한 하나님의 태도를 잘 보여준다. 메시지는 함축적이고도 솔직하게 적용하여, 하나님이 이스라엘의 범죄를 조사하고 심판할 가치가 없다고 하는 어떤 생각도 거짓임을 밝힌다.

아모리 사람은 이스라엘이 결국 팔레스타인에서 대체한 사람들을 가리키는 일반적인 용어로 사용된다.민13:28-29 아모리 사람을 **백향목처럼 키가 크고 상수리나무처럼 강하다**고 특징짓는 은유는, 오만과 권력의 절정에 있는 사람들을 보여준다.사2:10-18 하나님의 심판은 **위로는 열매와 아래로는 뿌리를 파괴했다**.호9:16; 욥18:16; 말4:1 참조 은유는 장면을 레바논백향목과 바산상수리나무의 언덕에서 과수원이 번성하고 경제의 중심 지역인 팔레스타인의 비옥한 골짜기로 옮겨간다. 뿌리와 열매를 동시에 파괴하는 것은 "심기와 수확의 형상, 곧 인간에게 적용하면 안정과 번영이라는 형상을 떠올리는 형상을 결합한다."Wolff: 169 뿌리와 열매는 하나님의 심판이 휩쓸 때 제거된다.

원예의 형상은 이중적인 메시지를 포함한다. 아모리 사람들은 아무리 안전하고, 자부심이 대단하고 강력하다고 하더라도, 그들을 만든 창조주에게 파괴된다. 그러나 하나님은 아모리의 죄가 넘칠 때까지 네 세대 동안 그들의 파멸을 지연시켰다.창15:16 이런 엄청난 죄는 우상숭배와 혐오스러운 관습으로 구성됐다.출23:23-24 두 번째, 얇은 베일에 가려진 메시지는 이스라엘에게 향한다. 주님은 많은 세대 동안 그들의 독선적인 자기만족과 동료 이스라엘 사람들에게 가하는 권력 남용, 외국 신들에 대한 예배를 참았다. 그들의 죄는 아모리 사람들의 죄악을 훨씬 능가한다. 그래서 이제 도끼는 이스라엘의 뿌리를 치려는 참이며, 땅에 쓰러질 때 열매를 흩을 것이다.마3:10 참조

아마도 이 주장은 이스라엘에게 그들의 범죄가 얼마나 악한가에 대한 인상을 심어주지 못할 것이다. 그래서 아모스는 또 다른 주장을 덧붙인다.2:10 하나님은 만군의 주님에게 대항하며 살았던 아모리 사람들을 멸망시킬 뿐만 아니라, 또한 무력하고 압제당하는 자들을 보존했다. 이집트에서 노예 백성을 인도하여 냈던 이가 바로 하나님이었다. 그들이 약속의 땅에 들어가기까지 **광야에서 40년** 동안 보호했던 이도 하나님이었다. 그들이 성숙해갈 때, 그들에게 아모리 사람들의 땅을 유산으로 주었다.[출애굽 전승, p. 400.]

이것은 아모스의 메시지를 듣는 자들에게 누가 하나님의 자비를 기대할 수 있는가라는 의문을 제기한다. 이 질문을 한다는 것은 그것에 답하는 것이다. 무력한 자, 무죄한 자, 불우한 자, 노예 된 자들은 심지어 압도하는 권력과 만연한 광신적인 분위기에 직면해서도, 하나님 자신이 구할 것이다. 이스라엘과 아모리 사람은 북 왕국 내에서의 삶에 대한 비유가 됐다. 출애굽 사건에서 아모리 사람들은 압제자였고, 이스라엘 사람들은 압제당하는 자였으며, 또한 각각 부자와 가난한 자, 강한 자와 연약한 자였다. 아모스 당시 이런 역할은 이스라엘의 두 계층으로 채워졌다. 재판관은 악한 자들을 재판하지 못할 것이다. 구속자는 한 번 더 구원을 위해 자신을 부르는 자들을 구원할 것이다.

이스라엘의 현재 죄를 고려하는, 세 번째 역사적 사건은 하나님이 신실한 지도자들에게 법을 제공하는 데서 온다.2:11-12; 신18:14-22; 민6장 참조 하나님은 예언자를 임명하여, 이스라엘에게 새로운 통찰과 바로잡는 메시지를 받도록 준비시켰다. **나실 사람**을 준비하여, 하나님은 그들을 위해 하나님의 길을 경건하고 희생적으로 따르는 자들에게 오는 특별한 축복을 보여주었다. 이스라엘은 거짓 신들을 좇은 데 대해 변명의 여지가 없다. 주님은 엘리야, 엘리사, 이믈라의 아들 미가야,왕상17-왕하13 아모스와 같이 지속적으로 예언자들을 자신의 전령으로 세웠다. 신앙의 사람들나실 사람의 본보기를 따라, 하나님에

게 하는 헌신과 하나님의 백성에 대한 봉사라는 예언적 이상이 가능했다.

이 두 절의 교차대구적 구조암2:11-12는 메시지를 아름답게 하고 강화한다.[문학적 유형, p. 409.]

나는 나오게 했다		예언자들	
			나실 사람
	질문:		사실이 그러하지 않으냐?
너희는 억지로 먹였다		나실 사람에게	
너희는 명령하였다		예언자에게	

이스라엘은 일관되게 경건함의 본보기를 왜곡했고, 하나님의 명령을 반대로 이행했다. 이스라엘의 백성은 나실 사람의 자기를 내세우지 않는 본보기를 존중하지 않으려 했다. 자기부인과 금욕주의, 자발적인 가난함은 그들의 계획에는 맞지 않았다. 부자와 권력을 가진 자들도 자기들의 신앙 해석과 삶의 방식에 대해 비판하는 전령들의 말씀을 받아들이려 하지 않았다.

초기 북 왕국에서, 예언자의 권위는 군주의 권위 아래 있고, 거의 억눌렸다. 아합은 이스라엘의 미래 지배 특권층을 만들었고, 주님의 예언자들을 경멸했을 뿐만 아니라 두려워하게 했다. 아합은 예언자 미가야를 침묵시키려 했다.왕상22장 엘리야의 나실 사람의 생활양식은 아합 왕에게는 거의 매력을 끌지 못했다. 예후의 혁명으로 한 세대는 간격이 있었지만,왕하9-10장 이 유형은 아모스 시대까지 그대로 남아 있었다.

정치, 경제, 사회 및 종교 구조는 이교 사상으로 물들었고, 하나님의 전령이 제시하는 치료제에 맞서 스스로를 봉인했다. 부패의 근원이 시작됐고, 환자는 생존할 수 없다.

2:13-16 걸맞은 징벌

이스라엘의 죄는 곡식 단을 높게 쌓은 수레와 마찬가지로 이스라엘을 무겁게 짓눌렀다. 이런 수레는 부드러운 땅을 통과하여 땅 깊이 가라앉는다. 소가 끌고, 무거운 짐에 짓눌려 바퀴가 땅을 끌 때 수레축이 삐걱거리는 소리를 낸다.암2:13 이스라엘의 죄 수확은 하나님이 타작마당에 끌고 올리는 참이며, 거기서 까불리고 쭉정이로 처분될 것이다.

그 다음에 비유적 표현은 아모스의 선언과 함께 바뀐다. 하나님의 초대로, 적이 칼로 이스라엘을 수확하려고 자리를 잡는다.2:14-16 하나님의 백성을 위한 궁극적인 축복은,

그들이 "그들이 칼을 쳐서 보습을 만들고 창을 쳐서 낫을 만들"게 되는 평화를 누리는 것이다.사2:4; 미4:3 상응하는 저주는 전쟁의 결과로 고통당하는 것이다. 얼마나 대단한 전쟁이 될 것인가!

징벌하러 온 군대가 이스라엘을 치러 진군할 때, 이스라엘의 군대 특권층의 군사 훈련, 경험, 기술로 말미암아 그들은 실패할 것이다.암2:14 궁수, 보병, 병거의 모든 군대들은 혼란 가운데 압도당할 것이다.2:15 실제로 전문적인 군사들 가운데 가장 용감한 자2:16a도 전투 현장에서 죽음을 피해 달아나며 속도를 내려고, 스스로 갑옷을 벗고 무기를 내려 놓을 것이다.2:16b

성서적 맥락에서의 본문
하나님과 가난한 자와 폭력

통합하는 맥락이 여기 두 장을 하나로 엮는다. 하나님은 약한 자, 억압된 자, 권리를 박탈당한 자, 가난한 자에 대한 깊은 관심을 표현한다. 하나님은 사회의 이 계층에 대해 얼마나 깊은 관심을 가지는지를 보인다. 블레셋에게 전하든지, 에돔에게 전하든지, 이스라엘에게 전하든지 하나님은 의심의 여지없이 부당한 대우를 받는 자들에게 관심을 보인다. 하나님이 정의를 행하도록 요구하는 것은 인간의 가치를 확증하며, 각 사람의 평등한 가치를 다시 확증한다. 선택은 사람의 가치를 바꾸지 않는다. 여기에는 이스라엘을 위한 특별한 신학이 없다. 모든 경우에 여기서 열거된 뻔뻔한 죄들은 소유와 권력에 대한 욕망을 나타낸다. 그에 따른 압제는, 개인적인 거래이든 공적인 정책에서든 그것은 죄이다.

죄는 종종 폭력으로 드러난다. 모든 종류의 깨어진 관계는 죄의 산물이며 그 자체로 죄다. 파괴적인 폭력을 행사하고 정당화할 때 많은 형태를 띤다. 아모스 1-2장에서 이런 형태는 정치적인 압제, 노예무역, 극도의 잔인함, 다른 이들의 법적 권리나 경제적 권리 무시, 긍휼의 부재, 여자들을 악용하고 오용함, 특권층의 기준에 강제로 부합하게 하는 행위로 나타난다. 폭력은 사람을 대상으로 바꾸고 그들의 내적인 가치를 부인한다. 폭력은 인간 공동체의 창출을 부인한다. 폭력은 자기 정당화를 위해 필요할 경우 진리를 왜곡한다. 폭력은 건강한 관계를 가질 수 있으며 자기 이해가 가능한 자들을 지치게 한다. 아모스가 지적한 대로, 폭력은 누구에게나 향할 수 있다. 곧 먼 민족, 이웃, 친구, 친척이나 아내에게도 향한다.

이스라엘의 죄를 표현할 때, 본문은 어디에서도 "가난한 자들 역시 자신들의 가난에 대해 책임을 져야 하는가?"라고 묻지 않는다. 또한 본문은 사회주의의 이상을 가리키지도 않는다. 권력 분배에서의 차별이 상정된다. 문제는 권력을 행사하는 데 있다. 우리가 들은 대로, 하나님은 일관되게 약자, 곧 이스라엘의 노예가 된 외국인들과 이스라엘 사람뿐만 아니라,21:1-11; 23:9 이집트의 노예가 된 이스라엘 사람,출3:7-10; 6:5-13 거류민들뿐만 아니라,24:17-22 이스라엘의 땅이 없는 가난한 자, 고아, 과부와 레위인들신14:22-15:17을 위해 자신의 힘을 행사한다.

아모스 1-2장은 성서의 더 큰 원리를 잘 보여준다. 하나님은 스스로 방어할 수 없는 자들의 주장을 옹호한다.신10:16-18; 시9:7-9; 35:10; 140:12 이것은 하나님이 부유하지 못한 자들의 원인을 개선하지 않으려는 부자와 권력 있는 자들을 반대한다는 것을 의미한다.암6:3-7, 특히 6:6b; 눅10:25-37; 약5:1-6 참조 하나님은 넘어진 자를 세우고 의지할 데 없는 자를 돌보며, 삶의 형편으로 고개 숙인 자들의 짐을 덜어주는 일에서 자신과 함께 하자고 자기 백성의 모든 구성원뿐만 아니라 부자와 권력 있는 자들에게도 요청한다.레25장; 신24:14-22; 눅4:16-21; 갈6:1-10

교회생활에서의 본문

값싼 은혜

이스라엘 사람들이 경제적 불의를 행한다는 것암2:6-8은 그들이 신앙을 이해하고 이행하는 데 문제가 있다는 것을 나타낸다. 주님이 그들을 언약 백성으로 불렀을 때, 또한 그들을 서로 언약 가운데 결속시켰다는 사실을 이스라엘 사람들은 잊었다. 인간의 주장의 본질 자체가 쟁점이었다. 그들은 자신들의 언약 관계가 신성하다는 것을 알았더라면, 언약의 주님과의 결속이 지니는 특성과 힘을 반영했을 것이다. 신앙 공동체에서 형제자매의 안녕을 훼손했을 때, 그들은 이스라엘의 하나님의 이름을 더럽혔다.

언약 신앙에 대한 이런 뒤틀린 개념은 죄의 악함과 하나님의 거룩함을 잘 이해하지 못한 데서 온다. 이런 잘못된 생각은 구원과 용서라는 하나님의 광대한 선물에 감동된 자들의 마음에는 생기지 않을 것이다. 죄와 구원에 대한 얄팍하고 순전히 개인주의적인 개념으로는 하나님의 백성의 공동체가 신실해야 한다는 생각을 심지 못한다. 대신에 시내 산에서 자신의 뜻을 선언하며 서 있는 이, 그리고 자신의 사랑을 보이면서 갈보리 산에서 십자가에 매달려 있는 이를 인식할 때에, 이런 생각이 뿌리박게 된다.

디이트리히 본회퍼Dietrich Bonhoeffer, 35는 자신의 당시 교회에서 망각의 결과를 목격하고, 그렇게 된 원인을 열정적이며 유창하게 다음과 같이 묘사했다.

> 값싼 은혜는 행상인의 물건과 같이 시장에서 팔리는 은혜를 의미한다. 성례, 죄의 용서
> 와 종교의 위로는 형편없는 가격으로 버려진다. 은혜는 교회가 묻지도 않고 제한을 두
> 지도 않고 관대한 손으로 축복을 쏟아 붓는 교회의 무진장한 보물로 묘사된다. 곧 값없
> 는 은혜, 대가 없는 은혜! 우리가 생각하기에, 은혜의 본질은 값이 미리 지불됐다는 것이
> 며, 이미 지불됐기 때문에 모든 것은 공짜로 얻을 수 있다. 비용이 무한하기 때문에 사용
> 하고 쓸 가능성은 무한하다. 값없는 은혜가 아니라면 은혜는 더 이상 은혜일 수 없다.

세상에 양심이 되는 것에 대해

잊었든지, 무시했든지, 반항했든지, 하나님에 대해 저지른 죄는 반드시 자신의 언약 동
료에게서도 돌아선다. 인류에게 저지른 범죄는 만군의 주님에게 반항하는 도전을 표현한
것이다. 언약 백성에게 지속적으로 죄가 들어와 불가피하게 분쟁을 일으키고, 결국에는
언약 백성을 함께 묶었던 공동체의 유대감을 깨뜨린다.

죄는 어둠 가운데 숨으려 한다. 즉 드러내기를 거부한다. 죄는 책임, 고백, 회개로 요
청하는 말을 침묵시킨다. 죄는 하나님과 동행하는 자들의 명예를 훼손한다. 나중 예언자
메시아는 자기 제자들에게 그들이 세상에 대한 양심이 되기 때문에, 사회가 자신을 미워하
듯이, 그들을 미워할 것이라고 다음과 같이 상기시켰다.

> 그들은 너희가 내 이름을 믿는다고 해서, 이런 모든 일을 너희에게 할 것이다. 그것은 그
> 들이 나를 보내신 분을 알지 못하기 때문이다. 내가 와서 그들에게 말해 주지 아니하였
> 더라면, 그들에게는 죄가 없었을 것이다. 그러나 이제는 그들이 자기 죄를 변명할 길이
> 없다.요15:21-22에서의 예수님; 15:18-27 참조

사회가 하나님의 진리와 정결함을 거부하는 것과 교회가 저항하는 것은 별개의 문제
다.

교회는 성도를 축복하기도 했고 웃음거리로도 만들었다. 옥스퍼드 학자 윌리엄 틴데
일William Tyndale은 1520-1536년의 기간을 성서를 영어로 번역하는 일로 보냈다. 한 때
고교회 공직자가 그의 번역의 수고를 반대할 때, 그는 다음과 같은 기억에 남을 만한 진
술로 반박했다. "하나님이 내 목숨을 살린다면, 수년이 지나지 않아 나는 쟁기질을 하는

소년이 당신이 아는 것보다 더 많이 성서에 대해 알도록 할 것이다." 이 예고는 실현됐다. 1536년 화형 당해 죽기 전에 신약이 번역됐고, 영국에서 대중들에게 일반적으로 받아들여졌다.

AMOS

2부
언약 소송

아모스 3:1-6:14

개관

이스라엘은 주의력 결핍 장애라고 할 수 있는 것에 고통을 겪는다. 아모스는 이스라엘이 주목하도록 **이 말씀을 들으라**라고 외친다.3:1; 4:1; 5:1 민족은 하나님을 제외한 모든 것에 사로잡힌다. 여기서 예언자는 이전의 포괄적인 고발을 더 구체화한다.2:6-16

민족은 도덕적으로 무감각하게 됐다. 이것이 자신의 곤경을 인식하는 방식에서 너무 굳어졌다. 파멸로 곤두박질하는 것을 멈추게 하려고, 주님은 이 백성을 무너뜨리도록 위협하는 타락을 드러낸다. 이스라엘은 자신의 생명의 징후가 너무나 위험하게 약해지고 악화됐다는 사실을 인식하지 못한다. 이런 경고들은 이스라엘을 놀라게 하여 치료의 조치를 취하도록 할 것인가, 아니면 그들은 듣지 못할 것인가?

관점은 민족들 가운데 하나로서, 이스라엘에서부터암1-2장 이스라엘이 주님과 맺은 유일한 언약 관계로 옮겨간다.[언약, p. 395.] 아모스는 자신이 마지못해 참여한다고 묘사하며 시작한다.3:3-8 아모스에게 할당된 역할은 하나님이 자기 백성에 대해 벌이는 법적 소송을 선언하고,3:1-2, 9-13 증인들이 모든 증거를 가지고 앞으로 나오도록 부르는 것이다. 이 소송에는 현대 법적 절차에서 공식적인 심문에 해당하는 것이 이어진다.2:6-16

아모스 3-6장은 범죄에 대한 상세한 서술, 이전 재판, 부과될 형벌뿐만 아니라, 역사적 검토, 전령의 묘사, 증인들, 피고인과 재판관을 포함한다. 소송으로 시작하여 장례로 마무리한다.

이 네 장은 노여움보다는 슬픔 가운데 발언한 신랄한 경고를 포함한다. 현재암3장와 과거암4장의 증거는 압도적이다. 이스라엘은 유죄지만, 하나님 자신은 처녀의 죽음을 애도하는 자들 가운데 있다.5:1-2

개요

아모스 3:1-15

법정에서 너희 날을 맞이하다

사전 검토

이스라엘의 법정 사건이 시작된다. 재판관3:1-2과 예언자, 3:3-8 증인3:9이 차례로 장면에 등장한다. 사마리아와 베델은 가장 큰 비난을 받는다. 그들은 민족의 정치적 중심지이자 종교적 중심지다.3:10-15

개요

첫 사건: 이스라엘, 3:1-2

아모스의 시작하는 질문, 3:3-8

재판이 고국에서 시작되다, 3:9-15

       3:9-10   적대적인 증인들의 증언

       3:11-15   평결과 선고

주석적 해설

첫 사건: 이스라엘 3:1-2

단숨에 아모스는 자신의 메시지의 근원과 내용을 알린다. 즉 **주님**이 **이스라엘**에게 메시지를 전달한다. 아모스는 주님을 3인칭으로 언급하고, 주님은 1인칭, 나로 말씀한다. 이스라엘은 하나님과의 친밀함을 오랜 역사 동안 누렸다. **모든 족속**이라는 용어는 이스라엘에게 이스라엘을 고귀하게 불렀다는 것을 떠올리게 한다. 아브라함 자손들은 하나님이 "땅의 모든 족속"에게 축복하는 수단이 되어야 한다.창12:3; 28:14 하나님의 사랑하며 보호하고 자기 백성에 대한 높은 기대를 가졌다는 전체 역사는 이 몇 줄로 압축된다. 이스라엘만이 이집트에서의 특별한 구원을 경험했다. 분명히 이 행위는 이스라엘에게 하나님이 이스라엘에 대한 소유를 주장한다는 것을 경고한다!

이 주장은 하나님의 선택하는 사랑에서 확정됐다. 남편이 부부간의 사랑이라는 친밀함 가운데 자기 아내를 **아는** 것과 마찬가지로, 모든 민족들 가운데 하나님은 이스라엘만을 알았다. 하나님은 이스라엘을 특별한 소유로 불렀다.출19:4-8; 신10:12-22 이스라엘은 하나님의 유일하게 적법한 언약 상대자로 선택됐다. **그러므로** 하나님은 이스라엘의 정결과 복을 위해 질투하는 가운데 이스라엘을 지켜봤다.

사랑하는 남편인 하나님은 자기 신부 이스라엘에게 헌신했다. 하나님은 이스라엘에게 독점적인 관계와 신실함이라는 상응하는 약속을 기대했다. 이 약속과 조건은 다음과 같이 이스라엘의 건립 문서에 포함됐다. "나는 너희를 이집트 땅 종살이하던 집에서 이끌어낸 주 너희의 하나님이다. 너희는 내 앞에서 다른 신들을 섬기지 못한다."출20:2-3 언약 용어는 하나님이 베풀고자 했던 축복의 자리에서 우리에게 심판을 대비하도록 한다.

이스라엘이 나일 강 옆에서 속박 가운데 하나님에게 부르짖을 때, 하나님은 자신의 압제당하는 백성을 찾았다.출3:16 분명히 가난한 자와 궁핍한 자는 기손 강 옆에서 하나님에게 부르짖을 때, 하나님은 그들의 목소리를 듣고 그들을 구원할 것이다. 이 미래의 방문은 모든 민족들이 볼 수 있는 바로잡는 심판이 될 것이다.암3:2, 14 하나님은 오만하게 대접받지 않을 것이다. 하나님은 이스라엘을 선택한 목적을 포기하지 않을 것이다. 창조주로서의 하나님의 주장과 땅의 모든 족속들이 하나님을 구원자로 인정하라는 초대는 심지어 이스라엘이 불순종하는 가운데도 성취될 것이다.아래 성서적 맥락에서의 본문에서 "선택"을 보라

아모스의 시작하는 질문 3:3-8

아모스의 일곱 가지 수사적 질문은 이스라엘이 약속의 땅을 차지하는 내내 예언의 말씀을 듣지 못한 책임에 대한 논증을 확립한다.3:3-6; 2:9 참조 여기서 일곱-여덟이라는 패턴은 여덟 번째 민족 이스라엘에 대한 심판에서 절정에 이르면서, 1-2장의 일곱 민족에 대

한 예언과 동일한 문학적 기능을 한다.

연속 질문은 가나안 땅 정복의 지리와 지형을 거꾸로 추적한다. 즉 우리를 외로운 길에서 줄곧 요단 강과 다른 골짜기의 사냥감이 가득한 덤불까지 인도하고, 결국에는 하나님의 심판이 이스라엘에게 내릴 성읍으로 이끈다. 선택, 친밀함, 광야 여정이라는 개념에 대한 연관성을 제공하는 첫 질문을 제외하고, 3:1-2 원인과 결과라는 형상이 죽음 및 파멸과 밀접하게 연결된다. 예언자의 메시지는 조금도 과장하지 않으며, 불쾌하게 하는 메시지다. 이 연속되는 파멸의 은유에서 원인이 되는 대행자가 동물, 사람들, 하나님으로 진행해 가는데, 이는 모든 생명이 원인과 결과라는 "법"에 연관된다는 것을 가리킨다.

창세기 18장 16-19절의 사건과 메시지는 3장 7절의 기초가 되는 것 같다. 소돔과 고모라를 멸망시키기 전에, 주님은 다음과 같이 숙고한다.

> 아브라함은 반드시 크고 강한 나라를 이룰 것이며, 땅 위에 있는 나라마다, 그로 말미암아 복을 받게 될 것이다.창18:18

하나님은 **자기 종들, 곧 예언자들**을 통해 백성에게 경고했다.암3:7-8 하나님은 과거에 침묵하지 않았다.2:11 참조 이스라엘에게 하나님의 어떤 심판도 갑작스럽게 온 것이 아님을 알려라. 아브라함 당시 소돔과 고모라의 죄는 심판을 위해 하늘에 부르짖었다. 아모스 당시에 사마리아의 죄는 하나님의 주목을 끌고, 주님이 불쾌해 하는 대상이 된다.암3:9; 겔 16장 참조 이스라엘은 옳고 정당한 것을 하지 못할 때 아브라함의 축복을 받을 것이라고 기대할 수 없다.

이런 동일한 단서가 이스라엘뿐만 아니라 아모스에 대한 경고를 포함한다. 메시지가 사자의 부르짖음과 같이 아모스에게 왔으므로, 메시지 전달하기를 거부하는 것은 분명히 심각한 결과를 초래할 것이다. **주 하나님이 말씀하시는데, 누가 예언하지 않을 수 있겠느냐?**3:8

재판이 고국에서 시작되다, 3:9-15

3:9-10 적대적인 증인들의 증언

이스라엘 법정에서 피고인의 유죄를 입증하려면 두 증인의 일치하는 증언이 필요했다.신17:6 어디서 이스라엘에 대한 신뢰할 수 있는 독립적인 두 증인을 찾겠는가? 민족들, 즉 이스라엘의 신앙이 끌어들여서 아브라함의 축복창18:18과 이스라엘의 약속출19:6을 공유할 수 있게 된 자들이 증인들이다.

법정은 여기서 전령이나 마을의 울부짖는 자들로 대표된다. 그들은 이스라엘의 죄를 목격한 나라들의 주민들을 초대하고자, 두 증인, 곧 아스돗블레셋과 이집트의 요새를 준비시킨다. 과거 이스라엘의 이 압제자들은 이스라엘의 공정한 하나님이 압제를 심판한다고 입증할 수 있다. 그들의 민족 대표자들이 새로운 왕을 세우는 것이 아니라 악명 높은 죄에 대한 증인으로 초대받는다. 그들은 사마리아 성읍을 둘러싼 산이라는 유리한 위치에서 이스라엘을 목격할 수 있다. 이스라엘에게 불리한 많은 증거가 있다. 죄의 목록암3:9b-10은 증인들에게는 점검목록이 된다.

목격자들은 **이스라엘 가운데 크나큰 소요가 발생하는 것**을 볼 것이다. 이스라엘의 삶의 방식은 사회의 불안과 혼란을 야기했다.Prov. 15:16; 대하15:5 참조 이스라엘의 공동생활은 더 이상 동료 이스라엘 사람들에 대해 자선이나 긍휼, 관심으로 정돈되지 않는다. 불신, 불안, 염려가 조화롭게 살도록 의도된 백성을 지배한다. 사회를 불안정과 혼돈 가운데 몰아넣으면서, 하나님의 언약 상대자들 사이의 신뢰는 사라졌다. 이스라엘은 에덴의 고요함을 소요로 바꾸었다.

수도 사마리아에는 **압제**가 당시의 정상적인 상태였다. 예레미야서에 나오는 동일한 말씀의 맥락은 다음과 같이 압제가 경제적인 권력을 악용하는 것이라고 지적한다. "너희는 공평과 정의를 실천하고, 억압하는 자들의 손에서 고통받는 사람들을 구하여 주라."렘 22:3; 잠28:16; 사33:15 참조 강탈이 만연했다. 이어지는 행에서,암3:10 이런 돈을 속이는 자들과 땅을 빼앗는 자들은 **자신들의 요새에 약탈품과 전리품을 저장하는 자들**이라고 묘사된다. 더 적절히 표현하자면, **그들은, 폭력과 강탈로 탈취한 재물을 저희들의 요새** 안에 쌓아 놓는다.

저장고는 세금의 수집과 배분 및 다른 나라 물품과 소유물을 위한 것이었기 때문에, 행정가들은 압제자였을 것이다. 이것이 사실이라면 지배층 사람들은 많은 소유와 세금을 명예롭지 못하게 모으면서도 돈을 긁어모으고 있다.

증인들은 셋째 죄를 목격할 것이다. 곧 이스라엘 사람들은 진실에 대한 의식을 상실했다.3:10 그들은 속임수와 거짓으로 산다. 그들의 도덕적인 정신은 썩어 무너졌다.

3:11-15 평결과 선고

이스라엘의 죄는 대가를 치러야만 한다. 심판은 두 가지 점에서 내리는데, 둘은 안전의 근원이라고 여겨지는 것을 나타낸다. 첫째, 민족의 적은 이스라엘이 안전을 위해 의존하는 요새를 무너뜨리고, 그들이 잘못 얻은 이득을 쌓아놓은 저장고를 약탈하면서, 전체 나라를 관통할 것이다.3:11 둘째, 이 이름 모를 적은 **4주식 침대**와 **비단 침대보**에 탐닉한 사마리아 주민들을 맹렬히 공격할 것이다.3:12

하나님은 재판관일 뿐만 아니라 목자이다. 목자 비유는 **구출하다**라는 단어에서 풍자의 힘을 지니게 된다. **두 다리나 귀 조각**은 굶주린 사자에게서 양을 "구출"하지 못한다. 대신에 이것들은 이스라엘의 어떤 운명에 대한 증거가 된다. 어떤 주해가는 여기서 구원의 암시를 보고자 하여, 건져낸 뼈 조각이 살아남은 자를 암시한다고 생각했다. 하지만 분위기는 역설적이다.

사자는 이집트와 앗시리아의 작품과 유물에 두드러지게 나온다. 사자는 주술적인 보호의마귀를 쫓는 기능이 있다. 그 결과 사자는 종종 성읍 입구, 사원 또는 궁정에 조각이나 조각상에 묘사된다.Weippert: 15-17 미트만Mittmann은 침대 다리가 종종 사자의 다리 형상으로 만들어졌다거나 장식은 사자의 주제로 조각됐다고 지적했다.Weippert: 15-17 그러나 아모스의 메시지에서 사자는 보호하기보다는 파괴한다.3:12; 1:2 참조 이스라엘은 육식 동물에 잘못 의존한다. 이스라엘이 가지는 확신의 원천은 변하여 자신들을 파멸시킬 것이다. 오직 소수만이 생존할 것이다. 희망의 근원이 되는 대신에, "남은 자 주제는 여기서 이스라엘의 민족의 생존에 가하는 절대적인 위협으로 사용된다."Hasel: 181

증인에 대한 둘째 소환은 증인들에게 그들이 입증한 오만한 죄에 근거한 심판 선언을 듣도록 초대한다.3:13 징벌하는 말씀이 하늘의 군대의 주님에게서 온다.

한 번 더 메시지는 이스라엘의 안전과 편안한 생활을 향한다. 심판은 베델에 있는 산당의 많은 제단을 제거할 것인데, 이 베델에서 이스라엘 사람들은 제물을 많이 바쳐, 만군의 주님이 자신들의 죄를 용서하고 자신들을 보호하도록 보장한다고 생각했었다.3:14b 사실 심지어 베델에서의 **제단 뿔**도 거대한 칼로 베어낼 것이다. 이 뿔들을 파괴한다는 의미는 그들의 사법 기능에 있다. 돌 제단의 모퉁이는 위로 향하는데, 이는 모퉁이를 잡는 도망자에게 은혜를 구하며 호소하는 마지막 피난처로서의 기능을 한다.출21:13-14; 왕상1:50 그러나 살인자는 제단에서 떼어 내어 처형당했다.출21:14; 왕상2:28-34

절박한 이스라엘 사람들은 피난처를 주장하고자 제단으로 도망할 때, 그들은 뿔이 없어진 것을 발견할 것이다. 그들의 행동은 더 이상 은혜를 보장하지 못한다. 이런 심판의 날에 그들의 잘 지은 **겨울 집**과 **여름 별장**은 산산히 조각날 것이다.암3:15 **많은 집**히.; NRSV 해설에 대한 언급은 사회적 악을 가리킨다. 곧 소유물 축적이 소수에 집중됐다. 또한 이것은 사회의 작은 계층이 풍요롭게 산다는 것을 의미한다. 마지막으로 이것은 심판의 범위에 대해 풍자적인 언급이 될 수 있다. 곧 많은 혈통히. 건물 또는 계보이 다가올 심판에서 파괴될 것이다. 아모스가 예언한 사마리아의 폐허의 발굴에서 발견된 상아 장식은 이 예언의 세부 내용을 확증한다.

성서적 맥락에서의 본문
선택: 특권과 책임

하나님의 선택하는 은혜는 특권에 대한 부름뿐만 아니라, 책임에 대한 부름을 포함한다.3:1-2; 신5-11장 참조 예수님이 말씀했듯이, "많이 받은 사람에게는 많은 것을 요구하고, 많이 맡긴 사람에게는 많은 것을 요구한다."눅12:48 이스라엘은 "약속을 고집하고 명령으로 장난치려는" 경향이 있다. 신앙의 순종은 강제가 아니라 감사로 실천해야 한다. 하나님이 이집트의 속박에서 권능 가운데 구원했다는 사실은 이스라엘의 의식에 지울 수 없게 새겨졌다. 하나님의 백성은 바로에게든 죄에게든 노예로 태어났으나, 주님을 위해 살 자유로 기뻐해야 한다. 그렇게 하지 못한다는 것은 거룩한 이를 대면하여 모욕하는 것과 같다. 이런 모욕은 가장 심각한 심판을 받을 만하다.

선택은 하나님이 정한 운명에 따라 세상이 움직이는 인과법칙을 부정하지 않는다.암3:2-11이 패턴은 자연, 인간관계, 인간의 활동, 하나님의 역사에 깊이 남아 있다. 선택에서 만군의 주님이 스스로 이 백성에 대해 무조건적인 복에 매인다고 여기는 것은 이스라엘 자신을 인과의 주기에서 배제하는 것이다. 아모스는 단호하게 이스라엘도 이런 인과의 패턴에서 예외가 아니라고 주장했다.

그러나 8세기 이스라엘이 선택이라는 특권에 대해 유일하게 착각한 것은 아니다. 예레미야 당시 주술 같은 말씀이 "이것이 주님의 성전이다, 주님의 성전이다, 주님의 성전이다."7:4라는 것을 제외하고는, 예레미야는 유다에게 하는 자신의 유명한 성전 설교에서 이 주제를 반복했다. 하나님의 거처하는 곳이 너무 더럽혀졌기 때문에, 하나님은 오만한 유다에게 자신의 거처하는 곳을 파괴하여도 자신은 아쉬워하지 않을 것이라고 확신시켰다. 그리고 우리 주님과 사도들의 가르침에 반대하는 자들은 "그리스도가 다시 오신다는 약속은 어디 갔느냐? 조상들이 잠든 이래로, 만물은 창조 때부터 그러하였듯이 그냥 그대로다."라고 말하면서 조롱했다. 하지만 그들은 하나님이 땅이나 해의 움직임으로 시간을 측정하지 않는다는 것을 잊었다. 하나님은 종이 울릴 때, 심판이 악과 악의 대행자에게 내린다. 심지어 하나님의 백성도 죄에 대한 심판을 경험한다.암9:10 참조

민족들의 증언

민족들은 하나님의 백성들 가운데 있는 사랑의 행위와 그들이 주님에게 헌신한 행위를 보고 참된 하나님에게 끌린다. 출19:1-6; 신4:5-10; 마5:13-16; 벧전2:11-12 참조 그러나 복된 소식을 특별히 받고 하나님의 구원의 혜택을 받은 자들이 그들의 주님에게서 돌아선다면, 하나님은 심지어 이 죄를 백성들을 자신에게로 끌어오는 데 사용할 수 있다. 민족들에게 이스라엘의 죄를 목격하도록 소환하여, 하나님은 이스라엘의 수치를 드러낸다. 심판의 행위는 하나님이 옳음을 입증하고, 하나님의 진실을 보존한다. 민족들이 하나님이 이 죄에 대해 징벌하는 것을 목격할 때, 하나님이 죄를 다스리며 증오한다는 사실이 모두에게 분명해진다. 신29:22-28; 겔36:16-23 참조 하나님의 목적은 심지어 자기 백성의 불신과 불순종에도 위협당하지 않는다. 이런 식으로 하나님의 심판은 민족들에게는 신앙으로의 초대가 될 것이다.

교회생활에서의 본문
민족들에게 하는 증언

> 이스라엘 자손아, 이 말을 들어라. 이것은 나 주가 너희에게 내리는 심판의 말이다. 이집트 땅에서 데리고 올라온 모든 족속에게, 내가 선언한다.

아브라함과 그의 후손은 단순히 자신들을 위해서만 부름 받지 않았으며, 그들은 민족들에게 축복이 되어야만 하기 때문에 부름 받았다. 아모스 3장은 민족에게 이스라엘이 고귀한 소명을 잊었다고 상기시킨다. 이집트와 팔레스타인 민족들은 출애굽 사건을 보고 들으며, 주님에게 대한 존경을 표해야만 했다. 출6:5-9; 19:5-6; 시102:18-22; 106편; 신4장 이스라엘의 불순종은 이스라엘에게 언약의 저주를 야기했다. 하지만 심지어 심판의 행위에서도 하나님은 존중받는다. 교회 역시 종종 자신의 고귀한 소명을 잊거나 이해하지 못했다.

사도들은 예수님에게 단서를 얻어, 하나님 나라의 도래를 왕이신 예수님의 면전에 현재의 실재라고 선언한다. 구원과 선교는 밀접하게 연결된다. 대사명마10; 28:18-20; 눅10장; 행1:8은 그리스도가 자기 백성과 이 세상에서의 그들의 사역을 위한 고난을 잘 담아낸다.

교회 역사는 교회가 이 비전을 이해하고 실행했는지의 성쇠를 기록한다. 복음은 주후 첫 삼세기에 피어났다. 처음에는 스스로 교회 문제에 참여하기를 꺼렸지만, 콘스탄티누스의 회심과 기독교 신앙에 대한 보호는 기독교가 정착하는 데 기여했다. 로마 제국의 운명은 대부분 교회의 운명이 됐다. 교회의 증언은 부분적으로 군대를 통해 확장됐다. 그러나 심지어 더 어두운 시기에도 수도원 운동과 개인 사역자들은 남은 자가 뚜렷하게 있다는 것을 보이는 등대로서 두드러졌다. 그들 가운데 아일랜드의 패트릭이 있다.

브리튼 사람 패트릭은 아일랜드 공격자에게 잡혀 노예로 팔렸다. 기독교 가정에서 자란 열여섯 된 소년은, 돼지 기르는 사람으로 보낸 자신의 6년의 시기가 하나님이 보호하는 임재에 대한 강한 의식이 두드러졌던 시기라고 떠올렸다. 그는 도망하여 프랑스로 갔고 수도원 생활을 선택했다. 마케도니아 사람이 브리튼에 있는 그를 불렀다. 그는 아일랜드로 돌아가겠다고 답변했다. 아일랜드에서 그는 기독교 신앙으로 드루이드 종교에 강력하게 맞섰다. 기독교 복음이 우세했고, 많은 아일랜드 사람들이 기독교 신앙으로 회심했다. 아모스와 마찬가지로, 패트릭은 대담하게 불의에 맞서 저항했다. 〈코로티쿠스에게 보내는 편지〉에서 그는 얼스터 사람들을 학살하고 포로로 끌고 간 영국 공격자들 무리의 기독교 지도자에게 화를 내며 비난했는데, 얼스터 사람들 가운데 일부는 최근 회심한 자들이었다. 461년 3월 17일 패트릭의 죽음은 심지어 오늘날 아일랜드의 국가 달력에서도 중요한 기념일로 남아 있다. Bruce: 372-383

주류 기독교에서는 선교적 관심이 종교개혁 때까지 상당히 줄었다. 하지만 보니페이스,Boniface 발도파,the Waldenses 아시시의 프랜시스,Francis of Assisi 도미니크 데 구즈만,Dominic de Guzman 그리고 레이몬드 럴Raymond Lull과 같은 사역자들은 불이 계속 살아 있도록 도왔다. 그러나 선교와 증언은 교회의 선택이라는 의식에 최전선에 있지 않았다.

자기만족, 강압적이며 강력한 개혁의 방법, 민족의 식별은 선교의 쇠퇴의 특징이 된다. 선교의 성공은 개혁 운동, 영적 각성의 폭발, 영웅적인 남녀들, 새롭게 발견된 세계의 폭발적인 의식에서 보였다. 윌리엄 캐리William Carey의 삶에서의 사건 만큼 하나님의 구원의 선물에 반응하는 교회의 선교 문제에 관한 교회 안의 갈등을 잘 담아내는 사건들은 거의 없다. 이전에 구두공이었던 그는 25세에 설교할 자격을 얻고,1786 같은 해에 노샘프턴의 침례교 사역자들 모임에 참석했다. 이 집단은 미숙한 젊은 사역자가 자신들이 "수반되는 전제가 동일한 범위였다는 것을 이해하고서, 사도들이 모든 민족에게 가르치라고 준 명령이 세상 끝까지 모든 이어지는 사역에서 의무인지 아닌지" 생각해야 한다고 선언하고자 서 있을 때 충격을 받았다.

캐리는 사회자 존 라일랜드 박사에게서 즉각 앉으라는 말을 들었다. 박사는 "하나님이 이교도들을 회심시키고자 할 때, 그분은 너의 도움이나 내 도움이 없이도 할 것이다. 너는 이런 질문을 하다니 가련한 광신자다."Starkes: 155

그러나 이 질문은 수 세기 동안 많은 하나님의 백성의 입술에서 지워지지 않았다. 신실한 자들은 이스라엘을 선택한 하나님에 대한 확신에 찬 희망에서 신실한 증언에 가지는 아모스의 관심으로 여전히 특징지어진다.

아모스 4:1-13

거듭되는 죄의 패턴

사전 검토

이스라엘의 일상생활에 대한 두 가지 영상이 표면 아래 악을 드러낸다. 다섯 가지 장면은 부분적인 회개의 패턴을 보여준다. 즉 양심을 위로하기에는 충분하지만 민족을 첫 사랑의 수준까지 회복하기에는 부족하다.

현재의 죄4:1-5는 이전의 범죄 더미에 추가된다. 이스라엘은 고집이 세다. 이스라엘은 다시 부르는 언약의 주님의 심판에 응답하기를 거부한다.4:6-11 이런 이유에서 이스라엘은 자신의 하나님을 만날 준비를 해야 한다.4:12-13

개요

신탁 1: 과도한 소비, 4:1-3

    4:1-2a 사교계의 죄인들

    4:2b-3 코로 끌려간다

신탁 2: 죄로의 초대, 4:4-5

    4:4-5a 제사장의 초대

    4:5b   풍자의 핵심 구절

신탁 3: 불완전한 회개, 4:6-11

    4:6-11   나는 … 했다

    4:6-11   그러나 너희는 … 하지 않았다

신탁 4: 경계하라! 4:12-13

    4:12   준비하라!

    4:13   하나님의 놀라운 정체

주석적 해설

신탁 1: 과도한 소비 4:1-3

4:1-2a 사교계의 죄인들

예언의 말씀은 **사마리아 언덕에 사는 바산의 암소**에게 전달된다. 북 왕국의 수도인 사마리아의 저명한 가족의 여자들이 이 형상으로 의도됐다. 갈릴리 바다 동쪽의 영토인 바산은 주요 방목지였다.렘50:19; 미7:14 바산은 소의 우수한 품종으로 유명했다.시22:12; 겔39:18 바산의 암소라는 명칭은 명예로운 명칭일 수 있다. 심지어 자랑스럽게 여자들이 자신들의 종교적 헌신이나 사회적 지위를 묘사하는 데 사용했을지 모른다.

북 왕국의 수정된 종교는 여호와엘과 바알뿐만 아니라를 황소로 상징화했다.왕상12:28-30; 왕하17:16; 호8:5-6; 13:2[수송아지, p. 390.] 이것이 형상이 가리키는 삶의 정황이라면 사마리아 여인들은 스스로를 자신들의 황소 신과의 여성 동반자로 간주했을 것이다.Jacobs: 109-110 그렇다면 종교는 그들의 삶의 방식을 인정했다.[소의 형상, p. 389.] 아니면 이 은유의 어감은 복을 가리키면서, 단순히 경제적일 수 있다. 또 다른 해석의 가능성은 아모스가 사회의 상류 계층을 대상으로 한 저녁 식사 후 연설에서 이 상스러운 시작 문장으로 넌센스의 접근을 채택했다는 것이다.

특권층의 부인들은 아주 가까운 거리에서 죄를 범했다. 이 "공격적인" 소시22:12 참조는 주변의 더 온순하고 작은 소를 굴복시키려고 들이받는다고 묘사된다. 즉 그들은 가난한 자를 압제하고 곤경에 처한 자를 짓밟는다. 두 병행 구절은 땅이 없는 봉급생활자 '에브욘'[ebyon]: 출23:6, '가난한'; 신15:1-11, "곤경에 처한"뿐만 아니라, 약한 자와 무력한 자 '다림'[dalim]를 학대함을 가리킨다. 그들의 행동으로 이 교양 있는 부인은 땅이 없는 노동 계급의 압제자가 됐다. 그들은 더 높은 수준의 삶을 고집한다. 그들의 요구는 자기 남편들에게 다른 이의 권리를 무시하도록 압력을 가한다.

그들의 죄에는 또 다른 차원이 있을 것이다. 여자들은 최상의 포도주를 더 요구하고 있다. 하지만 이스라엘의 절기는 결코 술 마시는 축제가 아니었다. 그러므로 아모스는 주님을 예배할 때의 개인적인 종교 행사를 가리키고 있을지 모른다. **우리가복수 마시도록 가져오라단수!**라는 순서는 남자의 아내가 모두 함께 자신들의 공통 남편에게 자신들을 위해 최상의 포도주를 더 공급하라고 요구하고 있다는 것을 암시한다. 문법에서 도출해낸 이 추론이 유효하다면, 일부다처제의 관습이 남자들에게 압박을 가하고 있다.

일부다처제의 한 기능은 후손들을 보장하는 것이다. 남자가 즐거움과 명성, 안전일부다처제의 기능들에 사로잡힌 결과, 아내와 첩들은 자기 남편들에게 많지 않은 봉급에 더 많은 노동자들을 요구하도록 한다. 지위는 사회적으로 받아들여지는 행동을 요구한다. 그렇다면 여기에는 **의로운 자를 은에 팔고, 곤경에 처한 자를 신 한 켤레에 팔고, 가난한 자의 머리를 짓밟**을 동기가 있다.암2:6-7 죄가 간접적이기는 하더라도, 징벌을 받지 않은 채 지나치지 않을 것이다.

또 다른 어감이 소의 형상에 있다. 바알도 역시 황소로 대변된다. 바알 제의는 특히 사마리아 지역에 강했는데,왕상16:32 사마리아는 아합의 아버지 오므리가 세운 성읍이다. 호세아는 이스라엘을 자기 정부를 좇는 성난 암송아지로 묘사한다.호2:6 **사마리아**의 여자들은 여성 가족 제의에서 자신들에게 베푸는 선에 대해 기념하는 바알 숭배자일 수 있다. 그들은 성읍의 지도적인 남자들을 위한 개인 클럽과 비슷한 곳에 모였을 것이다.암8:4-6 참조

이어지는 맹세4:2-3는 이 "고귀한" 여자들에 대한 심판을 확고하게 한다. 맹세는 자신의 약속을 지킬 것이라는 확신이다. **당신의 거룩하심을 두고**라는 공식으로 하는 맹세는 하나님이 위협의 약속을 보장한다는 궁극적인 확신이다.시89:35 참조 이 거룩함은 죄인들을 삼킬 때까지 이스라엘의 죄에 대해 타오른다. 이전에 아모스는 남자들이 그들의 신의 집에서 세금으로 거둔 포도주를 마신다고 고발했었다.2:8 지배계층의 여자들은 비슷하게 압제하는 행동으로 유죄 선고를 받는다.

4:2b-3 코로 끌려간다

바산의 암소에게 내리는 심판의 특별한 형태는 군사 침략에 이어 잡혀서 추방되는 형상뿐만 아니라, 소의 형상에도 잘 들어맞는다. 구체적으로 표현되지 않는 날에, 확인되지 않는 침략자가 사마리아를 둘러싸고, 사마리아의 벽을 무너뜨릴 것이다. 벽이 무너

진 후,4:3 많은 주민들이 살상으로 죽겠지만, 남은 자들은 끌려갈 것이다.4:2b 한 가지 해석에 따르면, 여자들암소들은 쫓겨나고 부풀어 오른 시체들이 많은 쓰레기처럼 쌓일 것이다.Hayes: 140-142 다른 해석에서, 본문은 그들이 **하르몬**아마도 하르몬 산, 또는 똥 무더기을 향해 성벽의 틈으로 곧장 추방되어 끌려간다고 묘사한다. 그들의 운명이 추방이라면, 유행과 축제에 관심을 너무나 가졌던 이 여자들은 가시가 있는 고리로 연결된 줄로 서로 연결되게 묶여 줄을 서게 될 것이다.코걸이 또는 귀걸이로 연결되거나 앞 사람의 피부와 살에 꿰어; 왕하 19:28; 사37:29; 겔19:4,9 참조 그들은 자랑스럽게 자신들과 동일시했던 소와 같이 다뤄진다.

신탁 2: 죄로의 초대 4:4-5

4:4-5a 제사장의 초대

풍자가 사람의 화를 돋우기 시작한다. 풍자는 거룩한 것에 적용되거나, 듣는 사람에게 소중한 자에 적용될 때 가장 효과적이다. 아모스는 권력과 아름다움으로 제사장의 예배 가르침을 패러디한다. 이스라엘 백성은 신실한 종교 순례자로 불린다. 그들은 주님을 예배하러 왔다. 초대인가? **네가 좋아하는 거룩한 장소에 오라, 반역자여. 아주 멋지게 해라!** 하나님에게 대항하는 이 반역은 다윗 왕조의 통치에 대항하는 이전의 반역과 닮았다. 왕상12:19 이것은 그들이 언약을 맺은 이에 대항하는 반역이다.[언약, p. 395.]

종교 중심지로서의 베델의 명성은 야곱에서창28:10-22 사무엘의 사역을 통해삼상7:16 여로보암에게까지왕상12:25-13:32 거슬러 올라간다. 이름이 "하나님의 집"을 의미하는 것은 적절하다. 유다와의 경계 가까이에 위치하여, 베델은 효과적으로 예루살렘을 대체하면서, 북 왕국에 예배 중심지 역할을 했다. 베델은 또한 다소 이스라엘의 웨스트민스터 수도원으로서 기능하면서, 사마리아의 왕족에 기여했다. 거기서 종교는 발판이 금송아지인 하나님을 예배하는 것을 중심으로 진행됐다.[수송아지, p. 390.] 여리고 동쪽에 위치한 길갈4:19은 시온 산 성소에 가야했던 트랜스요르단 지파에서 온 북부의 순례자들을 끌어 모았다. 이 두 중심지의 풍요로운 전통과 종교적 활력으로 말미암아, 두 중심지는 이스라엘이 하나님을 만나는 가장 대중적인 장소가 됐다.

그들의 죄는 왜곡된 과정 때문인가? 그들의 죄는 하나님이 인정하지 않은 장소에서 행했기 때문에 반역이라고 불리는가? 아니면 종교적 관습에 대한 그들의 태도와 남용하는 행위 때문에 그들의 희생제물은 혐오스러운가? 본문은 대답에 대한 실마리를 포함한다.

장면은 예배자들이 하루나 이틀 이동 후, 오후나 이른 저녁에 베델이나 길갈에 도착한다. 다음 날 아침 예배자들은 규정에 따라 첫 예배 행위로 동물 희생제물을 가져온다. 다음 날 셋째 날NIV은 아니다. 삼년 개인은 십일조를 바친다. 그 다음에 누구든지 감사제물 4:5a이나 **자원예물**4:5b로 성전에 자유롭게 돌아간다. 감사제물과 아마도 자원예물을 바치는 제의가 행해지는 동안,시116:12-19 참조 예배자는 공개적으로 주님의 은혜로운 행위에 대해 증언한다. 주님의 구원을 개인의 삶에서 말하도록 초대하는 것은 주님에게 하는 맹세를 성취할 것이다.시40:6-10 참조 말하는 것은 자랑하는 것이 아니다.NIV에서처럼 이스라엘 백성은 제의 행위를 매우 자세하게 지키고 있다.

그렇다면 그들이 고발당하는 죄가 어디에 있는가? 죄는 현재와 과거에 있다.

4:5b 풍자의 핵심 구절

그들의 현재 죄는 의로운 삶을 희생제물로 대체하는 것이다.암4:1 참조 아모스가 표현한 이 풍자적 패러디는 5장에서 이 죄들을 더 온전하게 묘사하게 될 것이다. 이스라엘 사람들은 보상의 종교를 행하고 있다. 그들은 제의를 준수할 때에는 꼼꼼하다. 그들은 관대하게 자신의 물품을 제공하지만 이 물품이 가난한 사람들을 희생하여 얻었다는 것을 생각하지 않는다. 2:8 참조 그들의 도덕적인 신경 말단은 무뎌졌고, 그들의 양심은 무감각해졌다. 황소, 양, 십일조, 누룩 넣은 빵, 이 모두는 거룩하고 의로운 삶을 편리하고 기분 좋게 대체하는 것이 됐다. **이런 것들이 너희가 좋아하는 것이다.**4:5b 종교적 제의가 윤리적 실천을 대신했다.

예루살렘보다는 이 장소들에서 드리는 이스라엘의 예배에 대한 이 말씀들에서 암묵적인 논쟁이 있을 것이다. 아모스의 말과 신명기 12장 5-7절 사이에 상응하는 것은 다음과 같이 우연 그 이상이다.

> 당신들은, 주 당신들의 하나님이 자기의 이름을 두려고 거처로 삼으신, 당신들 모든 지파 가운데서 택하신 그 곳으로 찾아가서 예배를 드려야 합니다. 당신들은, 번제물과 화목제물과 십일조와 높이 들어 바치는 곡식제물과 서원제물과 자원제물과 소나 양의 처음 난 것을, 그 곳으로 가져다가 바쳐야 합니다. 당신들은 주 당신들의 하나님이 계시는 그 앞에서 먹도록 하십시오. 그리고 주 당신들의 하나님이 당신들이 수고한 일에 복을 주신 것을 생각하면서, 가족과 함께 즐거워하십시오.

아모스가 신명기 전통과 상응하는 고발을 한다면, 그는 전체 종교 제도가 잘못된 전제에 근거한다고 말하고 있는 것이다. 주님은 심지어 베델과 길갈의 제의에 있지도 않다. 그리고 주님이 있다고 하더라도, 예배자들의 사회적 불의와 경제적 불의는 종교적 준수로 말미암은 어떤 혜택도 취소할 것이다.

신탁 3: 불완전한 회개 4:6-11

4:6-11 나는 … 했다

하나님은 이스라엘을 무지와 불순종, 교만을 상기시키려는 거듭되는 시도의 역사를 열거한다. 이것은 하나님이 반역하는 백성을 깨우고 다시 부르려고 의도한 언약의 행위들이다. 주님은 자기 백성이 반역했다면 징벌로 그들을 위협했다.레26:14-46; 신28:15-68 하늘과 땅은 두 증인의 역할을 하면서, 이 불순종하는 백성에게 첫 돌을 던질 것이다.신4:26; 17:1-7; 30:19; 31:28 참조 창조 세계는 이 행위에서 인간의 소외라는 죄로 고통 받지만, 하나님의 대행자 역할을 한다. 하나님은 효과적인 행위자로, 이 불순종한 백성들에 대해 증언하는 창조된 세계의 나머지에 의존한다. 그래서 기근과 가뭄, 식물병, 전염병, 지진이 징벌을 전달하는 역할을 하지만, 주님의 손에서 이 징벌들은 회개하도록 초대하며 자극하는 역할을 한다. 심지어 가장 심각한 심판도 민족을 파멸시키기보다는 회복하려는 바람에 따른 것이다.렘18:1-11

기근암4:6은 많은 원인이 있을 수 있다. 여기서는 행위자로서의 하나님에게 초점을 두기 때문에, 어떤 것도 열거되지 않는다. 실제로 시작하는 말씀은 이전 절의 풍자를 전달한다. 하나님은 이스라엘의 과거 기근과 텅 빈 찬장을 **그러나 나는 너희 성읍에 깨끗한 이를 주었다**새번역, "내가, 너희가 사는 모든 성읍에서 끼닛거리를 남기지 않고"-역주와 같이 히브리어 관용구로 설명한다. 많은 희생제물로 말미암아 하나님이 그들의 소를 더 기름지게 하지도 않고 강우량도 더 적게 하지도 않았다. 모든 사람, 곧 성읍과 마을 거주민들, 국가 관료들과 농부들이 하나님이 과거 자연에 내린 심판의 효과를 느꼈다. 그럼에도 누구도 깊은 회개 가운데 하나님에게로 돌아오지 않았다. 시내 산 언약은 하나님이 이스라엘의 순종을 풍요롭게 축복하여 그들이 땅에서 자란 모든 음식을 먹을 수 없을 정도가 될 것이라는 약속을 포함한다.레26:10 그러나 그들의 경험은 모세 언약에 간략하게 설명된 대로 불순종에 대한 징벌에 들어맞는다.레26:26-29; 신28:17,53-58 참조

농경이 정기적인 계절의 강우량에 의존하는 팔레스타인에서, 가뭄은 하나님이 즐거워하지 않음을 상징한다.암4:7-8; 레26:18-20; 신28:23-24; 왕상8:35-36; 17-18 참조 하나님은 많은 겨울 비11-1월를 유보하여, 싹이 튼 곡식이 시들도록 했다. 일반적인 비는 보통 보다 더 적었고 드물어암4:7c-f 고르지 못하게 성장하며, 지하수면이 낮아졌다. 심지어 우물도 말

랐다.4:8 그럼에도 목이 마른 자들이 회개 가운데 하나님을 부르지 않았다.

농사짓는 해의 끝에는 음식이 떨어지고 굶주림이 만연했다.4:6 밭에는 씨가 뿌려졌지만, 물이 부족하고 타는 해가 땅을 바짝 마르게 했다.4:8-9 손으로 물주는 뒷마당 정원과 가뭄에 더 강한 **포도원**과 **무화과나무, 올리브나무**는 생존했다. 주님이 멸망시키려고 대상으로 삼자, 이것들도 **식물병**과 **메뚜기**의 공격을 받았다.4:9 삶의 "자연적인" 수단이 사라졌다. 생존하기 위한 희망이 희미해졌다. 하지만 그들은 이 사건들과 하나님이 이전에 경고한 내용을 연관시키지 못했다.레26:20; 신28:22, 38-42; 왕상8:37 여전히 그들은 자신들의 하나님에게로 돌아오지 않았다.

약해진 주민들은 휩쓰는 전염병과 침략하는 군대에 굴복한다.암4:10 **이집트**의 전염병은 여호와가 이집트의 이교 신들을 통치함을 보여준 사건들이었다. 이 전염병은 언약 저주에서 세부 내용으로 묘사된다.레26:25; 신28:25-29; 왕상8:37; 사1:4-6 참조 사람들이 멸망당하는 둘째 형태는 전쟁이다. **너희의 젊은이들**의 정예 부대와 **너희의 사로잡은 말**들은 병거군단의 힘으로 기여했으나, 이들도 심지어 전투 현장에 도달하기 전에 군대 진영에서 멸망당했다.4:10b

4:6-11 그러나 너희는 … 하지 않았다

그렇다. 이스라엘은 자신의 죄를 때로 회개했다. 그들은 엘리야가 바알 제사장들에게 승리한 이후 주님을 그들의 하나님으로 인정했다.왕상18-19장 그들은 산당에서의 예배를 완전히 제거하지는 않았을지라도,왕하12:1-3 예후와 그의 바알에 반대하는 입장과 함께 했다.왕하10-12장

'슈브'šub는 구약에서 "회개"를 가리키는 주요 단어다. **~에게 돌아가다**라는 구절은 회개를 가리키는 삶에서의 방향의 재설정을 묘사한다. 아모스 4장은 이스라엘이 **줄곧 내게, 곧 주님에게도 돌아가지** 못하고, 그들이 주님에게서 멀어지는 것을 묘사한다.신30:2 진심 어린 회개는 언약의 주님을 위해 다른 모든 신들을 거부하는 것을 포함한다.삼상7:3; 왕하23:2-5 이스라엘은 하나님의 초대에 고집스럽게 거부하여 삶과 죽음의 결과를 초래했다.암6장 참조 이스라엘은 일관되게 어리석음과 죽음을 선택했다. 부분적인 회개는 충분하지 않으며, 예배 대상을 늘리는 것도 충분하지 않다.

이스라엘이 여호와에게 **돌아오기**를 거부하기 때문에, 주님은 자기 백성을 뒤엎었다.4:11 소돔과 고모라의 유비는 대재앙을 강화하며, 최종적이며 궁극적인 파괴를 가리킨다.신29:23; 사13:19; 렘49:18; 50:40 참조 **불에서 꺼낸 나뭇조각**은 보통 백성의 남은 자에 대

한 보존을 약속하는 민족의 희망의 원천이지만, 여기서는 멸절시키는 심판의 상징이 된다. 이것은 이스라엘의 거짓된 희망을 없앤다. 아모스는 이스라엘에게서 거짓된 안전 의식을 뒤흔들고, 여호와 앞에 이스라엘의 절박한 상황을 주목하도록 하고, 완전한 파멸이라는 실제적인 위험을 경고하고, 개혁을 촉구하려고 매우 근본적인 방법으로 그들을 대면한다.Hasel, 1972:190

신탁 4: 경계하라! 4:12-13

4:12 준비하라!

너는 너의 하나님을 만날 준비를 하여라라는 표현은 거듭되는 고집에 징벌의 위협으로 회개하도록 마지막으로 호소한다.

4:13 하나님의 놀라운 정체

이어지는 찬양의 단편은 언뜻 보기에는 적절하지 않아 보인다. 이것이 찬양이라는 사실은 공식적으로 확고해진다. 찬양은 하나님의 이름여호와에 집중하며, 이스라엘에게 메시지를 전하는 이 하나님의 특성을 가리키려고 분사최소한 처음에는를 사용한다.4:13; 시103:3-9; 104:2이후 참조 이스라엘과 마주하는 하나님은 결코 하찮은 신이 아니다. 인간의 삶의 모든 영역은 하나님의 통제 아래 있다. 하나님은 이스라엘의 손짓과 부름에 좌우되지 않고, 누구도 하나님이 이스라엘을 섬기도록 조작할 수 없다. 아니다. 하나님은 자기 백성에게 주님으로 대하며, 자신의 때와 방식으로 이스라엘에게 다가간다. 이스라엘이 할 수 있는 최상의 것은 그들의 하나님을 만나고자 준비하는 것이다.암4:12; 출19:11 참조

찬양암4:13은 창조와 시내 산 언약의 용어로 하나님의 위엄을 높인다. 하나님의 임재는 신뢰하는 백성에게 궁극적인 희망이다. 그들이 시내 산의 하나님을 거부할 때, 그들은 그분이 산을 만들고, 자연의 숨결바람과 인간의 숨결영을 존재하도록 하고, 자신의 가장 내밀한 생각을 자신을 사랑하는 자들에게 드러내는 하나님임을 기억할 필요가 있다.창18:17; 암3:7 참조

창조주이며 자신을 계시하는 것 이외에도, 하나님은 세상에서 재판관으로 행한다. **하나님은 아침을 어둡게 하고, 땅의 높은 곳에** 하나님 자신의 관점에서 개인과 민족들의 문제를 감독한다. 하나님이 산꼭대기에 디딜 때, 땅이 흔들린다.출19:18; 시68:7-8 아모스에게서 온 이 말씀은 압도적으로 우리를 시내 산에서 하나님이 스스로 드러낸 곳으로 인도한다. 그러나 이제 하나님은 자기 백성에게 최종적인 호소로 보이는 말씀을 전달한다. 심

판의 정확한 특성이 위협 가운데 숨겨져 있지만, 지진이라는 은유가 장면을 지배한다.

성서적 맥락에서의 본문
바로잡는 심판의 역할

어떻게 우리는 하나님의 바로잡는 심판을 인식할 수 있는가? 모든 긴장감 넘치는 사건이나 모든 괴로운 경험이 특정 죄 때문에 야기되는 심판으로 해석되어야 하는 것은 아니다.욥기: 욥9:1-12 참조 신명기 기자는 하나님이 때로 이스라엘이 순종하는지 하나님을 의존하는지 시험하고자 축복을 유보했다고 지적한다.신8:2-5 하지만 비슷한 사건이 다른 원인의 탓으로 여겨질 수 있다면, 우리는 어떻게 의도된 원인을 확인할 수 있는가? 이스라엘은 광야 시기에 목마르고 굶주렸던 것신8장이 자신들이 하나님을 의존하는지에 대한 시험이었다고 판정하지만, 어떻게 정착한 팔레스타인에서의 가뭄과 기근은 자신들의 죄에 대한 심판의 행위라는 것을 알 수 있는가?

목적의 차원에서, 이것은 문제가 되지 않는다. 어떤 경우에든 하나님의 의도는 이스라엘을 자신에게 끌어오는 것이었다. 한 경우 이것은 "훈련"이라고 불린다. 다른 경우 이것은 심판이라고 불린다. 원인은 다르더라도, 경험 자체는 동일할 수 있다.

원인의 수준에서, 삶의 불운은 적절하게 이해하려면 해석할 필요가 있다. 역사적으로 이 기능은 하나님이 보낸 예언자들이 수행했다.

> 너희 조상이 이집트 땅에서 나온 날로부터 오늘까지, 내가 나의 종 예언자들을 너희에게 보내고 또 보냈지만, 나에게 순종하지도 않고, 귀를 기울이지도 않았다. 오히려 너희는 조상보다도 더 고집이 세고 악하였다.렘7:25-26

8세기의 북 왕국이스라엘은 하나님의 진리를 억누르면서, 동일한 죄를 범했다.암2:10-12 참조 그러므로 그들은 하나님이 그들을 회개에 이로도록 의도한 행위가 지니는 심판의 성격을 명백하게 설명하도록 부름 받았다.

때로 북 왕국에는 백성을 하나님에게 다시 이끄는 지도자들이나 예언자들이 있었다. 예후는 몇 안 되는 여호와를 갈망하는 북 왕국의 왕이었다.왕하9-10장 다른 이들은 **주님이 보시기에 악을 행하는 자**들이라고 묘사된다. 심지어 엘리야와 엘리사의 놀라운 예언 사역도 대대적인 회개를 일으키지 못했다. 기껏해야 하나님에게 온전히 돌아온 것이 아니라 하나님에게 향했을 뿐이다. 민족은 자신의 방식에 굳어졌다. 어떤 것도 국가와 백성의 배를 하나님에게 돌아오도록 흔들 수는 없는 것 같았다.

바로잡는 심판의 줄은 또한 하나님의 인내와 오랫동안 고통을 겪는 성격을 나타낸다. 거듭 세대가 이어지면서, 주님은 이스라엘에게 심판을 내렸었다. 각 세대는 하나님의 회개하라는 부름을 거듭 거부했다. 성서에는 특정한 종류의 첫 죄가 즉각적이며 강렬하게 심판을 받는 수많은 사례가 있다. 첫 안식을 어긴 자의 처형,민15:32-36 불순종 때문에 첫 왕의 폐위,삼상15장 아나냐와 삽비라가 사도들에게 거짓말을 했을 때의 그들의 죽음,행 5:1-11 이 모두는 이 패턴에 들어맞는다.

비슷한 심판이 그들과 같이 지은 모든 다른 사람들에게 내렸더라면 누구도 그들의 부름에서 생존하지 못했을 것이다. 그러나 첫 범죄를 심각하게 심판할 때, 하나님은 죄가 실제로 얼마나 악한지, 하나님이 죄를 얼마나 싫어하는지를 지적했다. 그러므로 모든 중간의 심판이나 바로잡는 심판은 하나님의 인내와 은혜를 표현했다. 하나님의 백성이 그분의 경고와 바로잡는 행위에 주의하기를 거부할 때, 살아 있는 주님 자신은 그들과 마주할 것이다. 이 문제에 대해 하나님의 백성 또는 어떤 사람들이라도 회개하도록 부르는 주님의 행위에서 주님의 함께 함을 분별하지 못한다면, 결국에 주님은 보복하는 심판 가운데 위험과 권능을 명백하게 보이며 자신을 드러낼 것이다. "살아 계신 하나님의 징벌하시는 손에 떨어지는 것은 무서운 일입니다."히10:31

윤리, 신학 및 송영의 관계

아모스 4장4:12-13에서의 절정은 신학, 송영, 윤리의 관계에 대한 질문을 우리에게 제기한다. 이전의 회개에 대한 부름은 여호와에게로 돌아오라는 초대였다. 이스라엘은 모든 활동의 예배를 거쳤다.4:4-6 그들은 하나님의 보상을 받았을 때, 그것을 즐겼다.4:1-3 하지만 그들은 공개적으로 확인한 이를 인정하고 감사하지 못했다. 그들의 삶의 방식은 하나님의 실재를 거부했다.

하나님에 대한 신앙송영과 경외함으로 표현되는은 이 하나님의 뜻에 대한 열렬한 반응으로 신앙 자체를 표현한다. 회개는 하나님의 뜻을 우리가 어겼을 때에 그 하나님에게로 돌아가는 것이다. 순종은 하나님의 방법으로 행하는 것이다.신4:5-7,32-40; 요14 그러므로 우리의 윤리적 삶의 특성은 하나님에 대한 우리의 지식과 경험의 한계와 특성을 반영할 것이다.롬1:18-32 "하나님"은 궁극적인 존재에 대해 우리가 어떻게 이해하는지를 나타내기 때문에, 한 사람의 행동과 의지, 결정, 가치, 관계는 정확하게 이 궁극적인 존재의 특성을 반영할 것이다. 그러므로 신앙의 행보의 시작, 준거점, 절정은 애정을 가지고 신실한 하나님에게 감사하는 가운데송영 사는 윤리적인 삶이다.신학; 욥28:20-28; 롬11:33-12:2; 엡4-5장

회개

부분적인 헌신이나 마지못해 하는 헌신은 헌신이 아니다. 하나님은 백성에게 포기하고 자신을 좇도록 요청한다. 다른 모든 것은 이차적이고, 중요하지 않다. 하나님을 좇는다고 입술만 움직이는 자들에게 하나님은 가혹한 말씀을 한다. 이것은 죽음으로 가는 길이다. 생명은 진심 어린 회개가 백성을 하나님에게 다시 돌아오게 할 것이라는 희망에 있다.

아모스는 권고와 상기시키는 것과 비난을 넘어선다. 이스라엘은 삶과 죽음 사이에 결정하라는 엄연한 현실과 마주한다. 회개에 대한 부름은 진리 및 상황의 심각성을 고려하라는 부름이다. 곧 문제의 상태에 대한 책임을 인정하고, 죄악의 행동을 야기한 동기가 변화되도록 삶의 방향을 재설정하라는 부름이다. 하나님과 아모스가 회개하라고 부른 것은 죄를 싫어하고 이스라엘의 회복을 열망하기 때문이다.

회개에 대한 성서 기사는 개인적이든 집단적이든 보통 위기에서 나온다. 백성이 하나님에게서의 변절이나 일탈의 참된 특성을 인식하고 상황이 위태롭다는 것을 받아들이지 못한다면, 변화의 가능성은 거의 없다. 때로 극적인 대면이 죄인의 눈을 뜨게 한다. 가난한 사람의 양에 대한 나단의 비유로 말미암아 다윗은 우리야에게 범한 죄에 대해 눈을 떴다.삼하12장 슬프게도 재앙이나 비참한 결과라는 위협이 종종 회개를 야기하는 데 필요하다. 사사 시대를 특징짓는 죄, 노예 됨, 슬픔, 구원이라는 주기는 인간이 자기반성에 저항한다는 것을 잘 보여준다.

예언자의 주요 임무는 하나님의 백성에게 그들이 여호와에게 공언한 충성과 하나님의 뜻을 무시하는 것 사이에 조화를 이루지 못함을 깨닫게 하는 것이다. 에스겔의 호소가 다음과 같이 이것을 잘 보여준다.

> 그러므로 이스라엘 족속아, 나는 너희 각 사람이 한 일에 따라서 너희를 심판하겠다. 너희는 회개하고, 너희의 모든 범죄에서 떠나 돌이켜라. 그렇게 하면, 죄가 장애물이 되어 너희를 넘어뜨리는 일이 없을 것이다. 너희는, 너희가 지은 죄를 모두 너희 자신에게서 떨쳐내 버리고, 마음과 영을 새롭게 하여라. 이스라엘 족속아, 너희가 왜 죽고자 하느냐? 죽을 죄를 지은 사람이라도, 그가 죽는 것을 나는 절대로 기뻐하지 않는다. 그러므

로 너희는 회개하고 살아라. 나 주 하나님의 말이다.겔18:30-32

진심어린 회개는 솔직함과 진실 됨을 요구한다. 이스라엘이 자신의 죄를 인식한다면, 죄를 인정할 준비가 되어 있는가? 신학적으로 죄를 받아들이는 것은 고백으로 알려졌다. 죄는 죄가 행한 것뿐만 아니라, 죄가 무엇인가에 대해 지목될 필요가 있다. 이스라엘에 만연한 죄는 사회적인 불의이며 개인적인 불의다. 이 죄는 이웃을 파멸시켰고, 진리가 무시되게 했으며, 공동체를 조각냈으며, 이스라엘의 모든 종교적 행위에도 그들에게서 하나님이 얼굴을 돌리게 했다.

이스라엘은 구체적인 죄를 범했다. 구체적인 죄를 고백할 필요가 있다. 진심어릴 때 고백은 배상이 동반된다. 이런 배상은 이스라엘의 법에 규정됐다.출22:1-7; 레6:5; 민5:7 하나님은 유대 노예 소유자들이 나중에 만군의 주님과 협상할 때 협상 카드로 사용하려고 속임수로 행한 배상은 받아들이지 않을 것이다.렘34:8-22 진심어린 회개는 새로운 길을 지지하며 이전 방식을 단념하는 것, 그것도 결정적으로 단념하는 것을 포함한다. 회개에 대한 이런 기도의 모범이 호세아서6:1-3; 14:1-3와 예레미야서3:22-4:2에 나온다. 예수님은 삭개오의 배상눅19:8-9과 창녀의 겸손한 기름부음의 행위7:36-50에서 참된 회개의 표시를 인정했다.

모든 죄는 하나님과의 관계를 파괴하므로, 회개가 완성되려면 이 관계를 회복할 필요가 있다. 그래서 아모스는 이스라엘에게 여호와의 권고를 다음과 같이 요청한다. **너희는 나를 찾아라. 그러면 산다. 너희는 베델을 찾지 말고.**암5:4-5 하나님은 삶의 중심에 있다. 회개는 언약의 주님에게로 돌아오는 것을 의미한다. 느헤미야는 동료들을 율법의 구체적인 요구를 지키도록 엄숙하게 맹세하게 하여, 이런 회개로 이끌었다.느10:28-39; 렘 34:10-11, 15-16 참조 게다가 하나님에게로 돌아가도록 인도하는 회개는 항상 거룩한 삶으로 회복시킨다. 그때에 하나님의 백성은 또한 자발적으로 회개의 기도로 자신의 죄들을 고백할 것이다.렘3:22-4:2; 호14:2-3 참조

교회생활에서의 본문
절기와 기근 사이에

절기와 기근 사이의 도덕적 거리는 금식과 관대한 행위로 연결된다. 이스라엘의 절기는 창조주가 비옥한 토양, 주기적이고 충분한 강우량, 질병과 해충에게서의 차단, 풍부

한 햇빛을 제공하면서 섭리하는 보호를 기념했다. 그러나 하나님은 결코 기회나 재능의 동등함을 보장하지는 않았다. 다양성이 공동체 운영을 위한 하나님의 본래의 계획에 있다. 실제로 다채로움은 공동체의 토대이자 기준이다. 다채로움은 개인주의 및 방종과 정반대다.

이 주석을 작성할 당시 르완다 피난민들이 음식과 피신처, 옷, 안전을 찾아 이웃 나라들에 쏟아지고 있었다. 익숙하지 않아 일찍 지쳤을 수도 있지만 이런 피난민들의 비참함에 거듭 노출되어, 긍휼이 약화될 수 있다. 그러나 어떤 사람들은 거리에서 구걸하는 동안에도, 심지어 우리 주님은 종교 절기, 결혼 축하와 연회 초대를 인정하고 즐겼다.

하나님의 사람들이 어떻게 감사하고 긍휼히 여기며 살면서도, 냉소와 절망의 유혹에 저항하는가? 방종의 도덕적 반의어는 자기희생이 아니라, 자기 훈련이다. 마찬가지로 폭식에 대한 대안은 굶주리는 것이 아니라, 적절하게 건강하고 균형 있는 음식을 먹는 것이다. 이것은 한정된 기간 동안 구체적인 목표를 가지고 음식을 삼가는 금식을 평가절하 하는 것이 아니다. 사마리아의 특권층 여자들이 보인 이기심은 식욕이 안으로 향할 때 만족할 수 없게 된다는 것을 확증한다. 이 여자들은 하나님의 선택의 은혜를 이해하지 못했다.암3장 하나님의 인정, 개인의 가치, 언약의 주님의 임재와 구원하는 은혜에 대한 증언이 신앙생활 안에서 마땅히 받아야 할 주목을 받을 때, 가까이 함은 삶이 요구하는 의미를 가리키게 된다.

신약의 가르침은 다음과 같이 자기 부인이 훈련의 본질이라고 묘사한다. "나를 따라오려는 사람은, 자기를 부인하고, 날마다 자기 십자가를 지고, 나를 따라오너라."눅9:23 방종, 곧 자기만족에 대한 억제하지 못하는 관심은 그리스도인의 삶의 방식에 이질적이다. 사마리아 여인의 사례와 마찬가지로, 때로 방종은 심지어 종교적 가르침에서 또는 방종을 종교적 맥락에 두어 적절하지 못하게 신앙심이 있는 것으로 포장된다.

눈앞의 불의

1994년 11월 8일 화요일에, 캘리포니아 유권자들은 본질적인 전체 공공 혜택에서 등록되지 않은 외국인들의 권리를 제한하는 조치인 178 법안을 지지한다고 투표했다. 며칠 지나지 않아 교회 협의회의 대표자들은 중앙아메리카에서 비참한 가난과 죽음의 위기에서 탈출하여 불법적으로 미국에 온 젊은 남자의 증언에 갈채를 보내며 반응했다. 협의회 대표자들은 그 젊은 남자가 예수 그리스도에 대한 새롭게 찾은 신앙과 사랑을 축하했고, 법적인 세부 내용보다 긍휼이 우선됨을 분명히 했다. 그리스도인들은 그리스도와 국가의 주장과 반대주장을 선별할 때 자신들의 양심과 싸운다. 이런 싸움은 우리가 눈앞의 불의를 통해 이 세상에서 악에 기여한다는 깊은 인식에서 온다.

우리가 우리의 시장 점유율을 높이고, 다른 나라의 시민이기 때문에 인간의 곤경을 무시하는 정책을 장려하겠다고 약속하는 대표자를 지지하는 투표를 한다고 생각해 보라. 우리는 불의를 행하고 있는 것이 아닌가? 우리는 우리 정부가 담배와 화학제품의 유독한 효과 때문에 이런 제품들에 제한을 둔다고 말없이 감사할 수도 있다. 하지만 우리는 유사한 법이 없는 나라의 시민들에게 이런 제품을 파는 불의에 참여하고 있지 않은가?

죄와 죄의 결과가 서로에게서 더 멀어질수록, 우리는 둘 사이의 인과 관계를 더 세우지 않는 경향이 있다. 이로 말미암아 과시적 소비의 삶의 방식이 얼마나 악한가를 인식하기 어렵게 된다. 선진국의 만족할 줄 모르는 석유에 대한 탐욕이 인도 평야에서의 홍수 발생에 기여한다는 제안을 우리는 재빨리 거부할지도 모른다. 그럼에도 산악지대 유역의 거주민들이 난방 연료로 석유를 사용하며, 걸프 전 당시 유류가격의 상승으로 석유를 손에 넣기가 어렵게 된 것은 사실이다. 인도 사람들이 대안 에너지 자원으로 나무에 의존할 때, 서두른 삼림 파괴로 침식작용을 일으켜, 대규모적이고 효과적인 홍수 통제의 댐 체계에 토사가 쌓이게 됐다. 결과적으로 홍수가 발생했다.

아모스 4장 1-3절은 과소비하는 생활양식이라는 간접적인 불의에 주목하게 한다. 사람들은 자신들의 의식적인 선택으로 말미암아 의도한 효과뿐만 아니라, 자신들의 삶의 방식으로 말미암아 의도하지 않았던 효과에 책임이 있다. 이런 죄는 다음과 같이 시편 기자의 기도에 포함된다. "어느 누가 자기 잘못을 낱낱이 알겠습니까? 미처 깨닫지 못한 죄까지도 깨끗하게 씻어 주십시오."시19:12

어떤 사람의 행동이 단지 간접적으로 다른 사람을 해쳤다는 사실이 범죄자를 무죄가 되게 하지는 않는다. 하나님이 보기에는 그 사람은 책임이 여전히 있다. 두 가지 이유를 추론할 수 있다. 모든 인간의 행위와 반응에서 나오는 실제적이며 다수의 결과들이 있다. 우리는 복잡하고 역동적인 세상에 살고 있다. 우리는 우리 행동의 함축적 의미를 충분히 생각해야 할 도덕적 의무를 지고 있다. 우리는 우리 행동의 결과를 예측할 수 있기 때문에, 건설적이며 다른 이들에게 이득이 되는 결과를 추구하기로 선택할 수 있다. 운이 좋게도 하나님도 무엇이 선하며 정당하고 애정 어린 것인지 말씀했다. 우리가 이런 윤리적인 가르침을 위반한다면, 결과는 우리와 다른 사람들에게 해가 될 것이다. 다른 한편 하나님의 뜻에 반응한다면 심지어 반응에는 고통과 좌절이 따른다고 하더라도, 신앙을 가진 사람과 그의 행동으로 영향을 받은 이들에게 활력과 생명을 가져온다.

사람들이 자신들의 행동의 간접적인 결과에 책임을 져야 하는 또 다른 이유는, 우리가 공동체로 존재한다는 사실이다. 하나님은 사람들에게 서로에게와 서로를 위해 책임을 지라고 불렀다. 우리가 자기만족에 집중할 때, 우리는 공동체의 복지를 억누르거나 무시하게 된다. 이런 공동체는 오래 생존할 수 없다. 이런 공동체는 민족성, 정치 또는 경제라는 이음매에서 틈이 갈라진다. 성서는 다른 곳에서 민족들을 흩거나 멸망시키는 것이 아니라, 아브라함의 후손을 통해 민족에게 축복하는 것이 하나님의 기쁨이라고 우리에게 상기시킨다.창12:2-3; 출19:6 그리고 신약은 적대적인 대립남자-여자, 노예-자유인, 유대인-이방인을 그리스도 안에서 함께 묶는 것이 하나님의 뜻이라는 통찰력을 더한다.엡2:15-16; 갈3:28 하나님의 의도는 인류를 소외시키거나 분리하는 것이 아니라 화해시키는 것이다.

아모스 5:1-6:14

장례 노래: 이스라엘의 마지막 숨

개관

죽음의 광경, 소리와 냄새는 전쟁, 추방, 지진과 전염병, 장례 행렬, 애도자, 장례, 살상되고 흩어진 남은 자의 형태로 이 장들에 스며들어 있다. 이스라엘의 당시 사람들과 마찬가지로, 독자는 … 하지 않으면, 이것이 회개로 이어지지 않으면 영광을 듣지 못할 것이다.

죽이는 것과 생명으로의 회복이라는 형상은 언약 아래서의 삶에 대한 용어다. 호6:1-3; 신32:39; Wijngaards 참조 언약 상대자를 죽이는 것은 언약 위반자에게 불순종의 대가를 치르게 하는 것이다. 이런 상대자를 생명으로 다시 일으키는 것은 이 추방된 사람을 언약의 축복으로 회복하는 것이다. 이스라엘은 회복자 '쿰' [qum], 히필 분사; 암5:2가 없기 때문에, 일어설 '쿰' [qum] 수 없는 넘어진 처녀이다. 죽음의 주제가 아모스 5-6장에 넘쳐난다.

아모스 5장과 6장은 연관된 주제에 대한 세 가지 설교를 포함한다. 5:1-17; 5:18-27; 6:1-14 이스라엘의 종교적 겉치레, 자부심, 자신의 현실적인 상태에 대한 무지로 말미암아 하나님의 징벌이 초래된다. 예언자는 이스라엘이 하나님의 바로잡는 행위에 반응하여 어떤 근본적인 변화도 항구적인 변화도 없다고 주장했다. 4:6-13 이스라엘은 피상적인 회개와 고집스러운 태도로 주님의 인내를 다하게 만들었다. 그러므로 하나님은 궁극적인 결말, 곧 죽음과 멸망을 선포한다. 장례 노래5:1-17에는 두 가지 재앙에 대한 예언이 이어진다. 5:18-27; 6:1-14 함께 이 두 예언은 불순종한 민족에 대한 죽음의 영창을 이룬다. 얀젠

Janzen은 "재앙" 신탁이 원래 장례 행렬과 연관됐다는 사실을 보여주었다. "재앙" 신탁은 이스라엘이 급히 하나님과 대면할 때에 죽음에 대한 강조를 강화한다.

　5장과 6장에 나오는 설교는 주님의 말씀과 아모스의 말을 결합한다. 종종 우리는 하나님이 1인칭나로 언급되는지 또는 3인칭그로 언급되는지에 근거하여 구별한다. 이런 기준을 사용하면, 하나님은 5장 3-5, 12-13, 16-17, 21-27절과 6장 8, 14절에서 직접적인 화자다. 예언자의 말은 그렇더라도 직접 하나님의 말씀으로 여겨지는 내용만큼 신뢰할 만하며 권위가 있다. 예언자는 하나님의 행위로 받은 것을 설명하고 확장하며, 보충하고 확증한다. 여기서 아모스는 심지어 주님의 말씀을 인용하지 않을 때도 권위 있는 대변인의 메시지가 유효한지에 대한 사도 바울의 진술을 미리 보여준다.고전7:6,8,10,25,40 성령의 역사로 하나님의 말씀과 예언자의 메시지는 한 말씀으로 만들어진다.

어떻게 하나님을 만날 것인가만나지 않을 것인가
아모스 5:1-17

사전 검토

　이스라엘의 죄와 하나님의 심판을 의미하는 암호 용어가 이 시로 된 단위에 가득하다. 예를 들어 여자들에 대한 언급은 2장 7절의 학대받은 이스라엘 아내에서 4장 1-3절의 학대하는 아내들에게로 옮겨가고, 이 섹션에서는 침략자에게 약탈당하는 처녀 이스라엘로 나온다. 하나님은 점차 강렬하게 회개를 호소한다. 장례 노래의 리듬은 하나님에게 반응할 때 지체한 결과에 대해 의심의 여지를 남기지 않는다.

개요

　이 설교는 균형 잡힌 대칭이 특징이다.De Waard: 170-177[문학적 유형, p. 409.] 교차 대구적 패턴은 눈과 귀를 사로잡는다.

　　너희 장례식이다, 5:1-3
　　　아마도 한 출구밖에 없다, 5:4-6

　쌍을 이루는 병행구는 서로를 설명하고 강화하므로, 우리는 병행구들을 함께 다룰 것이다. 이런 식으로 오늘날의 독자는 원 청중과 독자가 이해했던 것을 다시 포착할 수 있다.

주석적 해설

너희 장례식이다 5:1-3, 16-17

　생각의 눈으로 장면을 포착해보자. 아모스가 설교하는 장소는 베델의 성전 입구다.7:13 활발한 분위기가 지배적이다. 시끌벅적한 장사와 종교적 절기의 춤과 노래 행렬, 제단에 희생제물로 바치려는 제물을 가져가는 예배자들의 행렬이 있다. 갑작스럽고 극적으로 예언자는 장례 노래의 형식에서 울부짖음에 대한 날카로운 짧은 언급으로 평화를 산산이 조각낸다.

　　처녀 이스라엘이 쓰러져서,

　　다시 일어날 수 없구나.

　　제 땅에서 버려졌어도,

　　일으켜 줄 사람이 하나도 없구나.암5:2

　왜 **처녀** 이스라엘인가? 이스라엘이 정결하기 때문이 아니다.5:7, 10-13; 렘18:13; 31:21 참조 하나님은 다른 백성에게도 동일한 용어를 사용하므로, 주님과의 특별한 관계로 말미암아 이스라엘이 처녀로 묘사되는 것도 아니다.사23:12; 47:1; 렘46:11 아마도 처녀라는 용어는 이 문화에서 결혼하지 않은 소녀의 죽음은 보호자가 없다는 점, 깨어진 꿈, 이뤄지지 않은 약속을 암시하기 때문에 나올 것이다. 이스라엘은 약탈당하여, 생명은 쇠잔해져가면서 세상에 그대로 노출된다.

재앙은 엄청난 규모여서 성읍 거주자들암5:16b과 농부들5:16b도 애도에 참여할 것이다. 일상적인 활동은 멈춘다. 모두가 사랑하는 자를 위해 애도할 것이다. 마을 광장과 넓은 거리는 직업으로 삼는 애도꾼들로 가득할 것이다. 그럼에도 죽음의 세금이 너무 높아 심지어 일반 사람들, 곧 **농부들**도 애도자로 징집될 것이다. 죽음과 애도는 **포도원**으로도 흘러들어갈 것이다.5:17 보통은 기쁨과 축하를 상징하는 이 포도원들삿21:21도 하나님의 심판이 야기한 고통을 목격하는 증인들이 됐다.

구체적으로 이 심판은 이스라엘의 병력을 격감시킬 침략군 형태를 띤다.암5:3 대대를 내보낸 성읍은 한 중대만 이룰 정도로만 남게 될 것이다. 한 중대를 징집한 마을은 소대로 전투를 마무리할 것이다. 적의 정체는 중요하지 않다. 적은 심지어 이름도 없다. 이것이 주님의 하는 일이라는 것을 아는 것만으로 충분하다. 군대의 주님은 자기 백성을 심판으로 휩쓸 것이다.5:16-17

아마도 한 출구밖에 없다 5:4-6, 14-15

이 재앙을 제압할 어떤 방법이 있는가? 오직 하나가 있다. 하나님과 아모스는 이렇게 외친다.

> 너희는 나주님를 찾아라. 그러면 산다.…
> 너희가 살려면, 선을 구하고, 악을 구하지 말라!

하나님이나 신들을 찾는다 '다라쉬' [daraš]는 것은 예배자가 인도 또는 가르침을 구하러 하나님 앞에 들어간다는 것을 의미한다.삼상9:9; 왕하22:13, 18 하나님을 찾는 이는 하나님의 뜻을 행하면서, 하나님 앞에 가며 하나님의 길로 행한다.시24:3-6; 시55:6-9 하나님에게 복종하는 데 초점을 두기는 하지만, 이 만남은 보통 성소에서 일어난다. 마음에서 하나님을 찾는 이는 하나님이 자신을 드러내고 구원으로 응답하기를 기대할 수 있다.대상28:8-9

여기서 아모스의 가르침은 주님을 찾는 것과 베델을 찾는 것을 대조시킨다. 민족의 운명이 이스라엘의 이런 행위에 달려 있다. 백성은 죄의 악취에 너무 익숙해져, 자신들의 곪아가는 상처를 인식하지 못한다. 이스라엘 사람들은 베델에서 주님을 예배하고 있다고 주장하지만,암5:14, 18 참조 아모스는 이 주장을 거부한다. 그들은 예배에서 주님의 이름을 사용하고 있지만, 매일의 삶에 대한 하나님의 인도를 무시한다. 이런 상태에서 종교적인 의식은 자기기만이 된다. 이런 중심지의 제사장들과 예언자들이 제시하는 가르침은 하나님에게서 온 것이 아니다.

베델, 길갈, 브엘세바는 이스라엘 사람들이 종종 방문하는 세 곳의 두드러지는 역사적인 종교 중심지였다.[팔레스타인 지도, p. 424.]. 이스라엘의 종교는 파산했고, 주님에게 하는 호소는 수치가 됐으며, 하나님에게 은혜를 베풀어 달라는 주장은 잘못 됐다. 오직 여호와에게 돌아올 때에 희망이 있다.

이런 제의 중심지에 의존하는 것은 쓸모가 없다고 주님은 주장한다. 길갈은 포로로 끌려갈 운명이다 '하길갈 갈로 이글레' [haggilgal galoh yigleh]의 언어유희를 보라, 5:5c 베델종교적 수도은 철저하게 황폐하게 되고 거주민이 없어져서, 허사가 될 것이며, "대재앙"이나 "존재하지 않음"으로 알려질 것이다.

불의와 악이 선과 진리를 대체했다. 뒤틀림이 너무 오랫동안 깊이 뿌리 내려서, 회개를 요청하지만, 심지어 하나님의 심판의 흐름을 바꿀 수 없을 것이다.5:14-15

너희가 살도록 나/선을 찾으라! 회개에 대한 유일한 대안은 분명하고 꺼지지 않을 주님의 진노에 직면하는 것이다.5:6 하지만 최대한의 희망이라면 행여 주 **만군의 하나님이 남아 있는 요셉의 남은 자를 불쌍히 여기실지 모르니**이므로, 심지어 회개의 선택권도 사라질 수 있다.5:15b 형 집행을 정지할 것이라는 보장은 없다. 하나님은 심판을 연기하려는 생각이 없다. 마지막 희망은 순전히 하나님의 은혜와 하나님의 용서를 확대하는 데 달려 있다.

죽음의 원인 5:7, 10-13

이 멸망의 이유는 이스라엘의 품성 때문이다. 그들은 일시적으로 죄를 범한 것이 아니라, 근본적인 태만의 죄를 범한다. 그들은 사법 제도를 개인의 이득을 위한 도구로 바꾸었다. 사법 제도를 쓴 향이 나는 식물인 **소태**5:7로 바꾸었다.King: 124 **소태**의 유망한 냄새는 그 불쾌한 맛으로 상쇄된다. 이스라엘은 율법의 민족이지만, 율법은 가난한 자를 희생하고 부자에게 유리하도록 해석되어 왔다. 정의는 중립적인 공평함이 아니라, 약자와 무력한 자들을 의도적으로 지지해야 했다. 하지만 이스라엘의 정의는 권력 있는 자의 도구가 됐다. 상황에 대해 도덕적인 근거와 인도주의적인 근거로 반대하는 자들은 권력의 자리에서 멸시 당했다.5:13[공의와 정의, p. 407.]

고발의 구체적인 특성은 모든 죄에 대한 포괄적인 목록으로 의도된 것은 아니다. 아모스서 나머지에 나오는 고발을 고려할 때, 목록은 완전하지 않다. 왜 죄의 전체 목록을 주고서 결정타를 날리지 않는가? 왜 이렇게 조금씩 접근하는가? 많은 이유가 떠오른다.

첫째, 본문 단위는 아마도 원래 길거리에서의 설교로 전달했을 것이다. 즉 짧아야 하고 핵심을 찔러야 한다. 이런 형식으로 말미암아 예언자는 좁은 거리에 있으면서 전체 메시지로 지나가는 사람을 사로잡게 된다. 둘째 이런 예언의 짧은 설교는 아마도 사마리아와 베델 성읍에서의 여러 장소에서 전달했을 것이다. 아모스 5장 1-17절은 성문의 배경에 어울릴 것이다. 성문에서 군대를 배웅하고 돌아오는 것을 환영하게 된다.5:3 성문은 이 본문에서 재판이 실행되는 장소로 세 번 언급된다.5:10, 12, 15 실제로 성문은 이스라엘에서 재판이 보통 실행됐던 곳이다.신17:5; 룻4:1,10-11; 시29:21

예언자는 이스라엘의 삶의 가장 공적인 무대에서 민족의 양심으로 행동한다. 이 역할에서 예언자는 재산 구매나 신부값과 같은 다양한 문제에 대한 협상을 목격한다. 성문에서의 소송절차는 정의에 대한 공동체의 관심을 반영한다. 재판관이 뇌물이나 사리사욕에 굴복할 때, 약자는 자신의 불평을 바로잡을 기회를 얻을 수 없다.

이 본문 단위는 정의에 대한 요청과 왜곡된 정의에 대한 고발을 중심 주제로 삼는다. 여기서 확인되는 불의는 아모스서의 다른 곳에서 열거된 불의와 일치하지만, 여기서는 일시적인 관습이 아니라, 사법 제도에 초점을 둔다.암5:10,12,15 사법 과정뿐만 아니라, 재판관도 타락했다. 범죄에 대한 구제를 구하는 자들에게 어떤 희망도 남아 있지 않다. 고소인은 자신이 도움을 호소할 재판관이 구제받으려는 바로 그 압제자라는 사실을 알면서 판사석에 접근한다. 정의는 씁쓸하게 변했고, 공정함은 먼지로 변했다.

정의의 하나님은 자기 백성들 가운데 공평함, 평등, 올바른 관계, 및 약자와 가난한 자와 무력한 자에 대한 배려를 찾으나 헛수고했다. 이 용어들에서 정의가 최고의 우선순위다.시89:14; 사61:8 그들이 참으로 "주님을 찾는다면" 그들은 약자를 보호하고 정의와 윤리적인 삶을 권장하는 일에 주님이 관심을 가진다는 사실을 들을 것이다. 부자와 권력 있는 자들은 대부분을 전쟁의 약탈을 통해 잃을 것이기 때문에, 결국 부당한 방법으로 얻은 물품은 무의미한 이득이 될 것이다.

아모스 5장 13절의 의미는 분명하지 않다. 이것은 예언자가 "긁어 부스럼을 만들지 말라."라고 조언한 공정함을 요구하는 자인가, 아니면 의로운 희생자인가? 아니면 하나님은 예언자를 통해 실제로 불의를 행하는 자들만큼이나 압제에 책임이 있는 대부분의 침묵하는 의로운 자들을 부르는 것인가? 바산의 암소라는 간접적인 불의4:1-3는 "세상이 엉망이 되어간다."는 사실을 개인적으로 슬퍼하지만 압제자와 대결하기를 거부하는 사회 비평가와 병행을 이룬다.

하나님이 책임자이다: 나는 나다! 5:8-9

설교의 중심부가 여기에 있다. 아모스의 청중들은 그의 목소리에서의 변화로 설교의 중심부를 알아차렸을 것이다. 애도의 울부짖음5:1-7이 일시적으로 찬양의 찬송으로 바뀌고, 5:8-9 장례 노래의 두 번째 절로 다시 이어진다. 5:10-17 많은 주석가들과 더불어 NIV의 번역자는 이 찬송을 갑자기 끼어든 것으로 해석한다. 설교의 교차대구적 구조를 인식하기 전까지는 잘못 놓은 것으로 보인다. 이제는 이 찬송이 연결지점이 된다.

재판관에 대한 묘사는 이 말씀을 듣는 자들에게 백성의 삶에 중심을 차지하는 것은 율법이 아니라 하나님 자신임을 상기시킨다. 백성이 찾아야 하는 이는 바로 하나님이다. 하나님은 어떤 사소한 두목도 아니고, 의식이나 주문이나 사소한 제물로 달랠 수 있는 배고픈 이교의 우상도 아니다. 우주의 창조주이자5:8a-c 역사의 주님5:9이 자기 백성 앞에 있다. 별들, 해와 비의 이 통치자는 산성의 높이와 잘 다듬은 돌로 된 벽의 힘으로 감명 받지 않는다. 이스라엘은 하나님의 관점을 무시했다. 이스라엘은 지평선 위의 삶에 사로잡혀 있다.

5:8d 나는 나다

전체에 대한 중심점으로서 설교의 중심에 **그분의 이름 주님이시다**라는 증언이 있다. 이름을 언급하는 것은 이집트에서 나올 때에 이스라엘에게 하나님이 스스로 드러낸 것을 즉각적으로 떠올리게 한다.

> 나는 주다. 나는 아브라함과 이삭과 야곱에게 전능한 하나님으로는 나타났으나, 그들에게 나의 이름을 "여호와"로는 알리지 않았다.… 나는 주다. 나는 이집트 사람들이 너희를 강제로 부리지 못하게 거기에서 너희를 이끌어 내고, 그 종살이에서 너희를 건지고, 나의 팔을 펴서 큰 심판을 내리면서, 너희를 구하여 내겠다. 그래서 너희를 나의 백성으로 삼고, 나는 너희의 하나님이 될 것이다. 그러면 너희는, 내가 주 곧 너희를 이집트 사람의 강제노동에서 이끌어 낸 너희의 하나님임을 알게 될 것이다. 출6:2-7

하나님의 이름 여호와=주님는 불타는 가시덤불에서 모세에게 처음으로 "나는 곧 나다"로 설명됐다. 출3:14-15; 6:1-3 참조 문맥상 이름의 의미는 주님을 자기 백성에게 한 언약의 약속을 성취하는 신뢰할 수 있는 이로 확인하는 것 같다. 하나님은 보통 백성의 구원을 위해 행동하려고 임하지만, 때로 이렇게 심판을 위해서도 임한다.

아모스 5장 1-17절 본문 안에, **여호와**라는 이름에 대한 언급은 주변의 두 가지 주제를 주목하게 한다. 첫째, 하나님은 홍수 후에 질서 정연한 세상을 보장하기를 약속했기 때문에,창8:21-22; 9:11-17 여전히 자신의 언약 서약에 충실하다. 하늘의 양식에 따라 별을 두고, 밤과 낮의 연속을 규제하며, 위엄 있게 바다의 물로 구름을 만들고 그것을 땅에 쏟는다.암5:8a-c 곧 이 하나님이 언약을 영원히 지킬 것이다.

여호와가 그의 이름이시다!

하나님의 이름이 지니는 의미의 다른 측면은 주님이 이름을 주장하지만 정의와 긍휼에 대한 하나님의 규례를 준수하기를 거부한 자들에게 심판으로 임할 것이라는 점이다.암5:9; 5:10-13 참조 주님의 이름을 더럽히는 자들은 재판관으로서의 하나님의 신실함을 경험할 것이다. 주님은 순종에 대해 축복을 약속하고 불순종에 대해 심판을 약속했다.신27-30장 여호와가 자신의 이름에 따라 산다면, 성취를 위해 심판이 필요하다.

여호와가 그의 이름이시다!

이스라엘이 회개하고 언약의 주님에게로 돌아오지 않는다면 심판이 임박했다. 사람들은 아직 장례 행렬이 자신들을 위한 것이라는 사실을 인정하지 못했다. 그들은 하나님이 자신들을 위해 개입할 것이라는 희망을 계속 붙들고 있다. 하나님은 두 가지 재앙 신탁이 점차 강력해지는 울부짖음 가운데 이 희망을 땅에 내팽개치고 있다.암5:18-27; 6:12-14

성서적 맥락에서의 본문
하나님을 찾기: 정의에 다시 초점을 두라

하나님을 찾으라! 말씀은 충분히 단순하지만, 실천은 전력을 다해야 한다. 이 부름은 잃어버린 무언가를 찾는 것이 아니라, 누군가나 무언가를 꾸준히 추구하는 것이며, 하나님에게 가까이 하고자 하나님을 찾는 데 온전한 삶을 바치는 것이다. 이것은 하나님을 열정으로 추구하라는 요청이다.

정의는 사회에서의 지위나 권력이나 역할에 상관없이, 모두에게 생계와 기회에 동일하게 접근할 수 있도록 하여 복지를 추구하는 것이다. 정의는 전체 사회, 및 특히 무력하거나 억눌린 자들에 관심을 두기 때문에, 색깔, 옷, 신조에도 시선을 두지 않는다. 하나님의 백성이 정의를 장려할 때, 그들은 스스로 사회와 세계 전체를 위한 하나님의 의도와 뜻을 같이 한다. 이런 정의는 심지어 도망간 노예와 거류민들을 받아들이고, 고아와 과부의 복지를 추구한다. 신23:15-17; 24:10-22; 욥29:11-17; 눅20:45-47; 행6:1-7; 9:32-43; 약1:27 참조 하나님이 인간 공동체에서 정의와 공의에 관심을 가진다는 점은 성서에 만연해 있다. 정의와 공의는 사람을 사람으로 존중하는 것을 표현하기 때문에, 이 관심은 언약 관계라는 제약을 넘어선다. 이런 미덕은 선호하는 관계에 근거한 애정이나 역사적인 헌신의 이전 유대감이 있다는 것을 고려하지 않고 인간 공동체에 만연해야만 한다. 이 미덕들은 기본적으로 예상되는 것들이며, 핵심 가치들이다. 바울은 벨릭스 총독에게 전할 때, 이것들을 복음예수 그리스도에 대한 믿음의 메시지로 제시한다.행24:24-25 이 미덕들은 모든 사람에게 하나님이 기대하는 바라고 성령이 확신하는 본질들이다. "그가 오시면, 죄와 의와 심판에 대하여 세상의 잘못을 깨우치실 것이다."요16:8-10 예수님도 제자들에게 더 큰 특권과 깨달음은 바리새인보다 더 의로 바뀌어야 한다고 상기시킨다.마5:17-20

교회생활에서의 본문

회복

모든 회복이 죄의 심판과 회개의 필요성에 대한 설교의 결과는 아니다. 하나님의 선함이 또한 우리를 회개에 이르게 할 수 있다.롬2:4 그러나 모든 회복은 깊은 죄의식에서 온다. 이 죄가 공적인 영역에서 나타나든지, 아니면 마음의 깊은 곳에 자리 잡았든지, 회개는 하나님을 기쁘게 하지 않는 것에 대해 깊이 슬퍼하는 것이며, 삶의 진로에 대해 180도 돌아서는 것이다. 그리스도인이 개인으로든 집단으로든 교회로서 계속 새롭게 되지 않을 때, 하나님은 자기 백성에게 새로운 신앙과 거룩한 삶으로 다시 부르는 예언적 명령을 전하는 전령을 보낸다. 조나단 에드워즈Jonathan Edwards는 이런 예언자였다. "분노한 하나님의 손에 있는 죄인들"이라는 설교에서, 그의 아모스와 같은 메시지는 18세기 중반 뉴잉글랜드에 영적 대각성 운동으로 이끈 극적인 설교를 상징한다.

성서 기록과 교회 역사는 하나님의 사람들 가운데 회복의 풍부한 증거를 담고 있다. 일부 왕들에 대해, 그는 "자기의 아버지 …가 걸어 간 길에서 벗어나지 아니하고, 그 길을 그대로 걸어, 주님께서 보시기에 정직하게 행하였으나, 산당만은 헐어 버리지 않아서, 백성이 조상의 하나님만을 섬기게 하지는 못하였다."대하20:32-33; 24:2, 17-19; 26:3-5, 16이후 참조라고 한다. 선택적인 회개는 피상적인 회개라는 증거다. 철저한 회개는 죄의 드러나는 겉모습뿐만 아니라 죄의 원인을 찾아 근절한다. "내가 누군가에게 죄를 지었다면, 나를 용서해주십시오."와 같은 고백의 진술은 종종 진리를 회피하려는 것이며, 현실을 직면하기를 거부하는 것이다. 회개와 고백은 무엇보다 겉으로 드러나게 된 동기뿐만 아니라,

반란, 무시, 불충 또는 이기심의 구체적인 행위를 드러낼 필요가 있다. 이런 회개는 다시 창조하는 잠재력이 있다. 아마도 가장 깊은 회개는 다음의 시편에서 발견된다.

실로, 나는 죄 중에 태어났고,
어머니의 태 속에 있을 때부터 죄인이었습니다.
마음 속의 진실을 기뻐하시는 주님,
제 마음 깊은 곳에 주님의 지혜를 가르쳐 주셨습니다.…
아, 하나님, 내 속에 깨끗한 마음을 창조하여 주시고
내 속을 견고한 심령으로 새롭게 하여 주십시오.시51:5-12

회개가 심령을 변화시킬 때, 그는 하나님에게로 돌아간다.

현대 서구 사회는 죄의 악함을 축소하거나 제거하는 경향이 있다. 칼 메닝거Karl Menninger는 『죄는 어떻게 되는가』Whatever Became of Sin에서 죄의 용어가 이 사회에서 사라진 것을 관찰하면서, 전쟁이후 시기 도덕적 쇠퇴를 분석한다. 그가 관찰하기로, 죄는 비인격적 사회에 저지르는 범죄가 됐다. 개인의 범죄는 질병이 됐다. 대중에게 퍼진 집단적 죄는 백만분의 일이라는 용인할 수 있는 타락으로 희박해진다.

진심어린 회개는 중심 곧 하나님을 향해 되돌아가게 한다. 인류학자 폴 히버트Paul Hiebert는 신앙의 회심과 삶을 묘사하는 두 가지 대안적 방법을 상정한다. 전통적으로 기독교 회심은 외부자가 내부자가 되는 것으로 간주된다. 많은 본문은 그리스도인이 되고 그리스도인인 것에 대해 생각하는 이런 방식으로 이용될 수 있다. 히버트는 신앙을 개념화하는 대안적인 방법을 제안한다. 사람은 중심그리스도을 향해 움직이든지 중심에서 멀어지든지 한다.Hiebert: 95 이 단순한 제안은 우리가 전도, 회복, 신앙의 성숙, "너무 가까워"지기는 하지만 그리스도를 알지 못하는 위험, 하나님을 매일 기쁘게 하는 가능성에 대해 생각하는 방식에서 광범위한 가능성을 열어준다. 교회의 관계가 중심 곧 그리스도를 향해 움직일 때 사람에게 기여하거나 방해하는 것으로 간주된다면, 교회는 어떻게 보일 것인지 우리는 궁금하다.

제1연: 그날의 공포
아모스 5:18-27

사전 검토

이 첫 번째 재앙 신탁은 탁월한 예배를 드렸다는 이스라엘의 주장을 반박한다. 그들은 적절한 방법과 숫자로 제의에 참여하기 때문에, 하나님이 인정하는 날에 그분은 자신들을 인정할 것이라고 주장한다. 하나님은 그들의 희망이 근거가 없다고 선언한다. 어떤 것이라도 부족한 정의는 받아들일 수 없다.

개요

이것이 앞으로 될 모습이다, 5:18-20
여기에 이유가 있다, 5:21-25
너희는 나가라! 5:26-27

주석적 해설

이것이 앞으로 될 모습이다 5:18-20

슬프도다새번역, "너희는 망한다"-역주라는 외침은 애도에 뿌리를 둔다.왕상13:30; 렘22:18b; Janzen 이것은 죽음의 임박함을 가리킨다. 이 죽음의 특성은 **내가 너희 가운데로 지나갈 것이다**라고 주님께서 말씀하셨다라고 17절에서 예상됐다. 이 구절은 이집트에 내린 마지막 재앙에 대한 묘사를 반영한다.출12:12,23 하나님은 이제 한 때 이집트에게 행한 대로 이스라엘에게 행할 것이다. 하나님은 자신의 백성을 대상으로 거룩한 전쟁에 참여할 것이다. 따라서 이집트인들이 자기 장자들을 위해 질렀던 울부짖음은, 하나님의 장자 이스라엘이 애도하는 부르짖음이 될 것이다.

아모스는 **주님의 날**은 백성의 기대와는 반대가 될 것이라고 선언한다. 암묵적으로 이스라엘이 생각하는 그 날에 대한 개념은 구원의 날이다.[주님의 날, p. 399.] 그들은 그 날이 승리, 축하 및 빛의 때일 것이라고 기대한다.5:18, 20; 사13:10; 에8:16 참조 그러나 아모스는 주님의 날에 대한 의미를 역전시킨다. 그 날은 하나님이 이스라엘의 적에게 내리는 결정적인 심판에 전형적으로 드러나는 용어로, **어둠과 흑암**의 날이 될 것이다.습1:15; 욜 2:2, 31 모세 당시 아홉 번째 재앙은 이집트 사람들에게는 어둠을 이스라엘 사람들에게는 빛을 주었다.출10:22-23 그러나 다가올 날에는 이스라엘이 불순종하고 심판받는 자의 역할을 하게 될 것이다. 그들은 주님과의 일체로 변호되기를 기대하지만, 주님은 거꾸로 그 날을 하나님의 이름이 변호되는 날로 선언한다. 하나님이 자신의 백성에 분노할 것이다.[주님의 날, p. 399.]

아모스는 그 날을 생생하게 시골지역의 형상으로 묘사한다.5:19 여행자는 사자를 만날 기회를 피했지만 곰을 만나게 된다. 운이 좋아 집에 안전하게 온다. 두려움과 안도감에 떨면서, 그는 자신 손을 돌로 된 벽에 기대는데, 독사에게 물리고 만다. 분명히 이 메시지는 아모스의 메시지를 듣는 이들에게 깊이 전달될 것이다. 이스라엘이 경험하는 심판의 행위는 우연한 사건들이 아니다. 이 사건들은 하나님의 결정을 통해 일어난다. 궁극적인 안전과 확신의 근원인 자신의 집은 주님의 날을 상징하지만 죽음을 보증하게 된다.

여기에 이유가 있다 5:21-25

주님의 날의 참된 성격에 대해 예언자의 말은, **나는 싫다, 역겹다 …** 와 같이 주님 자신의 메시지로 대체된다. 이 격정적인 폭발로, 하나님은 예배하는 무리들을 죽은 듯이 조용해지도록 놀라게 한다. 배경? 아마도 열렬한 예배 중심지인 베델일 것이다. 시간? 아마도 주요 절기일 것이다. 실제로 주님의 날이라는 개념은 하나님의 역사적인 개입과 연관된다. 이것이 여기서 북 왕국의 유월절 형태일 가능성이 있는가? 아니면 이것은 여로보암 1세가 예루살렘에서 이전에 충실한 것에서 자기 주민들을 떼어내려고 시작한 특별한 절기를 나타내는가?왕상12:25-33[성막, p. 415.]

이스라엘 종교에 빠진 요소는 정의와 공의이다.암5:24[공의와 정의, p. 407.] 이스라엘의 회복에 대한 요구는 현재5:21-23와 과거5:25-26에서의 논쟁으로 위와 아래에서 보강된다.

본문은 **종교 절기, 성회, 번제물, 곡식제물, 곧 내가 싫어하고 역겨워하는 것**에 대해 복수를 사용한다. 이것은 주님이 그들의 종교 활동에 대해 전적으로 비판한다는 것을 암시한다. 이 진술은 절기를 지키며 성회를 기념하고, 번제물과 곡식제물을 바치라는 다른 명령에 위배되기 때문에, 특히 귀에 거슬린다.레1-2장4:1-7:10; 신16:1-17 분명하게 제사법에 대한 구체적인 가르침뿐만 아니라 현행의 관행은 이런 종교적 제의의 규범적인 특성을 가리킨다.

이외에도 **화목제**는 필수적이지 않기 때문에, 화목제의 자발적인 성격은 하나님에 대한 헌신 및 동료 이스라엘 사람들과의 일치에 대한 상징으로서 화목제에 특별한 위치를 부여했다.암5:22; 레3장; 7:11-36 참조 화목제와 관련된 세부 내용은 이 희생제물유월절 어린 양을 제외하고은 바친 자가 먹을 수 있는 유일한 제물임을 명시한다. 감사하며 바친 자는 아마도 구체적인 삶의 정황에서 하나님의 구원하는 행위를 함께 기념하거나 맹세를 이루었다는 것을 확증하고자 친척과 친구들을 함께 모았을 것이다.출32:6; 신27:7; 삼상11:15; 시116편 참조 제물의 목록에서 **화목제물**은 보통 **번제물**을 따른다. 상징은 하나님 및 이웃과의 화목이 죄의 회개, 고백 및 용서에 근거한다는 의미로 생생하고 풍부하다.

하나님이 이스라엘의 예배를 거부한 이유가 그들의 마음의 태도와 비윤리적인 실천 이외의 다른 어떤 것 때문이라는 사실은 이 본문에서나 아모스서의 다른 곳에서도 암시된 적이 없다. 심지어 회개에 대한 요청암5:4-6도 여호와를 추구하는 것을 벧엘, 길갈 또는 브엘세바를 추구하는 것과 대조시킨다. 시온 산과 가까운 것은 쟁점이 아니다. 그리고 벧엘이나 단에 있는 금송아지를 이렇게 음울하게 평가한 원인으로 언급하지 않는다. 아모스는 비 레위인이 제사장으로 섬긴다는 사실에 대해서도 심지어 한 마디도 하지 않는다.왕상12:31-32; 13:33 열왕기 저자는 북부 지파의 추방이 제의의 탈선의 탓으로 돌린다.왕하17장 하지만 아모스서에서, 이런 이유들 가운데 어떤 것도 하나님이 이스라엘에게 내리는 심판의 명백한 이유가 되지 않는다. 본문이 이런 쟁점에 대해 침묵하는 것은 정의와 공의의 중대한 성격을 부각시킨다. 정의와 공의가 없을 때 예배는 중요하지 않다.[공의와 정의, p. 407.]

하나님이 이런 격렬한 말씀으로 즉석에서 분노하는 것은 이상하지 않다. 예배의 과시적인 요소, 곧 최상의 동물과 채소, 도구, 노래는 모두 있다. 하지만 그들은 주님을 배반하고 있다. 정의롭고 의로운 관계가 어디에 있는가? 곤경에 처한 자를 돌봄이 어디에 있는가? 누구의 눈이 약자의 곤경을 포착하는가? 어떤 귀가 사회의 잊혀진 자들과 무시되는 자들의 울부짖음을 귀 기울이는가? 정의는 메말랐고 공의는 증발했다. 상호 돌보아야 할 곳에서 긍휼과 언약의 신실함이 없다. 거드름 피우는 경건과 축하하는 예배 체험, 관대한 제물로 어수선하다. 그럼에도 이것들은 하나님을 분노하게 한다.

하나가 필요하다. 너희는, 다만 **공의가 물처럼 흐르게 하고, 정의가 마르지 않는 강처럼 흐르게 하여라.**암5:24 한 연구가는 이런 식으로 본문을 현대식으로 바꾸어 표현했다.

공의가 로켓처럼 터지게 하라,

그리고 정의가 영원히 도는 위성 같이 되게 하라

공의와 **정의**는 간헐천이 아니다. 공의와 정의가 번영하거나 평화로운 시기에 골짜기에 넘쳐났다면, 여름 열기라는 역경의 시기에 증발하지 않는다. 공의와 정의가 없다는 것은 가뭄과 죽음을 상징하며, 공의와 정의가 있다는 것은 살아 있는 하나님의 사역의 징표이다.[공의와 정의, p. 407.]

아모스 5장 25절의 수사적 질문은 이스라엘에게 예배 의식의 이차적인 역할을 인식하라는 것이다. 이 질문은 광야 방랑의 시기 개인과 전체 백성이 바쳐야 할 희생제물을 요구하는 법은 아직 시행되지 않았거나 일시적으로 중지됐다는 것을 의미한다.민15:1-3, 17-19 심지어 유월절은 가나안에 들어가기 전에 두 번만 기념했다출12:21-28; 13:5; 민9:1-5; 수 5:10 수확을 알리는 절기는 아직 곡식이나 채소를 수확하지 않았기 때문에, 광야에서 이스라엘에게는 의미가 없었을 것이다. 아모스는 이스라엘이 희생제물과 제의의 자리를 과도하게 강조하는 것에 반박하며 논쟁하려고, 북 왕국 이스라엘의 전통을 사용하고 있다.2:10 참조[이스라엘 종교, p. 401.] 아모스의 주장은 이스라엘이 가장 하나님과 친밀한 시기 곧 광야에 보낸 시기에, 사람들은 희생제물을 바치지 않았다는 것이다. 그럼에도 하나님은 이스라엘을 받아들였다. 그러므로 제의의 희생제물은 하나님과의 의존하며 신실한 관계를 유지하는 데 필수적이지 않다.

너희는 나가라! 5:26-27

아모스 5장 25-27절에서 문법적인 관계는 분명하지 않다. 26절은 5장 25절에서 시작된 수사적 질문의 연속으로 읽을 수 있거나Wolff: 265 5장 27절의 그러므로를 소개하는 것으로 읽을 수 있다. NIV는 이 절을 문맥이 없이 유보해 둔다. 가장 자연스러운 해석은, **그러므로 너희는 들어올릴 것이다.** …가 될 것이다. 여기서 따르는 이 해석에서, 5장 25절은 희생제물과 정의의 관계에 대한 이전 논쟁을 매듭짓는 반면에, 5장 26-27절은 심판의 선고를 포함한다.

아모스 5장 26절에 대한 번역은 다양하다. NIV는 본문이 왕의 마차와 집에서 만든 신들을 묘사한다고 보며, 따라서 왕과 신들이 추방되는 그림이 된다. 그러나 잡혀가는 왕이 왕의 스타일로 추방되는지는 의심의 여지가 있다. 본문은 이스라엘을 숭배되는 앗시리아의 별의 신들, 곧 식굿Sakkuth=몰록/몰렉, 가나안 신 그리고 기윤Kaiwan=토성아래 성서적 맥락에서의 본문에서의 왕하17:16; 행7:42-43 참조을 가리킬 수 있다. 식굿과 기윤은 별의 신으로 가져온 토성의 이름과 별칭일 수 있다.ABD, 5:904 이 해석에서는 이스라엘이 아마도 여전히 앗시리아와 좋은 관계에 있는 듯하며, 본문은 역설로 가득하다. 곧 이스라엘은 자신들을 약탈하고 추방시킬 이 백성들앗시리아의 신들을 추방당하며 가져갈 것이다.

또 다른 가능성은 필자의 마음에 끌린다. 약 170년 이전 여로보암 1세는 북부의 열 지파를 유다와 다윗 왕조에게서 분리하여 이끌었다. 그는 교활하게 광야 전통 및 이스라엘의 하나님의 두 현현인 엘 샤다이와 여호와의 왕권의 상징을 송아지 형상으로 동일시했다. 본문은 **이제는 너희가 왕으로 떠받드는 식굿의 신상들과 너희의 별 신 기윤의 신상들을 너희가 짊어지고 갈 것이다. 그것들은 너희가 만들어서 섬긴 우상들이다**라고 번역할 것이다. 즉 심판의 때가 민족에게 닥치면, 그들은 그들의 신의 이 상징들 가지고 갈 것이다. 침략하는 앗시리아에게서 민족을 구할 수 없으므로 얼마나 쓸모가 없는가![수송아지, p. 390.]

내가 너희를 … 보내겠다라는 말씀은 주님이 자기 백성을 보호할 수 없기 때문에 이스라엘이 포로로 끌려가는 것이 아니라는 사실을 가리킨다. 아니다. 주님, 만군의 하나님은 직접 이 황폐화하는 경험을 책임지고 있다. 하나님은 펼쳐지는 드라마의 작가이지 감독이다. 정복하는 나라앗시리아는 단지 신호에 따라 무대에 돌진할 뿐이다.

아모스는 몇 번의 대담한 획으로, 심판 장면을 그린다. 우리는 생각의 눈으로 이스라엘의 포로들이 긴 행렬로 다마스쿠스를 넘어 북쪽으로 무거운 발걸음을 옮기는 것을 볼 수 있다. 어떤 이는 자신들이 만든 우상과 다른 종교적 장신구의 무게로 고개를 숙인다. 신들은 적이 그들에게 부과한 부동의 짐이 된다. 본문은 역설로 가득하다.

나는 싫어한다, 너희 절기를 역겨워한다…라는 구절은 그들의 하나님의 말씀에 애통해 하는 충격 받은 표정을 시각화할 수 있다. 이스라엘이 어떻게 그렇게 심각하게 착각할 수 있었는가? 무엇 때문에 법의 진실함과 종교적 제의를 분리하게 됐는가?

임시로 세 가지 이유를 제시할 수 있다. 첫째, 그들은 도덕적 책임과 하나님의 선택에 대한 특권을 분리시켰다. 언약 백성이 된다는 것은 무엇을 의미하는지에 대한 그들의 잘못된 개념은 사회적으로 지대한 결과를 가져왔다.암3:1-2 참고

둘째, 군주제로 말미암아 왕의 법정과 종교의 법정을 분리하게 된 것 같다. 아마도 이것은 각각이 다루는 쟁점의 유형이 다르다는 것을 나타낼 것이다. 역대기 저자는 다윗이 "하나님의 모든 일과 왕의 일"에 대해 레위인들에게 재판관의 역할을 맡겼다고 기록한다. 대상26:29-32 이렇게그리고 이렇게만 두 범주가 있다는 점은 두 영역의 이해관계가 전문화됨

으로써 가장 잘 만족스럽게 된다는 것을 암시한다. 행정의 효율성이 지배적인 관심이었다. 그 결과는 결국 왕의 법령의 도덕성방어, 세금부과, 무역과 상업 문제에 대해과 종교 생활의 윤리를 분리시키게 될 것이다.

아합 왕과 나봇의 포도원 이야기는 왕의 법령과 도덕성 사이의 갈등을 잘 보여준다. 아합의 행정에 봉사하는 장로들과 귀족들은 이세벨의 요구에 있는 부도덕한 성격에 대해 침묵했다.왕상21:8-14 정치적인 충성이 도덕성을 압도했다. 불가피하게 국내 영역에서의 사안과 연관된 도덕적 의무에 대한 이런 침묵은, 사회, 특히 왕을 대표하는 역할을 하는 영역에서 왕에게 임명받은 자와 관료들의 경우를 파고들었다.

셋째, 8세기 유다의 상황이 북 왕국과 닮았다면, 부자에게 유리하고 가난한 자와 소작농들에게 불리한 세금부과와 재산에 대한 법이 통용되고 있었다. 이사야는 차별하는 법을 세운 입법자들과 부자의 주장을 지지하는 재판에 대해 심판을 선언했다.사10:1-2 디어맨Dearman은 이런 행정가들은 자신들의 직무 태만에 대해 고발당하지 않았다고 지적한다. 대신에 그들은 "자신의 개인 이익을 위해 무력한 자들을 약탈하는 데 자신들의 지위를 이용"했다.80 나아가 그는 아모스와 호세아에서 비판하는 압제의 유형이 이사야의 선포를 닮았다고 주장한다.

현실주의자는 오래된 법과 종교적 열정이 실용주의와 과단성 있는 행동에 당할 수 없다는 것을 안다. 게다가 북 왕국의 제사장직은 여로보암 1세가 처음 임명할 때부터, 국가의 이익에 기여했다. 엘리야와 같이 간섭하는 자만이 감히 국가 정책에 반대했다. 제사장들은 왕의 법령에 침묵했다.

여로보암 2세의 통치를 받는 수십 년의 번영의 시기는 강력하고 확고한 통치가 이익이 되며, 당시 행정과 사회 정책이 적절하다는 것을 확증했다. 이 영역에 대한 하나님의 축복은 왕의 정책과 민족의 경건을 승인하는 것으로 간주됐다.

5장 18-27절에서, 아모스는 민족의 우선권과 도덕적 자세에 대한 사안을 다룬다. 아모스는 공정성, 긍휼과 미덕이 예배보다 우선시된다고 선언한다. 희생제물, 기도, 절기, 이 모두가 사랑과 순종을 표현하지 않는다면 의미가 없다. 이 사랑과 순종은 진실과 일치를 유지할 때와, 지배당하는 자들 가운데 약자와 가난한 자를 위한 긍휼과 정의 가운데 느껴지고 보이고 들릴 수 있다. 하나님의 백성은 예배의 정교한 예복과 의식이 없이도 존재할 수 있다. 그들은 정의와 공의의 가뭄에 생존할 수 없다. 주님은 손들이 소와 언약 상대자의 섞인 피로 더럽혀졌을 때 이 들려진 손의 기도와 희생제물을 받지 않는다.

성서적 맥락에서의 본문

신약에서 아모스 5:25-27의 사용

스데반은 이스라엘이 거듭 주님에게서 변절한 것을 예언서에서 확증하려고, 아모스 5장 25-27절에 나오는 말씀에 의존한다.행7:42-43 히브리어는 광야 시기 제물이 없는 것을 강조하지만, 스데반은 세 가지 면에서 자신의 목적에 도움이 되기 때문에 이 본문에 의존한다. 첫째, 이 본문으로 말미암아 그는 광야에서 보낸 시기를 참된 신앙에서 변절하는 시기로 생각할 수 있다.출32장 참조 스데반이 이 본문을 인용할 때, "내게"를 강조한다. 둘째, 아모스서 인용은 이스라엘이 메소포타미아의 별의 신들, 곧 토성 "레판"과 그것의 형상과 같이 하나님 이외에 근원에서 안내를 받으려는 경향이 있었다는 스데반의 주장에 무게감을 더한다.행7:40,42 참조 셋째, "다마스쿠스 저 너머"를 "바빌로니아 저쪽으로"로 번역하여, 스데반은 이스라엘의 나중 추방뿐만 아니라, 이스라엘의 이교의 기원에 대한 형상을 떠올리게 할 수 있다.행7:45 참조

스데반의 주장은 아모스 5장 25-27절의 역사적 의미를 당연히 여기지만, 자신의 논증의 흐름에 도움이 되도록 하려고, 본문과 본문의 강조점을 수정한다.

제의, 신조 또는 품행?

참된 예언자는 시간을 분별하고 사안에 초점을 둔다. 마감을 앞둔 촉박한 시간에는 신학적인 세부 내용이나 끊임없는 수식어구를 생각할 시간이 없기 마련이다. 성령에 열려 있는 자는 예언자들을 하나님의 목소리로 인정한다.

신약과 구약에서 예언의 말씀은 윤리적 삶과 제자 됨이 신조나 제의 행위보다 우선된다고 단언한다. 하나님에게 대한 순종은 신앙을 분별하는 리트머스 시험이다. 심지어 예배도 그 자체가 언약 백성의 표시로 의도된 적이 없다. 동물이나 곡식의 희생제물, 기도, 쉐마신6:4-5 암송, 절기 노래와 춤에서 하나님의 역사적으로 유명한 공급 또는 물질의 공급에 대한 찬양, 이 모두는 다음과 같이 세 가지 중요한 기능을 한다. 곧 죄 용서를 상징하고 전달하고, 감사와 찬양을 표현하며, 주님에 대한 언약의 헌신을 재확인하는 것이다. 죄는 하나님의 언약을 어겼다.레4-7장 참조

의식 행위는 예배자의 회개를 상징했다. 동반되는 제사장의 말은 구체적으로 하나님의 용서를 전달했다. 죄를 용서받은 자들은 추가 제물과 십일조를 감사와 찬양의 표현으로 가져올 것이다. 이것들은 하나님의 선함, 약속에 따른 풍부함과 공급함, 시내 산에서 한때 맺었고 정기적으로 갱신되는 충성의 구속력 있는 맹세를 떠올리게 한다.출19-24장;

32-34장; 레26장; 신6:1-25; 수24:1-28 왕국의 초기 역사에서 사무엘은 이 딜레마를 적절하게 다루었다.

> 순종이 제사보다 낫고,
> 말씀을 따르는 것이 숫양의 기름보다 낫습니다. 삼상15:22

동일한 태도가 희생제물을 장려하는 시편기자에게서 나타난다. 시51:16-19 희생제물과 예배를 뛰어넘는 순종은 무의식적인 것도 아니고 성가신 것도 아니다. 순종은 살아 있는 하나님과의 관계에서 흘러나온다. 하나님은 자기 백성에게서 찬양의 예물이나 희생제물을 받기 전에 도덕적으로 변화됐다는 증거를 요구하는 도덕적인 하나님이다.

예언자 이사야와 예레미야는 유다의 위선과 도덕적인 무지를 비판했다. 이웃 북 왕국과 마찬가지로, 남 왕국도 이런 타락이 심각해졌다. 그들은 회개를 상징하는 것에서 예물, 성전, 성전의 설비를 떼어내, 이것들이 하나님이 용서하고 받아들인다는 보장이 된다고 간주했다. 하나님은 다음과 같이 선언한다.

> 너희가 아무리 많이 기도를 한다 하여도
> 나는 듣지 않겠다.
> 너희의 손에는 피가 가득하다. 사1:15

> 너희는 모두 도둑질을 하고, 사람을 죽이고, 음행을 하고, 거짓으로 맹세를 하고, 바알에게 분향을 하고, 너희가 알지 못하는 다른 신들을 섬긴다. 너희는 이처럼 내가 미워하는 일만 저지르고서도, 내 이름으로 불리는 이 성전으로 들어와서, 내 앞에 서서 '우리는 안전하다' 하고 말한다. 렘7:9-10

부조화가 압도한다. 이스라엘이 모순을 인식할 수 없다는 것은 이해할 수 없다. 백성이 어떻게 도덕적인 능력이 그렇게 철저하게 없을 수 있는가?

윤리적 삶과 더불어 제의를 향한 동일한 태도는 예수님이 제자들에게 다음과 같이 가르치는 원인이 됐다. 성소에서 하나님을 예배할 때 너희가 너희 둘 사이의 관계에서 불협화음이 있었다는 사실을 떠오른다면, "너는 그 제물을 제단 앞에 놓아두고, 먼저 가서 네 형제나 자매와 화해하여라." 마5:24 마찬가지로, 심지어 종교 행위가 동반될 때에도, 신조의 고백은 사랑으로 순종하기를 원하는 하나님을 기쁘게 하지 못한다.마7:21-23; 약1:26-27; 요일2:3-8 바울의 소중한 신학과 황홀한 송영롬1-11장은 이 세상을 본받지 않고, 새로운 마음으로 변화되어, 산 제사로 드리는 것으로 구성되는 하나님을 섬기는 것으로 바뀐다.12:1-2 아모스5:18-27도 동일한 방향을 가리킨다.

교회생활에서의 본문
"나는 꿈이 있습니다"

노벨 평화상 수상자 마틴 루터 킹 Jr.는 자신의 삶과 사상에서 정의와 공의에 대한 아모스의 열정의 핵심을 포착했다.암5:24 미국과 베트남에 폭력이 증가하는 것에 직면하여, "평화에 대한 크리스마스 설교"에서 그는 "언젠가 '공의가 물처럼 흐르고, 정의가 마르지 않는 강처럼 흐를 것이다'"라는 자신의 꿈을 재확인했다.M. L. King: 77 하나님의 사람들이 비슷한 비전에 사로잡힌다면, 세상은 곧 인류를 향한 하나님의 계획이 얼마나 영광스러운지 보게 될 것이다. 정의는 모든 실천하는 자를 높이고, 정의에 따라 사는 모두에게 영광이 될 것이다.

제사장의 소명

제사장들이 끊임없이 죄에 노출되고 고통과 파괴에 참여하여, 제사장의 소명은 어려워졌다. 자비로운 사람들은 고통을 줄이고 죄인들을 속박에서 놓아주려는 마음이 강하다. 이런 것들이 제사장의 기능이며, 적절하고 필요하다. 완화되지 않은 고통, 잘못된 죄책, 실패로 말미암은 냉대, 이 모두로 말미암아 사람들은 좌절한다. 제사장의 역할은 또한 죄를 파괴적인 실제로 드러내는 것도 포함한다. 죄를 지은 사람들을 거칠고 단호하게 대우하는 것은 잔인한 일이다. 이런 대우는 죄인을 사랑하며 용서하는 하나님에게서 멀어지게 한다. 그럼에도 교회 지도자들은 죄인들에게 그들의 악한 방식에서 멀리하도록 경고하는 파수꾼으로서 무시무시한 예언자의 임무를 감당한다.암1:1; 호9:8; 겔3:16-21; 33:1-7; Lind

교회에서 돌봄의 역사는 과거와 현재의 과도함에 대한 반응의 역사인 경향이 있었다. 이런 교회의 역사는 순수한 교회에 대한 두 가지 극단의 관심과 신앙 공동체 내에 평화에 대한 바람 사이에 움직이며, 죄를 무시하는 것과 죄인들에게 엄격하게 대하는 것 사이에 움직인다.White and Blue: 15-75 하나님의 명예에 대한 관심은 이단자 탄압, 츠빙글리의 아나뱁티스트 박해, 세일럼의 마녀 재판이라는 극단적인 결과를 야기했다.

다른 한편, 신자들은 고통스러운 결정이나 환경과 싸우는 이들에게 긍휼을 원한다. 이것은 태어나지 않은 수백만의 생명을 살해하며, 결혼 불화에 대해 교회가 침묵하여, 전쟁이나 "평화 유지"를 위한 폭력에 참여하는 것을 교회가 정당화하고, 동성애의 죄악을 인정할 수 없고 다루기를 꺼려하는 일들에 교회가 모호한 태도를 갖는 데 기여했다.

치료 예술에 관여하는 자들은 영적으로 번민하는 자들을 위한 안정 요인으로 전통에 크게 의존한다. 예언자들은 이런 종교 전통주님의 날이 진심어린 회개와 용서를 대체하는 위약 역할을 할 때 이것을 비판한다. 교회의 목회자와 다른 사역자들은 언제 묶어야 하고 언제 풀어야 할지, 어떻게 교회를 하나님 앞에 상호 책임을 가지도록 인도할지 분별해야 한다.마16:13-19; 18:15-20; Gardner

하나님을 형상화: 성상인가, 우상인가?

우리는 우리의 상상을 통해 하나님을 인식한다. 묵시록의 에스겔, 다니엘, 요한은 하나님에 대한 성서의 환상을 묘사하는데, 이 환상은 우리 마음에 하나님에 대한 그림을 만들어내도록 자극한다. 그림, 조각, 시, 다른 예술은 하나님의 성품과 위격에 대해 고찰하는 데 더 깊은 도움을 준다. 이것들은 우리가 전통으로 하나님에 대해 생각하도록 자극했던 방식을 확장한다. 즉 우리가 인격적으로 경험하지 못할 수도 있는 하나님의 측면을 소개하거나 부각시킨다. 그리고 이것들 때문에 우리는 길이요, 진리요 생명인 분을요 14:6 오랫동안 묵상하면서도 깊이 묵상했던 다른 이들의 지각과 정신을 통해 하나님을 인식할 수 있다. 형상 자체가 신뢰와 예배의 대상이 될 때, 형상은 우상이 된다. 아모스 5장 18-27절은 우상이 된 세 가지 형태의 성상, 곧 완고한 자기중심의 신학, 제의적 예배, 하나님에 대한 물질의 상징물에 대해 경고한다.

개신교가 처음 성상을 남용하는 것에 반대한 것은 아니다. 6세기 전부터 그림, 프레스코화, 모자이크, 십자가 형태로 된 부적 및 예수님과 마리아와 성인들의 조각물이 흔했다. 성상의 자리에 대한 쟁점이 1세기 이상 동안주후 726-843년 교회에서 격렬하게 논의됐다. 성상 파괴자들은 그리스도인들이 우상숭배자라는 무슬림과 유대인들의 고발에 민감했다. 성상 사용을 선호한 자들은 성상이 문맹의 그리스도인들을 가르치는 데 가치가 있다고 보았다.Latourette, 1:293 신앙을 돕는 것을 존중하려는 유혹은 현실적인 일이었다. 교회가 하나님을 인식할 새로운 방법을 자극할 능력을 잃을 때마다, 교회의 구체적인 성상은 부자연스럽게 되고, 싫증나게 되며, 제한하게 된다.

심지어 성서, 성서 연구, 신학도 우상이 될 수 있다. 교회가 벌게이트역이나 킹 제임스 버전이 유일하게 받아들일 수 있는 번역본이라고 주장할 때, 또는 교회가 신의 진심어린 문제를 억누르거나 성서의 진리를 창조적으로 탐구하려하는 자들에게 제약을 가할 때, 하나님을 경험하는 것이 제한된다. 교회가 교리, 신앙 고백, 신조 성명서, 또는 교리문답이 참된 신앙에 대한 진정한 시험이라고 주장할 때, 이것들이 우상이 됐다.

우상이 될 수 있는 셋째 유형의 성상은 예배다. 하나님을 아는 것과 경험하는 것은 예배 의식으로 촉진될 수 있지만, 이것들은 또한 신앙을 방해할 수 있다. 물론 자체로 생명을 부여하는 예배 형태가 있는 것은 아니다. 수세기에 걸친 사용을 통해 형성되고 유창한 언어와 고전 음악으로 기록된 고교회의 전례가 우리가 하나님께 나아가는 것의 보증이 될 수 없다. 또한 기록되지 않은 예전과 매주 "즉석의" 의식과 합창을 재현하는 것도 반드시 하나님에게 나아가는 것을 보장할 수는 없다.

제2연: 안전과 기쁨이라는 거품 제거하기
아모스 6:1-14

사전 검토

첫 번째 재앙 신탁은 종교적 가치와 사법의 관례를 다루었다. 둘째 재앙 신탁은 민족의 거짓된 안전을 향한다. 이 신탁들은 수사적 질문, 적의 말 인용, 말로 표현한 분노, 역설, 생생한 심판에 대한 묘사를 포함하는 신랄한 비판의 문학적 형태를 띤다. 이 둘째 재앙 예언은 두 부분으로 나뉜다. 전반부는 주로 고발이며, 6:1-7 후반부는 심판이다. 6:8-14

개요

너희 자신을 보라! 6:1-7

    6:1-3   독선적이며, 안심하고, …역겹다

    6:4-6   부자와 유명한 자들의 생활양식

    6:7   보응의 날

나를 보라! 6:8-14

    6:8   나는…맹세한다

    6:9-10   하나님의 주목을 받지 말라

    6:11-14   파멸

주석적 해설

너희 자신을 보라! 6:1-7

아모스가 민족의 죽음을 애도하는 동안에 이스라엘의 특권층은 자기 백성들의 상태에는 안중에도 없이 연회를 즐기고 있다.

6:1-3 독선적이며, 안심하고,…역겹다

단 한 번의 획으로, 아모스는 유다와 이스라엘의 수도에서 벌어지는 잔치 장면을 그린다. 어떤 학자들은 아모스 제자가 북 왕국 사람들이 포로로 끌려간 후 메시지를 유다에 적용하려고, 시온에 대한 언급을 추가했다고 제안한다. 다른 학자들은 이것이 필사자의 실수로 말미암은 결과일 수 있다고 제안한다. 하지만 다른 이들은 아모스가 우리에게 사마리아를 북 왕국의 시온으로 생각하도록 했다고 주장한다.

그러나 아마도 시온을 언급한 것은 하나님의 백성, 곧 남 왕국과 북 왕국의 모든 지도자를 고발하는 적절한 방법일 것이다. 두 왕국에서 군주제가 지배 계층을 만들었다. 사무엘은 다른 민족들을 본보기로 해서 왕을 선택했을 때에 이런 결과에 대해 백성들에게 경고했다.삼상8장 하지만 이스라엘은 자기 멋대로 하기로 고집을 피웠다. 군주제의 통치는 왕의 성읍에 있는 권력과 권력을 가진 자들에 집중했다. 이스라엘은 이전에 선택하여 걸었던 불순종의 수확물을 거두고 있다. 역사가는 웃시야와 요담에 대해 긍정적으로 평가했을지라도, 유다도 비슷한 국가의 목표를 향해 나아갔다.왕하15:1-7,32-38

아모스 당시 시온과 사마리아의 법정의 관료들은 거드름 피우며 자만하고 안심했다. 그들은 특별한 임명에서나 그들의 뛰어난 자질 때문에, 방어 가능한 성읍에 사는 귀족들이었다. 그들은 자신들의 민족을 우월한 백성, **으뜸가는 나라**로 자랑스럽게 이야기한다.민24:20 참조 이 특권층은 자신들의 지도자로서의 역할에 수반되는 자리에 모이는 시선과 자부심을 즐긴다. 일반 백성들이 원하고 필요로 하다는 것은 기분 좋은 일이다.

이 신탁에서 아모스 6장 2절의 정확한 기능은 명확하지 않다. 이 절은 앗시리아 왕 디글랏빌레셀 3세가 이미 과감하게 갈레,북 시리아 하맛,레바논 산지의 북부 블레셋 국가의 영토와 권력을 줄였던 주전 734년 후에 추가됐는가?[근동의 지도, p. 425.] 만약 그렇다면 메시지는 비슷한 운명이 유다와 이스라엘의 근시안적인 지도자들에게 임할 것이라는 경고이다. 그러나 만약 이 발언이 주전 734년보다 이전 것이며, 아모스에게서 나왔다면, 1절의 **으뜸가는 나라**라는 구절과 연결될 수 있다. 이 경우 풍자적으로 다음과 같이 말하는 것이 된다. 각 나라에 대해 면밀히 조사하면 어느 나라도 유다나 이스라엘의 자격에도 영토의 크기에도 필적하지 않는다는 것이 드러날 것이다. 너희는 참으로 으뜸이다!

이 신탁에서 이스라엘을 비난한 구체적인 고발이 6장 3-6절을 차지한다. 죄는 6장 3, 6b절에서 부각된다. 죄들이 구체화되는 정신과 태도는 "부자와 유명한 자들의 생활양식" 아래 묘사된다.6:4-6a 첫 번째 죄는 도덕적인 분별력이 없다는 것이다.암6:3 이 국가 지도자들은 도덕적 부패의 불가피한 결과를 인식해야만 한다. 보응의 날, 악의 날은 무한정 연기될 수 없다. 나라 지도자들은 명백한 것을 보지 못한다. 곧 어떤 사람은 언젠가 비용을 지불해야만 한다.

내부의 부패와 외부의 위협에 대해 부주의하게 무시한 것 이외에, 이스라엘 지도자들은 단기간의 이익에 사로잡혀 있다. 그들의 정책과 결정, 행위는 지도 계층에게 지속적으로 이득을 보장하는 데 전념한다. 그들이 행사하는 권력은 **폭력의 통치**라고 더 적절하게 지목될 수 있다.6:3b 지위, 권력, 안전, 기쁨, 이런 것들이 그들의 삶의 방식을 지배한다.

6:4-6 부자와 유명한 자들의 생활양식

아모스는 화려한 가구, 우아한 식사, 공들인 연회, 과음, 외국 향수에 대해 거칠게 공격한다. 민족 지도자들은 거들먹거리며 화려한 삶을 산다. 그들은 최신 유행의 가장 비싼 가구를 가졌다.6:4a 상아를 사마리아에 "들여왔다." 우리는 상아가 새겨진 가구를 상상할 수 있다. 게다가 보통 사람은 거의 고기를 먹지 못하는 사회에서, 절기를 제외하고 이스라엘의 특권층은 **어린 양과 기름진 송아지 고기**를 먹는다.6:4b; Beach, 1992:130-139 그들은 자신들의 으뜸가는 통치자 다윗의 위대한 노래 전통으로 여기며, 즉석에서 노래를 작곡하면서 시간을 보낸다.6:5 포도주는 대접으로 제공되는데, 아마도 포도주를 향신료와 섞기 위해서일 것이다.6:6a 가장 좋은 향유의 향기가 넓은 집 전체에 퍼지고 있다.6:6b

이 기사의 세부 내용은 고고학적 조사에서 설명할 수 있다. 상아 조각상과 가구 장식이 사마리아에서 발견됐다.King: 142-149 주요 성읍 므깃도에서 상아 조각을 만들었는데, 이 조각은 "군주 앞에 종과 악기 연주자가 서 있는 동안 그가 사발에서 술을 마시고 있다"고 묘사한다.Wolff: 276 나중에 앗시리아 왕 에살핫돈은 자기 궁전에 대한 헌정 연회를 다음과 같이 이스라엘의 부요함을 잘 포착하는 언어로 묘사했다. "훌륭한 음식이 가득한 축제와 연회에서 내 땅의 귀족들과 백성들, 그들 모두를 나는 거기에 앉도록 하여, 그들의 식욕을 만족시켰다. 포도주와 깨소금 씨앗을 만든 와인으로, 나는 그들의 마음에 뿌렸고, 최상의 기름으로 나는 그들의 이마를 적셨다."Wolff: 277

아모스의 고발은 자신의 시골지역 사고방식 때문도, 관료주의를 싫어하기 때문도, 질투하거나 엄밀한 부에 대해 불평하기 때문도 아니다. 대신에 아모스의 고발은 하나님이 퇴폐적인 사회에 대해 평가한 것이다. 하지만 이 고발은 그 이상의 성격을 지닌다. 이 절들의 용어는 세 가지 구체적인 죄를 지적한다.

첫째, 어린 양, 소, 다윗의 것과 같은 음악, 대접,성전에서 사용되는 것과 마찬가지로 향유'마샤 [mašah], 일반적으로 제의에 사용된다를 언급하는 것은 개인 잔치가 종교적 성격을 띠었다는 것을 암시한다.6:4-5 후광으로 감싸는 것보다 과시, 방종, 무절제를 승인할 더 좋은 방법이 무엇이겠는가?

둘째, **안락의자**를 가리키는 단어6:4는 무성한 포도나무겔17:6나 성전 휘장을 늘어뜨린 것출26:12-13에 사용된다. 부자들은 비싼 수입품에 몸을 늘어뜨리면서 태만하게 있다. 그들은 개인적인 만족에 사로잡혀 있다. 정말로 문제는 이것보다 훨씬 심각할지도 모른다. 6장 7절의 마지막 두 히브리어 단어, **기대어 누운 사람들의 흥청망청하는 잔치**NIV: 축제와 기대어 누움은 실제로 독특한 사회 가치와 종교 가치를 목적으로 하는, 회원만을 대상으로 하는 특별한 사교모임 '마르제아흐' [marzeaḥ]을 가리킬지도 모른다.

'마르제아흐'의 주요 특징은 연회였다. 때로 장례식과 연결되어 이 신성한 식사암6:7; 렘16:5는 과도하게 먹고 마시는 시간이었다.Barstad: 127-142 이 잔치에 사용된 큰 수금새번역, "거문고"-역주암6:5; NRSV: 하프은 "관례상 종교 목적으로 사용됐다."King: 154 보통 거룩한 그릇을 가리키는 포도주 대접King: 158은 이 장례식의 종교적 특성을 알리는 또 다른 표시일 수 있다. 이 축소된 언약 공동체는 민족의 경제생활과 사회생활에 저해 요소가 됐다. 따라서 개인 사교모임에서 함께 기대어 누운 귀족들은 언젠가 맨 먼저 추방될 것이다.6:7a

셋째이자 가장 심각한 죄는 태만 죄부작위의 죄다. 그들은 자기 백성들을 파멸에 이르게 한다고 역겹게6:6, 문자적으로 된 것이 아니다. 그들은 자신들 주변의 사회의 파멸의 원인을 볼 수 없다. 그들은 다른 이들의 고통을 느낄 수 없는 듯하다. 그들의 생각은 자신들만을 위한 생각뿐이다. 여기에서 아모스가 비판하는 내용의 절정에 다다른다. 부자는 자신만을 유익이 되도록 한 것에 대해 해명하도록 요청받는다. 낙담한 백성에 대해 긍휼이 없다. 하나님의 백성요셉=이스라엘의 복에 대해 어떤 관심도 없다.

6:7 보응의 날

그러므로 하나님이 이 지도자들, 이 선택된 백성을 외국으로 추방되는 생존자들의 행렬의 맨 앞에 보낼 때, 부와 편안함의 상징이 사라질 것이다.6:7 이런 일반적인 심판의 선언으로 고발 신탁은 이제 이스라엘의 멸망에 대한 최종적인 묘사로 바뀐다.

나를 보라! 6:8-14

이 신탁은 다섯 개의 문학 단편으로 구성된다. 마지막이 이스라엘에게 왔다. 도대체 어떤 참된 예언자가 이토록 조용하고 분명한 말로 자신의 백성들의 죽음을 선포할 수 있겠는가? 사건 희생자의 반쯤 일관된 설명이나 최근 사별한 자의 기억과 마찬가지로, 생각은 형상에서 형상으로 옮겨 다닌다. 공통 요소는 여호와가 자기 백성에게서 돌아섰다는 이 짧은 분노의 메시지들을 연결시킨다.

6:8 나는…맹세한다

하나님의 백성의 이야기에서 하나님의 가장 기억할만한 맹세는 다음과 같다.

> 주님의 말씀이다. 내가 친히 맹세한다. 네가 이렇게 너의 아들까지, 너의 외아들까지 아끼지 않았으니, 내가 반드시 너에게 큰 복을 주며, 너의 자손이 크게 불어나서, 하늘의 별처럼, 바닷가의 모래처럼 많아지게 하겠다. 너의 자손은 원수의 성을 차지할 것이다. 네가 나에게 복종하였으니, 세상 모든 민족이 네 자손의 덕을 입어서, 복을 받게 될 것이다. 창22:16-18

맹세한 이 약속은 하나님 또는 하나님의 백성이 구약에서 40번 이상 언급한다. 이 맹세는 이스라엘에게서 성취됐다. 아모스가 인용한 현재의 맹세는 저주로 이전의 축복을 대체한다. 신32:15-42 참조

이스라엘은 주님을 의지하는 대신에 자신들의 군사력과 수도 사마리아의 방어할 수 있는 위치에 의존하게 됐다. 암6:8 돌로 된 벽, 잘 정비된 군대, 단결심이 자신들의 정치 정책과 국제 정책에서 하나님을 대체했다. 이것들이 전능한 하나님에게 혐오스러운 것이 된다.

6:9-10 하나님의 주목을 받지 말라

아모스 6장 9-10절의 비유는 이전 절의 마지막 부분인 **그들이 사는 성읍과 그 안에 있는 모든 것들을 내가 원수에게 넘겨 주겠다**를 이어간다. 6장 3-6절에 묘사된 '마르제아 아흐' 나 연회는 장례 의식의 일부라면, 이스라엘의 죽음에 대한 이어지는 비유는 특별히 잘 들어맞는다.

비유의 삶의 정황은 황폐화시키는 전염병이다. 가족에게 열 명의 남자가 있다고 해도 생존을 보장하지 못할 것이다. 다음 친척이 시체문자적으로, 뼈를 치우고 태울 책임을 이행한다면, 이 친척은 누군가가 여전히 살아 있는 것을 발견하고 다른 이들의 운명에 대해 물을지도 모른다. 그러나 그는 조용히 하라고 듣게 될 것이다. 아마도 그들의 하나님의 이

름이 "주님을 기쁘게 한다면," 또는 "주님이 금하셨다"와 같이 일상생활에서 언급될 것이다. 하지만 주님의 이름을 언급하는 것은 말하는 사람과 그의 상황에 주님의 주목을 끈다고 생각할 것이다. 하나님이 자기 백성에게 호의적이지 않다면, 집의 거주자는 이런 습관을 간절히 버리려고 하는데, 이는 현재의 말살하는 심판이 보여주는 상황이다.왕상17:18

6:11-14 파멸

11절은 성읍이 얼마나 파괴되는지 그 정도를 설명한다.암6:8 주님이 성읍 심판을 마치면, 마치 지진이 난 것처럼 보일 것이다. 돌로 된 요새는 산산이 부서질 것이고, 보통 사람들의 집에 위험하게 난 큰 틈들로 말미암아 거기서 거주할 수 없게 될 것이다. 왜인가? 하나님이 자신의 맹세를 성취하려고 명령했기 때문이다.

아모스는 하나님의 심판의 원인을 두 가지, 곧 불의6:12와 교만6:13으로 지목한다. 민족의 지도자들이 하나님의 백성의 근본적인 성격을 더럽혔다. 사법 제도는 가난한 자에게 힘을 주고, 언약 구성원들 사이에 평등을 장려해야 했으나, 망가졌다. 사법 제도는 권력 있는 자들이 무력한 자들을 억누르고 자신들의 안녕을 증진하는 도구가 됐다. 의로움의 결과로 온전하고 창조적인 관계가 드러나야 하지만, 슬픔과 증오로 변했다. 이렇게 이스라엘이 타락하는 것은 **말들이 바위 위에서 달리고 사람이 소를 부려 바다를 가는 것**만큼이나 있을 수 없으며 자연에 역행하는 것이다.

두 번째 죄인 교만은 자신들의 군사적인 업적에 대해 스스로 축하하는 데서 드러난다. 로드발수13:26 참조은 아마도 암몬의 전략 성읍이었을 것이다. 가르나임은 시리아 왕국의 수도였다.[근동의 지도, p. 425.] 두 성읍은 이스라엘이 침략하는 동안 무너졌다. 하지만 역사적인 기록은 요나가 이스라엘의 권력이 동쪽과 북쪽으로 확장하는 것을 예언했다는 사실을 지적한다. 그렇게 된 것은 주님이 자신의 압제당하는 백성을 긍휼히 여겼기 때문이다.왕하14:25-27 하나님의 긍휼을 인정하는 대신에, 민족은 이런 군사적인 업적을 이룬 자신을 자랑했다.

이스라엘은 인류와 하나님에 대해 저지른 범죄 때문에 추방이라는 사형 선고를 받았다. 오직 수단만 드러날 필요가 있다.암6:14 처형하는 **국가** 대행자는 이름이 알려지지 않았다. 처형을 명령한 재판관은 불순종하는 이스라엘에 관여한다. 그분은 군대의 하나님이다. 그리고 사형 선고는 이집트에서와 마찬가지로 르보-하맛새번역, "하맛 어귀"-역주에서 사해아르바에 이르기까지 레바논에서의 압제의 형태를 띠며 오래 끌 것이다. 땅의 북쪽에서 남쪽까지 영향을 받을 것이다.

아모스 5장 1절에서 시작된 애도의 울부짖음이 사회 모든 계층과 나라의 도처에 미칠 것이다. 신앙의 눈으로 미래를 보는 예언자만이 장례 행렬을 알아보고 애도자들의 소리를 들을 수 있다. 나라의 나머지 사람들은 시장에서 시끌벅적하고 손에 제물을 들며, 성소에서 붐비고 성문에서 공식적으로 인정된 재판 형태를 행하며, 광장에서 승리하며 돌아온 군대를 격려하려고 줄을 서고 있다. 이런 백성은 왜 이런 심판을 외치는 설교자에게 주목해야 하는가?

성서적 맥락에서의 본문

지도자들에 대한 관심

지도자들은 그들이 책임지는 자들의 운명을 결정한다. 정확하게 이런 이유에서 주님은 하나님의 백성을 인도하도록 부른 자들뿐만 아니라, 모든 지도자들에게 책임을 묻고 있다.

성서 전반에서 지도자는 하나님의 책임으로 임명했다고 묘사된다. 왕은 자기 나라의 사람들과 자연자원을 관리하는 청지기다. 여호수아가 정복한 땅을 묘사할 때, 31명의 살해된 왕들의 목록은 전체 백성의 대표가 된다.수12장 왕이 죽임을 당하면 왕의 나라도 죽임을 당했다고 말한다. "호흡이 있는 사람은 하나도 남겨 두지 않았으며."수11:11,14 그러나 사사기는 이스라엘 지파들이 불확실하게 팔레스타인 몇 지역에 연연해했다고 묘사한다. 이런 멸절에 대한 과도한 주장은 "대표자 보편주의"라고 불리는 것 때문이다.Mattill: 8-11 민족은 온전히 왕과 동일시되어 왕의 죽음은 전체 나라의 죽음이라고 말할 수 있으며, 왕의 생명은 전체 민족의 생명을 대표한다.

하나님이 민족에게 선포할 때 민족의 지도자, 곧 왕과 지도자들, 제사장과 예언자들, 국가 관료와 재판관들의 실패한 책임에 종종 집중한다. 심판이 임할 때 백성은 거의 무사하게 빠져나가지 못한다. 하지만 주요 고발과 징벌은 지도자에게 향한다.열왕기, 역대기 참조

지도자들은 자신들이 맡은 자들에 대해 하나님에게 책임이 있다. 이것은 하나님이 지도자들을 세울 수도 있고 파괴할 수도 있는 권력을 소유한 인간 제도에 본질적인 것으로 다룬다는 것을 의미한다. 성서 다른 곳에서 이 인간 대항자들은 로마서 8장 38절, 에베소서 3장 10절, 6장 12절에서와 마찬가지로, 통치자들과 권세자들이라고 불린다. 이들은 인간 지도자, 권력 구조, 및 민족정신과 시대의 정신이 지배하는 영역으로 구성된다. 사

회는 그 사회에 살아가는 자들에게 각인시킨 공동의 특성을 발전시킨다. 하나님은 지도자들이 제도에게 행하고 자신들의 권력을 행사한 구체적인 행위와 방향뿐만 아니라, 그들이 조장하거나 만들어 낸 민족정신에 대해 그들에게 책임을 묻는다.

국가, 종교, 사법의 지도자나 그 밖의 지도자를 따르는 모두는 이 지도자에 대해 하나님이 내리는 평가의 영향을 받는다. 예를 들어 이런 이유에서 심판은 주님에게 배반한 부모의 권위 아래 사는 모든 세대셋 또는 네 세대에게 임한다.

지도자들의 역할에 대해, 두 번째 함의는 책임의 수준과 관계있다. 지도자들은 자신에게 맡겨진 자들을 보고해야만 할 것이다.히13:17 거짓으로 가르치고 잘못된 길에 들어서도록 하는 자들은 더 면밀히 감시되고 더 심하게 심판받는다.약3:1; 마18:6-9 긍정적인 면에서는 "또 누구든지 내 이름으로 이런 어린이 하나를 영접하면, 나그리스도를 영접하는 것이다."마18:5

셋째, 이런 지도자 됨에 대한 개념은 통치 당국롬13:1-8이 사회 의무를 신실하게 이루도록 하나님이 맡겼다는 점에서 일반 사회에 확대된다. 지도자에게는 정치 철학이나 경제 철학에 상관없이 하나님의 경륜 가운데 그 자리가 부여됐다. 그들이 통치하는 방법이나 원리가 정의를 무시하고 인간관계를 왜곡시킬 때, 그들은 자신들의 행동에 대해 하나님에게 책임을 진다.

넷째, 성서 어디에서도 압제당하는 자들에게 일찍이 권위에 반란을 일으키도록 장려하지 않는다. 압제자들은 하나님이 심판할 것이다. 하나님이 자신의 이름의 정당성을 옹호할 것이다. 신약은 시민들에게 권위에 복종하라고 하면서 이 주제를 명확하게 다시 거론한다.롬13:5; 벧전2:13 참조 때로 이것은 고통이 따르지만,2:18-25 하나님은 자기 백성을 지지하겠다고 약속한다. 우리가 권위를 지니는 자들을 섬기면, 그들이 지배자의 권위를 요구한다고 하더라도, 그것은 사회가 그들에게 부여한 의무를 이행하도록 지도자들에게 맡긴 하나님에 대한 존경의 행위다.딤전2:1-2; 롬13:1-7 일관되게 아모스서와 다른 예언서에서 여호와에게서 오는 심판의 말씀은 "그러므로 나는 … 할 것이다"로 시작한다. 이것은 공동체가 지도자를 선택한 것에 대해 하나님이 존중한다는 것을 의미한다.

다섯째, 예언자의 모범은 우리에게 권위에 복종하는 것이 불의에 맞서 침묵하거나 수동적이 되라고 의미하는 것은 아니라는 사실을 알려준다. 아모스가 함께 하고 메시지를 전달하는 것은 사회의 지도자들이 정의를 행하고 긍휼히 여기는 마음을 가지라고 요청할 때, 하나님의 백성의 역할에 대해 극적으로 보여주는 것이다. 아마도 또한 예언자의 모범은 불의에 반대하는 데 힘을 집중하기보다는 다른 이들의 복지를 증진하도록 우리를 인도한다. 이것은 하나님의 백성 모두가 자신들의 사회에서 무슨 일이 일어나는지 경계하고, 사안을 이해하며 억압당한 자들과 공감하고 정의와 공의를 증진할 필요가 있다는 것을 의미한다.

교회생활에서의 본문

물질주의

물질주의는 탐욕이나 돈, 부, 번영 그 이상이다. 물질주의는 사람을 만족시키거나 미래를 보장할 수 없는 것으로 우쭐하게 된 마음의 태도다. 교회는 부와 돈, 경제 영역에서 가르침에 항상 도움을 준 것은 아니었다. 교회는 종종 부차적인 문제, 즉 상황들이 나타내는 것보다는 상황 자체에 집중했다. 교회는 부를 소유했다고 부자들을 비난했고, 거꾸로 그들이 교회의 건축과 선교 사역에 기여한다고 축복하여, 자신들의 양심을 팔았다. 이런 반응들은 핵심을 놓친 것이다. 게다가 이런 가르침과 행동은 혼란과 죄책을 야기한다. 또한 많은 부자들을 하나님 나라에서 분리시킨다.

성서, 특히 구약은 신실하게 행한 자들에게 보상으로서 복과 번영을 약속한다.Schneider 많은 이들은 이것을 개인적인 수준에서 다음을 의미한다고 해석한다. 내가 신실하면, 나는 승진되고 내 봉급은 올라가거나 내 사업이 번창할 것이다. 내가 기도 가운데 삶의 이런 영역에서 하나님에게 헌신하고 내가 하는 일에 정직했다면, 내 자신을 위해 처분할 수 있는 수입 이상을 정당하게 사용할 수 있다. 우리는 하나님의 세상을 누리기로 의도되지 않았는가? 그러므로 여행하고, 좋은 음식을 즐기고 여름 별장에서 휴식을 취하라.

이런 사고방식은 국가와 국제 수준에서 부유한 나라들 대부분의 업적을 뒷받침하는 경제 철학으로 바뀐다. 주요 대적, 곧 많은 이들이 무신론과 동일시하는 공산주의는 붕괴했다. 자유 시장 제도자본주의의 본질적인 요소는 그것이 부를 만들고 분배하는 탁월한 효율성, 전 세계에 걸쳐 대규모 소비와 생산의 혜택으로 정당화되는 듯하다.Nash 예를 들어 이 경제관을 지지하는 자들은 자본의 대규모 유입이 없이는 근본적인 연구, 생물학적·의학적 발견 및 기술 진보가 불가능할 것이라고 주장한다. 전 세계는 이 경제 제도에서 수많은 방식에서 혜택을 얻는다. 오늘날 심지어 환경의 관심도 공청회를 거치고 있다. 하나님은 모두가 누리도록 이 세상을 선하게 만들었다.

사고의 반대 방향의 흐름은 부와 부의 축적을 불경건함과 연결시키고, 가난을 하나님이 시인한 것으로 묶는다. 이것은 우리에게 하나님이 가난한 자들을 사랑하고 그들을 옹호하는 이로 선다는 사실을 상기시킨다. 하나님 나라는 가난한 자들에게 속한다. 참된 그리스도인은 이 세상의 소외된 자들과 일체감을 느낀다. 교회는 수세기 동안 부의 문제와 싸웠다. 가난을 맹세하는 것과 관대함은 별개의 반응이다.

우리가 다음과 같은 구분에 대해 고찰하는 것이 현명하다. 즉 사업을 발전시키려는 도전을 받아들이는 것과 탐욕으로 소모되는 것, 부를 독점하는 것과 사업을 확장하는 것, 물건에 사로잡히는 것과 높은 품질의 상품을 개발하는 것, 자기만족과 미래를 위한 준비, 삶의 설비를 누리는 것과 이기적으로 사는 것을 구분해야 한다. 부요함은 쉽게 하나님을 의지하는 것을 대체할 수 있기 때문에, 돈을 사랑하는 것을 우상숭배라고 부른다. 그러나 탐욕은 이 세상의 상품에 대해 필요한 것보다 더 많은 것을 소유한 자들에게만 국한되지 않는다.

아모스도 구약이나 신약의 다른 어떤 예언자도 자발적으로 가난하게 됐다는 이유로 가난한 자를 축복하지 않는다. 그러나 예언자들은 교회를 포함해서 그들의 청중과 독자에게 과도한 소비, 가난한 자에 대한 멸시와 불의에 대해 하나님이 강력하게 비난한다는 사실을 상기시킨다. 반대로 청지기의 추천할 만한 정신은 좋은 직업 선택, 조기 은퇴 계획 때문에 가능하게 된 자신의 힘과 재원으로 헌신하는 것, 효과적인 국제 구호 프로그램을 장려하는 정부의 권고, 그리고 많은 그리스도인들의 개인적인 관대함에 반영된다. 그러나 관대함 뒤에 숨는 것이 가능한가?

미국의 1/4이나 되는 사람들이 "중생" 했다고 공언한다. 그러나 심지어 스스로 공언하는 그리스도인들이 인구의 높은 비율을 차지한다고 해도, 우리는 상대적으로 범죄율과 형법 제도, 부유한 미국에서의 가난, 심지어 합법적인 이민자에 대한 태도, 오락 매체, 및 이혼율에 상대적으로 적은 영향을 미친다. 그러므로 이런 기독교 신앙의 특성은 의심을 받게 된다. 이런 특성은 자기만족과 자기 정당화처럼 느껴진다. 경건한 물질주의가 존재할 수 있겠지만, 좀처럼 이 시대와 이 곳을 위한 바른 메시지처럼 보이지 않는다.

땅이나 땅의 표면 아래 있는 지하자원에 대한 전쟁을 고려해보자. 경작에 알맞은 땅은 묵히고 있는 반면에, 전체 인구가 굶주리고 있다. 권력에 대한 탐욕은 입법 회기에 표를 거래하여, 심지어 국가 정책을 지배한다. 그리고 우리 자신의 소비 생활양식이 있다. 여름 과일 한 광주리(암8:2)가 "경건한 물질주의"보다 더 적절한 단어가 아니겠는가?

AMOS

3부

종말에 대한 환상

아모스 7:1-9:15

개관

죽음의 소리가 침묵으로 대체된다. "주목하라"는 이전의 소환이 미래에 대한 환상으로 바뀐다. 민족은 꿀 먹은 벙어리가 됐는가?(암5-6장) 누구라도 신경 쓰는가? 그들의 마음 역시 돌로 변하지 않았는가? 지도자들과 보통 백성은 부정하고 있는가? 아니면 이 무언극은 역사의 무대에서 그림자들인가?

민족은 자신들을 돌아오라고 부르면서 위협하는 하나님의 말씀에 귀를 닫는다. 아모스만이 위기의 특성과 범위를 이해하는 듯하다. 그들이 듣지 않으려 한다면 어쩌면 미래의 광경이 그들에게 어떻게 펼쳐질지 보게 할 수도 있다. 다섯 가지 환상이 빠르게 이어진다. 첫 네 가지 환상은 초봄에서 가을로 우리를 인도한다. 다섯째 환상은 하나님의 좋은 시기에 경고가 없이 올 것이다. 첫 두 환상은 보통 사람들과 관계가 있다. 셋째는 왕궁, 넷째는 부자 및 권력 있는 자들과 관계가 있다. 다섯째는 하나님의 집, 베델 곧 국가의 성소에 예배하러 온 모두에게 관계가 있다. 아모스는 아마도 여덟째 달 중간 초막절 기간 중에(10-11월) 베델 성전에서 이 환상들을 알린다.[성막, p. 415.] 심판은 연내에 임할 수 있다.

이 환상들은 죽음보다는 죽어가는 것에 대한 환상들이다. 메뚜기, 불, 칼, 기근, 이 모두는 민족을 조용하게 삼킨다. 심지어 지진도 조용하게 파괴한다. 하나님이 행하려는 일을 조심하며 보라.

개입할 자가 있다면 얼마나 좋겠는가, 애도할 자뿐이다! 환상들은 빠르게 이어진다. 아모스는 자신의 마음의 화면에서 광경이 사라지기 전에 두 번 반응할 수 있다. 셋째 환상에 이어, 민족의 최고 종교 권위자, 곧 왕의 이익뿐만 아니라 하나님의 이익을 대변한다고 주장하는 제사장이 아모스를 요주의 인물이라고 선언한다.

이 환상의 예술적인 아름다움은 환상의 형상에서 드러난다. 메뚜기와 불은 무차별적이며, 전체 나라에 영향을 미친다. 다림줄은 여로보암의 집에 심판을 위한 길을 적절히 준비하면서 건설과 관계있다. 과일 광주리는 상인의 운명에 대한 설명으로 이어진다. 마지막에 전체 백성에게 심판을 내린 후, 오직 주권적인 주님만이 남는다.다섯째 환상

　대칭이 다른 방식에서도 나온다. 첫째와 넷째 환상은 농부 및 땅의 소산물과 관련된다. 둘째와 셋째 환상은 사람들의 손에 일에 대한 하나님의 행위를 반영한다. 첫 두 환상은 아모스가 중재하는 반응을 포함한다. 다음 두 환상은 환상에 대한 설명을 포함한다. 다섯 번째 환상은 극적인 결론을 가리키면서 패턴을 깨뜨린다.

개요

메뚜기 환상, 7:1-3

불 환상, 7:4-6

다림줄 환상, 7:7-17

여름 과일 광주리 환상, 8:1-14

재판관과 회복자로서의 주님에 대한 환상, 9:1-15

메뚜기 환상
아모스 7:1-3

사전 검토

　여기까지 아모스의 메시지는 가난한 자들을 희생하면서 사마리아에서 사치스럽고 경솔하게 사는 자들을 향했다. 예언자는 하나님의 다가올 심판이 동료 주민에게서 이미 받은 압제에 더하해지고 있음을 본다.암6:12,14 이것으로 말미암아 아모스의 긍휼은 폭발적인 기도로 바뀐다.

개요

일하시는 재판관, 7:1

준비 중인 대재앙, 7:2a

예언자의 호소, 7:2b

마음의 변화? 7:3

주석적 해설

일하시는 재판관 7:1

메뚜기는 흔히 하나님의 심판을 전달한다고들 이해했다. 메뚜기는 언약을 어기는 이스라엘에게 위협하는 황폐함의 저주를 대표한다.신28:38, 42[언약, p. 395.] 요엘은 메뚜기를, 지나간 자리에는 죽음과 파멸만을 남기는, 약탈하는 군대로 묘사한다.욜1-2장 여기서 메뚜기는 명백하게 하나님의 목적을 위해 준비되거나 형성됐다고들 말한다.창2:19 참조

준비 중인 대재앙 7:2a

시기가 중요하다. 늦은 비가 오고는 갔다. 왕에게 속하는 첫 농작물이자 온전한 농작물은 이미 수확됐다.4월 둘째 농작물의 처음 성장 시기가 망쳐지면 봄이 와 기온이 오른다고 해도 거의 성장하지 못한다. 이 메뚜기 재앙의 영향으로 소작인과 지역 지주와 목자, 이삭줍기를 사는 가난한 자들에게 가장 큰 타격이 가해질 것이다. 본능적으로 아모스는 **주 하나님, 용서하여 주십시오! 야곱이 어떻게 견디어 낼 수 있겠습니까! 그는 너무 어렵니다!**라고 외친다.

예언자의 호소 7:2b

남쪽 사람인 아모스는 민족주의를 초월한다. 파괴의 형상에 명백하게 본능적으로 반응하여, 아모스는 중재의 기도를 올린다. 공식적인 예언자와 특별한 경우의 예언자는 중재자로 알려졌다.창20:7; 삼상12:19-23; 렘7:16; 11:14; 42:1-6; 아래 성서적 맥락에서의 본문에서 "중재"를 보라 예언자의 목소리는 때로 거칠고 징벌의 목소리로 들리지만, 임박한 운명의 말씀에 대한 예언자의 반사적인 행동은 **주 하나님, 용서하여 주십시오!**이다. 이 전령들은 징벌하는 전령이 아니다. 그들의 반응은 긍휼히 여기는 정신, 곧 공직이나 사회 의무의 기대를 뛰어넘는 하나님의 백성과의 동일시하는 정신을 반영한다.

용서하여 주십시오! 야곱이 어떻게 견디어 낼 수 있겠습니까! 그는 너무 어렵니다! 아모스는 이스라엘이 하찮다는 주장으로 하나님께 호소한다. 특별한 하나님의 보호가 없다면 북 왕국의 민족은 분명하고 파괴적인 미래를 맞이한다. **작다**새번역, "어리다"–역주는 묘사는 더 자주 크기보다는 중요성을 가리킨다. 이 묘사는 의도적으로 아모스서의 여기 마지막 부분과 이전 부분을 문학적으로 연결시키는 듯하다. 이처럼 이 묘사는 이전에 언급했던 바와 같이 하나님의 승리를 자신들의 것으로 주장하는 교만한 백성이라는 아모스의 고백을 담고 있다.6:13

마음의 변화? 7:3

하나님은 말씀으로 이 환상을 취소한다. 이것이 이루어지지 않게 하겠다. 아모스가 하나님에게 호소할 때, 하나님의 약속이나 언약이 아니라, 하나님이 약자와 가난한 자에 대한 관심을 두는 데 뿌리를 둔다. 민족 지도자들의 우쭐해 하는 교만함이나 오만함과 대조적으로,6:6 아모스는 이스라엘의 위태로운 상태와 상대적인 연약함을 인식한다. 실제로 이것이 아모스의 메시지 전반에 나타났다. 겉으로는 번성하고 안전한 것 같아 보여도 민족은 재앙의 찰나에 비틀거리고 있다.

용서하고 **그쳐달라**는 호소는 도덕적으로 무지하고 회개하지 않는 백성을 위한 중재를 나타낸다. 동사 **용서하다** '살라크' [salak]는 성서에서 하나님이 죄를 다루는 데 사용된다. 이런 용서는 제물을 요구하지 않는다.동사가 수동으로 사용되는 것을 제외하고 하나님은 주권적 행위로 종종 회개하는 자 또는 의로운 자의 요청에,렘5:1; 단9:19 참조 그들이나 다른 이들의 죄를 철회한다. 이것은 순수한 은혜의 행위다. 이렇게 용서에 대한 궁극적인 호소는 주님의 성품에 근거한다.시103:3

여기서 하나님에게 사용된 **후회하다**NRSV: 측은히 여기다; 새번역, "뜻을 돌이키다"-역주를 가리키는 단어는 긍휼이나 슬픔이 가득한 강렬한 감정의 반응을 가리킨다. 하나님은 초연하며 냉담하게 행동하지도 않고, 변덕스럽게 마음이나 조치를 바꾸지도 않는다. 민족은 벼랑 끝에 있다. 이런 이유에서 경고의 이 최종적인 말씀은 강력한 사랑으로 긴급하고 강렬하게 들린다.아래 성서적 맥락에서의 본문에서 "하나님이 뜻을 돌이킬 때"를 보라

불 환상

아모스 7:4-6

사전 검토

첫 두 환상은 동일한 문학적 양식으로 보고된다. 비슷한 두 환상의 메시지는 서로를 강화한다. 호세아 1-2장에서 심판이 선언된 각 일곱 민족은 자신들의 정교한 요새화된 거주지가 불에 타사라지는 것을 보았다. 이스라엘의 차례가 왔다. 전체 민족은 불을 붙이는 연료가 됐다.

개요

일하시는 재판관, 7:4

준비 중인 대재앙, 7:5a

예언자의 호소, 7:5b

마음의 변화? 7:6

주석적 해설

메뚜기와 불은 여기 심판 본문과 요엘 2장 3-25절율1:4 참조과 나훔 3장 15-17절에서 함께 나온다. 발생 순서상으로 메뚜기는 보통 봄에 오고, 여름의 타는 듯한 열기가 이어지는데, 이 열기는 습기를 빨아들이고 퍼지는 불과 같이 노출된 지역을 바싹 말린다. 열기가 바싹 마른 땅에 불꽃처럼 나가는 것을 상상할 수 있다. 열매는 포도나무에서 시들고, 아직 익지 않은 봄의 곡식은 오그라든다. 일용 노동자와 다른 이들은 매년 나오는 곡식에 의존하기 때문에 희망을 잃는다.

아모스의 호소가 환상에 속하는지 아니면 위협하는 공포에 의식적으로 반응한 것을 나타내는지는 중요하지 않다. 어떤 경우이든 예언자의 영혼을 완전히 드러낸다. 아모스는 다시 깊은 울부짖음으로 침묵을 깬다. **주 하나님, 그쳐 주십시오! 야곱이 어떻게 견디어 낼 수 있겠습니까? 그는 너무 어립니다.** 다시 하나님은 환상을 철회한다.

실제로 이 책에서 거듭되는 경고와 위협은 하나님이 자신이 선택한 백성, 이스라엘에게 행하기를 꺼려하는 마음을 떠올리게 한다. 모든 호소의 다른 조치뿐만 아니라, 회개하려는 모든 수단이 다했을 때만 선고가 거행된다. 하나님은 자신의 예언자의 중재에 두 번 반응한다.

성서적 맥락에서의 본문

중재

중재는 전형적으로 예언자의 기능이지만 유일하게 예언자의 기능만은 아니다. 아브라함과 아비멜렉의 이야기의 저자는 아브라함의 예언자로서의 "직무"와 중재 행위를 연결시킨다. 창20:7 막 화염으로 태우려 했던 소돔과 고모라에 대한 아브라함의 중재창18장는 아모스의 중재에 반영된다. 마찬가지로 모세,출32장 사무엘,삼상12:23 예레미야,11:14;

14:11 그리고 다니엘9:4-19 모두는 중재를 통해 다른 사람들의 죄에 대한 형 집행 정지를 얻어냈다.느1, 9장 참조

예언자는 하나님의 말씀을 인간에게 전달하고 전능한 하나님 앞에 연약함과 죄 가운데 있는 인간을 데려오면서, 전형적으로 하나님과 백성 사이에 중재자로서 선다. 예언자는 전령이면서도 변호인이었다.Limburg: 115 예언자의 이중적인 역할에 대한 이런 모습은 모세가 하나님 및 바로와의 관계에 대한 묘사에 나온다. 바로에게 전달할 말씀이 모세에게 주어졌다. 하지만 모세는 또한 바로의 말을 주님에게 전달하고 이집트 왕과 그의 백성을 위해 중재했다.예, 출8:8-12 이 이중적인 전령의 역할은 아래 그림의 형태로 보여줄 수 있다.

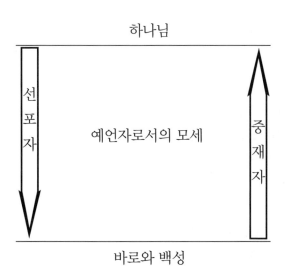

참된 예언자의 깊이 긍휼히 여기는 성격은 예언이 전달된 자들의 관심을 전하는 데서 드러난다. 자주 중재의 기도를 위한 이 요청은 진심어린 회개에서보다는 결과에 대한 두려움에서 나왔다.민21:7; 삼상12:19; 왕상13:6; 렘37:3; 42:1-4,19-22 그러나 하나님은 악한 백성을 위해 하는 예언자의 기도를 존중했다. 우리 주 예수님과 그분의 제자들도 이런 중재를 가르쳤고, 모범이 됐다.마5:43-48; 요17; 롬10:1; 히7:25; 약5장; 살후1:11

그러나 아모스 7장 8절과 8장 2절에서 보여주듯이, 하나님의 인내에는 한계가 있다. 실제로 예레미야는 세 번 백성을 위해 기도하는 것을 멈추라고 들었다.7:16; 11:14; 14:11 참

조 이 가르침의 반복은 예레미야가 거듭 중재했으며, 하나님의 손이 예언자의 호소로 말미암아 멈췄다는 것을 의미한다. 이것은 하나님의 인내의 한계와 중재의 힘을 잘 보여준다. 이런 한계는 다른 곳에서 더 극적으로 진술된다. 하나님은 노아, 다니엘 및 욥과 같은 중재자의 기도도 아무 소용없을 것이라고 선언했다.껠14:20

하나님이 뜻을 돌이킬 때

하나님이 **후회한다** '노함'[noham]; 새번역, "뜻을 돌이키다"─역주는 것은 무엇을 의미하는가? 이 구절은 종종 구약에 나온다.창6:6-7; 출32:14; 삼하24:16; 욘 3:10; 4:2 참조 다른 한편 하나님이 발락을 위해 발람에게 허락한 신탁은 이 진술과 모순되는 것 같다. "하나님은 사람이 아니시다. 거짓말을 하지 아니하신다. 사람의 아들이 아니시니, 변덕을 부리지도 '나함'[naham] 아니하신다."민23:19 "거짓말을 하지 않는다."와 "변덕을 부리지도 않는다." 사이의 병행구는 하나님의 인격의 근본적인 측면이 위태롭다는 사실을 강화한다. 하나님은 자신의 성품과 반대로 행하지 않을 것이며, 행할 수도 없다.

훨씬 더 난처하게 하는 본문은 사무엘상 15장이다. 두 번 하나님이 사울을 왕으로 삼은 것을 후회했다고 '나함' 한다.15:11,35 그리고 '나함'이라는 단어는 두 번 하나님이 보좌에 있는 사울을 대체할 자신의 결정을 번복할 수 없다는 것을 묘사하는 데 사용된다.15:29

아마도 실마리는 예레미야가 토기장이의 집에서 한 경험에서 발견될 수 있을 것이다.렘18장 거기서 하나님은 인간의 회개와 하나님의 주권적 행위 사이의 관계를 지배하는 근본적인 원리를 밝힌다. 민족에게 부 또는 재앙의 위협에 대한 약속은 조건적이다. 죄 또는 언약 주님에게서 변절한 것에 대한 회개는 이전 위협 또는 약속을 철회할 수도 있다.18:6-10; 겔18장

이 원리는 하나님이 개인과 민족의 문제를 정돈하며, 우리의 운명을 정할 때 인간의 선택과 책임을 한 요인으로 포함했다는 것을 암시한다. 선과 악은 항상 저주 또는 축복의 형태로 열매를 맺는다. 그러나 변절 또는 회개또는 중재가 일어나면, 다른 결과가 영향을 미치도록 조건은 변했다. 하나님의 목적은 결코 인간의 선택으로 수정되지 않는다. 하나님은 자기 목적을 바꾸거나 자신의 성품과 반대로 행하는 인간이 아니다. 사울이 하나님을 거부한 것은, 하나님이 사울을 보좌에서 제거하는 결과를 낳았다. 이것은 사울의 가족이 지배 왕조가 될 가능성을 없앴다. 인간의 참여가 있든 없든 결과의 시기는 하나님에 손에 있다. 사울의 경우와 마찬가지로 이스라엘에게 **내가 이스라엘을 다시는 용서하지 않겠다**라는 평결은 하나님이 규정한다.암7:8; 8:2 끝이 왔다. 심지어 중재도 더 이상 심판을 지

연시키지 않을 것이다.

하나님이 의도한 악을 돌이키지 않았다는 성서의 보고는 인간의 용어, 곧 인간 감정의 용어로 표현된 것이다. 이것은 우리의 한계에 맞춰 조정된 것이다. 즉 하나님이 이스라엘 또는 사울을 다룬 대로 우리가 다른 이에게 행동한다면, 우리는 우리가 느낀 강렬한 긍휼또는 실망 때문에 우리의 행위를 바꾼다고 말할 것이다. 이것이 하나님이 뜻을 돌이켰다 '나함'는 것이 의미하는 바이다. 하나님의 뜻을 돌이킴이 완악하게 굴며 스스로 하나님에 맞서 주장하는 자들에게 향할 때, 이것은 심판으로 이어진다. 개인적으로나 대표로서 스스로 낮추는 자들에게 하나님의 뜻을 돌이킴은 하나님의 깊은 긍휼에 뿌리를 둔다.시106:45

교회생활에서의 본문
기도에 대한 두 가지 극단의 관점

중재는 하나님의 말씀을 선포하는 자들의 사역에서 중요한 부분이다.삼상12:23; 행6:2-4 목사는 자기 회중을 위해 정기적으로 기도할 때 이 예언의 중재하는 사역을 건설적으로 구체화했다. 그는 각 구성원이 보통 예배드릴 때 앉았던 곳을 알았다. 주중에 그는 중재를 위해 각 신도의 자리에서 무릎을 꿇으며 성소 이리저리로 움직일 것이다. 사람들과 함께 할 때와 설교 사역에서 개별적으로 축복한다.

21세기 서구 그리스도인들은 중재의 성격에 대해 두 가지 극단의 입장을 중심으로 모인다. 하나의 극단은 하나님의 주권을 강조하고, 기도를 주로 하나님이 하는 일에 대한 인정으로 본다. 에드워드 윌리스Edward Willis는 이와 같이 말한다.

> 기도는 상황을 바꾸지 않는다. 기도는 상황을 바꾸는 사람을 변화시킨다. 심리적인 수준에서 기도는 끊임없이 기도하는 사람의 변화된 자기 이해를 강화하기 때문에 변화의 도구가 된다. 기도는 기독교 공동체에서 마음의 변화에 영향을 미친다. … 윤리적 책임은 우리가 역사에서 하나님의 운동의 일부이며, 우리의 행동은 하나님의 주권적 목적에서 중요성을 지님을 아는 데서 오는 자유에서 유래한다.120-121

그렇다면 중재는 우리의 영을 하나님의 사역에 몰두하고 고통당하고 상실한 자들의 곤경과 공감하는 방식이 된다. 이 극단에서는 우리에게 그렇게 하라고 가르쳤기 때문에 중재의 기도에서 하나님에게 참여하는 것을 강조한다. 사람의 기도는 살아 있는 주님에 대한 신앙을 실천하는 데 유익하다.

다른 극단에 가까운 사람들은 중재를 하나님의 사역을 하는 방법으로 강조한다. 성도의 강렬하고 지속적인 기도는 하나님의 목적에 영향을 미치며, 실제적으로 개인의 삶의 과정과 역사의 과정을 바꾼다.

> 중재는 기도의 절정이다. … 어떤 집단에서는 기도의 주관적인 가치를 강조하고, 다른 이에게 영향을 주는 데서 기도의 가치를 약간 줄이거나 전적으로 부인하는 것은 흔히 있는 일로 보인다. … 성서의 **관점**은 항상 이것이다. 곧 사람의 자아 밖에 있는 것들, 지배적인 상황의 자연 질서에서는 일어나지 않을 것들이 기도를 통해 일어나게 된다.… 왜냐하면 가장 단순 한 개념에서 기도는 달리 도달할 수 없는 무언가가 변화되는 것을 전제하기 때문이다.Gordon: 40-42

여기서는 하나님이 어떤 이유에서 개인 및 교회와 함께 성도의 신실한 중재를 위해 자신의 구속의 목적을 성취하는 데 스스로 얽매이기 때문에 우리는 기도한다는 사실을 강조한다. 예를 들어 많은 그리스도인들은 철의 장막의 붕괴와 베를린 벽의 파괴는 고통당하고 평화를 사랑하는 수백만의 그리스도의 기도에 대한 응답이었다고 확고하게 믿는다.

성서는 중재의 한계하나님의 제한, 예, 암7:1-17; 겔14:12-23뿐만 아니라 효과를 지적한다. 아마도 우리는 긴장 가운데 두 관점을 함께 유지하는 것이 적절하겠다. 중재의 신비는 선포의 신비와 비슷하다. 하나님의 백성이 침묵하면, 돌이 구원의 말씀을 외칠 것이다.눅19:40 하나님의 백성이 중재를 소홀히 한다 하더라도, 구속의 계획은 훼방되지 않을 것이다. 하지만 기도하지 않는 자들은 그렇게 하여 자신에게 해가 될 것이며, 하나님이 사역하는 방식에 영향을 미칠 것이다. "모세가 그의 팔을 들면 이스라엘이 더욱 우세하고, 그가 팔을 내리면 아말렉이 더욱 우세하였다."출17:11 승리는 모세가 호소하는 하나님의 은혜에 달려 있다.

분명히 하나님은 타락한 세상에 개입하여 우주에 대해 섭리한다. 하나님은 사람, 상황, 과정 그리고 사건을 직간접적으로 변화시킨다. 더 나아가 하나님은 자기를 알고 사랑하는 자들에게 타락하고 뒤죽박죽된 세상을 위해 중재함으로써 자신에게 참여하도록 초대한다.

그럼에도 중재는 한계가 있다. 어떤 이는 신앙의 기도에 대한 한계가 있다는 것을 부인한다. 그들은 다음과 같은 그리스도의 약속을 절대적으로 호소한다. "너희가 내 이름으로 구하는 것은, 내가 무엇이든지 다 이루어 주겠다. 이것은 아들로 말미암아 아버지께서 영광을 받으시게 하려는 것이다. 너희가 무엇이든지 내 이름으로 구하면, 내가 다 이루어 주겠다."요14:13-14 하나님의 많은 응답은 하나님의 목적이 어떻게 성취될지에 대해 우리가 상상한 것과는 다른 이해를 나타낸다는 것을 잊는 것은 위험하다. 심지어 임박한 고통에서 벗어나게 해 달라는 예수님의 기도는 힘을 주는 천사들이 함께 하는 방식으로 예기치 못하게 응답됐다.눅22:42-43 하나님은 시련을 제거하는 것이 아니라, 많은 성도들에게 싸움, 부담, 삶의 시련을 직면하도록 힘을 주어 그들의 신실한 기도에 응답하였다.

중재의 기도는 비슷한 응답을 받을 것이다. 하나님은 치유하지 않기로 결정하거나 감옥 문을 열지 않거나 잘못하는 형제자매를 회복하지 않기로 결정할 수도 있다. 반면에 하나님은 은혜롭게 모든 사람들을 위해 온 땅에 비와 해를 허락할지라도, 종종 자신을 사랑하고 섬기는 자들의 중대하고 지속적인 신앙을 위해 일하면서, 불가능한 일을 하는 데 기뻐한다. 중재의 신비는 은혜의 신비로 남아 있다. 중재의 신비는 이성보다는 실제 경험을 통해 더 쉽게 알게 된다.

다림줄 환상

아모스 7:7-17

사전 검토

이 환상그리고 다음 환상은 네 가지 면에서 이전 환상과 대조를 이룬다. 첫째, 메뚜기와 불의 환상은 하나님의 긴급한 조치에 대해 말하는 반면, 다림줄 환상은 상태를 가리킨다. 상징은 정적인 것으로, 백성의 특성을 묘사한다. 둘째, 메뚜기 떼는 저지될 수도 있고, 불도 꺼뜨릴 수 있을지 모른다. 하지만 누가 기울어가는 성벽을 수리할 수 있겠는가? 누가 익은 과일이 상하는 것을 막을 수 있겠는가? 셋째, 하나님은 심판이 불가피하다고 암시하면서, 중재를 막는다. 넷째, 심판 신탁은 예언자의 자비에 대한 호소를 대체한다.

개요

다림줄, 7:7-8a
벽과 함께 무너진다! 7:8b-9
공식적인 보고: 소란, 7:10-11

격렬한 대화를 하는 제사장과 예언자, 7:12-17

　　7:12-13　예언자여, 고향으로 가라!

　　7:14-17　나를 비판하지 말라!

주석적 해설

이 구절에서는 문학적인 기교로 환상에 대한 보고와 환상의 후속 이야기를 함께 묶는다. 종교적인 제도와 정치적인 제도에 대한 각 섹션의 언급은 이 부분들을 함께 묶는다. **다림줄**은 건축자의 도구이다. 벽 '호마' [homah]는 집의 벽이 아니라, 성벽이다.

다림줄 7:7-8a

현대 해석가들은 **다림줄**이라고 번역된 단어의 의미에 대해 의견을 달리한다. 상응하는 아카드어그리고 앗시리아어 단어는 "주석"을 의미한다. 다림추가 납으로 만들어진다는 가정에 근거하여, 어떤 해석가들은 다림줄이라는 개념을 거부했다.Holladay: 492-494; Stuart: 372-374 히브리어 구절 "주석으로 된 돌"은 다림추로 스가랴 4장 10절에 나온다. 그렇다면 주석은 다림추를 의미한다. **주석으로 된 벽**이라는 구절암7:7, 히.은 정확하게 수직으로 만들려고 다림줄을 사용해서 건설한 벽을 의미한다. 아마도 아모스는 주석을 가리키는 앗시리아 단어를 사용할 때, 성읍을 파괴할 적의 정체를 암시하고 있는 듯하다.

벽과 함께 무너진다! 7:8b-9

왕의 궁전과 성전은 종종 성벽과 인접했고 성읍에서 가장 방어하기 좋은 곳에 위치했다. 환상에서 건축 기술자는 얼마나 심각하게 벽이 다림줄을 통해 기울었는지를 모두가 볼 수 있도록 다림줄을 쥐고 있으면서, **벽에 기대어 서 있다**.7:7, 히.; NIV/NRSV에서처럼 옆에가 아니라 위험이 분명하게 드러난다. 이스라엘의 가장 뛰어난 방어 지점이 휘청거린다. 적의 공병은 약한 지점에서 벽을 쉽게 깨뜨리고 공격부대가 틈을 통해 성읍에 접근하도록 할 것이다. 또는 지진이 벽을 무너지게 할 수 있다.

이스라엘은 이렇게 기울어진 벽이다. 중무장을 한 왕의 행정 성읍뿐만 아니라, 지역 산당이든지, 주요 요새화된 성읍에 있는 성소이든지, 종교 중심지 모두는 적에게 넘어갈 것이다. 왕족은 패배로 멸망할 것이다. 예언은 이유도 시간도 자세히 설명하지 않는다. 이 사실로 충분하다. 중재를 막을 때,7:8b 주님은 이 예언이 성취될 것을 분명히 한다. 역사적으로 여로보암 왕조에 대한 예언은 그의 아들 스가랴가 6개월 통치 후에 암살되어 성취됐다.왕하15:10 벽이 있는 성읍의 파괴는 약 25년 후 주전 722년에 일어났다.왕하17장; 15:29 참조

공식적인 보고: 소란 7:10-11

아모스는 베델에서 성소의 아주 가까운 거리에서 예언을 전달하고 있을 것이다. 또는 제사장 아마샤는 간접적으로 아모스의 예언을 들었을 것이다. 마리북 메소포타미아에서 발굴된 문서 자료는 천년 이전에 기록된 것으로, 왕에게 국가 일에 영향을 미치는 어떤 예언도 지속적으로 알리는 데 책임을 지는 지역 관료를 포함한다.ANET: 623-626,629-632 마찬가지로 유다 제사장은 오직 "순수한" 예언, 곧 지도자가 인정하는 예언을 종교 중심지에서 선포되도록 책임지는 일로 임명됐다.렘29:24-28 유다 왕에게는 또한 왕이나 그의 정책에 반대하는 말씀을 알렸다.렘36장 그렇다면 아마샤는 이중적인 의무, 곧 여로보암에게 그에 대한 예언의 내용과 근원을 알리는 의무를 수행하고, 미쳤거나 허가 없이 말한 예언자를 쫓아내는 의무를 수행하고 있는 듯하다.렘29:26 참조

아모스에게 제기된 **반란**의 혐의는 심각한 것이다.7:10 이전 예언자들은 새로운 지도자를 세우거나 여로보암 1세, 바아사, 아합, 예후의 기존 왕조를 전복하는 데 관여했었다. 아모스의 예언은 또 다른 이런 예언이었다. 아모스는 유다 사람이므로, 그의 예언은 아마도 이스라엘에서 여로보암의 적이 가담했을 반란의 일부로 간주될 수 있다. 그렇다면 여기에는 왕의 적들이 반란을 일으키도록 자극하고 부추기는 종교 선동자가 있었던 것이다. 그리고 아모스는 점령된 영토가 아니라 **이스라엘의 바로 한 가운데**서 이것을 뻔뻔스럽게 행하고 있었다.

아마샤의 보고가 아모스의 말을 7장 9절에서 있는 그대로 정확하게 인용하지 않는다는 사실로 말미암아 어떤 의문이 제기된다. 아마샤는 의도적으로 아모스를 잘못 인용하고 있을 수 있다.내가 여로보암의 집에 저항에 일어설 것이다가 아니라 여로보암이 죽을 것이다 그러나 나머지 메시지는 아모스가 다른 곳에서 추방에 의한 징벌에 대해 말했던 것과 일치한다.4:2-3; 5:27; 6:7 참조 한편 보고는 시적 자유를 나타낼 수도 있거나 허용할만한 바꾸어 표현하기일 수도 있다. 보고는 책의 내용을 만들 때 저자와 편집자의 자유와 독창성을 심지어 반영할 수도 있다. 왕에게 하는 보고는 아모스의 예언의 핵심을 반복한다.

격렬한 대화를 하는 제사장과 예언자 7:12-17

7:12-13 예언자여, 고향으로 가라!

아마샤는 아모스를 선견자라고 부르는데, 아마도 아모스가 자신의 환상을 이야기했기 때문일 것이다. 이 용어는 이스라엘의 초기 역사에서 예언자를 지칭하는 데 가장 빈번하게 사용되며,삼상9:9 완전히 정상적인 용어였다.사29:10; 30:10 참조 아모스의 응답7:14은 선견자와 "예언자"가 동의어라는 것을 보여주며, 또한 아마샤가 아모스에게 다른 곳에서 예언하라는 명령에서도 마찬가지다.

아마샤의 말은 위협하는 어조를 띤다. 현대 일상용어로 비슷하게 표현하자면, 다음과 같을 것이다. **네게 좋은 것이 무엇인지 안다면 나라를 떠나라. 가서 유다에서 네 일을 하라. 베델은 네게 출입금지다.**[팔레스타인 지도, p. 424.] **거기에서나**유다에서 **예언을 하면서, 밥벌이를 하시오**라는 충고는 직업으로 삼는 예언자들은 예언의 상담을 통해 생계를 유지했다는 것을 의미한다.삼상9:7-8 참조; 미3:11와 대조적으로 아마샤의 관점에서 아모스가 이스라엘에게 예언한다는 것은 여로보암의 적이 반란에 자금을 조달한다거나 아마도 예언자가 발람의 방식으로 왕국에게 악을 빌도록 돈을 받았다는 것을 의미한다.민22-24장

여로보암의 대제사장 아마샤는 왕에게 인정할 만한 메시지만 그의 영토에서 선언되도록 감시할 책임이 있다.렘29:24-28 참조 아마샤는 아모스의 진실이나 그의 메시지의 근원을 부인하지 않는다. 그는 단지 주님의 말씀과 왕의 분노 사이에서 결정하는 곤란한 상황에서 빠져나오려 한다.

아마샤는 여로보암 1세와 그의 후계자들이 길들인 국가 종교를 대표한다. 유다 종교와 다르게, 이스라엘의 제사장들은 왕의 임명으로 존재했다.왕상12:31; 13:33 이스라엘의 왕은 국가 생활과 정치 문제에 참된 예언자들이 침범하기를 거부하고, 엘리야 및 엘리사와 같은 사람들에게는 견디기 어려울 정도로 삶을 어렵게 만들었다. 의도적으로 유다에서 온 예언자를 속이고는 죽음의 결말을 맛본 옛 예언자의 이야기를 주목하라.왕상13장 이것은 얼마나 신속하고 철저하게 북 왕국이 종교와 정치를 강력하게 통합시켰는지, 그리고 이런 통합이 국가에 얼마나 절망적인 영향을 미쳤는지를 잘 보여준다.

아모스는 이미 예언자를 침묵시키고 나실 사람의 명성을 훼손시키는 행위에서 이스라엘이 유죄라는 것을 확립했다.암2:11-12 아마샤의 현재 조치는 예상대로 이어진다.

아모스의 청중은 어떻게 그의 메시지를 진짜라고 인식했는가?아래 성서적 맥락에서의 본문에서 "예언자 시험하기"를 보라 아모스가 이스라엘의 실패를 지적하고 멸망을 예언한 것은 사실이다. 게다가 그는 이스라엘 사람이었고 여호와의 이름으로 말했다. 그럼에도 성취에

대한 시험은 다가올 불타는 듯한 심판이 나타나는 것이기 때문에, 성취는 아모스가 요구하는 회개하게 하여 백성이 이 심판을 모면하도록 하는 데 소용이 없다. 남아 있는 것은 아모스의 선언과 이전 계시 사이의 일관성을 시험하는 것이다. 이것은 중요한 기준이 된다.렘28:8-9 참조 이스라엘 사람들이 아모스의 예언이 참되다는 것을 인정할 수 있다면, 그들은 자신들의 과거를 반성하고 진실하게 행할 필요가 있다.

7:14-17 나를 비판하지 말라!

아모스가 아마샤의 요구에 두 가지로 응답했다. 첫째, 아모스는 전문적인 신분이라는 혐의를 부인하여,7:14-15 반란이라는 고발을 거부한다. 둘째, 그는 아마샤 자신에게 향한 심판의 메시지로 베델에서 조용히 하라는 요구에 대항한다.7:16-17

7장 14절의 말씀문자그대로: 예언자가 아니다, 나는 그리고 예언자의-아들도 아니다, 나에 대해서는 학문적인 논란이 크다. 이 논란은 시제 문제를 중심으로 논의된다. 이 동사 없는 구절이 **나는 … 가 아니었다 아니면 나는 … 가 아니다**로 번역되어야 하는가? 볼프는 "이것은 아모스의 자기이해에 대한 질문을 포함하며, 따라서 독립적인 예언자의 기능과 공식적으로 허가받은 예언자의 기능을 구분하는 문제 역시 포함하기 때문에, 열띤 논쟁이 된다."라고 주장한다.Wolff: 312

7장 14-15절에서 이 대조의 핵심은 아모스와 과거와 현재 직업의 대조가 아니라, 다른 사람의 요청이나 주도로 예언하는 예언자들과 아모스처럼 주님에게 붙들려 직업에 상관없이 예언하도록 권한이 부여된 예언자 사이의 대조이다. 아모스는 제도적인 집단의 정식 구성원이 아니다. 아마샤는 아모스에게 돈을 받고 설교한다고 고발했다. 아모스는 자신이 가축을 돌보고,소 목자 **돌무화과**를 가꾸며 달콤하고 부드러운 과일을 생산하려고 생계를 유지한다고 지적함으로써 이 고발을 거부한다. 직업상 아모스는 농업에 종사한다.

예언자의 아들들새번역, "예언자의 제자"-역주이라는 용어는 제자에 적용된다.왕하9:1 아모스는 자신이 직업적인 예언자도 아니고 예언자의 제자도 아니라고 주장한다. 하나님의 예언하라는 부름은 저항할 수 없다.암3:8 참조 여기서 아모스는 모세출3-4장와 사무엘삼상 3장의 전통에 서 있다. 예언하라는 부름은 아모스에게 이스라엘을 향해 하라고 지목했으며, 이로 말미암아 아모스가 베델에서 하는 사역은 정당화됐다. 아모스 자신의 변호에 대해서도 마찬가지이다.

아마샤가 아모스에게 베델을 떠나고 예언을 하지 말라고 한 명령은 심각한 결과를 초래할 것이다.암7:16-17 주님의 이 제사장은 하나님의 뜻을 행하는 것보다, 여로보암 왕을 기쁘게 하며, 이렇게 하여 자기 자리의 안전을 유지하는 데 더 관심이 있다. 적절한 징벌인가? 아마샤가 애착을 가지며 붙드는 모든 것을 잃게 될 것이다. 그는 언약의 저주의 중압감을 느끼게 될 것이다.[언약, p. 395.] 그의 아내는 황폐화된 땅에 버려지고, 생존을 위해 창녀로 전락할 것이다.신28:30 참조 그의 자녀들은 적의 손에 죽을 것이다.32:25 참조 그의 땅은 다른 이들이 영원한 소유물로 나뉠 것이다.레26:32 참조 아마샤 자신은 깨끗하지 못한 땅에 추방되어 죽을 것이다.신28:36-37,64 참조

민족의 운명은 아마샤 자신의 운명에 포함될 것이다. 일관되게 하나님의 대변인을 침묵하게 한 민족의 죄암2:12는 아마샤가 개인적인 이유와 정치적인 이유에서 아모스를 거부한 것에 반영된다. 아마샤에게 추방은 확실하다. 아모스와 아마샤의 대화 이야기는 전반적인 둔감함을 지적하는 방식으로 환상들 사이에 삽입되었을 것이다. 이것은 독자에게 이어지는 심판의 환상에 대해 준비하게 한다. 어떤 것도 심판을 되돌릴 수는 없다.

성서적 맥락에서의 본문

예언자 시험하기

신명기 저자는 이스라엘이 하나님의 뜻과 길을 결정할 때 민족들의 방식을 따르도록 유혹받을 것이라고 경고했었다.신18:14-16 이스라엘은 죽은 자, 동물의 내장, 마녀나 별들에게 조언을 구하지 말고, 하나님의 말씀이 권한을 부여받은 예언자를 통해 올 때, 그 말씀에 주의해야 한다.18:17-22 메시지는 성취되는 사실로 진위를 시험할 수 있다.

어떤 모호한 부분들이 남아 있다. 권한을 부여받은 예언자가 속일 수도 있다.왕상13:11-32; 22; 렘23:25a 권한을 부여받지 못한 예언자나 거짓 예언자가 징표와 이적"기적"과 같은 것으로 신임을 받아, 사람들에게 참됨을 확신시킬 수도 있다.신13:1-5

많은 시험을 제시하더라도 진짜 말씀이라는 절대적으로 확실한 증거는 없었다. 첫 시험은 예언자를 평가했다. 그는 모세의 본보기를 따르는 이스라엘 사람하나님과 소통하는 자이었는가? 둘째 시험은 메시지가 사실을 따르는지를 평가했다. 경고나 복에 대한 예언은 실현됐는가?신18:21-22 성취는 아마도 예언자를 진짜로 증명했었을 것이다. 하지만 거짓 예언자의 메시지도 성취되거나 표징이나 이적으로 뒷받침될 수 있기 때문에, 이것은 시험으로 불확실하다.신13:2 셋째 시험은 예언자의 말이 여호와의 이전의 자기계시와 일치하는지를 결정하는 것이다.신13:1-5; 렘23:21-22,25-32 넷째 시험은 예언자의 도덕성에 의지했다.렘23:14; 왕상22:8-17

명백히 유다 사람들은 예언 메시지가 진짜인지에 대해 추가적인또는 대안의 시험을 사용했다. 그들은 메시지가 예루살렘에 있는 성전의 항구성을 증진한다면,렘7:4 메시지가 하나님이 자기 백성을 평화로 통치한다는 사실을 강화하거나,6:14; 8:11 꿈의 형태로 예언자에게 임했거나,23:25 "여호와의 말씀"이라고 선언된다면렘23:34 진짜라고 평가했다. 북왕국 예언자에게 적용된 역사적 기록의 유일한 기준은 아합 왕이 엘리야왕상18:16이후 및 이믈라의 아들 미가야왕상22장와의 대화에서 암묵적으로 나온다. 메시지가 재앙의 메시지라면 가장 참이었을 가능성이 높았다.22:8

교회생활에서의 본문
주님의 예언자를 인식하는 것에 대해

교회는 어떻게 오늘날 참된 예언자를 인식하고 참된 예언자와 거짓 예언자를 구별하는가? 질문은 아모스 당시와 마찬가지로 오늘날도 여전히 중요하다. 교회는 참된 예언자와 거짓 예언자를 구분할 때, 교회는 어떤 기준을 따를 수 있는가? 은사 운동, 빈야드 운동, 말일성도의 예수 그리스도 교회몰몬 및 아프리카 독립 교회의 예언자들 또는 토마스 뮌처,Thomas Müntzer 존 웨슬리,John Wesley 지미 존스,Jimmy Jones 데이비드 코레쉬,David Koresh 또는 빌리 그래함Billy Graham와 같은 사람들에게 적용될 수 있는 기준이 있는가?

때로 예언자는 하나님의 길을 장려하지만 완전하지 않다. 이런 예언자는 거짓 예언자인가? 그렇다면 이 예언자는 조건적으로 따라야 하는가? 교회 지도자에 대한 자격을 갖춘 책무는 인도할 능력에 무슨 역할을 하는가?

1988년에 스스로 주장하는 "예언자"가 "1988년에 예수님이 돌아올 88가지 이유"라는 표어로 예수 그리스도의 재림을 알렸다. 그리스도인들은 이런 예언을 신중하게 받아들여야 하는가? 어떤 목사들은 명백하게 자격을 갖춘 저자전직 NASA 기술자의 주장을 받아들이고, 그리스도인들에게 회개하라고 인도하면서 그 메시지를 전했고, 헌신을 새롭게 했다. 이 결과는 메시지를 옳은 것으로 만드는가? 아니면 우리는 이런 경우 지정된 시간이 지날 때까지 기다려야만 하는가?

질문이 응답보다 더 빨리 쌓인다. 그럼에도 어떤 관련된 실마리를 우리가 탐구한 본문에서 도출할 수 있다. 교회는 영을 시험하는 방법을 확인하고자 성서를 의존한다.

첫째, 예언자가 되고자 의도하는 어떤 전령도 분명하게 성서의 진리를 중심으로 해야만 한다. 성서가 신앙과 생활, 경건의 최종적인 권위여야만 한다. 이것이 "여호와의 이전 계시"의 준거점을 구성한다. 예언자들이 거듭 이스라엘을 언약의 주님에게도 다시 이끌 듯이, 현대 예언자들은 그들이 하나님의 말씀에 충실한지 시험을 받아야 한다. 그러므로 모든 그리스도인은 그들의 메시지가 진리인지 결정하려면 성서를 알고 찾아야 한다.행 17:11 참조 예언자또는 설교자의 메시지를 시험하고, 탐구하고, 평가하는 것은 진리를 순종하려는 의도에서 하게 될 때, 반항이 아니라 신앙의 표시다.

둘째, 예언자의 도덕적 성품과 윤리적 실천이 모범이 되어야 하며, 참된 경건을 구체화해야 한다. 아마샤는 동기와 성품의 쟁점을 제기하는 면에서는 옳았다. 봉급이나 개인적인 이득을 위해 예언하는 예언자들은 분명히 대중에게서 의심을 산다. 예언의 메시지는 성령의 내적인 충동, 사람들에 대한 긍휼, 가난한 자와 곤경에 처한 자와의 공감, 그리고 하나님 나라가 세워지는 것을 보고자 하는 강렬한 열망에서 온다. 참된 예언자에게 긍휼은 신실한 중재의 기도에 반영된다. 중재는 하나님의 마음과 거룩함, 죄의 악함, 그리고 경건하지 못한 자와 성도의 영원한 운명을 아는 자들의 종종 조용하고 전달되지 않는 사역이다.

셋째, 아모스의 경험은 어떤 사회이든지 사회의 정치 구조와 사회 구조에 귀속되도록 장려하는 예언자들은 종종 잘못됐다고 우리에게 경고한다. 아모스와 같은 참된 예언자들은 예외 없이 사회와 사회 제도에 회개를 외치며 저항한다. 세상의 구조의 특성에서, 구조는 강제적이다. 세상의 구조의 가치에서, 구조는 본질적으로 물질주의적이다. 세상의 구조의 실제에서, 구조는 스스로를 보존하려고 거의 어떤 방법도 사용한다. 국가 지도자들과 제도에 무비판적이며 무조건으로 순종하라고 하는 자들은 아마도 거짓 예언자들일 것이다. 참된 예언자는 회개하고 하나님에게 돌아와 세상의 권력 구조와 세상의 방법과 무기에 의지하지 말라고 외치며 사회 깊이 들어간다.

예언자를 침묵시키는 것에 대해

이스라엘만이 자신들 가운데 있는 예언자들을 침묵시킨 것이 아니다. 교회 역사가 알버트 뉴먼Albert Newman은 19세기 초 교회에 대해 다음과 같이 성찰한다.

> 교회는 이교도들보다 훨씬 잔인하게 그리스도인들을 박해했고, 더 많은 그리스도인들을 죽였다.1:316

제도화된 교회는 다른 사회구조와 마찬가지로, 자기를 보존하려는 경향이 있다. 예언자들은 현상을 유지하려는 것을 위협한다. 예언자들은 교회와 사회의 안정성을 위협한다. 그들의 사역은 동요, 부조화 및 좌절을 일으킨다. 그렇다. 그들의 사역이 그렇게 하는 것이 당연하다.

전체 사회와 마찬가지로, 교회는 종종 예언의 말씀을 거부했고 예언자들을 침묵시켰다. 사례는 거의 모든 시대의 교회 역사와 모든 신학분파에서 도출할 수 있을 것이다.

1490-98년의 이탈리아 플로렌스는 정치적으로도 종교적으로도 소요가 있는 도시였다. 이 도시의 가장 유명한, 의를 전하는 설교가는 수사 사보나롤라Savonarola였다. 그는 새로운 세대가 오며, 도시 지도자들과 사람들 모두 회개해야 한다고 설교했다.

> 여기에 도시의 삶에 놀라운 변화가 이어졌다. 여자들은 자신들의 장신구를 벗어 던지고 수수하게 옷을 입었고, 은행가와 상인들은 부당하게 얻은 이익을 보상했으며, 성서와 사보나롤라의 저작을 많이 읽었고, 교회는 사람들로 가득했고, 가난한 자에 대한 구제가 증가했으며, 명망 있는 가문의 일부 상속인들과 여러 뛰어난 능력을 가진 성숙한 사람들은 산 마르코스 수도원에 수도승으로 들어갔다.Latourette, 1:673

사보나롤라는 정치계와 종교계에 적들을 만들었다. 교황은 그에게 설교를 멈추라고 명령했다. 그는 이 명령을 무시하고 파문당했다. 도시 정부는 사보나롤라에게 적대적이었다. 그들은 사보나롤라를 체포하고 재판했다. 재판은 연극에 불과했고 평결은 이미 결정되어 있었다. 사보나롤라는 고문대와 올가미에서 자신의 생애를 마쳤다. 그는 불에 타 재가 됐다. 그의 죽음에 이어, "플로렌스 대다수의 사람들이 자신들의 옛 방식으로 돌아갔다."Latourette, 1:674 예언자는 침묵을 강요당했다.

오스카 A. 로메로Oscar A. Romero는 3년 동안1977-80년 산 살바도르에서 대주교를 지냈다. 죽음의 군대가 압제하는 정부를 비판하는 자들을 유괴하고 살해하며, 사제들과 보통 사람들을 죽이면서 도시 거리를 배회했다. 이런 배경에서 대주교 로메로의 설교는 다음과 같이 민족의 죄를 다루는 현대의 아모스의 설교처럼 들린다.

> 우리가 주님의 말씀을 전할 때, 우리는 사회 질서의 불의를 단지 비판하는 것이 아니다. 우리는 밤이요 어둠인 모든 죄를 비판한다. 곧 술취함, 과식, 탐욕, 간음, 유산, 죄악과 죄의 영역에 있는 모두를 비판한다. 이 죄들이 우리 사회에서 사라지게 하라.Romero: 5

메시지는 사회 모든 계층에 전달되지만, 로메로는 다음과 같이 가난한 자들을 위한 메시지를 자신의 특별한 소명으로 보았다.

> 세상은 가난한 자가 복이 있다고 말하지 않는다. 세상은 부자들이 복이 있다고 말한다. 여러분은 여러분이 가진 만큼만 가치가 있다. 하지만 그리스도는 잘못됐으며, 가난한 자가 복이 있다고 말한다. 왜냐하면 그들은 일시적인 것을 신뢰하지 않으므로 천국이 그들의 것이기 때문이다.Romero: 33

로메로의 동료 주교와 정치 지도자들은 그를 반대했고, 그의 "공산주의적" 활동에 대해 로마에 불만을 제기했다. 그는 다음과 같이 설명하면서 이 고발을 부인했다.

> 우리가 가난한 자들의 교회에 대해 말할 때, 우리는 마치 또 다른 부자들의 교회가 있는 것처럼, 마르크스주의자의 변증법을 사용하지 않는다. 우리가 말하고 있는 것은 성령에 감동이 되어 그리스도가 "가난한 사람에게 기쁜 소식을 전하도록 주님께서 나를 보내셨다"눅4:18라고 선언했다는 사실이다.Romero: 40

구약 예언자와 마찬가지로 대주교는 자신의 교구 사람들과 나라의 지도자들에게 회개하고 예수 그리스도를 믿으라고 계속 외쳤다. "나는 복음을 더 가까이 따르겠다는 것을 제외하고 변할 수 없다. 그리고 나는 매우 단순하게 그리스도가 우리의 신앙을 보고 우리에게 자비를 베풀도록 회심하자고 모두에게 외칠 수 있다."Romero: 62

이 평화주의 사제가 다음과 같이 군인들, 국가 근위병, 그리고 경찰들에게 신랄하게 호소할 때 끝이 왔다.

> 형제들이여, 여러분 각자가 우리 편입니다. 우리는 똑같은 사람들입니다. 여러분이 죽인 농장 노동자들은 여러분의 형제자매들입니다. … 어떤 군인도 하나님의 계명"살인하지 못한다"에 반대되는 명령에 순종하지 않아야 합니다. 지금은 여러분이 자각하고 악한 명령을 따르지 않고 여러분의 양심을 따를 때입니다. 하나님의 권리, 하나님의 법, 그리고 각자 인류의 위엄을 보호하는 교회는 이런 가증스러운 일 앞에서 침묵할 수 없습니다.Buckley: 98

그는 너무 멀리 갔다. 로메로 대주교는 군대에 국가 정책과 하나님의 방법, 압제와 정의 사이에서 선택할 것을 요구했다. 이틀 뒤 암 환자를 위한 미사를 집전하는 도중에 그는 저격수에 총을 맞아 사망했다. 현대 예언자는 실질적으로 침묵을 강요당했지만, 그의 믿음은 여전히 말하고 있다. 히11:4; 창4:10

예언자에게 침묵을 강요하는 다른 방법이 있다. 굴복시키는 다양한 전술이 북 아메리카 교회에서 오늘날 이용된다. 곧 중상과 근거 없는 고발, 끊임없는 비난, 불평,출15-17장 반대 세력 규합, 예배에 대한 거부, 그리고 때로 목회자의 봉급 삭감 등이 있다. 예언자들에게 침묵을 강요하는 것은 결국 하나님의 말씀의 기근이라는 결과를 낳게 된다.

국가 종교에서 세계 기독교로

국가 종교는 하나님의 부름에 대한 국가의 의식이나 정치와 종교의 목적의 혼합에서 온다. 교회와 국가는 특성상 중대한 사안을 다룬다. 그러므로 교회와 국가는 생명 자체를 희생하며 자체의 가치를 표현하거나 방어할 정도까지, 주민 또는 추종자의 삶을 지시할 권리를 주장한다.

수십 년 전 미국에서 제시한 "명백한 사명"이라는 신조는 국가 종교를 지향하는 경향이 있다. 국가 종교의 징조는 모든 곳에서 존재한다. 정치가는 지지자를 얻으려고 교회와 제휴하고, 국가의 종교 지도자에게 조언을 구하며, 국가 기도회를 승인하고, 선거 운동 연설에서 성서를 인용한다. 하지만 더 깊은 차원에서 국가 종교는 주요 종교 교파가 거의 모든 "기독교" 국가의 전쟁 노력을 축복했다는 점에서 드러난다. 한국 전쟁, 베트남 전쟁, 걸프 전쟁, 카리브 해의 작은 국가들 침략, 이 모두는 종교 지도자가 축복했다. 이것은 히틀러가 독일에서 국가 교회의 지지를 얻은 것과 근본적으로 다른가? 아니면 종류보다는 정도의 차이인가?

교회가 이 세상에 있는 한, 국가 정체성과 인종 정체성이 교회의 삶에 어느 정도 영향을 미칠 것이다. 교회가 안정된 정부의 혜택과 그리스도의 주장을 우리 사회에 제시할 기회를 누리면 누릴수록, 하나님 나라와 우리 국가, 인종이나 부족의 특권을 일치시키려는 노력이 더 커질 것이다. 그리스도를 따르는 자들에 대한 박해나 적대감으로 말미암아, 그리스도인들은 국가적 충성이나 인종적 충성이 느슨해진다. 이런 대립은 심지어 교회를 민족의식에서도 느슨하게 하고, 교회가 대항문화 역할을 하게 할 것이다. 이런 일이 일어나면 세계 그리스도인이 생겨난다.

복음은 우리가 다른 모든 정체성, 모든 다른 충성을 이차적인 것으로 보는 세계 그리스도인이 되도록 초대한다. 세계 그리스도인은 다른 사회의 기여와 가치를 인정하면서도, 건설적으로 비판하고 적절하게 찬성하는 가운데 자신의 사회에 참여한다. 그러나 그들은 문화, 사회, 정치의 경계를 넘어서 하나님의 백성에게 가장 강력하게 충성한다.

교회는 세계적인 정체성을 달성하는 방향으로는 거의 진보하지 않는 듯하다. 신약은 모든 사람들이 그리스도 안에서 새로운 하나의 공동체로 연합하는 하나님의 목적을 강조한다. 그러나 세계 그리스도인들은 문화를 넘어서는 선교 활동을 한지 심지어 수세기 후에도 참으로 드물다. 민족주의와 인종주의와 편견은 우리의 의식되지 않은 두려움과 정복되지 않는 자부심의 저장고에 아래 도달하는 깊은 뿌리가 있다. 그러나 세계 그리스도인들은 그리스도의 영으로 온전하게 되는 한 몸에 대한 비전으로 길러진다.

여름 과일 광주리 환상
아모스 8:1-14

사전 검토

우리는 보통 복숭아나 자두, 베리, 토마토 한 광주리를 영적인 메시지와 연결시키지 않는다. 하지만 하나님은 아모리 사람들을 나무로 묘사했고, 그들의 파멸을 **내가 위로는 그 열매를 없애고 아래로는 그 뿌리를 잘라 버렸다**라는 말씀으로 묘사했다.2:9 첫 세 환상에서, 이스라엘은 완전히 뜯어 먹히고, 해의 불이 삼키며 뿌리까지 시들어지는 풀로 묘사된다. 이스라엘은 잘못된 기초공사 때문에 기울어진 성벽이다. 이 네 번째 환상에서, 민족은 한 광주리에 담긴 여름 과일이 된다. 파멸의 위협은 매우 생생하며, 하나님이 아모리 사람들을 쫓아내는 것과 비교할 수 있다.

개요

여름 과일의 환상, 8:1-2a
죽음의 징조에서의 언어유희, 8:2b-3
실제 삶에서의 대재앙, 8:4-14
    8:4-6   책임 있는 무리들: 상인들과 돈 거래자들
    8:7-14   민족의 운명에 대한 하나님의 독백

주석적 해설

이 환상과 환상에 대한 설명은 대조와 반전이라는 언어유희와 은유로 특징지어진다. 저자는 5-7장의 사상의 요소들을 함께 묶는다. 죽음의 분위기와 애도하는 소리가 장례 장면에서 가져온다. 여기서 여전히 주님의 말씀을 들을 수 있는 자들에게 마지막으로 호소한다. 성전의 찬양 노래는 죽은 자들을 위한 울부짖음이 됐다.

교차대구는 아모스 8장의 개별 부분들을 하나의 큰 전체로 묶는다. 미묘한 기교는 우리에게 마지막 장에서 훨씬 크고 복잡한 계획을 대비하도록 한다. 다음과 같이 여기에 상응하는 내용들이 있다.

(A) 철회되는 축복(8:1)

• 여호와가 환상을 드러냄

• 수분을 머금은 여름 과일 광주리

　(B) 심판에 대한 설명(8:2-3)

　• 끝이 왔다

　• 내 백성, 이스라엘

　(B') 유보되는 축복(8:11-19)

　• 여호와가 유보하는 말씀

　• 한 창 때의 젊은 처녀들과 남자들

(A') 심판에 대한 묘사(8:9-10)

• 슬픈 날과 같은 끝

• 외아들이삭

여름 과일의 환상 8:1-2a

여름 과일 '카이츠' [qayiṣ] 한 바구니와 마찬가지로, 민족은 한창 때인 것처럼 보인다. '카이츠' qaiṣ라는 단어는 이른 시기의 문서게제르 달력에서 여름 과일을 수확하는 달로 나온다. Paul: 253 이것은 아마도 무화과 수확을 가리키겠지만, 다른 여름 과일도 이 용어에 포함될 수 있다. 여름 열기에 익은 대부분의 과일은 딴 후에는 빨리 상한다. 이것은 이제 아모스서를 차지하는 분위기에 대한 형상인가? 이스라엘의 시체는 빨리 부패하는 과일과 마찬가지로 밖에 던져진다. 도덕을 수확하는 달이 이르렀다.

죽음의 징조에서의 언어유희 8:2b-3

끝이 왔다. 여름 과일 '카이츠' [qayiṣ]과 끝 '케츠' [qeṣ]를 가리키는 단어들의 비슷한 소리로 되어 있는, 히브리어의 언어유희를 주목하라. 여름 과일은 수확의 마무리를 가리키는 은유다. 고려중인 끝은 하나님이 약속의 땅에서 자기 백성을 윤택하게 보호한 것에 대한 끝이다. 그들은 심판에서 더 이상의 지연을 기대할 수 없다.

내가 다시는 그들을 지나치지 않을 것이다.새번역, "내가 이스라엘을 다시는 용서하지 않겠다"-역주 이 표현은 독자들에게 첫 유월절과 이집트에서의 탈출을 떠올리게 한다. 죽음의 천사는 유월절 어린 양의 피를 그들의 집의 문지방에 바른 자들의 집은 "지나갔다."출12장 하나님은 다시 자기 백성을 방문하러 왔지만, 이번에는 압제자들이 이스라엘 사람들 자신이다. 통치자 주님은 압제자들과 압제당하는 자들을 이집트에서와 마찬가지로 구분할 것인가? 아니면 모두가 동일하게 고통을 당할 것인가? 응답은 질문의 끝에 바로 나온다. **내 백성 이스라엘에게 끝이 왔다.**새번역, "나의 백성 이스라엘이 끝장났다"-역주 민족은 돌아올 수 없는 지점을 지났다. 예언은 마지막이라는 강한 어조를 전달한다.

번역에서 솔직한 진술로 보이는 것이 문학적 기교의 힘을 포함한다. 하나님은 이전에 그들이 정의와 공의를 대체했기 때문에 **성전의 노래**를 경멸한다고 했었다.암5:23-24 장소는 베델이다. 노래는 악기가 수반된다. 할렐루야히브리어 동사; '할랄' 이나 '할렐루' 는 **통곡**히브리어 동사; 야랄, 여기 형태로 '헤릴루' 으로 바뀔 것이다. **통곡**은 악기가 수반되지 않으며, 성전에서 불리지도 않는다. 통곡은 사막 지역에 있는 통곡하는 자들의 위치를 가리키는데, 이는 이스라엘이 추방되어 끌려가는 것을 가리킨다. 심지어 그들이 불과 파멸에서 살아난다 하더라도, 예배의 도구는 불필요한 짐이 될 것이다.

수많은 시체가 온 땅에 널리고. 시체가 **던져지고** 있으므로, 이것은 적이 공격한 범위와 남은 자의 지속되는 현실을 알리는 모습이다. 침묵을 요구하는 것은 독자들에게 이 단어를 이전 예언에서 나온 두 주제와 연결시키도록 떠올리게 한다. 곧 이스라엘이 예언자의 목소리를 침묵하게 한 것2:11-12; 3:7-8과 주님이 이스라엘을 주목하게 할 것이라는 두려움으로, 이는 더 많은 심판이 있을 것임을 의미할 수 있다.6:10

실제 삶에서의 대재앙 8:4-14

8:4-6 책임 있는 무리들: 상인들과 돈 거래자들

심판의 환상은 네 연이나 다섯 연의 통곡으로 발전한다. 애도자는 마치 그들이 찬양 노래의 주제인 것처럼 다뤄진다. 통곡은 이 상인들에게서 나올 것이다. 그들은 재산이 많고

돈이 많은 사람들이다. 그들은 이전에 심판의 말씀의 통렬함을 느꼈던 **바산의 암소**의 남편일 것이다.4:1-3[소의 형상, p. 389.]. 아모스는 이 말씀을 사용하지 않고, 이 권력 있는 사람들의 집단을 가나안 상인들로 묘사한다.호12:7 참조 그들의 많은 죄 가운데 일부를 여기서 자세히 설명한다. 본질적으로 언급된 모든 죄는 탐욕과 물질주의에서 나온다. 가난의 난폭함을 다루는 대신에, 부유한 자들은 아마도 **빈궁한 자들**을 노예로 삼거나 추방시켜 보이지 않게 하고, 그들을 없애려 하는 것에 초점을 둔다.암8:4 보이지 않으면 마음에서도 멀어진다고 그들은 판단한다.

그들은 너무나도 장사에 사로잡혀, 휴식과 축하를 나누는 공동체에서의 시간도 낙담하며 보낸다. 곧 돈을 벌기 위한 좋은 기회를 낭비하고 있다는 것이다.8:5a 그들은 예배 시간에도 어떻게 돈을 많이 벌고 이익을 개선하려고 어떤 저울을 사용할 것인가 계산하는 데 전념한다. 그들은 매번 속이고,8:5b-6 곡식또는 일반적으로 음식을 줄인 되로 판다. 살 때는 무게가 더 나가는 평형추를 사용한다. 자신들에게 유리하게 저울을 조작한다. 사람도 물건만큼이나 쉽게 산다.2:6 해설을 보라 거룩한 모임에서 다른 사람들이 예배할 때, **밀**을 파는 것에 대해 걱정한다. 그들은 땅을 더럽혔다.

정복의 시기에 지파, 씨족과 가족들에게 배분했을 때, 이스라엘 땅은 고르게 풍요롭지는 않았다. 하나님이 거의 공동체의 발전을 위해 기회를 주고자 불평등이 존재하도록 허용한 것 같았다. 어떤 가족은 많은 수확물을 거둬들였고, 다른 가족들은 근근이 살아갔다. 하지만 하나님의 이상은 모두가 하나님의 은혜로운 보호를 받는다는 것을 보여주는 증거로 충분한 축복을 받는 것이었다.신15:4-5

이상과 현실은 온전히 일치하지는 않았다. 모든 백성이 동등하게 혜택을 받은 것은 아니다. 게으름과 태만함, 잘못 관리함, 질병, 열등한 토양, 기후로 말미암아 가난한 자들이 생기고 어려움에 처하게 된다. 그렇다면 정의를 행하는 민족에서 가난이 어떻게 다뤄져야 하는가?

주로 더 축복받은 자의 아량을 통해서였다. 불평등은 공동체를 확립하기 위한 기회다. 가난한 자들이 있다는 것은 사랑을 시험하는 기회가 된다.신15:7-11

아모스 8장에 다뤄진 부유한 자들은 신명기의 이상과 실천에서 멀었다. 실제로 그들은 하나님의 가르침과는 크게 모순되게 행동하는 듯하다. 불의가 만연했다. 자선이 그들의 손의 손바닥은 말할 것도 없고, 그들의 생각에 떠오르지 않았다. 공동체는 동일한 식사 사교모임 '마르제아흐'[marzeah], 6:3-7에 속한 자들의 공동체를 제외하고서는, 그들에게 아무 의미가 없다. 시내 산 계시에서 구체화된 언약 공동체는 이질적인 개념이 됐다.

언약 공동체를 거부하는 실상의 토대를 이루는 것은, 재능, 기회, 성품, 재원에서의 다양함에도 영향을 미치는데, 근본적으로 돈에 대한 탐욕과 하나님의 섭리에 대한 불신이다.

8:7-14 민족의 운명에 대한 하나님의 독백

여기는 심판의 은유가 있다. 심판의 성취는 이중으로 성서가 아니라 **야곱의 자랑**에 걸고 하는 여호와의 맹세로 보장된다. 이것은 무적이라고 자랑하는 민족의 거짓된 자랑인가?6:8,13 만약 그렇다면 이 구절은 쓴 풍자의 맛이 난다. 또는 민족은 자신들의 언약을 지키는 하나님인 주님을 자랑스러워하는가? 이것 역시 풍자로 약을 올린다. 심지어 노여움을 드러낼 때에도 하나님은 유머 감각을 보인다.

다가올 심판에서의 중심적인 특징은 대규모 지진이다.8:7-8; 1:1 해설 참조 하나님은 위협에 대한 자신의 말씀을 성취하게 됐다. 이 지진은 아모스가 북 왕국에 전달한 심판의 예언이 참된 것임을 입증한다. 실제로 지진은 주님이 전체 땅을 흔들 것이기 때문에, 유다에게 전하는 메시지 역시 확증하게 된다.8:8 지진의 롤러코스터 효과를 경험한 자들은 나중에 이 지진을 나일 강이 매년 불어났다가 가라앉는 것과 비교할 것이다.8:8b 여진과 그 여파는 황폐함을 가중시킬 것이다.8:9-10 심지어 하늘은 정오에 밤이 되는 이 심판의 행위에 동참할 것이라고 말한다.

어두움의 심판을 묘사한 것은 아마도 이집트의 재앙을 떠올리려는 의도일 것이다.출10:21-23; 신28:29 참조 하늘과 땅이 영향을 받기 때문에, 예언은 또한 이 사건을 거듭되는 불순종의 약속된 결과 가운데 하나라고 지적한다. 시내 산 언약은 신명기에 포함된 대로, 하늘과 땅을 언약의 헌신에 대한 증인으로 불렀다.4:26; 30:19 하지만 증인은 사건을 중립적으로 목격하는 자로 남지 않는다. 언약을 제멋대로 어기고, 심판이 선포됐을 때, 증인은 첫 돌을 던질 것이다.13:9 아모스 8장에 묘사된 심판의 경우, 하늘과 땅 모두 이스라엘의 죄로 격변하는 가운데 진동한다.신28:20-29,38-42 참조[언약, p. 395.]

우리는 이런 지진의 결과를 상상할 수 있다. 그들이 의지하는 성벽, 그들이 기댔던 집, 그들이 예배했던 제단들, 이 모두는 파편으로 조각날 것이다. 그들이 파편 아래에서 스스로 파고 나올 때, 전체 나라는 죽음을 애도할 것이다.암8:10 이집트인들은 그들의 **장자**의 죽음을 애도했으나,출12:30 이스라엘 백성은 **외아들**을 잃은 것처럼 애도할 것이다.암8:10

불가피하게 질문의 홍수가 쏟아질 것이다. 왜입니까? 왜입니까? 왜입니까? 오 주님? 절박하게 민족은 해답과 희망을 찾으려고 세상을 헤맬 것이다.8:11-12 그들은 아무 것도 찾지 못할 것이다. 하나님은 침묵할 것이다. 하나님이 경고하며 말씀할 때, 이스라엘은 주님의 말씀에 주의하기를 거부했다.암4장 참조 이제 심지어 경고들도 끝났고, 아무리 그들의 호소가 강렬하다고 하더라도, 하나님은 그들의 기도를 듣지 않을 것이다. 이스라엘은 사치와 흥청망청 대며 폭식하면서 자기 재원에 의존했었다. 사람들의 값진 요리, 우아한 옷, 화려한 치장은 금식, 베옷, 밀린 머리로 대체된다. 땅은 땅의 죽음을 애도할 것이다.

여진이 지진에 이어진다. 하나님이 땅을 흔드는 결과로 물의 근원이 요동했다. 저수지에 저장된 물이 갈라진 틈을 통해 새어나갔다. 땅과 그 땅의 사람들이 목말라 죽어간다.

심지어 가장 용맹스럽고 장래가 촉망되는 젊은 남자와 여자도 고통을 겪을 것이다. 이들도 역시 그들의 주요 제의 중심지의 신들의 이름으로 맹세하면서, 자신들의 신앙과 약속을 더럽혔다. 다른 신들의 이름을 발음하는 것조차 싫어하여, 아모스는 이 이름들을 아마도 생략했을 것이다. 물론 어떤 이는 **사마리아의 아쉬마**Ashimah와 **브엘세바의 길**이 후원하는 신들의 이름이라고 주장하기도 한다. 재앙의 시기에 젊은이들은 그들이 신뢰했던 신들에게서 답을 찾으려고 배회할 것이다. 신들은 침묵한다. 최후의 수단으로 그들은 주님의 말씀을 찾지만, 어디에서도 찾을 수 없다. 이전에 그들의 장로들이 예언자들을 침묵하게 했다. 그들이 극심한 고통 가운데 있더라도 여호와는 침묵할 것이다.

자랑의 모든 원천은 파멸의 일격으로 폐허가 된다. 이미 8장 8절에 소개된 지진이라는 형상은, 이어지는 내용에서 더 자세히 묘사된다. 마지막 환상9:1-10은 지진으로 시작하고, 약해진 나라를 군대가 정복하는 것으로 발전한다는 점에서 여기 네 번째 환상과 겹친다.

하나님은 자신의 말씀을 유보하는 이 절정의 행위에서, 이스라엘에게 "사람이 먹는 것으로만 사는 것이 아니라 주님의 입에서 나오는 모든 말씀으로 산다"신8:3는 사실을 떠올리게 한다.

성서적 맥락에서의 본문
하나님의 침묵

예언자들은 하나님에게서 온 메시지를 알리라고 부름 받았다. 심지어 위협하는 메시지도 하나님이 여전히 관심을 갖고 있음을 가리킨다. 하지만 예언자들이 더 이상 말하지 않을 때 무슨 일이 일어나는가? 우리는 하나님이 의도적으로 침묵한다고 생각한다.

하나님이 침묵한다는 인식은 누군가의 불순종의 결과일 수 있다. 예를 들어 요나는 처음에는 개인적인 이유에서 메시지를 니느웨 사람들에게 전하지 않으려 했다. 예레미야는 메시지가 너무 무시무시해서 유보하려 했다.20:8-9 하지만 메시지는 예레미야의 마음에서 불과 같이 됐는데, 이것은 꺼질 수 없는 불이었다.

다른 경우 하나님의 침묵은 시험이 된다. 이 침묵에 대한 이유가 있겠지만, 침묵에 대한 설명은 버려졌다고 느끼는 자는 알지 못한다. 예를 들어 하나님은 "그의 인품을 시험하시려고, 히스기야가 마음대로 하게 두셨다."대하32:31 하나님은 물러서기로 선택했다. 십자가에서의 번민하는 울부짖음으로 말미암아 우리는 하나님의 침묵이 무섭도록 현실적이라는 것을 떠올리게 된다. "나의 하나님, 나의 하나님, 어찌하여 나를 버리셨습니까?"막 15:34 주기도문에서 성부 아버지에게 "우리를 시험에 들지 않게" 해달라는 요청은 신앙생활이 하나님과의 지속되는 친밀한 생활이라는 전제를 거부한다.마6:13

하나님의 침묵은 또한 죄 때문일 수 있다. 하나님의 말씀을 지속적으로 거부하면 하나님의 말씀이 임해도 그것을 듣거나 볼 수 없게 된다. 바로는 열 번이나 마음이 완악해졌으며, 각각은 하나님도 열 번 상응하는 조치로 완악하게 했다는 사실에서도 확증된다. 하나님이 이사야를 임명할 때, 하나님의 침묵이라는 사안을 다루었는데, 이 침묵은 이스라엘이 무감각한 것 때문이다.

> 너는 가서 이 백성에게 "너희가 듣기는 늘 들어라. 그러나 깨닫지는 못한다.
> 너희가 보기는 늘 보아라. 그러나 알지는 못한다" 하고 일러라.
> 너는 이 백성의 마음을 둔하게 하여라. 그 귀가 막히고, 그 눈이 감기게 하여라. 그리하여 그들이 볼 수 없고, 들을 수 없고 또 마음으로 깨달을 수 없게 하여라. 그들이 보고 듣고 깨달았다가는 내게로 돌이켜서 고침을 받게 될까 걱정이다.사6:9-10

다른 때에 하나님은 말씀을 완전히 허락하지 않겠다고 한다. 사울은 점차 불순종의 삶을 살면서, 절박하게 인도해달라고 여호와께 호소했지만, "주님께서는 그에게 꿈으로도, 우림으로도, 예언자로도, 대답하여 주지 않으셨다."삼상28:6 사울은 하나님의 말씀의 침묵을 경험했다. 마찬가지로 여호와는 예루살렘의 생포 소식이 오기 전까지는 고집스러운 민족을 꾸짖지 말라고 에스겔에게 금하는 명령을 내렸다.3:26; 33:22 참조 하나님의 말씀을 언제 그리고 어디서 적절하게 선포해야하는지 결정하는 것은 예언자가 할 일이 아니었다. 이것은 하나님의 특권으로 남아 있었다.

교회생활에서의 본문

탐욕

탐욕은 우리에게 힘을 나타내는 것들을 좇는 탐심이다. 이것들은 돈이나 재원, 사람들이나 상황기회의 형태로 나타난다. 탐욕스럽다고 해서 부자일 필요는 없다. 왜냐하면 우리 모두는 개인적인 권력에 대한 욕구, 곧 우리 자신의 복지나 우리 삶의 선택과 방향에서 무언가 가지고 있다고 느낄 욕구가 있기 때문이다. 가장 자주 탐욕은 더 많은 것을 갖고자 하는 만족할 수 없는 욕망으로 구성된다. 엄밀한 의미에서 이것은 안전에 대한 갈망뿐만 아니라 물질주의를 분출한 것이다.

탐욕은 공동체를 파괴하고 탐욕을 좇는 자들을 소외시키면서, 탐욕을 행하는 자들이 다른 사람에게 등을 돌리게 한다. 권력을 좇는 탐욕은 중독자를 파멸시키고 소외시키며 동시에 거짓된 안전 의식을 심어주면서, 중독성 강한 마약과 같이 작용한다. 이스라엘에서 일어난 경제적 불의는 탐욕을 합법적으로 행사하는 지도계층과 상인 계층 사이에서 서로 단결했음을 보여준다. 이스라엘의 정치 지도자와 경제 계층의 불의한 법과 실천은 민족의 통일성을 무너뜨렸다. 그 결과로 행해질 심판은 경제 구조가 토대를 둔 취약한 기초를 드러내면서, 경제 구조를 무너뜨릴 것이다. 경제 제도도 사법 제도도 공동체로 살아가는 사람들에게서 오는 힘을 대신할 수 없다.

탐심은 또한 하나님의 섭리에 대한 불신을 나타낸다. 탐심은 하나님이 자신의 피조물에 물질적인 필요를 기꺼이 채워주고자 하는지 또는 채워줄 수 있는지에 대해 의심한다. 우상들이 금과 은으로 만들어진다는 사실시135:15; 호8:4과 게다가 성서가 돈을 사랑하는 것탐욕을 우상숭배로 간주한다는 사실골3:5; 엡5:5이 더 깊은 현실을 잘 보여주지 않는가? 불가피하게 이 우상을 숭배하는 자들은 자신들의 탐욕을 채우려고 부도덕한 방법을 사용하는 데 굴복한다.

안전과 물질의 풍요에 사로잡히면 영혼이 굶주린다. 이런 사람에게 하나님은 현상 유지를 지원하고, 내 명령에 따라 내 필요에 반응하는 하나님이 된다. 하지만 주님은 하나님의 이름을 부르는 자들의 계획표에 얽매이지 않을 것이다. 지속적으로 회개하라는 외침에 저항하면, 영적인 동맥이 굳어지는 결과를 초래할 것이다. 하나님은 자신의 말씀을 허락하지 않는 방법을 통해, 이 질병을 치료한다. 하나님의 축복에 몰두한다면 공동체는 잠식당한다.

탐욕에 대한 해독제는 관용이다. 관용으로 말미암아 하나님을 모든 좋은 선물을 주는 이로 인식하게 된다. 관용으로 말미암아 우리가 제한된 인적 자원과 자연 자원을 같이 공유하는 다른 사람들을 인정하게 된다. 관용으로 말미암아 사람들은 이기적인 중독에서 자유롭게 되며, 사람들을 서로 묶는 성령의 사역이 시작된다. 이렇게 하여 안전하고 받아들여지며 가치 있다는 의식이 생기게 된다.

재판관과 회복자로서의 주님에 대한 환상
아모스 9:1-15

사전 검토

이 다섯 번째 환상은 다른 환상들과 다르다. 여기에는 메뚜기도, 불도, 다림줄도 여름 과일도 없다.7:1-8:3 주님 자신이 이 경험의 중심에 있다.

호세아 9장은 네 가지 예언이 하나의 통일성 있는 전체로 합쳐져 구성된다. 1b-4절과 7-10절은 하나님의 입에서 나온 하나의 원래 단위였던 것으로 보인다. 9장 5-6절의 찬양은 3인칭으로 전달된다. 이 찬양은 그 근원은 알 수 없지만 이 환상의 주제를 강조한다. 11-12절은 셋째 단위를 구성한다. **그 날**9:11이라는 시간은 그 시작을 알리며, 아모스서의 다른 곳에도 나온다.8:3, 9 8장 3절에서 이것은 새로운 예언의 단위를 알리는 표시가 분명히 아니다. 이것은 9장 11-12절그리고 9:13-15?이 원래 환상의 일부였다는 명백한 가능성을 제기한다. 둘째 더 일반적인 시간 표시어 **그 날이 오면**새번역, "그 때가 되면"-역주은 마무리하는 예언 메시지를 소개한다. 9장 11-15절의 통일성에 대해서는 아래 주석에서 더 이야기하겠다.

개요

[A] [나는 모두 가져가겠다, 8:11-14]
    (B) 너희는 심지어 지옥에서도 피할 수 없다, 9:1-4
        (C) 나는 주님이다: 나를 기억하는가? 9:5-6
    (B') 너희는 그렇게 특별하지 않다, 9:7-10
(A') 나는 모두와 그 이상을 되돌려 받겠다! 9:11-15
    9:11-12 다윗의 초막의 회복
    9:13-15 하나님의 백성의 회복

이 교차대구적 문학 구조는 아래 A, B, C, B', A'와 같이 연결되는 책 마지막의 두 쌍을 하나로 묶는다. 이 구조의 바깥 층(A, A')을 표시하는 실마리는 상응하는 섹션에 있는 동일한 단어 또는 구절들로 구성된다.Limburg: 123-125

8:11-14	제거된	축복	회복된	9:11-15
8:11		그 날 이 오 면		9:13
8:14		떨어지다…오르다/올리다		9:11
8:13		그날에		9:11

주석적 해설

아모스 9장 1절은 새로운 환상이 시작됨을 알리지만, 환상 소개는 이전 유형을 따르지 않는다. 이로 말미암아 독자는 구조에서의 변화에 주목하게 된다. 8장 11-14절이 다섯째 환상9:1-15의 시작하는 요소일 뿐만 아니라, 넷째 환상의 결론 역할을 한다는 점에서, 이 변화가 일어난다. 이 문학적 장치의 효과는 절정을 향해 가는 조치에 가속을 붙이는 것이다. 아모스 8장 11-14절은 이미 우리가 주목한 바 있다.

너희는 심지어 지옥에서도 피할 수 없다 9:1-4

첫 네 환상에 나오는 메뚜기, 불, 다림줄, 과일 바구니의 상징 대상은 주님 자신의 임재로 대체된다. 베일이 제거됐다. 하나님은 중앙 무대에 서 있다. 하나님의 자리는 우연이 아니며, 명확한 목적이 있다.

위치가 중요하다. 하나님은 제단 위에NIV: 옆에 곧 제단의 높여진 부분을 둘러싸는 단상 위에 자리 잡았다. 특별한 제단이 명시되지는 않았지만, 이것은 아마도 베델에 있는 주요 중심지에 있는 제단일 것이다.3:14 참조 이것은 거기에 위치한 주요 기둥들을 묘사하는 것에서도 드러나는데,9:1b 이는 이 제단의 파괴가 전체 나라에 영향을 미친다는 것을 의미한다.

하나님은 미리 계획한 해하려는 목적으로 조치를 취하고 있다. 하나님이 예배되는 장소와 연관하여 하나님을 볼 수 있을 것으로 기대하겠지만, 하나님의 자리는 불길한 조짐을 전달하는 자리이다. 이 자리는 용서가 아니라 심판을 말한다. 하나님의 첫 파괴 조치는 마지막 호소가 있던 법정에 가해진다면,제단과 거기서 섬기는 제사장들 미래는 정말로 위협적이다. 주님이 자기 백성에게 분노했다.

하나님의 조치는 두 가지 형태를 띤다. 지진은 이스라엘의 종교 중심지를 파괴할 것이다.9:1b-c 적의 군대는 생존자를 쓸어버릴 것이다.9:1d-4

오직 지진만이 묘사된 유형의 구조물에 피해를 입힐 수 있다. **성전 기둥 머리들을 쳐서, 문턱들이 흔들리게 하여라.**9:1a 이 기둥들문자적으로: 기둥머리은 성소나 제사장을 위해 마련된 여러 방 위에 있는 지붕을 지지할 것이다. 다른 한편 이 기둥들은 베니게 기술자 히람이 솔로몬 성전 앞에 둔 기둥과 마찬가지로, 단독으로 서 있는 기둥남성의 성 상징물?일 수도 있다.왕상7:15-22 두 경우 각 기둥은 정교하게 조각된 기둥머리가 위에 놓인다. 이 이교적 상징물은 예배하러 모인 자들 위에 큰 충돌을 일으키며 떨어져 문턱이 흔들릴 것이다. 성전은 위에서 아래까지 파괴될 것이다.삿16:23-30 참조 거짓 신들은 무능한 정체가 드러날 것이다. 거짓 신들을 섬긴 백성은 자신들의 이런 왜곡의 결과를 감당해야만 한다.

심한 피해를 주는 지진을 포함해서, 지진들이 팔레스타인에 흔했다. 주요 단층선이 요단 강 아래를 지나가고, 남쪽으로 확장되어 아프리카에 있는 그레이트 리프트 밸리를 이룬다. 하지만 이 예언이 말하고 있는 사건은 단순히 자연 현상으로 해석되어서는 안 된다. 이 사건은 하나님의 명백한 명령으로 일어난다. 즉 북 왕국에 내린 하나님의 심판의 행위로 이해해야만 한다.

다가올 파괴에서 두 번째 무대는 군대의 침략과 무자비한 살상이다. 하나님은 침략자의 편에 있다. 하나님은 자신의 백성들을 공격하는 용사로 서 있다.사63:10 참조 이것들은 하나님의 행위다. 지진 후에 **남은 자를 내가 칼로 죽이겠다.**새번역, "거기에서 내가 그들을 칼에 찔려 죽게 하겠다"-역주

아모스 9장 2-4절과 시편 139편 7-12절의 유사함으로 말미암아 문학적으로 의존했는지의 문제가 제기된다. 이 문제는 학문적으로 흥미롭지만 결과는 본문의 의미를 변경시키지 않는다. 아모스와 시편 기자는 주님이 모든 곳에 임재하고 강력하다는 것을 확증한다. 시편 기자에게 이 사실은 위로의 근원이며, 아모스에게는 경건하지 못한 자들에게 위협이 된다.

숨을 장소로 추정되는 곳암9:2-4은 주님의 불꽃같은 눈에 다 드러난다. 하나님의 긴 팔은 그들이 어디에 숨든지 닿는다. 지하세계도 하늘도, 갈멜 산의 꼭대기도 바다의 깊은 곳도, 심지어 나라들의 흩어져 있는 땅도, 그 어떤 것도 하나님이 이 백성에게 심판을 내리는 것을 막을 수 없다.

신들은 가장 강한 자신들의 특별한 영역이 있다고들 여겼다. 그러므로 시리아 사람들

은 이스라엘의 하나님이 산을 통치한다고 이해했다. 가나안의 사고에서 바알은 자신의 딸들인 이슬, 비, 관개와 함께 토양의 비옥함과 동물의 다산을 통제했다. 얌은 바다 깊은 곳을 지배하고, 모트는 지하세계, 곧 죽은 사람들의 영역을 통치했다.[바알, p. 388.]

이스라엘은 하나님이 다른 신들과 다르다는 예언의 확약을 받는다. 하나님은 모든 영역에서 통치하며, 죄인들이 어디로 도망하든지 자신의 손으로든,암9:2 깊은 바다의 용 NRSV: 바다뱀, 9:3이나 사람들9:4과 같은 피조물을 통해서든 그들을 찾아낼 것이다. 하나님의 조치는 그들의 복선이 아니라 불운악을 위해 계획됐다. 여기에 보응하는 정의가 있다.

나는 주님이다: 나를 기억하는가? 9:5-6

심판이 얼마나 심각한가에 대한 광범위한 묘사9:1-4, 7-10는 중대한 중심9:5-6을 기준으로 둘러싼다. 환상은 백성의 안전을 파괴하는 것만큼이나 하나님과 관계있다. 예언을 전하는 전령은 이 근시안적인 백성에게서 숨겨진 것을 본다. 그들이 하나님을 알기만 한다면 거만하게 확신하며 무시한 심판의 말씀에 그들의 마음이 겁에 질려 녹을 것이다.

주님은 찬양의 형태로 묘사된다. 찬양의 시작과 마지막 행은 하나님의 높여진 이름을 다음과 같이 선포한다. **주 만군의 하나님,… 그분의 이름은 주님이시다.** 이스라엘은 스스로를 몹시 잘못 믿었다.

이스라엘을 대면하는 이는 단순히 **땅을 만질** 뿐인데, 땅이 급격하게 흔들린다. 한 번의 가벼운 움직임으로 나라가 죽은 자를 위해 울부짖을 정도로 지진을 일으킬 것이다. 전체 땅은 나일 강이 매년 솟았다가 가라앉는 것처럼 높게 파도치듯 솟구친다.9:5; 8:8 참조 인류에게는 다행히도 주님은 자신의 집을 하늘에 두었다. 하나님이 땅을 가로지를 때, 모든 것이 파괴되는 것은 아니다.9:6

이것은 생생한 위엄이 드러나는 장면이다. 하늘 둥근 천정 위에, 아래 물 중앙에,창1:6-8 참조 주님의 **높은 궁전**이 있다. 하나님은 노아의 홍수처럼창7:11; 8:2 임의로 **바닷물**을 불러 올려서 **땅 위에 쏟으신다.** 이 분은 이스라엘의 죄인들이 격노케 했고, 고집스럽게 무시했던 하나님이다. 그분은 통치하는 주님으로서, 이제 이스라엘에게 자신의 힘과 노여움을 보여주기 시작할 것이다.

아모스서에 있는 찬양의 단편들은 모두 하나님의 이름, 여호와에 집중했다.4:13; 5:8-9; 9:5-6 각각의 경우 찬양은 사상이 일직선으로 전개될 때의 마무리하는 요소이든지, 교차 대구적 문학 구조의 중심 요소이든지 메시지의 절정을 이룬다. 이것은 그들이 하나님과 관계있다는 사실을 이스라엘에게 밀어붙이는 효과가 있다. 형태와 기능에서 찬양은 하나님의 성품과 행위에 집중한다. 이 하나님은 위엄이 있다. 하나님에게서 벗어나는 것은 불가능하며, 이 사실은 처음에 사자의 부르짖음1:2에서도 지적했고 다시 주님의 날5:19과 연결되고 이제는 대단원에서도 지적된다.

찬양의 단편들은 역시 이스라엘이 예배에 몰두하며 왜곡시킨 것에 주목한다. 잘못된 예배는 사물, 곧 동물, 제물과 예물로 구성된다. 하나님이 그들의 예배의 중심으로 되어야 한다.

마지막으로 이 찬양 단편들은 온 민족의 애도,5:1, 16-17 기쁨 지향적인 사람들의 피상적인 예배,5:21-23 태만한 부자들의 유흥을 위한 작곡6:5에 대한 하나님의 대안을 제시한다. 하나님은 사람들의 존재의 깊은 곳에서 자연과 역사의 주님을 인정하는 예배를 권한다.

너희는 그렇게 특별하지 않다 9:7-10

두 주제가 이전의 하나님을 찾는 것을 묘사하는 장면에서 이어진다. 첫 주제는 선택이다. 누구나 다음과 같이 불운한 이스라엘의 애처로운 울부짖음을 거의 들을 수 있다. "주님, 어떻게 주님께서 선택한 백성에게 이렇게 할 수 있습니까? 우리는 아브라함의 후손입니다. 주님께서 우리를 이집트에서 구했고 우리에게 이 땅을 주셨습니다." 하나님의 말씀은 다음과 같이 그들의 주장을 예상할 수 있으며, 그들에게 상기시킨다. "나는 모든 민족들, 너희뿐만 아니라 리비아 사람들을 창조했다. 게다가 내가 너희를 **이집트에서** 이끌어내었듯이, 나는 또한 너희의 적 **블레셋을 갑돌에서** 그리고 또 다른 적 **시리아를 기르에서** 이끌어냈다.[근동의 지도, p. 425.] 너희만이 내 보호와 자비의 대상이 아니다."

구스 땅NRSV: 에티오피아 사람들, 누비아 사람들; 히.: 구스 사람들; 현재의 리비아은 아마도 문명의 가장자리에 있는 사람들과 이스라엘의 소통하는 바깥 경계에 있는 사람들에 대해 하나님이 관심을 가지고 있음을 부각시키려는 의도였을 것이다. **갑돌**은 크레타 섬이다. 크레타와의 연관성은 블레셋 해안의 일부가 "크레타의" 남쪽이라고 불렸다는 사실삼상30:14과 크레타 사람들은 때로 성서에서 블레셋 사람과 함께 묘사됐다는 사실에서 뒷받침된다.겔25:16; 습2:5[근동의 지도, p. 425.]

주전 12세기 초에 블레셋은 약탈하고 태우면서, 땅과 바다로 팔레스타인을 급습했었다. 그들은 마침내 비옥한 남쪽 팔레스타인 해안가에 정착했는데, 거기서 그들은 이스라엘의 정착지와 맞대고 고지대의 통제를 주장하면서 강력한 적이 됐다.

기르의 장소는 알려지지 않았다. 학자들은 원래 시리아 사람들은 주전 1500-1250년 사이에 시리아 사막의 가장자리에 정착하기 시작한 유목민이었다고 제안한다. 그 직후에 그들이 비옥한 평원에 정착하려고 시리아와 유프라테스 강의 분지를 침략했다.CAH, 1991:532 특히 시라아와 블레셋이 종종 이스라엘 땅을 차지하고 주요 무역로를 통제하고자 싸웠을 때, 이스라엘은 분명히 역사의 교훈을 잃지 않아야 했다.

이스라엘은 자신들이 선택받은 사실에 대해 교만했다. 하나님이 자신들의 생존에 스스로 묶인다고 당연하게 여겼다. 선택받았다는 사실은 책임이 없이 특권만을 포함한다고 이스라엘은 당연하게 여겼다. 아모스서에서 선택에 대한 두 본문은 이스라엘의 교만을 비난한다.3:1-2; 9:7 그들의 제사장의 신분과 세상에서의 증인으로서의 역할을 잊을 때, 민족은 지극히 높은 하나님을 무시하거나, 하나님의 선물을 경멸하거나 하나님의 땅을 더럽히거나 공의와 정에 대한 요구를 어기는 모든 사람들의 운명과 같이해야만 한다. 아모스는 이전에 블레셋1:6-8과 시리아1:3-5에 하나님의 심판의 말씀을 전달했다. **죄악의 나라,** 이스라엘은 자신이 비슷한 운명에서 면제된다고 생각할 수 없다. 이 운명은 언약 위반이 수반되는 저주로 구성된다.레26:23-39; 신28:49-68 참조

두 번째 주제는 "완전한" 파괴가 모두에게 해당하지는 않을 것이라는 것이다.암9:8-10 이런 점에서 이스라엘의 선택은 축복으로서 본래대로 남지만, 오직 극소수의 자격 있는 자들에게만 해당된다. 언뜻 보면, 남은 자의 보존에 대해 마무리하는 진술은 이전의 진멸에 대한 선언과 충돌되는 듯하다.9:1d 본문은 예외 또는 더 구체적인 진술 앞에 보편적인 진술을 두는 문학적인 관례를 반영한다. 보편적이거나 아니면 과장된 언어가 강한 정도나 폭넓은 정도, 깊은 정도를 나타내려고 성서에서 사용되기도 한다. 이처럼 여호수아는 자신의 인생 말에 여전히 정복해야 할 땅이 남아있을 때에도수13장 "온" 땅을 취했다고 말한다.수11:23 이 단일 예언의 두 상응하는 섹션B와 B'; 암9:1-4과 9:7-10을 분리하면 모순이라고 생각하게 된다. 우리가 이 본문의 교차대구적 성격을 인식하면, 이 두 섹션은 하나의 포괄적인 진술로 읽어야만 한다.

타작 은유는 아모스의 당시 사람들에게 친숙하다.9:9-10 타작은 타작마당에서 곡식을 줄기에서 제거하는 것과 관련된다. 소는 곡식을 밟거나 타작마당에서 타작을 위한 썰매를 끌어 이 목적에 도움이 될 수 있다.1:3; 호10:11 까부르기는 짚과 쭉정이를 제거하는 것이다. 그 다음에 이 작업은 돌이 있는 땅에서 퍼내어, 무거운 파편과 돌을 제거하고자 굵은 체에 통과시킨다. 그 다음에 먼지와 모래를 제거하고 곡식을 분리하려고 가는 체에 통과시킨다.Weippert: 22 이 마지막 무대는 추방의 역할로 제시된다.

지진과 침략은 이스라엘을 타작하고 까부른다. 희망은 남은 것에 있다. 그 다음에 나머지는 체를 통과하여 모든 이물질이 제거될 때까지 추방될 것이다. 죄인들 곧 이물질은 아모스 당시 자랑스럽게 어떤 적에게서도 공격을 받지 않을 것이라고 주장한 자들이다. 이스라엘 백성에게 갖는 하나님의 목적에 대한 이들의 견해는 하나님이 이런 식으로 자신들에게서 돌아설 것이라는 점을 배제한다. 어떤 것도 이들의 안전의식을 흔들 수 없다. 그러나 하나님은 그들의 미래는 남아 있는 이스라엘돌과 무거운 파편이 아니라, 민족들 가운데 흩어질 곡식에 있다고 선언한다. 이렇게 심판을 묘사할 때, 아모스는 이미 하나님이 진행하려고 하는 회복의 메시지를 위한 길을 준비한다.

나는 모두와 그 이상을 되돌려 받겠다! 9:11-15

9:11-12 다윗의 초막의 회복

예언자는 미래의 사건과 희망을 제시하고 해석하려고 종종 이상화된 과거를 사용한다. 이 목적에 기여하는 주요 준거점은 에덴 동산과 출애굽-광야-정복의 복합적인 사건들과 다윗 시대이다. 우리 앞의 본문은 다윗의 주제에 의존한다. 다음 본문은 가나안 땅으로의 입성이라는 주제에 근거한다.

성취의 시기가 **그 날**, 곧 주님의 날이다.5:18-27 참조[주님의 날, p. 399.] 그 날은 하나님이 심판을 위해 결정적으로 개입하는 날이다. 여기는 주님의 날이 대규모의 심판 이외에 어떤 날이 될 것이라고 아모스가 처음 주장하는 곳이다. 이전의 하나님의 말씀은 심판이 전체에 해당하지는 않을 것이라고 암시했다. 그러나 이제 우리는 이 사건이 구원이 될 것이라고 듣게 된다. 이 두 관점이 어떻게 맞물리는가?

두 관점은 이전 메시지와 연속으로 있을 때 이해할 수 있다. 첫 두 장은 아모스가 이교 민족들 가운데 있는 섬으로서의 이스라엘에게 심각하게 비판하고 심판의 위협을 하는 맥락의 개요를 다뤘다. 북 왕국이 하나님에게 반응하지 않은 것은 다른 민족들보다 훨씬 징벌을 받을 만하다.암2-3장 폭풍 같은 하나님의 심판에 대한 경고는 주의를 끌지 못했다.암4장 먹구름이 지평선에 나타날 즈음,주전 735-722년 이스라엘은 구원 받을 기회를 놓쳤다.암5-6장 홍수 같은 심판이 지진으로 야기된 파도와 같이 민족을 휩쓸고 있으며, 오직 아모스의 중재로 일시적으로 멈추었다.7:1-6 하지만 어떤 것도 외곽지역을 부수는 높은 벽과 같은 파멸을 막을 수 없다.7:7-9:8a

심판의 바람이 잦아들고 물이 물러날 때, 징벌을 받은 일부 생존자가 나타난다.9:8b-9 예언자의 목소리는 도움의 손길이 온다는 말씀으로 몇 안 되는 생존자에게 다가온다.9:11-12 재건에 대한 희망은 생존자의 힘, 숫자에도, 역사에도 있지 않고 오직 하나님에게만 있다. 이 회복된 백성은 언약에서 약속했지만, 이전에는 오직 제한적으로만 경험했던 축복의 온전한 완성을 경험할 것이다.9:13-15[언약, p. 395.]

이 모두에서 여기 마무리하는 섹션이 앞으로 어떻게 될 것인가에 대한 환상이라는 것을 기억할 필요가 있다. 환상은 이스라엘의 미래를 그 끝까지 추적한다. 그 끝에 앞서 놀라운 파괴에도 불구하고, 이 끝은 영광스러울 것이다. 자기 백성에 대한 주님의 목적은 본래대로 남아 있게 된다. 희망이 언약 백성에게 임한 하나님의 분노로 완전히 소멸된 것은 아니다.신30:1-10 참조 이 회복의 구체적인 특성은 먼저 아모스 9장 11-12절에 나온다. 대부분의 번역본과 주석가는 9장 11절의 모든 대명사가 다윗의 무너진 초막을 가리킨다고 해석한다.NIV: NRSV 각주 참조 히브리어 본문은 다음과 같이 되어 있다.

> 내가 무너진 다윗의 초막을 일으키고,
> 그 부서진 곳을 고치면서
> 그 허물어진 것들을 일으켜 세워서,
> 그 집을 옛날과 같이 다시 지어 놓겠다.

월터 카이저Walter Kaiser, 101-102는 이 절이 나뉜 왕조의 두 왕국을 가리킨다고 주장한다.겔37:15-28 참조 이것은 북쪽의 열 지파와 남쪽의 두 지파의 재결합을 가리킨다. 부서진 곳문자적으로.: 틈은 두 왕국의 갈등의 많은 근원과 원인을 가리킨다. 이 부서진 곳은 북 왕국의 추방주전 722년과 이어지는 유대인과 사마리아인들 사이의 종교, 사회, 문화의 틈으로 더 심해진다. 이것이 인간의 통찰이나 희망에 의거한 생각이라기보다는 하나님의 계시라는 사실을 기억한다면, 이런 미래 사건에 대한 해석은 설득력이 있다.

다윗 왕국은 초막으로 지목된다. 이 단어는 원래 광야 방랑의 시기 위험한 생존 가운데 하나님의 은혜로운 보호를 기념하면서, 초막절 동안 세우는 일시적인 은신처를 가리킨다.레23:42-43; 느8:14-17 참조 이 용어는 또한 전투 현장에서 밤을 보내는 은신처아마도 가벼운 천막를 가리킬 수 있다.왕상20:12,16 여기서는 아마도 현재의 불순종 가운데 무너지기 쉬운 현실로 존재하면서, 하나님이 약속한 대로 다윗 왕조를 가리킬 것이다.삼하7:11-16, 27 [성막, p. 415.]

다윗의 회복된 혈통을 대변하는 사람은 **그의 허물어진 것들**이라고 단수 대명사로 의도된다. 구체적인 사람은 나중에 더 자세히 이사야가 예언한대로, 다음과 같이 언급된

다.11:1-16, 특히 1-2, 10절

> 이새의 줄기에서 한 싹이 나며
> 그 뿌리에서 한 가지가 자라서 열매를 맺는다.
> 주님의 영이 그에게 내려오신다.…
> 그 날이 오면, 이새의 뿌리에서 한 싹이 나서, 만민의 깃발로 세워질 것이며.

에스겔 역시 12지파의 재결합과 관련하여 예언하고 있다. "내 종 다윗이 그들을 다스리는 왕이 되어, 그들 모두를 거느리는 한 목자가 될 것이다."37:24-28 회복되어야 할 **허물어진 것들**은 제국이나 궁전이 아니라 다윗의 후손들이다. 그들은 다윗의 추방되고 불명예스럽게 된 가문을 대표한다.

그 집을 옛날과 같이 다시 지어 놓겠다라는 마지막 구절은 다윗 왕조, 곧 이스라엘을 통치한 왕들의 계승을 가리킨다. 다윗 가문은 솔로몬의 죽음 후에 북을 다스리지 못했다. 남 왕국에서 다윗 왕조는 주전 586년까지 왕 위에 남아 있었다. 이 본문은 다윗 후손 아래 통일 왕국을 기대하는 회복을 가리킨다. "황폐화된 다윗의 운명의 부활은 한 왕국, 한 후손, 한 왕조를 포함할 것이다."Kaiser: 102

이 회복의 목적은 다음과 같이 아모스 9장 12절에 상술된다. **그래서 에돔 족속 가운데서 남은 자들과, 나에게 속해 있던 모든 족속을, 이스라엘 백성이 차지하게 하겠다.** 그들이 차지하게 하겠다라는 표현에서의 복수는 회복된 다윗 왕국에서 하나님의 백성을 가리킨다. 이 다른 민족들을 차지한다는 생각은 다윗 자신의 통치의 언어에서 도출된다. 다윗은 에돔, 모압, 시리아, 암몬, 블레셋, 아말렉을 정복했다.대상18-20장[근동의 지도, p. 425.] 그들은 이스라엘에 합병되었거나 다윗의 봉신신하이 됐다.

구약 언어에서 주님의 이름으로 불리는 자들은 하나님의 특별한 소유다.신28:10 하나님의 자신의 이름을 백성에게 둘 때, 하나님은 그들 가운데 함께 한다.렘14:9 그들이 주님에게서 벗어날 때, 하나님은 그들을 "주님의 이름으로 불리지도 못하는 자같이" 심판한다.사63:19; 호1:9-10; 2:23 참조 미래 다윗 왕국을 위한 전망은 다윗 통치의 군사적 확장을 따라 만들어졌다. 다윗이 에돔을 포함해서 여섯 민족들을 정복하고 그들에게서 공물을 받았다.삼하8:11-12

에돔 가운데서 남은 자들을 차지한다는 용어는 영토보다는 사람을 중심으로 한 정복을 의미한다. 구약에서 여기에서만 이방인들이 남은 자로 지목된다. 이 미래의 남은 자는 스스로를 주님을 예배하는 자로 밝히는 자들로 구성된다. 이스라엘은 그럼에도 민족들에 대한 빛이 될 것이다. 사19:18-25; 49:5-7 참조 이스라엘의 회복은 주님으로 이름으로 불리는 이방인들의 남은 자들도 포함하기 때문에, 다윗 왕국보다 훨씬 영광스러울 것이다.

9:13-15 하나님의 백성의 회복

아모스는 북 왕국의 추방을 예언했다. 암4:2; 5:25-27; 7:10-17 회복은 땅에서 하나님의 백성의 복권과 다시 풍요롭게 되는 것을 포함해야 한다. 9:13 미래의 날에 대한 환상은 채소로 푸르고, 비옥한 땅에서 나온 소산물로 가득하다. 젖과 꿀이 흐르는 땅, 곧 저주의 가시와 덤불이 더 이상 없는 땅이 된다. 심고 거두기만 하면 된다. 토양은 끊임없이 풍부하게 산출할 것이다. 겔47:12 참조 언덕이 새 포도주가 흘러 넘쳐 아른 거린다. 기근이 풍요로 바뀌었다. 암8:11 참조 마침내 낙원이다!

하나님의 회복된 백성은 그들이 한 때 알았던 세상을 재건할 것이다. 9:14 성읍들, 포도원들, 정원들 곧 하나님의 축복을 알리는 모든 징조는 그들이 언약에 충실함으로 돌아왔다는 것을 분명히 할 것이다. 신30:1-10 참조 처음 가나안 땅에 들어갈 때와 다르게, 이번에는 땅을 항구적으로 차지하게 될 것이다. 암9:15 이것은 하나님 및 새로운 종류의 사람들과 맺는 새로운 관계를 의미한다. 이런 전망은 다른 예언자들이 부른 회복의 환상과 일치한다. 사60:21; 렘31:35-37; 겔37:25; 미4:7 참조 수세기에 걸쳐 일제히 이 예언자들은 오랫동안 기다렸던 왕국의 출현을 알린다.

성서적 맥락에서의 본문

이스라엘의 오해

사람들은 어떻게 자신들이 심판에서 면제될 것이라고 믿을 수 있게 되는가? 이전에 아모스는 이 질문에 대해 두 가지 차원의 대답을 제시했다. 첫째는 이스라엘이 선택에 대해 잘못 이해한 것과 관련된다. 3:1-2 약속맹세로 확증된이 돌이킬 수 없기 때문에, 땅과 축복은 영원한 소유로 간주된다고 그들은 생각한다. 이스라엘을 추방한 것은 그들의 지속되는 국가로서의 지위와 여호와와 맺은 특별한 관계에 대한 보장을 어기는 것이 될 것이다.

둘째, 여로보암 2세의 통치 아래, 이스라엘의 군사적 성공과 경제적 번영으로 말미암아 백성은 나라의 참된 상태에 대해 무지했다. 6:1-8 그들은 일직선의 역사 해석에 전념했다. 나라가 지금 강하면 미래도 동일할 수 있다는 것이다.

민족이 자기기만에 빠진 셋째 이유는 그들의 하나님, 최소한 그들이 인식한 여호와는 너무 작다는 것이다. 이스라엘은 자신들이 하늘의 군대의 주님이 베푸는 은혜로 존재한다는 것을 감사하지 못했다. 그들은 창조주의 장엄한 통치권이 내포하는 의미를 무시했다.9:5-6 "영원히 살아 계시는 분"사57:15; 암9:6 참조은 분명히 자신이 창조한 세계에서 자기 통치를 행사할 것이다. 하나님이 땅을 흔든다는 것9:5; 1:1 참조은 민족을 추수하는 하나님이 정화하는 행위를 알린다.9:9 남은 자만이 없어지지 않을 것이다. 남은 자는 약속에 따라 하나님의 목적을 성취하기에 충분한 후손이 될 것이다.

이스라엘이 하나님의 경륜에서 자신들의 역할을 충분히 인식하지 못한 넷째 이유는, 그들이 모든 인류를 향한 하나님의 긍휼을 놓쳤다는 것이다. 이 본문에서 이런 긍휼은 회복된 다윗 왕조 아래 유다와 연합된 이스라엘의 남은 자 그리고 에돔 및 여호와와 관계하는 민족들의 남은 자에 의해 드러난다. 문맥에서 이 마지막 범주민족들는 믿는 블레셋 사람들, 리비아 사람들, 시리아 사람들,9:7 또는 세계의 민족들의 대표자들로 구성되는 남은 자로 해석돼야 한다.

우리의 호세아서 해석에서는, 이방 대표자들을 재결합된 이스라엘의 종말론적인 구원에 참여한 자들이라고 본다.호1:9-11; 14:6-7 이 희망은 이스라엘이 자신의 기원과 부름을 인식하는 데 있다.창12:1-3; 출19:1-7 이 개념은 유다 본문에서 훨씬 더 자주 나온다. 예를 들어 이사야 19장은 징벌 받고 회개하는 이집트가 여호와에 의해 그들의 압제자에게서 구원받는 것을 묘사한다.19:18-22 실제로 이집트, 앗시리아 그리고 이스라엘로 대변되는, 세상의 구속받은 자는 함께 예배하고19:23 주님의 축복을 알게 될 것이다.

> 나의 백성 이집트야,
>
> 나의 손으로 지은 앗시리아야,
>
> 나의 소유 이스라엘아, 복을 받아라.사19:25

마찬가지로, 이사야 56장 1-8절과 66장 19-21절은 이방인의 남은 자들남은 자라는 용어가 이 본문에서 사용되지는 않을지라도이 유다의 남은 자가 경험하는 구속의 온전한 혜택을 누린다고 묘사한다. 마지막으로 에스겔 16장 53-63절은 장차 회복될 자를 확인할 때, 아모스 9장 11-2절에서 발견되는 동일한 구원 전승을 의지하는 듯하다. 에스겔 16장에서 세 무리, 곧 이스라엘,사마리아와 딸들 유다,예루살렘과 딸들 에돔소돔과 딸들이 새로운 신앙 공동체를 이루어 재결합된다고 말한다. 그러는 동안 시리아 사람들과 블레셋 사람들은 악하고

추잡한 이삭의 후손들을 조롱한다.암9:7; 시9:11-12 참조

회복은 하나님이 민족들 사이에서 자신의 손상된 명성에 관심을 가진 결과다. 회복은 그의 백성의 명예와 진실의 탓으로 돌릴 수 없다.겔16:61-63; 36:21-23; Lind 참조 **내가 회복하겠다고 주 너희 하나님이 말씀하신다.**암9:8-9, 11, 14-15 참조 여기에 이스라엘과 유다를 다시 모으고, 그들의 전통적인 적의 무리를 포함시킨다. 유다 전통에서 이것은 다윗 왕의 혈통의 인도 가운데 일어난다.사11:1 이후

이스라엘은 하나님의 인류를 향한 더 큰 목적을 인식하지 못했으며, 이로 말미암아 그들은 무적이라고 주장하기에 이르렀다.

신약 해석들

누가-행전의 저자는 예루살렘 회의 논쟁에서 아모스 9장 11-12절을 야고보의 논쟁의 일부로 취한다.행15:16-17 인용은 아모스 9장 11-12절의 히브리어 본문맛소라 본문에 상응하는 헬라어 본문을 정확하게 재현하지는 않는다. 야고보가 70인역구약의 헬라어 버전, Richard: 44-52에서 자유롭게 인용하는지, 또는 더 나은 히브리어 본문Braun: 116-117에서 인용하는지에 대해서는 분명하지 않다. 우리가 도달하는 결정은 신약의 구약 사용을 이해하는 데 중요하지만, 우리는 이런 차이에 대한 이유의 문제를 해결하지 않고 중대한 관심을 다룰 수 있다.

예루살렘 회의에서의 긴장은 아모스 9장 11-12절에 호소하여 해소된다. 야고보는 다음과 같이 에돔을 언급하는 행을 바꾸어 표현한다. "그래서 남은 사람이 나 주를 찾고, 내 백성이라는 이름을 받은 모든 이방 사람이 나 주를 찾게 하겠다."행15:17 회의에서 어느 누구도 아모스가 이방인들을 신앙 공동체에 편입시켰다는 사실을 논쟁하지 않는다. 그리고 인용이 정확한가에 대한 논쟁도 하지 않는다.

논쟁의 중심에는 이방인들은 그리스도 안에서 구속받을 자격을 갖추기 전에 모세의 율법에 따라 유대인이 되어야만 하는가행15:1, 5라는 질문이 있다. 문제의 이 진술에서는 암묵적으로 율법 준수가 구원받는 모든 유대인들에게 필수적이라는 전제가 있다. 이방인들은 어떻게 유대인들과는 다른 방식으로 하나님을 경험할 수 있는가?

베드로는 전제뿐만 아니라 진술된 문제도 다룬다. 이방인들은 유대인이 받은 동일한 메시지에 반응하여 신앙을 가지게 되었다고 베드로는 말한다.행15:7, 9 하나님은 두 집단의 구원이 동일한 성령의 능력을 힘입었다고 확증한다.15:8 그렇다면 토라가 현재 구원의 수단도 아니고 과거에도 그런 적이 없는데 왜 이방인들에게 법으로서의 토라를 강요하는

가?15:10 이 새로운 시대에 이방인들과 마찬가지로 유대인은 주 예수님의 은혜를 통해 구원받는다. 이로 말미암아 이방인의 구원에 율법이 필요하지 않듯이, 유대인들에게도 율법이 필요하지 않다.15:11

하나님이 이방인들 가운데 행했던 위대한 일에 대한 바울과 바나바의 증언을 따르면서, 야고보는 논쟁을 요약하고 확증하려고 아모스 본문을 끌어들인다. 첫째, 야고보가 아모스 본문을 사용할 때, 참여자들은 예수 그리스도가 새로운 다윗이라는 견해를 공유한다고 전제한다. 그러므로 다윗 혈통의 회복, 곧 유대인들의 희망을 확립하는 것은 이미 일어난 일이다. 이것은 역사적으로 지금 당장 성취되고 있다. 이미 교회 가운데 존재했으며, 사도들이 그리스도를 이방인들에게도 선포하기 시작하기까지는 처음에는 유대인들로만 구성된다.

둘째, 아모스가 알린 대로, 다윗의 초막을 재건하는 하나님의 목적은 자기 백성에게 이스라엘 밖에서 온 남은 자를 통합시키는 것이다.행15:17 이것 역시 지금 일어나고 있는 일이다. 그렇다면 유대인들과 이방인들 모두 예수 그리스도의 인격을 통해 하나님 나라에 들어가고 있으므로, 이방인이 다윗 왕국에 들어갈 요구조건을 추가하는 것은 부적절하다. 사실 메시아를 통해 다윗의 초막을 세우는 것은 다른 사람들을에돔을 인류로 해석하여이 하나님의 사람들에 통합되도록 하기 위해서이다.15:17 그러나 이방인들은 유대 그리스도인들이나 잠재적인 회심자들이 유대 공동체에서 소외되지 않도록 유대인의 정서를 사려 깊게 고려해야만 한다.15:20-21

아모스 9장 11-12절은 하나님이 주도한 이 새로운 일, 즉 이방인들이 하나님 나라에 들어가는 실제뿐만 아니라, 이스라엘의 남은 자에 대한 실제 및 다윗 혈통의 인물의 중심적인 성격에 대한 강조를 훌륭하게 포착한다.

교회생활에서의 본문
교회의 아모스서 사용과 소홀히 함

아모스 9장의 마무리하는 절들을 제외하고, 아모스서는 수세기 내내 교회에서 주목받지 않아 오히려 이상하다. 교부들과 종교 개혁가들은 가끔 아모스의 말씀을 언급했다. 하지만 일반적으로 그들은 아모스의 메시지의 사회적 차원을 간과했다. 아모스 9장 11-12절을 흔히 언급했는데, 이는 사도행전 15장이 이 구절을 인용하여, 구원의 수단과 메시아의 성격에 대해 논의했기 때문이다.

20세기 이전에 교회는 거의 아모스의 가르침의 도덕적 차원을 무시했다. 이것은 교회가 사회 정의의 사안을 무시했다고 말하는 것이 아니다. 단순히 사회 양심을 이 "소 예언자"의 말씀에 근거하지 않았다는 것이다. 예를 들어 영국의 노예무역 폐지의 주요 운동가인 윌리엄 윌버포스William Wilberforce는 노예제에 반대하는 자신의 종교 논쟁과 도덕 논쟁을 주로 예수님의 삶과 가르침에 뿌리를 두었다. 그는 구체적으로 중산층과 상류층에 호소했으므로, 특히 그의 청중이 예언자들의 사회적인 메시지를 존중했더라면, 아모스서에서 도출한 논쟁은 적절했을 것이다.

이 본문의 둘째 주제는 교회를 다룬다. 교회 역사 전반에서 기독교 공동체의 분파는 큰 교회의 죄악 때문에 고난을 겪으면서, 스스로를 "신실한 남은 자"라고 해석했다. 존 윈스럽John Winthrop의 주도 아래 청교도들이 매사추세츠 만에 정착한 것1630은 하나의 대단한 회복주의 운동이었다. 밀러Miller는 이 운동을 스스로를 "기독교계의 부패에 대해 측면 공격을 하면서, 그리스도인들의 조직된 특별 대책 본부"로 여기는 사람들의 신중한 행위로 묘사한다.

밀러가 지적하기를, 이 청교도들은

미국으로 도망가지 않았다. 그들은 자신들이 완벽한 개혁을 이루어서 영국과 유럽의 성도들을 안내해줄 작업 모델이 될 수만 있다면 영국과 유럽에서도 그런 개혁이 이루어질 것이라는 생각으로 미국에 갔다.Miller: 11

안타깝게도 상대적으로 폐쇄적인 공동체를 만든 결과는 다른 많은 비슷한 성도의 무리에게 일어난 일과 유사했다. 세상은 그들의 공동체를 그들의 이상으로 여기기보다는 하찮게 여기면서, 그들의 공동체를 잠식했다.

성서에서 묘사하는 남은 자는 강력한 증인이 되도록 정치와 종교의 박해라는 바람에 날리면서 고난을 통해 정결하게 되는 백성으로 이뤄졌다. 하나님은 그들이 세상에서 물러나는 것이 아니라 고난을 통해 거룩한 백성이 되도록 보존했다.

이 단락의 세 번째 관련 사항은 이 단락이 고된 상황과 자신들의 죄악에 직면한 하나님의 백성을 위해 많이 필요한 희망의 메시지를 포함한다는 것이다. 이스라엘의 모든 사람이 동등하게 죄를 저지르지는 않았지만 모두가 전쟁의 공포를 경험하고, 생존자는 추방될 것이다. 누구나가 민족의 죄악의 지도자들, 여로보암, 아마샤, "바산의 암소들," 사교모임 '마르제아흐' [marzeah]에 다가올 참혹함은 적절하다고 인정할 것이다. 그러나 신실한 자들은 어떤가? 그들은 어떻게 이런 현실에 직면할 것인가?

신실한 자들에게는 하늘과 땅을 흔들고, 자기 백성을 치려고 한 나라를 소환하고 있는 주님이 또한 자신의 사역이 열매를 맺게 할 남은 자를 보존할 것이라는 희망과 깊은 확신이 있다. 참으로 신실한 자들은 자신들의 복을 보장하기보다는 하나님의 영광을 보는 데 더 관심이 있다. 그들의 경우에는 약속의 연속성이 하나님이 인류를 향해 가진 목적을 주권적이며 은혜 가운데 성취할 것이라는 확신을 갖게 한다. 그럼에도 하나님의 계획에 이렇게 맡길 때, 또한 남은 자가 구원받을 것이라는 확신의 말씀이 있다. 정말로 희망은 하나님이 오직 남은 자를 통해서 성취할 것에 있다. 이 성취에 대한 희망 가운데 그들은 시험의 시기에 힘을 얻으며 그들의 신앙이 옳다고 입증될 것이다.

마지막으로 교회에 많은 이들에게 아모스서의 이 마무리하는 절들은 다윗의 후손의 도래가 세계 역사의 마무리하는 장을 소개했다고 상기시키는 역할을 한다. 우리는 메시아 시대에 살고 있다. 하나님 나라는 왔고 오고 있다. 하나님 나라는 다윗 혈통의 왕이 다시 한 번 이 세대의 마지막에 나타날 때 온전하게 완성될 것이다.

아모스의 개요

에세이

목차

고발-심판-구원 신탁

　어떤 독자는 이 메시지 단위를 "신탁"이라고 부르는 것을 반대할 수도 있다. 이 용어는 전문적인 용어이며, 일반적인 형태와 내용으로 인식할 수 있는 문학 구조를 의미한다. 이 주석에서 "신탁"이라는 용어는 문학적 본문 단위를 가리킨다. 기록된 형태는 신탁의 원래 구조보다 우선된다. 어떤 본문 단위는 둘이나 그 이상의 설교의 요약으로 구성되는 것 같다. 아모스 3장 1-15절은 여덟 개의 설교까지 요약할 수 있다. 호세아 9장 10-17절은 다섯 개의 단위로 요약할 수 있다. 이 용어해설은 고발, 심판, 구원 신탁이라는 이런 구분의 기본을 제시한다.

　주요 문제는 고발 신탁과 심판 신탁을 구분하는 것이다. 둘은 고발을 포함하고, 심판이 임박했다는 사실을 알리거나 예언한다. 호세아서와 아모스서에서 고발 신탁은 이스라엘의 죄에 대한 탄원으로 시작한다. 심판 신탁은 죽음이나 전쟁, 파괴로 시작한다. 두 신탁 유형이 징벌에 대한 이유를 규정하고 이 징벌의 특성에 대해 간략하게 소개하지만, 우리가 고발 신탁인지 심판 신탁인지 구분할 정도로 그 비율이 다르다. 호세아 제1부1:2-3:5에서 신탁 유형의 분류는 고발 섹션이 그 하위단위에서1:2-3; 1:4-9; 1:10-2:1 완벽한 고발-심판-구원의 주기를 포함한다는 사실로 복잡해진다.

아모스 1장 3절-2장 16절은 고발로 시작하며, 비율적으로 민족의 죄의 특성을 묘사하는 더 큰 본문 단위를 포함하는 예언으로 구성된다. 이어지는 심판은 더 전형적인 양식으로 나온다. 아모스 3장 1절-9장 10절5:1-17은 예외은 재앙 신탁5:18-6:14고 환상 보고7:1-9:10를 포함해서 다양한 양식으로 된 심판 신탁으로 구성된다.

구원 신탁 역시 호세아서와 아모스서에서 양식이 다양하다. 하나님의 역사에 대한 약속,호1:10-2:1; 11:8-11; 암9:11-14 역사적 이야기와 예언,호3:1-5 회개하라는 권고,호10:12; 14:1-3; 암5:1-17 고백과 회개의 말씀호6:1-3을 포함한다. 다가올 구원은 두 책에서 다윗 왕국을 다시 세우고호3:5; 암9:11-12 자기 백성을 그들의 땅과 축복으로 회복하는호11:10-11; 암9:13-15 주님의 행위로 묘사한다.

아세라: 상징과 여신

아세라는 여신 아스타르테아스다렛, 아스다롯의 나무로 만든 상징물과 여신 자체를 가리킨다.

기드온과 입다의 이야기에서 이 여신 숭배는 바알 숭배와 연관된다.삿6-8, 10; 삼상12:10 참조 사무엘의 통치 아래 이스라엘은 주님과의 언약의 유대를 갱신하고 오로지 언약의 주님만을 섬기기로 헌신했다.삼상7:3-4 갱신은 이 하나님만을 섬기는 것으로 구성된다.

구약은 사무엘의 개혁과 아합의 등극 사이에 바알이나 바알 숭배를 전혀 언급하지 않는다. 여신 아스다롯은 솔로몬에게서 다시 소개되지만,왕상11:5, 33; 왕하23:13 아직 바알의 신상과 함께 다시 나타나지는 않는다. 아마도 아스다롯은 독립적인 숭배의 대상이 됐을 것이다. 그 이후 역사서는 거듭 아세라를 가나안에서 유래하고 이스라엘뿐만 아니라 유다에 영향을 미친, 비-여호와 신앙의 예배의 일부로 언급한다. 아세라 상징물은 바알 숭배에 필요한 것은 아니었다. 왕하21:7 참조

아세라라는 용어는 가나안 여신 아스타르테를 지칭하는 것으로서 아스다롯을 대체하게 됐을 것이다. 어떤 경우든 이 용어는 제의 대상물과 그 대상물이 대변하는 여신을 동시에 가리켰다.왕상18:19과 함께 16:33; 왕하23:6과 함께 23:4; TDOT, 1:438-444 "산당과 아세라 목상을 제하는 것"을 자주 언급하면서도 구체적으로 언급한다는 것은, 아세라 숭배가 특히 여호와에 대한 변절로 널리 퍼져 있고 심각했다는 것을 암시한다.

바알 신화에서 아세라는 황소 엘의 배우자이며 많은 신들의 어머니다. 아세라는 또한 바다히.: 얌의 여신으로 알려졌다. 아세라가 상속자로 추진한 가장 좋아하는 아들은 바다의 신인 얌이었다. 바알은 우월한 무기를 사용해 얌을 성공적으로 쫓아내어, 왕에 오르고자 한 경쟁자였

다. 엘이 땅은 바알에게 주고 바다는 얌에게 주어 싸움을 해결했다.

실제로 이스라엘 사람들이 자신들의 하나님을 아세라로 알려진 제의 대상물과 연결시킨 성서 밖의 증거가 있다. 쿤틸레트 아즈루드Kuntillet' Ajrud는 시내 산 광야에 있는 고고학적 유적지인데, 여기서 주전 8세기 초의 이스라엘 종교에 대해 가치 있는 자료들이 많이 나왔다. 이곳은 북 왕국이 당시주전790년 통제했던 것 같다. "데만의 여호와"와 "사마리아의 여호와"라는 이름의 비명은 압살롬이 "헤브론의 여호와"삼하15:7-8라고 언급한 것과 닮았다. 이 칭호들은 주님이 가나안 땅 전역의 많은 제의 중심지에서 다른 지역의 현현으로 숭배됐다는 것을 암시한다.McCarter: 137-142

바알: 보통 명사에서 신의 이름까지

보통 명사

"바알"이라는 이름은 초기 히브리어의 일상 용법에서 나왔다. 이 초기 용법은 특히 지혜문학에 반영된다. 지혜문학에서 이것은 삶의 개인적인 차원, 종종 통제하기 어려운 삶의 영역을 책임지고, 지배할 수 있는 것을 가리킨다. 혀, 사람의 기질, 음식이나 부의 소유에 대한 욕구가 좋은 예들이다.잠22:24; 23:2; 29:22; 전5:11, 13 마찬가지로 "지혜"는 "자신의 바알주인, 소유자, 그것을 지배하는 자의 생명을 보존한다."고 말한다.

바알이라는 단어는 또한 가축, 특히 소와 같이 수레를 끄는 짐승출21:28-29, 34, 36이나 번식을 목적으로 하는 수컷 나귀나 양출22:11-12, 14-15의 소유자에게 사용된다.

더 나아가 바알은 성읍의 주민, 성읍 회의의 "유권자"를 묘사하는 데 사용된다.삿9:2-3 등; 20:5; 삼상23:11-12; 삼하21:12

가족 내에 독립적인 가정의 남자 수장이 바알ba' al이며, 가정을 책임지는 여성은 '바알라' ba' alah이다. 이상적인 여성잠31장은 남편 '바알,' 31:11,13,23,28이 온전히 신뢰하는 자이며, 그녀는 심지어 공동체도 남편의 자질을 인정하도록 남편에게 합당한 존중을 표한다. 남편은 다시 여자에게 사랑과 존중만을 보인다.

'바알' 이라는 단어는 원래 히브리어로 긍정적인 어감을 지녔다. 어떤 이의 신에게 적용될 때, 이것은 품격, 조화로운 결혼 관계, 책임 있게 행사하는 권위라는 고귀함을 묘사했다. 이 단어는 순결과 처음의이상적인 결혼이라는 형상을 전달했다. 주님이 한때 "내 바알"호2:16, 내 주인, NRSV 해설이라고 불린 것은 당연하지 않은가?

신 바알

이름은 주님에게 가장 적절하다. 하지만 가나안 신, 다곤의 아들과 연결되어 덧입혀진 의미는 여호와, 출애굽의 하나님을 오해하게 만들었다. 가나안의 바알은 많은 지역의 현현으로 나타났고, 바알들이라고 불렸다. 하나님은 예배를 중앙화하고, 예언자를 통해 하나님의 자기계시를 해석하도록 인도함으로써 이스라엘에게 유일신론으로 향하도록 지도했다. 바알 숭배는 본질적으로 다신론적이며, 하나님에 대한 여러 측면을 지니면서도 종합적인 개념과 경험보다는 다채롭고 다수의 개념과 경험을 야기하는 경향이 있다.

이스라엘이 등장할 때, 바알 숭배자들은 가나안 땅을 차지하고 있었다. 바알은 땅의 풍요를 통제했다. 도덕성, 가족의 가치, 땅의 소유, 정치 구조와 권에 대한 바알 신앙의 개념과 구성은 히브리어에 있는 '바알' 이라는 용어의 의미뿐만 아니라, 시내 산 언약과 족장의 하나님과도 충돌한다. 그러므로 예언자들은 이스라엘이 "이방신들과 음행한다"고 말할 때, 그들은 자신들의 종교적 사회의 모든 중요한 가치를 바알의 영향 아래 두고 있었다. 하지만 이스라엘 사람들은 이해하지 못했다. 그들은 자신들의 바알, 남편 여호와를 풍요의 가나안 신 바알과 구분하지 않았다.

가나안의 많은 신들 가운데 어떤 신들은 명백하게 바알보다는 여호와와 더 쉽게 구분됐다. 이스라엘의 신앙 역사는 여호와와 가나안 신들과의 갈등의 이야기다. 쉽사리 여호와 신앙과 구분되는 신앙들은 소멸됐고, 바알과 같은 다른 신앙들은 여호와의 주장과 하나씩 경쟁했다. 팔레스타인의 토양은 경쟁자들의 뼈들로 덮였다.

소의 형상

수송아지이든, 암송아지이든, 암소든, 황소든 모든 소는 호세아서와 아모스서에서 상징적인 의미를 전달한다. 소는 엘과 여호와의 금으로 덮인 보좌를 대변하며, 호세아서2:6-7[주석을 보라]; 4:16; 8:5-6; 10:5-6; 10:11; 13:2와 아모스서4:1-3에서 이스라엘에 대한 종교적이며 문학적인 형상의 역할을 한다.

소는 매우 가치 있는 소유물이기 때문에, 풍요를 상징한다.암4:1-3 참조 소는 수레를 끄는 짐승 역할을 한다. 암송아지는 타작에 사용됐으며, 암소는 더 무거운 수레를 끌고, 쟁기질과 써레질을 하는 더 고된 일에 사용됐다.호10:11 보통 힘든 일은 여러 암소들이나 황소에게 맡겨졌다. 소는 또한 우유, 치즈, 응유, 고기 형태로 음식을 제공했다.

거세된 황소는 무거운 수레를 끄는 짐승으로 사용됐다. 황소의 상업적 가치로 말미암아 종교적 가치도 더해졌다. 가나안 종교와 이스라엘 종교 모두에서, 황소는 개인의 제의 보상과 집단의 제의 보상을 위한 주요 희생제물 역할을 했다. 가나안 종교에서 황소는 폭풍의 신 바알뿐만 아니라, 최고의 신 엘을 나타냈다. 모든 가축 가운데 가장 강력한 황소 바알이 자기 형제들을 지배하게 됐다. 바알의 배우자는 아나트이며, 암송아지로 상징된다. 아나트는 바알과 더불어 새 수송아지를 잉태했다. 신화에 따르면, 바알이 매년 여름의 가뭄에서 죽음신 모트에 굴복할 때, 전쟁의 여신 아나트가 죽음을 물리치고 바알이 다시 태어나게 되는 수송아지를 낳을 때까지, 바알은 죽음에 사로잡혀 있다. 태반이 갈라지고, 생명이 비와 이슬의 형태로 땅에 다시 흘렀다. 호세아서와 아모스서의 본문들은 소의 풍요 언어와 개념으로 가득하다. 짧은 해설들은 이 많은 언어와 개념들을 하나님에 속한 것으로 주목하고, 호세아와 아모스는 이스라엘의 하나님 여호와를 모든 생명의 참된 근원이며 창조주로 가리킨다.

수송아지, 두 수송아지 형상

북 왕국의 역사가는 수송아지를 중요시했다. 수송아지 형상은 여로보암 1세가 솔로몬의 죽음 이후 유다에게서 분리할 때 만들었다.왕상12:25-33 수송아지 형상을 만든 것은 교활한 정치적인 조치였다. 여로보암 1세는 아마도 황소의 형태로, 보이지 않는 하나님을 위한 발판이나 보좌 역할을 하는 가시적인 두 개의 상징물을 만들었다. 십중팔구 이 상징물은 직접적으로 이스라엘의 하나님을 대변하지는 않고 두 다른 이름 아래 자신들의 하나님의 임재를 가리켰다. 하나이자 동일한 상징물은 여호와와 엘 모두에게 사용됐다. 그렇게 할 때, 여로보암은 족장의 역사와 국가의 역사를 연결시켰다.출6:1-9 여로보암은 이 수송아지 형상을 유다에서 행했던 일곱 번째 달 대신에 여덟 번째 달에 개최한 초막절과 관련지어, 복합적인 위대한 역사적 사건, 출애굽, 율법 수여, 광야 여정과 연결시켰다.

여로보암은 어떻게 이 형상들을 하나님이 시내 산에서 그렇게 심각하게 심판한 죄와 연결시키는 것을 피했는가?출32-35장 우리는 모른다. 그는 민족 대다수를 만족시킬 정도로 이 연관성을 피했음이 틀림없다. 분명히 그는 국가 역사의 중대한 순간에 자신의 하나님에 대한 예배를 장려하려고 외국 상징물을 취하지는 않았을 것이다. 게다가 우리는 유다 백성도 그들이 존경하고 예배하기 시작한 광야 시절의 유물을 가지고 있었다는 사실을 알고 있다.왕하18:4 합리적으로 보이는 한 재구성은 수송아지 형상이 아마도 하나님의 받침대, 보좌나 발판이었을 것이라는 사실이다. 이것은 예루살렘에 있는 언약궤와 비교할 만하다.

우리는 왜 둘인가가 궁금하다. 황소 상징의 역사적 연관성에 대해 우리가 재구성한 것이 옳다면, 둘은 엘과 여호와의 두 현현으로 된 엘로힘을 대변했다. 여로보암이 하나는 항구적으로 히.: '심'[śim] 엘 예배의 역사적인 가나안의 중심지이자 족장의 중심지인 베델에 두었다.창28:19;

31:13; 35:3-16 출애굽과 광야 인도의 하나님 여호와를 대변하는 다른 하나는 "단에까지"히.: '아드'[ˈad]왕상12:29-30 두었다.히.: '나탄'[natan] 즉 여호와의 보좌 역할을 하는 수송아지 형상은 움직일 수 있는 것이었다. 이 형상은 일정 시기에 다른 장소에 머물면서 나라 전역을 이동하여, 초막절과 관련된 행렬에 사용됐거나, 베델에 있는 "산당"13:31-32, NRSV 해설과 연관된 형상을 대변했을지도 모른다. 아마도 이것은 대관식에서 왕조에 대한 보이는 상징물 역할을 했거나 이런 목적들 가운데 하나 이상으로 기능했을 것이다.

가나안의 풍요 신화

가나안의 종교는 북 시리아의 해안가에 있는 라스 샴라우가릿에 발굴된 문서에서 가장 온전히 묘사됐다. 엘, 바알, 아나트, 아세라라는 신들이 이 신화 기사에 두드러지게 나온다.Mullen; L'Heureux; Fleming; Walls

황소 엘은 신들의 아버지요, 모든 신들의 우두머리다. 아스타르테[아세라, p. 387.]는 70 신들을 낳았다. 황소 엘이 창주조로 간주된다고 듣는 것은 당연하지만, 창조 역할은 하늘,신들을 포함해서 땅과 인간에게 국한된다. 이 역할은 동물과 식물 세계에서의 매년 풍요의 주기를 포함하지 않는다.Mullen: 12-22

엘은 자비롭기는 하지만, 반박의 여지가 없는 왕으로서 다른 신들을 지배한다. 그는 나이 많고, 현명하고, 노련한 신의 가장으로 묘사된다. 지도자로서 엘은 창조된 세계에서 권위의 배분을 결정한다. 또한 각 나라의 영토 경계를 결정한다.신32:8 참조 각 신의 자녀들은 그 땅의 나라나 영향력을 지니는 특정 영역에 할당된다. 얌은 바다의 신이고, 모트는 죽음의 영역을 지배하는 신이다. 아나트는 전쟁의 신이고, 바알은 폭풍과 풍요의 신이다.Mullen: 36-41; L'Heureux: 10-11 하급 신들 사이에 분쟁이 지속되거나 너무 강렬해지면, 엘이 결국 명령으로 분쟁을 해결한다.

필요하다면 엘은 또한 전쟁에 참여한다. 그러나 가나안의 신화 문헌에서, 엘은 적극적으로 싸우지는 않는다. 그의 역할은 전쟁을 승인하고 지도하며, 전쟁의 전리품을 나누는 데 국한된다.Mullen: 30-35

엘이 권력과 통치권을 신들에게 배분하듯이, 또한 인간 지도자에게 권력과 통치권을 배분한다. 따라서 엘은 왕들을 세우고, 또 폐위한다.Mullen: 24-25; 단4:17, 25, 32 참조 이렇게 인간의 문제를 통제하는 것은 정의가 인간들 사이에 이뤄지도록 보장하는 그의 역할과 관계가 있다.

바알은 가나안 종교에 나중에 등장한 신으로 보인다. 신화에는 바알의 아버지가 다간곡식이었지만, 시간이 지나면서 그는 엘의 가족에 통합되었다고 가리킨다. 뢰르L'Heureux는 통합 과정을 "바알 무리와 엘 가족 사이의 불완전한 동화"로 묘사한다.14 동화의 과정이 무엇이든, 바알 신화 내에서 바알의 권위는 엘에 복종한다. 바알은 엘의 아들로 불리며, "황소 엘은 그의 아버지" 엘은 바알에게 혼돈의 신 얌바다을 무찌르는 폭풍 신으로서의 통치권"군주, 땅의 주"을 허락한다.

많은 바알 문헌은 얌바다에 대한 승리의 징표와 왕권의 표시로 집을 짓는 권리를 잘 보여준다. 우리 목적을 위해 이 의미는 몇 줄로 요약될 수 있다. 함축적인 의미는 신이 거주지가 없다면 왕이 될 수가 없다는 것이다. 이것은 하늘에서와 마찬가지로 지상의 영역에서도 해당된다. 그렇다면 성전 건축은 신이 자신에게 주어진 영역에서 통치하게 됐다는 징표가 된다. 성전 건축은 그 신의 통치권을 상징한다.Mullen: 46-74

바알의 집 건축에 이어, 폭풍 신으로서의 바알의 통치는 또 다른 도전에 직면한다. 신 모트죽음는 지하세계를 지배한다. 비가 제공하는 풍요는 끊임없이 죽음의 세력에게 도전을 받는다. 모트는 땅을 지배하고자 한다.

> 바알은 이미 자신의 권력을 혼돈-바다 세력에 확장했다. 이제 바알은 불모-죽음의 지배를 억제할 필요가 있다. 이 방법으로만 우주는 안전하고 풍요롭게 될 수 있다.Mullen: 76

이 우주적 전투에서 바알은 후원을 위해 자신의 누이-배우자아나트만 의존할 수 있다. 전투와 패배를 예감하고, 바알은 황소의 모습으로 자손을 낳으려고 여신 암송아지 아나트와 짝짓기를 한다. 모트와 바알은 싸움을 벌이는데, 지상에서는 물의 근원이 여름 가뭄의 열기로 점차 말라가는 것으로 보인다. 바알은 패배하고 모트의 거주지인 스올에 끌려간다.

엘과 아나트, 하늘과 땅은 바알의 패배를 애도한다. 이 애도 의식은 적절하게 바알의 인간 숭배자들에게서 반영되며, 그래서 그들은 바알 숭배 의식의 일부가 된다.

바알의 배우자인 아나트는 전투의 결과를 받아들이기를 거부한다. 전쟁의 여신으로서,

> 그녀는 엘의 아들, 모트를 붙잡았다
> 그녀는 칼로 그를 쪼갰다
> 그녀는 체로 그를 흩었다
> 그녀는 불로 그를 그을렸다
> 그녀는 손 맷돌로 그를 빻았다.

그녀는 땅에 그를 뿌렸다.Mullen: 80

모트죽음의 파멸에 대한 묘사는 수확칼, 낫에서 겨울에 수확된 곡식을 살피고 사용하는 것으로 이어지고 봄에 씨 뿌리는 것까지 옮겨간다. 이 삶과 죽음의 전투는 아나트가 새로운 수송아지의 출생의 순간에 승리하는 것으로 묘사한다. 자연의 파괴적인 힘은 극복됐다. 풍요의 여신 아나트는 임신 기간을 견뎠다. 출생과정의 피가 무릎을 적시고 있지만 여신은 당당하게 선다. 바알은 다시 살아나고, 풍요가 돌아온다. 바알의 회복이 엘의 환상을 성취한다.

> 하늘에서 기름이 비처럼 내린다
> 와디는 꿀이 흐른다
> 정말로 알리안 바알이 살았다
> 분명히 군주 땅의 주가 생존한다!Mullen: 81

모트는 제의상으로 아나트에게 살해됐을지라도, 바알은 여전히 직접 그 날을 이겨야만 한다. 모트와 바알은 죽기까지 전투에 참여한다. 둘은 넘어지고, 지치고 맞는다. 이 지점에서 엘은 싸움에 개입하여 멈추게 한다. 엘은 그들에게 각자의 영역을 할당한다. 바알은 땅과 생명을 지배하고, 모트는 죽음의 지하세계를 지배한다.

바알의 땅에 대한 통치권은 매년 봄 폭풍 가운데 비가 오는 것으로 특징지어지는데, 이 비가 풍요를 보장한다. 그럼에도 바알이 참여하는 모든 전투에서 바알은 홀로 상대 세력을 무찌를 수 없었다. 바알은 풍요를 장악하는 힘이 약해서 매년 다시 얻어야만 한다. 그러므로 식물, 동물 및 인간의 생존을 보장하려면 풍요의 의식이 매년 주기적으로 도입되어야 한다.

불행히도 가나안의 신화에는 경쟁하는 신들 사이의 이 전투가 어떻게 제의 숭배로 바뀌는지에 대한 어떤 증거도 없다. 이에 대해 우리는 아모스와 호세아의 논쟁을 살펴볼 필요가 있겠다.[여호와–바알의 갈등, p. 417.]

아모스서 작성

어떤 학자들은 아모스 본문의 문학적 성장의 단계를 확인할 수 있다고 주장한다. 이런 주장의 대부분은 두 가지 전제에 의존한다. 첫째, 예언 메시지는 미래 사건에 대한 진짜 예언을 포함하지 않는다는 것이다.예를 들어 9:11-15의 회복 본문에서처럼 그들의 의견에 따르면, 본문은 메시지의 구두 전달이나 작성의 시기에 있었던 상황을 항상 그리고 오직 반영한다. 둘째 아모

스는 북 왕국을 대상으로 한 저작에서 유다를 다루지 않을 것이라는 점이다.[유다와 다윗, p. 407.]

첫째 전제는 예언이 하나님의 계시로 받거나 말미암은 것이 아니라, 예언자의 민감한 의식에서 생겨났다는 이해와 연결된다. 하지만 예언은 두 통로를 통해 왔다. 아모스는 **이것이 주님이 말씀하신 바이다**라고 선언한다. 그 다음에 그는 여호와의 말씀을 1인칭, 나로 인용한다.5:3b-d, 4b-5, 12a, 16b-c, 21-27 다른 경우 아모스는 자신의 말과 방식으로 주제를 소개하거나 발전시키는 것 같다.5:1-2, 6-11, 12b-16a 이런 구분을 한다는 바로 그 사실이 하나님의 발언의 독특한 신탁의 성격을 주목하게 한다. 둘이 섞였다는 사실은 예언자가 메시지를 전달할 때 예언자의 적극적인 해석 활동이 있었다는 것을 암시한다. 아니면 당시 상황에 대한 하나님의 말씀과 예언자의 분석과 해설을 혼합하는 예언자의 전통에 대한 작업을 반영할 수도 있다.

이 첫 번째 전제는 또한 예언자의 자기이해에 대한 질문을 제기한다. 아모스가 아마샤에 대해 변호하는 내용의 중심에는, 하나님이 예언하도록 했다는 주장이 있다.7:14-17 모세, 이사야, 예레미야의 소명에 대한 묘사는 예언하도록 부름 받은 사람들이 일반적으로 예언하기를 꺼린다는 사실을 보여준다.출3-4장; 사6장; 렘1장 동일한 사실이 아모스에게도 해당된다.7:10-17 이런 소명 기사가 각색된 것이 아니라면, 꺼려하는 전령은 확대하기보다는 메시지특히 심판의 메시지의 일부를 유보할 것이다.암3:7-8; 렘20:7-18장 참조 이것이 사실이므로, 예언자의 제자들은 마찬가지로 메시지와 메시지의 근원을 존중하여 확대하려 하지 않으려는 경향이 있지 않겠는가? 편집 작업을 분별할 수 있는 징후가 있다면, 이 징후들은 나중에 확장한 내용을 본문에 통합하기보다는 광범위한 전체 전령의 발언과 예언적 설교를 "줄이는 편집"의 경향을 가리키지 않겠는가?요21:25 참조

후대 자료와 이전 자료를 구분하는 상응하는 두 번째 전제와 상응하는 기준은, 책에서 이스라엘에 대한 설교 임무의 부산물이라고 하는 유다에 대한 언급과 관련 있다. 분명히 아모스는 동일한 저작에서 유다를 다루지 않을 것이라고 주장한다. 아모스서가 당시 유대와 무슨 관련이 있었겠는가?

그러나 아모스가 시리아, 블레셋, 베니게, 에돔, 암몬, 모압을 다룬다면,암1:3-2:3 왜 유다에게도 전하지 않겠는가?2:4-5 8세기 중반 즈음 그들의 사회와 종교 상태는 대략 비슷했다. 문학적으로 유다 예언은 이스라엘 자체로 진행해 가면서 강력한 주장이 되었다.2:4-5 게다가 웃시야가 처음에 하나님의 길로 행했지만,왕하15:3 인생 마지막에 그는 여호와에 맞서 자만했다.대하26:16-23 그러는 동안에 유다 백성들은 하나님의 뜻을 거역하면서, 계속 산당을 사용했다.왕하15:4 이 혼합주의는 아모스가 유다에게 전하는 신탁에도 반영된다.2:4

3장 1절을 후대 시기의 것으로 보는 것도 동일하게 문제가 있다. 이 절은 유다를 **이집트 땅에서 데리고 올라온 모든 족속에게**라는 구절 아래 고발에 통합시키기 때문이다. 제자 학교가 이 책의 최종 형성에 책임이 있다면, 지진1:1은 아모스의 말이 진실이라는 사실을 확증하기 때문에, 그들은 의도적으로 유다 예언9:11-15을 포함해서을 포함했을 것이다. 그러므로 유다는 특히 자신들에게 전달된 아모스의 말씀을 주의할 필요가 있었다. 볼프Wolff의 설명은 우리가 본문에 있는 문학 층을 구분하는 과정에 접근할 때와 우리가 이 과정에서 결론을 도출할 때 주의해야 한다고 다음과 같이 경고한다. "어떤 경우에서도 예언자의 문자 그대로의 말과 제자들의 새롭게 공식화하고 보충한 내용을 구분하기는 종종 어렵다."Wolff: 109

마지막 논의는 아모스서 작성의 이른 시기8세기에 대한 것이다. 예언의 정확한 연대 공식지진이 일어나기 이 년 전, 암1:1은 사건에서 멀다기보다는 더 가까운 시기에 작성됐다는 것을 암시한다. 여기서 이것은 단순히 지진이다. 나중에 이것은 다른 지진들과 더 분명하게 구분될 필요가 있다. "유다 왕 웃시야 때에, 지진을 만나 도망간 것 같이."슥14:5

언약

언약들이 성서 이야기를 명확히 한다. 언약들은 하나님이 자신의 뜻을 소통하고 이스라엘이 하나님과의 관계를 이해하는 주요 공식적이고 개념적인 틀을 제공한다. 교회는 구약과 신약언약들으로서의 히브리 성서와 기독교 성서로 묘사할 뿐만 아니라 자신을 이스라엘의 새 언약 백성으로 일치시키면서 이 언약 개념을 이어갔다.

언약을 맺는다는 개념과 관습은 이스라엘 세계에서 국제 관계와 사람들 사이의 관계에서 흔했다. 구약에서 개인, 씨족, 민족은 언약 체결에 참여했다. 그러므로 언약은 지나친 왜곡이 없이 하나님의 자기계시에 기여할 수 있는, 충분히 도덕적으로 중립적인 관례였다. 형식상으로 언약 '베리트' [berit]은 언약 맺는 당사자들의 상호 도움이 되는 미래 관계를 규정하는, 엄숙한 사람 사이의 협약이다. 성서 기록은 언약 유형을 구분하지 않는다. 대부분의 구분은 언약의 여러 측면을 분류하고 이해하려는 현대적인 시도다. 차이점들이 언약의 기본적인 개념과 관계가 있는지의 여부는 분명하지 않다. 언약 용어는 교회 역사를 통해 신학적인 의미가 더해졌으며, 많은 신학적 의미들은 미세한 차이에 달려 있다. 그래서 우리는 성서가 많은 언약들에 대해 거의 구분하지 않는다는 사실을 상기하게 된다. 예를 들어 구약은 형식상으로 동등한 사람들이 관여하는 언약들과 다른 사회적 지위의 사람들 사이의 언약들을 구분하지 않는다. 갱신하는 언약들에 대해, 구약은 처음 맺은 언약에 대해 사용한 용어와 다른 용어를 사용하지 않는다.

인간이 언약 '베리트'을 맺을 때 그들은 언약을 "자른다." '카라트' [karat] 이 용어는 다음과 같이 동물을 자르는 의식과 자신에게 하는 저주의 맹세에서 온다. "내가 이 언약을 지키지 않는다면 이 동물이 잘리는 것과 마찬가지로 내가 잘리게 하소서."창15장 참조 언약의 공통 형식은 다음과 같은 말들과 상징적인 행동으로 이뤄진다. "내가 … 를 지키지 않는다면 내게 그리고 심지어 더 주님께서 행하시를 원하노라."아마도 손으로 목을 긋는 행위로 보여주듯이

그러나 하나님은 언약을 자르고 '카라트' 언약을 세운다. '쿰'[qum] 언약을 맺는 첫 행위는 언약을 "자르는 것"이다. 하지만 하나님은 한 평생을 넘어 확장하는 언약을 맺는다. 노아,창6:18; 9:9,11,17 아브라함과 이삭17:7, 19, 21과 야곱/이스라엘과 나중 세대,출6:4; 레26:9; 신8:18 다윗, 솔로몬과 왕들,삼하7:25; 왕상9:5 회복된 이스라엘겔16:60, 62; 렘31:31-37 참조와 맺은 것처럼, 다수의 세대들과 언약 확증은 언약을 "세우는" '쿰' 것이라고들 말한다. 이 세대를 넘어서는 언약들은 구약에서 "영원한" 또는 "영속하는" '올람'['olam] 언약이라고 지칭된다. 노아와 맺은 언약과 약속된 새 언약을 제외하고, 하나님이 주도한 언약은 조건적이다. 약속은 본래 그대로 남아 있지만, 조건들에 동의하기를 거부한 개인들은 축복의 수혜자가 되지 못할 것이다.창17:9-14; 출12:1-27과 19:5-6; 삼하7:12-17

사회 영역에서 시행되는 언약들은 결혼,말2:14; 잠2:17 우정,다윗과 요나단, 삼상18:1-5; 20:12-17; 23:15-18 집단 사이의 관계,아브라함과 아비멜렉, 창21:25-34; 이삭과 아비멜렉, 26:26-33; 야곱과 라반; 창31; 다윗과 아브넬, 삼하3장 왕또는 지도자과 그의 신하들,여호수아와 이스라엘, 수24장; 다윗, 삼하 5:1-5; 아사, 대하15:8-15; 여호야다, 왕하11:17-20; 요시야, 왕하23:1-3 국제관계이스라엘과 기브온 사람들, 수9장; 솔로몬과 히람=이스라엘과 베니게, 왕상5:12; 아사와 벤하닷, 유다와 시리아 왕들, 왕상15:19를 포함한다.

이 언약들에는 맹세 이외에 공통으로 많은 특징들이 있다. 요나단의 관복, 갑옷과 칼, 활과 허리띠와 같이 언약 상징물 교환이나 선물을 포함한다.삼상18:4 아브라함은 언약을 확증하려고 아비멜렉에게 암양 일곱 마리뿐만 아니라, 양과 소를 주었다.창21:25-30 명백히 선물이라는 상징물은 증인의 양식에 기여하는데,수24:26-28; 창21:25-30 참조 야곱과 라반이 세운 돌과 기둥창31:43-50이나 팔레스타인 정복 후 트랜스요르단의 지파가 세운 제단수22장과 비슷하다. 조약을 어기면 돌들이 위반자에 대해 부르짖는다. 증인들은 의도적으로 불순종하여, 사형에 해당한다고 판단되는 자에게 첫 돌을 던진다.신17:2-7 참조

평화나 우정의 언약들은 종종 식사로 확증한다. 야곱과 라반은 언약 체결 의식의 일부로 함께 식사를 하고,창31:54 아비멜렉과 이삭은 그들의 화해를 알리고 미래 우호적인 관계를 기념하는 언약 식사를 나누며,창26:30-31 이스라엘이 첫 유월절에 했던 대로,출12장 이스라엘 장로들은 주님 앞에서 먹고 마신다.출24:11

노아와의 언약과 새 언약을 제외하고 모든 언약은 성취의 조건을 포함한다. 조건들에 순응하면 혜택이 모든 관계자들에게 허용될 것이다. 신들과 다른 증인들은 위반자들이 죽거나 회개하기까지 그들을 심판한다. 이 심판은 "불순종하는 자들에게 저주를 내리는 것"으로 간주된다.창17:9-14; 출19:5; 23:20-33; 레26장; 신26-30장 어긴 자들이 회개하면, 권리를 침해당한 자들이 회개를 받아들이고, 은혜롭게 그들을 회복할 수도 있다. 언약은 언약 당사자 가운데 하나가 죽을 때까지 유효하게 남는다.왕상5:1-12; 갈3장; 롬7:1-3 참조 심지어 허위로 얻는 언약들도 두 당사자들을 계속 구속한다.수9장 국제 정치적 조약에서는 저주에 기근, 가뭄, 질병, 메뚜기의 창궐, 사자, 표범, 뱀 및 다른 동물들에 의한 죽음, 불모, 자신의 자녀들을 먹기까지의 굶주림, 보복자에게 당함, 불면, 괴로운 가족 관계, 적에 직면한 연약함, 고문, 장례를 못 치름, 집과 성읍의 파괴, 추방, 신들에게서의 용사가 없음과 더 많은 무시무시한 결과들을 포함한다.

저주는 언약식에서 동물을 죽이고, 이 동물의 죽음과 파멸을 일치시키는 행동과 말로 상징적으로 표현되었다. 앗시리아의 아슈르니라리Ashurnirari 5세와 아르밧의 마틸루Mati'ilu 사이의 조약에서, 규정된 저주는 다음과 같은 말이 수반된다.

> 마틸루가 신들에게 맹세한 이 조약에 대해 죄를 지으면, 우리에서 가져온 이 봄 양이 우리에 돌아가지 못하고 다시 우리를 보지 못하듯이, 슬프도다, 마틸루도 자기 아들과, 딸, 관료들, 그의 땅의 백성들도 함께 자기 나래에서 쫓겨날 것이며, 자기 나라를 다시 보지 못할 것이다. 이 머리는 양의 머리가 아니다. 이것은 마틸루의 머리다. 이것은 그의 아들과 그의 관료들과 그의 땅의 백성의 머리다.

그 다음에 양을 죽이고 목을 베며, 다음의 저주와 함께 부위별로 가른다. "이처럼 마틸루, 그의 아들과 그의 관료들과 그의 땅의 백성들의 머리… 어깨가 갈라질 것이다.…ANET: 532-533

비슷한 의식이 여호와가 아브람에게 하는 맹세에 묘사되는데,창15장 거기서 하나님이 아브람에게 도살하도록 명령한 동물의 두 조각 사이로 하나님 자신이 지나감으로써 맹세한다. 이런 식으로 하나님은 맹세로 자신의 약속을 확증한다.

불순종한 이스라엘에게 내리는 저주는 상징적으로 출애굽기 24장 5-8절에 규정되고, 레위기 26장 14-46절과 신명기 28장 15-68절에 기록된다. 예언서는 이스라엘에게 하나님의 언약을 어겼고 공정한 경고 후에 언약 파기의 결과를 마침내 시행할 것이라고 상기시키고자 저주의 이 범주를 사용하기 때문에, 이 주석의 주석적 해설은 자주 이 본문을 언급한다.

하나님이 언약을 맺을 때, 백성에게 신뢰와 순종을 행하도록 권고함으로써 백성과의 관계를 시작한다. 하나님은 자기 백성을 위해 행하고, 자기 약속을 이행한다. 마침내 하나님은 백성이 충실하게 남는다는 조건에서 축복이 지속되는 관계를 제시한다.

실패할 경우, 언약은 갱신될 수 있다. 시내 산에서의 금송아지 숭배 이후, 모세는 이집트식의 비난하는 방식에 따라, 언약 파기와 이스라엘이 저주에 노출됐다는 것을 의미하면서, 돌 판을 깨뜨린다.출32:19 모세의 중재로 하나님은 심판을 멈추고, 언약 갱신 의식에서 다시 이스라엘을 은혜롭게 받아들였다.출34장 사무엘,삼상7:2-13 여호야다,왕하11:17 요시야왕하23:1-30와 느헤미야느9:5-38의 인도로 국가의 회개와 관련하여 비슷한 갱신이 발생했다. 매 칠년 초막절에 언약 문서를 정기적으로 읽도록 하는 조항이 마련됐다.그리고 아마도 언약의 재확인;신31:9-13 지도자가 바뀔 때 새로운 세대가 이스라엘의 조직에 새롭게 헌신하는 가운데 그들의 지도자를 받아들이도록, 언약 역시 재확증됐을 것이다.수24:1-27 참조

언약 개념은 가족과 자연의 용어를 통합시킨다. 아버지-아들이라는 용어는 근동의 종주-봉신 조약에서 흔했다.출4:22-23; 삼하7:14; 시2:7 참조 형제들의 용어가 조약 관계의 동등함을 묘사하는 데 자주 등장한다.레25:25-43; 신15:1-12; 왕상20:33-34 참조 이 가족 은유에서의 관계는 사랑의 관계로 묘사된다.신4:37; 5:10; 6:4-5; 10:12-19; 11:1, 13, 22; 30:6, 16, 20 참조 사랑은 여호와와 그의 백성 사이의 결속을 남편과 아내의 관계처럼 묘사하는 것으로 쉽게 전달된다.

그러나 조약 상대자를 남편-아내의 용어로 묘사하는 경우는 이스라엘 외에는 없다. 이 용어는 시내 산 언약을 묘사할 때, 특별히 이스라엘이 다른 신들을 추구할 때호1-3장; 렘3장; 겔16, 23장 두드러지게 나타난다. 결혼 개념 자체가 이스라엘에서 언약 관계의 개념으로 격상됐기 때문에, 아마도 결혼 은유가 사용됐을 것이다.말2:14; 롬7:1-3 참조

자연의 용어는 땅을 준다는 출애굽의 원래 의도와 연결된다. 하지만 자연은 또한 두 가지 다른 면에서 언약의 공식적인 특징과 관련 있다. 첫째, 언약과 연결된 지속되는 축복 가운데 많은 축복이 자연의 영역에 있다. 풍요, 성공적인 수확, 후손들, 번영, 이것들은 하나님의 은혜의 실제적인 내용이다. 이것들을 제거한다는 것은 하나님이 싫어한다는 것을 보여준다. 둘째, 하늘과 땅이 언약의 조건을 목격하고 증인으로 행하도록 소환된다.신4:26; 30:19; 31:28 언약에 대한 증인들은 분리된 목격자들이 아니다. 그들은 축복과 저주가 시행되도록 보장하는 적극적인 참여자들이다.신17:7 근동의 국제 조약은 하늘과 땅의 신들에 호소한다. 이스라엘의 신앙 관점에서 하늘과 땅은 신들이 아니다. 그들은 여호와, 곧 창조주의 관심의 대상으로 기여한다.

언약의 특성은 아모스를 이해하는 데 중요하며, 호세아서의 본문의 특정 부분과 더 큰 개념

적인 구조를 파악하는 데 본질적이다. 두 책은 신명기의 구체적인 내용을 반영하는 것으로 보이는데, 신명기 자체는 주전 2천년의 국제 조약의 문학적 유형을 따른다. 이는 신명기적 전통이 주전 8세기에 본질적으로 당시 형식으로 있었다는 것을 내포한다. 아모스와 호세아의 문학적 논의와 신학적 논의는 부분적으로 언약의 특성과 신명기에 새겨진 전통과의 관계에 대한 이 관점에 달려 있다.

주님의 날

"주님의 날"은 예언서에서 전문적인 용어가 되며, 심판과 구원을 목적으로 하나님이 신랄하게 개입하는 시기를 상징한다. 곧 하나님을 반대하는 자들에게는 심판이요, 하나님이 변호하는 자들에게는 구원이다. 이 용어의 기원은 가장 두드러지게 주님의 전쟁,Gressman 여호와의 제의적 등극,Mowinckel 거룩한 전쟁,von Rad 또는 이런 사건들이나 주제의 조합Barstadt: 89-93에 위치했다. 이 개념은 또한 용어 자체가 없지만 역사에서 여호와의 장엄한 출현의 결정적인 순간을 가리키는 많은 곳에서 나온다.사34:8; 렘31:1,31,38; 습2:2-3; 암9:11,13; King, G.: 16-17 참조

이 주제에 대한 조사는 전문적인 용어 자체는 없더라도, 여호와의 신랄한 심판과 결정적인 구원의 사건의 날을 가리키는 구절들을 포함한다. 대다수의 언급들은 이 위대한 날을 이방 민족들에 내리는 심판과 연결시킨다.사13:6, 9; 34:8; 63:4; 겔30:3 주님의 날에 대한 언급은 처음에는 이스라엘이 자신의 적들에게 향한다고 이해한 것 같다. 하나님이 이방 민족들을 심판할 때, 구원은 이스라엘에게 올 것이라고 생각한다. 하지만 요엘, 이사야, 스바냐와 마찬가지로, 아모스서에서도 이스라엘의 적들에게 내리는 심판이 자동적으로 이스라엘의 남은 자를 위한 자비와 축복으로 바뀌지는 않는다.암5:18, 20; 사13:9; 욜2:1; 습1:7-9

주님의 날에 대한 가장 이른 시기에 기록된 언급은 아모스 5장 18절두 번과 5장 20절에 나온다. 아모스는 이스라엘이 이 용어의 성격을 오해하고 있음을 바로 잡고자 이 용어를 사용한다. 이스라엘은 이 날을 기대하고 있으며, 심지어 성공의 날, 아마도 전쟁 승리의 날이나 자신들의 적에게서의 구원의 날로 갈망하고 있다. 이것은 하나님과 그분의 백성의 관계에 대해 잘못된 이해를 나타낸다. "주님의 날이 오기를 바라는 자들"암5:18에 대한 언급은 이스라엘 내의 구체적인 집단이나 제한된 집단을 가리킨다. 구체적인 집단의 경우라면, 이것은 임박한 심판에 대해 백성들에게 경고해야만 하는 시기와 상황에서 북 왕국을 위해 평화와 승리를 예언한 거짓 예언자들과 제사장들을 가리킬 수 있다.왕상22:12-13; 렘6:14; 8:11; Smelik: 246-248 참조 이것이 제한된 집단이라면, 그들은 아마도 아모스의 예언 다른 곳에서 대상이 되는 사회 계층 사람들

관료, 재판과 그리고 부자들로 구성될 것이다. 이들의 탐욕스러운 갈망은 역사의 모든 사건을 자신들의 경제적 이익과 정치적 이익에 맞게 바꾸었다.

그 날, 곧 여호와의 날에 대한 모든 언급에서 토대가 되는 것은 이스라엘의 하나님과 맺은 관계의 언약적 특성이다. 언약 저주와 축복의 조건적 성격은 이스라엘과 민족들에 대한 심판과 구원의 주제를 융합한다. 신30,32장 예언자들은 거룩한 전쟁의 반전으로서 거듭 자기 백성에게 내리는 하나님의 심판을 선언한다. 하나님의 백성이 서로에게 불의로 행하고, 하나님을 향해 불순종한다면, 하나님은 자기 백성과 전쟁을 벌일 것이다. 신28:45-68; 습1:7,14; 사13:6,9 그러나 마지막 말씀은 심판이 아니라 구원의 말씀이어야 하며 흩음과 죽음이 아니라 약속의 땅으로의 회복이다. 습3:16-18; 렘31; 암9:11-15

출애굽 전승

북의 예언 본문에서 주요 종교적 준거점은 출애굽이다. 이스라엘의 자기 이해에 본질적인 것은, 주님이 그들을 이집트에서 이끌어 냈다는 분명한 의식이다. 일부를 제외하고 동사 "오르다"는 다음 경우에 특징적으로 나타난다. 즉, 광야에서 반란자들, 출17:3; 민20:5; 21:5 금송아지 숭배 기사, 출32:1,4,7-8,23; 33:1 에브라임 사람 여호수아의 마무리 하는 말, 24:17,32 북의 사사기, 2:1; 6:8, 13; 11:13, 16; 19:30; 하지만 2:12, "나가다" 사무엘상, 한 번을 예외로 하고, 다섯 번 여로보암 1세의 단과 베델의 수송아지 형상 설치왕상12:28의 용어 등이다. 이 예언서 어디에서도 이스라엘의 노예 신분을 언급하지 않는다. 다른 곳에서 출애굽에 대한 묘사는 "나가다"를 의미하는 단어로 전달된다.

출애굽은 이스라엘을 주변 민족들과 분리시킨다. 하나님은 광야에서 40년 동안 이스라엘을 이끌었고, 그 다음에 그들에게 준 땅으로 인도했다. 광야 40년 여정에 대한 강조가 호세아서와 아모스서의 특징을 구성한다. 호2:3, 14-15; 11:1-4; 12:9; 13:5; 암2:10; 5:25

출애굽은 유다의 자기 이해에도 동일하게 중요하다. 그러나 유다에서 출애굽 전승의 핵심은 하나님이 재앙을 통해 자기 백성을 구속할 때 행사한 힘을 보여주는 데 있으며, 천사가 이집트의 장자를 죽음으로 멸하고, 홍해에서 이집트의 군사를 기적적으로 멸망시키는 사건에서 절정을 이룬다. 유다는 유월절로 출애굽을 기념했다. 그러나 북 왕국에서는 하나님이 바로의 손에서 그들을 싸워 이끌어낸 위대한 기적에 대해서는 사실상 침묵했다. 암4:10; 8:9-10 구원에 대한 북 왕국의 은유는 초막절이 된다. 이것은 광광야 시기와 황량한 땅에서 주님이 보호하신 것에 훨씬 초점을 둔다. Mettinger: 72-79

역사적 요약

디글랏빌레셀 3세주전 745-727년의 주도로 앗시리아는 공격적으로 서쪽으로 이동했다. 738년 즈음 그는 하맛, 두로, 비블로스, 다마스쿠스와 이스라엘에게서 공물을 받고 있었다.Bright: 270-271 이스라엘의 군대 지도자와 정치 지도자들은 국가의 외교 정책에 대해 일치하지 않았다. 주전 746년과 736년 사이에 다섯 왕들이 사마리아에서 등극했으며, 셋은 폭력을 통해 등극했다. 베가가 736년 왕을 차지했을 때, 그는 반-앗시리아 연합의 지도자가 됐다. 그의 주요 동맹국은 다마스쿠스시리아의 르신과 에돔과 아마도 블레셋이었다. 유다는 연합에 참여하기를 거부하여 이 동맹국들에게 침략을 당했다.사7:6; 왕하15:37; 16:5 참조 유다 왕 아하스는 절박하게 앗시리아에 도움을 청했다.16:7-18 이에 대한 반응으로 디글랏빌레셀은 734년 블레셋을 향해 움직여 반-앗시리아 연합을 무찔렀다. 다음 해에 그는 이스라엘, 갈릴리, 트랜스요르단을 공격했다.15:29-30 732년에 그는 셋째 군사작전을 벌였다는데,16:9 이 작전에서 그는 다마스쿠스를 약탈했고, 시리아 백성을 추방시켰다.Bright: 274-275

725년이나 그 직후, 이스라엘의 호세아 왕이 앗시리아 군대에 반란을 일으키고, "이집트의 소 왕"왕하17:4과 동맹을 맺었다. 동맹은 불운했다. 3년간의 포위 후, 722년에 사마리아는 앗시리아 왕 살만에셀 5세에게 넘어갔다. 2년 후 사르곤 2세는 다시 다마스쿠스를 취했고 거주민 27,290명을 추방시켰으며, 새로운 난민으로 이스라엘의 영토를 다시 식민지화했다. 이때 사마리아는 앗시리아의 지방이 됐다.Cogan: 98-101

그러는 동안 유다는 712년까지 앗시리아 봉신으로 머물렀는데, 그때 히스기야는 사르곤에 대한 반란에 가담했었다. 701년 두 번째 반란은 새로운 앗시리아 왕 산헤립의 가혹한 징벌로 이어졌다. "46개의 성벽이 있는 성읍과 주변의 수많은 작은 마을"왕하18:7-8, 13-16 참조이 침략자에게 함락 당했을 때, 히스기야는 항복했다. 전쟁의 보상금은 감당하기 버거웠다. 거기에 크게 줄어든 유다에게 매년 공물을 바치도록 추가됐다.Cogan: 66-67

이스라엘 종교, 독특한 특징

다음의 북 왕국 종교를 재구성할 때 토대를 이루는 논제는, 이스라엘이 여로보암 1세 아래 유다에게서 분리될 때, 엘과 여호와의 통합 과정이 완성되지 않았다는 것이다. 이렇게 완성되지 않았다는 사실은 수송아지 형상을 "너희를 이집트에서 구해 주신 신들"이라고 지칭하는 것에 중대한 의미를 부여할 것이다.왕상12:28 이 신들은 엘과 여호와로 이해됐으며, 둘 다 황소로 묘사됐다.가나안 신화의 엘과 바알과 마찬가지로 분열 왕국의 시작에서 엘과 여호와의 기능들은 특히 북 왕국에서 아직 완전히 동화되거나 합쳐지지 않았다. 이후 2세기 내에 그들의 정체성과 이름이 온전히 합쳐져, 엘 전통은 여호와에 흡수됐다. 이런 상황에 기여한 주요 순간들은 여로보암 1세와 예후의 통치 기간에 일어났다.

여로보암 1세가 조정한 여호와 신앙

북 왕국이 열두 지파의 연합에서 분리됐을 때, 북 왕국의 종교적 발전에서 유다의 공식적인 여호와 신앙과 분리되는 전환이 일어났다. 여로보암은 국가를 궁극적으로 통합하는 힘은 솔로몬이 중앙화한 대로, 여호와 신앙이었다고 영악하게 인식했다.왕상12:25-14:20 주민들이 예루살렘에 있는 성전에서 예배하는 한, 여로보암이 북 왕국을 확고하게 장악할 수 없었다. 그의 대응은 다섯 가지 중심 영역에서 변화를 시작하는 것이었다.

예배의 새로운 장소

첫째, 여로보암은 베델과 단에 공식적인 여호와 예배의 중심지를 만들었다. 전령은 멀리 그리고 널리 "편리하게 회복된 거룩한 장소에서 와서 주님을 예배하라."라고 알려야만 했다. 베델은 여호와를 예배하러 남쪽 예루살렘으로 이동하는 순례자들을 가로챘다. 단은 특히 여호와의 움직일 수 있는 형상이 거기에 있을 때에는 나라의 북쪽 지역에서 오는 예배자들을 매료시켰다.[수송아지, p. 390.]

여호와에 대한 새로운 상징물

둘째, 여로보암은 두 수송아지 형상을 만들어 하나는 베델에 설치하고, 다른 하나는 북으로 단까지 다양한 장소에 설치했다. 설치할 때의 표현들은 다음과 같이 북 왕국의 예배와 시내 산의 하나님을 연결시켰다. "이스라엘 백성들아, 너희를 이집트에서 구해 주신 신이 여기에 계신다."왕상12:28; 출32:8 참조 단어 선택은 상징물과 우상을 구분했다. 이 상징물은 여호와와 아마도 최고의 신 엘을 대변했을 것이다. 상징물은 수세기 동안 유다의 예배자들에게 신앙과 구원의 상징 역할을 했던왕하18:4 놋뱀과 다르지 않게민21:9 풍요에 관심을 가지며, 민족의 상상력을 사로잡았다. 심지어 솔로몬의 성전에서 황소는 두드러지며 상징적인 역할을 했다.왕상7:25-33 여로보암의 표현에서는 황소를 하나님과 동일시하지 않았고, 단순히 둘을 연관시킨다. 아마도 황소는 언약궤와 다르지 않게, 신들이 앉는다고 상상되는 보좌를 대변했을 것이다.

다음 단계로, 수송아지에 신빙성과 정당성을 부여하면서, 이런 상징물을 한 수준의 의미창조, 생식력, 권력에서 또 다른 의미신의 보좌로 바꾸는 것은 상대적으로 단순했을 것이다.

마찬가지로 동일한 정도의 존중이 쉽게 솔로몬의 두 개의 단독으로 서 있는 동으로 된 기둥에서 왕상7:15-22 비슷한 바알을 대변하는 돌기둥과 산당에 있는 아세라를 대변하는 나무 기둥으로 옮겨질 수 있었다.

솔로몬의 주요 청동 작업의 기술자는 두로의 히람이었으므로, 베니게/가나안의 영향이 분명히 성전 건축에 통합됐다. 주님은 이스라엘이 멸망하기까지 베델과 길갈의 공식적인 여호와의 성소에서 계속 예배되었다. 심지어 왕들이 주님에게 입에 발린 말만 할 때도 바알 신앙은 다른 곳에서 행해졌다. 어떤 혼합이 여호와와 바알 사이에 일어났었다.

예배의 새로운 중심지

셋째, 여로보암은 자신의 왕국 전역에 "산당"이라고 불리는 새로운 범주의 예배 중심지를 만들었다. 이 "산당들"복수, 왕상13:32은 구별된 예배의 장소로 공식적으로 승인받았다. 게다가 베델에 세워진 "산당"히브리어로 단수, 그리고 NRSV 해설은 주요 성소였다.12:31-33 베델에 있는 성전은 새로 건립된 제단과 거기서 예배했던 여로보암이 만든 금으로 된 수송아지 형상 가운데 하나를 포함했다.왕상13장

이 성전 및 이 성전에 상당하는 산당의 성지는 원래 여호와 예배의 중심지 이외의 다른 것이었다는 증거는 없다. 실제로 유대의 이스라엘 역사 편찬자의 평가하는 설명과 비판을 제외하고,왕하17장; 특히 17:9 이스라엘 역사의 저자들은 산당에서 예배한다고 이 나라를 비난하지 않는다. 유다 역사의 저자들은 산당에서의 이교적 예배를 비난한다.왕하16:2-4; 21:2-9 그들은 자신들의 왕들이 심지어 산당에서 여호와와 관련되지 않은 예배를 제거할 때도, 산당을 파괴하지 않은 것에 대해 책임이 있다고 했다.왕상15:14; 22:43-47; 왕하12:2-3; 14:3-4; 15:3-4, 34-35 참조

북 왕국 역사가들은 산당에서의 예배를 비난하지 않는다.왕상13:33-34; 15:33-34; 왕하10:28-31; 14:24 참조 대신에 그들은 자신들의 왕들이 금송아지를 섬기고왕하10:28-29 산상의 성지에 레위인이 아닌 제사장을 임명한왕상13:33-34 여로보암 1세를 따라 죄를 지었다고 고발한다. 남과 북에 대한 예언자의 평가가 다른 것은 유다에서의 중앙화된 하나님에 대한 예배와 북에서의 분산된 예배를 반영하는 것 같다. 이스라엘북 왕국에서는 이미 아세라 기둥, 수송아지 형상이나 지역산당에서으로 절충된 일부 중심지를 제외하고 예배할 수 없었다. 여로보암 1세는 예배하는 도구로 이들 제단 앞에 아세라 기둥을 도입했거나 승인했다.왕상14:15 산당은 더 대중적이고 삶과 관련된 종교 표현에서 사람들을 끌어 모은 반면에 공식적이며 국가적인 여호와 예배 중심지는 베델과 길갈에 위치했던 것 같다.[수송아지, p. 390.] 호세아 8장 5-6절은 호세아 시대 즈음 순회하는 수송아지 형상은 수도 사마리아에 머무르게 됐다고 말한다.

그러나 주님의 예언자들은 지체 없이 바알과 여신의 예언자들에게 대항했다.[아세라, p. 387.] 이 갈등은 아합, 엘리야, 엘리사 이야기에 묘사된다.

새로운 국가 절기

넷째, 여로보암은 가을 수확 절기와 분리하려고 날짜를 한 달 뒤로여덟째 달 변경하여, 당시 존재했던 절기초막절를 수정했다.왕상12:32-33; 레23:34-36; 신16:13-17; 호9:1-9 해설 이것은 주요 북 왕국 절기를 오직 출애굽, 언약, 광야 방랑의 시기에만 연결시켰다. 이 연결은 제단 봉헌과 황소 형상을 "이스라엘 백성들아, 너희를 이집트에서 구해 주신 신들"이라고 소개하는 것에서 확증된다. 초막절의 수확 절기의 구성요소는 여전히 가을 수확기일곱째 달에 행해졌지만, 지역에서 주도했다. 수확은 타작마당에서의 축하호9:1 및 산당에서의 예배와 연결됐다. 그러나 국가의 절기는 여호와를 역사의 하나님으로 축하했지만 더 이상 자연과 풍요의 영역과 연결시키지 않았다.

새로운 제사장

다섯째, 예루살렘에 있는 성전은 아론 가문의 레위 지파의 제사장들이 섬겼다. 아론 혈통의 레위인들은 공식적으로 예루살렘 제의에서 제사장으로 지목됐다. 그들의 할당된 계승에 대한 묘사에 따르면,수21:9-19 이 제사장 가문 모두는 시므온, 유다, 베냐민 영토 내에 살았다. 분립은 북 왕국에 사는 아론 혈통이 아닌 제사장들을 딜레마에 놓이게 했다. 분립으로 말미암아 그들은 종교 의무뿐만 아니라 정치적인 제휴도 결정해야만 했다. 많은 이들은 다윗 왕조 및 예루살렘 제의와 제휴했다. 심지어 일부는 자신들에게 할당된 재산을 떠나 유다로 이주했다. 접경의 충돌이 이어짐에 따라, 아론 혈통과 아론 혈통이 아닌 제사장들 사이의 분열이 가속되어, 종교적 충성과 정치적 충성이 점차 고정됐다. 유다 왕 아비야와 아사는 베냐민과 에브라임 영토를 침입하여, 북 왕국의 이 남부 지역에 통치권을 확립했다고 한다.대하13:2-20; 15:8 아사의 계승자 여호사밧은 점령한 성읍을 요새화했고,17:2 이 지역들에 여호와 예배를 재확립했다.

이런 발전은 중요하다. 참된 여호와 예배와 연결된 북 왕국 성읍들벧엘, 길갈, 여리고은 모두 유다 영토와 가까운 곳에 위치했으며, 모두 유다 왕 아비야, 아사, 여호사밧대략 주전 910-870년이 통제했던 지역 내에 들어왔다. 아사는 이스라엘에서 산당을 제거하지 않았다고 명백하게 말하지만,대하15:17 그는 에브라임 영토의 우상들을 제거했다.15:8 그의 아들 여호사밧 역시 열렬한 여호와 신앙을 가진 자로, 자신이 물려받은 에브라임 영토에 개혁을 더 깊이 추진했다.19:4

역대기 저자는 여호사밧과 아합의 가문 사이의 결혼18:1 및 여호사밧이 아합의 계승자 아하시야와 맺은 언약20:35-37을 설명했지만, 이스라엘의 남부 영토가 북 왕국의 통제로 회복됐을 때는 어떤 지적도 하지 않는다. 아마도 언약 자체는 점령한 영토를 북 왕국에 돌려주었을 것이다. 늦어도 여호사밧의 아들이자 계승자인 유다 왕 여호람의 약한 통치는 이들 국경 성읍이 북 왕국에 다시 흡수되는 기회였을 것이다.21:4-20 이 성읍들이 유다에 근접한 점, 여호사밧의 개혁, 예후의 반 바알의 학살은 이 남부 에브라임 성읍들을 여호와 예배의 중심지로 보존하는 주요 요소들이었을 가능성이 높다.

역대기는 북 왕국 종교의 발전에 대한 해석에 추가적인 차원을 제시한다. 역대기 저자는 여호람의 종교적 조치는 그의 영토 전반에서 제사장들과 레위인들의 격렬한 저항에 부딪혔다고 설명한다.대하11:13-17 동시에 제사장들과 레위인들의 역할은 종교 영역을 넘어 확대됐다. 다윗 시대부터 레위인들은 중요한 정치와 행정 역할에 기여했다.대상26:30-32; 왕상4:5; Toews: 132-146 역대하 11장 16-17절에서, 분립 뒤 유다에 온 레위인들과 그의 추종자들은 여호람과 유다 왕국을 삼 년 동안 지지했다고 말한다. 아마도 그들은 여호람의 정책이 바뀌고 주님의 대한 헌신이 약해질 때 여호람에게서 돌아섰을 것이다. 이처럼 여호람은 제사장의 정치적인 권력과 싸워야만 할 때 혼자가 아니었다.

여호람이 새로운 제사장직을 설립한 것에 대한 묘사는 이 제사장들을 그가 왕국 전역에 세운 산당과 명백하게 연결시킨다.왕상12:32; 13:33 산당은 여호와 예배의 중심지였다.3:1-4; 18:30; 19:10 참조 그러므로 우리는 이 중심지에 남아 있던 레위인들이 여로보암에 충성을 맹세했다고 여겨야만 한다. 레위인들은 여로보암이 그토록 편리하게 세운 추가 종교 중심지를 섬기는 일에서 자동적으로 배제되지는 않았던 것 같다.12:31 참조

"여로보암의 죄"라고 묘사된 것은 바로 정확하게 레위인이 아닌 사람들을 제사장으로 임명한 일이다.왕상13:33-34; 15:26,34; 16:25, 31 참조 또한 미가 및 나중에 단 지파의 씨족 제사장으로 섬겼던 레위인에 대한 사사기17-18장의 이야기는 북 왕국 다른 지역 전반에 있었던 제사장직의 본보기를 대변한다고 할 수 있다. 이 레위인은 아론 혈통이 아닌 레위인모세의 자손, 18:30으로 그의 "아들들은… 그 땅 사람들이 포로로 잡혀갈 때까지 그들의 제사장이 되었다."고 묘사된다.

이 개혁된 제사장직의 효과는 곧 북 왕국 종교에서 감지된다. 일반 사람들 가운데 제사장들을 임명하여, 여로보암은 종교 제도 장악을 강화했다. 종교 지도자들은 왕에게 신세를 졌다. 역사가는 베델 제사에 반대하는 예언을 전한 유다 예언자의 기사에서 북 왕국에서 얼마나 종교가 정치화됐는지에 대해 짧게 소개한다.왕상13장 베델의 옛 예언자를 속이는 것은 그가 정치적 권력에 굴복한 것에 근거했다고 이해할 수 있다. 민족의 신앙이 국가 종교가 됐다. 왕에 대

한 불충이 또한 하나님에 대한 불충이 됐다. 게다가 제사장들은 실천과 가르침에 대한 강력한 전통을 유지할 수 없었을 것이다. 그래서 나라는 점차 외세의 영향과 이질적인 영향을 쉽게 받게 됐다. 예배, 특히 예배는 특히 산당에서, 왕의 산당인 공식적인 장소의 규범적이었던 예배와 사실상 별개로 발전했다.

예후의 강력한 개혁

여로보암이 죽은 지 36년 후에, 아합은 북 왕국 이스라엘의 왕이 됐다.왕상15:25; 16:29-33 아합은 아세라를 열렬히 숭배하는 시돈 공주 이세벨과 결혼한 후,[아세라, p. 387.] 바알 숭배로 돌아섰고, 이 가나안 신의 공식적인 숭배를 승인하면서, 사마리아 수도에 바알 신전을 지었다. 그의 아들이자 계승자인 아하시야는 에그론의 신 바알세붑에게 묻기까지 했다.왕하1장 그러나 30년 내에주전841년 즈음 바알은 퇴출됐다. 예후가 이런 바알 운명의 역전을 야기했다.

예후는 지배 가문 아합의 후손에 대항하여 군사 반란을 일으켰다.왕하9-10장 예후는 주님에 대한 충성을 숨기고, 바알 숭배자인 것처럼 속여, 사마리아에 있는 바알의 모든 예언자, 숭배자, 제사장들을 바알 성전으로 유인했다. 그 다음에 예후는 그들 모두를 살해하도록 명령했다. 그는 바알의 신성한 동상을 제거했고, 성전을 무너뜨려 공중화장실로 만들었다.10:18-36 "예후가 이와 같이 이스라엘 중에서 바알을 멸하였으나"라는 마무리하는 논평은 바알 숭배의 후속 장소에 대한 실마리를 제공한다. 북 왕국은 결코 다시는 공식적으로 바알 종교를 승인하지 않았다. 주님은 최고의 하나님으로 통치했다.

그러나 "느밧의 아들 여로보암의 죄"는 여전히 종교 개혁의 주요 장애물로 남았다. 이 죄들은 결코 다뤄지지 않았으므로, 팔레스타인의 풍요가 하급 신들의 영역으로 머물렀다는 점에서, 민족은 주님과 바알 사이의 권위의 분할을 계속 받아들였다. 공식 종교는 여호와 신앙으로 남아 있었지만, 대중 종교는 농경 주기와 인간의 출산에서 바알과 아세라를 적극적으로 능력을 발휘하는 이들로 포함했다.

야곱과 이삭 전승

호세아와 아모스에게 중요한 준거점은 족장 전통이다.호12:3-5,12 야곱이 팔레스타인에서 북의 열 지파가 나중에 차지한 지역을 중심으로 머물렀기 때문에, 이스라엘 사람들은 아브라함보다는 족장 야곱과 더 공감했다.

야곱 이야기에서 언급된 여러 장소는 나중에 북 왕국의 소유가 됐다. 곧 요단 강 동쪽의 숙곳, 브니엘과 얍복 강, 요단 강 서쪽의 베델, 세겜과 도단이 있다. 야곱이 남부 팔레스타인과 연관된 것은 라헬의 죽음 묘사와 이삭의 죽음 후 장자권을 취할 때 마므레에서 머무른 것에 국한된다.창35:16-29 이처럼 야곱은 약속의 족장이자, 북쪽 지파를 위한 신앙의 본보기가 됐다. 두 가지 중요한 사건에서 하나님이 야곱을 만난 곳이었기 때문에, 베델은 야곱의 성지 중심지로서 기여한다.28:10-22; 35:1-15 이런 베델의 역사적 연관성으로 말미암아, 북 왕국에서 예배의 주요 중심지로서의 베델의 역할을 승인하게 됐다.

아모스는 제사장 아마샤가 북 왕국을 "이삭의 집"으로 부른다고 인용한다.7:16 아모스는 주님이 "이삭의 산당들"을 심판하고 있다고 보고한다.7:9 이삭의 조상의 고향이 브엘세바였기 때문에, 창26:23-33; 28:10; 46:1, 5 아마도 이스라엘은 자신들을 이삭과 동일시했을 것이다.

유다와 다윗, 그들에 대한 언급

아모스서와 호세아서를 연구하는 대부분의 현대 주해가들은 유다를 언급하는 예언이 이 예언자들의 사역에 고유한 것이 아니었다고 전제한다. 보통은 이 유다 요소들은 후대의 남 왕국 독자들과 청중들에게 이 책들을 관련시키려고 추가됐다고 해석한다. 필자는 두 예언자가 처음부터 이스라엘뿐만 아니라 유다에게 말씀을 전했다고 주장했다. 그들은 유다가 변절로까지 발전하지 않는 것을 제외하고 이스라엘과 동일한 과정으로 기울어지는 것을 보았다. 각 경우 북 왕국에 대한 예언의 성취는 남 왕국에 대한 메시지를 확증하는 것이었다.

호세아서와 아모스서는 이스라엘에 대한 심판이 북 왕국을 나라로서는 끝나게 할 것이라는 사실에 동의한다.암9:9; 호1:6-7 그러나 유다는 추방 후에 정치적으로 회복될 것이다. 이 회복은 두 나라의 흩어진 남은 자를 다윗의 후손인 한 왕의 깃발 아래 재결합할 것이다.암9:8-12; 호 3:4-5

공의와 정의

현대인들은 정의와 사법 제도의 적용을 동일시하는 경향이 있다. 이런 견해는 성서의 정의를 너무 협소하게 이해한 것이다. 보편적인 정의미덕으로서의 정의와 특정한 정의상업, 구제, 및 분배의 정의; Nash: 74-76를 구분하는 자들이 있다. 일부 구분이 되기는 하더라도, 이 범주는 성서의 정의 개념에는 이질적이다. 예를 들어 아모스 5-6장에서, 정의를 세 번 언급하는데, 이 정의는 공의가 쌍으로 나오는 상응하는 것으로 시적인 병행어구에 나온다.5:7,24; 6:12 **정의와 공의**에 대한 병행 용법은 이 두 용어 사이의 많은 의미가 겹친다는 것을 암시한다.

법정이나 법의 배경에서 주요 **정의**의 의미는 "공정함"이다. 재판관은 법에 대해 모두 동일하게 대우하면서 공평해야 할 것이다. 동일한 법이 왕과 평민, 부자와 가난한 자, 노예와 자유인, 남자와 여자에게 동일하게 적용된다.출23:2-3, 6-8; 신17:8-13; 레19:15 참조 악을 행한 자는 응당한 징벌을 받아야 할 것이며,시149:9 죄가 없는 자는 방면될 것이다.시76:9 아모스 5장 15 절에서, 이스라엘에게 **악을 미워하고 선을 사랑하며, 성문에서 정의를 세우라**고 한다. 그들은 **압제당하는 자들의 길을 굽게 하였는데**,2:7; 5:12 참조 이것은 법정이나 사법 제도 내에서 부당한 행위를 묘사하는 것 같다. 그래서 하나님은 이스라엘에게 그 땅의 법을 유지하고 실천하는 데 공정하라고 요구한다. 이 법은 하나님 또는 경건한 지도자들과 재판관이 물려주거나 승인한 "판결들"로 주로 구성된다.신5:1; 왕상3:28 그러나 이 법은 항상 하나님의 법으로 묘사된다.

공의와 병행을 이룰 때 **정의**의 의미는 법적 제도의 역할에 국한되지 않는다. 요더가 주장하기를, 이런 정의는 공동체에 조화를 회복하는 데 관심을 둔다. 이런 정의는 압제자에 맞서 공동체 구성원을 위한 조치로 구성된다. 즉 사람이 마땅히 받아야 할 징벌을 부과하기보다는 상황을 바꾸려고 노력한다. 정의는 현재 절박한 상황에서 온전함을 이루고자 노력한다.Yoder: 27-37 이런 정의에 대한 실례는 욥이 마무리하는 독백에 나온다.29:7-25 욥은 어떻게 그가 "늘 정의를 실천하고, 매사를 공평하게 처리하였"는지를 묘사한다.29:14 욥은 가난한 자와 고아를 구하고, 죽어가는 자를 위로하며, 과부를 지원하고, 맹인, 저는 자, 곤경에 처한 자를 도우며, 나그네를 변호하며, 다른 이들을 이용하는 자들을 반대함으로써 정의를 실천했다.29:12-13, 15-17

다시 말해서 성서의 정의는 적극적으로 공동체와 그 공동체 안의 개인들의 안녕을 추구한다. 성서의 정의는 단순히 사법부의 책임이 아니라, 집단의 모든 구성원의 책임이다. 성서의 정의는 구체적인 보호의 조치로 구성된다. 기록된 법전을 넘어 모든 종류의 약함, 가난과 불평등을 다룬다. 이것이 공의와 공통된 내용이다.

공의는 아모스서에 세 번 나온다.5:7,24; 6:12 공의는 행동으로 드러나는 미덕이거나 옳은 일을 하려는 의도로 묘사될 수 있다. 공의는 개인들 사이의 관계의 자질을 가리킨다. **정의**는 비슷한 의미에서 희생자 및 곤경을 야기한 상황을 다루는 반면, **공의**는 돕는 자의 성품시11:7 그리고 몇 가지 예외가 있지만 자비, 보호, 공정의 행동겔33:12-20; 신6:25에 주목한다. 공의는 하나님의 구원하는 말씀과 행위에서 궁극적으로 표현된다.사5:16; 46:13; 51:5, 7-8 하나님은 자신의 영광을 보존하고 보여주려고 자신의 이름과 일치하게 행한다.시43:1; 단9:7, 13-19; Piper, 1980a: 2-32; 1980b: 3-14 인간의 공의는 하나님의 공의를 반영하는, 이런 미덕과 행동으로 구성된다.

아모스 5장 7절과 병행 본문 5장 10-13절은 **정의**와 **공의**라는 두 단어에 있는 의미의 범위를 잘 보여준다. 두 단어는 하나님의 심판의 행위5:9뿐만 아니라 은혜로운 행위5:8a-c에도 반영된다. 정의와 공의는 여기서 공동체의 생활이 규제되는 법적인 맥락에서 나온다.5:10, 12d, 15a 불의와 부정은 공적인 도덕성을 장려하는 자들에 반대하는 적의,5:10 가난한 자들을 이용하려는 열망,5:11 그리고 사법 과정을 왜곡하는 행위5:12의 형태를 띤다. 정의와 공의는 그와 완전히 반대이다. 정의와 공의는 전체 공동체의 구성원들의 안녕을 보장한다.

하나님은 사회뿐만 아니라 개인들에게도 정의와 공의를 행하라고 부른다. 아모스는 두 영역에서 실패했음을 지적한다. 개인적인 수준에서 이스라엘 사람들은 의로운 자를 속이고, 가난한 자들을 더욱 가난하게 하며, 사람들을 악용하고, 강탈하고 뇌물을 주며, 민족의 곤경에 무감각하게 행함으로써, 불의와 부정을 행했다. 공동체의 차원에서 그들에게 가난한 자들이 법정에 평등하게 청구하는 것을 부인한 것과 사법 과정을 왜곡한 것에 대해 해명하라고 요구한다. 이런 행위들은 하나님이 동일하게 싫어한다. 두 행위는 민족의식의 바탕을 무너뜨린다.

문학적 유형

유형은 노래하거나 말하거나 기록된 것이든 모든 작성에 공통이다. 작성자는 기억을 돕거나, 눈이나 귀를 만족시키거나, 이야기나 가르침의 어떤 요소에 주목하거나, 완성이나 온전함을 보이거나, 처음에는 단순하거나 이상해 보이는 것에 다채로운 미묘함과 미세한 변화를 추가하려고 유형을 사용한다.

히브리 문헌에서 가장 흔한 유형은 병행법이다. 병행구는 비슷하거나 대조되는 단어, 구절 또는 다른 문법적 구성으로 이뤄질 수 있다. 병행구는 길이와 성격에서 크게 다양하다. 가장 흔하고 명백한 병행구는 구절들 사이나 구절들 내에 있지만, 병행어구의 요소들은 거의 어떤 길이도 가능하며, 길이가 같지 않을 수도 있다. 독자는 구 또는 절 수준에서 다양한 병행하는 구문을 알아차릴 것이다. 명백하지 않은 일부 병행구도 설명에서 부각된다. 다른 일부 병행구는 번역에서 분명하지 않을 수도 있다.

교차대구의 구조는 A B C … C' B' A' 과 같이 거울에 비치는 형상으로 된 유형이다. X 모양으로 되어 있다는 것을 의미하는 교차대구는 본문의 하위 단위,호4:7-12 전체 신탁,암5:1-17 또는 더 큰 섹션호6:4-11:11의 특징이 될 수 있다.

고발-심판-구원의 순서는 호세아1-3장에서 또 다른 흔한 유형이며, 심지어 아모스서 전체의 흐름을 형성한다. 기타 유형으로는 다음과 같은 유형이 있다.

• 비슷한 소리암5:5

- 다음과 같은 공통의 도입 구절의 순서들. 아모스 1–2장의 서너 가지 죄, 아모스 3–6장의 이 말을 들어라, 아모스 7–9장의 주 하느님이 나에게 다음과 같은 것을 보여 주셨다.
- 비슷하거나 동일한 시작과 끝호6:4; 11:8-11
- 번갈아 나오거나 서로 주고받는 화자들의 균형암5:1-17; 호8:1-11:11의 개요 참조

예화든 은유든 삶에서의 본보기이든 어떤 것이든 병행어구도 역시 둘이나 그 이상의 어떤 유형을 취할 수 있다. 부정적인 것과 긍정적인 것을 한 쌍으로 듣는 것이 흔히 있는 병행어구이다.

어떤 유형은 문화에 구체적이며, 또 어떤 유형은 사람에 구체적이다. 호세아와 아모스 모두 주님에게서 오는 말씀 이외에도 자주 직접 화법을 인용한다.

호세아:

이제 너희는 형제를 "암미"라고 하고, 자매를 "루하마"라고 하여라.2:1

그는 자랑하기를 "나는 나의 정부들을 따라가겠다. 그들이 나에게 먹을 것과 마실 것을…. 2:5

"주의 살아 계심을 걸고" 맹세하지 말아라.4:15

"임금도 못 모시게 되었지만…"하며 한탄할 날이 올 것이다10:3

아모스:

예언자에게는 "예언하지 말라."고 명령하였다.2:12

… 저희 남편들에게 "마실 술을 가져 오라."고 조르는 자들아.4:1

… 맹세하는 자들, "단아, 너의 신이 살아 있다."8:14

… "재앙이 우리에게 덮치지도 않고, 가까이 오지도 않는다."하고 말하는 죄인은 …9:10

두 예언자는 또한 다음과 같이 수사적 질문을 효과적으로 사용한다.

호세아:

어찌 주님께서 그들을 어린 양을 치듯 넓은 초장에서 먹이시겠느냐?4:16

에브라임아, 내가 너를 어떻게 하면 좋겠느냐?6:4

절기가 오고, 주님께 영광을 돌릴 잔칫날이 돌아와도, 무엇을 제물로 드릴 수 있 겠느냐?9:5

아모스:

두 사람이 미리 약속하지 않았는데, 그들이 같이 갈 수 있겠느냐?3:3-8
이스라엘 가문아, 사십 년을 광야에서 사는 동안에, 너희가 나에게 희생제물과 곡 식제물을 바친 일이 있느냐?5:25
이스라엘 자손아, 나에게는 너희가 에티오피아 사람들과 똑같지 않은가?9:7

인용과 수사적 질문은 동일한 신탁에서는 사용되지 않는 경향이 있다. 이것은 논의의 중요한 요점들에 이들이 미치는 영향력을 보존하게 된다. 두 문학적 장치는 독자-청중 을 감정적으로 사고 과정에 끌어들이고 그렇지 않았으면 독백이었을 것에 대화를 도입 한다.

결혼 법과 관습, 고대근동

자료

지난 25년 동안 학자들은 결혼과 가족생활이라는 주제에 대해 고대 근동 문헌을 열정적 으로 모았고, 번역하거나 재번역했으며 연구했다. 더 최근 모음집과 주요 연구는 웨스트브 룩, Westbrook, 1988 로스, Roth, 1989 그리고 포르텐과 야데니Porten and Yardeni, 1987-89의 저술 을 포함한다. 우리는 이 연구에 이전에 헌트와 에드가Hunt and Edgar, 1970-가 모으고 번역한 대로, 파피루스에 헬라어로 기록된 이집트의 결혼 계약 모음집을 추가하겠다.

호세아서 연구에 대한 상관성

이 문서들은 고대 이스라엘이 속한 더 큰 세계의 결혼과 가족 구조 및 풍습을 밝혀준다. 이 자료들은 호세아서를 읽고 해석하는 데 도움이 되며, 따라서 이 주석에서 영향을 미치지만 약 간의 한계는 있다.

결혼과 가족에 대한 성서 외적인 어떤 본문들도 북 왕국이 개별적으로 존재하는 동안 북 왕 국의 시대와 지역에서는 존재하지 않는다. 그러므로 출판된 문서들이 성서 본문의 어떤 해석 도 "입증"한다고 말할 수는 없다. 그러나 이 문서들이 과거 주석가들이 가졌던 잘못된 개념이 나 진술을 바로잡는다는 점에서 여전히 유용하다.

이 문서들은 모든 고대 근동 사회가 다음에 관하여 결혼을 규정하거나 지시하거나 묘사하는 데 관심을 가졌다는 것을 가리킨다. (1) 결혼 계약의 경제적 측면, (2) 결혼 관계의 특성, (3) 결혼이 깨어지거나 단절된다고 간주될 조건들, (4) 혼합된 가족의 자녀들을 포함해서, 자녀들의 지위 및 그들의 상속 권리, (5) 결혼의 예외 또는 특이한 측면, (6) 결혼 관계의 파기로 인한 결과, 그리고 (7) 공정함을 보장하고, 보통은 여자와 자녀들, 곧 더 약한 자의 권리를 보호할 때의 가족이나 공동체의 역할. 이런 일곱 가지 요인들이 고대 근동 문화에 중대한 관심이었다는 인식은 그 자체로 호세아 연구에 중요하다. 각 요소들은 호세아 1-3장에 두드러지게 나온다.

이런 결혼 법과 계약에 대한 기본적인 관심은 히브리인들도 비슷하게 가지고 있다. 우리는 고대 근동의 성, 결혼, 가족에 대한 법을 이스라엘의 법과 비교하여, 사회학적으로 일치함이 타당하다는 것을 확증할 수 있다.출21-22장; 레18-21장; 민27, 30, 36장; 신21-25장 참조

거룩한 행위와 은유로서의 음행매춘

문제

왜 음행의 용어인가? 왜 하나님의 관심과 심판을 확인하려고 불충이나 간음을 이야기하지 않거나 다른 형상에 의존하지 않는가? 정말로 도대체 이스라엘의 삶의 얼마나 많은 영역이 음행이라는 형상을 사용하여 언급될 수 있겠는가? 호세아서에서 많은 경우에 음행이라는 용어는 순수하게 은유적이다. 은유와 문자그대로의 언급을 구분하고 분리할 수 있는가? 은유의 뉘앙스는 무엇인가? 이 질문에 대한 대답이 호세아서와 아모스서를 해석할 때 영향을 미칠 것이다.

아모스서의 음행에 대한 유일한 언급은 아마샤의 아내의 운명을 해석한다.7:17 아모스2:7에서는 성적인 죄에 대한 다른 유일한 언급이 간단하게 언급된다. 호세아서는 음행이라는 용어를 포함해서 성적 언어로 가득하다.

거룩한 행위로서의 음행

이스라엘의 법은 다음과 같이 아버지가 포주 역할을 하는 가족의 기업으로 세속적인일상의, 흔한 음행매춘을 금지했다. "딸을 창녀로 내놓으면, 이 땅은 온통 음란한 풍습에 젖고, 망측한 짓들이 온 땅에 가득하게 될 것이다."레19:29 또한 이스라엘 법은 창녀가 맹세에 대한 보상으로 자신이 번 돈을 가져오는 것을 금했다.신23:18 이스라엘의 법은 역시 거룩한 음행도 금지했다. "이스라엘의 딸은 성전 창녀가 될 수 없습니다. 또 이스라엘의 아들들도 성전 남창이 될 수 없습니다."신23:17 분명하게 음행은 하나님의 창조와 도덕질서를 어기는 것이었다.

문자적으로 음행매춘으로서의 거룩한 음행은 오직 한 번 북 왕국의 종교 관습과 관련하여 호세아 4장 14절에서 언급되는데, 거기서 창녀는 여자이다. 유다에서 거룩한 창녀를 성을 밝히며 언급할 때는 모두 남성 창녀이다.왕상14:24; 15:12; 22:46; 왕하23:7 그러나 거룩한 음행은 풍요의 종교에서는 일반적인 일이었다.

거룩한 창녀의 정확한 기능과 의미는 분명하지 않다. 세속적 창녀와 고객 사이의 성행위는 그녀가 임의로 정한 봉사료에 대한 대가로 여겨진다. 거룩한 창녀와 예배자 사이의 성행위는 풍요를 보장하고 자녀를 출산하는 개인의 도덕적 의무와 종교적 의무로 여겨진다. 바알과 아세라 숭배는 예배자들이 바알이 매년 재탄생하는 것을 보장하고자 출산 행위에 가담했다.

거룩한 음행에 대한 이해는 다양한 성서 본문과 성서 밖의 자료에서 얻을 수 있다. 벌거벗은 많은 여자 모습의 조각상이 팔레스타인에서 발굴됐는데, 이 조각상들은 이스라엘이 가나안 땅을 차지한 이른 시기의 것들이다.ANEP: figs. 464, 465, 469 이 조각상들은 가슴과 음부를 향해 주목하는 경향이 있는데, 이는 이 신들이 성적인 기능이 있다는 것을 암시한다.

엘리의 아들들이 회막 입구에서 섬긴 여자들과 잤을 때 풍요의 제의를 행했을 가능성이 있다.삼상2:22 아무튼, 엘리는 이 행위가 독특한 방식으로 하나님에게 범하는 죄를 대변했다고 인식했다.2:25

바알, 아나트 및 아세라는 자연과 생식의 주기와 관련하여, 보통 나무의 작은 숲에 위치한 언덕 위의 성소인 산당에서 숭배됐다.[가나안의 풍요 신화, p. 391.] 또한 산당에서는 신들에게 희생제물로 아이를 바치는 의식, 음행의 관습, 강신술과 주술행위가 있었다.왕하17; 호4:13-14 참조

약속의 땅에 들어가기 전 바알브올에서의 사건은 바알 숭배의 특성과 효과를 잘 보여준다.민25장 명백하게 발람의 충고에 따라,31:16 모압 사람들과 미디안 사람들은 이스라엘의 도덕성을 훼손했고, 이스라엘에게 모압의 방식으로 예배하도록 장려하여 하나님에게서 멀어지게 했다. 이런 예배는 그들의 신들에게 희생제물을 바치고, 이 신들 앞에서 먹으며, 모압 신들을 대변하는 우상을 숭배하면서, 모압 여자들과의 성적인 부도덕한 행위를 포함했다.25:1-3 성적인 부도덕한 행위는 성지에서의 성행위에 국한하지 않고, 이스라엘 진영에서의 부도덕한 삶으로 이어졌다.25:6-8 이 모두는 호세아가 바알 숭배를 특징짓는 성적인 타락에 대해 묘사한 것과 일치한다. 이것은 주님과 호세아가 그들의 배우자의 신실하지 못함 그리고 육체적이며 영적인 음행이 민족에 도입한 만연한 악에 대해 공격한 배경이 된다.

그러나 열왕기서 저자들이 북 왕국에 가한 비판왕하17장의 요약적 진술 이외에을 조사해보면, 음행에 대한 언급도, 그들의 산당에서의 예배도, 예후 왕의 개혁 이후 바알 숭배에 대한 징후도

없다.10:25-29 참조 그들이 여로보암 1세의 죄를 따랐다는 죄들은 베델과 단에서의 금송아지를 숭배한 것이며10:29 사마리아에서 아세라 목상을 사용한 것이다.13:6 실제로 예후는 공식적인 바알 숭배를 근절했다고 묘사된다.[이스라엘 종교, p. 401.]

그렇다면 우리는 어떻게 음행, 바알 숭배의 분명한 증거, 우상의 사용, 풍요 제의의 두드러진 역할을 자주 언급하고 있는 호세아서를 이해해야 하는가? 우리는 어떻게 이스라엘의 고백, 도움에 대한 호소 및 맹세 공식에서 표현되는 명백하게 진심어린 여호와 신앙을 이해할 것인가?

호세아 4장 14절은 세속적 음행과 거룩한 음행의 구분이 우리가 생각하는 만큼 크지 않다는 것을 암시한다. 아버지들은 자기 딸들과 며느리들이 혼외 성관계를 할 때 화를 냈다. 호세아는 아버지들의 세속적 창녀4:14a와 거룩한 창녀4:14b의 부도덕한 행위를 딸들과 며느리들이 따르는 본보기로 지적한다. 이런 음행은 항상 산당과 연결된다. 음행 및 베델, 길갈, 단 또는 브엘세바에서의 주님에 대한 예배와의 연관성이 없다. 이것은 여호와와 바알에게 영향력이 미치는 영역이 각각 구분되어 할당됐었다는 것을 시사한다. 이스라엘은 주님이 창조주이며 풍요의 하나님이라는 사실을 잊었다.2:5, 8-13

은유로서의 음행

음행의 비유적 표현은 간음보다 더 적절하다. 음행은 상품과 서비스의 교환에 관여한다. 풍요의 제의에서 예배자는 자신이 투자한 것에 대해 되돌려 받기를 기대했다. 게다가 고대 근동 종교에는 사회에 대해 통합하는 중심지가 있다. 시내 산 언약이 모두를 아우르며, 예배는 삶 자체만큼이나 광범위하므로, 음행이라는 용어는 이스라엘이 가나안의 가치와 관습에서 인도를 받는 삶의 어떤 측면이든 관련 있는 폭넓은 은유가 됐다. 호세아서에서, 음행이라는 용어는 명백하게 예배의 왜곡과 연결된다.호4장 이 용어는 제사장들이 가르치지 못한 것과, 산당에서의 희생제물, 기근, 포도주 마시기, 하나님에게 묻기, 태우는 향, 그리고 제물과 연결된다. 성의 용어는 성적으로 분명한 현실로 시작하지만, 신속하게 이 왜곡된 개념과 관습이 포함하는 다양한 형태의 비유적 표현이 된다. 성 행위는 "음행의 정신"이 된다.

언약 파기호6:7-10는 음행으로 간주된다. 국가가 연인에게 자신을 팔았기 때문에,8:9 이스라엘의 국가 정책이 음행의 용어를 타당하게 만들었다. 이스라엘은 보호에 대한 대가로 자발적으로 앗시리아에게 공물을 바치거나 기부했다. 베델과 단이나 사마리아의 수송아지 형상과 산당에서의 예배는 하나님과의 언약을 파기한다는 의미에서 음행이 된다.

호세아는 하나님과 이스라엘의 관계를 묘사하려고 성적인 용어나 풍요의 용어를 사용하기를 주저하지 않는다. 이것은 심판에서 뿐만 아니라 약속에서도 그렇다.호2장 가장 성적으로 명백한 용어는 **그러므로 이제 내가 그를 꾀어서, 빈 들로 데리고 가겠다. 거기에서 내가 그를 다정한 말로 달래 주겠다**이다.2:14 본문이 **주를 바로 알 것이다**2:20 또는 **나는 에브라임을 잘 안다**5:3라고 말할 때, 결혼에서의 성관계는 남편이 자기 아내를 "안다"고 묘사하므로, 이 표현들은 침실의 분위기를 전달한다. 주님은 공개적으로 이스라엘의 정부, 재혼으로 이어질 자신이 맺은 이스라엘과의 약혼, 및 자신과 이스라엘 사이에 북 왕국이 온전히 회복될 때까지 존재할 이상적인 관계에 대해 말씀한다.호3장 이스라엘이 자신을 다른 남자에게 주지 말며, 주님도 자신을 다른 여자에게 주지 않을 것이라는 점에서, 하나님은 자신이 구속한 약혼한 신부/아내에게 제약을 둔다.3:3

제2부에서 세 개의 구원 단락호6:1-3; 11:8-11; 14:1-8은 풍요의 어휘와 개념으로 구성된다. 바알은 자녀들, 비, 곡식과 부를 제공하는 자라고 말한다. 정말로 비는 바알의 거래하는 물건이다. 엘리야가 갈멜 산에서 바알 예언자들과의 만남에서 전한 메시지는 바알이 아니라 **주님**이 비와 이슬을 제공하는 이요, 땅을 축복하고 자연에게 매년 새로운 생명을 낳게 하는 능력을 부여한 이라는 것이었다.14:1-8 주님은 바알의 무기비, 황소를 사용하면서 바알을 앞섰다. 회개하는 이스라엘은 존재한다고 여겨지는 다른 모든 풍요와 다산의 신들보다 주님이 우월하다는 것을 인식해야만 한다.6:1-3

주제가 제의에서 더 멀어질수록, 풍요의 용어가 전반적으로 나온다고 하더라도, 호세아는 성의 비유적 표현을 덜 사용한다. 민족의 변절의 사회적 측면과 경제적 측면에 초점을 두는 마무리하는 섹션에서,11:12-14:9 풍요의 용어가 많이 있지만 명백하게 음행을 언급하지는 않는다. 아모스는 북 왕국의 사회와 경제적 죄에 초점을 둔다. 아모스의 예언 역시 풍요의 용어를 포함하지만, 음행의 용어는 포함하지 않는다. 그렇다면 이런 면에서 아모스와 호세아는 사회적인 성격이든 경제적인 성격이든 정의에 대한 사안을 다룰 때 동일한 용어로 말한다. 이들 사이의 차이점은 아모스는 제의의 사안암4-6, 8장이나 하나님을 아는 지식에 대한 문제암5, 8장를 다룰 때, 음행의 용어를 채택하거나 성적인 비유적 표현을 사용하지 않는다는 점이다.

성막, 초막절의 의미

주님이 이스라엘을 선택하고 창조한 것을 떠올리게 하는 사건은 초막절이었다. 전통적으로 이 절기는 다음과 같이 여러 가지를 기념했다. (1) 민족, 곧 하나님의 "아들"이 광야에서 하나님을 예배하도록 이집트에서 이스라엘을 구출함.출4:22-23; 5:1-3 (2) 시내 산에서의 언약 체결과 율법 수여. (3) 왕으로서의 주님의 역할과 자기 백성을 정당하게 통치하는 것에 대한 주님의 관심. (4) 7일간의 초막에서의 생활로 기억되는 광야에서의 방랑 40년 동안의 주님의 자비로운 공급. (5) 하나님이 자기 백성에게 준 땅에 흘러넘치는 사랑을 보여주는 수확.

이것은 여로보암 1세가 일곱째 달에서 여덟째 달로 옮긴 절기였다.[이스라엘 종교, p. 401.] 북 왕국에서 수확한 한 달 이전에 마쳐질 것이다. 이런 큰 절기의 날짜를 변경한 것은 효과적으로 백성을 구속한 주님의 행위와 풍요를 보장하는 이로서의 주님의 활동을 분리했다. 또는 "풍요가 구속보다 우위에 있다."라고 말하는 것이 더 정확할지도 모른다.

이 절기의 날짜 변경은 호세아 9장 1-5절 본문의 기초가 된다. 일곱째 달의 수확9:1-2과 여덟째 달의 초막절 사이의 간격에서, 불운과 심판이 소산물을 먹어치우고, 백성들은 빈약한 곡식을 먹었다. 한 달 뒤에 백성들이 초막절을 축하하러 올 때,9:4-5 주님의 공급하심을 기념할 게 아무 것도 남아 있지 않을 것이다. 이렇게 초막절의 시기를 변경한 것은 또한 땅의 소산물2:5, 8-9이 바알에게서 온다는 잘못된 주장의 기초가 된다. 주님이 베푼 아량에 대해 바알에게 공적을 돌린다.

무너진 다윗의 초막암9:11에 대한 언급과 **너희의 왕 식굿**5:26에서의 언어유희는 초막절이 여호와의 왕권을 기념하는 행사임을 가리킨다.

초막절은 또한 주님이 긍휼과 정의에 관심을 가진다는 것을 표시한다. 초막절은 삼년마다 레위인들, 거류민, 고아와 과부에게 주는 십일조를 내는 행사가 된다.암4:4; 신26장 또한 빚을 7년마다 탕감하는 행사이기도 하다.31:10; 15:1-11 참조

아모스가 보인 정의에 대한 열정적인 관심은 초막절의 전통과 연결된다. 아모스는 가난한 자와 무력한 자를 노예 삼는 것과 압제하는 것에 대해 말하고,2:6-8; 5:7, 10-12; 8:5-6 부자와 권력 있는 자들이 어떻게 정의를 십일조와 제물로 대체했는지를 지적한다.4:4; 5:14-15, 21-27 실제로 아모스는 여덟째 달의 절기에 사역했다고 주장해 왔다. 이것이 사실이라면 아모스의 말은 이스라엘이 초막절의 본질적인 의미를 이행하지 못한 것에 대한 설명이 된다.

출애굽 전통과 초막절의 출애굽의 기념에서 본질적인 요소는 언약과 율법 수여를 강조한다는 것이다. 신명기에 따르면, 율법서는 7년마다 초막절에 읽어야 한다.31:9-13; 느8장 아모스는 다음과 같이 하나님을 이스라엘의 언약의 주님으로 선언한다. **나는 이 땅의 모든 족속들 가운데서 오직 너희만을 선택하였으나.**3:2 호세아서는 언약 요소로 가득하다. 1-3장은 주님의 이스라엘과 맺은 언약의 역사에 토대를 둔다. 십계명 가운데 다섯 가지 계명이 4장 1-3절에 열거된다. 6장 1-3절의 구원 신탁은 언약 갱신을 나타낸다. 제사장들은 율법을 가르치지 못했으며,4:6 결과적으로 백성은 하나님을 잊었다.8:12 하나님은 자기 아들을 이집트에서 불러냈지만,11:1 이 아이는 부모의 사랑을 거부했다.11:2-4,8-11 호세아서와 아모스서의 선포된

심판은 성서 밖의 국제 조약에서 발견되며, 레위기 26장과 신명기 28장에 기록된 언약 저주의 유형을 따른다. 결국 아모스는 이스라엘이 율법을 무시하여 하나님의 말씀의 **기근**을 만나게 될 것이라고 선언한다.8:11-14

호세아서도 출애굽 및 시내 산에서의 이어지는 언약 체결을 민족의 이상적이며, 구체화하는 사건으로 다룬다. 현재의 심판에 이어지는 새로운 구속은 이전의 구원 사건을 따라, 새로운 신혼여행 경험의 형태를 띨 것이다.2:14-15 이스라엘의 현재의 변절은 주님이 그들의 이집트의 주인에게서 구한 것과 강렬하게 대조를 이룬다.12:9,13; 13:4 이스라엘의 회복은 이스라엘 백성이 주님만을 자신들의 하나님으로 인정하는 데 달려 있다.13:4

여호와–바알 갈등과 예언자의 논쟁

갈등의 이야기

하나님은 이스라엘에게 그들이 소유권을 주장하는 땅의 신들을 예배하지 못하도록 금지했다. 정말로 가나안을 차지하려는 경쟁은 여호와와 바알 사이의 경쟁이었다.

모든 신들은 산당'바모스' [bamoth], 왕상13:32이라고 불리는 지역 언덕 성지에서 예배됐다. 팔레스타인에서 산당은 이미 다른 신들이 차지하고 있었다. 그래서 성전 건축 이전에 공식적인 이스라엘의 예배는 언약궤와 회막이 있는 장소를 중심으로 집중되었다. 이 장소는 때로 변경됐다.수3-4, 6장 등; 삿20:27; 삼상2:14; 3:3; 7:1; 21:1-6 참조 심지어 블레셋이 언약궤를 이스라엘에게 돌려준 후에도, 여호와에 대한 참된 예배는 공식적인 제의 중심지 이외의 장소에서 드려졌다.삼상7:17; 10:8

이스라엘 역시 시내 산과 시온 산과 같은 산당에서 예배했다. 유다와의 분립과 여로보암이 종교상으로 변경한 것은 효과적으로 이스라엘을 공인된 산당, 시온 산에서 분리시키는 결과를 낳았다. 북쪽에는 길갈, 베델, 미스바, 라마, 그리심, 및 갈멜 산과 같은 산당이 남아 있었다. 이 특별한 중심지들은 사무엘, 엘리야 및 엘리사와 같은 예언자들이 있었고 그들이 사역을 하여 축복받은 곳이다. 하나님이 자신을 과거에 드러냈고, 그분의 백성들이 오랫동안 참된 하나님을 섬긴 전통을 지닌 곳에서 여호와를 계속 예배하는 것이 당연해 보였다.

여로보암 1세가 죽은 이후, 주전 910/09년, 틸레의 연대기 약 35년간의 정치적으로 소란스러운 시기가 지나갔다. 여로보암과 아합 사이에 네 왕이 등극했다. 둘은 암살자에게 죽었고, 한 왕은 자살했다. 북 왕국은 불화가 심화됐다. 분명히 종교적 갈등은 깊은 불안을 조장했다.

아합 왕의 등극은 이스라엘의 종교 생활의 전환점이 됐다. 그의 아버지 오므리가 지은 새로운 수도 사마리아왕상16:24는 베델과 같이,창28:10-22 참조 여호와 신앙과의 역사적인 연결이 없었다. 아합 왕은 바알 숭배와 공식적인 종교를 만들었다. 그는 이 종교적 변화를 강화했고, 시돈 왕의 땅 이세벨과 결혼하여 북쪽 국경의 안전을 확보했다.왕상16:31 이세벨은 아세라와 바알 제의를 열렬하게 섬기며 지지했다.18:19 베델은 성소로 남아 있을지라도, 사마리아에 왕이 있기 때문에 사마리아에 있던 바알 성전이 국가의 성지로서의 지위를 부여받았다.16:32 사마리아는 아합과 그의 아들 요람이 이스라엘을 통치한 32년 내내 이 지위를 가지게 됐다.왕하 10:18-27 참조

종교적 가치, 인간의 가치, 사회 가치가 변하고 있었다. 아합의 통치 동안 북 왕국에서 여호와 신앙의 중심지인 베델의 고관이 신들에게 여리고의 회복을 축복하도록 호소하고자 자기 장자와 막내를 희생제물로 바쳤다.왕상16:34 나봇의 포도원 기사는 오래된 사회 가치와 문화 가치가 부패하고 있다는 것을 잘 보여준다. 또한 이 기사는 군주제에 권력이 점차 집중되며, 평등과 정의를 무시한다는 것을 반영한다. 왕은 빠르게 바뀌고, 각 왕은 스스로 살아남으려는 목적에서 동맹을 강화하려고 노력했다. 그들을 함께 묶어주었던 풍요, 땅의 소유권, 정치적 동맹은 여호와와 바알 사이에 있는 갈등의 본질이었다.

이세벨이 바알과 아세라로 적극적으로 개종시키려 할 때,[아세라, p. 387.] 그녀의 열심은 여호와의 예언자들을 박해하고,왕상18:4, 13; 18:9-10 산당의 제의 중심지에서 여호와 신앙을 근절하는 것으로 드러났다.18:30-32; 19:10, 14 엘리야가 갈멜 산에서 승리자 여호와를 부를 때, 여왕의 예언적 지지자들은 가야했다. 엘리야가 바알 예언자들을 죽였다. 이 사건은 이세벨을 너무 화나게 하여, 엘리야를 죽이려고 위협했다. 이세벨의 분노가 두려웠기 때문에, 엘리야는 목숨을 부지하려고 도망했다.18:40-19:9

이 전체 과정에서 아합은 수동적인 역할을 한 것처럼 보인다. 공식적으로 그는 여호와를 주님으로 인정했지만,왕상18:41-19:1 사적으로 이세벨을 지지했다. 그는 개인적으로 여호와가 자연을 통치하는 것에 대해 두 가지 설득력 있는 증거를 목격했다. 첫째, 여호와는 한 번의 아찔한 번개로 자신이 바알보다 우월함을 보였는데, 이는 효과적으로 바알보다 자신이 폭풍의 신임을 분명히 했다. 둘째, 비를 억수같이 쏟아 바알보다는 여호와가 땅을 충전하고 주님만이 아합이 충성할 만한 가치가 있는 분이라는 명확한 증거가 됐다. 하지만 아합은 계속 하나님과 바알 사이에 망설였다.

엘리야와 엘리사 이야기는 주님이 자신의 예언자들을 통해 활동한다고 묘사한다. 나중에 많은 다른 예언자들은 국가의 사건 무대에 등장한다. 이스라엘의 왕들, 심지어 적대적인 아합도 여호와의 예언자들을 전하는 하나님의 메시지가 유효함을 인정할지라도,왕상20:13-21:29 참조 바탕을 이루는 부정적인 태도가 예언자들을 향해 만연했다. 아합은 엘리야를 "이스라엘

을 괴롭히는 자"18:17이며 "내 원수"21:20라고 묘사했다. 불쾌한 진리로 대적과 맞서려면 민감함과 담대함이 필수적이었다.

여호와를 지지하는 호세아와 아모스의 논쟁

호세아 및 아모스와 같은 여호와의 예언자들에게 도전이 되는 것은 이스라엘에게 그들의 언약의 주님을 버리는 것이 논리적으로 모순되며, 도덕적인 영향을 미칠 것이라고 설득하는 방식과 논증으로 그들과 소통하는 것이었다. 단순히 바알 숭배를 비난하거나 주님이 자연을 통제한다고 주장하는 것은 8세기 이스라엘 사람들에게 설득력이 없었을 것이다. 이 주석은 호세아와 아모스의 예언서에 포함된 대로, 바알을 반대하고 여호와를 지지하는 논쟁의 논리적 근거를 추적하려고 꽤 노력했다. 이 주석은 반-혼합주의의 해석학에 대한 연구다. 이 주석은 이스라엘의 거룩한 이를 아는 지식을 왜곡한 참된 하나님에 대한 부적절한 상징물에 대해서뿐만 아니라 "다른 신들"출20:3에 대한 타협하지 않는 반대의 메시지를 탐구한다.

바알이 주요 역할을 한 다신론에서 각 신은 구체적인 지위, 역할 및 임무가 부여됐다. 주변 사회의 백성은 다른 신들의 공존때로는 평화롭게, 때로는 적대적으로을 믿었다. 게다가 한 하나님이자 동일한 하나님엘이 가장 높으신 하나님, 엘 엘리온, 창14:18-24 나를 보시는 하나님, 엘 로이, 16:13-14 베델의 하나님, 엘 베델, 31:13; 35:7 그리고 단 또는 브엘세바의 하나님암8:14과 같이 지역의 현현으로 예배될 수 있다. 이런 식으로 백성은 자신들의 신앙에 조화와 통일성을 가져왔다.

여호와와 바알의 기능이 겹친다고 하더라도, 이스라엘이 궁극적으로 여호와는 바알이 아니었다고 이해하게 된 과정은 오래 시간이 걸렸고 천천히 이뤄졌다. 이스라엘의 도덕적인 정결과 신학적인 정결은 주로 가르치는 제사장에 달려 있었다. 그러나 북 왕국은 이런 제사장이 부족했는데, 이것은 앗시리아가 주전 722/1년 사마리아를 멸망시키기까지 여로보암 1세부터 이스라엘의 왕들에게 향한 주요 비난 가운데 하나였다.

여호와를 지지하고 바알을 반대하는 주요 주장은 여호와를 자기 백성과 친밀하고 오랜 역사를 가졌던 하나님으로 주목했다. 호1-3장; 암2-3, 9장 이 역사 전반에서, 암3:1-2 여호와는 자기 백성에게 바알이 일찍이 제공했다고 주장하는 모든 선한 것을 제공했다. 바알은 풍요의 근원이라고 말했지만, 여호와는 황폐한 광야에서 40년 동안 전체 민족을 돌볼 수 있었다. 호2장; 암2:10-11 실제로 가나안 땅 자체가 여호와의 선물이었다. 여호와가 가나안 사람들을 몰아냈기 때문이다. 암2:9

이 동일한 하나님이 땅의 좋은 것을 유보할 수 있다. 그분은 동시에 풍요의 하나님이자 불모의 하나님이었다.호2:6-23; 9:1-6, 10-13; 암4:4-9; 8:1-3, 7-10; 9:11-15 그분은 또한 자연을 지
배한 하나님이었으며, 민족의 문제를 지도하는 하나님이었으며,암1-2장 왕을 세우고 폐위하
는 하나님이었다.암7장 하나님은 바알, 아나트, 나하르, 얌, 모트 그리고 이스라엘이 바알 숭배
와 연결시켰던 모든 다른 신들에게 돌렸던 모든 영역을 지배했다.암9:2-10[아세라, p. 387.]
이 다수의 임무로 말미암아, 호세아서와 아모스서가 다음과 같이 하나님을 가리키는 수많은
이름을 포함하게 된 것이다. 바알,호2:16 엘로힘,하나님 영광,4:7; 9:11 브엘세바의 하나님,암
8:14 돕는 자,호13:9 높으신 하나님,11:7 거룩한 하나님,11:9 왕,7:5 만군의 하나님,여호와, 전능한
하나님; 12:5; 암4:13; 5:14-16; 6:14 가장 높으신 하나님,호7:16 야곱의 자랑,암8:7 구원자,호13:4
주 하나님,아도나이 여호와; 암1:8; 3:7-8, 11; 4:2, 5; 5:3; 6:8; 7:1-2, 4[두 번], 5-6; 8:1, 3, 9, 11; 9:8
주, 만군의 하나님.아도나이, 만군의 여호와; 암9:5

가나안 신들에 반대하는 논쟁의 일부로서, 토착의 이교적 신들의 속성은 점차로 여호와에
게 떠맡겨졌다. 예를 들어 여호와는 "구름을 타는 자"라는 이름과 역할을 떠맡았는데,시18:10;
45:4; 68:4, 33; 104:3; 사19:1 참조 이는 신화 문헌에서 바알을 가리키는 흔한 명칭이었다. 이 역
할은 계절을 따라 비를 내리며 수확을 보장하는 것이었다.

역사와 풍요가 매년 자연의 주기에서 합쳐졌다. 토라에 기록된 대로, 이스라엘의 축하하는
사건들은 동시에 역사와 자연의 하나님으로서의 여호와에게 연결됐다. 이 연관성은 수확과 출
애굽에 대한 사건과 축하에서 가장 분명하게 드러났다.

타작마당이든 포도주틀이든 수확의 시기는 노래와 희생제물로 축하하는 시기였다.호4:8,
13; 5:6; 6:6; 8:13; 9:1-2; 10:1; 암4:4-5; 5:21-25; 8:3, 10 여로보암 1세는 전통적으로 수확 절기
였던 초막절의 날짜를 변경하여, 둘을 분리시켰다. 즉 수확은 일곱째 달에 축하했고, 여호와
의 보호와 통치는 여덟째 달에 축하했다. 지역에서 축하하는 수확은 바알과 연결됐다. 점차 바
알과 아세라 숭배와 연결됐던 산당은 모든 공동체에 편리한 성지를 제공했다. 공식적으로 여
호와는 베델에서 나라를 지배했다. 실제로는 바알 숭배의 양식이 모든 종교를 지배했다.

주 여호와를 지하는 논쟁으로서 아모스는 특히 여호와의 자연과 역사에 대한 통치를 강조
했다. 아모스의 첫 네 가지 환상7-9장은 수확, 왕권 그리고 "이집트"9:1-10라는 주제와 연결된
다. 이스라엘의 성읍들을 공격할 지진은 나일 강의 솟아오르고 가라앉는 것과 비슷한 움직임
을 만든다.8:8; 9:5 아모스 9장 9절에서, 수확과 지진은 체로 흔드는 곡식이라는 은유에서 함
께 묶인다.

각각의 세 번의 경우에 아모스는 수사적 질문으로 이집트와 40년간의 광야 경험에 초점을
둔다.2:10-11; 5:25-26; 9:7-8 주장의 흐름은 다음과 같다. 여호와가 이집트의 풍요에서 너희를

구하고, 바알이 죽거나 무력한 곳인 광야에서 온전히 40년 동안 너희를 돌보았다면, 분명히 주님은 이스라엘의 땅의 풍요를 보장할 수 있다.

바알을 반대하는 호세아와 아모스의 논쟁

호세아와 아모스는 이스라엘이 제의 활동, 특히 베델과 길갈에서 여호와에게 가져온 수많은 희생제물에 의존하지만 백성의 왜곡에 대한 여호와의 분노를 달래지 못할 것이라는 사실에 동의한다.암4:4; 호4:15; 5:4-7; 8:11-13 두 예언자는 이스라엘 사람들이 정말로 이 중심지들에서 여호와를 예배하고 있음을 믿는다고 가정한다. 두 예언자는 또한 한 목소리로 그들의 왕 여호와의 발판 역할을 하는, 베델의 수송아지에 대해 말한다.암5:26; 호8:5-6; 10:5 둘은 종교적 거룩한 모임과 절기를 비난하고, 특히 교제의 식사를 받아들일 수 없다고 한다.암4:4-5; 5:21-23; 6:1-7; 호7:14; 8:13; 9:1-5 여호와는 자기 백성에게서 이런 예배를 받을 수 없을 것이다. 하나님의 바로잡으려는 본보기, 말씀들, 행위들은 너무나 오랫동안 주목을 받지 못한 채 지나갔다.호9:8; 12:10; 암2:11-12; 3:1-8; 4:4-13 유일하게 남아 있는 메시지는 침묵의 메시지이다.8:11-14

그럼에도 호세아와 아모스는 북 왕국에 있는 현존하는 종교 관습에 대해 다른 접근을 한다. 아모스의 접근은 북 왕국에 있는 전통적인 장소에서 행하는 모든 예배를 비난하는 것이다. 그렇게 할 때, 아모스는 이스라엘의 종교에 대한 심판을 포괄적인 진술로 전달하는데, 이스라엘 종교가 예루살렘이 아닌 다른 중심지에서 이행되기 때문이다.1:2참조 베델,3:14; 4:4; 5:5-6; 7:8-9, 11-13 참조 길갈,4:4; 5:5 브엘세바,5:5 이 모두는 "세속적"이라는 평결을 받는다. 아모스는 이 중심지들에서의 예배의 특성에 대해 명백하게 비판하지 않는다. 아모스는 이 예배 중심지들을 이교적이거나 바알 신앙의 성격을 지닌다고 확인하지 않는다. 그는 단순히 심판을 위해 이 중심지들을 지목할 뿐이다. 이스라엘의 예배는 윤리적 삶을 대체했기 때문에, 그들의 파멸이 정당해진다.

그들의 예배에 대한 비난에는 암묵적으로 이 중심지에서의 예배가 그들의 하나님에게는 어울리지 않는 예배라는 주장이 있다. 그들은 하나님에 대한 진리를 고집스럽게 억압해왔다.암2:9-12; 3:8; 4:12-13; 5:4, 8-10, 18; 6:10; 7:14-15; 9:5-8 이스라엘 사람들은 하나님의 백성에 대한 그분의 목적도 그분의 과거 행동도 이해하지 못했다.3:1-2; 4:6-11; 6:1-2; 9:7-8 찬양의 단편들은 하나님의 본성을 입증하는 아모스의 논쟁에 잘 기여하고 있다. 수사적 질문은 훌륭하고 설득력 있게 아모스의 주장을 전달한다.2:11; 3:3-7; 5:25; 6:2-3; 6:12; 9:7

그러나 아모스는 북 왕국에서의 종교적 왜곡들에 대해 인식하지 못하는 것은 아니다. 아모스가 이스라엘 백성을 처음 공격할 때,2:6-8 그들의 근친상간의 관습, 많은 제단들에서 예배하는 모습을 언급한다. 베델 제단은 파괴될 것이다.3:14 아모스는 사마리아 여자들을 바산의 암소라고 부르는데,4:1 아나트와 동일시하며 바알에 충성하는 것을 반영한다. 주님은 풍요의 하나님이다. 주님은 빵과 비를 허락하지 않고 그들의 곡식을 파괴하려고 해충과 질병을 보냈다.4:6-9 사실 주님은 자연을 통해 심판이 강렬해질 것이라고 위협한다.7:1-6; 8:13

심판이 절정에 이르는 날에, 주님은 이스라엘 사람들이 앗시리아 군대의 철저한 공격에 대비하여 숨거나 보호하려고 자신들을 감추려고 했던 "다른 신들"의 영역을 샅샅이 찾아낼 것이다. 주님 자신이 소위 신들의 영역을 침략하고 자기 백성을 포로로 끌려가게 것이다.암9:2-4 바알이 아니라 만군의 주님이 하늘에 자신의 궁전을 짓고,[바알, p. 388.] 축복뿐만 아니라 심판에서도 자연의 힘을 통제하는 하나님이다.9:5-6; 9:13-15 아모스서의 논쟁은 이름을 불러 다른 신들을 언급하지는 않을지라도, 바알 신화, 풍요의 주기, 이스라엘 예배의 성격에 대해 잘 안다는 것을 보여준다.

호세아는 주님을 배반하고 바알을 따른 결과를 보여줌으로써 바알 제의에 도전한다. 이 둘은 나란히 진행된다. 하나님을 아는 지식이 없고, 언약 사랑이 없고 진실이 없으므로, 온갖 종류의 죄들이 백성들에게 나타난다.호4:1-2 최종 결과는 땅 자체에 대한 심판이다.

호세아 4장 4절-14장 8절에 나오는 세 번의 주기의 고발 메시지는 이런 주장의 흐름을 따른다. 예를 들어 첫 과정은 이런 추론 과정을 따른다. 이스라엘의 현재 삶의 방식은 거짓된 것, 곧 하나님의 진리를 알지 못하고 가르치지도 않는 제사장,4:4-13a 다른 신들을 따르는 데서 오는 가치들,4:13b-14 그리고 이런 가치들에서 나온 윤리적 관습들4:17-19에 굴복한 데서 온다는 사실을 이스라엘에게 알게 하라. 이스라엘은 가나안의 신들을 숭배하는 자들의 특유한 삶의 방식을 흡수했다. 참으로 에브라임은 스스로 우상들에게 합류했다!

원인과 결과의 논리는 지금까지 드러난 대로의 주님의 뜻과 바알의 길을 따른 결과를 보통 대조시킨다. 둘째 고발 신탁이 함축하는 의미는 민족이 변명의 여지가 없다는 것이다. 이스라엘 백성들은 자신들이 알았던 진리를 거부했다. 그들은 의식적으로 헤세드 이외의 다른 길을 추구했다.호6:6-7; 7:2, 13 그들은 바알브올의 때부터 바알의 길에 스스로 성별했다. 결과적으로 그들은 그들의 사랑하는 대상인 바알을 닮게 됐다.9:10

세 번째 고발 섹션은 사상의 역사적 흐름을 따른다. 이스라엘의 문제는 과거 속이는 경향에서 생겼다.호11:12; 12:1,3 이로 말미암아 자기기만과 오만으로 이어졌고,12:8,12 마침내 자신을 바알에 굴복하게 됐다.13:1-2

호세아와 아모스의 소명이 이스라엘을 스스로를 파괴하는 길에서 돌아서게 하는 것이었다면, 그들은 실패했다. 그러나 그들은 희망이라는 씨앗을 널리 뿌렸다. 희망에 대한 그들의 메시지는 기록된 형태로 유다에게 전해졌으며, 하나님의 나머지 백성이 비슷한 도덕적, 영적, 정치적, 사회적 재앙을 피하도록 촉구했다. 유다는 북 왕국이 독립적으로 존재했던 기간을 넘어 오랜 세기를 더 생존했다. 호세아와 아모스의 기록된 메시지는 민족이 하나님에게 돌아오도록 하는 긴박한 경고로 유다에게 도움이 됐다. 아마도 히스기야의 개혁은 호세아의 살아있는 말씀과 메시지로 조성됐을 것이다.

호세아 아모스 시대의
팔레스틴지도

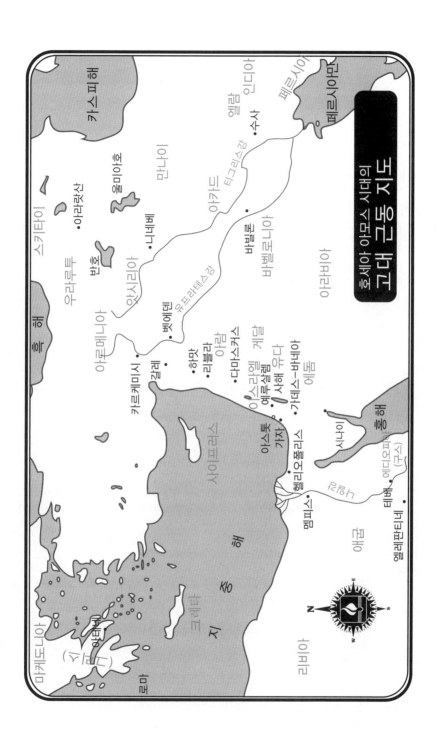

고대 근동 지도
동세아 아모스 시대의

카스피 해

스키타이

우라루투

아라랏산

울미아호

만나이

아카드

엘람

수사

페르시아

인디아

페르시아만

티그리스강

니네베

반호

앗시리아

아라비아

흑해

유프라테스강

아르메니아

벳에덴

가르케미시

바벨론

바벨로니아

갈레

하맛

리블라

아람

다마스커스

게달

하솔

이스라엘

예루살렘 유다

사해

가데스-바네아

에돔

사이프러스

아스돗
가자

헬리오폴리스

시나이

홍해

멤피스

나일강

지 중 해

에티오피아
(구스)

테베

리비아

크레타

로마

아테네

(그리스)

마케도니아

엘레판티네

N
E
S
W

참고문헌

ABD   *The Anchor Bible Dictionary*
     1992   Freedman, D. N., et al., eds. 6 vols. New York: Doubleday.
Andersen, Francis I., and David Noel Freedman
     1980   *Hosea*. Anchor Bible, 24. Garden City, N.Y.: Doubleday.
     1989   *Amos*. Anchor Bible, 24A. New York: Doubleday.
ANEP   *The Ancient Near East in Pictures Relating to the Old Testament*
     1969   Ed. James B. Pritchard. 2d ed. with supplement. Princeton, N.J.: Princeton Univ. Press.
ANET   *The Ancient Near Eastern Texts Relating to the Old Testament*
     1955   Ed. James B. Pritchard. 2d ed. Princeton, N.J.: Princeton Univ. Press.
Barre, M. L.
     1978   "New Light on the Interpretation of Hosea VI. 2." *Vetus Testamentum* 28/2:129-141.
Barstad, Hans M.
     1984   *The Religious Polemics of Amos. Vetus Testamentum*, Suppl. 34. Leiden: E. J. Brill.
Beach, Eleanor Ferris
     1992   "The Samaria Ivories, Marzeah, and Biblical Texts." *Biblical Archaeologist* 55:130-139.
Block, Daniel Isaac
     1988   *The Gods of the Nations: Studies in Ancient Near Eastern National Theology*.
            ETS Monographs, 2. Jackson, Miss.: Evangelical Theological Society.
Bonhoeffer, Dietrich
     1959   *The Cost of Discipleship*. London: SCM.
Braun, Michael A.
     1977   "James's Use of Amos at the Jerusalem Council: Step Toward a Possible Solution of the
            Textual and Theological Problems." *Journal of the Evangelical Theological Society* 20:113-
            121.
Bright, John
     1981   A *History of Israel*. 3d ed. Philadelphia: Westminster.
Bruce, F. F.
     1958   *The Spreading Flame: The Rise and Progress of Christianity from Its First Beginnings to the
            Conversion of the English*. Grand Rapids: Eerdmans.
Buckley, Tom
     1984   *Violent Neighbors: El Salvador, Central America, and the United States*. New York: Times
            Books.
CAH   *Cambridge Ancient History*
     1975   Ed. I. E. S. Edwards et al. 3d ed. Vol. 2/2: *History of the Middle Eastand the Aegean Region, c.
            1380-1000 B.C.* New York: Cambridge Univ. Press.
     1991   Ed. John Boardman et al. Vol. 3/2: *The Assyrian and Babylonian Empires and Other States of*

the *Near East, from the Eighth to the Sixth Centuries B.C.* New York: Cambridge Univ. Press.

Cogan, Morton

    1974   *Imperialism and Religion: Assyria, Judah and Israel in the Eighth and Seventh Centuries B.C.E.* Society of Biblical Literature (SBL) Monographs, 19. Missoula, Mont.: Scholars Press.

Craigie, Peter

    1982   "Amos the Noqed in the Light of Ugaritic." *Studies in Religion* 11/1 (1982): 29-33.

Cripps, Richard S.

    1960   *A Critical and Exegetical Commentary on the Book of Amos.* 2d ed. London: S.P.C.K.

De Moor, J. C.

    1977   "Asherah." *TDOT, 1:438-444. See TDOT*

De Waard, Jan

    1977   "The Chiastic Structure of Amos V. 1-17." *Vetus Testamentum* 27:170-177.

De Waard, Jan, and William A. Smalley

    1979   *A Translator's Handbook on the Book of Amos.* "Helps for Translators." New York: United Bible Societies.

Dearman, John Andrew

    1988   *Property Rights in the Eighth-Century Prophets: The Conflict and Its Background.* SBL Diss., 106. Atlanta: Scholars Press.

Deroche, Michael

    1983   "Structure, Rhetoric, and Meaning in Hosea 4:4-10." *Vetus Testamentum* 33/2:185-198.

Earl, Richard

    1982   "The Creative Use of Amos by the Author of Acts." *Novum Testamentum* 24/1:37-53.

Fleming, Daniel E.

    1992   *The Installation of Baal's High Priestess at Emar: A Window on Ancient Syrian Religion.* Harvard Semitic Studies, 42. Atlanta: Scholars Press.

Freedman, David Noel. *See* Andersen; ABD

Friedman, Mordechai A.

    1980   "Israel's Response in Hosea 2:17b: 'You are my husband.' " *Journal of Biblical Literature* 99/2:199-204.

Gardner, Richard B.

    1991   *Matthew.* Believers Church Bible Commentary. Scottdale, Pa.: Herald Press.

Gordon, S. D.

    1904   *Quiet Talks on Prayer.* New York: Fleming H. Revell.

Hasel, Gerhard F.

    1972   *The Remnant.* Berrien Springs, Mich.: Andrews Univ. Press.

    1991   *Understanding the Book of Amos: Basic Issues in Current Interpretations.* Grand Rapids: Baker Book House.

Hayes, John H.

    1988   *Amos, His Times and His Preaching: The Eighth-Century Prophet.* Nashville: Abingdon.

Hayes, John H., and J. Maxwell Miller, eds.

    1977   *Israelite and Judean History.* Philadelphia: Westminster.

L'Heureux, Conrad E.

    1979   *Rank Among the Canaanite Gods: El, Ba'al, and the Rephaim.* Harvard Semitic Monographs, 21; Missoula: Scholars Press.

Hiebert, Paul

    1980   "Conversion in Cross-Cultural Perspective." In *Conversion: Doorway to Discipleship*, 88-98. Ed. Henry J. Schmidt. Hillsboro, Kans.: Board of Christian Literature, Mennonite Brethren.

Hillers, Delbert

    1964   "A Note on Some Treaty Terminology in the Old Testament." *Bulletin of the American Schools of Oriental Research* 176:46-47.

    1964a *Treaty-Curses and the Old Testament Prophets.* Rome: Pontifical Biblical Institute.

Holladay, William L.

    1970   "Once more, 'anak = 'Tin,' Amos VII. 7-8." *Vetus Testamentum* 20:492-494.

Hubbard, David Allan

    1989   *Joel and Amos: An Introduction and Commentary.* Tyndale Old Testament Commentaries. Downers Grove, 111.: InterVarsity.

    1990   *Hosea: An Introduction and Commentary.* Downers Grove, 111.: InterVarsity.

Hunt, Arthur S., and C. C. Edgar

    1970   *Select Papyri in Four Volumes.* Vol. 1. Loeb Classical Library. Cambridge: Harvard Univ. Press.

Jacobs, Paul F.

    1985   " 'Cows of Bashan'-A Note on the Interpretation of Amos 4:1." *Journal of Biblical Literature* 104/1:109-110.

Janzen, Waldemar

    1972   *Mourning Cry and Woe Oracle.* Berlin and New York: Walter de Gruyter.

Jepson, Alfred

    1977   " 'Aman." *TDOT*, 1:292-323. See *TDOT*

Kaiser, Walter

    1977   "The Davidic Promise and the Inclusion of the Gentiles (Amos 9:9-15 and Acts 15:13-18): A Test Passage for Theological Systems." *Journal of the Evangelical Theological Society* 20:97-111.

Kalluveetil, Paul

    1982   *Declaration and Covenant: A Comprehensive Review of Covenant Formulae from the Old Testament and the Ancient Near East.* Analecta biblica, 88. Rome: Pontifical Biblical Institute.

King, Greg A.

    1995   "The Day of the Lord in Zephaniah." *Bibliotheca Sacra* 152:16-32.

King, Martin Luther Jr.

    1968   *The Trumpet of Conscience.* New York: Harper & Row.

King, Philip J.

    1988   *Amos, Hosea, Micah-An Archaeological Commentary.* Philadelphia: Westminster.

Klein, William W., Craig L. Blomberg, and Robert L. Hubbard Jr.

    1993   *Introduction to Biblical Interpretation.* Dallas: Word.

Kline, Meredith G.

    1961-2 "Divine Kingship and Genesis 6:1-4." *Westminster Theological Journal* 24:187-204.

Knierim, Rolf P.

    1977   " 'I Will Not Cause It to Return' in Amos 1 and 2." In *Canon and Authority: Essays in Old Testament Religion and Theology,* 163-175. Ed. George W. Coats and Burke O. Long. Philadelphia: Fortress.

Kugel, James L.

    1981   *The Idea of Biblical Poetry: Parallelism and Its History.* New Haven: Yale Univ. Press.

Latourette, Kenneth Scott

    1975   *A History of Christianity.* Rev. ed. 2 vols. New York: Harper & Row.

Limburg, James

    1988   *Hosea, Micah.* Interpretation. Atlanta: John Knox.

Lind, Millard C.

    1996   *Ezekiel.* Believers Church Bible Commentary. Scottdale, Pa.: Herald Press.

Martens, Elmer A.

    1981   *God's Design: A Focus on Old Testament Theology.* Grand Rapids: Baker.

    1986   *Jeremiah.* Believers Church Bible Commentary. Scottdale, Pa.: Herald Press.

Mattill, A. J. Jr.

    1964   "Representative Universalism and the Conquest of Canaan." *Concordia Theological Monthly* 35:8-11.

McCarter, P. Kyle Jr.

    1987   "The Religion of the Israelite Monarchy: Biblical and Epigraphic Data." In Ancient Israelite Religion: *Essays in Honor of Frank Moore Cross,* 137-155. Ed. Patrick D. Miller Jr., Paul D. Hanson, and S. Dean McBride. Philadelphia: Fortress.

Menninger, Karl

    1973   *Whatever Became of Sin?* New York: Hawthorne Books.

Mettinger, Tryggve N. D.

    1982   *The Dethronement of Sabaoth: Studies in the Shem and Kabod Theologies.* Lund: Gleerup.

Miller, Perry

    1956   *Errand into the Wilderness.* Cambridge, Mass.: Belknap.

Moran, William L.

    1963   "The Ancient Near Eastern Background of the Love of God in Deuteronomy." *Catholic Biblical Quarterly* 25:76-87.

Mowvley, Harry

    1991   *The Books of Amos and Hosea.* Epworth Commentaries. London: Epworth.

Mullen, E. Theodore Jr.

    1980   *The Divine Council in Canaanite and Early Hebrew Literature.* Harvard Semitic Monographs, 24; Chico, Calif.: Scholars Press.

Murray, D. F.

    1987   "The Rhetoric of Disputation: Re-examination of a Prophetic Genre." *Journal for the Study of the Old Testament* 38:95-121.

Nash, Roland H.

    1983   *Social Justice and the Christian Church.* Milford, Mich.: Mott Media.

Newman, Albert Henry

    1933   *A Manual of Church History.* 2 vols. Rev. ed. Philadelphia: American Baptist Publication Society.

Niebuhr, H. Richard

    1951   *Christ and Culture.* New York: Harper & Brothers.

Paul, Shalom M.

    1991   *Amos.* Heremeneia. Minneapolis: Fortress.

Piper, John.

    1980a   "The Righteousness of God in Romans." *Journal for the Study of the New Testament* 7:2-32.

    1980b   "The Righteousness of God in Romans 3:1-8." *Theologische Zeitschrift* 36:3-14.

Porten, Bezalel, and Ada Yardeni, eds. and trans.

    1987-1989 *Textbook of Aramaic Documents from Ancient Egypt.* 2 vols. Jerusalem: Texts and Studies for Students.

Prichard, James B. *See ANEP; ANET*

Romero, Oscar A.

    1984   *The Church Is All of You: Thoughts of Archbishop Oscar Romero.* Comp, and trans. James R.

Brockman. Minneapolis: Winston.

Roth, Martha T.

    1989   *Babylonian Marriage Agreements: 7th-3rd Centuries B.C.* Alter Orient und Altes Testament, Bd. 222. Neukirchen-Vluyn: Neukir-chener Verlag.

Sakenfeld, Katharine Doob

    1978   *The Meaning of Hesed in the Hebrew Bible: A New Inquiry.* Missoula, Mont.: Scholars Press.

Schneider, John

    1994   *Godly Materialism: Rethinking Money and Possessions.* Downers Grove, 111.: InterVarsity.

Smelik, K. A. D.

    1986   "The Meaning of Amos V. 18-20." *Vetus Testamentum* 36/2: 246-248.

Smith, Gary V.

    1989   *Amos: A Commentary.* Library of Biblical Interpretation. Grand Rapids: Regency Reference Library.

Starkes, M. Thomas

    1984   *God's Commissioned People.* Nashville: Broadman.

Stuart, Douglas

    1987   *Hosea-Jonah.* Word Bible Commentary, 31. Waco, Tex.: Word.

Talley, Jim

    1985   *Reconcilable Differences: Mending Broken Relationships.* Nashville: Nelson.

Thiele, Edwin R.

    1985   *The Mysterious Numbers of the Hebrew Kings: A Reconstruction of the Chronology of the Kingdoms of Israel and Judah.* 2nd ed. Grand Rapids: Eerdmans.

TDOT   *Theological Dictionary of the Old Testament*

    1977   Vol. 1. Ed. G. J. Botterweck and H. Ringgren. Trans. John T. Willis. Grand Rapids: Eerdmans. See De Moor; Jepson

Toews, Wesley Irwin

    1990   "Monarchy and Religious Institution in Israel Under Jeroboam I." Doctoral diss. at Princeton Theological Seminary.

Wallerstein, Judith S., and Sandra Blakeslee

    1990   *Second Chances: Men, Women and Children a Decade after Divorce.* New York: Ticknor & Fields.

Walls, Neal H.

    1992   *The Goddess Anat in Ugaritic Myth.* SBL Diss., 135. Atlanta: Scholars Press.

Weippert, Helga

    1985   "Amos." In *Beitrage zur prophetischen Bildsprache in Israel und Assyrien,* 1-29. Ed. Helga Weippert, Klaus Seybold, and Manfred Weippert. Orbis biblicus et orientalis. Fribourg, Switzerland: Universitatsverlag; Gottingen: Vandenhoek & Ruprecht.

Westbrook, Raymond

    1988   *Old Babylonian Marriage Law.* Archiv fur Orientforschung, Beiheft 23. Horn, Austria: Verlag Ferdinand Berger & Sohne.

Westermann, Claus

    1967   *Basic Forms of Prophetic Speech.* Philadelphia: Westminster.

    1991   *Prophetic Oracles of Salvation in the Old Testament.* Louisville: Westminster/John Knox.

White, John, and Ken Blue

    1985   *Healing the Wounded: The Costly Love of Church Discipline.* Downer's Grove, 111.: InterVarsity.

Wijngaards, J.

1967   "Death and Resurrection in Covenantal Context (Hos. VI. 2)." *Vetus Testamentum* 17:226-239.

Wilberforce, William

1958   *A Practical View of the Prevailing Religious System of Professed Christians in the Higher and Middle Classes in this Country Contrasted with Real Christianity.* London: SCM.

Willis, Edward David

1977   *Daring Prayer.* Atlanta: John Knox.

Wink, Walter

1992   *Engaging the Powers: Discernment and Resistance in a World of Domination.* Minneapolis: Fortress.

Wolff, Hans Walter

1977   *Joel and Amos.* Trans. Waldemar Janzen, S. Dean McBride Jr., and Charles A. Muenchow. Hermeneia. Philadelphia: Fortress.

1974   *Hosea.* Hermeneia. Philadelphia: Fortress.

Yoder, Perry B.

1982   *From Word to Life: A Guide to the Art of Bible Study.* Scottdale, Pa: Herald Press.

1987   *Shalom: The Bible's Word for Salvation, Justice, and Peace.* Newton, Kan.: Faith & Life.

추가적인 자료들

Andersen, Francis I., and David Noel Freedman. Amos. Anchor Bible, 24A. New York: Doubleday, 1989. Focuses on matters of translation, structure, and explanatory comments in 979 pages. Acquaintance with Hebrew is helpful but not essential.

Andersen, Francis I., and David Noel Freedman. Hosea. Anchor Bible, 24. Garden City, N.Y.: Doubleday, 1980. Massive and exhaustive treatment of issues of translation and interpretation. Technical and scholarly. Interacts with a range of alternative interpretations.

Hayes, John H. Amos, His Times and His Preaching: The Eighth-Century Prophet. Nashville: Abingdon, 1988. Superb introduction to prophetic literature and assumptions and conclusions in interpreting Amos. Aware of issues in Amos studies but focuses on setting out a considered and well-presented interpretation.

Hubbard, David Allan. Hosea, 1990. Joel and Amos, 1989. Tyn-dale Old Testament Commentaries. Downers Grove, Ill.: InterVarsity. Compact, informative, evangelical explanations of the text for the nonspecialist.

King, Philip J. Amos, Hosea, Micah: An Archaeological Commentary. Philadelphia: Westminster, 1988. A sourcebook of background information for the three prophets.

Mowvley, Harry. The Books of Amos and Hosea. Epworth Commentaries. London: Epworth, 1991. Primary attention given to the flow of thought in the book. These synthetic expositions are geared to the average reader and lay interpreter.

Paul, Shalom M. Amos. Heremeneia. Minneapolis: Fortress, 1991. An in-depth study of the language and structure of the book of Amos. It assumes an understanding of Hebrew.

Smith, Gary V. Amos: A Commentary. Library of Biblical Interpretation. Grand Rapids: Regency Reference Library, 1989. Evangelical and thorough. Sensitive to literary features and theological implications, which receive explicit attention under separate headings. Valuable for teaching or preaching as well as personal study.

Stuart, Douglas. Hosea-Jonah. Word Bible Commentary, vol. 31. Waco, Tex.: Word Books, 1987. A detailed unit-by-unit analysis of the text, under headings: Bibliography, Translation, Notes, Form/ Structure/Setting, Comment, Explanation.

성구색인